国家出版基金项目
NATIONAL PUBLICATION FOUNDATION

现代农业高新技术成果丛书

黄淮海平原土地利用

Land Use in Huang-Huai-Hai Plain

郝晋珉　著

中国农业大学出版社
·北京·

内容简介

本书是一部系统反映黄淮海平原土地利用及其发展战略的学术著作。其主要内容包括：系统综述了黄淮海平原的形成与演化以及主要自然资源要素——地质地貌、河流水系、气候以及土壤等的基本特征和历史变迁；研究了黄淮海地区土地利用的起源和土地利用发展史，特别对20世纪70年代开始的黄淮海平原中低产田治理和农业综合开发的科技会战进行了回顾；重点分析了黄淮海平原历年粮食生产以及耕地动态，提出了农业土地利用面临的关键问题；研究了近20年黄淮海平原林业、水资源、交通、城市建设、农村建设的土地利用状况以及对农业土地利用、人地关系的影响；系统阐述了土地整治的理论基础和整治途径，分析了黄淮海平原农村土地整治的潜力，提出了黄淮海平原农业土地利用战略对策；简要论述了河北省曲周县土地整治的思路和初步实践。

本书对黄淮海平原土地资源开发利用、土地整治和区域发展的研究与实践具有重要价值，可供相关领域科教人员研究和教学参考。

图书在版编目(CIP)数据

黄淮海平原土地利用/郝晋珉著. —北京：中国农业大学出版社，2013.4

ISBN 978-7-5655-0685-7

Ⅰ.①黄…　Ⅱ.①郝…　Ⅲ.①黄淮海平原-土地利用　Ⅳ.①F321.1

中国版本图书馆CIP数据核字(2013)第079019号

书　　名　黄淮海平原土地利用

作　　者　郝晋珉　著

策划编辑　孙　勇　　　**责任编辑**　洪重光

封面设计　郑　川　　　**责任校对**　陈　莹　王晓凤

出版发行　中国农业大学出版社

社　　址　北京市海淀区圆明园西路2号　　　**邮政编码**　100193

电　　话　发行部 010-62818525,8625　　　读者服务部 010-62732336

编辑部 010-62732617,2618　　　出　版　部 010-62733440

网　　址　http://www.cau.edu.cn/caup　　　**e-mail**　cbsszs@cau.edu.cn

经　　销　新华书店

印　　刷　涿州市星河印刷有限公司

版　　次　2013年4月第1版　2013年4月第1次印刷

规　　格　787×1 092　16开本　24.75印张　618千字　彩插 2

定　　价　108.00元

现代农业高新技术成果丛书
编审指导委员会

出版说明

瞄准世界农业科技前沿，围绕我国农业发展需求，努力突破关键核心技术，提升我国农业科研实力，加快现代农业发展，是胡锦涛总书记在2009年五四青年节视察中国农业大学时向广大农业科技工作者提出的要求。党和国家一贯高度重视农业领域科技创新和基础理论研究，特别是863计划和973计划实施以来，农业科技投入大幅增长。国家科技支撑计划、863计划和973计划等主体科技计划向农业领域倾斜，极大地促进了农业科技创新发展和现代农业科技进步。

中国农业大学出版社以973计划、863计划和科技支撑计划中农业领域重大研究项目成果为主体，以服务我国农业产业提升的重大需求为目标，在"国家重大出版工程"项目基础上，筛选确定了农业生物技术、良种培育、丰产栽培、疫病防治、防灾减灾、农业资源利用和农业信息化等领域50个重大科技创新成果，作为"现代农业高新技术成果丛书"项目申报了2009年度国家出版基金项目，经国家出版基金管理委员会审批立项。

国家出版基金是我国继自然科学基金、哲学社会科学基金之后设立的第三大基金项目。国家出版基金由国家设立、国家主导，资助体现国家意志、传承中华文明、促进文化繁荣、提高文化软实力的国家级重大项目；受助项目应能够发挥示范引导作用，为国家、为当代、为子孙后代创造先进文化；受助项目应能够成为站在时代前沿、弘扬民族文化、体现国家水准、传之久远的国家级精品力作。

为确保"现代农业高新技术成果丛书"编写出版质量，在教育部、农业部和中国农业大学的指导和支持下，成立了以石元春院士为主任的编审指导委员会；出版社成立了以社长为组长的项目协调组并专门设立了项目运行管理办公室。

"现代农业高新技术成果丛书"始于"十一五"，跨入"十二五"，是中国农业大学出版社"十二五"开局的献礼之作，她的立项和出版标志着我社学术出版进入了一个新的高度，各项工作迈上了新的台阶。出版社将以此为新的起点，为我国现代农业的发展，为出版文化事业的繁荣作出新的更大贡献。

中国农业大学出版社

2010年12月

序

收到《黄淮海平原土地利用》书稿，作为一个老黄淮海人，看到年轻同志有如此的热情，致力于黄淮海平原的研究，甚感欣慰。黄淮海的事业后继有人。

20 世纪中叶开始，几代科学工作者开展了大量资源考察和研究试验，包括土壤、地质、水文、气候等，为认识黄淮海平原，把握自然规律，做出了开创性的工作。70 年代开始的黄淮海平原科技会战，彻底改变了黄淮海平原旱涝碱咸的面貌。进入新的世纪，黄淮海平原面临新的问题和新的机遇，作为后来的中青年科技工作者，郝晋珉同志敏锐地把握住了黄淮海平原的关键，用翔实的数据，较系统全面地分析了黄淮海平原土地利用现状和变化以及存在的问题，并提出了应对的对策，这对黄淮海平原的研究与发展有重要的价值。

纵观全书有如下特点：

第一，以农业土地利用研究为核心，并不局限于农业本身，将农业土地利用与水资源开发、林业、交通、城市和农村土地利用以及人地关系变迁统一起来进行研究，更具科学性与实践性。

第二，采用大量的资料，系统综述了黄淮海平原的形成与发展，并有独到的科学见解，对黄淮海平原土地资源的研究与利用，以及相关的教学参考有重要的学术价值。

第三，关于黄淮海平原土地利用的历史论述，揭示了人类对土地资源开发利用的动力以及自然、社会对土地利用的影响规律，对指导未来土地利用具有重要意义。特别是对土地利用起源的研究是开创性的论述。

第四，在继承前人黄淮海平原综合治理的思想基础之上，系统地完善了土地整治概念和内涵。当土地条件不能满足土地利用方式时，需通过人为手段，改善和控制土地条件及土地环境并加以适应。这种控制和改善土地条件及土地环境以满足土地利用的过程就是土地整治，包括空间整治、功能质量整治和环境整治。其为推动全国的土地整治健康、持续地开展奠定了理论基础。

最后，值得肯定的是作者将理论与实践相结合，长期坚持在基层开展科学研究，并把研究成果直接应用于地方发展之中。河北省曲周县土地综合整治的战略思想以及新农村建设的模式研究，有重要的推广应用价值。

尽管本书还有许多瑕疵和不足，但不失为一本优秀的学术著作。相信作者能够在今后的研究中不断完善和深入，将黄淮海事业带到新的高度。

中国科学院院士
中国工程院院士
第三世界科学院院士

2012 年 12 月

前　言

黄淮海平原是我国最大的平原，独特的自然和人文社会特点，使其在中国的经济社会发展中占有特殊的地位。20世纪70年代开始的黄淮海平原农业科技攻关研究和农业开发，彻底改变了该地区的农业生产条件，使其成为我国最重要的粮棉油肉等大宗农产品的生产基地，为保障我国粮食安全起到了不可或缺的作用。本书作者从事黄淮海平原土地利用研究与实践30年，经历了从综合治理、综合发展到城乡一体化的“农业-农村发展”研究的不同阶段，对黄淮海平原的土地利用及其控制积累了丰富的资料和研究成果。本书是作者对黄淮海平原土地利用长期学习和研究观点的集成，也是对黄淮海平原科技攻关40周年的纪念。

本书论述了黄淮海平原的形成及演变，力求对黄淮海平原的土地资源有一个整体的认识。黄淮海平原不是简单的黄河、淮河、海河冲积形成的平原联合体，它是由地质构造、环境变迁的整体性所决定的，黄河南北袭夺，泛滥游荡，使平原连接成一个整体。本书研究黄淮海平原的土地利用起源以及历史演变的规律，力图弥补这方面的研究空白。黄淮海平原作为全国最重要的粮食等农产品生产基地，同时又是工业化、城市化高速增长的区域，土地的供需矛盾十分突出，土地利用面临巨大的挑战。本书重点研究经过综合治理后，特别是进入21世纪以来黄淮海平原土地利用的变化（包括各种土地利用类型的动态变化，面临的困境和问题），重点分析土地利用变化对农业生产的影响。黄淮海平原农业正由传统农业向现代农业转型，农业土地利用面临着一系列挑战，仅靠农业内部是无法解决的，必须依靠土地利用的全局优化才能缓解。面对人口高峰下黄淮海平原土地利用态势，我们必须认真思考未来“成熟型”土地利用系统，在城市化、工业化和农业现代化进程中，不断优化土地利用空间结构，提升土地的功能和质量，改善土地利用环境，这也正是土地整治的科学定义和内涵。

本书共分10章，主要内容包括：引言，阐述作者对土地、土地利用等概念的认识，介绍20世纪中叶以来黄淮海平原的研究与开发实践，并对黄淮海平原的范围进行界定。第1章，介绍黄淮海平原的形成与自然资源的特点，论述黄淮海平原土地利用起源及其历史变迁。第2章，介绍黄淮海平原土地利用的现状以及人、地关系。第3章，研究黄淮海平原历年粮食生产以及耕地动态，提出农业土地利用面临的关键问题。第4～8章，分别研究分析黄淮海平原林业、水资源、城市建设、交通、农村建设的土地利用状况以及对农业土地利用、人地关系的影响。第9

章，重点研究农业土地利用战略与对策，提出土地整治的完整概念和途径，分析黄淮海平原农村土地整治的潜力，简要论述河北省曲周县土地整治的思路和初步实践。

在本书撰写过程中，作者的部分研究生参与了收集整理资料、分析处理数据、讨论撰写书稿等工作，他们是：洪舒蔓（黄淮海平原土地利用与人地关系），类淑霞（黄淮海平原耕地与粮食生产），武秀梅、韩慧杰和杨立（黄淮海平原林业与土地利用），贾智海（黄淮海平原水资源与土地利用），杨立（黄淮海平原城镇化对土地利用的影响），周宁（黄淮海平原交通与土地利用），双文元和程剑敏（黄淮海平原农村居民点现状与新农村建设），陈丽（黄淮海平原土地综合整治潜力分析），艾东、牛灵安和徐峰（新农村建设典型模式），吕振宇（破碎化农地整理）。此外，孟鹏、郭文华、张秋平、王冠珠、朱传民等同学对本书的编写也做出了贡献。在此一并表示感谢。

作　者

2013 年 1 月

目　　录

0

引　言

黄淮海平原(Huang-Huai-Hai Plain 或称 Yellow River-Huaihe River-Haihe River Plain),又称华北平原(Plain of North China),是黄河、淮河、海河流域平原的总称。该平原北起燕山山脉的南麓;南抵桐柏山、大别山的北麓,以江淮流域的低分水岭为界;西起太行山、秦岭的东麓;东面包围了鲁中南山地,临渤海、黄海;位于东经 113°至东海岸线,北纬 32°00′～40°30′之间(龚国元,1985)。具体轮廓为:北起燕山山脉南坡的山海关,向西沿山边线(基本上以海拔100 m等高线为界),连滦河冲积扇扇顶,经密云水库、怀柔水库到昌平、南口一带,沿断层线向南到永定河冲积扇扇顶,沿太行山北段大断层到拒马河冲积扇扇顶,向南顺 100 m 等高线到滹沱河冲积扇扇顶,再向南沿 200 m 等高线大断层,接漳河冲积扇扇顶海拔 100 m 等高线沿山麓断层线,到黄河出山口,沿嵩山—徐淮弧形构造带,向南沿伏牛山东麓、桐柏山到淮河出山口后,沿大别山北麓,基本上以海拔 100 m 等高线为界到江淮流域分水岭(海拔 50 m 等高线),后折向东南到长江三角洲的北界洲堤,扬州—海安一带,高度逐渐由海拔 50 m 降到 10 m 直到海边。

黄淮海平原以其独特的自然和人文社会特点,在中国的社会经济发展中占有特殊的地位,历来备受关注,不同的学者从不同的专业角度对黄淮海平原有过丰富的研究。本书作者从 20 世纪 80 年代开始致力于黄淮海平原的土地利用研究,对这块热土具有深厚的感情,收集了大量的研究成果,有过不少独立的思考,对黄淮海平原未来的发展寄予了美好的遐想,也存有很多的忧虑。本书力图系统地反映作者对黄淮海平原土地利用和区域发展的观点。

0.1　土地与土地利用

0.1.1　土地

在人类的历史长河中,人们从土地上获取了大部分的衣食住行等基本生存资料。因此,人们对土地给予了极大的关注。当人们从不同的角度考察土地时，便会得出不同的概念，随着对土地认识的日渐加深，土地的概念也不断地深化和全面。

土地为人们提供了生存的空间和生态系统。当人类社会还处在低级发展状态时，人们只是从“土”或“土壤”来认识土地，“万物土中生”也只是一种朴素的、局限的、被动的理解。随着人们对世界认识的扩展，生产和生存质量的提高，土壤和土地的概念开始分离。生产条件的优劣不仅取决于土壤肥力的高低，而且必须考虑气候、地形、水文等自然条件。当人类对自然的控制能力不断增强时，人类的活动不可忽略地成为土地的特征。因此，从资源角度对土地的科学定义，已不再是“土”或“土壤”的狭义理解。联合国粮农组织给土地进行了如下的定义：“土地是自然综合体，它包括影响土地利用潜力的自然环境要素，如气候、地形、土壤、水文和植被等，也包括人类过去和现在活动的结果，例如围海造田，修筑梯田，以及反面的结果，如土壤侵蚀、土地退化等。”

在原始社会，人类仅是自然的一部分，人口稀少，土地就像空气一样“富裕”。随着人口的增加，人类开始竞争土地，部落和家族开始保护自己的领地。领地的质量、数量，成为影响部落和家族繁荣的重要因素。私有制的出现使土地首先成为其拥有的主要财产，土地的占有是私有者富裕和权力的象征。商品概念出现后，土地又被当作一种可以用来交换或获得货币的特殊商品。

在自给自足的生产时代，土地仅是获取衣食和居住空间的基本条件。而在商品生产社会，土地则成为重要的生产资料和资本，同时又是生产关系的客体。对土地的所有、占有、使用、收益等是一切财富的源泉。

所以有人给土地以如下的定义：“土地是能够作为资产的地球表面以及自然和人为的附加物”(The Random House Dictionary of the English Language，1966)。

土地既是物质资源，又是重要的资产。土地是资源和资产两重性的统一体。同时，土地还可以是一种风景资源。全面而准确的土地的概念是很难用简单的语句概括的。

土地是地球表面的一定空间范围，由气候、地貌、土壤、植被、地质、水文等自然要素所构成，同时也包括人类过去和现在活动的结果。它是人类生产、生活的基本资料和环境。

土地的概念不是一成不变的，是随着人类的发展和对自然控制能力的深化而变化的。正确理解土地的概念应该包括如下几个方面：

(1)土地的自然属性　土地首先是指其自然综合体的特征，自然形成的物质、能量、空间以及其构成要素。这是土地的“自然世界”。

(2)土地的人为属性　人类的活动不断地改造着自然的土地，并将其结果凝聚在自然的物质土地之中，使土地形成了区别于自然土地的新特征。这是土地的“人为世界”。

(3)土地的社会经济属性　土地具有的使用价值，包括区位价值、生产资料和资本，属于社会资产。这是土地的“经济世界”。

(4)土地的景观与环境属性　土地不仅是资源，同时也是环境。土地具有美学价值，是一种风景资源，造就人类生存的美学环境，影响人们的精神和情操。也可以说景观和环境属性是土地的“精神世界”。

人们可以从不同的角度认识土地，但土地利用规划特别是关系全局的总体规划、区域规划所面对的土地是综合的土地。

0.1.2 土地利用

在历史发展进程中，人类对土地的认识和依赖不断加深，对土地进行着越来越强的干预(利用)。随着人类社会的发展，人类利用土地的内涵在深度和广度上不断地拓展，土地利用的概念也不断地变化。人们从不同的角度考察和认识土地利用，便形成了不同的土地利用的概念。联合国粮农组织对土地利用的定义则是由自然条件和人的干预所决定的土地的功能(FAO,1985)；许牧(1995)认为，土地利用是人们为了一定的目的，对既是自然综合体又是生产资料的土地所进行的经营活动；周诚(1989)的《土地经济学》中提出，土地利用是指对于某一集团、某一地区、某一单位之土地，在社会需要的不同方式上，在国民经济各部门之间，在各个不同项目上的分配与使用；毕宝德(2006 第五版)认为，土地利用是人类通过与土地结合获得物质产品和服务的经济活动过程，这一过程是人类通过与土地进行的物质、能量和价值、信息的交流、转换过程；刘书楷(2004)则认为，土地利用是人们根据土地资源的特性功能和一定的经济目的，对土地的使用、保护和改造；台湾学者林英彦(1995)认为，土地利用是指人类对特定土地投入劳力资本以期从土地得到某种欲望的满足；王万茂(2002)则将土地利用定义为土地质量和人为干预所决定的土地功能。由这些定义可以看出，土地利用是人类为满足自身不同需要而对土地进行的干预活动。因此，对土地利用的理解，可以从如下角度进行考虑：

1. 土地利用的前提是土地和人的结合

人和土地是土地利用的核心要素。土地利用是人的行为，土地是土地利用的使用对象。人类利用土地的目的是利用土地的功能，满足人类多方面多层次的需要。土地是先人类存在的自然物。在漫长的地球发展史上(46 亿年以上)，逐步形成了地壳(32 亿年)；距今 24 亿年以前的太古代，地球表面已经形成了原始的岩石圈、水圈和大气圈，并产生了最低等的原始生命；4 亿年前，维管植物出现，北半球陆地上出现了高大的蕨类植物，陆地生态系统建立起来。陆地维管植物不仅成为陆地生态系统主要的初级生产者，而且提供了适宜的栖息环境，从而促使陆地动物的进化和多样性的增长。地球表面各主要部分被生物所覆盖，形成了真正的生物圈。这时，土地的自然世界已经形成，功能潜力已经存在。人类是在土地上诞生和演化的。直立人诞生仅有 240 万年的历史，现代人即智人历史更短。原始人与杂食性的哺乳动物之间的区别只是人会使用简单的工具；进入新石器时代，由于人口的增加，人们开始动、植物的家养化，原始农业开始出现，人们开始定居，也就开始了改变土地的过程。农业的起源实质上是人类完成了从依赖自然生态系统到建立由自己控制的人类生态系统的划时代的转变；随着人口密度的增加、工具的改进、劳动技能的提高，消费水平也不断提高，劳动分工专门化，人们改造自然的欲望不断强化，控制土地生态系统的能力也不断地提高。人与土地的不同形式的结合是不同类型和不同程度的土地利用的基础。

2. 土地利用的动力是人类生存与发展的需要

人口的增加，生活水平的提高，人类需求的不断增长所产生的危机和欲望是人类土地利用的动力。这种动力推动土地利用从低级走向高级，从简单走向复杂，从单项功能走向多功能。第四纪最后一个冰期北退后，气候适宜，草原面积扩大。适宜的气候条件有利于人类的繁殖；同时，人类利用和制造工具的能力增强，使人类可以获得更多的食品，也可以更有效地防范其他动物的侵害，使得人类数量不断增长，超过了土地自然生产的承载能力，迫使人类利用土地进行食物的人工再生产，从而产生了土地利用。人口进一步增长以及技术进步、土地利用水平的提高，进一步提高了人类的生活欲望，从而促进土地利用的深化。人类对物质、文化需求欲望的不断增长，不断地产生着危机，欲望—短缺危机—发展满足—新的欲望成为土地利用产生和不断发展的动力。

3. 土地的资源化和资本化是土地利用的必要条件

在原始社会的狩猎采集时代，土地就像空气和阳光一样并不被看作资源，随着农牧业社会的兴起，土地就成为最重要的资源。在人类生活水平比较低下的时候，人们注意的是土地给他们带来的温饱，土地资源的概念是物质的；当生活水平提高后，人们更加注重土地的风景和环境价值，土地的景观特征便成为土地资源的一部分。自然的土地是客观存在的，无论是物质的土地还是景观的土地，当没有把土地资源化的时候，人类是不会自觉地加以利用的，只有把土地作为资源，才会有土地利用(土地的资源化)；自然的土地并不能适应人类的所有利用类型和方式，人类通过劳动改造这些土地，不断地把资本凝聚在土地中，形成土地的人为世界(土地的资本化)。资源化和资本化的土地是土地利用的基础(必要条件)。

4. 人类对自然的控制能力是土地利用的充分条件

在人类社会的进化过程中，土地的开发利用以及开发的深度，受到认识水平和技术水平的制约。今天我们看重的许多珍贵的资源，在过去的历史上并不被重视，甚至可能是毫无价值的；今天我们并不看重的资源或者原料，在历史上可能具有珍贵的价值，在未来也许成为重要的资源。“洪水猛兽”被人类看作是灾难，但是一旦人类有能力驾驭它们的时候，也会变成服务于人类的资源。旧石器时代，人类的工具只能是狩猎采集，而新石器时代精制石器可以使人类刀耕火种，种植植物，驯化动物，开始原始的土地利用；青铜器、铁器，灌溉技术的出现，使人类社会步入到了精耕细作的农业社会，大量的自然土地被开垦为耕地；蒸汽机的发明，带动了大工业的发展，土地的承载功能和资本特性，得到了充足的发挥，工业土地利用取得了农业土地利用不能比拟的效益和服务；传统农业的发展更多地依靠扩大耕地面积，人地矛盾不断突出；现代的石化农业，依靠化学和机械，实现农业的规模化生产，土地生产力得到了长足的发展，但是仍然摆脱不了自然气候的控制，人地矛盾依然高度紧张；现代的设施农业技术、生物技术，不仅将生物生产力充分地挖掘，而且使土地利用向立体空间拓展；土地的多功能开发利用成为土地利用的发展趋势。科学技术手段、文化手段是土地利用不断深化的充分必要条件。

土地利用是人类为满足自身不同需要，采用科学、技术和文化的手段，利用和开发土地的功能，提供产品和服务的行为和活动。土地利用是一项主动的、有目的的人类活动，人类为满足不同层次、不同类型的需求，必然不断地加深土地系统的开发、挖掘土地的多功能潜力，实现土地的高效利用，同时保持土地系统功能的不断更新和改善，因此，土地利用包括土地开发、整治、利用和保护的全部活动。

0.1.3 土地利用演化的阶段性

土地利用的历史也是人类社会的发展历史，土地利用的演替也是产业经济的演替。人类社会历史从农业经济时代、工业经济时代，到初见端倪的知识经济时代，不同的经济时代，社会经济结构不同，经济发展的驱动力也各有特点，生产要素中的资源要素也不尽相同，土地利用在发展中所起的作用也不同。在传统农业经济发展阶段，土地是生产力要素的主因，占有土地就等于占有了经济；随着工业革命，资本开始占有新的重要地位；知识经济社会，知识被看作关键的个人资源和关键的经济资源，知识是今天唯一的意义深远的资源。传统的生产要素土地、劳动和资本没有消失，但是它们已经退居了第二位。

0.1.3.1 土地利用的历史演化

在原始社会，我们的祖先靠采集野生植物果实、猎取动物维持生存。当一个地区的野果、野兽被消耗殆尽时，便开始寻找或扩大其活动的范围或者迁徙到新的地区。这时的人类和其他野生动物一样只是自然生态系统的一部分，并没有系统地开展对土地的利用。人类尽管也依赖土地而生存，但只是凭借强壮的体力和超出一般动物的智能，以采集狩猎为生。而为人类生存所利用的动植物产品，是自然土地生产的自然物，并非人类有目的的生产。那时既无土地利用可言，也没有经济发展的概念。如果非要把人类发展的这一历史阶段说是一个经济发展阶段，那么这时发展的驱动力是人类生存的需要，人力是这一历史阶段的主要资源。

随着人类的发展，人类为了摆脱采集经济中所受的限制，开始出现用人工方法把一些可供食用的植物再生产出来，形成原始农业，人类生活走向定居。从此人类在固定的土地上发挥自己的聪明智慧，耕耘、收获，利用土地的特性生产谷类食物，开始逐步干预土地。原始农业的出现也正是土地利用的产生。从原始农业出现之后的漫长岁月里，土地利用成为整个农业经济时代的主要特征。农业经济时代的社会经济发展依赖于土地利用，自然的土地被人类开垦，生产人类生存的食物，并且作为财富积累的主要途径。随着人口的增长，人类不断地开垦荒地，扩大有效的利用面积；兴修水利，改善土地利用的基础条件；采用新的技术和工具，提高单位面积的产量等等，不断地促进土地的高效利用，推动社会经济的发展。人类以土为生，以土地的占有生产和积累财富，国家通过控制土地取得财富，个人通过占有土地积累财富。有土地的地主通过各种合法和非法的手段积聚土地，形成垄断，依靠地租增加收益；无土地的农民通过起义造反，剥夺地主的土地为自己所有，太平天国的领袖们提出了“凡天下田，天下人同耕”“耕者有其田”的口号，正是其中的典型代表。近代的政治家们采取多种方式（暴力的和非暴力的）的土地改革，也正是希望通过土地和生产者的结合，推动社会经济的发展。土地是农业经济时代最重要的资源要素。

随着技术的发展，手工业、商业逐步从农业中分化出来，相应地产生了城镇、手工业等的用地类型。以纺织机械和蒸汽机发明为标志的工业革命，使得社会经济步入工业经济时代。近几百年的工业经济发展，产生了超过过去几千年农业经济时代财富和文明的辉煌。工业经济的发展使得依靠土地生产的农业产业在国民经济总产值中的比例大幅度下降，工业企业的发展带动了城市的发展，大量的土地由农业用地转变为工业用地和城市用地，土地价格迅速攀升，给房地产商以及土地投机商创造了积累财富的商机。工业用地、城市用地成为土地利用的主要类型之一。工业生产中的土地利用已经不再像农业生产那样作为生产资料，而仅是利用土地的空间属性。对于工业企业家而言，土地只是生产投资中的固定资本。无论是工业投资还是商业投资，购买或租赁土地都是作为能带来回报的资本。劳动力和资本在工业经济时代占有了新的重要地位。土地和其他形式的资本一样是工业经济时代最重要的资源。但是土地的相对价值下降，在农业经济时代占有土地就等于占有经济的情况已经发生了根本性的改变。

在后工业社会时代，科学技术是以加速度的形式快速发展，人类对土地的认识和利用能力也在快速不断提高。近些年来人们开始认识到依靠武力占领别国的土地并不一定能够取得相应的经济效益。生产力要素中土地与劳动力、资本相分离。土地是固定的,可以在物理意义上被占领,但是劳动力、资本和信息是可以流动变化的,并不一定随着土地的占领而被占领。产业经济中服务业的价格超过了制成品的价格,土地的使用价值将进一步下降。这就意味着在知识经济趋势下,土地资源的利用方式和土地资产的运作速度会不断发生变化。

但是,在现实社会中我们看到的则是另一番情况,土地交易的价格在不断地飙升,房价的上涨已经成了全社会关注的热点。究其原因,价格的飞涨并非土地使用价值提升所造成,土地资本价值才是推升土地价格上升的根本原因。土地资本价值上涨的原因是复杂而众多的,其中人类(包括个人、团体和政府)贪婪的本性、投机的行为才是推动土地价格上涨最根本的原因。

而全球人口的不断增长,人地矛盾进一步突出,迫使人类进一步挖掘土地的功能,实现土地的多功能开发和高效利用。城市用地的扩张,生态环境产业用地的增加、农业用地的保护与高效利用、经济全球一体化下的用地政策研究等将成为土地利用研究的重点内容。

0.1.3.2 农业-农村发展过程中土地利用特征

在传统农业向现代化农业的转化过程中,有多种途径可供选择。我们的目标是选择一条符合实际和客观规律的持续发展的道路。保证实现农村土地持续利用正是这种发展道路的重要组成部分。辛德惠教授在长期的研究实践中,提出了我国农业农村发展战略,指出:我国农业农村发展战略分为3个阶段,即综合治理开发阶段、综合农业阶段和城乡一体化阶段。构成不同发展阶段主要特征的土地利用以及土地持续利用管理,同样具有阶段性特征(辛德惠,1990;辛德惠,1995)。

——综合治理开发阶段:是农业持续发展的准备阶段。土地的农业利用是本阶段的主要方式。土地生产力低下,并存在或多或少的限制性因素,环境条件恶劣,农业生产的抗逆能力较差是土地生态系统的重要特点。土地持续利用管理的任务,即要建立良好的农业生产条件,改善和保护农业生态环境,增强综合预防能力,提高农业土地的第一性生产力,形成高产稳产的优化农田生态系统。同时,因地制宜地发挥土地优势是值得十分注意的问题。

——综合农业阶段:是整个农业农村发展战略中极重要的承前启后的关键阶段。土地生产力有了较大的提高,土地的限制因素基本消除,农业生产由单一的种植业生产,向第一、二性生产和第三性生产综合发展转变。进一步提高土地生产力,防止土地退化和土地污染,优化种植业结构、农业结构和产业结构,建立空间和生态协调发展的土地利用结构,即建立优化的农业—农村生态经济系统是本阶段的主要任务(郝晋珉,2009)。

——城乡一体化阶段:这一阶段是我国农村与城市同步发展一体化过程,建立中国特色的现代化农业的阶段。土地持续利用要保持生态环境的稳定和不断改善,实现县级城市化、田园化;乡镇级中心集镇化、经联化;村级经联化、多元化;农户级专业化、规模经营化和组合化。达到土地利用与生产、经济、社会的协调发展。

不同阶段的土地利用管理必须与其发展特征相一致,当区域发展尚处在开发治理阶段之初,农民温饱问题还未得到解决时,土地利用结构中不可能产生太大的农业土地与非农用地的矛盾;生产条件基本改善,经济发展开始起步的时期,产业结构迅速调整,过多地限制非农用地的增长,不能促进社会经济的发展;而只看到当前生产与经济的发展需要,不考虑资源与环境的保护,必然是短视行为,会给持续发展带来严重的后果。

0.2 黄淮海平原土地利用治理与开发

黄淮海平原是我国的最大的平原，也是我国最重要农区之一。新中国成立之前广袤的黄淮海平原虽有气候温和、水土资源丰富的优势，但是由于旱涝碱咸等自然灾害的危害加上连年的战乱，平原的土地并未得到充分的开发和利用，粮棉产量低而不稳，经济发展落后，人民生活贫困。新中国成立之后黄淮海平原的开发得到了党和政府的重视，特别是“六五”开始的“黄淮海平原科技攻关”以及之后的“黄淮海平原农业综合开发”，为黄淮海平原的发展和国家粮食基地的建设奠定了坚实的基础。

0.2.1 新中国成立之初的黄淮海平原

历史上的黄淮海平原是一个自然灾害频发、粮棉产量低而不稳的平原。据冀鲁豫苏皖五省近500年的统计资料，黄淮海平原平均3～4年一次大旱，1.5～3年一次大涝。农田中盐渍化和潜在盐渍化土壤占总耕地面积的1/3左右，其中盐渍土233.45万 hm^2，潜在盐渍化面积约为266.8万 hm^2；还有266.8万 hm^2 砂姜黏质土和166.75 hm^2 的风沙土等低产土壤。中低产田0.13亿 hm^2，占全区域耕地面积的70%，产量水平分别只相当于高产田的30%和66%。此外，70%左右的地面以下有浅层咸水。

近代的黄淮海平原从19世纪中叶到20世纪中叶，从鸦片战争到抗日战争，从国内军阀混战到解放战争，这里都是重要的战场，战乱连年不断，人民饱受摧残，生产力严重被破坏。加之旱涝碱咸风沙等自然灾害频发，土地生产力水平低下，农业生产落后，粮食产量低而不稳。据有关研究(徐秀丽，2000)，20世纪二三十年代，黄淮海平原的冀鲁豫三省耕地面积粮食亩产分别为：河北省212斤/亩①，山东省282斤/亩，河南省270斤/亩，三省平均亩产为250多斤；人均拥有成品粮数为：河北省269斤，山东省307斤，河南省338斤，均未达到人均日食1斤的水平，可见民食之艰窘。尤其是河北省，人均每月口粮只有23斤多一点，显然无法填饱肚子，本省粮食供不应求，需要区外调剂。如果说正常年景尚能度日的话，战乱和灾荒年头就不免于饥馑了。

新中国成立后百废待兴，党和政府积极鼓励恢复生产。经过短时的恢复时期，立即开始了大规模的经济建设。为了摸清国家的资源家底，掌握自然条件的变化规律、自然资源的分布情况，从1951年开始，国家组织多次大规模的综合考察。包括地质、水文、水能、水利、地理、土壤、植物等学科和工、农、林、牧、交通、经济等方面的专家数千人参加了考察工作。20世纪50年代的黄淮海地区，土地贫瘠，农业技术落后，盐碱地等中低产田大面积存在，农业产量低下，旱涝灾害时有发生。从1955年开始，国家组织了中国科学院、水电部和农业部的600余名技术人员，在知名土壤专家熊毅等的带领下，对黄淮海平原的水土状况进行了大规模考察，调查面积达27.6万 km^2。通过调查，系统地研究了华北平原土壤形成条件、过程、特性和分类，改变了过去统称“冲积土”的命名；对各种层状沉积物发育的土壤类型，特别是褐土、浅色草甸土

① 1斤=0.5 kg，1亩≈667 m^2。

(潮土)和盐碱土的形成过程、发展阶段、分布规律及其特性进行了深入的研究;揭示了第四纪河流沉积规律,层状沉积物结构、类型及其对土壤水肥特性、水盐运动和农业生产的影响;开创性地研究了浅层地下水与土壤盐碱化的关系,根据沙、黏相间的沉积层次所形成的岗、坡、洼地形与水盐运动状况,总结出旱、涝、盐碱在发生上的联系,为有效防治土壤盐碱化提供了理论依据;提出春旱、秋涝和土壤盐碱化是阻碍华北平原农业生产发展的主要限制因素,特别是在无排水条件下发展自流灌溉引起土壤次生盐碱化,是限制平原地区农业生产发展的关键;编制了1∶20万《华北平原土壤图集》,出版了《华北平原土壤》专著,为华北平原土壤改良和大规模区域开发提供了科学基础资料。

总体上来说,20世纪50年代到60年代初,是对于黄淮海平原自然资源与条件的调查与认识时期。这个时期的工作为黄淮海平原的开发以及今天的土地利用积累了丰富的资料与经验。除去上述土壤调查之外,还有大量的黄淮海平原(华北平原)的专门研究或涉及黄淮海平原的相关研究。在地理学方面,中国科学院自然区划工作委员会在1956—1959年陆续编写出一整套中国自然区划,计有《中国自然区划草案》、《中国地貌区划》、《中国气候区划》、《中国水文区划》、《中国潜水区划》、《中国土壤区划》、《中国植被区划》、《中国动物地理区划与中国昆虫地理区划》、《中国综合自然区划》。这些区划中都有对于黄淮海平原(华北平原)专门性的研究。

20世纪50年代地质部成立以后,各省的水文地质专业队伍和有关的研究机构也相继成立。从50年代中期起,我国有计划地在全国开展区域水文地质普查。1958年编制出版第一幅比例尺1∶300万中国水文地质图和第一本专著《中国区域水文地质概论》。1957年正式出版发行我国第一种《水文地质工程地质》刊物。这一时期发表了许多有关中国水文地质分区、中国潜水分带规律、中国的自流盆地,以及有关华北平原,松辽平原、关中平原、内蒙古高原、河西走廊,柴达木盆地、准噶尔盆地、塔里木盆地等的区域水文地质论文或专著。在著名水文地质专家陈梦熊的组织领导下,完成了黄淮海平原等地比例尺1∶20万的水文地质普查,并组织编辑了比例尺1∶100万的黄淮海平原与松辽平原的水文地质图系,为黄淮海平原地下水资源开发利用做出了巨大贡献。

从20世纪50年代末到60年代初,黄淮海平原的利用与治理,转入以水利工程为主的阶段,在各地掀起了兴修农田水利和发展灌溉的高潮。1950年淮河发生大水灾,毛主席号召"一定要把淮河修好";1952年又指示"要把黄河的事情办好"。首先,国家大力开展水利设施建设,疏浚河道,改善排水条件,开展治淮和治黄工程。治理淮河的过程中,在上游修建水库13座,中游整修河道,并利用湖泊、洼地蓄洪,下游开辟入海河道,巩固河运堤防,大大减轻了淮河中游、下游"小雨小灾、大雨大灾、无雨旱灾"的情况。在黄河的治理过程中,为了加高维护黄河的下游堤防,防止黄河决口泛滥,采取引黄灌溉等措施,对中低产田的治理和改良起到了重要作用。其次,重点采取了以农业耕作和生物改良为主的工程措施,如刮盐改碱、围堰蓄淡、修筑台田、耕作防盐、翻淤压碱、增施粪肥和种植耐盐作物等,收到了一定效果。但由于在平原区盲目推行以蓄为主的治水方针,在没有有效排水条件的情况下,大搞引黄灌溉和坑塘、河网、平原水库等蓄水工程,平原蓄水之风盛行,很快发展成"满天星"、"葡萄串"、"鱼刺带瓜",打乱了自然排水流势,引起了灌区土壤次生盐碱化和沼泽化灾害的迅速发展,同时也加重了内涝,粮食大幅度减产,情况十分严重。大引大灌,有灌无排,只蓄不排,致使涝灾加剧。1950—1957年期间平原的盐碱土面积处在比较稳定的时期,但1958—1962年期间盐碱土面积急剧上升,农业生产遭到严重破坏。1962 年引黄灌溉被迫暂停，拆除了阻水工程，废除了平原水库，次生盐渍化的发展才得以缓解。1963 年，海河发生特大洪水，并在这一流域造成严重洪涝，犹如雪上加霜，土壤盐渍化进一步扩大，黄淮海平原盐碱土面积达到 6 000 多万亩。毛泽东主席及时提出“一定要根治海河”，国家采取蓄泄兼顾，疏通河道、增辟入海尾闾，起到了一定的防洪除涝作用。而 60 年代末和 70 年代初，却又连续 3 年大旱，周总理召开北方十七省市抗旱工作会议，并部署了在河北黑龙港地区(43 个县)，由当时国家科委组织的“合理开发利用地下水”的科技大会战。在此期间，国家为增加粮食产量，广泛开展建立“样板田”活动。此外，中国科学院、中国农业科学院、中国水利科学院、北京农业大学等科研单位，在山东、河南、河北等地建立了盐碱地改良试验点，探索井灌、井排等为主要内容的盐碱土改良技术，积累了科学治碱经验。在黄淮海平原各省、市、地县的盐渍土类型区、砂姜黑土类型区，以及沙土类型区，建立了大批单学科专业性的试验点。70 年代的黑龙港科技大会战以及各家的科研和治理实践均取得了许多重要的科研成果和经验，据此国家在 80 年代初开始设立了黄淮海平原区域治理科技攻关项目。

为了因地制宜地发展农业生产，1956 年国家制订了《全国农业发展纲要(1956—1967)》(简称《纲要》)。《纲要》中指出：“从一九五六年开始，在十二年内，粮食每亩平均年产量，在黄河、秦岭、白龙江、黄河(青海境内)以北地区，由一九五五年的一百五十多斤增加到四百斤；黄河以南、淮河以北地区，由一九五五年的二百零八斤增加到五百斤；淮河、秦岭、白龙江以南地区，由一九五五年的四百斤增加到八百斤。其中的沙荒地区、土地瘠薄地区、常年旱涝地区、高寒山区、无霜期很短地区、地广人稀地区、大面积垦荒地区，可以按照情况，另外规定增产指标。”《纲要》中还指出：“从一九五六年开始，在十二年内，棉花每亩平均年产量(皮棉)，由一九五五年的三十五斤(全国平均数)，按照各地情况，分别增加到四十斤、六十斤、八十斤和一百斤。”这就是所谓的粮食产量“达纲要”、“过黄河”、“跨长江”的粮棉增产指标。《纲要》对黄淮海平原地区的增产指标是实事求是的，反映了平原当时的实际生产能力和条件。

从 1952—1980 年实际生产情况看(新中国成立以来黄淮海平原农业的发展概况，李正新，1982)，虽然黄淮海平原粮食增产幅度远高于全国平均水平，但是产量仍然处在全国各大区的中等偏下水平。1952 年我国粮食平均亩产为 176 斤的水平。东南区(包括沪、浙、闽、粤、桂、赣、湘、鄂)平均亩产 246 斤，高于全国 70 斤；西南区(包括云、贵、川)平均亩产 231 斤，高于全国 55 斤；东北区(包括辽、吉、黑)平均亩产 185 斤，高于全国 9 斤；黄淮海区(包括京、津、冀、鲁、豫、苏、皖)平均亩产 139 斤，低于全国 37 斤；西北区(包括陕、甘、宁、青、新、晋、内蒙古)平均亩产 119 斤，低于全国 57 斤。可以看出黄淮海地区与全国平均相比，则属中产偏下的地区。到 1980 年，全国粮食平均亩产由 176 斤提高到 364 斤，提高 1.17 倍，平均每年递增 2.73%，而黄淮海地区则由 139 斤提高到 354 斤，提高 1.54 倍，平均每年递增 3.52%，大大超过了全国平均增产速度，但就平均单产水平仍然没有达到全国的平均水平。

0.2.2 黄淮海平原综合治理与综合发展研究

1950 年，毛泽东主席就号召“一定要把淮河修好”；1952 年又指示“要把黄河的事情办好”；1963 年海河特大洪灾后，又发出了“一定要根治海河”的号召，这些都是针对黄淮海平原的治理而发的。但是由于这里自然条件太复杂，治理难度极大，曾走过了一条崎岖坎坷痛苦的道路。20世纪50年代重蓄水修渠抗旱而忽视除涝治盐碱,使土壤盐渍化滋生,而造成新建灌区“一年增产”、“二年平产”、“三年减产”。整个60年代,在除涝治碱上,采用“农改”、“水改”、“台田”、“管井”等治理措施,苦苦求索,但都成效甚微。70年代治理措施上又发生了深浅井和深浅沟之争,挖挖填填,浪费了许多人力、物力和财力。30年治理的坎坷经历,验证了恩格斯“我们不要过分陶醉在我们对自然界的胜利中,对于每一次这样的胜利,自然界都会对我们进行报复”的论断。此时黄淮海平原急需科学理论的指导和先进技术的支持。在“农业学大寨”运动中,“张书记来了挖(沟),李书记来了填,王书记来了不知怎么办”。在旱、涝、碱、咸、沙、薄交相为害和复杂的自然面前,人们常常是顾此失彼,显得被动和软弱无力。但是,70年代的黑龙港科技大会战以及各家的科研和治理实践均取得了许多重要的科研成果和经验,加深了人们对自然的认识。在这种历史背景下,国家从“六五”开始进行科技攻关,经过“七五”、“八五”、“九五”持续开展了近20年的大型综合性的综合治理与综合发展的攻关研究。针对黄淮海区域不同时期农业发展的制约因素,开展跨地区、跨部门、多学科的大型科技攻关研究,解决关键技术问题。20多年的攻关研究,为该区域农业发展和农业现代化做出了巨大贡献(表0.1,表0.2)。

表0.1 黄淮海平原区域综合治理与综合发展攻关项目

时间	项目或课题名称
“六五”(1982—1985年)	黄淮海平原中低产地区综合治理和增产技术
“七五”(1986—1990年)	黄淮海平原中低产地区综合治理
“八五”(1991—1995年)	黄淮海平原农业持续发展综合技术研究
“九五”(1996—2000年)	黄淮海中低产田治理与区域农业综合发展

表0.2 黄淮海平原区域综合治理与综合发展攻关研究概况统计

项目	时期			
	“六五”	“七五”	“八五”	“九五”
科研经费投入/万元	1 180	1 384	1 898	2 210
研究人员投入/人	429	513	499	289
鉴定成果/项	78	138	29	54
获奖情况/项	25	43	41	38
发表论文著作/篇(部)	269	509	862	896
经济效益				
产值/万元	30 090	49 031	94 311	107 797
人均收入/元	530	870	1 400	2 250
推广面积/万亩	2 342	3 380	5 387	6 960
社会经济效益/万元	74 165	262 772	562 623	902 000

0.2.2.1 “六五”—“七五”黄淮海平原综合治理研究

“六五”—“七五”期间(1982—1990年),国家科技攻关计划设立“黄淮海平原中低产地区综合治理和增产技术”和“黄淮海平原中低产地区综合治理”2个课题,针对黄淮海区域旱、涝、土壤盐渍化滋生的问题，在山东的禹城、陵县、寿光，河北的曲周、南皮、龙王河，河南的商丘、封丘、开封、人民胜利渠，江苏的睢宁，安徽的蒙城建立 12 个不同类型中低产地区综合治理试验区进行科技攻关研究（表 0.3），并设置了“区域水盐运动监测预报技术研究”、“主要作物施肥模型、施肥咨询系统和培肥技术研究”、“灌溉排水技术措施研究”、“黄淮海平原主要作物周年、高产、高效综合配套技术体系和生产管理决策系统研究”、“平原综合防护林体系研究”、“黄淮海平原农业资源开发利用总体方案与作物布局种植制度研究”等共性专题研究。

表 0.3 “六五”期间“黄淮海平原中低产地区综合治理和增产技术”课题综合试验区一览表

试验区名称	专题研究内容
禹城试区	河间浅平洼地综合治理开发配套技术研究
陵县试区	洼涝盐渍土综合利用和综合配套技术研究
寿光试区	高矿化地下水型滨海盐渍土综合治理与开发配套技术的研究
曲周试区	浅层咸水型盐渍化低产地区综合防治规范化配套技术和综合效益研究
南皮试区	南皮近滨海缺水盐渍区综合治理配套技术
龙王河试区	陷层咸淡水交错类型区盐渍土综合治理
商丘试区	黄淮平原商丘实验区综合治理技术体系研究
封丘试区	封丘试区综合治理技术研究
人民胜利渠试区	人民胜利渠灌区综合技术改造研究
睢宁试区	江苏徐淮花碱土地区综合治理技术
蒙城试区	淮北砂姜黑土区综合治理开发配套技术研究
开封试区	开封沙区综合治理配套技术研究

“六五”、“七五”期间攻关任务主要是针对黄淮海平原不同类型区的限制因素进行综合治理。经过长期的研究形成了由系统理论、规范技术和模式样板构成的完整技术体系，获得国家科技进步特等奖。

1. 提出了“半湿润季风气候区水盐运动理论”（M.M 理论）（石元春，1986）

半湿润季风气候区水盐运动理论比较系统和科学地揭示了黄淮海平原的十分复杂的自然现象，指出了旱涝盐碱综合治理的指导原则和基本途径。理论上的两个突破：一是提出了独立的半湿润季风气候景观和生态类型以及新的土壤盐渍化类型和区域；二是运用系统方法数学模型表征了复杂的区域水盐运动现象。M.M 理论对指导黄淮海平原的盐碱地治理发挥了巨大的作用。

2. 提出了不同类型区综合治理配套技术体系，建立综合治理和农业发展模式

根据黄淮海平原旱涝盐碱沙薄等不同限制类型，在综合治理区划的基础上部署了 12 个综合治理试验区，研究提出了河间浅平洼地、涝洼盐渍地、高矿化地下水型滨海盐渍土、浅层咸水型盐渍区、近海缺水盐渍区、浅层咸淡水型盐渍化地区、徐淮花碱土区、砂姜黑土区、沙区以及背河洼地区等中低产地区综合治理配套技术和大型引黄灌区综合改造技术；提出区域性综合治理开发总体方案、建立相应的综合治理技术体系和模式样板。试验示范区面积近 1 100 万亩（国家科委农村科技司，1998）。为相应类型区的综合治理与农业发展提供了科学依据和技

术支撑。如曲周试验区(浅层微咸水—河间浅平洼地类型)以开发利用浅层淡水和微咸水为突破口,以土壤水为中心,实行降水、地上水、深层和浅层地下水的综合调控模式,建立了“浅井深沟”“浅井浅沟”等适用于不同地区的农田工程体系(郝晋珉,2009);禹城试区(浅层淡水—河间浅平洼地类型)建立了地面水灌排和浅井群强灌强排的 3 种类型地综合治理开发模式;商丘试区(浅层淡水—黄河古背河洼地型)建立了比较完整的节水农业体系及其动态仿真模型以及不同条件下的 4 种排水模式;寿光试验区(滨海高矿化地下水和盐土型)提出了抽咸补淡和分层次综合开发利用的“农盐牧模式”;开封试区(沿黄河风沙型),井灌沟排,建立综合防护林体系的农田基本建设和调整种植结构(发展小麦的同时发展西瓜、花生等经济作物)相结合;蒙城试验区(皖北砂姜黑土型)针对砂姜黑土的涝、渍、旱、瘦、僵,建立旱改水,稻麦两熟,培肥土壤,农林牧结合的模式等。各个试区不仅提出适应所在类型区综合治理的模式(水利及农林工程),并在试区做出示范,而且提出了相应的农业种植制度和农业技术,为试区所在地和该类型区的农业生产和农民提供技术示范推广和信息咨询服务,深受当地干部群众的广泛欢迎。

12 个试验区总面积发展到 21.7 万亩。以试验区为中心,带动周围各片形成 369 万亩示范区和 724 万亩扩散区。试验区粮食平均单产 1990 年已达 555.3 kg,人均收入 690 元,分别是 1985 年的 1.9 倍和 1.8 倍。棉花亩产由 1985 年不足 60 kg,提高到 78 kg。夏大豆亩产由 77 kg提高到 114 kg。林木覆盖率达到 14%～20%。畜牧业比重普遍从 1985 年不足 5%提高到 1989 年的 8.5%～12%及以上。

示范区粮食亩产 518 kg,人均收入 673 元,分别是 1985 年的 1.9 倍和 2.3 倍;724 万亩扩散区粮食亩产 354 kg。5 年来累计平整土地 471 万亩,改良盐碱荒地 250 万亩,各试区盐碱地面积已由 1985 年的 368.37 万亩,下降到 1989 年的 148 万亩,获得了明显的经济效益。

试验示范区 5 年累计增产粮食 205.6 万 t、增产皮棉 78.5 万担。增产油料 19.8 万 t、增产肉类 3.1 万 t,平均年递增速度在 10%左右。

3. 提出了针对黄淮海平原的重大和超前性技术研究

(1)区域水盐运动监测预报技术——PWS 体系　旱涝碱咸综合治理的实质是对区域水盐运动的科学调节和管理,而科学的调节和管理要建筑在对区域水盐运动做出科学监测和预报的基础之上。此项技术的创新点和重要突破是:为这个十分复杂和开放的大系统建立了系统预报模型;突破了实验室模拟进入实地单点预报,以及试验现场的多点预报向面扩展的技术难点和关键;首次提出了区域水盐运动的季节性和短期实时预报;初步实现全程计算机自动化操作。此项成果亦将在“南水北调”中线方案引水和预防次生盐渍化中发挥作用(石元春,1992)。

(2)低压管道输水灌溉技术　研制成的系列薄壁 PVC 双壁管,其质量性能达美颁标准,原材料消耗较轻工部颁标准降低 40%～50%。还研制多种新型水泥预制管和内衬塑料薄膜,外护圬工管和现场连续浇注混凝土管的低压输水管道成套技术(国内首次)及多种配套用管件。与此相应的是研究了管网优化设计和微机监控系统。此套系统使渠系水利用率由 40%提高到 90%以上,节约土地 2%,节电 23 kW·h/(年·亩)。至 1990 年,PVC 管推广 30 万亩,现场浇灌 20 万亩,预制 10 万亩,年净增效益 2 192 万元。

(3)优化施肥技术　在试验研究基础上,建立了 41 个施肥模型,进行经济评价后提出最佳施肥方案。最后成果是建立计算机优化施肥推荐系统(CCFS—90)。与传统方法的同等施肥量相比,小麦和玉米产量增幅分别为 8%～22%和 14%～17%,1986—1990 年累计经济效益

6 900万元。有关的一项基础性研究是石灰性土壤无机磷的分级体系研究。此项研究将国际沿用的土壤无机磷的分级体系中仅将 Ca-P(磷酸钙盐)笼统地划为一级，进一步按石灰土壤中 Ca-P 的不同组成续分为 Ca2-P、Ca8-P、Ca10-P 三类，为石灰性土壤供磷能力和作物磷素营养之间的关系和磷的经济施用的深入研究开拓了新的途径。

(4)农作物优质高产抗逆栽培技术研究　针对黄淮海平原的特点，研究提出了盐碱地种植棉花抗逆优质高产栽培技术和棉花早熟优质高产的全生育过程化学控制的综合栽培技术。为了大幅度提高复种指数，在种植制度和配套技术上实现了两项重要突破：其一是在中低等肥力水平土壤上小麦、玉米两茬平播亩产吨粮技术，此项研究获国家科技进步二等奖；其二是小麦-夏播棉两熟制，是黄淮海平原种植制度上具有重大实践意义的突破，可以较大地提高黄淮平原的复种的指数。此外，研究提出了大豆、油菜、花生、芝麻及沙地苹果、葡萄抗逆优质高产的栽培技术等。

(5)农田综合防护林体系配套技术　首次在我国提出了“空间上有层次，时间上有序列的多树种、多林种和多层次的生态经济型综合防护林体系的试验示范优化模式”，并针对黄淮海平原不同条件和需要筛选出适生用材树种 20 多种，经济树种 9 种、灌木 3 种。研究提出了不同立地类型农田综合防护林的优化配置比例、林种结构、树种搭配以及相应的栽培抚育更新技术(国家科委农村科技司，1998)。并经过气候效应、水热效应、生物效应、农业效应以及经济评价等系统检验。此成果已推广 1 100 万亩，林木覆盖率由 10%左右提高到 20.4%，作物增产 8.7%。

整个项目，仅“七五”期间 12 个综合试验区和 6 个重大超前性技术所覆盖的范围，就取得了很大的经济效益：增产粮食 183 万 t、皮棉 250 万担①、油料 17.6 万 t、肉类 2.8 万 t；还节水 56 亿 m^3、节电 6.3 亿 kW·h、节约化肥 3.3 万 t，累计经济效益 74 亿元。期间，推广单项和组装技术 81 项，成果推广率 60.8%。在 12 个综合试区和多个专业性试区中，区域水盐得到科学管理，旱、涝、碱、咸、沙、薄向着良性循环方向发展和基本得到控制；建设了科学的农田综合防护林体系；水资源有效利用率和化肥利用率分别比初期提高 60%～80%和 10%～15%，从而使农田生态环境和农业生产条件发生了根本性改善，农林牧综合发展，农民收入大幅度提高。

本项目技术上和理论上的突破对黄淮海平原的综合治理和农业发展起到重要的推动作用，也为国家粮食上新台阶做出的重要决策——“区域综合治理和农业开发”(1988—2000)以及在我国北方发展“节水农业”等重要决定的形成提供了科学依据和经验。

0.2.2.2 “八五”—“九五”期间“黄淮海平原农业持续发展研究”

在“六五”、“七五”长期区域综合治理科技攻关的基础上，课题按照“生产优先，突出经济，兼顾生态”的原则，并根据黄淮海平原区域内不同地区的农业资源环境及农业生产与经济发展水平等组合的分异性，针对该地区普遍存在的中低产田分布广、水土资源日益成为发展的强约束因素，以及粮棉再高产难度加大、生产结构相对单一、经营效益低下、农村经济增长迟缓等现实关键问题，重点从建立不同类型区高效持续发展及现代化农业发展样板、区域重大共性技术研究以及区域可持续发展战略 3 个层次展开区域性、集成性及超前性的攻关研究。完成综合

① 1 担＝50 kg。

治理的12个试验区成为“农业持续发展研究试验区”[根据研究的需要人民胜利渠试验区调整为豫东南(平舆)砂姜土综合治理试验区],并先后设立了“农林复合生态系结构与功能研究”、“节水型灌溉综合技术研究”、“农牧结合的模式及关键技术研究”和“黄淮海平原区域农业可持续发展战略研究”等专题。

水资源恶化构成了黄淮海平原农业可持续发展的突出问题,同时也反映了农业生产的规模化、集约化过程与资源生态环境的脆弱性之间的矛盾,必须从区域整体的角度来解决这一地区现代农业发展与资源持续利用之间的生态经济关系及其技术体系。为此,科技攻关把研究重点聚焦在黄淮海平原农业结构调整和持续高效农业综合技术体系的建立上,将农业区域发展研究以及黄淮海平原农业发展推进到一个新的阶段。课题成果主要是:

1. 集成五大关键技术

(1)黄淮海平原节水农业综合技术　经过连续5年的研究与实践,取得两项理论突破,研制生产了3个产品,提出了4项关键技术创新和获得8项国家专利,形成了以“作物调亏灌溉与利用土壤水分理论”为指导,以栽培、覆盖、水肥调控、土壤深松等农艺节水技术为主体,优化地表节水灌溉、机械化播收一体化、微灌流量控制以及微咸水利用等关键技术相配套的新型节水农业综合技术。与单一的设备型节水、工程化节水技术相比,具有技术科学、简便易行、符合国情、效果明显、易于推广等优点,已经在黄淮海平原以及国内其他地区得到了广泛应用,并取得了良好的经济、生态环境和社会效益。

(2)黄淮海平原种植业结构调整关键技术　经过连续几年的研究与示范,以黄淮海平原主要类型区的主要作物产品优质化和绿色化开发为切入点,在国内率先示范成功了适宜于淮北地区大面积生产的优质面包小麦品种,并建立了规模化栽培技术体系和开发基地;筛选出了适合于滨海地区的耐盐优质小麦品种;形成了黄淮海平原高营养和特用玉米生产新品种结构体系与高产高效栽培技术体系;在国内率先引进苹果篱壁式栽培,形成了区域性优质果品开发配套技术,为黄淮海地区种植业结构调整提供了科技支持。在国内首次研究形成了以微生态制剂为特色的农产品无公害技术模式,引导了黄淮海平原安全农产品的发展。

(3)黄淮海平原农区畜牧业结构调整关键技术　经过连续几年的研究与示范,以黄淮海平原农区饲草种植为切入点,在国内率先研究形成了青刈黑麦产业化生产技术体系,带动了黄淮海传统种植业结构向粮、棉、草新型结构的调整;提出秸秆资源饲料化“微贮”新技术,为高效利用秸秆资源,发展农区肉牛等草食家畜提供了技术支持;在国内率先成功进行了波尔山羊杂交改良配套技术并得到大规模示范应用,促进了该地区畜牧产业发展;在国内首次研究形成了以微生态制剂为特色的无公害畜禽产品生产技术,引导了黄淮海平原农区畜禽产品安全生产的发展。

(4)黄淮海平原设施农业关键技术　经过联合攻关,在国内首次形成了包括日光温室布局区划、温室计算机辅助设计与新式日光温室建造、温室水土气热综合调控与高效栽培为一体的系列化的设施农业技术体系,为促进黄淮海地区乃至全国的设施农业发展提供了重要技术支持。

(5)黄淮海平原土地资源高效利用技术　经过大量的定位试验和机理性研究,系统研究了黄淮海平原土壤肥力时空变异特征、沙土水分养分空间特征以及滨海土壤与耐盐植物耐盐机理,为合理利用类似土壤提供了重要科学依据;研究形成了沙土玉米、花生间作高效利用模式、砂姜黑土高分子快速改良技术。

2. 技术集成推动县域农业发展典型模式

经过 10 多年的不断发展，通过建立科技先导型的试验区，在黄淮海平原上形成了一批依靠高新技术试验示范和技术辐射带动县域经济超常规发展的典型模式，也为黄淮海平原可持续发展的现代化农业提供了重要借鉴。

(1)曲周模式：以农业产业结构调整技术推动县域农业持续发展模式　该模式以保证土地资源永续利用为基础，不断提高第一性(作物)产品和第二性(养殖)产品的生产力并加强第一、二性产品的深加工和综合利用，形成第三性(加工)产品的生产力，以此推动种植业结构、农林结构的不断优化，创建绿色产业，发展综合农业，带动县域经济的持续发展。

(2)睢宁模式：以优质农产品产业化推动县域农业持续发展模式　试验区与地方政府紧密结合，科研单位和加工企业组成的联合体或公司＋农户等多种形式，采用基地化生产、企业化经营的运作机制，逐步形成以科技为先导、市场为目标、企业为龙头、基地为依托的区域性优质农业产业化体系，促进"基地—农户—企业—市场"的衔接，发挥科技与经济结合的作用，为发展地方经济做贡献。

(3)禹城模式：以农牧结合技术集成带动县域农业持续发展模式　依据优化结构、优质生产、提高效益、资源节约与可持续发展的总体思路，提出了"农牧结合、食草与精料畜禽协调、产加销一体化"畜牧业发展模式。

(4)商丘模式：以农业水资源高效利用保障县域农业持续发展模式　以区域水资源可持续利用为目标，突出农艺与水利相结合，农水并重，建立农业用水持续高效综合利用技术体系，形成区域节水农业综合发展模式。并以此保障农业产业结构调整，推动县域经济发展。

(5)环渤海模式：以土地资源高效利用保障县域农业持续发展模式　以栽植高抗逆性、效益高的植(作)物为突破口，融合田间微域工程和设施农业新技术，更新盐地植被(自然和农业)，生物改良利用滨海盐渍土，以解决缺水、盐渍化两大限制因素为攻关目标，建立滨海粮、棉、菜、林、草高产高效简化栽培管理技术新体系，发展农区畜牧业，推进环渤海低平原农业产业化和外向型农业的持续发展。

2003 年"黄淮海平原持续高效农业综合技术研究与示范"获得国家科技进步奖二等奖。这是 1993 年黄淮海课题成果获得国家科技进步奖特等奖后，又经过十余年连续不断的艰苦攻关，积累的成果。

0.2.2.3　黄淮海平原农业综合开发

根据黄淮海平原综合治理与综合发展科技攻关研究与实践的成果，国家在 20 世纪 80 年代末，提出了"农业综合开发"的重大战略决策。

农业综合开发首先从黄淮海平原开始，之后逐步扩展到全国范围。黄淮海平原的农业综合开发区包括京、津、冀、鲁、豫、苏、皖五省两市的 339 个县(市)。耕地面积为 0.192 亿 hm^2，人口为 2.33 亿。农业综合开发是以改造中低产田和开垦宜农荒地为重点，以增产粮棉油肉为主要目标的政府行为。其着眼点在于对开发区内带有普遍性的农业生产限制因素和不利的自然条件进行治理改造，有效提高中低产田综合生产能力，既要形成一个持续发展的区域生产系统，又要形成一个高效稳定的农业生态系统。其主要做法是选择潜力大、投资少、见效快的区域为农业综合开发区，国务院、地方政府和农民群众各投入相应的资金，集中使用，立项开发，三年一期，分期进行。国家农业综合开发办公室主任王建国在总结农业综合开发 20 年时指出，农业综合开发大体经历了3个发展阶段。

第一阶段(1988—1993年)，以提高粮棉油肉等大宗农产品产量为主要目标。这一时期，农业综合开发的主要内容是改造中低产田和适量开垦宜农荒地。

第二阶段(1994—1998年)，将粮棉等主要农产品稳步增产与增加农民收入的目标统一起来。这一时期农业综合开发的主要内容是：在坚持以改造中低产田为重点、适量开垦宜农荒地、提高粮棉油肉等主要农产品综合生产能力的同时，搞活多种经营，发展养殖业，加大对优质高效经济作物的扶持力度，以龙头项目带动农产品的系列开发，把农业增产和农民增收有机结合起来。

第三阶段(1999年以来)，这一时期，农业综合开发适应农业发展新阶段的要求，在指导思想上实行了“两个转变”：一是由过去改造中低产田和开垦宜农荒地相结合，转到以改造中低产田为主，尽量少开荒甚至不开荒，把提高农业综合生产能力与保护生态环境有机结合起来；二是由以往追求增加主要农产品产量为主，转到积极调整结构，依靠科技进步，努力发展优质高产高效农业上来。此后，根据农业和农村形势的变化，对“两个转变”作了进一步的深化和延伸，提出了“两个着力、两个提高”的指导思想，即以农业主产区为重点，着力加强农业基础建设和生态环境建设，提高农业综合生产能力；着力推进农业和农村经济结构的战略性调整，提高农业综合效益，增加农民收入。

通过第一阶段的农业综合开发，黄淮海平原农业综合开发改善了农业生产的基本条件，粮棉油肉的增产能力得到较大程度的提高(表0.4)。6年新建桥、涵、闸建筑物37.4万座，新建排灌站1.3万座，新修防渗渠道3.4万座，埋设地下管道13.7万km，新打和配套机井37.1万眼。增加和改善灌溉面积386.7万hm^2，增加和改善除涝面积221.4万hm^2。耕地灌溉率由1987年的55.1%提高到1993年的65.0%，上升了9.9个百分点。就粮食而言，1987年全区播种面积4 404万hm^2，总产564亿kg，单产3 595 kg。1993年播种面积2 392.6万hm^2，比1987年减少0.5%；总产1 068亿kg，比1987年增长23.8%，年平均增长率4.0%；单产4 464 kg，比1987年增长24.2%，年平均增长144.5 kg。农业综合开发区6年粮食增产能力为86.62亿kg，占黄淮海全区增产总量的42.5%，占5省平原区增产总量的44.7%(吴凯等，1996)。

表0.4 黄淮海平原农业开发成效统计(1988—1993年)

省市	中低产田开发面积/万hm^2	荒地开发面积/万hm^2	植树造林面积/万hm^2	改良草场面积/万hm^2	增产量/亿kg			
					粮食	棉花	油料	肉类
河北	79.17	4.87	4.13	6.75	20.64	0.37	0.47	0.43
山东	91.21	10.85	9.47	2.73	20.44	1.33	0.79	0.96
河南	94.79	1.59	6.94	—	18.53	0.61	1.16	0.95
江苏	86.53	5.08	6.1	0.33	16.23	0.38	0.79	1.04
安徽	57.31	—	6.93	—	10.78	0.23	0.42	0.45
合计	409.01	22.39	33.57	9.81	86.62	2.92	3.63	3.83

数据来源：吴凯等，黄淮海平原农业综合开发的效益和粮食增产潜力。

通过前两个阶段的开发，黄淮海平原的土地利用和农业生产已经提高到一个崭新的阶段，1999年黄淮海平原粮食产量12 468.10万t、棉花产量153.38万t、油料产量819.89万t，分别占全国的24.52%、40.06%和31.52%。土地生产力水平处在全国的前列。

近20年黄淮海平原的综合治理与综合开发使黄淮海平原农业农村经济得到了长足的发展，尤其为我国粮棉生产上台阶做出了贡献。黄淮海平原已由昔日的盐碱地，变成土壤深厚、土质良好的高产田。粮食产量占全国总产的20%以上，其中，小麦、玉米、棉花、烟草分别占全国总产的43.6%、23.6%、57.0%和41.1%；大豆、油料和水果占30%以及肉类占20%；成为“北粮南调”的重要农产品基地，也是保障我国未来食物安全的主要区域(占27%～30%)，对西部开发生态建设具有直接的支持互补作用。

0.2.3 新世纪土地利用面临的挑战

经过综合治理和综合农业开发的黄淮海平原，成为我国最重要的粮食生产基地，扭转了我国近千年来南粮北调的历史，黄淮海平原农业土地利用达到辉煌时代。但是随着时间的推移，特别是跨入新的世纪，整个中国社会进入到了一个剧烈的转型期。中国社会从传统社会转向现代社会、从农业社会转向工业社会，社会结构、产业结构的调整，生产方式和生活方式的变化，使黄淮海平原的土地利用面临巨大的挑战。人口的增加，城市化和工业化的快速推进，土地资源的紧缺，使人地矛盾日益凸显。

农业土地利用由资源约束时代转化为资源和市场双向约束的时代，农业土地利用的相对独立状态彻底被打破，代之而来的是越来越大的农业内部和农业外部的巨大压力。

1. 农业内部的压力

——人口的增加、生活方式的转变、生活水平的提高，对粮食和各类农产品的需求量激增，客观上要求农业土地利用不断地增加生产，提高产品的品质，保障社会的粮食安全、食物安全。

——农用土地整体质量不高，中低产田面积仍然占较大比重；农业基础设施薄弱，更新困难；农业综合生产能力不强。

——农业生产方式落后，农业经营仍然以农户小规模经营为主，生产效率低下，难以适应现代农业的集约化、规模化、标准化、市场化、产业化的生产。农业综合效益低，市场竞争力差，自然和市场风险抗御能力低。

——城乡二元结构下的城乡差距越来越大，发展农村经济，提高农民收入，改善农民生活状况刻不容缓，巨大的剩余劳动力需要找到释放的途径。

2. 农业外部的压力

——城市化、工业化的加速发展，各行各业对土地的需求激增，加上利益驱动下的盲目乱占，农业土地空间被挤压、分割、破碎。

——在城市、工业对资源与要素的竞争，农业水资源、能源以及人力资源严重不足，农业生产成本不断攀升。

——工业废弃物、生活垃圾以及农业生产中化工产品高强度施用，农业土地成为最大污染对象，农用地环境质量堪忧。

——林业、湿地等生态用地日益受到重视，但是在客观上也对耕地产生了一定程度的竞争。

在这种双重压力下，如何保证健康的农业土地利用，保证粮食等农产品的生产和供应，必须转变观念、转变生产方式，找到一条科学合理、和谐共赢的土地利用道路。

这也正是本书的研究目的所在。通过系统地分析黄淮海平原新世纪之交的社会转型期农业土地利用的变化以及存在的问题，分析城市、村镇、林业、交通用地的变化以及水资源状况对农业土地利用的影响及其规律。探索城乡一体化下，黄淮海平原土地利用格局的优化和农业土地持续高效利用的战略途径。

0.3 研究范围与资料来源

0.3.1 研究范围

关于黄淮海平原的行政边界有多种说法，相应的土地面积也差异很大。

1.《中国综合农业区划》

1981 年由全国农业区划委员会组织编写了《中国综合农业区划》。其中黄淮海区包括北京市大部、天津市、河北省大部、河南省大部、山东省、安徽和江苏二省的淮北地区，共 375 个县市。土地面积 44.4 万 km^2，划分为 4 个二级区：

(1)燕山太行山山麓平原区　包括属于河北省、北京市、天津市和河南省的燕山和太行山低山丘陵及山麓平原地带，共 95 个县市(其中半山区县 36 个)，土地面积 8.4 万 km^2；

(2)冀鲁豫低洼平原区　包括河北省中南部及东部、天津市大部、山东省西北部及豫北地区东部，共 101 个县市，土地面积 10.05 万 km^2；

(3)黄淮平原区　包括豫东、皖北、苏北徐淮地区及鲁西南地区，共 110 个县市，土地面积 15.6 万 km^2；

(4)山东丘陵农林区　包括黄河以南、运河以东的山东半岛，共 69 个县市，土地面积 9.9 万 km^2。按上述区划划分除去山东丘陵的部分，即是黄淮海平原的范围，共计 306 个县市，土地面积 34.05 万 km^2。

2.《黄淮海平原农业图集》

1989 年石元春等编辑出版的《黄淮海平原农业图集》中指出，黄淮海平原包括冀、鲁、豫、苏、皖五省和京津二市的部分县市。在 1983 年是 298 个县(市)建制，后来河北省增建唐海县、泊头市，山东省增设东营市，在 1988 年是 301 个县市。后来北京市、天津市的行政区划又有变动，黄淮海平原现在应为 311 个县市，面积约 32 万 km^2。

中国农科院区划所有关同志，曾对上述范围作过修正。他们将地貌类型划分的平原边界上的行政县市作了分析，并把平原面积占总面积的 50%作为阈值，即平原面积大于等于 50%的县划入平原范围，而不足 50%的则不列入平原(黄诗铿等，1988)。按此标准，对石元春等的划分方案进行了修正，将原有方案减少了 12 个县(表 0.5)，增加了另外 13 个县(表 0.6)。

3.《中国统计年鉴》

历年《中国统计年鉴》中对于“黄淮海农区”基本上是《中国农业综合区划》的范围，行政区划在 375～378 个县市。“黄淮海农业区以黄淮海平原为主体，位于长城以南，淮河以北，太行山及豫西山地以东，是我国最大的平原，也是我国最重要的农业地区之一。行政区划上包括山东省全部，河北省大部，河南省大部，安徽省和江苏省的淮北地区以及北京市大部和天津市，共计 375 个县市。土地面积为 44.4 万 km^2，总耕地面积为 6 720 万 hm^2”(周立三，2000)。

表 0.5 比北京农业大学划区方案减少的县市 %

县市名	平原占总面积	县市名	平原占总面积	县市名	平原占总面积
平谷	32	曲阳	13	沙河	42
满城	45	行唐	40	确山	42
定县	33	临城	8		
唐县	18	内丘	34		
淮安	阜宁总渠南部县	邢台市	区外县		

数据来源:黄诗铿等,对黄淮海平原界限的商榷。

表 0.6 比北京农业大学划区方案增加的县市 %

县市名	平原占总面积	县市名	平原占总面积	县市名	平原占总面积
蓟县	51	禹县	71	汶上	59
焦作市	53	沁阳	68	东平	62
新郑	62	兖州	89	益都	52
孟县	71	济宁	100		
荥阳	54	济宁市	100		

数据来源:黄诗铿等,对黄淮海平原界限的商榷。

4.《黄淮海平原土地利用总体规划》

1989 年国家土地管理局编制的黄淮海平原土地利用总体规划,其确定的范围为采用国家黄淮海平原农业综合开发确定的范围。包括五省二市的 356 个县市行政单位,总面积 39.7 万 km^2。这个范围方案是基于黄淮海平原地貌类型边界确定的,但是为了平衡综合开发资金的投资目标,增加了一些非平原内的县市。

本书从平原定义以及资料获取的完整性从发,综合以上各种分区方案,确定研究的黄淮海平原行政范围为 316 个县市(2005 年行政区划为准)。其具体依据如下:

①以地貌单元划分为主,采用石元春等的 301 个县市方案为主体。

②采纳农科院区划所等修正方案中增加的部分,增加蓟县、禹县、汶上、焦作市、沁阳、东平、新郑、兖州、益都、孟县、荥阳、济宁、济宁市等 13 个县市。

③济南市、潍坊市城区部分属于平原,以往分区主要从农业区划出发,未被列入,故本方案增列入。

④按照 2011 年行政区划,实际黄淮海平原分区中共有 318 个县市,行政总面积 36.83 万 km^2,见表 0.7。

表 0.7 黄淮海平原范围与行政区划(以县市级为单元)

省市	(地区):县市名称 (318 个县市)
北京市 12	东城区、西城区、朝阳区、丰台区、石景山区、海淀区、房山区、通州区、顺义区、昌平区、大兴区、平谷区

续表 0.7

省市	(地区):县市名称　　(318 个县市)
天津市 12	塘沽区、汉沽区、大港区、东郊区、西郊区、南郊区、北郊区、宁河县、武清县、静海县、宝坻县、蓟县
河北省 109	(石家庄市):石家庄市、正定县、栾城县、行唐县、高邑县、深泽县、无极县、元氏县、赵县、辛集市、藁城县、晋县、新乐县、获鹿县; (唐山市):唐山市、丰润县、滦县、滦南县、乐亭县、玉田县、唐海县、丰南市; (秦皇岛市):昌黎县; (邯郸市):邯郸市、邯郸县、临漳县、成安县、大名县、磁县、肥乡县、永年县、邱县、鸡泽县、广平县、馆陶县、魏县、曲周县; (邢台市):邢台市、邢台县、临城县、内丘县、柏乡县、隆尧县、任县、南和县、宁晋县、巨鹿县、新河县、广宗县、平乡县、威县、清河县、临西县、南宫市、沙河县; (保定市):保定市、满城县、清苑县、徐水县、定兴县、唐县、高阳县、容城县、望都县、安新县、曲阳县、蠡县、完县、博野县、雄县、涿州市、定州市、安国县、新城县; (沧州市):沧州市、沧县、青县、东光县、海兴县、盐山县、肃宁县、南皮县、吴桥县、献县、孟村回族自治县、泊头市、任丘市、黄骅县、河间县; (廊坊市):廊坊市、固安县、永清县、香河县、大城县、文安县、大厂回族自治县、霸州县、三河县; (衡水市):衡水市、枣强县、武邑县、武强县、饶阳县、安平县、故城县、景县、阜城县、冀县、深县
江苏省 25	(徐州市):徐州市、丰县、沛县、铜山县、睢宁县、新沂县、邳县; (连云港市):连云港市、赣榆县、东海县、灌云县、灌南县; (淮阴市):淮阴市、淮阴县、涟水县、盱眙县、淮安市; (宿迁市):宿迁市、宿豫县、沭阳县、泗阳县、泗洪县; (盐城市):响水县、滨海县、阜宁县
安徽省 25	(蚌埠市):蚌埠市、怀远县、五河县、固镇县; (淮南市):淮南市、凤台县; (淮北市):淮北市、濉溪县; (阜阳市):阜阳市、阜阳县、临泉县、太和县、涡阳县、蒙城县、阜南县、颍上县、利辛县、亳州市、界首市; (宿州市):宿州市、宿县、砀山县、萧县、灵璧县、泗县
山东省 58	(济南市):济南市、济阳县、商河县; (泰安市):东平县; (淄博市):桓台县、高青县; (东营市):东营市、垦利县、利津县、广饶县; (潍坊市):潍坊市、昌乐县、寿光市、昌邑市、青州市; (济宁市):济宁市、济宁县、鱼台县、金乡县、嘉祥县、梁山县、汶上县、兖州市; (德州市):德州市、陵县、宁津县、庆云县、临邑县、齐河县、平原县、夏津县、武城县、乐陵县、禹城县; (聊城市):聊城市、阳谷县、莘县、茌平县、阿县、冠县、唐县、临清市; (滨州地区):滨州市、惠民县、阳信县、无棣县、沾化县、博兴县、邹平县; (菏泽地区):菏泽市、曹县、定陶县、成武县、单县、巨野县、郓城县、鄄城县、东明县

续表 0.7

省市	(地区):县市名称 (318 个县市)
河南省 77	(郑州市):郑州市、新郑县、中牟县、荥阳市; (开封市):开封市、杞县、通许县、尉氏县、开封县、兰考县; (平顶山市):襄城县、叶县; (安阳市):安阳市、安阳县、汤阴县、滑县、内黄县; (鹤壁市):浚县; (新乡市):新乡市、新乡县、获嘉县、原阳县、延津县、封丘县、长垣县、汲县; (焦作市):焦作市、修武县、博爱县、武陟县、温县、沁阳市、孟州市; (濮阳市):濮阳市、清丰县、南乐县、范县、台前县; (许昌市):许昌市、许昌县、鄢陵县、长葛市、禹州市; (漯河市):漯河市、舞阳县、临颍县、郾城县; (商丘市):商丘市、商丘县、民权县、睢县、宁陵县、柘城县、虞城县、夏邑县、永城市; (信阳市):淮滨县、息县; (周口地区):周口市、项城市、扶沟县、西华县、商水县、太康县、鹿邑县、郸城县、淮阳县、沈丘县; (驻马店地区):驻马店市、确山县、遂平县、西平县、上蔡县、汝南县、平舆县、新蔡县、正阳县

黄淮海平原行政区划图如图 0.1(彩图 1)所示。

0.3.2 资料来源

研究中所用到的基础数据主要包括:1978—2005 年黄淮海平原各县的农业生产资料;1978—2005 年黄淮海平原各县的人口数据;1996—2006 年黄淮海平原各县部分年份的各类用地面积数据;1956—2005 年黄河、淮河、海河及其主要支流的基础水文资料和水资源统计资料;1951—2005 年黄淮海平原五省二市主要城市的气象资料。黄淮海平原行政区域图、水文图、地形地貌图、土壤类型图、农业地理分区图等图件以及其他相关数据。其中土地资源数据主要来自《中国国土资源统计年鉴》《全国土地利用变更调查报告》、五省二市的《国土资源综合统计年报》等;农业生产资料主要来自《中国农业年鉴》《中国统计年鉴》《中国农村统计年鉴》《中国农业统计资料汇编(1949—2004)》《新中国五十年农业统计资料》《黄淮海平原农业图集》《中国县(市)社会经济统计年鉴》《中国农村统计年鉴》《全国分县市人口统计资料》《北京统计年鉴》《天津统计年鉴》《河北统计年鉴》《山东统计年鉴》《河南统计年鉴》《安徽统计年鉴》《江苏统计年鉴》;区内气象数据主要来国家气象局气象中心和气象信息中心数据库,包括国家气象局设在黄淮海平原区内的国家气象观测站点 1951—2005 年的逐日常规气象数据;水资源统计资料主要来自水利部、黄委、海委、淮委发布的年度《中国水资源公报》《中国水利年鉴》《海河水资源公报》《黄河水资源公报》《淮河水资源公报》。

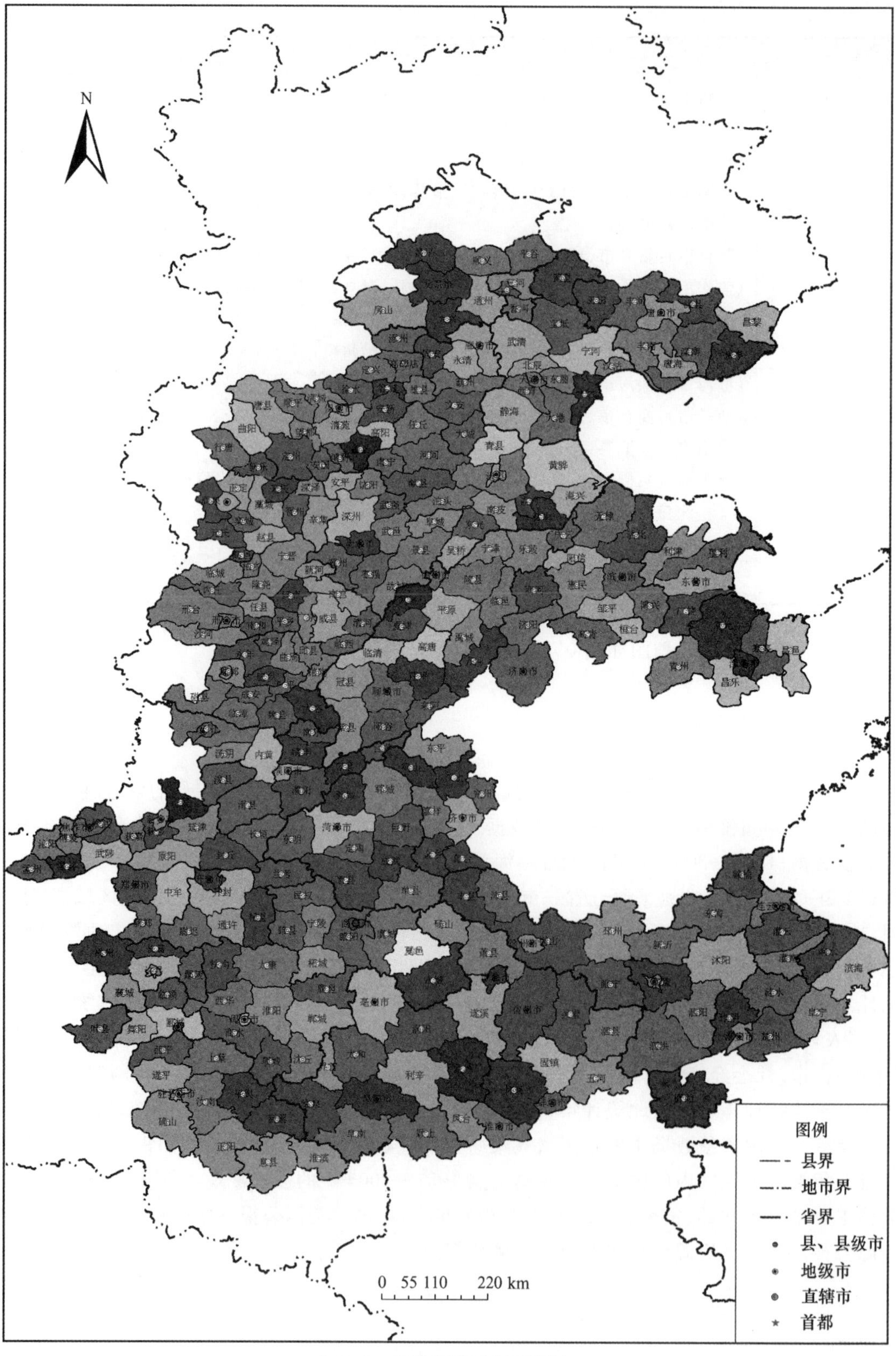

图 0.1 黄淮海平原行政区划

参考文献

[1] 龚国元. 黄淮海平原范围的初步探讨[A]//左大康. 黄淮海平原治理和开发(第一集)[C]. 北京:科学出版社,1985.
[2] 许牧,张小华. 中国土地管理利用史[M]. 北京:中国农业科技出版社,1995.
[3] 周诚,等. 土地经济学[M]. 北京:农业出版社,1989.
[4] 毕宝德. 土地经济学. 5 版[M]北京:中国人民大学出版社,2006.
[5] 刘书楷. 土地经济学[M]. 北京:中国农业出版社,2004.
[6] 林英彦. 土地利用概要[M]. 台湾:台湾文笙书局,1995.
[7] 王万茂,韩桐魁. 土地利用规划学[M]. 北京:中国农业出版社,2002.
[8] 徐秀丽. 近代华北平原的粮食产量和农业劳动生产率估计[A]. 中国社会科学院近代史研究所青年学术论坛 2000 卷[C]. 北京:社会科学文献出版社,2001,155-178.
[9] 李正新. 建国以来黄淮海平原农业的发展概况[J]. 农业技术经济,1982(3):15-24.
[10] 吴凯,谢明. 黄淮海平原农业综合开发的效益和粮食增产潜力[J]. 地理研究,1996,15(3):70-76.
[11] 黄诗铿,李英华. 对黄淮海平原界线的商榷[J]. 农业区划,1988(6):56-58.
[12] 周立三. 中国农业地理[M]. 北京:科学出版社,2000.
[13] 辛德惠,等. 浅层咸水型盐渍化低产地区综合治理与发展[M]. 北京:中国农业大学出版社,1990.
[14] 辛德惠,等. 盐渍化改造区农业综合持续发展[M]. 北京:中国农业科技出版社, 1995.
[15] 石元春. 盐渍土的水盐运动[M]. 北京:中国农业大学出版社,1986.
[16] 郝晋珉,等. 区域绿色产业发展战略与实践[M]. 北京:中国农业大学出版社,2009.
[17] 国家科委农村科技司. 中低产田治理与区域农业综合发展[M]. 北京:科学出版社,1998:5.
[18] 石元春. 区域水盐运动监测预报体系[J]. 土壤肥料,1992(5):1-3.
[19] 蒋柏藩,顾益初. 石灰型土壤无机磷分级体系的研究[J]. 中国农业科学,1989,22(3):58-66.

第1章

黄淮海平原及其土地利用历史变迁

平原是一种广阔的平缓的地貌类型。平原的海拔一般都不高，海拔多在0～500 m，一般都在沿海地区。海拔0～200 m的叫低平原，200～500 m的叫高平原。按照形成原因，平原又可以分成由外来物质堆积到低洼地方形成的堆积平原，外力侵蚀作用形成的侵蚀平原和地壳构造运动形成的构造平原等几大类。由河流携带的物质，长年累月沉积的平原称冲积平原，它就是堆积平原的一种。

黄淮海平原是我国最大的平原地貌单元，平原的主体是由黄河、淮河、海河等河流冲积形成的，但并非是黄河、淮河、海河3条河流冲积平原的简单加合，它是内外地质营力共同作用下形成的统一体。平原的形成对土地类型的分布以及当今的土地利用产生巨大的影响。黄淮海平原的形成起源一直可以追溯到约1.6亿年以前的燕山运动，强烈的地壳运动，形成高耸的太行山。到了距今3 000万年前的喜马拉雅运动时，太行山再次抬升，东部地区继续下陷，山麓东部形成一大片扇面状冲积平原，由于黄河、海河、滦河等水系每年都要挟带大量泥沙，自西而东冲刷和堆积到东部低洼地区，使古冲积扇面积不断向东延伸扩大，最后形成了坦荡辽阔的平原。

1.1 黄淮海平原的地质构造

黄淮海平原是一个受NNE、NE、NW和近EW向四组断裂控制的、复杂地质结构的巨型断陷盆地，平原的基底是形成于太古代和元古代的华北陆台（刘训，1988；邵时雄，1989）。

中生代三叠纪时期，扬子板块向北、蒙古板块向南与华北古陆台相碰撞，其间的古特提斯海洋关闭，三大板块挤压缝合形成古中国大陆和古亚洲大陆雏形。距今约1.6亿年的燕山运动期，东亚构造体制发生了重大转换，西伯利亚板块向南、太平洋板块向西、印度洋板块向北东同时向中朝板块汇聚，形成了以陆内俯冲和陆内多向造山为特征的“东亚汇聚”构造体系（董树文，2007）。东亚中晚侏罗世板块多向汇聚作用与变形形式如图1.1所示。

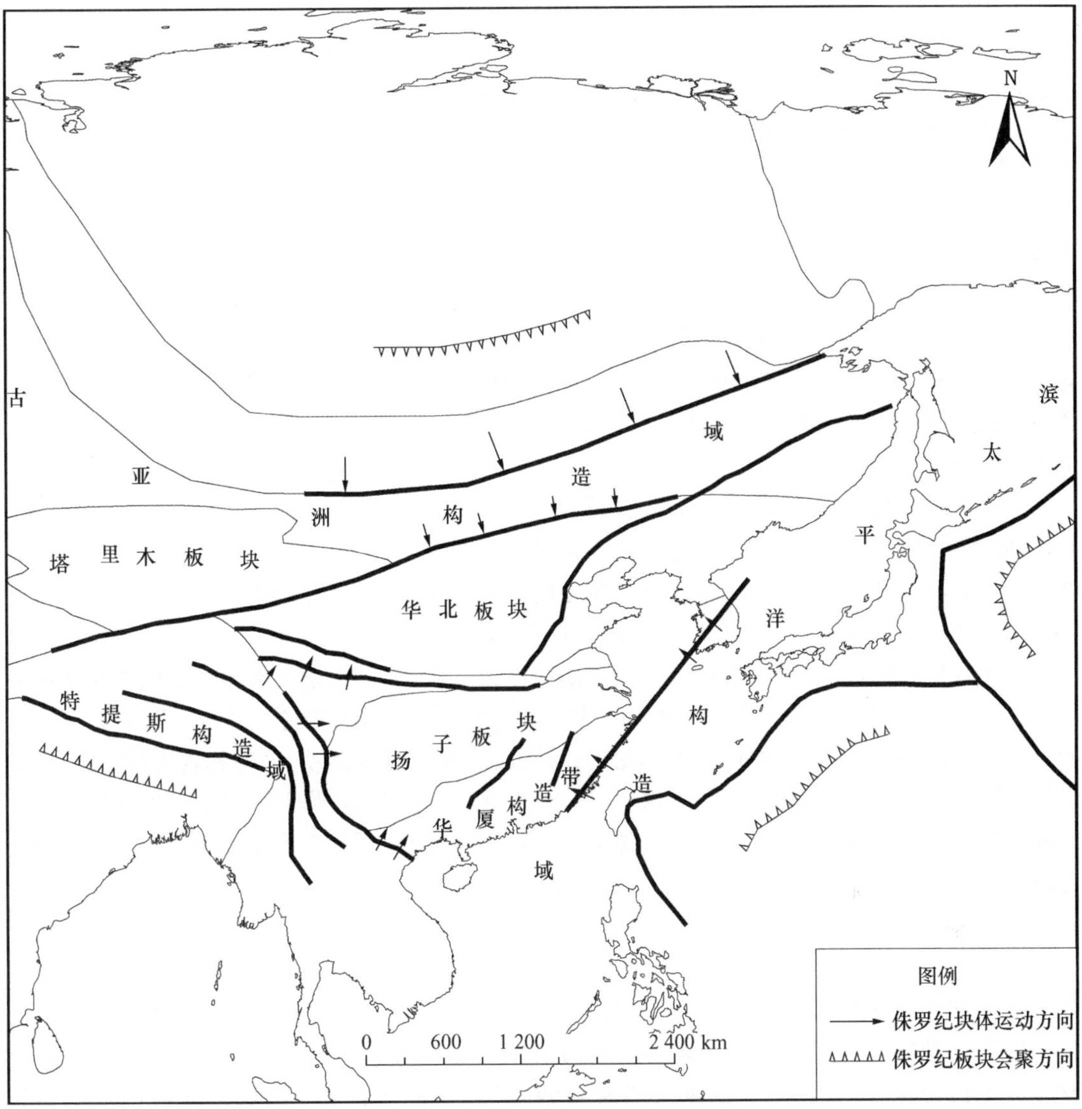

图 1.1 东亚中晚侏罗世板块多向汇聚作用与变形形式

早—中侏罗世早期,扬子板块向北、西伯利亚板块向南挤压华北板块,形成我国东部的一系列 EW 向山脉隆起,包括阴山—燕山山脉、秦岭—大别山山脉以及南岭山脉(南岭山脉由于受 NE 向或 NNE 向构造的影响,表现不很明显)(丁振宗,2006)。这 3 条构造山脉至今仍是我国东部的重要地理分界,东北、华北、华中、华南依次以燕山、秦岭、南岭山脉为界线(罗来兴,1988)。黄淮海平原正处在燕山山脉、秦岭—大别山山脉之间的断陷区。由于仍受扬子板块与华北板块、西伯利亚板与华北板块近南北向挤压作用的影响,华北东部发育一些中小型山间盆地群,分布在北京、南堡等地,盆地的主体方向以 EW 向为主,且 EW 向构造有由东向西更为发育的趋势(杜旭东,1999)。由于三叠纪形成的大量 NWW 或近 EW 向逆冲断层及阔缓褶皱,因此,早—中侏罗世早期盆地的沉积主要表现为对这些构造所产生的低洼地区的充填(杜旭东,1999;彭兆蒙,2009)。

自中侏罗世晚期开始，东亚构造体制发生重大转换，太平洋板块活动取代了扬子板块、西伯利亚板块活动对华北地区构造演化的控制地位。东部亚洲大陆板块总体向南移动，由于印度板块向北偏东推动所引起的巨大压力，使它发生向东南蠕动；而太平洋板块则从沿海岛弧的外侧，向西北斜插到东亚大陆板块之下。两种性质不同的板块发生互相挤压和扭动，于是我国东部，在时代较老的纬向构造带上，普遍形成近似北东向的时代较新的拗陷带和隆起带（黄汲清，1960；赵宗溥，1963；鲍亦冈，1983；戴英生，1984；王同和，1995；董树文，2007；董树文，2009；张瑞胜，2010），自西向东为：第一拗陷带，包括呼伦贝尔—巴音和硕盆地、鄂尔多斯盆地、四川盆地、滇中盆地；第二隆起带，包括大兴安岭、太行山、吕梁山及其间的山西高原、鄂西—黔东—湘西山地；第三拗陷带，包括松辽平原、渤海—华北平原、江汉平原、北部湾；第四隆起带，包括青辽东部山地、山东山地、浙闽粤山海山地；第五拗陷带，包括鄂霍次克海、日本海、东海、南海的海盆；第六隆起带，包括堪察加半岛、千岛群岛、日本列岛、琉球群岛、台湾岛、菲律宾群岛，构成太平洋西北边缘岛弧（罗来兴，1988）。

拗陷带的盆地底部普遍是西部深而沉积厚，东部浅而沉积薄；拗陷盆地西侧的隆起山地，东坡陡而西坡缓，朝东的陡坡之下与拗陷交接带上，均有巨大的断裂。拗陷带与隆起带就像几列平行的波峰与波谷。在第二、第四隆起带之间的第三拗陷带，以燕山山脉和秦岭—大别山之间形成了华北断陷盆地，即是黄淮海平原的基础构造。

晚侏罗世时期，盆地西界断层太行山前断层已经形成，同时由于太平洋板块的 NNW 向俯冲，使得 NNE 向郯庐断裂发生大规模的左旋走滑，盐山—歧口—新港—兰考—聊城断裂也开始活动；该地区岩石圈根部的崩塌引起的迅速减薄，出现地幔柱活动，伴随着软流圈的隆升，渤海湾及周边发生广泛的裂陷，形成晚侏罗世—早白垩世裂陷盆地，华北东部进入大规模的裂陷或断陷盆地发育阶段，沉积了较厚的上侏罗—下白垩世火山碎屑岩，并伴有强烈的火山活动。为新生代渤海湾裂陷盆地的形成和演化奠定了基础。

漆家福在分析中生代原形盆地时，将渤海湾地区的中生代盆地大致分为 5 期，即早—中三叠世、晚三叠世、早—中侏罗世、晚侏罗世—早白垩世和晚白垩世盆地。早—中三叠世、晚三叠世盆地为克拉通内部大型拗陷盆地，其中晚三叠世盆地仅分布渤海湾西南部地区；早—中侏罗世盆地属于在晚印支运动形成的向斜拗陷基础上发育的压陷挠曲型盆地；晚侏罗世—早白垩世盆地分布广泛，属于裂陷盆地；晚白垩世盆地属于后裂陷阶段的拗陷盆地（漆家福，2003）。

1.1.1 早—中三叠世盆地

早—中三叠世盆地原型属于地台演化晚期的大型陆内拗陷盆地。该盆地是在晚古生代北西高、南东低的古地理格局的基础上继承式沉积的。北部的内蒙古陆受晚二叠世—三叠纪北山—内蒙古—吉林拗拉槽封闭（任纪瞬，1999）和由北向南的挤压推覆（葛肖虹，1989）的影响而发生持续上升隆起，构成了该期原型盆地的北部边界。原型盆地的南部可能一直延伸到南华北地区，东部则可能越过渤海海域中的郯庐断裂带达到辽东地区，西部则一致可以延伸至鄂尔多斯盆地西部边缘（刘绍龙，1986）。

1.1.2　晚三叠世盆地

受印支运动影响，中—下三叠统沉积之后除内蒙古陆继续隆升外，华北地台东部形成了若干大型近EW向的背斜隆起，包括马兰峪复背斜、阜平—定州—河间背斜等。同时乌龙沟—上黄旗断裂、郯庐断裂也开始活动(万天丰，1995)。晚三叠世盆地是在印支运动产生的区域构造变形基础上发育的。晚三叠世盆地主要分布在渤海湾地区南北两侧，而渤海湾盆地中北部地区在晚三叠世时期基本上处于隆升剥蚀状态。盆地原型属于叠置在早—中三叠世盆地之上的继承性拗陷盆地，盆地的东部边界受兰聊断裂以东的鲁西隆起的限制。

1.1.3　早—中侏罗世盆地

不同区域的早—中侏罗世原型盆地的方向和构造属性可能有一定的差异，总体上属于挤压背景下的挠曲盆地或压陷盆地。内蒙古陆隆起南缘的燕山—辽西地区为一个大型拗陷带，其走向自西向东由近EW向转向NE向呈弧形展布。拗陷带内部发育一系列近EW向、NEE向、NE向和NNE向断层和凸起构造，分隔出多个沉降沉积中心或若干小型次级盆地。渤海湾中部、东部地区的早—中侏罗世盆地主要发育在三叠纪末期—侏罗纪初期形成的NE向古向斜核部，同时受到同沉积期的挤压构造变形作用的控制。山东蒙阴地区的五莲—即墨—陡山—桃村断裂带附近形成了NE向古隆起区并构成了渤海湾地区早—中侏罗世盆地东部的区域性边界。开封拗陷中的原型盆地向西与沁水盆地、向南与合肥周口盆地连成一片，构成大鄂尔多斯盆地的东延部分(胡居文，1989)。

1.1.4　晚侏罗世—早白垩世盆地

渤海湾地区晚侏罗世—早白垩世盆地原型可能属于裂陷盆地或走滑裂陷盆地。其分布大大超出早—中侏罗世盆地分布范围。

1.1.5　晚白垩世盆地

渤海湾地区的上白垩统的分布基本不受区域性基底断裂控制，分布局限。盆地类型可能属于裂陷期后的拗陷盆地或萎缩的裂陷盆地。郯庐断裂两侧的晚白垩世盆地可能受其走滑作用的影响，属于走滑裂陷或裂陷期后的拗陷盆地(戴俊生，1995)。

晚白垩世时期，构造活动减弱，太平洋板块俯冲消失，郯庐断裂带左旋活动停止，该断裂带以西的华北广大地区整体处于隆升剥蚀状态。在隆起背景上，局部地区发育小型盆地，主要分布在冀中、临清、黄骅等地的少数低洼区，盆地充填以红色河湖相粗碎屑沉积为主，盆地的发育处于萎缩期。燕山运动贯穿了侏罗纪与白垩纪，其运动结果，完成了我国大地构造的架构，是我国地貌平面分布格局的基本奠成期，黄淮海平原的地质构造格局就此建成。

1.2 黄淮海平原的河流水系及其变迁

1.2.1 河流水系

黄淮海平原上的河流水系不仅对平原的地貌形成产生巨大的作用，对今天土地利用格局也有着深刻的影响。平原上河流众多，主要分属 3 个水系，即黄河水系、淮河水系和海河水系。

1.2.1.1 黄河水系

黄河是黄淮海平原上最大的河流，对黄淮海平原的形成起到了至关重要的作用，黄河，中国的母亲河，更是黄淮海平原的母亲河。黄河发源于青藏高原巴颜喀拉山，干流贯穿 9 个省、自治区，分别为：青海、四川、甘肃、宁夏、内蒙古、山西、陕西、河南、山东，注入渤海，总长达 5 464 km，流域面积将近 752 443 km^2(邹逸麟，1980)。

黄河自河南郑州桃花峪进入黄淮海平原，由西南向东北蜿蜒于河南、山东两省，从上游到下游依次流经：郑州、新乡、开封，在濮阳的台前进入山东省界，在山东境内流经菏泽、济宁、泰安、聊城、济南、德州、滨州、淄博、东营，在东营的垦利注入渤海。

黄淮海平原的黄河河段是黄河下游，河长 786 km，流域面积仅 2.3 万 km^2，占全流域面积的 3%；下游河段总落差 93.6 m，平均比降 0.12‰；区间增加的水量占黄河水量的 3.5%。由于黄河泥沙量大，下游河段长期淤积形成举世闻名的“地上悬河”，黄河约束在大堤内成为海河流域与淮河流域的分水岭。除大汶河由东平湖汇入外，本河段无较大支流汇入(张保升，1979；李鄂荣，1999)。

下游河段利津以下为黄河河口段。黄河入海口因泥沙淤积，不断延伸摆动。目前黄河的入海口位于渤海湾与莱州湾交汇处，是 1976 年人工改道后经清水沟淤积塑造的新河道。最近 40 年间，黄河输送至河口地区的泥沙平均约为 10 亿 t/年，每年向渤海延伸 2.2 km，年平均净造陆地 25～31 km^2，相当于每天增加一个足球场的面积。

从桃花峪到入海口之间以黄河干流水量为灌溉水源的引黄灌区是我国最大的连片自流灌区，横跨黄淮海平原，涉及河南、山东两省沿黄河 17 个市 86 个县(区)。目前已建成万亩以上引黄灌区 98 处，其中 30 万亩以上大型灌区 37 处，30 万亩以下中小型灌区 61 处。规划土地面积 64 076 km^2，耕地面积 5 836 万亩，20 世纪 90 年代以来多年平均实灌面积 3 143 万亩。黄河下游引黄灌区也是我国重要的粮棉油生产基地，多年来在保证豫鲁两省粮棉油稳产高产方面发挥着重要作用，为黄河下游两岸经济发展起到巨大的推动作用。

1.2.1.2 淮河水系

淮河流域地处黄淮海平原的南部，介于长江和黄河两流域之间，流域面积 27 万 km^2，其中淮河水系为 19 万 km^2，沂、沭、泗河水系为 8 万 km^2。流域西起桐柏山、伏牛山，东临黄海，南以大别山、江淮丘陵、通扬运河及如泰运河南堤与长江分界，北以黄河南堤和沂蒙山与黄河流域毗邻。流域地跨河南、安徽、江苏、山东等省。水系包括淮河水系及沂沭泗水系等两大水系，废黄河以南为淮河水系，以北为沂、沭、泗水系。二水系通过京杭大运河、淮沭新河和徐洪河贯通。

废黄河即黄河故道，特指位于现在淮河流域北部，自河南省兰考北朝东南方向，过民权县北，安徽省砀山县北，江苏省徐州市北，经宿迁市南，淮安市北，再折向东北方向，过涟水县南，滨海县北，由大淤尖村入黄海（有一个废黄河口）的一条黄河故道。这条故道绝大部分是干涸的，只在淮安市以东是当今的中山河，还有水流。废黄河实际上是一道高出地面几米的分水岭，把淮河流域分割成淮河与沂沭泗两个水系（傅先兰，1998）。

淮沭新河是一条连接洪泽湖和新沂河以灌溉为主，结合防洪、通航和发电的多功能综合利用的人工河道。由于它的存在，使得淮河水系和沂沭泗河水系联系更为紧密。按照规划设计，新沂河主要承接经嶂山闸下泄的骆马湖洪水，在淮沂洪水不同时遭遇时，可将淮水通过淮沭新河排入新沂河入海。

淮河流域还包括有洪泽湖、南四湖、骆马湖、高邮湖等多座较大的湖泊，其中洪泽湖的库容达 130 亿 m^3，是淮河流域最大的淡水湖，也是中国第四大淡水湖。

1. 淮河水系

淮河发源于河南省桐柏与湖北随州交界的桐柏山，大体自西向东流，经过河南省南部、安徽省北部、江苏省北部，注入洪泽湖。经洪泽湖调蓄后，分流入江入海。

淮河支流众多，其显著特点是支流南北很不对称。北岸支流多而长，流经黄淮平原；南岸支流少而短，流经山地、丘陵。北岸较大支流有洪汝河、沙颍河、西淝河、涡河、浍河、潔潼河、新汴河等，南岸较大支流有史灌河、淠河、东淝河、池河等。

(1)洪汝河　洪汝河又名洪河，淮河上游北岸较大支流。主要由小洪河、南汝河、溱头河（即臻头河）汇合构成。上游小洪河，源出河南省方城县东伏牛山脉祖师庙南麓，东南流经舞阳、西平、上蔡、平舆，至新蔡县班台三汊口与右岸支流汝河相会；南汝河发源于河南省泌阳县，流经泌阳、遂平、汝南、平舆、正阳、新蔡诸县；臻头河发源于确山与泌阳交界的千眼岭，为淮河北岸支流南汝河分支，流经确山、汝南两县，于汝南县沙口村注入汝河。

小洪河、南汝河在新蔡班台汇合后称洪河或大洪河，即洪汝河。班台以下洪汝河的下流至淮滨县麻里店附近入淮。班台以下洪汝河及其左岸洪河分洪道大致平行东南流，于黑龙潭流入皖境，沿省界至洪河口（古称汝口，即古汝水入淮口）注入淮河。洪河全长 312 km（其中班台以下河道长 74 km），流域面积 1.238 万 km^2。

(2)沙颍河　沙颍河是淮河的最大支流，流经豫、皖两省，干流全长 619 km，其中河南省段长 404 km，安徽省段长 215 km，流域面积近 4 万 km^2，其中山区面积 9 070 km^2，丘陵区面积 5 370 km^2。由发源于河南省伏牛山区的沙河、颍河和贾鲁河 3 条河汇合而成，沙河发源于鲁山县石人山，颍河发源于登封县少室山，贾鲁河发源于荥阳。3 条河流经平顶山、郑州、许昌、开封、漯河，于周口汇合，始称沙颍河。沙颍河自西北向东南流经河南中部地区进入安徽省西部，在安徽省阜阳市的沫河口汇入淮河。主要的一级支流有 8 条，从上至下左岸有：北汝河、小颍河、贾鲁河、新运河、新蔡河、黑茨河，右岸有：澧河、汾泉河。

(3)西淝河　西淝河介于颍、涡及茨、泥黑河流域之间，发源于河南太康县马厂集，东南流，沿太和县与亳州边界经龙德西、杨店西，至高公庙后，沿太和县与涡阳县边界，至苗集北进入利辛县境，续东南流，经四庙、朱集、王市集，于集东穿过濉阜铁路桥，然后经双沟、阚疃、展沟，沿颍上县与凤台县边界，至米窑附近进入凤台县境内，于金卢集以下扩为姬沟湖，至毛家集北，又称毛家湖，到蒋咀子北，折北流，于峡山口下游汇入淮河，全长 250 km，流域面积 4 750 km^2，属平原区。

(4)涡河　涡河，淮河第二大支流，淮北平原区河道，发源于河南省尉氏县，东南流经开封、通许、扶沟、太康、鹿邑和安徽省亳州、涡阳、蒙城，于怀远县城附近注入淮河，长 380 km，流域面积 1.59 万 km^2。

涡河主源为运粮河，发源于河南开封以西，黄河南堤脚下，东南向流，穿过中牟县与开封市之间陇海铁路，至朱仙镇南，右纳一分支，以下始称涡河。至邸阁左纳孙城河，至芝麻洼涡河故道(又称惠贾渠)由左岸汇入，至太康县东，右纳老涡河；太康至玄武间折东流，左纳小新沟、铁底河；玄武以下至豫、皖界，两岸无支流汇入。玄武至鹿邑又东南向流；鹿邑至亳州为向东流，在焦庄北进入皖境，至刘寨东，惠济河自左岸来汇，汇口处称两河口，至亳州城，左纳小洪河、陈治沟；亳州以下河道东南流，经十九里，过大寺闸，在沙土集至百尺河村，左纳新武家河，右纳赵王河；至义门集，漳河自右岸来汇；又经赵屯、大吴家，至涡阳县城北，有涡阳节制闸，老武家河(武家河下段)于闸上游左岸汇入，五道沟自闸下左岸汇入；又穿过濉阜铁路桥，经高炉集，至西阳集，左有青羊沟来汇，右有北凤沟来汇，均为涡阳与蒙城两县的界沟。续东南流，至蒙城县城北，有蒙城节制闸，孙沟湾(阜蒙河)于闸上游右岸汇入；蒙城以下，地域狭长，左岸有 8 条大沟、右岸有 12 条大沟直接入涡。流经双涧、移村、龙亢、燕集、河溜、双沟、沙沟，至红庙西，左通符怀新河，符怀新河上有许营闸，距涡河约 1 000 m。折南流，至龟山头穿过涡河大桥，又折东流，于怀远县城东北注入淮河。

(5)浍河　浍河发源于河南省商丘东郊，为跨省河流，全长约 265 km，流域面积4 580 km^2，在安徽省境内流经濉溪、宿县、灵璧、固镇、五河县等市县，在五河县通过洪新河流入洪泽湖。

(6)史灌河　史灌河是淮河的一级支流，流经安徽省金寨县、霍邱县和河南省商城县、固始县，全长 211 km(入淮河口以上)，集水面积 6 889 km^2，呈南北向，在淮河三河尖汇入淮河。

史灌河上游分史河和灌河两个分支，以史河为主干。史河发源于安徽省金寨县，河道自源头起称牛山河，自梨花尖进入梅山水库库区，并始称史河。史河由长江河汇流处进入河南省，此后折向西北行，沿途有羊行河(流域面积 219 km^2)、急流涧河(流域面积 264 km^2)、石槽河(流域面积 670 km^2)等较大支流汇入。

灌河发源于河南省商城县，流经河南省商城县和固始县，全长 164 km(入史河口以上)，集水面积 1 650 km^2，在固始蒋集汇入史河，始称史灌河。史灌河继续北行，于三河尖注入淮河。此处亦是河南省最低点。

(7)淠河　淠河古称比水，东界东淝河，西邻汲河，南依大别山脉北麓，北达淮河。流域面积 6 000 km^2，其中山区占 70.4%，丘陵区占 23.2%，平原区占 6.4%；河道总长度 260 km，其中两河口以上 130 km，两河口以下 130 km。两河口以上分两支，西支称西淠河，东支称东淠河；两河口以下至正关入淮为本干，称淠河；其上以东淠河为主源。

东淠河上游分两支，东支称黄尾河，西支称漫水河。

漫水河为淠河的主源，源出鄂、皖交界大同尖北侧基本东北向流，经王家店、九龙井、上土市至漫水河，左纳清水河；至大平地，右纳马槽河；至唐家院，左纳安家河；又经梅林坪大弯，于舞旗河(王家畈)进入佛子岭水库，库区右缘有石羊河于潘家湾汇入。

黄尾河源出岳西县多枝尖(高程 1 721 m)北侧，东北向流，经青天畈、道义涧、阔滩河、黄尾街，至陡峰寨入霍山县境；经胡家河至板里河，右纳清潭河；北流至磨子潭右纳扫帚河，在佛子岭与漫水河相汇。佛子岭以下称东淠河，基本北流，经梁家滩、黑石渡，左纳孔家河；折东经霍山县城、团山嘴至两河口，其间右纳柳林河、幽芳河、高庙河及山王河，左纳深水河、戴家河、龙门冲等。

西淠河古称湄水，也叫西河、麻步川。源流为黄氏河，源出鄂、皖交界的天堂寨(高程1 729 m)。从上源东流，经茅坪至潘家湾后，右纳青龙河；经青山至河口集，左纳莲花河，续东流，经流波镇折北流，至青龙嘴，右纳毛坦河；至麻埠镇东流进入峡口，经驻驾湾、独山镇，至两河口与东淠河相汇合。

东西淠河于两河口汇合后，东流至青山，折北至横排头淠河灌区渠首枢纽，坝上形成5 km长的人工湖。枢纽以下经苏家埠、黄大窑，折东北流，经陆集、孙油坊，至六安市西，折北经顺河、马头、隐贤、迎河、大店，于正阳关注入淮河。

(8)东淝河　东淝河古名肥水，是淮河右岸的一级支流，位于长江、淮河分水岭的北侧。东淝河全长152 km，流域面积4 200 km^2。

东淝河上游为双干河道，东干称天沟河；西干为主源，称东淝河。

东淝河西干出安徽省六安市龙穴山，北流经下石铺入肥西县境，经金桥过淠河总干渠金桥涵；折西北流，至六安县太平集，左纳青龙堰来水；经李家圩左纳桃园河；又北左纳大堰来水，于东桥集入寿县境；折东北至董铺，与东干天沟河汇合。

天沟河出肥西县大潜山，北流经青枫岭，过淠河总干渠天河渡槽；经石步桥折北流，至唐老圩右纳一小支；入寿县境折西北流，至董铺与西干汇合。

东西两干汇合后北流，经石埠、船涨埠，至白洋淀注入瓦埠湖。其间东纳瓦埠河(亦名沿河，古阎涧水)，西纳陡涧河，过东淝河闸后，北流3 km注入淮河。

沿淮多湖泊，分布在支流汇入口附近，湖面大但水不深，北岸有八里湖、焦岗湖、四方湖、香涧湖、沱湖、天井湖等；南岸有城西湖、城东湖、瓦埠湖、高塘湖、花园湖、女山湖、七里湖、高邮湖、沂湖、洋湖等。

洪泽湖是淮河流域中最大的湖泊，它承转淮河上中游约16万km^2的来水，在12.5 m水位时，水面面积2 069 km^2、蓄水量31亿m^3，是我国四大淡水湖之一。现在是一个集调节淮河洪水，供给农田灌溉、航运、工业和生活用水于一体，并结合发电、水产养殖等综合利用的湖泊。

淮河水系自洪泽湖以下，分三路入江(长江)入海(黄海)：

——入江水道：该水道自三河闸起，经金沟改道至高邮湖、邵伯湖，再由运盐河、金湾、太平、凤凰、新河汇入芒稻河、廖家沟达夹江，至三江营入江，长江与淮河的入江口地理交汇点，位于扬州市邗江区头桥镇九圣村“淮河入江口公园”，全长158 km。

——里运河：该运河是京杭大运河介于长江和淮河之间的河段，流经江苏省淮安市和扬州市，北接中运河，南接江南运河。自清江浦至瓜洲古渡入长江，长170余千米。既可分泄淮河洪水，又是京杭大运河的一部分和南水北调东线的干渠。

——苏北灌溉总渠：是利用洪泽湖水源，发展废黄河以南苏北地区灌溉的输水干渠，也是淮河洪水入海的一条人工开挖河道，西从洪泽湖口高良涧闸起，东至扁担港入海止，全长168 km。

2. 沂、沭、泗河水系

沂沭泗水系位于淮河流域东北部，由沂河、沭河、泗河组成，均发源于沂蒙山区，流经鲁、苏两省，总面积近8万km^2。

(1)沂河　沂河源于沂源县徐家庄龙子峪村，南流经临沂至江苏境内入骆马湖，流域面积

1.16 万 km^2。

沂河经山东省的沂源、沂水、沂南、临沂、郯城和江苏省的邳县、新沂等县市后入骆马湖，全长 574 km。骆马湖以上流域面积 11 600 km^2。主要支流有东汶河、蒙河、河、涑河、柳青河、白马河等。

(2)沭河　沭河源于沂山南麓，南流至临沭县大官庄分为新、老沭河，老沭河南流经江苏新沂市入新沂河，新沭河东流穿马陵山经江苏石梁河水库和沙河故道，至临洪口入海，流域面积为 5 700 km^2。

沭河经山东省的沂水、莒县、莒南、临沂、临沭、郯城和江苏省的新沂、沭阳等县、市后汇入新沂河。沭河距沂河约 20 km，两河平行南下。沭河南流至临沭县大官庄时分为两支，南支为老沭河(亦称总沭河)，东支新沭河。沭河较大的支流有袁公河、鹤河、浔河、高榆河、柳青河和汤河等。沭河总流域面积 5 970 km^2(其中大官庄以上 4 519 km^2)，干流长 300 km。

(3)泗河　泗河源于新泰市南部太平顶西麓，流经南四湖，汇湖东西诸水后，经韩庄运河、中运河，又汇邳苍地区来水，经骆马湖由新沂河入海。

泗河是南四湖湖东地区最大的一条山洪道，发源于山东省新泰市的太平顶山西侧，流经新泰、泗水、曲阜、兖州、邹城、济宁和微山等县市，于济宁市郊入南阳湖，河长 159 km，流域面积 2 366 km^2。河口的行洪能力约 3 600 m^3/s。

南四湖位于济宁以南、徐州以北，由南阳、昭阳、独山、微山等 4 个湖泊组成，故称南四湖。湖区南北长 125 km，东西宽 6～25 km，湖面面积 1 266 km^2，最大防洪库容 54 亿 m^3。汇入南四湖的河道有 53 条。南四湖的水从韩庄运河、伊家河、不牢河、老运河等河进入中运河。

骆马湖位于江苏省宿迁、新沂两市的沂河与中运河交汇处，集水面积 5.12 万 km^2。入湖水系有沂河、南四湖、韩庄运河及中运河等。设计洪水位 25.0 m 时，相应蓄水量 15.85 亿 m^3；校核洪水位 26.0 m 时，相应蓄水量 19 亿 m^3。

沂、沭、泗河水系入海水道如下：

——新沂河：是一条人工开挖的入海河道，自老沂河华沂开始，过骆马湖，切开嶂山岭，向东汇合老沭河，至灌河口入海。其中嶂山以下至入海口长 146 km，最大行洪流量 7 000 m^3/s。

——新沭河：是一条人工开挖的入海河道，从山东省大官庄经大兴镇、石梁河水库、欢墩、沙河、小东关至临洪河口入海。河道全长 80 km。目前排洪能力为 4 000 m^3/s。沂、沭河之间有分沂入沭通道，分沂河洪水入沭河。

——分淮入沂水道：是一条人工开挖河道，南起二河闸，经淮阴闸、沭阳闸至新沂河，全长 97.6 km，可相机将淮河洪水分入新沂河，设计流量 3 000 m^3/s，校核流量 4 000 m^3/s。

1.2.1.3　海河水系

海河是中国华北地区流入渤海诸河的总称。海河流域(流域东缘海岸线大约为山海关至老黄河口)包括滦河水系、蓟运河水系、海河水系以及鲁北平原的徒骇河、马颊河，它们分别从流域的北部、西部和西南部汇入渤海，形成典型的辐聚状水系系统。亦称海滦河水系。总流域面积 3 182 万 km^2，其中海河水系 2 636 万 km^2，滦河水系 5 453 万 km^2。诸河干流流经河北省、北京市，天津市和山东省，支流延伸至山西省、河南省和内蒙古自治区。

1. 滦河水系

滦河水系又分为滦河和冀东滦河以东诸河、冀东滦河以西诸河，这些河流都是独立入海的河流。

(1)滦河　滦河发源于河北省丰宁县西北巴彦图古尔山麓，上源称闪电河，流入内蒙古至大河口接纳吐力根河后称大滦河，又折回河北至郭家屯附近与小滦河汇合后称滦河，经承德至潘家穿长城入冀东平原，至乐亭县南兜铺入渤海。河长 833 km，流域面积 4.7 万 km^2。集水面积大于 1 000 km^2 的支流由上而下有小滦河、兴州河、伊逊河、蚁蚂吐河、武烈河、老牛河、柳河、瀑河、澈河、青龙河等 10 条。

(2)冀东滦河以东诸河　共有 17 条，其中洋河、石河较大。这些河大都发源于山区，流经浅山丘陵之间，平原宽度不大，源短流急，具有山溪性河道特性。

(3)冀东滦河以西诸河　共有 15 条，其中陡河、沙河、沂河、小青河较大，这些河大都发源于丘陵区，流经平原的距离相对较长，具有山溪河流与平原河流过渡的特点。其中陡河长 120 km。冀东诸河总流域面积 7 302 km^2。

2. 蓟运河水系

(1)蓟运河　蓟运河北靠燕山，东临滦河，西为潮白河。流域面积 10 288 km^2，其中山区面积 4 353 km^2，平原面积 5 935 km^2，流经北京、河北、天津三省市。蓟运河主要支流有泃河、州河和还乡河。

泃河发源于河北省兴隆县将军关外，河道全长 160 km；州河发源于河北省兴隆县罗文峪，州河山下屯(于桥水库)以上，有魏进河、沙河、黎河等诸支相继汇注，山下屯以下为干流，干流全长 42 km。泃、州两支于天津市宝坻区九王庄汇流后，以下称蓟运河。蓟运河自九王庄至江洼口东纳还乡河，经芦台至阎庄再纳还乡河分洪道，下行经汉沽于北塘入海，河道全长 154 km。

(2)潮白河　潮白河界于北运、蓟运河之间，上游由潮河、白河两大支流组成，流经北京、河北、天津三省市，于宁车沽汇流入永定新河，至北塘入渤海。河道全长 467 km，流域面积 19 354 km^2，其中山区 16 810 km^2。

白河发源于河北省坝上沽源县丹花岭，东南流经独石口、云州村，至密云，沿途纳黑河、汤河等主要支流，河道长 275 km；潮河发源于河北省丰宁县西黑山嘴，东南流经丰宁至密云，河道长 200 km；潮河与白河于北京市密云县城南河槽村汇合后始称潮白河。密云以下，河道南行纳红门川、沙河、怀河等支流后至顺义苏庄，全长 42 km。苏庄以下进入平原，苏庄至香河县吴村闸河长 40.5 km。

潮白河历史上没有入海尾闾，1912 年在顺义县李遂镇决口，大溜夺箭杆河入蓟运河。1925 年建苏庄闸，引部分洪水入北运河。1939 年苏庄闸被冲毁，洪水再沿箭杆河入蓟运河。由于尾闾泄水不畅，造成大水大灾，小水小灾，甚至积水连年不涸。为解决平原地区洪水出路问题，1950 年由焦康庄西至八台港开辟了潮白新河，引潮白河水流经黄庄洼、小蜈蚣河，七里海入蓟运河，沿途接纳城北减河、运潮减河、青龙湾减河分泄北运河洪水，并接纳引泃入潮洞河分泄泃河洪水，沿导流河、东引河入金钟河至北塘入海。1971 年冬至 1972 年春再次扩大潮白新河，自香河县吴村闸经宝坻县至塘沽区宁车沽防潮闸入永定新河，全长 99.2 km。

3. 海河水系

海河是中国华北地区的最大水系，起自天津金刚桥，到大沽口入渤海湾，故又称沽河。海河和上游的北运河、永定河、大清河、子牙河、南运河五大河流及 300 多条支流组成海河水系。

(1)北运河　北运河位于永定、潮白两河之间，在北京市通州区北关闸以上称温榆河，北关闸以下为北运河。河长 238 km(至大红桥),流域面积 6 166 km^2,其中山区丘陵地 952 km^2。

温榆河发源于北京市境内燕山南麓,地形起伏大,地面坡度较陡,有大小支沟数十条,分别汇流成南沙河、北沙河和东沙河,3 条沙河在北京市昌平区沙河镇沙河闸处汇流后称温榆河。温榆河两岸汇入的主要支流有蔺沟、清河、坝河、小中河等。沙河闸至北关闸干流全长 46 km。

北运河干流自通州区北关闸以下,历史上是京杭大运河的首段。沿河右岸有通惠河、凉水河、凤港减河、龙凤新河等平原排水河道注入;左岸有运潮减河(北关闸上)、青龙湾减河、筐儿港分洪水道等,至屈家店汇入永定河,穿过河北省香河县西南、天津市武清县城北,于天津市红桥汇入海河。自北京市通州区至天津市大红桥,河道全长 148 km。

(2)永定河　永定河为海河西北支,是海河水系北系的最大河流。全河流经山西、内蒙古、河北、北京、天津五省市,入渤海,全长 740 多 km(含永定新河),流域面积为 47 016 km^2。上游有桑干河和洋河两大支流(李容全,1988)。

桑干河发源山西宁武发源于山西省宁武县管涔山,河长 437 km,流域面积 25 533 km^2。

洋河发源内蒙古自治区兴和县的东洋河,汇合南洋河,西洋河后称洋河,河长 262 km,流域面积 15 078 km^2。

桑干河与洋河流经一连串的盆地、峡谷后,在河北怀来县朱官屯汇合,始称永定河。发源于北京延庆县的妫水河在官厅附近流入永定河。永定河经官厅山峡于三家店出山,入京津平原,分两路入渤海:一路为永定新河,沿途接纳北京排污河、金钟河、潮白新河,并汇合蓟运河,在北塘入海;一路至屈家店与北运河汇合,经海河干流入海。

(3)大清河　大清河为海河西支,是上游五大支流中最短的干流。大清河系位于海河流域的中部,西起太行山区,东至渤海湾,北界永定河,南临子牙河。流域面积 43 060 km^2(其中山区占 43%,平原占 57%),流经山西、河北、北京和天津四省(市),上游分为南、北两支。

北支为白沟河水系,主要支流有南、北拒马河、小清河、琉璃河、中易水、北易水等。白沟河是大清河北支的主要行洪河道,其上游是源于涞源县境的北拒马河和源于白石山的南拒马河。白沟河与南拒马河在白沟镇汇合后,始称大清河。北支洪水经新盖房分洪道汇入东淀。南支为赵王河水系,发源来自恒山南麓,主要支流包括由磁河和沙河等汇集而成的潴龙河以及唐河、府河、漕河、瀑河等。赵王新河和赵王新渠是大清河南支的行洪河道,其上游各支流汇入白洋淀,经白洋淀调蓄后,由赵王新渠导流经雄县至新镇西南汇入大清河,入东淀。

东淀以下分别经独流减河和海河干流入海。独流减河位于天津市区南侧,河道从第六埠开始经天津市西青、静海、大港等 3 个区县至海口防潮闸,全长 67 km,建于 1953 年,为东淀分流入海的泄流工程。

(4)子牙河　子牙河是中国海河水系五大河之一,为海河西南支,在河北省南部。上游有滹沱、滏阳两支。滹沱河发源于山西省五台山北侧,沿途在山西、河北境内接纳清水河和冶河,东流在献县辛庄与滏阳河汇合,称子牙河。滏阳河源于邯郸市和村附近。滏阳河上游是古大陆泽(湖泊)和古宁晋泊(湖泊)故地,地势低洼,汇有众多溪流。

献县以下可分三路入海。其一,子牙河经西河闸至天津市十一堡汇南运河,至第六堡与大清河相汇,后至金钢桥和北运河合流,经海河干流入海;其二,与大清河汇合后,由独流减河泄洪入海;其三,在海河汛期时可以走子牙新河,流经河北省的献县、河间、大城、青县、黄骅等县,最终于天津市滨海新区大港城区注入渤海湾。

(5)南运河　南运河也称漳卫南运河,为海河南支。上游有漳河与卫河两大支流,流域面积 37 584 km^2。

漳河又源自清漳河和浊漳河，均发源于太行山的背风山区，两河于合漳村汇合后称漳河，漳河河长 459 km，流域面积 19 050 km^2。经岳城水库，在徐万仓与卫河交汇。

卫河源自太行山南麓，由淇河、安阳河、汤河等十余条支流汇集而成，流域面积 15 229 km^2。漳河和卫河在徐万仓汇合后称卫运河，卫运河全长 157 km，至四女寺枢纽又分成南运河和漳卫新河两支，南运河向北汇入子牙河，再入海河，全长 309 km；漳卫新河向东于大河口入渤海，全长 245 km(海委漳卫南局，2003)。

4. 马颊河

马颊河起源于河南省濮阳县金堤闸，经清丰、南乐、河北省大名县，在莘县沙王庄进入山东省境，经莘县、冠县、聊城市、在平、临清市、高唐、夏津、平原、陵县、临邑、乐陵、庆云，在无棣县黄瓜岭以下流入渤海。

马颊河干流自金堤闸至汇合口全长 425 km，其中山东境内自小营桥以下至汇合口长 338 km。流域范围：津浦铁路以西为中上游，南与徒骇河流域相接，西、北与漳卫河流域接壤。穿津浦铁路以后，南接德惠新河流域，北临漳卫新河。总面积 8 330.4 km^2，其中山东省为 6 829.4 km^2。德惠新河汇入后，总控制面积为 11 579.3 km^2。

5. 徒骇河

徒骇河属于海河流域，位于黄河下游北岸，流经河南、河北、山东三省从西南向北呈窄长带状。发源于豫鲁交界处的聊城地区莘县文明寨，流经聊城、德州、滨州 3 个地区 13 个县(市)，在滨州市沾化县与秦口河汇流后，经东风港于暴风站入渤海。总流域面积 13 902 km^2，干流总长度 436.35 km。主要支流有：新金线河、赵王河、小运河、西新河、四新河、七里河、管氏河、赵牛河等 8 条，流域面积都在 300 km^2 以上。

1.2.2 水系的变迁

中国西高东低的大地地势，决定了河流水系水向东流的总体形势。发源于西部的高原、山区的大小河流，顺着地势的倾斜，东流入海。青藏高原的黄河以及燕山、太行山等山地的河流携带泥沙穿山地，并与山麓的流水汇合进入黄淮海平原。河流水系的形成与演变综合反映了新构造运动特征、流域环境的变迁，影响着平原地貌类型的形成，也影响着人类的活动和土地利用。黄淮海平原正是黄河、淮河和海河等水系共同作用下形成的。其中黄河作为中国第二大河流，连接了我国大地构造的第一、二、三台阶，将黄淮海平原与黄土高原、青藏高原有机地连接为一个整体。流经黄土高原后的黄河携带了巨量泥沙，成为黄淮海平原形成的主要物质基础。进入平原的黄河，在平原上的摆动变迁不仅控制着平原地貌的总体格局，也对淮河、海河水系的变迁产生着关键的影响。

1.2.2.1 黄河的形成与变迁

黄河是一条发源于青藏高原流经黄土高原携带大量泥沙而东流入海的外流型河流。因此，真正意义上的黄河必须具备如下几个特征：①流程长，联通我国 1～3 级地貌构造；②外流型，注入大海；③水量大，携带大量泥沙(下游)。

黄河是一条相对年轻的河流。距今 115 万年前的早更新世，流域内还只有一些互不连通的湖盆，各自形成独立的内陆水系。此后，随着西部高原的抬升，河流侵蚀、袭夺，历经105万年的中更新世，各湖盆间逐渐连通，构成黄河水系的雏形。到距今10万—1万年间的晚更新世，黄河才逐步演变成为从河源到入海口上下贯通的大河(张新斌，2010)。

第三纪及其之前的地壳运动，不仅造成了太行山隆起带，而且在隆起带两侧形成一系列断陷盆地(刘志杰，2007)。这些大大小小的断陷盆地，形成了众多的大小湖泊。这些湖泊对黄河水系的发育有着极其重要的影响。不同区域的地表水汇集于盆地中，随着盆地不断下沉，相对的侵蚀基准面不断变化，成为当地区域性地表径流的侵蚀中心，控制该区河系发育。因此，早期的黄河水系存在几个独立的水文网系统。随着河流的溯源侵蚀、袭夺，各河段渐渐连通，湖水通过出口排泄而干涸，终于形成统一的黄河。随着新构造运动中，青藏高原及其太行山断裂带以西地壳的抬升，而太行山以东断陷盆地的持续沉降，造成了侵蚀基准面的下降，为发源于青藏高原的黄河奔腾东流提供了前提(袁宝印，1995)。至第四纪早、中更新世后，湖泊不断萎缩，尚保存的湖有：共和、银川、河套、三门峡及华北等。而这些湖盆除华北外，均为内陆型，且各自形成独立的集水系统，控制了当地水系的发育，成为西部流水(黄河中上游)的归宿。其中晋、豫、陕之间的黄河和渭河谷地及其支流谷地的三门峡古湖盆，位于太行山隆起带东缘，是中国大陆地势第二阶梯向第三阶梯过渡边缘，是流经黄土高原、渭河地堑的河流汇集地(戴英生，1983)。成为西部(黄河中上游)流水东流入海的最后屏障。历来的研究者都将三门峡古湖盆的切穿，黄河及其汾、渭支流汇合并流入海，作为现代意义上黄河形成的重要标志。

关于黄河贯通三门峡东流入海的年代存在较大的争议，时间跨度从上新世至全新世众说纷纭，大致有3种观点。

第一种观点：三门峡贯通的时间约在早、中更新世或之前(1.7—0.7)MaB. P.①(杨守业，2001)，而以1.2 MaB. P. 观点者居多。持这类观点的研究者多数以地层、黄河中游阶地等对比以及黄河下游沉积物、三角洲沉积物等研究为依据，如潘保田等认为1.1 MaB. P. 前后，渭河下游和三门峡地区的三门古湖因太行山东麓的溯源侵蚀消失，黄河东流入海的局面出现，并出现砾石层堆积(潘保田，1994)。河南黄河冲积平原与汾渭盆地更新统介形类化石组合对比、黄河三角洲沉积物元素组成、河南东部平原沉积物特征等研究都表明黄河东流时代始于早更新世晚期，但因缺乏具体的年龄数据，只能作为黄河东流时代的佐证(刘志杰，2007)。

第二种观点：三门峡贯通的时间约在晚更新世晚期或全新世(0.15—0.12)MaB. P.，持这种观点的多以湖相地层等研究为依据。近年来持这种观点的有增加的趋势，特别是以定量测年为研究手段的研究结果(吴忱，2000)。如近年来王苏民、吴锡浩等根据古三门湖黄底沟剖面和黄河阶地的沉积特征和热释光年代，确定黄河最终切穿三门峡东流的时代约150 kaB. P.(吴锡浩，1998；王苏民，2001；蒋复初，2005)。

第三种观点：这种观点认为黄河的形成存在一个河湖共存期。如李容全认为最晚在上新世初期(第一外流期)就已有了黄河，它是串通、连接晚第三纪初期的一些盆地而形成的。至保德期末、静乐期初，由于构造活动黄河被截成数段而注入下游一侧的内陆湖泊，无河水外泄(内流时期)(李容全，1993)。自中更新世中晚期，即(0.3—0.25)MaB. P. 以来，黄河重新恢复外流河的面貌，完全继承了第一外流期的流路而东流入海(第二外流期)。王苏民、吴锡浩等的研究也认为黄河在完全切开三门峡之前，可能已经开始外流，根据古三门湖沉积记录，古三门湖

① MaB. P. 为 millon year before present(百万年前)的缩写；kaB. P. 为千年前。

的开始外流时间在(0.41—0.35)MaB.P. 左右(吴锡浩,1998;王苏民,2001)。

从这些观点可以看出,现代意义上的黄河,其形成经历了漫长的历史过程。黄河是第四纪新构造运动的产物。第三纪构造运动形成的断陷盆地,在新构造运动中,随着河流的溯源侵蚀袭夺,各河段渐渐连通,形成黄河河道的框架。从早更新世(180 万年前)开始,经历中更新世(100 万年前—10 万年前),无论是否受到地质回旋的影响,外流是否中断,晚更新世(10 万年前—1 万年前)已经形成了奔腾入海的外流型大河,黄河现代水系格局形成。晚更新世以及全新世则是黄河对黄淮海平原全面塑造的时期(左东启,2001)。

中生代形成的华北断陷盆地,处于太行山山地与山东山地之间。进入新生代断陷盆地活动加剧,持续沉降,接受沉积物。并随着海水进退,间或被海水浸泡,形成所谓的"华北古海湾",成为周边水系以及早期黄河河流的归宿。这些水系携带的泥沙,使断陷盆地接受了巨厚的沉积物,并连成一片,形成南北纵向的黄淮海平原的雏形。

当黄河切穿三门湖进入平原,由于诸多原因,黄河在平原频繁改道、决口,纵横泛滥。第一,由于山东山地的阻挡,河流不能直接向东入海,只能向北或向南绕道寻途入海。第二,平原沉积的巨厚第四纪散松沉积物,基础松散软弱,直接或间接地增加黄河的活动性,水系间没有坚硬的分水岭,更加助长了黄河的游荡性。第三,黄河流经黄土高原,携带巨量的泥沙,进入平原后,水流变缓,泥沙俱下,淤积河道,造成河道频繁决口、改道。而废旧河道纵横交错,丛林、芦苇、草甸相结合,进一步阻挡河流的正常运行,使黄河流速变慢,沉积加快,河道淤塞更加严重,更加剧了河流的改道(冯寅,1982)。第四,新构造运动影响下,平原海陆的变迁,河流时进时退,第四纪期间数度遭到海水入侵,最大的一次海侵发生在中全新世(距今约 8 500—5 500 年),西界达通县—任丘—献县—聊城—位山一带。最近的一次海侵出现于中全新世末至晚全新世(距今 5 000—3 500 年),即发生在夏代之前,而结束于商代早期,但范围较小。西界大致达宁河—天津—沧州—乐陵—广饶一线附近。海水入侵是黄河河道难以固定的原因之一(戴英生,1983)。

华北平原基底隐伏一系列的呈北东向展布的活动性隆起与断陷。早期的黄河水系多沿断陷北东向流动。传说的禹河就是沿天津隆起东缘北流而入渤海。因受隆起抬升的影响,迫使河道向东迁移,频繁改道于黄河断陷中。由于黄河泛滥,其携带的大量泥沙倾泻于盆地北部,使地势增高。而南部相对低洼,黄河决口而入淮,频繁迁徙于淮河断陷中。在盆地东南部隐伏隆起抬升的影响下,河道又不断北徙,终于复迁归原来的断陷而再入渤海。

据前人考证,帝尧时代即大禹治水时代,黄河故道大概从河南武陟、浚县向北流,经河北平乡、深县、霸县,折东流经天津入海(徐福龄,1982)。从太行山前经过,永定河和太行山诸水都成为黄河的支流。当时华北平原上仅有黄河和淮河两水系。山东丘陵西侧的东平湖和微山凹陷、太行山东麓的山前凹陷、南部的淮南凹陷,都有大小不等的湖泊。

自大禹治水以来,黄河下游从河南武陟、荥阳以下,大小决徙约有一千五六百次,情况十分复杂。历代故道略呈折扇形,其结点在郑州附近,最北经由今河北霸县至天津入海,最南经由颍河、涡河夺淮河入海。历史上几次较大的黄河改道分别简述如下(岑仲勉,1957;邹逸麟,1980;徐福龄,1982;章人骏,2000):

①据《书·禹贡》,战国或战国以前的黄河故道自今河南武陟、浚县向北流,至河北平乡北,东北流分为九河,最北支为干流,北流至深县南,折东北至静海入海。据《山海经》,上述的河道由深县东北流至霸县南,向东流至天津入海,这就是所谓的禹时故道。

②据《汉书地理志》和《水经注》，西汉时的黄河故道自今河南浚县经滑县、濮阳，河北大名，山东高唐，折北流经德州、河北南皮，又向东北流至沧州东北入海。

③据《水经注》和《元和志》，东汉至宋初的黄河故道自濮阳南东北流经山东聊城、茌平南折北流经禹城西，又东北流至滨县南入海。唐末至宋初决口多次。

④宋庆历八年(1048 年)，河决商胡埽(濮阳东北)，黄河改道自濮阳东北折西北流经内黄东，北流经河北大名、南宫、枣强、武邑、献县至青县南由今运河经天津入海。宋人称此道为北流。至嘉祐五年(1060 年)，黄河又在大名附近决口，东北流经山东冠县、夏津，略循马颊河至冀鲁交界处入海。此为宋人称的东流。此后，北流往往西决漫入漳河，东决漫入永济渠(即卫河)。

⑤宋建炎二年(1128 年)，杜充于滑县西南人为决河，使河道东决夺泗水入淮。自后河道混乱，重要决口西移，正流不再经浚滑间。东流由马颊河、徒骇河或北清河入海。

⑥明万历初，潘季驯治河成功，故道大致即地图上的淤黄河，此后虽经常决徙，不久皆引归故道。大致南决以入涡为多，北决皆归大清河(即北清河)。

⑦1855 年至新中国成立前，1855 年黄河在兰考铜瓦厢决口改道东流，至 1875 年形成今道。此后新中国成立前，70 年决口数十次，皆不久阻塞。只有 1938 年国民党政府挖开郑州花园口大堤，河水乱颍、涡入淮，至 1947 年才恢复故道。

总之，黄河出孟津后，泥沙沉积成广泛的三角洲平原。三角洲上的河流由于河床土质不坚，断面大多宽浅，并形成树枝分叉。洪水来临易成漫流，淹没广大地区。由于泥沙沉积作用，河道主流在整个三角洲上呈周期摆动。但黄河三角洲平原，中部受山东丘陵的阻挡而表现为南北改道特征即南部淤高后改流北道，北部淤高后改流南道。历代黄河改道大都以抬高河床，向东南岸决口开始，以“以邻为壑”夺取相邻河流的河道入海而结束，如此反复多次，从而迁移到今道的位置和高度(周述椿，1994)。

进入平原的黄河像天马行空到处奔腾、游荡，把所挟带的黄土到处扩散，填满了湖泊、沼泽，堵塞了大小河流和港湾，引发了滔天洪水。同时淤积成数以万顷良田和沃土，为炎黄子孙创业奠定了基础。到了近代，黄河受到极大的拘束和限制，其古老冲积平原已分别并入海河流域和淮河流域。即使是黄河干流，地盘也日益缩小。加之人为的因素，黄河仅剩一条狭长的出海通道，已成为岌岌可危的“地上悬河”，成为淮河流域与海河流域的分水岭。

1.2.2.2 淮河水系的变迁

在遥远的地质年代，黄淮海大平原环视一片茫茫大海，山东地堑是耸立在大海中的孤岛，它把大海分割为南北两个海域，北海西岸屏立着太行山脉；南海的西岸屹立着伏牛山、方成和桐柏山脉，那时淮河水系还没有诞生。以后由于造山运动地壳变迁，淹没在大海中的平原逐渐变成陆地。黄河、淮河和海河开始形成，河流夹带着大量泥沙的堆积，逐渐形成了肥沃的华北大平原和黄河、淮河、海河水系。淮河流域最晚成陆的地方是淮阴、高邮、扬州以东的里下河地区。在最近一个地质时期，由于多次的地壳升降活动，海陆变迁十分频繁，在苏北盐城到海安一线遗留下来的贝壳堤可以证明海陆变迁的悠久历史。从地质历史的演变可知，淮河流域的东北部为由震旦纪至下古生代岩层组成的低山丘陵外，第四系底层广泛分布，冲击地层的厚度由东向西逐渐增加，五河为 50～100 m，固镇为 100～200 m，到西部太和及临泉一带第四纪地层厚度达到 500 m 以上。从淮河流域地形的形成来讲，主要是地质运动的作用，其次是黄河和淮河本身大量泥沙搬运堆积而成。由此既可以看到黄河与淮河的亲缘关系，也可以看到黄河对淮河流域巨大的影响。

我国的古籍《禹贡》、《山海经》、《周礼·职方》和《尔雅》中，都有关于古代淮河水系的描述。2 400 年前的地理著作《禹贡》上，对于淮河水系就明确地记载“导淮自桐柏，东会与沂泗，东入于海”。这段简略的文字，描述了淮河流域概括的轮廓。从现存史料和有关地质考察来看，北宋以前，淮河没有发生过大的特殊的变化。古淮河干流在洪泽湖以西大致与今天淮河相似，古代没有洪泽湖，淮河出桐柏山后，除了汇合沂泗水以外，还有汝水、颍水、濉水、汴水等支流从北面汇入。淮河干流自安徽省五河县进入盱眙后，折向东北，过龟山、老子山，右岸有破釜塘、白水塘、富陵湖、泥墩湖、万家湖等蓄水陂塘和湖泊，左岸有汴渠口和泗水入淮口、小清口。汴渠口右侧为古泗州城，与泗州城隔岸相望的是盱眙县城；小清口对岸是古淮阴城(在今淮阴县码头镇北里许)。淮河过古淮阴城后，穿过今淮阴市和王营镇之间，折向东南，过钵池山，到淮安城北末口形成一大河曲，俗称山阳湾，再折向东北，经古安东县城(今涟水县城)南门外甩头向东，由云梯关(今响水县境内)入海(陈希祥，1993；邹逸麟，1997；吴海涛，2004)。

春秋战国之前的淮河，由于下游河床深阔，“淮流顺轨，畅出云梯，南北支川纲纪井然”。很少有泛滥决溢的现象。

春秋末年，吴王夫差为北伐中原，攻打齐国，与晋国争夺霸主，于公元前 486 年开凿了邗沟运河。邗沟南起今扬州市以南的长江北岸，北尽淮河山阳湾东端的末口，江、淮二水系遂为之沟通。公元前 261 年，魏惠王又开凿了鸿沟，将黄河和汴水、济水、汝水、淮河、泗水相沟通。这样，江、淮、河、济古代的四大水系就全部连续起来，成为一个完整的水路运输系统。公元 605 年，隋炀帝征调上百万人开凿了洛阳到古泗州城的运河——通济渠，并对邗沟裁弯取直，重新开通了黄、淮和江、淮之间的水路交通。

淮河支流众多，水量充沛。北宋以前的历代为利用其丰富的水源发展灌溉，还在淮河两岸修建了许多陂塘。历代的不断修筑，使得淮河两岸的陂塘星罗棋布，“不可偻计”。故淮河有“交通灌溉之利甲于全国”的美誉。淮河下游地势低平，田畴肥沃，宜植五谷。在秦汉时代，把天下田分为九等，江淮田为上中(第二等)，除当时的关中部分地区外，是无与伦比的。涟水等地的地质考查证明，现在已经深掩地下的黑色淤土层，那个时期还是露在地表的耕地。古代劳动人民利用这些优越的自然条件，辛勤劳作，使淮河流域一度出现兴旺富有的景象。“江淮熟，天下足”；“走千走万，不如淮河两岸。”这些谚语就是这种景象的生动写照。

淮河水系的巨大变迁最根本的原因是黄河的侵袭，汉元光三年(公元前 132 年)黄河开始较大规模地侵淮。北宋以前，黄河泛滥决口，与淮河合流，大抵在安徽境内。“自西汉以来，淮数为河所侵，多在泗(州)、凤(阳)以上”，“颍(上)、亳(县)、怀远之间”。或夺颍入淮，或夺涡入淮。但是，入淮的次数并不多。到了宋代，黄河决溢入泗、入淮渐趋频繁。北宋 160 多年中，黄河决溢入泗、入淮就多达 10 次。

宋高宗南渡以后，由于战乱频繁，黄河无人治理，决溢入泗、入淮更加频繁。建炎二年(1128 年)黄河南徙，自此开始了其长达 700 年的夺淮入海历史。1128—1193 年 65 年间，黄河决溢入泗、入淮 8 次，且已固定其入泗、夺淮的趋势。

公元 1194 年，黄河又从阳武光禄村决口，至徐州附近分为二支，其北支流注梁山泊后，由北清河(古济水下游)入渤海；其南支在砀山以下侵汴水，继由南清河(即泗水)夺淮入海。这就确定了黄河南下夺淮的局面。占据那里的金统治者，希望以水代兵，借黄河的洪水侵扰南宋，致使暴虐的黄河在无遮无挡的淮北平原，一泻千里，抢去淮河入海的水道。

河新河道的形成过程，也是黄淮水系的调整过程，其间南北决溢泛滥在所难免。元代至明前期黄河基本处于不治的状态。由于黄河由山东境内入海的下游的河床远比淮河下游河床高，其北支出水不畅，经常决堤泛滥，到处漫流，从而造成河南、河北、山东境内连年的大面积水灾。为了阻止洪水北泛运河，一旦北岸决口，便即刻兴工堵塞。因此 12～15 世纪黄河堵口大工不断。

明宣德至弘治年间(1426—1505 年)黄河在今山东曹县至江苏徐州间向北频繁决口。一旦北决，黄河洪水多从张秋冲决会通河，当年的漕运便会因此受阻。

明孝宗弘治(1488—1505 年)初年，黄河在封丘附近的荆隆口大规模决溢，又漫流河南、山东、安徽、江苏数省。明朝政府遂命白昂一面加固黄河北岸堤防，一面疏通黄河由汴水、睢水入泗达淮的河道。明弘治四年(1491 年)，黄河在曹州(今山东曹县)黄陵岗、金龙口等 7 处决口，洪水北行在张秋进入会通河，北上的漕船、货船都被堵在张秋。孝宗帝紧急任命副都御史刘大夏堵口。刘大夏制定并实施北堤南分的策略。在他的主持下，兴建了自曹州至徐州长 250 多千米的黄河北大堤——太行堤。以太行堤为屏障，拦堵其从北岸决溢的通路，黄河始全流夺淮。

黄河北岸大堤形成后，阻止了黄河的北泛，保障了会通河的畅通。但是任河向南分流给黄河以南广大地区造成了经年不断的严重洪水灾害，导致黄河下游南向分支越来越多，分支愈多，河流的挟沙能力愈低，黄河河道状况愈益恶化。弘治年间(1488—1505 年)，下游分成 3 支，至嘉靖末年，今山东、安徽和江苏境内黄河多达 13 股分支，黄河已经没有主流河道。分流治黄的策略步入穷途末路。

自 1194 年黄河南支夺淮入海以后，虽然以入泗夺淮为主，但是，黄河也不时夺涡、夺颍、夺睢分道入淮，河道紊乱，扩大了淮河流域的受灾面积。所以，明神宗万历年间(1573—1620 年)，又先后将黄河由颍水、涡水、睢水入淮的河道筑断，从而固定了黄河经由古汴水，东出徐州入泗、夺淮的河道。“于是河势尽趋东南，毕注于大清河口以夺淮。”

嘉靖四十四年(1565 年)，潘季驯(1521—1595 年)出任总理河道，此后又三次重任，直到万历二十年(1592 年)退休，前后历时 27 年。在他的主持下，完成了河南郑州以下至海口的黄河两岸堤防建设。他的“束水攻沙”规划思想在徐州至淮安黄淮交汇的清口间防洪工程建设和洪水调度中得以实现。通过加高高家堰堤防，形成洪泽湖水库，逼使淮河清水出清口，黄淮合流达到了刷深黄河的目的。经过数十年的努力，黄河由金元以来多支漫流入淮的局面一变而为独流入海。

高家堰建成后，洪泽湖成为淮河洪水停蓄的空间，由此带来了新的防洪问题，即洪泽湖水位上升，回水使湖区上游的泗州城和明祖陵被淹。万历二十年(1592 年)，泗州积水久不消退，潘季驯因此被削职为民。“束水攻沙”的方略遭到朝廷上下的质疑，甚至有人提议废毁高家堰。万历二十四年(1596 年)，继任总理河道的杨一魁为缓解泗州淹城之灾，动用民工 20 万，实施了分黄入海和导淮工程。杨一魁在清河以上开新河，分流黄河入海；在高家堰建闸，导淮入运河；并疏浚清口，恢复淮河清口出水能力。

黄河夺淮使淮河流域产生重大变化(李元芳，1991；邹逸麟，1997)：

①淮河入海故道被黄河淤废，从此淮河不能直接入海，被迫从洪泽湖以下的三河改流入江。

②由于黄河夺淮，洪泽湖大堤不断延长、加高、加固，形成了现在浩瀚的洪泽湖。

③由于黄河夺泗夺淮，使泗、沂、沭河洪水无出路，并在泗、运、沂的中下游形成南四湖和骆马湖。

④豫东、皖北和鲁西南等平原地区的大小河流，都遭到黄河洪水的袭扰和破坏，造成排水不畅，水无出路。其中以濉河变化最大。濉河原是发源豫东，中经皖北，至江苏宿迁小河口汇入泗河的一条大支流。经黄河多年的决口和分洪，终被淤废，下游不得不改入洪泽湖。

⑤洪泽湖以下的入江水道逐步形成，高邮、宝应水位抬高，面积扩大，在自然水力冲刷和人工疏导之下，入江水道的泄水能力不断扩大，而淮河下游运西运东地区的水灾也日益加重。

⑥留下从兰考，经徐州、淮阴到云梯关入海口的一条高出地面十数米的黄河故道，将原本统一的淮河水系划为淮河水系和沂沭泗水系。

⑦将鲁西的原属济水水系淤塞，后经治理现统属南四湖水系。

⑧由于抬高洪泽湖水位和抬高干流中游河床，使原来畅流入淮的支流，形成背河洼地，新产生出如城西湖、城东湖、瓦埠湖等湖泊。

康熙时(1662—1722 年)泗城淹入湖中。康熙初，黄河多次南决，主流由涡河下入淮河，高含沙的黄河洪水进入洪泽湖后使湖区迅速淤高，造成高家堰多次开坝泄洪和决口，导致了淮扬地区大水灾。清代河臣重又拾起潘季驯"束水攻沙"的治河方略。众多治河者当中，尤以靳辅的成绩最为突出。康熙十六年至二十六年(1677—1687 年)，靳辅连续 10 年担任河道总督，主持黄淮运的规划与治理。他继承了潘季驯束水攻沙的治河方略，对其审慎全局、将黄淮运作为一个大系统综合考虑而治理的思路甚为赞同。在他看来，治理的关键仍在控制黄河河床的淤积。为此，他大力修筑黄河堤防，并将其延伸至云梯关以外接近海口的地方。

治河过程中，靳辅发现，黄河的含沙量较高，自身的挟沙能力不足以将全部泥沙输送入海，必须引进含沙量较低的清水，以加大河流的输沙能力。因而，除继承潘季驯加高加厚高家堰以逼淮注黄外，靳辅还在徐州以上增建减水石闸 6 座，在睢宁增建峰山等闸 4 座，以便从黄河南岸分泄洪水。分泄的洪水进入洪泽湖。然后清水出清口，助淮刷黄。黄河入海口至明末已渐淤积，当时有人主张加以疏浚，但潘季驯坚持认为只要采用束水攻沙的方略即可加以解决。靳辅则认为海口处 3 年以上的淤沙业已板结，水流难以冲刷，因而主张以疏浚作为束水攻沙的辅助措施，由此提出人工开川字河以协助水力冲刷，这是他较潘季驯的进步之处(叶青超，1986；徐海亮，1990)。

然而"束水攻沙"的治水方略，最终没有敌过黄河泥沙。高含沙的黄河在水量与含沙量之间，水不能敌沙。清口及黄河下游河道迅速淤积，嘉庆以来清水难以畅出清口，最终导致了清口枢纽的失败，淮河全河改道由运河入海或归入长江。黄河尾闾河床淤积速度加快，自道光(1821—1850 年)以来连年决口。终于咸丰五年(1855 年)，黄河在其北岸铜瓦厢(今河南兰考)发生大改道。黄河全河夺溜北上，南宋以来黄河夺淮入海的局面自此结束。

1.2.2.3 海河水系的变迁

与黄河相比海河水系算是一条较年青的水系，"海河"这个名字始见于明末。海河干流是随着海河水系的尾闾成陆而形成的，海河水系主要形成原因有 3 个：一是流域内西、北、南三面高，东部低的地势，使诸水顺势东流；二是黄河北迁提供了条件；三是人为的因势利导。

海河水系的几条主要支流，包括北运河、永定河、大清河、子牙河、南运河等五大河流，或从西北而东南，或从西而东，或从西南而东北，都流向今天津市，在市区内汇合成一条大河东流入海。海河水系经历了初步形成、暂解体和再形成的 3 个阶段。

1. 海河形成之前

公元前 4 世纪(战国中叶)以前。上限大致始于新石器时代。当时黄河下游流经河北平原,在渤海湾西岸入海,因两岸未筑堤防,河道极不稳定。据文献记载,黄河曾往返更迭多次流经的有《禹贡》《山海经》和《汉书・地理志》中记载的三道。前二道在河北平原偏西,最西的一股是《山海经・北山经》中的大河,流经今太行山东麓,折东走汉代滱水至天津市区入海;《山经》大河在冀中平原分出一股,即《禹贡》记载的大河,在今青县一带入海;最东的一股,即《汉志》大河则离开了太行山东麓,经豫东北、鲁西北、冀东南,东北至黄骅县境入海。上述三河道在战国中期以前或迭为主次,或同时存在,而以流经《汉志》大河为常见。在古代,"河"即为黄河的专称。据《汉志》《水经注》记载,河北平原上被称为"河"的水道达 10 余条,均可能为黄河某次决流改徙后的故道。从西周以来至春秋战国时代,流经河北平原的主要河流是黄河。其时黄河下游分成多股,纵贯河北平原注入渤海。西汉以前河北平原上的河流都属于黄河水系。今河北在雄县、霸县至天津一线,即汉代滱河、宋代的界河一线。地质构造是属于凹陷地带,因而黄河北流即以此为极限。在凹陷地带以北,是永定河水系和潮白河水系,各自独流入海。

西汉时代黄河干流东移,至今黄骅县附近入海。原来流入黄河的各河流,都脱离黄河而分流入海。据《汉书地理志》记载,黄河以北有滹沱河、泒河(上游今沙河,下游约今大清河)、滱水(今唐河)、治水(今永定河)、沽水(今白河、北运河)等均各自流入渤海,互不交汇,其时海河水系尚未形成。

2. 海河水系形成之初

海河水系从黄河流域分离出来形成独立的水系要追溯到公元 1—6 世纪,在这 500 多年时间里随着黄河逐渐向南改道,对华北平原的影响逐步减弱,加上人为与自然的作用,一直到东汉建安年间第一次出现众流归一的扇形河道结构,形成海河水系尾闾雏形(孙景亮,2009)。

东汉时代黄河更南移经山东北部,至今滨州市、利津一带入海。原注入黄河的漳水亦脱离黄河独流入海。

东汉末年,我国群雄割据,战火连绵。曹操在统一北方的过程中,为了运输兵马粮草,先后开凿了白沟、平虏、泉州等人工运渠。这些人工运渠,沟通了多条河流,把海河平原上的水道连接在一起,使当时称沽水的北运河、称灅水的永定河、称泒水的大清河、称滹沱水的子牙河以及称清河的南运河 5 条大河汇流于今天津市区,然后东流入海。

东汉建安九年(公元 204 年),曹操为了消灭袁绍余部,在淇水入黄河处修筑枋堰,"遏淇水入白沟,以通粮道"(《三国志・魏书・武帝纪》)。白沟是黄河故道,由于黄河改道后水量减少,不能满足军事航运要求,曹操便用枋木筑堰、开渠引淇的方式,拦截淇水使其不能再流入黄河而导入白沟,致使白沟脱离开黄河水系,纳入海河水系。

建安十一年(公元 206 年),为了北征乌桓,曹操组织开凿了平虏渠。平虏渠相当于今南运河从河北省青县到天津市静海区独流镇一段,沟通了滹沱水(今子牙河)和泒水(今大清河)。两河汇合后,称清河,向北至今天津市附近折向东流入海。平虏渠的开凿,给海河水系的形成创造了一个有利条件。

在开凿平虏渠的同时,又开凿了泉州渠。泉州渠从泉州境内的清河北岸(今天津市东丽区张贵庄附近),向北穿过笥沟(即沽水下游),到今天津市宝坻区附近与鲍丘水(今白河)相接,沟通了清河、沽水与鲍丘水的联系。时过不久,沽水(下游名潞河,再下游名笥沟)在今河北省香河县南发生改道，下循今北运河南流，在天津市附近与清河合。即《水经》“东南至雍奴县为笥沟，又东南至泉州与清河合，东入于海”的局面。沽水正式汇入了清河系统。

白沟渠、平虏渠、泉州渠的开凿，沟通了海河平原诸水，使华北地区出现了纵贯南北的水路运输线。这条水路运输线对曹操战胜乌桓、肃清地方割据势力和统一北方起到了一定的作用。但其更大意义在于，海河水系在中国有文字记载的历史上第一次形成。“清、淇、漳、洹、滱、易、涞、濡、沽、滹沱同归于海”(《水经注》)。

3. 海河水系解体与再形成

海河水系形成之初，极不稳定，到北魏时期南北水系联系中断，海河水系又成解体状态，清、漳两河仍由歧口一带入海，沽河下游改道，这种局面维持约百年。

隋大业四年(公元608年)，开凿永济渠，重新沟通各河，海河水系再次形成。北宋年间，黄河东流北流并存，且互为开闭，使海河流域再次成为黄河下游。

南宋建炎二年(公元1128年)，杜充“决黄河由泗入淮，以阻金兵”，使黄河南徙，夺淮入海，海河水系彻底摆脱了黄河的干扰(李红有，2004)。

元开会通河，引汶至临清会御河，海河水系又向东南扩展，会通河至清末淤废。东北方面，海河水系形成之初，仅包括沽水(白河)干流，不包括潮河。曹操在开平虏渠的同年又开凿了泉州渠，鲍丘水的一部分即由渠入海河，但主流仍循蓟运河东南入海。《水经注》以前沽水自武清至天津一段又枯断，改东注鲍丘水入海。故《水经注》时代汶、沽、鲍丘三水合流，循今蓟运河入海。海河水系东北界大大内缩，仅以圣水(上游今琉璃河，下游为今固安、永清界内永定河)为限。隋开永济渠前，㶟水(永定河)、沽水已与南来诸水相合，海河水系东北界再度扩展。

明清以前，大清河、御河上游有良好的植被，也一直是清水河流，明清以来含沙量才逐渐提高。明代拒马河为永定河所迫，归于大清河，其后永定河下游夺大清河，大清河尾闾成为高含沙河流。由于御河是南运河的主要水源，在国家不遗余力保证漕运的政策下，通过工程措施(河道疏浚和堤防建设)确保河道畅通。人为控制的结果使得御河没有成为悬河。

海河水系形成后，可以宋代界河(《水经注》巨马河)为界分为南北2系。南系包括清、淇、漳、滹沱、滱、涞、易等水；北系包括治、沽、潞、涞、易、鲍丘、泃、庚等水。历史时期南北两系各水下游河道均曾发生较大变迁(邹逸麟，1997；谭其骧，1957)。

(1)永定河　据钻探资料，永定河出石景山后，在今北京城北、中、南面分为5条古河道，流经今北京城北小清河一道时间最早，约距今18 000—7 000年。这些都是永定河早期流经的河道。西汉时代治水(㶟水)经北京城南，东南至泉州县(今天津市武清县西南)入海。东汉以后，下游与潮白河汇合，经笥沟与南面的清河在天津相合，成为海河水系北派的主要河流。《水经注》时代笥沟淤断，㶟水东流与沽河、鲍丘河汇合东循今蓟运河下游入海。隋开永济渠“北通涿郡”，即利用㶟水(桑干河)下游河道通达蓟城(今北京城西南部)。

唐代桑干河石景山以下分为两支：一支经蓟城南，东南与高粱河合，下会潞河；一支南流经永清县北。辽金以后，桑干河含沙量增多，“水性浑浊”，故有卢沟之称。下游河道干流已离开蓟城之南，改折南经卢沟桥(桥筑于金明昌三年)南入安次县境，下达武清县境入北运河。筑堤亦始于此。元代桑干河下游又称浑河、小黄河，自石景山南东麻峪始分两支：一支即入安次、武清旧道，一支自涿县南流经固安，南至霸县入拒马河(即白沟河)。明代因记载详细，知其下游河道自卢沟桥分为东、南二派：东派走今凉水河至张家湾、漷县入北运河；南派分成几股，先后走过今牤牛河、琉璃河、大清河、永定河等，或入三角淀，或入北运河，数股并存，迭为主次，来回摆动，变迁频繁，故有“无定”之称。1698 年(清康熙三十七年)全面筑堤，固定河道，赐名永定河，惟下游入三角淀为尾闾段，隔数年即改道一次。20 世纪 40 年代方形成现今河道。

(2)大清河　上游分南、中、北 3 股来水。北股为南北拒马河、易水，中股为唐河(滱水)和徐、漕等河，南股为潴龙河，上游为磁河、大沙河。海河水系形成之初，各自东流至今天津汇合，并未成为同一水系。北宋时期与北方的辽(契丹)界河以南有一带状的湖泊洼地，即包括今白洋淀、文安洼凹陷地带。北宋初年为防止契丹骑兵南下，将南面的滱水、滹沱河等大小河流均引入这一洼地，形成了西起保定，东近海的屈曲 450 km 的潴泽国防线，称为塘泺。北连拒马河下游的白沟河(即界河)。其时之永定河亦从北面流入界河，故界河包括了永定河和滹沱河及其间大小诸水的一大水系。宋朝南渡，界河失去限制南北的作用。南面河流如滹沱河又脱离了界河，而北面永定河大量泥沙填于界河各段中。明中叶以后，界河渐被淤平，水体南移于今大清河。清康熙三十七年修筑永定河大堤，由下游入三角淀处与大清河分开，同时大清河两岸先后修筑堤防，今大清河水系基本形成。

(3)滹沱河　《禹贡》《山经》时期原属黄河水系。黄河东徙至黄骅县境入海后，滹沱河独流入海。西汉时下游分为数股，除干流外，尚有滹沱别河、滹沱别水等，在今青县附近汇流入海。三国以后自饶阳以下夺泒水经河间、任丘、文安、大城，与拒马河汇合，同归于海，成为海河水系南派一大支流。直至唐代仍沿此道。宋代导滹沱河入边吴泊，注于塘泺，乃为人工改为北流一支，另有东流一股经深州，至乾宁军(今青县)与御河合流；南流一股自鼓城注入葫芦河(今滏阳河)。金元时北流一股已不见记载，多走东、南两道。明时滹沱河主流已脱离大清河，自藁城县分成 3 股：一支北流入淀泊，一支东南经束鹿县注入滏阳河，一支南流经宁晋县注入宁晋泊(今宁晋、新河间滏阳河)，每逢洪水泛滥，以南走入宁晋泊一道为常。晚清将滹沱河引入子牙河，两岸筑堤，固定河道，形成今日之格局。总之，历史时期滹沱河南北摆动很大，其范围大致以藁城为起点，北至淀泊洼地，南至滏阳河，宋以前以北流为主。属大清河水系，元明以后以南流为主，属滏阳河水系。晚清以后与滏阳河并为子牙河一大支流。

(4)南运河　上游为漳、卫两大河流。卫河前身是魏晋南北朝时期的白沟。白沟原为《禹贡》《山经》时代的黄河故道。黄河改走西汉大河后断流，东汉后期出现“白沟”，应出自人工疏导。3 世纪初，曹操筑枋头遏淇水入白沟，下连清河成为河北平原上纵贯南北的运河。《水经注》时代清河自大名至东光段在今南运河之西。隋大业开永济渠后，今德州以下走今南运河道，德州以上仍在今道之西。元明以后逐渐演变成今卫河。

(5)漳河　历史时期变迁尤大。原亦为黄河一大支流。《禹贡》时代河、漳汇合于今河北肥乡县境。黄河改走西汉大河后，肥乡以下《禹贡》大河故道即成为漳水下游。但在反映西汉后期情况的《汉书・地理志》里，自今新河以下，漳水已不复北流，改道东流经南宫、枣强、景县、东光注入大河。到东汉时代漳水下游恢复自今新河经大河故道入海。三国时曹操开利漕渠，引漳水于馆陶南入白沟。自后漳水下游变迁无常。唐代漳水至少有 2 支：一支北流，与《水经注》时代大致相同，经今临漳、成安、肥乡、曲周、平乡，以下走今滏阳河，汇入大陆泽，出泽后又走今滏阳河，衡水以下经武邑东北流，截永济渠，东北入海。一支经魏县于馆陶入永济渠，南北二道之间亦有零星漳水记载，亦为分支，然首尾不明。北宋时黄河北流，漳水又为大河支流。明代南北二支均存，前期以北流为主，后期以南流为主。清康熙时分为 3 支：南支在馆陶入卫，中支为老漳河至青县入卫，北支至宁晋与滏阳河合称新漳河。后又分成 4 支，变迁频繁。康熙末年南流入卫一支竟成唯一主流。乾隆以后始成今状。

1963 年 8 月海河流域大洪水后，毛泽东主席发出了“一定要根治海河”的号召。20 世纪 60 年代中期至 70 年代初，海河流域掀起了以开挖疏浚行洪河道为重点治理海河的高潮，先后开挖和扩大了漳卫新河、子牙新河、独流减河、永定新河、潮白新河等河道。这些入海通道工程的实施，不仅减轻了海河流域的防洪压力，而且改变了海河水系的历史格局。从此，在海河平原上出现了统一水系系统和分流入海系统并存的局面。

1.3 黄淮海平原的地貌形成与特征

中生代燕山构造涌动以及后来的新生代的新构造运动是黄淮海平原地貌形成的内营力，而黄河、淮河以及海河水系的变迁和塑造是平原地貌最终形成并不断变化的主要外营力。正是这种内外营力的相继或组合作用，形成了现今黄淮海平原地貌的基本特征。地貌类型是影响土地利用及其格局最重要的要素。她的影响不仅反映在平原土地利用的起源和演变，而且对当代土地利用也产生着深刻的作用。

中生代的构造运动形成了黄淮海平原的地质构造。第三纪以前平原主要处于强烈断陷时期，这一期占主导作用的是内营力，火山活动表现也十分活跃(刘训，1982；聂宗笙，1985；赵越，1990；陈国达，1992；樊克锋，2006)。新第三纪平原连成一体后，进入第四纪，外营力在平原塑造上占到了主导作用，如河流迁徙、泥沙含量、海洋动力等。

进入新生代，断块活动又趋活跃，早第三纪时期形成一系列次级断陷盆地，随着喜马拉雅运动加剧，广泛分布的断陷盆地进一步强烈沉降(易明初，1995；吴忱，2000；吴忱，2008)，接受周边的沉积物。沉积层厚度达到 1 000～3 500 m，到新第三纪平原开始连成一片；与此同时平原边缘断块山地相对隆起，大平原轮廓日趋鲜明(杨达源，1998)。发源于燕山、太行山等周边山地以及更远距离的大小河流，不断深切，切穿了断块山地，流水携带着黄土高原等地的泥沙注入大平原，沉积、摆动，成为黄淮海平原地貌塑造的主要力量。

1.3.1 地貌格局特征

黄淮海平原的北部及西部周边为燕山与太行山，西南为伏牛山低山与丘陵，南和东南为江淮低山丘陵，平原三面环山呈簸箕状倾向渤海、黄海。泰沂山地坐落于东部，并贯穿有黄、淮、海河三大水系(邵时雄，1989)。总体的地貌格局呈现出如下特征(叶青超，1989)：

1. 地貌空间分布阶梯状

平原边缘地带为不同岩性构成的中山和低山，到山前下降为丘陵台地，山前形成一系列洪冲积扇，并在与广大冲积平原相交接处形成一系列交接洼地，向海逐渐过渡到冲积平原、冲海积平原和海积平原。平原海拔较低，大部分地区在海拔 50 m 以下，自西向东自然坡度较小，由山前的 1/2 000 逐渐下降到 1/10 000。

2. 平原微地貌岗、坡、洼突出

华北平原在三面环山和鲁中南山地的挟持下，呈簸箕状开阔的低地区，直接与浅海陆架衔接。多数水系受这种地势控制在向渤海、黄海汇集中频繁发生演变，平原微地貌发育，正负地形常呈带状分布，成为平原地貌的主体。

3. 淤泥质海岸迅速扩张

滨海河口三角洲和海湾组成的淤泥质海岸发育迅速，历史时期多沙河流黄河南北迁徙沉积的结果，促使渤海、黄海缓慢地退缩和平原的不断扩张，今日渤海湾西岸残存的4条贝壳堤，则是平原不同时期扩张的表征。

1.3.2 地貌发展演化

通过对黄淮海地区第三纪地层及第四纪岩相古地理的分析研究，已知黄淮海平原今日之地貌是在早第三纪平原呈洼岭格局的基础上发展起来的。晚第三纪平原整体下降，周边山区供给大量物质超覆了当时的一系列地堑型盆地，形成了目前大平原的雏形。大致在第三纪上新世（距今约310万—320万年），燕山、太行山及伏牛山前已有一系列的粗碎屑扇形堆积（杨子赓，1963；张光业，1985；张光业，1988；邵时雄，1989；杨达源，1998）。

1. 早、中更新世

进入早更新世（距今250万年），山地继续上升，遭受强烈剥蚀，山坡后退，平原进一步下降，部分准平原面开始解体，当时的面貌是古地形像一个向渤海开口的长口袋。燕山、太行山和伏牛山前均显著沉降，展布了连片的粗砾扇形堆积平原。以滹沱河、拒马河扇规为最大。今日黄河出山口扇形堆积范围不大。平原中部广大区域地势低洼汇水，为河湖洼地。

进入中更新世后（距今约70万年），因山地抬升形成山前台地。早更新世残存的准平原除局部地区外，普遍为新堆积物所覆盖。形成向平原中部倾斜的冲洪积平原，并使当时江淮丘陵仅见若干残山、残丘。大约在中更新世初期或稍后，形成黄河。出现了黄河冲积扇，分南、北两翼。其规模北达河北大名，南达河南杞县，东边超过开封。迫使豫鲁苏皖平原上河湖洼地东移、缩小。

2. 晚更新世以来

进入晚更新世（距今约15万年），平原地貌较前有很大变化。其特点表现为：

①全平原普遍接受沉积。流水作用在平原塑造了各种地貌。豫皖苏平原低洼部分，至此已由黄河堆积物填平。原从苏皖流向西北的河流，逐渐改变流向东南，淮北平原与苏北平原构成一体。当时淮北刚形成的晚更新世晚期的堆积面，因地壳轻微抬升，开始遭受剥蚀，晚更新世末期，沿淮河一线低洼处发育的河流，此时切穿了东部苏皖之间的高地，贯通苏北，形成淮河。今日地貌的结构及格局至此已经形成。

②黄河冲积扇在晚更新世规模最大。南翼前缘已达安徽淮南、蚌埠；北翼超过河南内黄、清丰，山东聊城、郸城、东明；东翼到达山东曹县、定陶。黄河冲积扇在其发展中，以晚更新世为最盛，依其演化顺序，在地面所见者可分3期：中更新世一期，晚更新世两期；至全新世黄河扇虽缩小，但至少可分为三期。

③进入全新世之后，其他扇体也均呈缩小的趋势。一般可再细分2～3期，而且因山区抬升，全新世各期冲积、洪冲积扇的扇顶逐步向老扇前缘移动。黄河、滹沱河扇的近期，分布均有类似现象。

④黄河北支大约在晚更新世早期，经山东聊城—高唐—陵县—乐陵—河北海兴一线入海；至全新世，一度南泛，后又迴返北流，并逐渐东移至山东东阿—齐河—高青入海。黄河南泛，故道目前在地表可见者为1194—1855年黄河改道后的产物，在入海处所见河口三角洲也在此时

形成。

⑤原先存在于豫鲁皖苏平原的宽阔河湖洼地，至晚更新世已填平。被逼东移压缩成为今日的南四湖、北五湖。

⑥在海河平原上，太行山前的许多入海河流，在黄河影响下，在早、中更新世主要向东或北东东入海者，至晚更新世已被逼改为北东向入海，但并不都经由海河入海，海河水系是在全新世中晚期才形成的。

1.3.3 黄淮海平原及其边缘区的地貌类型

黄淮海平原及其边缘区的地貌分类与制图前人有过大量的研究，尽管在分类体系以及地貌成因诸方面有所不同，但主体地貌类型与分布则大同小异。

1. 基本类型与分类

黄淮海平原及其边缘区地貌按形态成因分类原则可作如下几级划分。

根据宏观地貌形态，划分为山地、台地丘陵和平原三大 1 级地貌类型。在平原类型中，根据全新世以来有无堆积，划分为堆积平原与剥蚀堆积平原。

根据地貌类型的成因、历史及岩性组成，对山地、台地丘陵和平原进行 2 级地貌类型划分，可分为侵蚀-剥蚀中山、侵蚀-剥蚀低山；侵蚀-剥蚀台地丘陵、侵蚀的堆积台地丘陵；侵蚀-堆积平原，洪积-坡积平原，洪积-冲积平原，冲积平原，冲积-湖积平原，海积、冲海积平原等。

在 2 级分类基础上，根据次级形态差异和成因等划分第 3 级微地貌类型。可分为碳酸盐岩中山、低山，非酸盐岩中山、低山；碳酸盐岩台地丘陵、非酸盐岩台地丘陵、黄土台地丘陵、湖积物台地丘陵、洪坡积物台地丘陵；侵蚀残岗、山前坡地、波状岗地、侵蚀洼地、残坡积倾斜地、洪坡积倾斜地、洪冲积扇或缓斜地、扇上或扇前洼地、古河道高地、扇上缓坡地、决口扇、泛滥坡平地及冲积平地、河漫滩、低平地、低洼地、河湖三角洲、河口三角洲、滨海低平地、滨海洼地、潟湖地、海滩等（表 1.1，图 1.2，彩图 2）。

2. 平原地貌类型分布

黄淮海平原地貌主要由洪冲积扇、冲积平原、湖洼低地和三角洲平原等类型组成。

（1）洪冲积扇　主要分布在平原与山地交接地带，自北向南有滦河、潮白河、永定河、滹沱河、漳河、颍河、汝河以及大别山和鲁中南山地周围的冲洪积扇。一般扇面宽大，地表坡度从顶坡到前缘有较大的变化，组成物质由粗到细，潜水位愈来愈浅。扇前普遍形成径流排泄条件差的交接洼地，土壤中有中度或严重的盐渍化。冲洪积扇上河流变迁频繁，遗留众多的古河道高地，由沙和亚沙土构成，经风力吹飏后，常常形成沙丘或沙地（叶青超，1989）。

（2）冲积平原　冲积平原由河道往复迁徙和河流泛滥冲积而成，分布面积最大。除海河和淮河流域冲积平原外，大部分地区为黄河冲积构成。黄河河道的不断变迁，形成众多的古河道高地和河间洼地，岗、坡、洼交替分布是黄淮海平原地貌的一大特点（张可迁，1962）。

——黄河冲积扇平原：其分布西起孟津，北沿太行山麓与漳河冲洪积扇交错，南沿篙山东部与淮河上游相接，东邻北五湖和南四湖。由于黄河的频繁决口和改道，每次改道就在决口点以下形成一个冲积扇（决口扇），这些冲积扇互相迭加在一起构成冲积扇复合体。频繁决口改道，也使这一地区古河道高地分布众多，多数连成一片，高出地面 3～5 m，沉积物多为中、细沙的河床相沉积物，在风力再造下，形成连片的沙地和沙丘（冯大奎，1988）。

表 1.1 黄淮海平原及边缘区地貌类型

1 级类型	2 级类型	3 级类型
山地	侵蚀-剥蚀中山 侵蚀-剥蚀低山	碳酸盐岩中山、低山 非酸盐岩中山、低山
台地丘陵	侵蚀-剥蚀台地丘陵 侵蚀的堆积台地丘陵	碳酸盐岩台地丘陵 非酸盐岩台地丘陵 黄土台地丘陵 湖积物台地丘陵 洪坡积物台地丘陵
平原	侵蚀-堆积平原 洪积-坡积平原 洪积-冲积平原 冲积平原 冲积-湖积平原 海积、冲海积平原	侵蚀残岗，山前坡地 波状岗地，侵蚀洼地 残坡积倾斜地 洪坡积倾斜地 洪冲积扇或缓斜地 扇上或扇前洼地 古河道高地 扇上缓坡地 决口扇 泛滥坡平地及冲积平地 河漫滩 低平地 低洼地 河湖三角洲 河口三角洲 滨海低平地 滨海洼地 潟湖地 海滩

——剥蚀冲积平原：主要分布在黄河冲积扇南翼、淮南、蚌埠一线以南的淮河平原，由灰褐色亚黏土组成。由于全新世因地壳轻微抬升，遭受剥蚀形成。

——泛滥平原：介于冲积扇平原和三角洲平原，或冲洪积扇和三角洲平原之间，以平原北部最为开阔。泛滥平原内古河道高地分布极为普遍，多数属于黄河冲积扇上古河道的延伸部分。

(3)湖洼低地　平原的湖洼低地类型主要有浅湖沼泽洼地、扇前和扇间洼地和沿海潟湖洼地等类型。浅湖沼泽洼地包括冀中的白洋淀、东淀，鲁西南的南阳湖、独山湖、沼阳湖和微山湖，淮河的洪泽湖、女山湖和城西湖等；扇前和扇间洼地包括冀南的宁晋泊、大陆泽和永年洼，冀北的文安洼和黄庄洼，鲁西的北五湖等；沿海潟湖洼地包括天津的北七里海、北大港和南大港，苏北的射阳湖、硕项湖和桑墟湖等。由于河流泥沙淤积和人类活动影响，潟湖多已消失或在缩小之中。

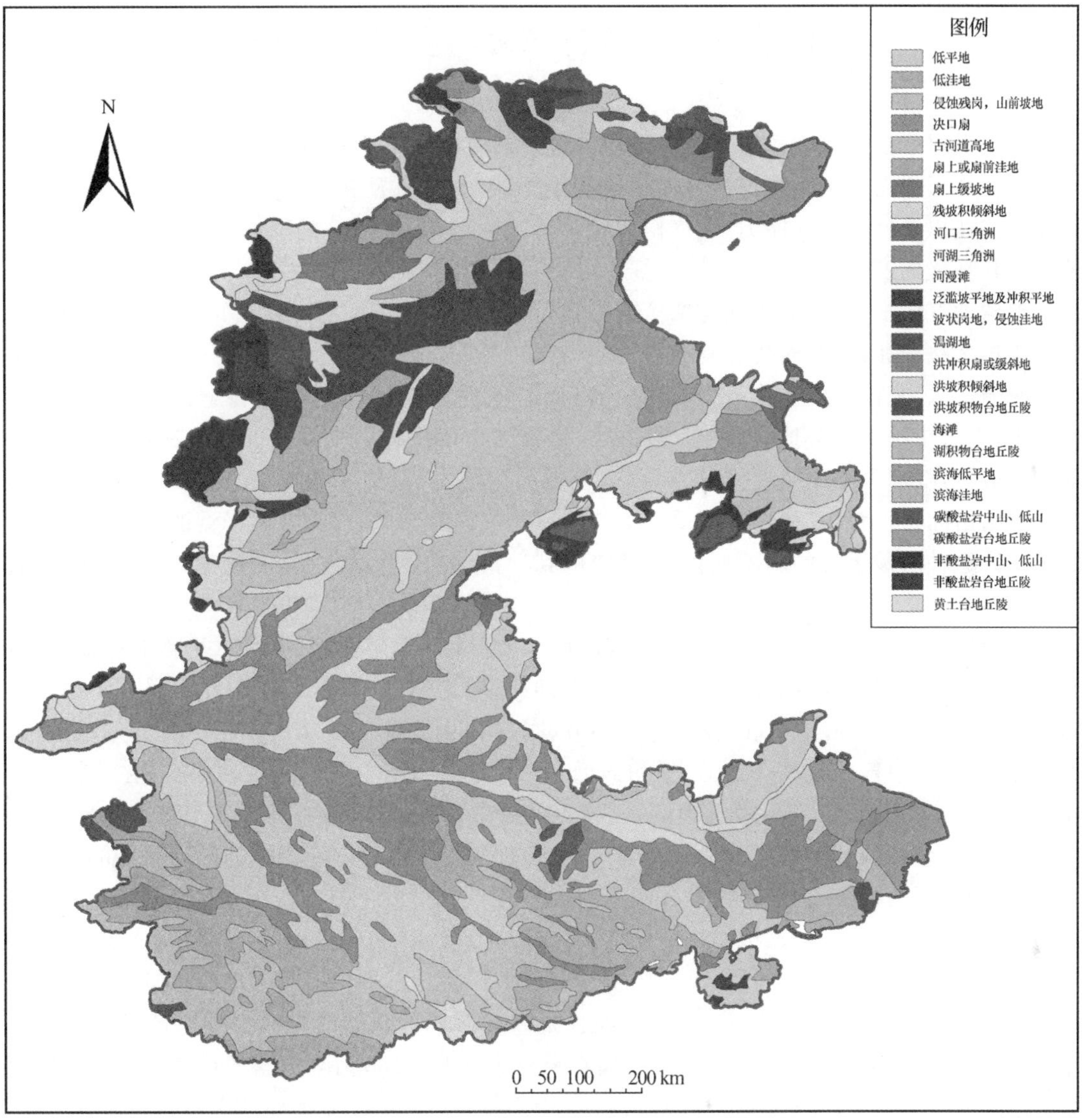

图 1.2 黄淮海平原及周边地貌类型

(4)三角洲平原　黄河频繁改道于海河和淮河之间，不同历史时期入海口各异，每个入海口都形成相应的三角洲。由于后期的改道沉积物覆盖以及海进海退的侵蚀，黄河三角洲在地面上已无遗迹可见，有关研究表明古黄河三角洲有黄骅三角洲、千乘三角洲、埕口三角洲、苏北黄河三角洲等。现代黄河三角洲，自 1855 年黄河铜瓦厢决口，重新回归山东入海以来，120 余年尾闾决口改道 10 余次，在宁海和渔洼三角洲顶点以下，形成 13 个舌状三角洲相互套叠的复合三角洲(叶青超，1982；薛春汀，2010)。

1.4 黄淮海平原的气候与生态环境变化

全新世以来的气候变化对黄淮海平原的最终形成以及土地利用有着深刻的影响。黄淮海平原的最终形成是晚全新世河流输沙塑造沉积的结果，平原及其上游气候变化直接影响河流的流量流速以及侵蚀输沙能力；而气候变化对植被演替、人类活动的影响，进一步加深了平原地貌及其环境的变化。

地球的气候史，是以温暖期与寒冷期交替出现为其基本特征的。在已知的地球气候史上，曾发生过 3 次大冰期，其时代分别为震旦纪、石炭-二叠纪和第四纪。对中国来说，以震旦纪大冰期影响最大，长江中下游及滇、黔等地均有此时期的冰碛层。石炭-二叠纪大冰期对中国影响极小，当时中国大部分地区属于气候湿热、植物繁生的成煤时期。第四纪大冰期以欧、美大陆影响最大，亚洲大陆冰川规模较小，冰盖范围仅限于北纬 60°以北的地区，中国只在高山地区才有山岳冰川发育，其他地区则受冰期与间冰期气候的影响，而有寒暖干湿的变化。但是第四纪气候这种寒暖干湿的剧烈变化，必然影响到动植物的生存和发展，有的死亡，有的迁移，有的发生变异。

第四纪大冰期至少是由三四次时间尺度约 10 万—20 万年寒冷的冰期(也称亚冰期)和具有同样时间尺度但比较温暖的间冰期(也称亚间冰期)组成(何培元，1992)。在同一个冰期或间冰期内，气候并不完全一致，有着许多小波动，这种小波动可以从沉积相中充分显示出来。一般地说，冰期中气温较现在为低，平均约低 7～8℃；间冰期中气温较现在为高，在北极气温要比现在高 27℃左右。纬度较低地区，气温要比现在高 5～6℃左右，热带和温带向北推移，冰川也不断向北后退，甚至消失。在垂直方向上，表现为上下移动。所以冰期与间冰期的交替出现，必然会出现两种结果：一是海面大幅度的下降和大幅度的上升；二是动植物作纬向的和垂直方向的迁移，即冰期时，动植物自高纬度区向低纬度区或从山上向山下迁移，间冰期时，动植物自低纬度区向高纬度区或自山下向山上迁移。值得指出的是，第四纪大冰期都出现在距今约 300 万～1 万年的更新世时期，这一时期也是人类起源的重要时期。如在更新世初期的早冰期，华北平原温度比现在低 8℃左右。而在距今 210 万—150 万年的狮子山冰缘期，河南、河北等地的年平均气温比现在要低 12℃以上。到了距今 110 万—80 万年的鄱阳冰期，年平均温度要比现在低 8℃左右。距今 60 万—50 万年的大姑冰期的温度要比现在低 6～7℃。而距今 20 万—10 万年的庐山冰期，年平均气温则比现在低 10～12℃。在距今 10 万—1 万年出现的冰期为末次冰期，在我国称之为大理冰期或太白冰期。据世界各地的研究，末次冰期的降温幅度为 8～12℃，海平面降温幅度为 2～5℃(王星光，2005)。

距今最后一个冰期结束后，地质历史进入到了全新世，人类历史也从漫长的旧石器时代，进入到了人类文明的新石器时代。气候发生了明显的变化，主要是由冷转暖，但也有一定程度的冷暖、干湿的脉动。植被也随着气候变化而有一定程度的演替，不过，这种变化在程度上远不及更新世强烈。但是这些波动对人类历史发展以及土地利用的影响都是极为显著的。气候变化以及人为土地利用的影响，导致了生态环境的变迁。

1.4.1　全新世气候分期

有关全新世黄淮海平原气候的波动，众多学者对其有过深入的研究，这些研究有的相互引证，有的补充修正，为我们勾勒出了平原气候波动演变的脉络。

竺可桢先生在1972年发表的《中国近五千年来气候变迁的初步研究》一文，对我国5 000年来气候变迁做了深入的研究得出结论：在近5 000年中的最初2 000年，即从仰韶文化到安阳殷墟，大部分时间的年平均温度高于现在2℃左右。1月份温度大约比现在高3～5℃；在那以后，有一系列的上下摆动，其最低温度在公元前1000年、公元400年、1200年和1700年，摆动范围为1～2℃；在每一个400～800年的期间里，可以分出50～100年为周期的小循环，温度范围是1～0.5℃（竺可桢，1972）。

龚高法、张丕远等在1987年发表的《历史时期我国气候带的变迁及生物分布界限的推移》一文，探讨了距今8 000～3 000年之间的仰韶温暖期的气候状况，并具体分析了我国东北、华北、西北、黄河中下游、长江流域、华南、西南等地区在这一时期的气候状况，认为此一时期各地的气温普遍较现今温暖（龚高法，1987）。满志敏《中国历史时期气候变化研究》（满志敏，2009）、施雅风《中国全新世大暖期气候与环境》都对黄淮海平原地区的气候变化有过论述（施雅风，1992）。邹逸麟先生在其主编的《黄淮海平原历史地理》一书中，也对黄淮海平原历史气候有专门的研究论述（邹逸麟，1997）。此外，也有众多的文章从考古学、农业起源、社会历史变迁等方面研究了黄淮海平原、华北平原、黄河中下游的历史气候，如冯大奎《全新世黄河下游平原地貌和自然环境的演变》（冯大奎，1988）、王星光《中国全新世大暖期与黄河中下游地区的农业文明》等（王星光，2005）。任美锷先生从社会科学（文史考古研究）与自然科学（气候变化）结合的角度，研究发表了《气候变化对全新世以来中国东部政治、经济和社会发展影响的初步研究》一文（任美锷，2004），也对黄淮海平原的气候变动做了深刻的论述。

综合上述研究结果，黄淮海平原全新世气候的大致轮廓如下。

国内外的研究将全新世气候变化划分作升温期、大暖期和降温期等3个时期。国外的划分以距今9 000年和3000年作为3个时段的分界线，即大暖期的起止时间。而国内的研究多以距今8 500—3 000年作为我国大暖期起讫时间。施雅风等的研究则以8 500—3 000年为我国全新世大暖期。任美锷先生通过有关资料的考证认为“证明大暖期的暖湿气候可能从东周延续至秦代和西汉（约2 kaB. P.），即大暖期的延续时间比施雅风等所说的要长1 ka左右”。黄淮海平原的气候变化应该分别属于上述3个时期。

——全新世早期（距今10 000—8 500年）升温期：气候由晚更新世的寒冷转向凉干。针叶树花粉含量显著减少，阔叶树花粉增多，一些喜暖的属种，如栎开始出现，但孢粉组合仍以针叶树稍占优势，植被类型为针阔混交林，渤海沿岸地区为针叶林—沼泽、草原景观。

——全新世中期（距今8 500—3 000年）大暖期：距今8 500年黄淮海平原地区进入到了大暖期。气候以温暖潮湿为特点，当时年平均气温比现在高2℃左右，为全新世气候最宜期。植被主要由栎、榆、椴、臭椿、鹅耳枥、榛、桦等组成，落叶阔叶树的种类为主，并且夹杂有少量亚热带的树种。落叶阔叶树花粉含量增高，达50%左右，反映以阔叶落叶林—草原为主的植被类型。

——全新世晚期（距今3 000年以来）降温期：气候有向凉波动的趋势。平原南部地区木本和草本植物花粉增多，乔本中常见温带落叶树和针叶树，孢粉组合为松-榆-眼子菜属，代表含针叶树的针阔混交林、草原植被类型。北部地区含有比较丰富的指示盐碱化的属种，如篙属、蓼科等，为一种针叶林—沼泽、草原景观。现在，由于平原上人口的增长和耕地面积的日益扩大，天然植被面积逐渐缩小，大部分已被人工植被所取代。

1.4.2 全新世气候波动与环境变迁

无论是升温期、大暖期，还是降温期，期中的气候仍然存在冷暖、干湿的气候波动。

1.4.2.1 升温期气候波动与环境

距今大约1万年之际，第四纪更新世晚期的末次冰期结束，全新世降临，冰川退缩，海平面回升，气候和生物带向两极方向迁移。气候由晚更新世的寒冷转为温和而干燥，至距今万年左右已接近于现在的气温。河北徐水南庄头遗址为一处新石器时代早期遗址，距今10 500—9 700年。据孢粉分析证明，当时气候逐渐好转，并且在第五层至第六层堆积，即南庄头文化期的中部，针叶树与阔叶树乔木花粉形成小的峰值，说明南庄头新石器早期人类生活环境较全新世之初为好。但是总的说来，气候仍较凉偏干。距今10 000—9 000年间，以夏季风降水为主的黄淮海平原区地区，气温迅速回升，距今9 000年时，温度已经明显高于现代。区域气候温暖湿润，湖面扩张，生物繁荣，植物迅速生长和泥炭沉积。环境开始向有利于人类生存繁衍的温暖湿润方向发展。距今9 000年后，平原温度转凉，但降水明显高于现代，在距今8 900—8 700年之间温度达到本时段内的最低。距今8 700—8 500年之间，温度急剧升高，在200年之中温度升高了4.5℃。降水也随着其后格局的调整而激增，季风降水的范围大大北扩。这一时期正是我国人类文明发展新阶段，人类历史由旧石器时期进入新石器时期早期，温暖湿润的环境孕育了原始农业，平原周边人类活动遗址中，已经出现了农业遗存。在南庄头遗址中出土了与农业生产有关的遗物有石磨盘、石磨棒等，陶器以夹砂陶为主，器类有罐、钵，同时还出土有家畜猪、狗的遗骨以及草木花粉等，表明当时已有农作物的栽培业出现。

1.4.2.2 大暖期气候波动与环境

在距今8 500—3 000年黄淮海平原地区进入到了大暖期时期，在漫长的5 500年时间里，黄淮海平原温暖湿润，亚热带气候控制了平原的绝大部分，亚热带北界达到今天的津京一线。年均气温高出现代2～3℃，降雨量也明显多于现代。这一时期正好是黄淮海平原的磁山—裴李岗文化、仰韶文化、龙山文化、夏商王朝时代。正是优越的气候促进了农业的萌发和迅速发展。新石器文化迅速取代旧石器文化并出现了繁荣景象，代表文明和权力象征的国家开始奠基，并建立起强盛的夏商王朝。全新世大暖期为我国新石器文化的形成、繁盛和中华古代文明的孕育发展提供了最为适宜的环境条件。

1. 磁山—裴李岗期(距今8 500—7 000年)

大暖期的第一个阶段，温暖湿润，略有波动。温度比现在高2～4℃。在天津静海、北塘及河南中部的裴李岗文化遗址中均发现了现生长在亚热带湖沼地区的水蕨孢子。

河北磁山遗址为一处新石器时代早期偏晚阶段的遗址，距今约有七八千年。遗址中出土有热带和亚热带动物骨骼，如花面狸等，说明当时气温比现代高。遗址附近芦草丛生，有较多的水草地，远处有茂密的森林。鱼鳌和丽蚌的出现，说明当时河流水域宽阔，流量大，水产丰富。磁山遗址中出土的粟作遗存可达16.5万kg之多，表明当时的粟作农业已不是初始面貌，已经跨越了驯化、起源阶段。

河南新郑裴李岗文化遗址距今8 500—7 000年，前后延续了1 500年左右的时间。裴李岗文化与磁山文化有相似的文化内涵。同处于黄河下游巨大冲积扇的顶端，时间相近，文化面貌也有许多相似的地方，如石磨盘、石磨棒及石镰、石铲器形较为接近，陶器也有相似的类型。起源于太行山地区的粟作农业曾南下向黄河中游的河南中部、西部及南部广泛传播。据统计，包括新郑裴李岗、密县莪沟、长葛石固、舞阳贾湖在内的裴李岗文化遗址已达100余处。

2. 仰韶文化期(距今7 000—5 000年)

大暖期的鼎盛时期。夏季风增强，冬季风减弱，气温平均值要比今高出2.5～3.5℃。平原大部处在亚热带气候控制下。在海河流域、渤海湾、胶州湾和鲁北平原，出现了现生长在亚热带的水蕨、水青冈、枫香、山核桃、铁杉、杨梅等。自然地带比现代北移3～4个纬度。自然地带一般北迁2～3个纬度，最大达到5～6个纬度。整个平原大部进入亚热带地区范围。

这一时期也是黄淮海平原湖沼大发展时期，降水较现在丰沛得多，如白洋淀地区的推算降水高于现代450 mm。由于河网沼泽纵横，水温增高，使得现生于亚热带湖沼水体的生物扩展到河北白洋淀、大陆泽和黄河下游地区。在山东中南部的汶河、泗河流域的北辛文化和大汶口文化早期的遗址中发现有许多扬子鳄、水牛、龟、鳖、鱼和现在分布在长江流域洞庭湖一带水域的丽蚌、楔蚌、尖嵴蚌等动物的遗骸，表明这些地区当时应有亚热带湖沼的生态环境。平原上形成大陆泽—宁晋泊、白洋淀—文安洼和七里海—黄庄洼三大湖沼群。这些湖沼群各自以辽阔的水面彼此断续相连，形成相对统一的大暖期古湖群。

同时由于全球气候转暖导致冰川消融和海水的热膨胀，造成海平面波动上升，沿岸平原沉降区海侵现象明显。在环渤海地区距今6 500—6 000年间出现最高海平面和最大海侵范围，侵入到现代海岸线以内数十千米，到达天津以西，这种高海平面延续到距今5 000年左右。

距今6 000—5 000年为波动降温期，在这一时段的距今5 500年左右，我国北方地区普遍出现过落叶阔叶林一度减少，寒温性和温性针叶树种增加、海平面下降等现象。但从在山东郯城等地发现的这一时段晚期丰富的亚热带动植物，尤其是水蕨、山龙眼的存在，推测当时温度可高于现代3.6℃。表明这一段温度波动，但是在黄淮海平原反应并不明显。

3. 龙山文化晚期(距今5 000—4 000年)

这一时期是大暖期中较稳定的温暖期。属于新石器时代晚期的龙山文化晚期至夏代初期，也是中华文明始祖，炎、黄、蚩尤活动的年代。同年代二里头遗址的孢粉分析表明，木本植物孢粉占相当的数量，灌木中的五加科、忍冬科、桤木，是今多生长在南方的植物，说明在夏代初年落叶阔叶林茂密，气候温暖湿润。从尧舜禹时期洪水泛滥和大禹治水的传说看，夏朝立国前后的相当长的一段时期为多雨洪水期(邹逸麟，1997；任美锷，2004；王星光，2005；满志敏，2009)。

4. 夏代(前2070—前1600年)

夏代早中期还仍保留着仰韶温暖期的基本特征。雨量比前段稍少，但仍较为充沛。在夏朝都城周围还有不小的森林，呈现出疏林草原的生态景观，气候已有转凉的迹象。夏王朝所在的中心地区洛阳盆地还有较广阔的水域，降水量虽较以前有所减少，但还是要比今天为多，处在仰韶温暖期的后期的大背景下，温度要比今天高1～2℃。

“夏墟”，二里头遗址位于偃师市翟镇镇二里头村，距今 3 850—3 550 年。二里头文化的一期和二期，即夏代早期和中期时，孢粉中的乔灌木数量与夏代初期相比有所减少，但仍占较大比例，松树和桑树孢子数量较前增加，喜湿作物香蒲属有一定增长，并新增了木本中的榆属。同期地层发现有大象的标本。这既表明夏代早期和中期的生态环境状况是有差别的，也说明夏代早中期还仍保留着仰韶温暖期的基本特征。雨量比前段稍少，但仍较为充沛，在夏朝都城周围还有不小的森林，呈现出疏林草原的生态景观，气候已有转凉的迹象。

二里头文化晚期(距今约 3 750 年)，木本植物已降至孢粉总数的 7.6%，而草本植物花粉已占 90.2%，喜湿的蕨类植物减少，动物的种类也较单调，这说明夏代晚期已转化为稀疏草原的生态环境，气候已显温凉干燥。但从总体上看，夏王朝所在的中心地区洛阳盆地还有较广阔的水域，降水量虽较以前有所减少，但还是要比今天为多。夏代晚期曾出现过气候的较大波动，但在夏代相当长的时期内，温度要比今日为高，湿度状况也比今日为好。

5. 殷商(前 1600—前 1100 年)

殷商时期已进入仰韶温暖期的晚期，河南黄河以北安阳的古代遗址—殷墟是殷代(约前 1400—前 1100 年)的故都。从殷墟出土的丰富动物标本和甲骨文中记载，可以看到殷商时期安阳一带活动的动物有獐、竹鼠，并有貘、水牛、野猪、犀牛、大象等大型亚热带动物活动。出土的甲骨文中记载殷商时期安阳水稻播种是阳历 3 月，这比现代安阳一带水稻播种日期要提前 1 个月；在武丁时代的一个甲骨上的刻文说，打猎时获得一象。表明在殷墟发现的亚化石象必定是土产的。这些事实都说明殷商时期亚热带北缘至少在安阳一线，整个平原的气候要比现代更温暖(竺可桢，1972；布雷特·辛斯基，2003)。

1.4.2.3 降温期气候波动与环境

殷末周初气候转冷，进入到漫长的降温期。从商朝末至清末的 3 000 多年中，我国气温是在起伏中逐渐下降的，年平均温度的波动范围大致在 2～3℃。在气候的冷暖交替中，有几个寒冷峰分别出现在殷末周初、战国至汉初、公元 6 世纪的南北朝、公元 12 世纪的两宋之间以及明末清初时代。寒冷期农业适宜种植区北界南迁，霜雪干旱等灾害频发，社会动乱不稳。

1. 西周(前 1100—前 771 年)

殷末周初气候转冷，标志着大暖期的结束。西周时期活动在黄淮海平原中部地区喜暖动物开始南迁。有关公元前 1046 年武王伐纣时，“阴寒雨雪十余日，深丈余”(《北堂书钞》)，有文献记载“商人服象，为虐于东夷。周公以师逐之，至于江南”(《吕氏春秋·古乐篇》)；周公相武王，诛纣伐奄，三年，讨其君，驱飞廉于海隅而戮之，灭国者五十，驱虎豹犀象而远之，天下大悦”(《孟子·滕文公下》)。此后黄淮海平原鲜有犀牛、大象活动的记载。可见并非武王之功，而是气候转冷所致。至周孝王时(前 892—前 886 年)长江、汉水等江河多次结冰(《竹书纪年》)，并且结冰之后紧接着就是大旱。可见西周建立前后温度转冷，之后气候持续恶化，到公元前 9 世纪初、中叶，温度转冷到谷底。

2. 春秋(前 770—前 476 年)

西周寒冷期过后温度回升，到春秋时期(前 770—前 481 年)，气候又变得温暖起来。《左传》记载，公元前 698、590 和 545 年，山东鲁国冬季冰房无冰可收。如此暖冬现象经常发生。该书中还记载，隐公三年(前 720 年)，四月郑国“取温之麦”；哀公十七年(前 478 年)，四月楚国“取陈麦”，温陈两地在今河南温县和淮阳一带，可见当时黄河下游地区小麦收获是在夏历四月。现代该地区冬小麦收获是在阳历 6 月上旬，相比较收获期推迟了 10 天左右，表明当时夏季温度高于现代。此外，竹子、梅树等亚热带植物在当时的文献中经常提到，如《诗经·陈风·墓门》以及《诗经·曹风·鸤鸠》有这样的诗句“墓门有梅，有鸮萃止”、“鸤鸠在桑，其子在梅”，表明西周时陈、曹两国(今鲁西、豫东及皖北地区)梅树普遍分布。可以推测当时亚热带植物梅树分布的北界至少在山东菏泽一线。

3. 战国(前 475—前 221 年)

战国时期黄淮海平原气候逐步向寒冷方向波动。到战国中后期平原中部小麦收获期已经大大推迟。《管子·轻重己》中记载，“以春日至始，数九十二日，谓之夏至，而麦熟，天子祀於太宗”，明确记载小麦收获期在夏至(阳历 6 月 24 日)。这比现代该地区的收获时间晚将近半个月。表明战国时期夏季温度比现代要冷许多。春季气温回升日期，也相应推迟。《吕氏春秋·任地篇》中有“冬至后五旬七日，菖始升。菖者，百草之先生者也，于是始耕”。《管子·臣乘马》则有“日至六十日而阳冻释，七十日而阴冻释，阴冻释而执稷”。可以推算当时土壤化冻在阳历 2 月 23 日。现代洛阳一带春季土壤化冻平均在 2 月 11 日左右。当时化冻时间比现代晚 10 天左右。表明春季气候比现代寒冷。总之战国时期的气候总体是逐步变冷，初期尚且温和，继承春秋温暖气候的特征，逐步到战国末气候接近最冷。

4. 秦(前 220—前 206 年)

秦汉时期气候达到两个暖峰之间的寒冷谷底。黄淮海平原上河流稳定封冻的界限在当时明显比现代偏南。在今天处于稳定封冻线以南的淮河，在秦朝冻结频繁。《史记·封禅书》中记载，“春以脯酒为岁祠，因泮冻，秋涸冻，冬塞祷祠”，说明当时淮河每年冻结是其主要特征。现行的二十四节气是秦汉之际才完全形成的，全部名称始见于《淮南子》。按该书记载秦汉时霜降的日期是阳历 10 月 24 日，而现代郑州地区初霜日期在 10 月 30 日。说明当年的温度比今天冷得要早 1 周以上。此外，《淮南子·原道训》中记载“今夫徙树，失其阴阳之性，则莫不枯槁。故橘树至江北，则化为枳。”可见秦汉之际橘树种植的北界，已经从淮河一线南移至长江一线。

5. 西汉(前 202—公元 8 年)

战国开始的寒冷气候一直延续到西汉初叶。西汉中叶气候又转暖。邹逸麟先生在描述这段转暖过程提到，“这个回暖过程很可能带有突变的性质，在黄淮海平原上至少有两个现象值得注意。第一，平原北部的渤海湾出现大范围的海侵现象，这次海侵的范围大体相当于 4 m 等高线以下地区，其后果是‘九河之地，以为海所渐’，并形成文化遗址留存的中断。第二，黄河中下游地区在西汉中叶出现严重的决溢。泛溢所及往往达好几个郡，受灾良田达十余万顷”。西汉中叶至东汉末气候的总体状况是温暖的，其中西汉时的温度要比现代高些，《氾胜之书》记载：“春候地气始通，……立春后，土块散。”西汉后期立春(阳历 2 月 6 日左右)稍后，土壤即行解冻，农田可以耕作。比西汉初土壤解冻日 2 月 23 日左右，提前了一个节气。也略早于现代。

6. 东汉(25—220 年)

公元 8 年王莽篡汉建立新朝到公元 25 年刘秀东汉建立的两汉之际，经历了由暖而寒的历史转变。公元前后(前 50 年至公元 70 年)的 120 年间，有关严寒致灾的记载频繁，王莽时代严重低温的气候反常记录更为集中。《汉书·王莽传中》：天凤元年(14 年)，“四月，陨霜，杀草木。”“三年二月乙酉，地震，大雨雪，关东尤甚，深者一丈，竹柏或枯。”《王莽传下》：天凤四年(17 年)，“是年八月”，“大寒，百官人马有冻死者。”《太平御览》卷八七八引《汉书·五行志》：“王莽天凤六年，四月，霜，杀草木。"《王莽传下》：地皇二年（21 年），"秋，陨霜杀寂，关东大饥。"《太平御览》卷八七八引《汉书·五行志》："地皇四年，秋，霜，关东人相食。"《食货志上》说，王莽专政时，"枯旱霜蝗"，"亡有平岁"。新莽末年，水、旱等天灾不断，广袤中原赤地千里、哀鸿遍野。《东观汉记·世祖光武皇帝纪》记建武四年（28 年）事，说："自王莽末，天下旱霜连年，百谷不成。"可知到汉光武帝建武初年，依然连年霜灾不绝。晚春国都洛阳还降霜降雪，冻死不少穷苦百姓。但东汉的这个冷期时间不长，气候仍然表现温暖的特点，为当时的天文学家、文学家张衡（公元 78—139 年）曾著《南都赋》，赋中有"穰橙邓橘"之句，表明河南省南部橘和柑尚十分普遍。东汉光武帝北征燕代，寇恂曾"伐淇园之竹，为矢百余万"，"转以给军"。说明至少在平原中南部竹林普遍分布。公元 70 年以后，虽然气候逐步向寒冷转变，但整个东汉仍然气候温暖，温度至少和现代持平。

7. 三国（220—280 年）

直到三国时代曹操（155—220 年）在铜雀台种橘，只开花而不结果，气候已比前明显寒冷。曹操儿子曹丕在 225 年到淮河广陵（今之淮阴）视察十多万士兵演习，由于严寒，淮河忽然冻结，演习不得不停止。这是我们所知道的第一次有记载的淮河结冰。那时气候已比现在寒冷了。这种寒冷气候继续下来，直到第三世纪后半叶，特别是公元 280—289 年的 10 年间达到顶点，当时每年阴历四月（等于阳历 5 月份）降霜，年平均温度大约比现在低 1～2℃。

8. 西晋（265—316 年）

从东汉中期（70 年或 100 年）开始，我国气候逐渐由温暖期向寒冷期过渡，经过大约 200 年，到公元 280 年前后，完成了过渡。东汉中后期和三国时期正处于暖期向冷期转化阶段，该期气温变幅从高于现代约 2℃，经过一系列波动，降到和现代气温一样或者稍低于现代。

9. 南北朝（420—589 年）

魏晋南北朝时期其后的基本特征是寒冷。但是在这个长达 350 余年历史时段内，气候冷暖状况也是在波动变化的。在这段寒冷的时期有两个大的冷峰：第一个冷峰的中心时间在公元 310 年代（4 世纪），跨度大约在 290—350 年代间；这段时间正是西晋末—东晋初。第二个冷峰的中心时间在 500 年代（6 世纪），跨度大约在 450—540 年代间。第二个冷峰比第一个长，寒冷事件发生频率大。大同一带"六月雨雪，风沙常起"是比较常见的现象。此外在公元 400 年代（5 世纪）有一个仅持续 30 年左右的次一级寒冷期。第一个冷峰冬季温度比现在低 1℃；第二个冷峰冬季平均温度比现代低 1.6～2.0℃。两个冷峰之间寒冷事件频率有所减少，冬季平均温度与现代相差不大。大约在 550 年气候开始转向温暖。北朝贾思勰所著《齐民要术》，书中记述了华北黄河以北，阴历三月（阳历 4 月中旬）杏花盛开；阴历四月初旬（约阳历 5 月初旬）枣树生叶，桑花凋谢。这比现代当地晚了 2～4 周。书中记载了"十月中以蒲蒿裹而缠之，不裹则冻死也。二月乃解放"的石榴栽培措施，而现代河南、山东，石榴树可以在室外生长，冬天无须盖埋处理。以上都说明公元 6 世纪初中叶黄淮海平原的气候比现在冷。

10. 唐（618—907 年）

6 世纪末至 10 世纪初，是隋唐（589—907 年）统一时代。南北朝第二冷峰过后，气候开始回暖。6 世纪 80 年代，南京一带种植橘子呈一定规模，表明当时气候已经超过现代。7 世纪中期中国气候变得暖和，650、669 和 678 年的冬季，国都长安无雪无冰。7 世纪中叶（650 年）以后的三四十年，寒冷事件出现频率有所增加，但增加幅度有限。8 世纪初期仍有梅树生长于皇宫。到 8 世纪中叶（750 年），其后出现迅速转寒。这段寒冷事件频繁出现和极寒冷事件发生大约延续百年时间(大约到 850 年)。韩鄂的《四时纂要》是,9 世纪末至 10 世纪初的作品,所描述的是洛阳一带的农事。该书记载当时石榴树和栗树必须包裹越冬,否则“不尔冻死”。对比现代情况,河南石榴树可在室外安全越冬,而板栗现在可以在黄淮海平原北部山地以及辽宁西部越冬生长,可见唐末气候明显比现代要冷。日本僧人圆仁的行记中记载,开成三年十月七日(公元 838 年阳历 10 月 31 日)扬州城水面出现薄冰,开成四年十月五日(公元 839 年阳历 11 月 18 日)山东文登出现拳冰。都表明唐末气候的寒冷。

11. 五代十国(907—960 年)

10 世纪中叶至 13 世纪,世界上许多地区的气候出现了仅次于全新世中期的回暖迹象。中世纪温暖期,相当于我国五代至元代初年。这段时间我国的暖温带北界北移,最北的位置大约在临洮、固原北、延安北、大同、翁牛特旗和长春一线。五代至元末时期中国东部的气候,出现 3 次暖峰和 3 次冷谷,暖峰分别出现在 10 世纪中叶、11 世纪后期和 13 世纪;3 次冷谷分别出现在 11 世纪前期、12 世纪以及 14 世纪元朝统治的最后 60 年。五代(907—960 年)中叶气候转暖,后唐(923—936 年)时期,冬小麦种植范围已经扩展到山西北部的大同一线,显示当时冬季气温已经偏暖,进入 10 世纪中叶的第一个暖峰期。受唐末五代时期战争的影响,一部分北方人民迁入燕山以北的西辽河流域。契丹首领阿保机在 916 年建立辽朝后,在西辽河流域建立了许多州县,部分州县以循入北地的汉人为主,从事农业生产。据有关资料研究,迁入的汉人约有十五六万,开始了西辽河流域农业开发的历史,这在我国北方地区开发史上是一件大事。这个变化的自然基础背景与此时的气候向暖偏有相当的关系。

12. 北宋(960—1127 年)

北宋(960—1127 年)初年(第一个 10 年)其后延续五代中叶以来的温暖气候特征,平均气温比现代高 0.8℃。970 年后气候向着偏冷方向转变,11 世纪前期出现了第一个冷谷。虽然此时仍有开封一带“冬温无冰”的现象发生,但是寒冷事件出现的频率更加频繁,一些年份的寒冷程度超过了现代。如九江一带“大江冰合,可胜重载”,湖南南部“大雪六昼夜方止,江溪鱼皆死”。1010 年以后,气候又向温暖化转变,其后的 11 世纪期间温度达到最高,形成第二个暖峰。北宋中叶以来至少在杭州湾以北地区出现海面相对上升所造成的水环境的重要改变,海岸线变迁,太湖流域水系格局的重组都有重要影响。北宋都成开封一代,冬季偏暖的年份达到 47 年,占北宋时期(960—1126 年)中 960—1109 年这 150 年的近 1/3。北宋时期(960—1127 年),气候比较温暖。据宋史及当时有关文献记载,北宋时开封城内及近郊的皇家和私人园林中大都栽有大片竹林。当时常以竹子为材料来筑固堤岸。这说明北宋时竹子在华北平原分布比较普遍,也反映当时气候较为温暖湿润。故当时北宋首都开封(汴京)市面繁华,清明上河图如实再现了当时的繁荣景象。到北宋末年,1100 年代以后,气候开始变冷变干,进入了新的寒冷阶段。东部地区相当集中地出现一系列寒冷事件。大观四年(1110 年)中原地区、1111 年、1113 年都有“寒气太盛”“河水尽冰”“十一月大雨雪连十余日不止,平地八尺……飞鸟多冻死”的记载。连续的冬季大寒表明从 1100 年开始中国东部的气候向寒冷方向转变。金兵南下,占据中原大部分地区,宋室南迁,中原汉族人民亦大批南迁。

13. 南宋(1127—1276 年)

初年气候延续从 1100 年开始的寒冷期。当年气候观察记载表明 1162—1196 年间,杭州地区的北风比例高,气候相对寒冷;1197—1224 年间杭州地区北风的比例减少,气候迅速转向温暖。可见 12 世纪 10—90 年代都处在寒冷阶段。在 12 世纪末至 13 世纪初南宋气候偏暖,金朝在河南山东等地种植茶树;大同、东北地区越冬作物生长。这些表明这一时段内出现了气候偏暖变化。这一转变标志着中国大部气候的冷暖状况进入一个新的阶段。茶树、橙树等南方作物和冬麦种植地区的北移,其北界都越过现代气候条件下的位置,暖温带北界和亚热带北界都出现北移,表明五代中叶至元前期中的第三个温暖阶段的到来。从现有资料看,整个13世纪大部分时间都处在温暖的气候下。

14. 元(1271—1368年)

13世纪末开始,中国东部又向寒冷方向转变。这个时期正是宋朝灭亡,元朝建立的朝代交替时代。元朝初期(1268—1292年)在西安和河内设立"竹监司"的官府衙门,说明元初气候还是温暖的,但很快衙门被停止,间接说明了气候的转冷。从那时起直到今天,竹子在黄河以北不再作为经济林木而培植了。元代书法家郭畀在他的《云山日记》记述了1308年闰十一月从无锡至镇江运河酷寒冻结的经历。元人迺贤至正十一年(1351年)写诗提到:"分监来时当是月,河冰塞川天雨雪",表明阳历的11月份河南境内黄河已经出现冰块,而现代黄河花园口河段中出现冰块的最早日期在12月9日。据满志敏在《中国历史时期气候变化研究》中,研究了1260—1339年黄河以北地区霜害发生的频率,统计结果表明以1300年为界,之前的40年发生的频率为35%,而之后的40年发生频率增加到55%,说明北方农业区的作物生长季明显缩短。同样冰雪寒冷灾害发生的频率也表现在黄淮海平原以及长城以北的草原和农牧交错带,致使多次发生北地灾民的向南流动,元朝统治者赈灾不堪重负。从14世纪开始直到元末,几乎整个元朝统治期间,气候处在寒冷时期。

15. 明(1368—1644年)

约在公元1400—1900年间,世界上许多地区再次出现气候寒冷,亚欧大陆以及世界上绝大多数地区的积雪和冰冻的范围都达到2 000年以来的最大值。尽管具体的波动在各地有一些差异,但就百年尺度而言,这种波动大体上是同步的。14世纪的寒冷气候一直延续到明朝洪武年的最初十年。洪武十年(1378年)左右以后气候条件有所改善,明朝在今天长城一线以外的防御机构都在洪武十年以后完成,这些卫所的粮食供应主要靠就地屯田来解决。洪武十年至永乐初年的有关寒冷记载也较少见。估计当时的气候比洪武初年有所改善。建文年间(1398—1402年)气候又向冷干转变,进入明清时期的第一个寒冷阶段。永乐元年(1403年)以后,首先是北平行都司南撤到长城以内,其他长城以外的卫所不久也先后迁到长城以内,最迟到宣德五年(1430年)连一度复还旧址的开平卫也最终内迁至独石口。这种南撤是明朝政权的主动行为,其原因是气候变化,造成长城以外的屯守已经无法维持。表明当时气候转向冷凉和干旱。1453年,山东、河南、浙江、直隶、淮、徐,大雪数尺,淮东海冰四十余里。山东地区冰冻一直到3月份初冰犹未解。1493年,9月份安徽中北部已经出现大范围降雪,秋9月13日大雪,至次年3月份,积深丈余,兽畜枕藉而死。此外,河南各地地方志记载冬天大雪连续3个月,厚达数尺;苏北海水结冰"冬大雪六十日,大寒凝海"。弘治六年(1493年)的严寒冬天构成这个寒冷阶段的第二次冷峰,这次冷峰过后也代表着这一寒冷阶段的基本结束。弘治九年(1496年)的冬天就明显偏暖,明史中记载冬无雪的情况在16世纪的第一、二个10年各有4年,温如春的冬天也有记载。除个别的寒冷冬天外,冬季气温与现代的气候比较接近。这种状况一直延续到明末崇祯年间(1628—1644年),气候又开始新的寒冷干燥的时期。1628年明末农民战争爆发。

16. 清(1636—1911 年)

清代初正处在明清时期的第二个寒冷阶段。清初的最寒冷时期在顺治十一年(1654 年)的冬天。江西“严寒大冻,至春,橘柚橙柑之类尽槁,自是人家罕种”“康熙十五年(1676 年)丙辰十二月朔,奇寒凛冽,境内秋果无有存者”,其后进入寒冷阶段。顺治十一年至康熙二十九年(1690 年)的 36 年中,太湖严重冰冻就发生过 4 次。康熙二十九年严冬后,气候开始转向偏暖。从雍正年间(1722—1735 年)到 1760 年(乾隆二十五年)的近 40 年间,木兰围场一带秋季的物候提前了一个节气,说明当时的秋季气温已经大幅度地提高。大部分乾隆年间气候眷顾于偏暖。乾隆五十五年(1790 年)后气候又向寒冷方向转变,进入明清时期的第三次寒冷阶段。光绪十八年(1892 年)的寒冬过后,气候转向温暖,开始进入 20 世纪较温暖的时期(徐近之,1955;竺可桢,1972;汤懋苍,2000;布雷特·辛斯基,2003)。

1.5 黄淮海平原的土壤与植被

1.5.1 植被及其演变

黄淮海平原大部分属暖温带落叶阔叶林带,原生植被早被农作物所取代,仅在太行山、燕山山麓边缘生长旱生、半旱生灌丛或灌草丛,局部沟谷或山麓丘陵阴坡出现小片落叶阔叶林;南部接近亚热带,散生马尾松、朴、柘、化香树等乔木。广大平原的田间路旁,以禾本科、菊科、蓼科、藜科等组成的草甸植被为主。未开垦的黄河及海河一些支流泛滥淤积的沙地、沙丘上,生长有沙蓬、虫实、蒺藜等沙生植物。平原上的湖淀洼地,不少低湿沼泽生长芦苇,局部水域生长荆三棱、湖瓜草、莲、芡实、菱等水生植物。在内陆盐碱地和滨海盐碱地上生长各种耐盐碱植物,如蒲草、珊瑚菜、盐蓬、碱蓬、莳萝蒿、剪刀股等(张兰生,1984;龚高法,1987)。农田植被主要粮食作物有小麦、水稻、玉米、高粱、谷子和甘薯等,经济作物主要有棉花、花生、芝麻、大豆和烟草等。随着设施农业的兴起,在人工控制条件下,蔬菜植物品种日益繁多。

全新世黄淮海平原的天然植被类型随着气候的变迁,发生重大变化。这一点在前面章节中已经有描述。全新世中期以来这一地区自然环境诸要素的种种变迁,如气候的冷暖干湿波动、海岸线的进退生降、黄河下游河道的南北摆动及其他一些河流水系的变化、许多湖泊的干涸湮塞、一些地区土地的沙化与盐碱化等,也影响到这一平原植被类型与分布地区的变迁。在上述人为活动与自然要素变化的交相影响下,使华北平原历史时期植被的变化呈现出十分复杂的格局。

随着农牧业生产的发展,经过长期的农业开垦、伐木取材、战火焚毁以及游牧民族入主中原后重牧轻农等政策改易的影响,这一平原的植被状况产生了重大的变化。新石器时代早期分布的茂密天然植被早已荡然无存。整个平原地区,目前几乎不存在天然森林,除残丘、沙地、河滩、洼地、湖泊、沼泽及盐土上有少量的天然灌木、草本植物群落外,其余广大地区分布的全为栽培植被。

1.5.1.1 先秦两汉至隋唐

新石器时代中、晚期,黄淮海平原的森林和草原等植被大量分布。随着农地垦殖,出现了栽培植被，这种垦殖过程是局部的和缓慢的。一直到西周和春秋之间，本区的人口密度仍然较小，天然植被仍然相当完好。到了春秋后期，这一地区的耕地面积急剧增大，地处中原腹地的郑、宋之间，春秋初年尚有大量荒地，到春秋后期，垦殖加速发展，成了农垦区。至战国时期平原自然植被遭受大规模的破坏，生产力的发展加速了森林和草原的开拓，因而出现了“宋无长木”的情况。西周时期，虽然由于农业生产技术有所发展，中原地区游耕现象渐趋消失，定耕成分逐渐加多，但因人口仍然不多，农田仍很有限；加上平原上华夷杂处，农牧交错，所以较大面积的农田都集中在诸侯国的都邑及大小奴隶主之封地附近。因此，这一时期从总体上看整个华北平原仍是一派天然植被笼盖四野的风光，人工栽培植被呈斑点状零星分布。

西汉时我国气候变得较西周时温暖湿润，平原南部竹、梅等亚热带植物又广泛分布。由于这一时期黄河等河道相对稳定，加之筑堤束水，下游泛滥漫流状况受到限制，有相当大的部分已不再受黄河浸灌淹没，成了适宜人们居住耕作的区域。人烟稠密，经济发达，农田垦殖颇为充分。除滨海地带分布有天然盐生植被与河流、湖沼及其附近地区生长有天然水生、沼泽以及部分盐生植被外，天然植被已大面积减少，代之而起的是农田、果园、桑园等人工植被。由于兼并战争的愈演愈烈，耕地开辟对森林的破坏，冶铁、制陶等手工业发展对燃料的消耗，建筑城邑和房屋取材于山林，都使森林覆盖率急剧减少，林区郁闭度降低。东汉末年到南北朝之间，这一地区的植被变化又处于一个停滞的反复时期。长期的战乱和分裂，人口大减，不少农田荒芜，变成次生的草地和灌木丛。这一时期植被方面变化更大的是人工栽培植被分布区域的收缩与天然次生植被的扩大。隋唐时期除了山麓地带还保留有大片森林以外，平原地区基本上已无天然林存在，但人造林却不绝于史载。隋炀帝修建了大运河后，运河两岸的人工林开始增多。

1.5.1.2 五代至明清时期

在五代辽宋金元时期，只有在黄淮海平原的周边山麓地带尚有森林覆盖。此时，黄淮海平原木材短缺。黄淮海平原的北端山麓地带，自辽代获得燕云十六州后，圣宗、道宗等统治者曾先后颁布旨意，宣布解除“山林之禁”，允许一般群众入山砍伐，开垦农田。为了发展生产，还下诏募民垦荒。宋代的人工植树多见于史载，当时奖励植树造林。但宋代的“靖康之乱”引起我国人口的第二次大规模南迁，这使得在历史战乱的间隙中恢复的农田又一次大荒芜。元初人口减至北宋的1/10，不少农田变为牧地，可能次生林有所恢复。明代前期，黄淮海平原周边山地森林还有分布。明代中叶以后，由于大规模垦荒，次生林也已少见。明末的战火使太行山森林受到严重摧残。清初，黄淮海平原周边山地的森林资源也已非常少，只有在冀北山地、太行山区等山区还保存有部分温带落叶阔叶林，其他平原和丘陵区“山石尽辟田”。

清代黄淮海平原上人口非常密集，促进农田垦殖，不仅使平原上宜耕地得到充分开垦，还促进人们围湖造田。到清朝后期，华北平原，除还保留了少部分盐生、沙生、水生沼泽植被等自然植被外，其余部分几乎全成为农田等人工栽培植被。

从18世纪以后到20世纪中叶新中国成立前夕，本地区遭受反动统治阶级的残酷统治，多次战乱，加上旱涝碱蝗等严重的自然灾害，使得本地区人口多次减少，广大农田多次荒芜，多次成为次生的草地和灌木丛(邹逸麟，1997)。

1.5.2　土壤类型

黄淮海平原的地带性土壤为褐土、潮土，也是盐渍土或次生盐渍土普遍发生的区域。平原耕作历史悠久，各类自然土壤已熟化为农业土壤。从山麓至滨海，土壤有明显变化。沿燕山、太行山、伏牛山及山东山地边缘的山前洪积-冲积扇或山前倾斜平原，发育有黄土（褐土）或潮黄垆土（草甸褐土），平原中部为黄潮土（浅色草甸土），冲积平原上尚分布有其他土壤，如沿黄河、漳河、滹沱河、永定河等大河的泛道有风沙土；河间洼地、扇前洼地及湖淀周围有盐碱土或沼泽土；黄河冲积扇以南的淮北平原未受黄泛沉积物覆盖的地面，大面积出现黄泛前的古老旱作土壤——砂姜黑土（青黑土）；淮河以南、苏北、山东南四湖及海河下游一带尚有水稻土。黄潮土为华北平原最主要耕作土壤，耕性良好，矿物养分丰富，在利用、改造上潜力很大。平原东部沿海一带为滨海盐土分布区，经开垦排盐，形成盐潮土（熊毅，1957）。

1. 褐土

褐土主要分布于燕山南麓、太行山东麓、泰沂山西北西南部山麓的冲积-洪积扇上。褐土质地多为壤质，主要特征是在一定深度内具有明显的黏粒聚集，即黏化层。褐土母质为各种石灰性的岩石风化残积物、坡积物、黄土状物质等。褐土的形成经淋溶淀积、黏化作用、枯枝落叶作用与腐殖质化作用三大过程。褐土盐基饱和度一般为100%，pH值在7.0～8.4，土壤剖面存在石灰淀积。土壤中有机质、氮素和磷素含量低，有机质一般在10 g/kg左右，全氮量在0.4～1.1 g/kg，有效磷含量为10 mg/kg，对农作物生长而言褐土的总体肥力低下，唯有钾素含量比较丰富。黄淮海平原内的褐土从其亚类上还可细分为典型褐土、淋溶褐土、石灰性褐土、潮褐土、堆垫褐土、褐土性土等几类。从其利用上看，在褐土区通过农田水利基本建设，可发展为果园、农地等高产田。

2. 潮土

潮土主要分布于开阔的中部冲积平原上，是黄淮海平原重要的旱作土地资源。潮土形成于地形低平、地下水位高并随季节波动的地区，母质多为冲积物，水平冲积层理明显，其性质受上游基质影响，是受地下水反复浸润，经潴育化和腐殖质化过程而形成的。由于黄淮海平原在历史上不断受黄河、淮河和海河及其各支流泛滥的影响，潮土在平原区内分布广泛且集中连片，以河北、河南和山东西部分布为最多，苏北和皖北也有零散分布。平原区内的潮土由于性状不同又被分为黄潮土（典型潮土）、湿潮土、褐潮土、盐化潮土、碱化潮土、灰潮土、灌淤潮土等几大亚类。潮土的盐基饱和度一般为100%，pH值在7.0～8.5。潮土有机质积累量并不高，但矿质养分含量较丰富，有机质含量在3～14 g/kg，全氮含量为0.2～1.0 g/kg，全磷含量为0.3～1.0 g/kg，全钾含量为15～20 g/kg，且耕作层的养分含量明显高于心土层及底土层。由于潮土土层深厚，结构松散，宜于耕作，适种性广，是农业生产的良好土壤。在潮土区如果建成完善的灌排体系，可将其建设成为稳产高产农田。

3. 盐土

盐土主要出现在黄淮海的滨海低平原区，盐土主要受季风气候的干湿交替影响而形成。在干季盐分表聚上升，湿季雨水向下淋洗盐分，但总体上以上行水为主，土壤处于积盐状态。盐土所含盐分有中性盐和碱性盐两种。按其形成过程可分为草甸盐土、结壳盐土、碱化盐土、沼泽盐土、残余盐土等几个亚类。从空间上看，盐土分布范围北起秦皇岛—天津—唐山市滨海,南至山东黄河三角洲伸延到渤海湾南部,山东分布面积最大。盐土表层有机质和全氮含量低,有机质含量一般在 10 g/kg 左右,全氮含量在 0.5 g/kg 左右。要将盐土用于农业生产,必须经过改良,改良的手段包括排水和洗盐两种,排水是将地下水位降低到积盐的临界深度以下,洗盐是利用雨季降水或灌溉淡水淋洗表层盐分(戴旭,1988)。

20 世纪 50 年代末到六七十年代,由于盲目引水灌溉,只灌不排,次生盐渍土面积急剧上升,黄淮海平原盐渍土面积达到 400 多万 hm^2。七八十年代的综合治理,盐渍土得到了有效地控制,加之干旱和地下水位的下降,平原上盐渍土面积大大退缩,土壤积盐层下移,据在河北曲周地区的调查,盐渍土区土壤盐分累积层在 50～80 cm,虽然对作物生长不再产生大的危害,但是一旦条件适合,地下水位抬升,极有可能发生盐渍土的反复。这一点在南水北调中线引水工程周边更要引起足够的警惕(熊毅,1979)。

4. *砂姜黑土*

砂姜黑土主要分布于黄淮海平原南部的淮北低平原区,在行政区划上主要集中于皖北和豫东以及苏北地区。砂姜黑土分布区年平均气温在 14～15℃,年平均降雨量为 750～900 mm,雨量丰富,土壤淋洗比较完全,同时年蒸发量也大,在 1 500 mm 左右,几乎是年降水量的两倍。砂浆黑土剖面质地适中,多为轻壤土至中壤土,黑土层质地稍黏,物理性黏粒含量在 30%左右,多呈中性反应,pH 值在 6.9～7.2,土体上部无石灰性反应,底部常有微石灰性反应。剖面自上而下层次分异明显,潜育作用增强,腐殖质层虽色暗,但有机质含量不高。淮北平原区频繁的人为耕垦活动,对砂姜黑土腐殖质层的性状有很大影响。伴随干湿交替和地下水的上下运行,同时引起土体中易溶性物质的淋溶与淀积,在暗色腐殖质下部形成黄棕色过渡层与砂姜土层。砂姜黑土区由于土体深厚,砂姜层位低,耕地面积大且分布集中连片,加之热量、降水和地下水条件优越,有利于发展多熟制农业,农业生产潜力较大。

从 20 世纪 80 年代到目前,总体而言土壤肥力显著提高,除土壤中的速效钾含量平均下降 36.37 mg/kg 之外,其他主要肥力指标均有较为显著的上升,其中有机质含量平均上升了 3.04 g/kg,土壤全氮含量上升了 0.41 g/kg,土壤速效磷含量上升了 15.32 mg/kg。自实行家庭联产承包责任制以来,黄淮海平原区的农业土地利用方式转入了高投入的集约化经营模式。通过科学的农作制度、耕作方式以及有机肥和化肥的施用等手段,人类活动强烈地干预了平原区内的农地质量,区域土壤肥力得以提升。然而,在土壤肥力提升的同时,由于平原区内化肥和农药的过量施用,也给农业质量带来了负面影响,主要是耕地的重金属和有机磷污染,土壤硝态氮含量增加带来的土壤板结,以及土壤 pH 值的持续下降。

1.6 黄淮海平原的土地利用起源

人类的任何活动都需要土地,因为只有土地本身才能供给人类以不可缺少的立足之地,人类只有通过土地从自然界取得必需的生活条件,如日光、空气和热量。如果没有土地,就没有办法去利用这些自然物;没有土地,人类劳动力就没有活动的空间。人类诞生在土地上,早期的人类利用土地,依赖攫取土地上的自然产品(动物、植物)维持其自身的存在。这种“土地利用”是本能的、无意识的,与其他动物并无本质的区别,他们的生存完全取决于自然。土地利用的诞生标志着人类开始摆脱自然限制,依靠自身的劳动创造生存条件,是人类继制造和使用工具之后又一次质的飞跃。工具的使用和制造使人类从猿走向人,土地利用则使人类由蒙昧走向文明。

黄淮海平原独特的自然条件决定了在土地利用起源上的重要地位。黄淮海平原土地利用的形成与发展,对中华文明形成与发展起到至关重要的作用,也对现代社会的发展有着深刻的影响。土地和人的结合、人类需求的推动、知识经验的积累以及技术与工具的进步是土地利用起源与发展的根本条件。

1.6.1 史前人类活动的分布

土地是先人类存在而存在的自然物,而土地利用则是土地上有了人,并且进化与发展到一定历史阶段的人类行为。早在几十万年前中华民族的祖先就活动在平原及其周边地区。北京房山的周口店背靠峰峦起伏的太行山脉,面临着广阔的华北平原,这里自然资源丰富,气候温暖宜人,是50万年前北京猿人、20万—10万年前新洞人、3万—1万年前山顶洞人生活的地方。周口店遗址的发现证明至少在50万年前,黄淮海平原及其周边地区就是人类活动地区。

1.6.1.1 旧石器时代的文化遗址

黄淮海平原及周边旧石器时代文化遗址考古表明,本区域是古人类活动的重点区域,特别到旧石器时代晚期,人类文化遗址分布就更广,从南到北,从东到西都有分布。

河南省的古人类文化遗物延续时代很长,从旧石器时代早期到晚期,几乎各大阶段都有出土。已发现的旧石器时期人类遗址有40多处。属于旧石器时代初期的文化遗址有临汝县张湾、渑池县的青山、任村,陕县的侯家坡,三门峡市的水沟、会兴沟,陕县的张家湾、赵家湾、灵宝的朱阳、朱阳东坡、西峡县的赵营、莲花寺岗、家岗、土门、小沟岭、西沟岗、龙头湾、大沟口、镇平县的叶湾、石羊岗,内乡县的马山口、南召县的小空山下洞、杏花山(猿人牙化石),确山县的打石山(红烧土)等。属于旧石器时代中—晚期的遗址有灵宝县的孟村、卢氏县的横涧(人类化石)、洛阳市凯旋路、南召县小空山上洞、镇平县北八里庙、灵宝县的函谷关、三门峡市的王官沟、新蔡县的诸神庙(骨器)、许昌县的灵井、安阳的小南海、灵宝县的邢家庄等。从遗址的分布看,京广铁路线以西广大地区是旧石器的主要出土场所(张维华,1986);豫西的豫、晋、陕交接地带和豫西南的豫、鄂、陕交接地带是河南古人类分布的重要地区。

山西是与黄淮海平原古人类密切相关的地区,现已查明全省的旧石器文化遗存近400处,其中旧石器早期遗址的数量位居全国之首。旧石器早期遗址全国发现了200处,山西有157处,主要分布在中条山南麓的垣曲盆地、晋西南黄河沿岸及汾河流域,以芮城西侯度文化和匼河文化为代表。地磁测定的地层年代为距今180万年,早于我国发现的最早的人类元谋猿人约10万年,由此证实距今180万—170万年前,在我国的北方和南方,已经有直立人的活动,同时也证明山西南部是我国最早有人类活动的地区之一。芮城匼河遗址出土了大量的石器及动物化石,与陕西蓝田、北京周口店人的工具有对应特征。丁村文化是以襄汾丁村人和阳高许家窑人命名的文化,由西侯度文化和匼河文化演变发展而来。人类由猿人跨入早期智人的时间大约在十几万年前,这一时期的旧石器中期文化遗址山西有60处,主要分布在北部的桑干河流域和南中部的汾河流域。丁村人是北京猿人向现代人过渡的重要环节,分布在汾河下游的襄汾、曲沃、侯马,汾河中游的交城、古交,汾河上游的静乐等地。山西旧石器晚期遗址分布更广，从南到北几乎遍布山西全境。位于大同盆地西南的朔州峙峪文化，距今约 30 000—27 500 年，在这里发现大量的石制品和各类动物的牙齿和用火遗迹，同时还发现了石镞。石镞的发现，意味着峙峪人已发明和使用了弓箭，这也是目前发现的中国最早的弓箭。吉县柿子滩文化代表了旧石器向新石器过渡时期广泛分布在黄河中游的一种独具特色的区域考古学文化，发现了表现当时人的精神生活与信仰崇拜的岩画（申维辰，2008）。

河北境内旧石器时代晚期细石器遗存较为丰富，据全国第三次文物普查成果，河北省境内的旧石器遗址有 350 处之多。主要有虎头梁遗址群，油房、东灰山、孟家泉、渟泗涧、籍箕滩、所各庄遗址和官厅遗址群。另外，在冀东地区的遵化、丰润、迁安等县也有许多细石器遗址被发现。在河北北部地区，细石器遗存往往成群出现，大体东西向呈带状展布，西起恒山和太行山东麓，东止于秦皇岛附近的渤海滨岸。该分布带的西部地区为山涧盆地地区，属海河水系，地理区划为冀西北地区。东部地区为燕山南麓低山丘陵地带，属陡河或滦河水系，地理区划为冀东地区。位于中部，属潮白河水系的京、津地区细石器遗存的文化面貌尚不清楚。在冀西北地区，已知的细石器遗存主要分布于泥河湾盆地和怀来盆地，文化遗物被埋藏在马兰黄土中上部或河流的第二级阶地堆积内，而冀东地区则主要发现于河流第二级阶地或相当于二级阶地位置上的泉水周围（谢飞，2000）。

山东境内，在发现距今 50 万—40 万年前的“沂源猿人”之后，山东境内又发现了约 20 处属于旧石器时代文化遗存。这些遗址集中见于临沂地区的北部高山区（以洞穴为主）、沂沭河两岸（以河湖相堆积为主）及黄海沿岸的日照市（以土状堆积为主），如沂源县骑子鞍山的千人洞中发现了距今约有两三万年打制石器和哺乳动物化石，新太县乌珠台村发现时代同骑子鞍山千人洞遗址的时代基本一样的更新世晚期的文化遗存，沂水湖埠西旧石器晚期文化遗存、营南旧石器晚期文化遗存、日照旧石器晚期文化遗存、郯城望海楼旧石器晚期文化遗存。此外，胶东半岛发现的打制石器，如蓬莱村里发现打制石器、长岛县发现打制石器、海阳县发现打制石器。山东境内远古人类的分布，从旧石器时代早期的泰沂山区、鲁中南一带，发展到旧石器晚期，又扩大到胶东半岛的东部沿海一带。他们在山东境内较大范围内辛勤劳动、生息，创造了远古的文明，奠定了后来光辉灿烂的东夷文化的基础。东夷文化就是在这一基础上产生、发展起来的，成为中华民族古文明的发源地之一（逄振镐，1994）。

此外，在苏北新沂市马陵山、东海县大贤庄也发现有旧石器中后期的石器遗址。马陵山位于沂沭河的中下游，北起山东临禅曹庄，南至江苏宿迁骆马湖边，整个山体连绵起伏，长达百余千米。考古工作者在新沂县马陵山中段的何山头（黄墩乡）、南山（山左口乡）、石碑（山左口乡）、范顶子（山左口乡）等地发现多处具有相同性质的细石器地点。石器类型与鲁中南地区旧石器时代晚期后一阶段的属于同一时代类型（大贤庄位于江苏省东海县西北，属于中期细石器类型，其年代距今约 16 000—10 000 年）（杜水生，2007）。

从旧石器文化遗址的分布看，旧石器时期的黄淮海平原的人类，主要活动在平原周边的燕山、太行山以及泰山、山东丘陵地区的山区、丘陵地带。这些遗址大多发现于山地—平原交会处，地貌类型包括河流阶地、古湖畔和洞穴。洞穴多在向阳、近水处。这些地区往往具有环境和资源的多样性，能同时满足人类生存的多项条件，包括水源、石料和动植物食物资源。从旧石器遗址的时间顺序上看，有从山区向浅山区、再由浅山区到平原，沿河而居的发展趋势。到旧石器时代晚期，黄淮海平原地区人类活动范围，已经形成一个面向渤海的马蹄形分布带，这个古人类环形活动带，东北始自秦皇岛附近的渤海之滨，沿燕山南麓低山丘陵地区而西，过冀西北和雁北山地向南，跨黄河以东和太行山以西的黄土高原东缘，依黄河而东，经豫中南黄淮平原，达苏北、鲁南的低山丘陵地区，过连云港，终止于青岛附近的黄海之滨(谢飞，2000)。

1.6.1.2 新石器时代的文化遗址

进入新石器时代，人类活动遗址数量显著增加，单个遗址规模增大，延续时间增长，前后文化期之间相互继承性关系明显增强，反映出人类由渔猎采集的不稳定生活方式向农耕社会稳定生活的变迁。人类活动的地区进一步向着平原的腹地延伸。

1. 新石器早期

黄淮海平原的新石器文化以中原文化为主，但平原的南北两侧也受到长江流域的南方文化以及北方文化的影响。新石器时代早期的文化遗存，主要有东胡林文化遗存、转年遗存、于家沟遗存、南庄头遗存。

新石器早期的文化遗存数量并不是很多，其分布依然延续旧石器时代的特点，分布在山前交接带或位置较高的河流阶地上。原始人使用的工具以石器为主，既有打制的“旧石器”，也有磨制的“新石器”，器形仍然是以狩猎采集工具为主，已经出现了石磨盘、石磨棒等植物加工工具。陶器制作虽然还比较粗糙，但是也已普遍存在，反映出人类生活方式的变化。

(1)东胡林遗址　位于北京门头沟区东胡林村西，永定河支流清水河北岸的河流二级阶地。属于新石器早期的文化遗存。遗址中出土的文物主要有石制品、骨制品、陶片、动物骨骼和果壳等。石制品包括有打制的石核、石片、砍砸器、石锤、刮削器、尖状器和细石叶、石片、石屑等，还有琢磨而成的石磨盘、石磨棒等。骨制品有尖状器、骨锥、骨笄等。陶器仅见少量残片，多为器物腹片及底片，偶有口沿残片。陶片多为红褐色，均为夹砂陶，质地疏松，火候不均，有的陶片外表红褐色，内壁则为黑色。除个别有附加堆纹外，均为素面陶。从断面观察，有的陶片内外成片脱落，似为泥片贴筑法制成。整体来看，多为罐类器物残片。动物骨骼数量较多，多为鹿类动物的肢骨及腭骨、牙齿等，也发现有猪的遗骸。另发现大量的蚌壳、螺壳和蜗牛等。其中极少蚌壳有钻孔和磨痕，应为装饰品(郁金城，2004)。

(2)转年遗址　位于北京市怀柔县潮白河上游第二阶地，周围地貌为山谷盆地。遗址发掘面积达 400 m^2，原文化堆积厚 3～4 m。该遗址出土遗物数量众多，以石制品最为丰富，还有少量陶片和动物骨骼等。石制品包括小型打制石器、细石器和少量磨制石斧、磨盘、磨棒和石容器等。细石器中楔形、铅笔头形细石核以及细石叶和圆头刮削器等具有典型细石器的工艺传统。陶器以夹砂褐陶为主，质地疏松，硬度较低，火候不匀，器类单一，流行平底器，主要器形有筒形罐和平底直壁、带凸钮盂。陶器均手制，从陶片断面观察，可看出片状贴筑痕迹。其年代，经碳十四测定的两个样品分别为(9 200±100)年和 9 800 年，树轮校正后大约距今 1 万年左右。转年遗址是目前燕山南麓地区最早的新石器时代遗址(郁金城，2002)。

(3)于家沟遗址　位于河北省阳原县泥河湾盆地桑干河二级阶地。文化层厚达 7 m。分为上、中、下 3 层，年代跨度在距今 14 000—5 000 年。各层都有细石器出土，以楔形石核、细石叶为多，石器类型主要是端刮器、尖状器、雕刻器、锛状器等石器。出土的动物遗骸以羚羊为多，也有野马、野驴等。遗址上层含有陶片和磨制石器，属于新石器中晚期的遗存。中层偏下出土夹砂黑褐陶片和夹砂黄褐陶片、大部磨光的石矛头以及用贝壳、螺壳、鸟骨制成的装饰品。陶片质地粗疏，最大的夹砂黄褐陶片为平底器底部，热释光测定的年代超过 1 万年，是本区域发现的年代最早的陶片。下层未见陶片和磨制石器，仅有细石器工具和装饰品。这表明于家沟遗址是旧石器时代向新石器时代过渡的文化遗址(梅惠来,2000)。

(4)南庄头遗址　位于河北省徐水县高林村乡南庄头村东北约 2 km 处,南距县城 12 km,地处太行山东麓余脉,华北平原北部西缘,其东不远有萍河与鸡爪河,周围地形西北逐渐升高,东南逐渐低缓,平均海拔 21.4 m,面积约 20 000 m^2。是中国华北地区年代最早的新石器时代的遗址,距今约 10 500—9 700 年。出土了大量人类遗存,出土陶片 50 余片,这些陶片多数都很破碎,陶胎壁厚约 0.8～1.0 cm,烧成温度低,质地极疏松,陶色不纯,按陶质可分为夹砂深灰陶和夹云母褐陶两大类,多数有纹饰,以浅细绳纹为主,是目前中国考古发掘得到的地层和年代都确切的最早的陶制品之一。出土的动物骨骼很多,其中以鹿科动物数量最多,还包括鼠、鸡、狗、狼、猪、鸟类、鱼类、鳖类以及螺、蚌等,除狗和猪有可能为家畜外,其余均为野生动物,其中部分骨骼有烧烤、切割的痕迹。出土工具有石磨盘、石磨棒及骨、角器等,未见石斧、石刀和骨刀类,多见用动物骨头和角磨成的锥状器。标本经碳 14 测定,年代为公元前 8500—前 7700 年。遗址还发现了 4 条灰沟、2 座灰坑和 2 处用火遗迹。遗址是迄今为止在华北地区发现的年代最早的新石器时代早期遗存,比黄河流域的磁山文化、裴李岗文化早近 2 000 年,填补了这些新石器时代文化代表性遗存与旧石器时代晚期文化之间的空白(徐浩生,1992;徐昭峰,2006;段宏振,2001)。

2. 新石器时代中期

新石器时代中期大约在公元前 7500—5000 年。与早期遗址很少的状况不同,黄淮海平原的黄河中下游地普遍发现这一时期的文化遗存。主要代表是河南的裴李岗文化、河北的磁山文化以及山东的后李文化。人类已经摆脱了洞穴居址的局限,大都选择在平原地区的河旁台地上,营建成批的半地穴式房子,在房子附近挖有地窖,形成大小规模不等的聚落。生产方式已经由渔猎采集为主,转变为农业为主,辅以畜牧养殖和渔猎采集。

(1)裴李岗文化　是中国黄河中游地区的新石器时代中期文化,由于最早在河南新郑的裴李岗村发掘并认定而得名。该文化的分布范围,以新郑为中心,东至河南东部,西至河南西部,南至大别山,北至太行山。重要遗址还包括新郑裴李岗、新郑沙窝李、新郑唐户、新郑西土桥、新密莪沟、新密马良沟、巩义铁生沟、登封双庙、长葛石固、许昌丁庄、汝州中山寨、郏县水泉、舞阳贾湖、淇县花窝、汤阴程岗、浚县凌湖、孟州子昌、辉县琉璃阁、新乡骆驼湾、卢氏祁树湾、卢氏薛家岭、嵩县乌鞘岭、孟津朱寨、洛阳杨窑、偃师马涧河、潢川鲁寨、信阳平桥、方城大张庄、上蔡航寨、上蔡尹庄、上蔡高岳集、正阳李楼、正阳凉马台、新蔡郭冢、驻马店杨庄、舞阳尚庄、漯河付庄、漯河翟庄、叶县文集、汝州湾张、汝州安沟、汝州槐荫树、项城后高老庄、西华小白庄、扶沟宋子岗、禹州枣王、许昌丁集、鄢陵蝎子岗、鄢陵古城、杞县孟岗、蔚县马家庄、中牟冯庄、荥阳王宗店、郑州南阳寨、安阳洪岩、林县嵩园等(孙广清,1992)。综合中国社会科学院考古研究所放射性实验室对裴李岗遗址出土的木炭标本测定的年代结果,裴李岗文化开始的年代大约在公元前 5300 年,结束于公元前 4600 年前后。出土的陶器以泥质红陶数量最多,夹砂红陶和泥质灰陶也有发现。陶器均为手制,大多为泥条盘筑,有纹饰的器物较少。石器以磨制为主,有石铲、石斧、石镰、石磨盘等。房屋均为半地穴式建筑,以圆形为主,亦有较少的方形房屋,有阶梯式门道(段小强,杜斗城,2007)。

(2)磁山文化　是中国华北地区的新石器中期文化。因首先在河北武安县磁山发现而命名,它与裴李岗文化一样是华北新石器时代早期的重要文化。磁山文化分布在冀南、豫北等地的太行山东麓,南至漳河,北到保定以北的拒马河、大清河流域,主要集中在冀南地区洺河流域

(段宏振、张渭莲,2006)。已发现的遗址有永年石北口、武安磁山、武安牛洼堡、任县卧龙岗、正定南杨庄、安新梁庄、安信刘村、荣城上坡、易县北福地、涞水炭山等处。年代约为公元前5400—前5100年。磁山文化遗址位于河北武安市西南20 km磁山村东南台地上,北靠红山,南临洺河,主要发现有房基、粮窖400多个,出土各种文物、遗物有石器、陶器、骨器和粟的碳化物、野生动物及家禽骨骼标本等。石器以石镰、石铲、石刀、石斧与柳叶形石磨盘等生产工具为主;陶器以椭圆口盂、靴形支座、三足钵与深腹罐等为主,陶器表面多以绳纹、篦纹及划纹等装饰。制陶业较原始,处于手制阶段;植物有粟、榛子、胡桃、小叶松等,其中粟的发现把黄河流域植粟的记录提前到距今近8 000年,肯定了我国黄河流域是世界植粟最早的地区;动物有兽、鸟、龟、鳖、鱼、蚌五大类23种,其中家鸡饲养是目前世界已知最早的记录(周本雄,1981);半地穴式建筑和大量粮窖遗址的发现,证明当时人们过着以原始农业为主,辅以渔猎采集的定居生活(河北省文物管理处,邯郸市文物保管所,1981)。

(3)后李文化　是山东地区迄今为止最早的新石器时代文化,距今8 200—7 800年左右。主要分布在沂泰山系北侧山前冲积扇和鲁北、鲁西平原。已发现的遗址有淄博后李、章丘小荆山、西河,邹平孙家,长清万德、张官庄、摩天岭、绿竹等地十余处(任相宏,1992)。后李文化遗址位于淄博临淄区齐陵街道后李官村西北约500 m处、淄河东岸的二级台阶上,该遗址最突出的特点是文化层次多而丰富,文化堆积厚达2～5 m,由上到下共分12层,包含了新石器文化遗存、两周(西周、东周)文化遗存和晚期文化遗存三大阶段,首尾跨越了8 000年。“后李文化”,是后李文化遗址上最特殊、最主要的新石器文化,发掘中不但出土了房址、灰坑、灰沟、墓葬、陶窑等遗迹,还出土了陶器、石器、骨器、角器和蚌器等遗物。分为后李一期文化和后李二期文化,一期文化的陶器都是夹砂陶,陶胎的质地与当时地层土的成分极为相似,只有极个别掺蚌壳和掺云母的现象,陶器的烧成火候较差,个别遇水即溃;陶色有红褐陶、红陶、灰褐陶和黑陶,红褐陶最多;陶器的纹饰简单,大部分仅见于器物的口部,种类有花边纹、附加泥条堆纹和少量绳纹;陶器的种类单调,主要为圜底器,平底器和圈底器极少,深腹圜底釜为后李一期文化最具代表性的器物,总数约占全部陶器的80%。后李二期文化是后李一期文化的发展和延续,她与北辛文化有一定的共性,如都流行三足器和圜底器,器类都以鼎、钵、小口双耳罐为基础。同时与北辛文化又有较为明显的差别,被认为是属于北辛文化的一种地方类型。相同文化期的章丘小荆山遗址位于泰沂山脉北支脉北侧的冲积平原上。发现房址8座,均为半地穴式建筑,面积多在30 m^2以上,房址一般先在平地挖出地穴部分,坑底不甚平整,然后垫以灰土或红烧土粒;出土大量的生产工具,主要有石斧、锤、凿、磨盘、磨棒、磨石、犁形器、骨锥、骨镖、角凿、骨锨等。其中,石斧、石凿等磨制十分精致,刃部多有使用痕迹;骨镖发现数量虽少,但也说明当时人们有一定的渔猎经济活动。遗址中出土的大量兽骨、鹿角、蚌壳等,说明渔猎经济在人们经济生活中占一定的比例(山东省文物考古研究所章丘市博物馆,1996)。

3. 新石器时代晚期

新石器时代晚期(公元前5000—前4000年)新石器时代文化全面大发展。农业聚落分布密度增大,规模也普遍扩大,聚落遗址文化堆积加厚,文化内涵更为丰富多样。这一时期的农业则已相当发达。主要表现在农业定居村落发现多,面积大,内涵丰富,出土的农业劳动生产工具以及与农业生活相适应的用具相当多,并且还有不少农作物遗存发现。各遗址的面积差距较大,小的一般在10万 m^2以下,大的有几十万平方米,最大的达百万平方米以上。仅仰韶文化遗址在中原大地约有四五千处,人类活动遗址已经遍及黄淮海平原的广大地区。手工业和家畜养殖业也已经相当发达，财富已经积累，财产私有化，贫富差别已经比较明显。人类社会由母系氏族社会进入父权制社会(李友谋，2002)。

(1)仰韶文化　是黄河中游地区重要的新石器时代文化，是距今约7 000—5 000年中国新石器时代的一种文化。它的分布在整个黄河中游从今天的甘肃省到河南省之间。今天在中国已发现数以千计的仰韶文化遗址。仅陕西一省就发现2 040处之多，占全国的仰韶文化遗址数量的40%，是仰韶文化的中心。分布省份有陕西、河南、山西、甘肃、河北、内蒙古、湖北、青海、宁夏等9个省区。已发掘出近百处文化遗址，出土文物均反映出较同一的文化特征。生产工具以较发达的磨制石器为主，常见的有刀、斧、锛、凿、箭头、纺织用的石纺轮等。骨器也相当精致。有较发达的农业，作物为粟和黍。饲养家畜主要是猪，并有狗。也从事狩猎、捕鱼和采集。各种水器、甑、灶、鼎、碗、杯、盆、罐、瓮等日用陶器以细泥红陶和夹砂红褐陶为主，主要呈红色，多用手制法，用泥条盘成器形，然后将器壁拍平制造。红陶器上常有彩绘的几何形图案或动物形花纹，是仰韶文化的最明显特征，故也称彩陶文化(李友谋，2002；范文澜，蔡美彪，2008；曾秉泰，2009)。

由于时间跨度与分布地域的不同，仰韶文化必须分类加以区别，根据《中国考古学·新石器时代卷》的总结和划分，划分为7支考古学文化，即半坡文化、庙底沟文化、西王村文化、后冈一期文化、大司空文化、大河村文化和下王岗文化。其中前三类型称之为典型仰韶文化；冀南豫北地区划为后冈一期文化和大司空文化；豫中地区划为大河村文化；豫西南划为下王岗文化。已发现发掘的文化遗址主要包括，豫西的陕县庙底沟；冀南豫北地区的安阳后冈、大司空、鲍家堂，大正集老磨冈，濮阳西水坡，大寒南冈，新乡络丝潭，河北正定南杨庄，永年台口，邢台柴庄，邯郸百家村、城二庄，磁县界段营、下潘汪等；豫中地区郑州大河村、林山寨，长葛石固，荥阳点军台、青台，禹县谷水河，洛阳王湾，汝州中山寨、洪山庙、大张和阎村等处；豫西南淅川下王岗、下集、黄楝树，镇平赵湾等(任式楠，吴耀利，2010)。

(2)北辛文化　主要分布在鲁中南地区的汶、泗河流域，其他散见山东大部分地区以及苏鲁交界地区。已发现发掘的遗址有山东滕州北辛、汶上东贾柏村、泰安大汶口、邹平苑城、临淄后李官庄、章丘王官、青州桃园、济南田家庄、烟台白石村、兖州王因和西桑园、邳县大墩子、连云港二涧村、灌云大伊山、沭阳万北、淮安青莲岗、连云港大村、阜宁梨园等处(青州市博物馆，1989)。山东滕县北辛遗址位于滕州官桥镇北辛村北，薛河旁的高地处。薛河由东北向西南流往北辛村与其支流相汇合。遗址东、北两面临水，隔河与龙山相望。地处平原与丘陵交接地带，地势平坦，土地肥沃，是古代居民从事生产活动的良好地区。遗址东西约500 m，南北约100 m，面积5万m^2。碳14测定为距今7 300—6 300年。北辛文化已形成完整的聚落，房址均为半地穴式建筑，墓葬流行长方形土坑竖穴墓，无葬具，生产工具主要是石器，骨、角、牙、蚌器十分发达，制作工艺以磨制为主。陶器为手制，有夹砂陶和泥质陶两种。纹饰有窄堆纹、蓖纹、划纹、压划纹等。窄堆纹以数条为一组，组成各种纹饰。器形有鼎、釜、罐、钵、碗、盆、壶、支座等。石器有打制和磨制两种，打制石器数量较少，有敲砸器、盘状器和斧、铲、刀等，制作虽较简单，但器形相当规整，已经定型。磨制石器有铲、刀、镰、磨盘、磨饼、磨棒、凿、匕首等。其中铲的残片居多，在千件以上，呈长方形、长梯形、舌形等几种，器形较大，通体磨光，制作比较精制，有使用痕迹。磨盘呈三角形的为多，矮足的磨盘甚为罕见。骨、角、牙器有镞、鱼镖、鹿角锄、凿、匕、梭形器、针、锥、笄等。北辛遗址的堆积层厚达1.5 m以上，反映了当时的居民在这里生活了相当长的时间。农业生产是他们生活资料的主要来源。出土器物中从翻地的石铲、鹿角锄，播种用的尖状角器，到收割用的蚌镰，脱粒用的石磨盘、石磨棒等，农耕工具配套齐全，原始农业，已经进入锄耕阶段。家畜饲养、狩猎、捕鱼等采集经济也比较发达。手工业生产有了萌芽，出土的骨针、纺轮、陶器上的席纹等，说明以野生纤维和动物毛绒为原料的纺织、缝纫、编织已经出现。制陶处在较原始阶段，器类较简单，手制痕迹比较明显，但却发现了使用单彩的“红顶碗”，为其后东方原始文化中出现的彩陶追溯到了渊源(中国社会科学院考古研究所山东队，山东省滕县博物馆，1984)。

(3)大汶口文化　是新石器时代后期父系氏族社会的典型文化形态。以泰山地区为中心，东起黄海之滨，西到鲁西平原东部，北至渤海南岸，南及今安徽的淮北一带，河南省也有少部分这类遗存的发现。已经发现的文化遗址包括：泰安大汶口，桓台李寨，广饶五村，潍县鲁家口，潍坊前埠下，安丘景芝镇，平度韩村，栖霞杨家阁，蓬莱紫荆山，长岛北庄，郯县三里河，诸城呈子、前寨，五莲丹土，莒县陵阳河、朱家村、杭头，日照东海域，临沂大范庄，新沂花厅，邳县刘林、大敦子，沭阳万北，泗洪赵庄，蒙城尉迟寺，萧县花甲寺，宿县小山口，古台寺，亳州傅庄，枣庄建新，藤县庄里西、岗上，邹县野店，曲阜西夏侯、南兴埠，兖州六里井、王因，茌平尚庄。大汶口文化从早期到晚期的分布变化十分明显，范围也不断地扩大。早期遗址主要分布在泰—沂山系以西的汶、泗河流域及苏北地区。中期的分布范围基本上与早期的相吻合，同时将范围扩大到泰—沂山系以北的潍、淄河流域。到晚期其分布范围几乎覆盖了山东全省并包括了苏豫皖与山东相邻的地区。从早期到晚期不仅分布范围在不断扩大，而且遗址的规模和数量也呈递增趋势(任晴晴，2012)。大汶口文化遗址位于泰山南麓泰安市郊区大汶口镇，大汶河东西贯穿，将其分为南北两片。遗址总面积 80 余万 m^2，文化层堆积 2～3 m，距今约 6 400 年。遗址内涵丰富，有墓葬、房址、窖坑等。出土的陶、石、玉、骨、牙器等不同质料的生产工具、生活用具和装饰品都异常精美。生活用具主要有鼎、豆、壶、罐、钵、盘、杯等器皿，分彩陶、红陶、白陶、灰陶、黑陶几种，特别是彩陶器皿，花纹精细匀称，几何形图案规整。早期以红为主，晚期灰、黑比例上升，并出现白陶、蛋壳陶。手制为主，晚期发展为轮陶器，烧成温度 900～1 000℃。器型有鼎、鬶、盉、豆、尊、单耳杯、觚形杯、高领罐、背水壶等。许多陶器表面膜光，纹饰有划纹、弦纹、篮纹、圆圈纹、三角印纹、镂等。彩陶较少但富有特色，彩色有红、黑、白 3 种，纹样有圈点、几何、花叶等。生产工具有磨制精致的石斧、石锛、石凿和磨制骨器，而骨针磨制之精细，几乎可与今针媲美。大汶口文化的后期墓葬中，出现了夫妻合葬和夫妻带小孩的合葬，它标志着只知其母不知其父的母系社会的结束，开始或已经进入了父系氏族社会(刘庆柱，2010；栾丰实，2012)。

4. 新石器末期

新石器时代末期人类社会已经进入到了铜石器共存的时期。黄淮海平原的文化遗址主要属于龙山文化类型，主要分布于黄河中下游的山东、河南、山西、陕西等省。大汶口文化出现的快轮制陶技术在这一时期得到普遍采用，磨光黑陶数量更多，质量更精，烧出了薄如蛋壳的器物，表面光亮如漆，是中国制陶史上的顶峰时期。农业聚落开始出现分化，城址开始出现；制陶、玉器加工等手工业日益走向专门化，铜器手工业的专门化生产也正在兴起。我国考古专家根据几个地区不同的文化面貌，分别给予文化名称作为区别。一般的分法是：山东龙山文化，或称典型龙山文化，即最初由龙山镇命名的那种遗存，其分布以山东地区为主，上承大汶口文化，下续岳石文化，放射性碳素断代并经校正，年代为公元前 2500—前 2000 年；庙底沟二期文化，主要分布在豫西地区，豫东地区也有分布，由仰韶文化发展而来，属于中原地区早期阶段的龙山文化，放射性碳素断代并经校正，年代为公元前2900—前2800年；河南龙山文化，主要分布在豫西、豫北和豫东一带，上承庙底沟二期文化或相当这个时期的遗存，发展为中原地区中国文明初期的青铜文化，放射性碳素断代并经校正，年代为公元前2600—前2000年，一般还分为王湾三期、后冈二期和造律台3个类型；陕西龙山文化，主要分布在陕西省泾河及渭河流域，放射性碳素断代并经校正，年代为公元前2300—前2000年；龙山文化陶寺类型以新发现的山西襄汾陶寺遗址为代表，主要分布在晋西南地区，放射性碳素断代并经校正，年代为公元前2500—前1900年(中国大百科全书编辑部，2011)。

黄淮海平原地区已经发现发掘的龙山文化遗址主要有：

①庙底沟二期文化遗址有陕县庙底沟，渑池仰韶村、郑窑、班村，灵宝涧口，洛阳王湾，偃师高崖、二里头，郑州大河村、林山砦、西山、站马屯，登封告城北沟，禹县瓦店、谷水河，孟津妯娌，济源白沟、桥沟，郸城县段家寨，鹿邑栾台，淮阳平粮台，永年台口。

②王湾三期文化遗存在东起郑州、西至渑池、北达济源、南抵驻马店的区域里面发现的遗址达六七百处，其中已发掘的遗址主要有洛阳王湾、西干沟、东干沟、矬李、西李庙，孟津小潘沟，偃师汤泉沟、灰嘴，伊川白元，新安马河，郑州站马屯、坷垃王庄、牛砦、大河村、阎庄、马庄，荥阳点军台，济源苗店，新密新砦、古城寨，登封王城岗、程窑，汝州煤山、北刘庄、李楼，禹县瓦店、吴湾，许昌丁庄，襄城台王，郾城郝家台，上蔡十里铺，驻马店杨庄，淇县王庄等。

③后冈二期文化遗址以豫北冀南为中心，分布范围涉及豫中、豫东、豫西，冀中平原的子牙河和滹沱河流域，以及鲁西皖北，这一范围西部边缘是太行山外，全部位于平坦肥沃黄淮海平原上。发现的同类遗址一两百处，主要有安阳后冈，大寒南岗、八里庄，汤阴白营，淇县宋窑，永城造律台、王油坊，鹿邑栾台，郸城段寨，沈丘乳香台，杞县鹿台岗，浚县大赉店，辉县孟庄，邯郸涧沟，磁县下潘汪，永年台口，任丘哑叭庄，沧县陈于。

④黄河下游龙山文化遗址分布范围包括山东全境、河南东部以及江苏、安徽北部。龙山文化发现遗址1 000多处，经过发掘的有70多处，主要有章丘城子崖、乐盘、宁家埠、西河、焦家、董东，禹城邢寨汪，邹平丁公，淄博田旺，寿光边线王，临朐西朱封，潍县鲁家口、狮子行，青州凤凰台，昌乐邹家庄，潍坊姚官庄，平度东岳石村，蓬莱紫荆山，栖霞杨家圈、北城子，长岛大口、北庄，乳山小管庄，莱阳于家店，胶县三里河，诸城呈子、前寨，日照尧王城、东海峪、两城镇，临沂大范庄，莒南化家村，枣庄二疏城，藤县庄里西，泗水尹家城，兖州西吴寺，曲阜西夏侯，枣庄薛故城，邹县南关、南兴埠，济宁程子崖，曹县莘冢集，菏泽安丘堌堆，梁山青堌堆，茌平尚庄、教场埔、南陈，阳谷景阳冈，五莲丹土，连云港藤花落，徐州高皇庙，亳县钓鱼台，蒙城尉迟寺等遗址(郑杰祥，1979)。

此外，在黄淮海平原北部的京津唐地区也先后发掘了北京平谷上宅、北埝头，廊坊三河孟各庄、刘白塔，唐山迁西东寨、西寨、迁安安新庄、大城山，天津蓟县围坊等新石器时代遗址。除唐山大城山、天津蓟县围坊一期为龙山时代外，其余均属新石器时代早中期。河北东北部这一区域内的新石器时代遗址，既有燕北兴隆洼、赵宝沟和沈阳新乐下层文化因素，又受仰韶文化后岗类型的影响；从这些遗址的地层和出土遗物看，均有早晚之分，早期大致与兴隆洼文化相当或略晚，晚期与仰韶文化后岗类型年代接近。虽然这一地区受外来文化影响较深，但仍有自身的文化内涵。多种文化的共存出现，使得这一区域的文化面貌丰富多彩。

遗址点变迁如图1.3(彩图3)所示。

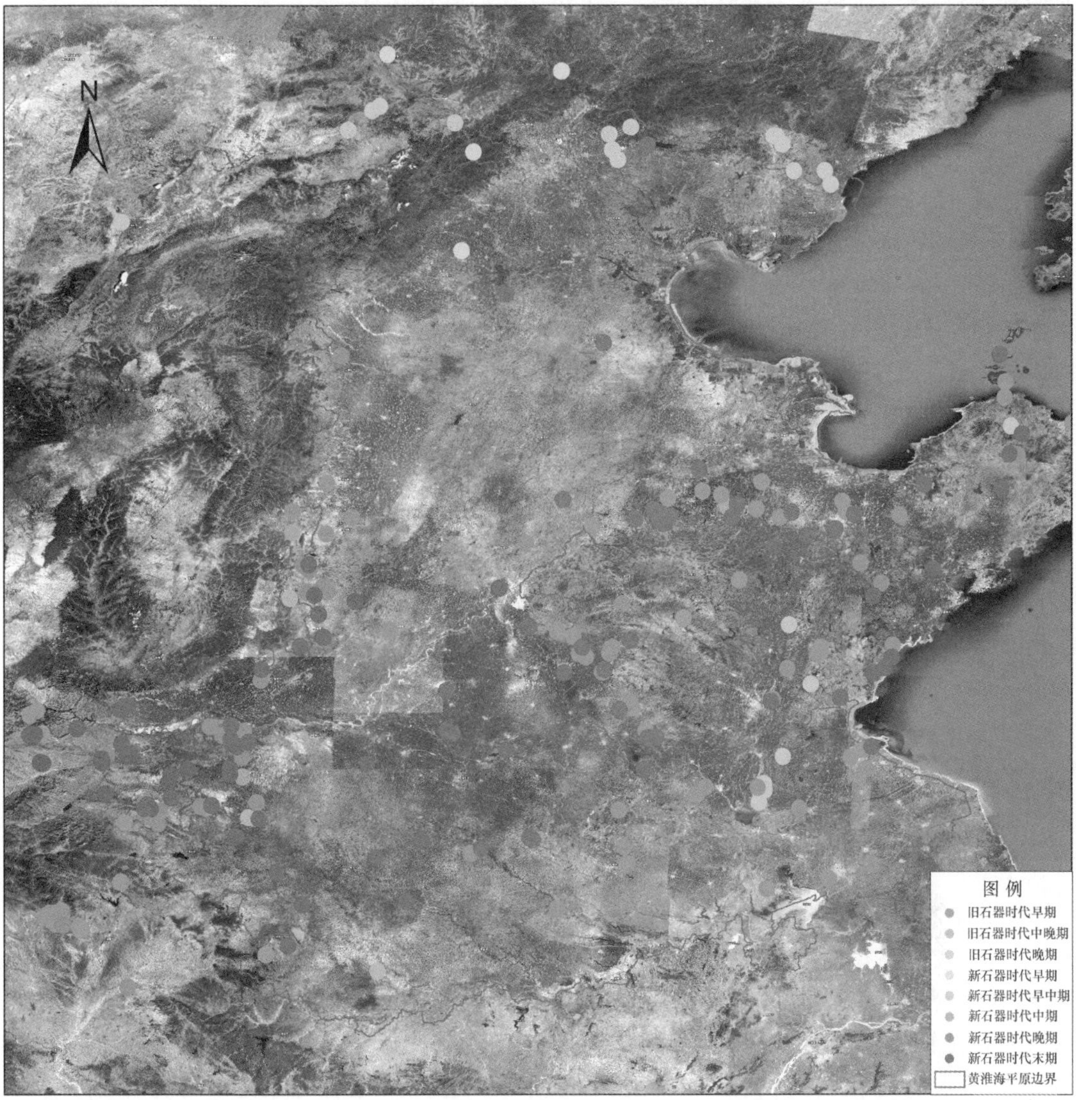

图 1.3 遗址点变迁

1.6.1.3 文化遗址的时空分布特征

全新世是一个人类大发展的时期，黄淮海平原上的先民们，在与大自然斗争的过程中，不断地发展自身，一步一步从山区的森林中走出来，不断地摆脱自然的限制，走向黄淮海平原腹地，在大平原上创造人类文明的辉煌。从旧石器时代到新石器时代的文化遗址的分布，明显呈现出这种演进历程。

黄淮海平原在新石器时代早中期文化遗址的空间分布主要集中在平原的东西两侧，西部的太行山东麓，东北延伸至燕山南麓的山前洪积冲积扇地带，向南连接黄河以南伏牛、熊耳、嵩山山脉的东麓洪积冲积扇，呈南北带状分布；平原东部的泰沂山脉周围山麓地带也是聚落集中地。这些地区的共同特点是地势高爽，坡降适度，水源丰富，排泄良好。近山林有利于采集和狩猎经济，但又有平敞的土地宜于耕种。于是先民们就在这里居留下来，在七八千年前已进入以农耕业为主的社会经济阶段。这里是黄淮海平原上新石器时代早中期的聚落分布地带，也就是平原最早土地利用与农耕文明的起源地。

黄淮海平原新石器时代的晚期文化遗址分布呈现出向平原中部扩展的趋势，以散点状分布在平原河流两侧，反映了先民们向平原寻求更多耕地的迁移路径。这些平原腹地的文化遗址的地理特征是分布在较高的河流阶地和平原的岗丘上。这些遗址选择靠近河流为了提供水源，而选择高出周围平地则是为了避免洪水的淹没。

总体而言，黄淮海平原土地利用垦殖的范围由山前台地、洪积冲积扇平原逐步向冲积平原中部延伸。太行山东麓的农耕文化遗址的分布按磁山、裴李岗文化—仰韶文化—龙山文化的时间顺序，大致自西向东发展；以泰山为中心大汶口文化、山东龙山文化则自东向西推进；豫东、鲁西、淮北（苏北、皖北）是这两个方向土地开发的交接带。

而黄淮海平原中北部（河北平原中部），徒骇河以北、京广线以东，宽度大约 100～300 km 地区，至今尚未发现石器时代的文化遗址，形成一个巨大的史前文化空白区。这正反映了黄河下游河道在河北平原中部长期泛滥、摆动，地面形成众多沙岗、洼地和大片沼泽，恶劣的环境使早期人类无法长期居留。这里也是黄淮海平原中土地利用垦殖最晚的地区（邹逸麟，1997）。

1.6.2 土地利用起源

土地是先人类存在的自然物，土地利用则是人类为满足自身需要所进行的活动，是人类发展到一定阶段所产生的文明行为。它是漫长人类生活与生产实践中逐步发展而产生的。

1.6.2.1 土地利用起源辨析

一切都有源头。任何事物都有其发生发展和消亡的过程，这是事物发展的根本规律，“起源”研究是人类具有极大兴趣的事情，从宇宙起源、地球起源、生命起源，到人类起源、农业起源等等，起源研究纷繁而丰富。但是迄今土地利用起源的专门论述尚不多见。究其原因，第一，认为人类起源于土地，人类从出生第一天起就利用土地，人类的起源也就是土地利用的源头；第二，认为农业起源是人类有意识开发利用土地的开始，农业起源也就是土地利用的起源，土地利用起源被农业起源所淹没；第三，土地利用至今尚未形成完整的学科，关于土地利用各要素的起源研究被归入不同的学科领域。

土地利用是人类社会的综合行为，土地利用起源涉及土地和自然环境的起源与演化，人类的起源与进化，生活方式与生产方式的变化等等，很难用简单的标志来判别。

土地利用把自然的土地投入到生产中，把自然土地改造成为人工—自然土地，即土地利用类型。以某种特定的生产方式，生产出满足人类需求的产品和功能。而这种生产是在人类思想支配下，有意识、有目的的生产。生产方式必然与生活方式相适应，生活方式的改变必然要求改变生产方式，而生产方式的改变又促进了生活方式的改变。

土地利用起源是人类社会生产方式演化进程中，自然生产方式转变为人工生产方式的标志。土地利用使人类实现了由攫取经济向生产经济的重大转变，开始通过自身的劳动来改造自然、增殖天然产品，从而改变了整个自然与社会的面貌。与之相应的生活方式也由采集、狩猎、迁徙转变为农业、畜牧和定居。土地类型由自然的森林、草原自然类型演化出耕地、居住地以及其他各业用地等新的人工土地类型。人类干预自然，使自然向着有利于人类的方向变异发展，这不仅使地球变成了一个五彩缤纷的世界，同时也对自身的发展产生了深远而重大的影响。

人类的祖先是生活在森林中的“攀树的猿群”，他们以森林中的果实为生，高超的攀援本能不仅使他们获得食物，也很大程度上躲避了森林中食肉的猛兽。新生代第三纪后期新构造运动使得许多高大山脉形成，地球上气候环境发生剧烈的变化。森林面积缩小，出现了大面积的林间空地。为了生存，树上的猿群被迫下到地面觅食。生活方式的改变，古猿在平地上的移动，逐渐摆脱了用手帮助行走的习惯。迈出了从猿到人的第一步(恩格斯,1952)。

在森林与草原的边缘处，古猿或类人猿为了得到充足的食物，他们改变了食物构成，不仅食用传统的植物果实(不仅觅食浆果，也开始食用坚果)，同时也开始食用可以捕捉到的昆虫和弱小动物。这种食物构成转变也在很大程度上，加速了人类大脑容量的发育。为了获取食物的需要，他们慢慢学会了使用天然的石块和棍棒作为工具。工具的使用不仅提高了他们获取食物的能力，也促进了他们的手、脑等身体器官的进化。为了取得更多的食物，天然的“工具”——石块、木棍，已经不能满足需要，他们要寻找更称手的工具，渐渐地学会了制造工具，完成了由猿到人的最后一个变化。特别是当人类发现了火，利用火，用火取暖，用火驱兽，用火加工食品，改善了生活环境，改善了食物品质。熟食使得人类进化进一步提速。

在漫长的旧石器时代，人类利用自己制造的简陋的打制石器，攫取来自土地上自然生产的生活资源，采集自然生长的植物性食物，猎取生活在周围的野生动物，维持人类的生存与进化。这一阶段的人类虽然完成了由猿到人转变，但这时的人类仍然是纯自然的，他们的生产生活模式仍然属于动物性。只有当历史进入新石器时代，人类由渔猎—采集的生活模式，转变为农业和畜牧业，才进入到了人类的文明时代，实现了由受控自然、被动地适应自然向改造自然、利用自然的转变。

以往人们的研究都将这个文明跨越的标志定义在农业的起源上，把人类的文明社会称之为“农业文明”或“农耕文明”。聚焦点集中在种植业生产上，即“农耕”的“农”上，忽视“农耕”的“耕”。耕就是开垦土地，没有土地的开垦就没有农业。农业起源并不能涵盖土地利用起源的全部，诚然农业起源，带来了农业用地——耕地的产生，耕地也许是人类最早的人工土地，至今农业用地也是规模最大土地类型之一。但是，土地利用起源时期与耕地相伴随出现的土地类型还包括居住用地、手工业用地以及其他用地(如墓地)，进而发展出城镇用地等类型。有目的、有意识地对土地的改造和利用，才是人类文明诞生的根本性标志。

“古之人民皆食禽兽肉。至于神农，人民众多，禽兽不足，于是神农因天之时，分地之利，制耒耜，教民农耕，神而化之，使民宜之，”(《白虎通·卷一》)这段关于神农氏的传说，非常贴切地描述了土地利用起源原因、条件和过程。

土地利用的产生必须具备如下的条件。第一，土地利用起源的前提是土地和人的结合，土地利用是人类对土地的利用，一定区域土地利用的兴起必须有人类的存在。黄淮海平原及其边缘区是旧石器时代人类活动的重要地区，众多的旧石器、新石器时代的文化遗址的发现，充分证明了这一点。第二，人类生存与发展需求是土地利用起源的原因和动力，由于自然条件变化和人口增加引起人类需求的变化，而人类的需求变化导致人类生产方式和生活方式的改变，即由采集狩猎的“攫取经济”转变为开发改造自然地“生产经济”，从而推动土地利用的产生。黄淮海平原的考古发掘表明，本区是最早的农业起源地之一，也是最早土地利用开发的区域。

第三,人类知识和经验的积累是土地利用起源的必要条件。人类文明是漫长人类进化和知识积累的产物,对土地、自然以及动植物等的认知以及知识的积累与传承,是改造并利用土地的先决条件。第四,技术和工具的进步和改进是土地利用由意识转变为现实的必要条件。

土地利用是人类发展的必然结果,人口增多迫切需要改变生产方式,而生产经验的积累和生产工具的改进,才使土地利用由需要变为现实。黄淮海平原作为黄河流域的重要组成部分,在中华民族和中华文明的起源上有着独特的位置。黄淮海平原土地利用的起源是中华文明诞生的重要标志,是该地区独特的自然——土地条件以及人类进化与发展的必然产物。

1.6.2.2 史前人类生产方式的演化

裴文中先生在描述"北京人"生活时这样描述道:中国猿人居住的山洞,大约在第三纪时就已生成。那时这一带的石灰岩的低山还没有升起,浸没在地下水之中,到了上新世的时期,首先在洞底堆积了砾石和红色黏土。到中更新世之始,最初是鬣狗占据了这个山洞。从猿进化而来的中国猿人,发挥了群的智慧和力量,先驱逐了鬣狗,占据了这个可以躲避风雨和防卫野兽的山洞。周口店附近的地貌和现在差不多。也就是北面有高高的群山,和北京西山连接在一起。东南方是广大的平原。西面和西南面是低圆的山。在中国猿人居住的山洞的东边,有一条小河,从西山里流出。河里四季水流不息。在高山和低山上有不十分茂密的森林。森林里最凶猛的动物,是第三纪遗留下来的剑齿虎,它威胁着中国猿人和其他一切动物。也有一般的虎豹,棕熊和狼、貉等食肉类动物,它们都是中国猿人的敌人。在树上还有善于跳跃的硕猕猴。在森林中的弱者,也是中国猿人狩猎的对象,有斑鹿和野猪。还有面貌丑恶、身体庞大的莫氏犀牛。在东南方的平原上,有奔驰着的三门马,也有羚羊。成群的肿骨鹿,头上长着扁平如扇的鹿角,每到秋末冬初的季节,就从远方迁移到此。在平原中,还可能有多沙缺水的零星干旱地区,这里生活着骆驼和鸵鸟。在小河两旁,生活着德氏水牛,水里还有罕晃的水獭和河狸。这条小河是中国猿人和众多动物必须来喝水的地方。这样就成为中国猿人狩猎的场所,狩猎极大地丰富了中国猿人的食物。像他们的祖先猿猴一样,中国猿人也必然采取果实充饥,但是由于森林并不茂盛,果实不能满足需要,就不能不去打猎,打猎更锻炼了他们,使他们变得更坚强,而能战胜自然界加在他们身上的灾难,因而得以长期在周口店生活,子孙万代地繁衍下来(裴文中,1960)。

这不仅是北京猿人的生活环境模式,也是黄淮海平原及其边缘区旧石器直至新石器早期人类生活的模式和环境。从旧石器到新石器早期的人类遗址的发现看,人类文化遗址分布规律呈现分布范围由周边山麓逐渐向平原腹地扩展,遗址分布密度逐步加大的趋势。旧石器时代主要是点状散布于太行山、燕山及泰沂山脉的山麓地带;新石器时代早期遗址(年代一般为距今 10 000—8 000 年)分布于太行山脉与华北平原北段的交汇地区,一部分地理位置偏北的遗址则分布在河流的二级阶地上;新石器时代中期前段的遗址所处的地理位置分布在太行山脉和豫西山地与华北平原的过渡地区;黄河下游的新石器时代中期前段遗址分布于泰沂山脉北侧的山前冲积平原地带或泰沂山脉南侧及西侧的湖东山前平原地带。新石器时代中期后段和新石器时代晚期遗址则扩展到黄河中下游平原和黄淮平原(张之恒,2007)。

史前人类依赖于自然环境而生存和发展,但并非所有的地方都适合于人类居住。由于采集狩猎的对象的有限,人类必须经常地更换居住的地点。出于对自然的依赖,本能地选择适宜生存环境的地点作为营地。居住地选择的条件主要是:①水源条件,水是维持人类及动物生存的最基本条件之一。因此,人类常将居住营地建立在河湖旁或泉水(包括岩洞内的泉水或暗流)附近。②生活资源,生活资源的丰富程度,是居址选择的重要条件之一。居住地附近必须要有充足的动植物资源,以维持生活的需要。旧石器时代到新石器时代早期人类的主要经济是采集与狩猎。对于采集来说,主要对象是乔本植物的浆果及块茎等,这就需要到茂盛的森林中去寻找;而狩猎的对象主要是中小型的食草性动物,这类动物的大多数(80%以上)生活在草原和灌丛地带、林地边缘,且多为群栖性动物。从狩猎的目的出发,史前人类乐于居住在略高于草原的地方如小山丘、低山前缘和岩崖之上,以便观察草食性动物的动向。③安全环境,安全问题也是居址选择必须考虑的条件之一。对于仅有的简单、粗笨工具的旧石器时代的人类来说,除了要经常抵御自然界风、雨、雷、电、火、水的危害外,最可怕的敌人大概就是大型食肉类动物。空旷的原野很难与猛兽竞跑,山高林密之处常会与猛兽遭遇,特别是在夜间这个对人类活动极为不利的时候,随时都可能受到猛兽的袭击。为了自身的安全,选择有一定高度的山前丘陵地带或陡壁岩崖之上较为合适,特别是一些适于居住的自然岩洞最为理想。因此,有一定高度的、依山傍水、背风向阳的洞穴,就成为旧石器时代人类最主要的居所(郑韬凯,2009)。此外,河、湖岸阶地和伸入平原的丘陵、特别是一些孤立的小丘陵,也是人类经常活动和安身之处。地形、地貌及生态环境都直接影响史前遗址的分布,时间越早自然影响越大。从黄淮海平原地区的旧石器到新石器初期的人类遗址看,主要以点状散布于太行山和豫西山地与华北平原的交汇区。遗址依山傍水,背靠森林、面向草原;局部高起,具有天然洞穴形成的条件。多数遗址属于洞穴遗址,如北京周口店山顶洞遗址、河南省安阳市小南海洞穴遗址、河北省徐水县的南庄头遗址、山东沂源县骑子鞍山遗址等。到新石器时代晚期洞穴遗址基本消失,贝丘、台地、沙丘、山冈遗址增多,遗址则扩展到黄河两侧的华北平原和黄淮平原。

黄淮海平原的土地条件很大程度上决定了本区域的人地关系,人类的分布以及人口的密度。渔猎时期的人地关系总体是地广人稀。《庄子·盗跖篇》:“古者禽兽多而人少,于是民皆巢居以避之。昼拾橡栗,暮栖木上,故命之曰‘有巢氏之民’。”韩非子也说:“古者丈夫不耕,草木之实足食也;妇人不织,禽兽之皮足衣也。”人类穴居山野,过着饮毛茹血的生活(郭晶晶,2008)。

旧石器时代人类以采集-狩猎的方式维持生存与繁衍。食物自然生产与低下的开发能力的组合,决定了土地人口承载能力的有限。当一个地区的可供资源趋于贫乏时即搬迁到新的领地,以寻找利用新的资源。导致人类在一定的区域内不断迁徙。不同地点文化遗存的同一性以及同一遗址文化堆积的单一性都证明了这种迁徙现象。造成资源趋于贫瘠的原因来自两个方面,一方面源于自然条件的变化;另一方面人类自身,人口数量的增加以及过度的捕杀与攫取。

第四纪冰川期恶劣的气候限制了人口数量的增加,这种迁徙相对比较容易实现,特别是在受自然环境变迁影响较小的山麓地区,便成为人类迁徙的主要区域。更新世漫长的旧石器时代人类文化遗址数量有限间接地说明了区域人口密度一直维系在一个较低的水平上。这种以迁徙来适应环境变化的方式也导致石器技术无法得到显著的进步和发展,变革和创新的压力或动力不足(高星,2006)。

进入全新世气候变暖,温湿的气候为人类创造了适宜的繁衍生存环境,人口激增。人类迁徙的适宜空间相对压缩。这种变化迫使人类做出适应性的选择。一方面扩大活动的空间;另一方面加大对资源攫取的力度。新石器时期人类文化遗址分布范围向平原区的延伸以及遗址密度增大成带分布说明了一点。这也为土地利用的起源提供了前提。对于广袤的黄淮海平原腹地，黄河切穿三门湖进入平原后的泛滥迁徙摆动以及气候波动带来的海侵海退，地理环境和土地条件恶劣，限制了人类的活动，成为不适宜人居的区域以至在太行山和泰山之间的河北平原和鲁北、鲁西北平原上形成几十至数百千米宽度的史前文化空白区。

人类在与自然的抗争中不断转换生产生活方式以提高对自然的适应能力。食物需求是人类最根本的需求，气候的变化导致食物资源的变化，从而引起人类的生活生产方式改变。人口的增加以及生活方式的变化都会带来对食物资源种类与数量需求的变化。在人类采集狩猎阶段自然资源相对丰富的时候，人类依靠攫取土地自然生产力维持种群的生存与繁衍；随着人口的增加，完全的自然生产不能满足人类需求的时候，就会迫使人类通过人工再生产来增加食物资源。

远古时代，人们不懂得从事农业生产，自然界为他们提供了生活资料。他们吃的是草木之实、禽兽之肉，穿的是禽兽之皮。要获得这些衣食，就必须从事采集与狩猎的劳动。由于他们以采集和狩猎为生产手段维持生活，他们必须追随动植物资源丰富的地方不断迁徙，所以过着游动而不定居的生活。人们的生产方式和生活方式也随着环境的变化而变化，“燧人之世，天下多水，故教民以渔；宓羲氏之世，天下多兽，故教民以猎”(《尸子・君治》)。

直至“神农理天下”“人民众多，禽兽不足”，于是就有了“于是神农因天之时，分地之利，制耒耜，教民农耕，神而化之，使民宜之”(《白虎通・卷一》)。“欲雨则雨，五日为行雨，旬为谷雨，旬五日为时雨，正四时之制，万物咸利”(《尸子・君治》)。具体描绘了原始农业产生的原因以及农业生产方式内容。为了农业生产才有“分地之利”，“耜土地”“教民农耕，使民宜之”的土地利用兴起。

现代的史前考古也充分证明了史前人类的生活方式。距今大约 7 万年前，第四纪晚更新世冰期来临，此次冰期是全球性的，主要特点是降雪量增加，融雪量减少，雪线远远低于冰期之前，气温大幅度下降。河北平原平均气温 4～5℃。由于气温的变化，多汁浆果等喜温木本植物减少，草本植物大量繁殖，原来以木本为依靠的人类面临着食物危机，大量动物南迁，许多植物灭绝。

人类在旧石器早中期的漫长采集和狩猎中，接触植物和动物是极为常见的和毫无阻碍的。但是由于人口的增加有限，并没有超过居住地的食物承载能力，大多数时候人类并不处于饥饿的边缘。即使在一年中缺乏食物的季节也能有食物充饥。因此，人类的这种悠闲的采集狩猎生活得以持续很长的时间，而没有产生农业。人地关系处在一个食物资源与人类需求的平衡状态，晚更新世气候的剧烈变化打破了这种平衡。

温度下降，植被变化，浆果类植物减少，从前的采集生活和狩猎变得极其艰难，习惯为生的采集植物减少了，容易捕获的野生动物也不常见到了。这一变化迫使人类为生存而想尽办法。第一，寻找新的食物来源。气温的下降导致浆果类植物减少，但是却促进了禾本科植物的大量繁育，人类在采集水果、浆果，猎取飞禽走兽、鱼虾不能果腹的情况下，不得不转向利用植物的块茎、草本植物的种子。第二，贮藏食物以备冬季等食物缺乏季节食用。第三，将捕捉到的一时吃不完的幼小动物禁养起来，以待需要时食用。这些变化也使得先民的生产方式发生巨大的变化。温暖时期四季采集并无太多的差别，人们的采集对象相对单一。温度的变化使得四季采集不仅出现了旺季和淡季，而且即使在采集旺季，采集对象也随季节变化而不同。而且要求他们在旺季采集更多的食物贮藏起来解决淡季食用的问题。这是人类与大自然对抗的生存斗争中迈出的一大步。有足够贮藏的人群得以在严寒中度过生存下来，而那些没有足够贮藏的便在冬天里死去。

到了全新世，大约距今12 000年，气温变得比冰期之前还要温暖。可供食用的植物多起来，人们采集生活比较宽裕，度过冰期的人们有条件从事种植和驯化的尝试。由于采集和狩猎到的食物比较丰富，越冬到第二年春天有可能产生剩余，于是人们把这些剩余的种子有意识地撒在居住地周围或特定的区域，将一时吃不完的动物拘系起来，或者将幼小的动物养起来，以待将来食用。更新世晚期采集和狩猎不足与全新世采集和狩猎有余，在平原周边的考古发现的遗址中得到证实。在更新世晚期的旧石器遗址中，除去吃剩的兽骨外，一般很难见到食物遗存，尤其是碳化的植物种子。而全新世的许多遗址中都有数量不等的植物碳化种子遗存，有的已经是完整的碳化粮食遗存。更新世末期贮藏不足限制了农业和畜牧业起源的实现，全新世的这种剩余，使得人类具备产生原始农业和畜牧业的基本条件。更新世晚期人们只是有意无意地、偶尔地进行类似的种植和驯化活动，而在全新世他们则是通过连续的贮藏、种植、收获和饲养、驯服驯化的活动，走上农耕和畜牧的道路。由此，全新世的来临直接决定了原始农业和畜牧业的起源(游修龄，2008)。

全新世适宜的气候条件促进了人类的繁殖，同时，在冰河时期人类与大自然的抗争中，人类知识的积累，制造和使用工具的能力增强，他们不但学会了制造石刀、石矛、弓箭等较为先进的捕猎工具，学会了使用网索和挖掘陷坑来捕捉野生动物，而且在森林雷击火灾的启发下学会了“火林狩猎”，即通过焚烧森林来大规模地猎杀野生动物。采集和渔猎效率的大幅度提高，使人类可以获得更多的食品。而工具和火的使用使人们能更有效地防范其他动物的侵害，人口存活率提高，从而导致人类数量不断增长。

采集和渔猎效率的大幅度提高是一把双刃剑。一方面它促进原始社会不断向前发展，提高了人类的生存能力和生活质量，人类数量不断增加；另一方面大量的攫取与猎杀，超出动植物资源的自然再生速度，而人口的增加及其需求欲望的增加，又导致人类面临食物不足的生存危机。加上第四纪冰川时期的气候变化导致大量动植物的死亡和变异，更加重了这一危机。在这种情况下，人类的祖先必须寻找新的生存手段，促进了原始农业的产生。采集食物的群体，在很大程度上依赖自然的恩赐，因而常常面临严重的危机。干旱、饥荒、疾病、洪水、高温以及其他自然灾害足以毁灭整个群体。就算在自然条件比较好的时候，狩猎采集的族群也不得不限制自身的人口，防止超出领地所能承受的人口极限。很可能为了控制成员的数量而定期杀婴(杰里·本特利，2000)。人类的需求超过了土地自然生产的承载能力，迫使人类利用土地进行食物的人工再生产，从而产生了土地利用。

1.6.2.3 人类知识和经验的积累与丰富

人类是地球上的真正的革命性动物。中生代，恐龙统治着地球，但那只是猛兽般的统治与压服。而人类对于地球的控制则是在有意识地改变自我、改变环境甚至改变地球。新生代的人类与同期的其他动物相比，人类的生理特点远不如其他动物，人走不如马、力不如牛、猛不如虎，但是人类之所以成为世界的统治者，除了他们有群的力量外，最重要的是人类的智慧。人类在与大自然的抗争中，不断地进化，不断地积累知识。这些知识是人类的文化精髓和根本，知识的信息通过口口相传，身体力行，文字记载甚至进化为人体生理信息传予后代。人类是有文化的动物。所谓文化是人类通过劳动创造的一切社会成果的总和。凡是超越人的本能的活动亦即人类有意识地作用于自然界和社会的所有活动，都可以视为文化活动(高福进，2003)。

土地利用是人类改造自然的重大行为，也是人类战胜自然、改造自然和利用自然迈出的最重要的一步。只有人类知识积累到一定程度才有可能产生。特别是对土地的认识的不断深化以及土地利用知识的积累是人类由动物性走向文明的最重要环节。漫长的旧石器时代人类从采集渔猎的生活经验中不断地积累和丰富了对土地等自然环境以及天然动植物的知识。

早期的人类，刚刚从动物圈中分化出来的原始人，愚昧无知，粗野无文，无意识也无能力改变自然，完全出于求生的本能不得不聚集起来共同生活，共同去获取食物和其他生活资料，共同应对来自野兽和恶劣自然环境威胁。原始人类的这种群居，不同于其他动物的群居。其他动物由于某些本能的需要而结群成伙地生活和活动，但是人类却有着其他动物所没有的能力和意识，原始群一起采集渔猎，施用和制造工具。原始群是原始人类有意识的社会组织。只有在这种有意识的社会组织中，人类积累的知识才能得以继承和传播。

依赖采集渔猎生活的旧石器时代，人类从森林中采集浆果等可以直接食用的果实，这是人类从其祖先——猿继承来的本能。在人类走出森林的过程中，开始猎取草原上的小型动物为食。"人民少而禽兽多"环境中，"古之人民皆食禽兽肉"，因而人们"饥即求食，饱则弃余。茹毛饮血，而衣皮苇。"《白虎通·三纲六纪》"卧则居居，起则于于"《庄子·盗跖篇》。为了获取足够的食物，必须了解自己生活地区的自然条件，他们会知道森林中有他们可以食用的果实，但是存在他们难以抵御的猛兽攻击；而容易捕获的小型动物生活在草原上。他们从与之共存的动物习性中会注意到，水源地是他们生活所必需的，也是其他动物必须出没的地点，正是他们理想的围猎场所。由于天然生产力的局限性，他们必须不断地迁徙，寻找新的居住地。在寻找的过程中，原始人类积累了大量的居住区地形、水文、气候等土地要素的认识。从旧石器时代人类遗址的分布中可以看到，山前的森林—草原的过渡带，靠近水源的天然洞穴是原始人类的理想居所。这些洞穴都有很好的躲风避雨、抵御野兽侵害的作用。北京猿人、山顶洞人至少以对周围 5 km 范围内的地理环境有所了解，他们所使用的石料，石英和水晶就主要采自洞穴遗址以北 2 km 的花岗岩区，少数水晶则是采自 5 km 以外的牛头峪(赵荣，2004)。

人类经过几百万年的发展，随着环境的变化，人口压力日益严重。迫使人类不断地转换觅食模式，放弃单纯按最佳觅食模式去取食，而尝试多种的取食方式。人类的采集模式经历了简单采集狩猎到复杂采集渔猎(广谱采集)、再由广谱采集转向集中采集的过程。

采集和渔猎可以说是人类祖先从古猿继承而来的本能。他们起初只能采集森林中的果实，也捉鱼或捕捉一些小动物，或者捡拾凶猛动物吃剩的动物残体。食谱相对单一。在恶劣的环境逼迫下，适宜采集和捕捉的动植物减少，人类不得不改变自己的食谱，把采集渔猎的对象扩大到更广泛的动植物上。采集的内容包括采集植物果实、根茎、籽粒，捕捞河湖中的鱼、蚌或海边浅水区的蛤、贝类水产以及猎捕环境中可能存在的大小动物。正是这种广谱的采集渔猎，扩大了人类的视野，不仅增加了食物种类，使古人类能吸收到多种食物的营养，促使大脑发育，智力大幅度提高；同时也极大地丰富了人类对自然的认识。人类逐渐认识到哪些动植物好吃，哪些不好吃，哪些不能吃；并且逐渐了解到在什么季节、什么地点可以采集到什么植物或捕捉到什么动物。这种认识使他们在采集和渔猎活动中，逐渐掌握了一定的主动权和计划性，增加了采集和渔猎的数量。

由于环境的不稳定性，资源的波动是不可避免的，特别是高档食物品种日益枯竭，人口压力增大，人们需要获得和掌握一些可经常利用的动、植物来作为食物匮乏时的一种储备。温度下降，植被变化，浆果类植物减少，原始人主要为生的野生植物采集枯竭。这一变化促使人类为了生存另辟蹊径。其一，寻找新的食物来源。气候变冷，造成浆果类植物减少，但同时促成了禾本科植物的大量发育，禾谷类种子成为人类重点采集的对象。其二，储藏食物以备食物匮乏的季节食用。一般来讲，浆果类植物不易保存，而禾谷类种子是最容易也最耐储藏的。这样促使人类更多地关注草本禾谷类植物，对禾谷类植物的认识加强。在采集、贮藏的过程中，人们有时会发觉某些植物有定期生长出新植株的现象，有时则发现被埋藏起来的果实，籽粒经一段时间会自动长出新的植株。人们于是特别留心这一类的植物或果树，在收获中积累了经验，发现了在一段时间内可以反复取食的某些植物。渐渐地人们把采集的对象由广谱阶段的杂乱食谱缩小到某种或几种再生能力强，在一段时间内能多次取食、便于贮藏的植物身上。广谱的采集变成了集中的采集，这些集中采集的对象也就是人们最早的栽培驯化对象。不同地域其栽培对象也不尽相同，在北方地区，粟则成了第一种被人工栽培的植物(赵荣，2006)。

集中采集只是植物类采集活动的进化发展阶段，虽然这将来导致了农业产生，但当时人们并无预见，这一阶段集中采集、广谱采集以及渔猎活动并存，但集中采集的优势逐步显露。经过一段时期的集中采集，人们渐渐地熟悉了这些植物的生长、繁殖过程及其与自然条件之间相互关系。他们观察到，丢弃在居住地周围的野生种子和果实残余同样可以发芽、生长、开花、结实；他们知道有了水分和阳光，植物才会茂盛；植物在某种土壤可生长得很好，而在另一种土壤却不行。他们在采集时由无意识逐渐演化为有意识地留下一部分幼小的植株，对它们进行简单的照料，等到它们生长到更适于食用时再进行采集。如此做的意义在于人们在不知不觉中已经开始了模拟性的农业栽培，当采集和渔猎的食物减少时，他们就会在更大规模上进行人工播种。通过长期反复人工播种和收获，人类逐渐学会选择、驯化野生物种，并形成一定的栽培技术，从而使农耕代替采集成为人类生存和发展的主要手段。

土壤是农作物生长的根本。黄淮海平原及其边缘区的土壤是发育在原生黄土或次生黄土状母质上的褐土或潮土。土壤质地和结构呈现出均匀、细小、松散、易碎的特点，耕性良好，保水性较好，粗笨的木耒、石铲等原始工具容易入土和耕作；土壤风化发育较弱，淋溶程度不高，矿物养分丰富，有较高的土壤肥力。对较干旱黄淮海平原来说，这是一种有利于旱作作物生长的土壤。《淮南子·修务训》云："神农乃始教民播种五谷，相土地，宜燥湿肥硗高下"，表明当时人类已经对黄淮海平原的土壤、气候、生态等自然环境有了比较正确认识。粟和黍等粟类作物是最早驯化植物，黄淮海平原是粟作农业的起源地之一(王星光，2005)。

用火和造火是人类在旧石器时代的一项重大发明。自然界的动物都是怕火的，人类对火的认识和利用，应该经历了一个由怕到不怕进而加以利用的过程，大致可以分为3个阶段：最初的阶段，人类还不知道用火，属于无火阶段；之后能利用和保存天然火，进入用火阶段；最后发明了人工取火，进入造火阶段(张宏彦，2011)。

火的现象，自然界早就有了，火山爆发，有火；打雷闪电的时候，树林里也会起火。可是原始人开始看到火，不会利用，反而怕得要命。后来偶尔捡到被火烧死的野兽，拿来一尝，味道挺香。经过多少次的试验，人们渐渐学会用火烧东西吃，并且想法子把火种保存下来，使它常年不灭。火不仅可以烧熟食物，而且给冬夜中的人类带来了温暖和光明，给饱受野兽侵袭的人们带来了趋避猛兽的方法。又过了相当长的时期，人们把坚硬而尖锐的木头，在另一块硬木头上使劲地钻，钻出火星来；也有的把燧石敲敲打打，敲出火来。这就懂得了人工能够取火。从考古材料发现，山顶洞人已经懂得人工取火(胡美玲，2006)。

在恶劣环境的逼迫下，人类不断迁徙，以天然洞穴为居所。但是在难以找到天然洞穴的地方，他们只能露宿原野，饱受风雨雷电以及野兽的侵袭与伤害。受鸟类或其他一些动物筑巢的启发，用树枝、植物茎干，搭起居住的“巢穴”。“古者禽兽多而人少，于是民皆巢居以避之。昼拾橡栗，暮栖木上”(《庄子·盗跖篇》)。他们受鼠类动物的启发，在比较松软的黄土状山坡上打洞，人居住在里面，用石头或树枝挡住洞口，这样就安全了许多；到后来他们利用天然凹坑或者整修地基(坑)，以树枝茅草遮盖，建起最原始的“房屋”。构筑容身居所的活动，也许这是最早的人类有意识改造自然的“土地利用”行为。

旧石器时代人类不断积累起的这些关于土地(自然)、动植物、工具和用火、房屋建筑等方面的知识经验，使人类开发利用土地，依靠劳动，为自身生产食物和生活条件成为可能。知识的积累与丰富是土地利用的起源的基础和思想准备。

1.6.2.4 人类控制自然能力的提升

土地利用是人类改造自然、利用自然的活动。土地利用的起源只有在人类具备改造土地能力时才有可能发生。劳动工具和技术的进步反映出人类对自然控制能力的提升。土地开垦、农作经营、食物加工储藏以及房屋聚落的建设等方面的技术发明和工具制造是土地利用起源的必备条件。

工具是人的肢体的延伸和增强。人类区别于动物的重要标志之一，是能制造和使用工具。人类最初使用的工具是石器，人类历史大多数时间都处在石器时代，包括了整个更新世和全新世的前半部分。石器时代根据其发展水平又分为旧石器时代、中石器时代和新石器时代3个发展阶段，旧石器时代广泛使用打制石器，中石器时代普遍使用细石器，新石器时代以磨制石器为主(杨毅，2007)。

旧石器时代占据了石器时代的大部分时间，从200多万年前延续到1万多年前。人类最早期的石器，可能是古人就地取材，捡一些天然的石块来用，而并没有进行加工过。他们发现有些天然开裂的石片用来切割肉类很好用，一些圆形的石头拿来投砸很方便，而会经常采用。后来觉得拿在手上不好把握而且天然开裂成适用的石块不是随时都能发现的，于是就会用一块石头砸另一块石头，在被砸开的碎片里找适用的石块，这样就有了石器的第一步的简单加工。这种方法今天称之为直接打击法。后来人们发现有时的意外碰撞会造成石片的边缘产生锋利的刃口，于是便有意识地用一些石头打击已产生的石片的边缘，人为地造成石片产出锋利的刃口，这样就有了石器的第二步加工，用间接打击法，不过还是停留在单面加工为主。后来由于石器的使用在当时变得越来越必不可少，发现简单的“石刀”“石锤”并不能满足越来越多的生活要求，于是当时的古人类便开始在原有的石器上再加工，石器由大而粗糙逐渐变为小而精致，种类也不断增加了(杨毅，2007)。考古发现旧石器时代的石器常见的种类包括尖状器、刮削器、砍砸器、球状器等。这些工具今天看上去非常粗糙、简单，但是这些工具的制造和使用使我们的祖先区别于动物，在严酷的自然条件下生存并繁衍。这些工具被用来狩猎，鸟类、蛙类、蜥蜴、老鼠常常成为人类的食物，鹿、野猪、羚羊、野马等也不时成为狩猎的对象。至少尚未发现与土地开垦和农业生产相关的工具(游修龄，2008)。

到旧石器时代末新石器时代初，考古学上称中石器时代。其绝对年代为距今10 000年前后，一般认为在距今15 000—7 000年。最后的冰河时期渐渐过去，人类亦开始改变其生活习惯。因为自然气候变暖，使采集和渔猎经济有了较大的发展。而为了在新的环境中能生存下去，新的发明、创造继续出现，而且比旧石器时代时更多。这是旧石器时代向新石器时代的过渡阶段。石器工具仍是以打制石器为主，出现局部磨光的石器；其共同特点是器形较小，所以又称为细石器。用间接打击法制成的小型细石核、细石叶和用之进一步加工而成的石器。它们多数是为装备骨、木等复合工具的石刃而专门制作的。与其他石器制作技术相比，细石器工艺要求制作者具有清晰严谨的技术设计以及娴熟精湛的操作技能，反映出石器打制技术前所未有的进步性与复杂性。石器中有较多用于狩猎的石簇出现，应该说细石器是适应于采集和渔猎的工具。石器的小型化为土壤垦殖和农业生产工具的产生提供了可能条件。

进入新石器时代初期，石器制作水平极大地提高，新石器时代的生产工具虽然与旧石器、中石器时代工具一样以打制为主，但是到新石器时代早期，绝大多数石器已是在打制的基础上在进行磨制而成的。最初出现的磨制石器并不通体磨光，只是在石器的刃部或锋部加以砥磨。到新石器时代早期的后段，砥磨技术得以广泛应用，不仅对石器进行磨制，而且连骨器、蚌器和玉器也进行磨制。制造工艺的改进，促使了工具种类的不断增加，工具的功能也日趋专业化。各地出土的新石器时代的工具包括如加工木材的斧、锛、凿、石楔，农业生产的铲、石犁、石耜、骨耜等，并且出现了更加人工化的陶器，推动了新石器时代农牧采猎经济的发展（游修龄，2008）。

土地利用是伴随农业起源而兴起的。农业的劳动对象是土地，没有土地的开垦利用也就没有农业。最初的农业萌芽是对自然植物生长过程的模仿。把种子撒在地上，然后就等收获。而随着农业在生活中地位的提升，植物要成片种植时，就必须开垦土地，耕作播种。土地整备技术、耕作栽培的工具就成为耕地利用的必需；要播种就必须采集保存种子，以便来年使用；收获的谷物不同于浆果块茎，必须加工后才能食用，因而必须有谷物籽粒加工的工具；土地是不能移动的，依靠农业为生就限制了人类的迁徙，要定居就必须有房屋、聚落，建筑房屋的工具与技术就成为必需。这些相互伴随而生的技术和工具成为土地利用起源的必备，如土地整备工具与技术、耕作栽培工具与技术、谷物加工储藏工具与技术和聚落房屋的构建工具与技术等。

1. 耕作栽培工具与技术

《逸周书》云："神农之时，天雨粟，神农耕而种之。"当人类把采集对象集中在禾谷类植物，通过对自然的模仿，开始播种。在最初阶段，人类可能简单地将作物种子撒在地面上，听任其自然生长。这期间，既不利用工具对土地进行耕作，也不施肥、中耕。今天看来这是很简单的，但是对古人来说却是了不起的，这是以后一系列进步的起点，可以看作原始农业的萌芽阶段。

经过反复播种和收获后，人类逐渐发现漫撒的种子只有埋藏在土壤中的种子不会被雨水冲走，也不会成为鼠雀和昆虫的食物。后来又发现种子在适宜深度的土壤中才能有较多的苗出土。于是在播种前后又增加了掘土和埋土两道工序。他们利用现有的工具，包括自己的手、脚和原先用于采集狩猎的木棒、石刀、石锥等。这一时期尚处在农业的萌芽阶段，至多处在"刀耕火种"的阶段，尚未出现专门的农耕工具。从黄淮海平原地区新石器时代早期的文化遗址中可以得到证明。在东胡林、转年、于家沟和南庄头等遗址文化遗存中发现了石磨盘、石磨棒等谷物加工工具，并发现了残存的陶片。表明新石器时代早期，黄淮海地区的原始农业可能也已发生，但人类生活仍然以采集、狩猎为主。专门的农耕工具尚未发明。

随着时间的推移，到新石器时代中期工具种类发生了根本性的变化。在裴李岗文化、磁山文化、后李文化等新石器中期的文化遗址中，出土的遗物有石器、陶器、骨器，不仅制作精美，而且种类激增，大量的农业生产的专门工具被发现，包括石刀、石斧、石磨盘、石镰、石铲、犁形器以及骨锥、骨镖、角凿、骨锹等。大量粮窖遗址和粟的碳化物的发现，表明当时的农业已经相当发达，人们过着以原始农业为主，辅以渔猎采集的定居生活。传说神农："斫木为耒，揉木为耜，耒耜之利，以教天下，而食足"(《汉书·食货志》)，耒耜等耕种、农田管理工具的出现，表明作物栽培耕作技术已日臻完善，保证了农业土地利用的大规模兴起。

2. 土地垦殖技术

农业的出现不仅使原始人类的食物构成发生根本性的改变，同时也将完全依赖自然的采集狩猎的"攫取经济"转变为有意识的改造自然的"生产经济"(张宏彦，2011)。土地由完全自然状态转变为人工自然状态。耕地是土地利用史上的第一类真正意义上的土地利用类型。

关于神农氏发明农业的传说古籍中有许多的描述，如《逸周书·考德篇》曰："神农之时，天雨粟，神农耕而种之，作陶冶斤斧，破木为耜鉏，以垦草莽，然后五谷兴"；《白虎通·卷一》也说："神农因天之时，分地之利，制耒耜，教民农耕，神而化之，使民宜之"；《淮南子·修务训》云："神农乃始教民播种五谷，相土地，宜燥湿肥硗高下"。我们看到"种五谷"之前，必须"相土地""分地之利""垦草莽"。土地利用的首要条件是垦殖土地。

原始农业的初期没有现成的田地。大部分地面被森林灌木丛覆盖着，也没有专门的生产工具和垦殖经验，人们只能沿袭利用采集和狩猎时期的工具以及有关知识来开发土地，进行农业生产。这时的人类已经认识到播种前必须清除地面原有植被，但是对于仅能利用简单石器的人类祖先来说，清理地面以扩大播种面积是一项十分艰巨的任务。我国古代传说中也保留了原始农业初期的影子。《国语·鲁语上》记载："昔烈山氏之有天下也。其子曰柱。能殖百谷百蔬。"有认为"烈山"应理解为放火烧荒；"柱"理解为挖穴点种的尖木棒。这正是"刀耕火种"原始农耕技术的注释。

"火耕"技术直接源于采集狩猎"火林狩猎"的经验。《孟子·滕文公》中孟子讲道："当尧之时，天下犹未平，洪水横流，泛滥于天下，草木畅茂，禽兽繁殖，五谷不登，禽兽逼人，兽蹄鸟迹之道，交于中国。尧独忧之，举舜而敷治焉。舜使益掌火，益烈山泽而焚之，禽兽逃匿"。孟子的这段话，讲的是原始狩猎和原始农业的混合情况，草木畅茂，禽兽繁殖，人们放火的目的，是为了驱逐禽兽，以便进行狩猎。即部落人群分工协作，一部分人砍烧森林，另一部分人则轰撵捕杀野兽。这种大规模捕猎称之为"火林狩猎"。火猎之后，那些空出来的场地，又成为人为耕种的理想场地。火林狩猎与刀耕火种相结合，可能是原始农业发生时期人类开发土地资源和扩大农作物播种面积的一种重要方式。

所谓"刀耕火种"技术，人们选择好计划种植的土地，先用石刀、石斧把树木灌丛砍倒，然后放火烧成灰烬，或者干脆直接放火烧毁林木灌丛。这样既提供了天然的肥料，又疏松了土壤。火烧后不翻不耕，直接播下种子。因为没有专门的工具，狩猎使用的投枪，转成为点棒，男子点棒开穴，而妇女则跟在男子后面播种(游修龄，2008)。刀耕火种技术延续的时间很长，唐宋以前的很长历史时期里，中国长江流域地区都保留了这种耕作方式，称为"畲田"。宋人范成大在《劳畲耕·并序》中提到："畲田，峡中刀耕火种之地也。春初斫山。众木尽蹶。至当种时，伺有雨候，则前一夕火之，藉其灰以粪，日雨作。乘热土下种，即苗盛倍收。无雨反是。山多硗确。地力薄则一再斫烧。始可艺。春种麦、豆作饼饵以度夏。秋则粟熟矣"。可以看出刀耕火种技术有几个技术关键。第一，土地选择。选择森林的边沿、隙地或林木比较稀疏的林地进行砍种。因为拔除草地上植被的地上部分虽然比较容易，但没有翻土工具的原始农人，却难以清除其纵横交错的地下根茎，而且草地不能提供足够的灰烬。第二，烧荒的时间。在初春时期，先将山间树木砍倒，然后在春雨来临前的一天晚上，放火烧光，用作肥料，第二天乘土热下种。

垦辟出来的田地不加耕翻，一般种植一两年就会地力衰竭而被抛荒，人们又另行开辟新的土地。所以刀耕火种农业又被称为“生荒耕作制”。这一阶段的农业生产是原始的、粗放的，以掠夺和破坏森林来获得耕地和肥料，完全是靠天吃饭，而且生产的农产品极其微薄，因此烧荒、播种、收获之余，仍然要进行采集和狩猎，以弥补食物不足。为了寻找新的适宜的土地重新“刀耕火种”，人类必须经常迁徙，过着所谓“游耕”生活。有学者认为商朝多次迁都，直至“盘庚迁殷”才稳定，就与当时的这种“游耕”有一定的关系。

“生荒耕作制”必须有一个前提就是有足够的适宜开垦的土地。随着人口的增加可自由开垦的土地大大地受到制约。开垦—撂荒只能在一定的空间范围内转换。随着锄等翻土工具的出现，人们可以通过翻耕土地清除杂草并使土壤疏松、熟化。同一块土地上可以连续几年种植农作物。由于不施肥，没有新的养分增加到土壤中去，连续耕种几年以后，地力必然衰退，农作物的产量随之下降。因此，每隔几年仍要休耕一段时间以恢复地力。锄的出现是原始农业时期的一场技术革命，它使原始农业从“刀耕”阶段进入“锄耕”阶段。在“锄耕”阶段，人类从砍伐森林转为翻掘土地，以连续耕种和定期休闲代替年年撂荒。这种撂荒制度称之为“熟荒耕作制”。以“锄耕”为起点，原始农业的土地利用进入到发展期，随着犁和金属工具的出现，人类利用土地的能力和效率不断提高，同时也发展了对畜力的需求，促进了畜牧业的进一步发展（林忠辉，2011）。人们用种植业的剩余产品饲养家畜，用家畜产品替代渔猎产品作为动物性食品的来源；同时利用畜力从事种植业生产以补充人力的不足。

土地垦殖工具与垦殖技术密切相关而又相互促进。最初的农业生产是完全模仿野生谷物的生长过程，当时最主要的生产环节播种和收获是靠双手来进行的，或者依靠狩猎的工具。稍后，进入火耕阶段，人们用石斧、石锛来砍伐荒地上的树木再放火焚烧，石斧、石锛等成为土地垦殖的重要工具。再往后，人们为了平整土地修治沟洫，创造了耒耜。耒耜开始是木质的，后来又增加了骨耜、石耜（铲）、石锄、石镬等专门的工具耕地，利用效率大大提升，促进了农地的垦殖。随着开垦规模的扩大，在新石器时代末期的一些遗址中出现了新式工具——石犁。这种石犁平面呈三角形，上有穿孔，使用时是安装在木柄上，用人力牵拉前进。石犁是连续运动的农具，与耒、耜、铲、锄、镬等断续运动的农具不同，可以大大提高起土效率。虽然石犁在原始农业生产中还没有普遍使用，但它为犁耕农业的产生创造了条件（陈文华，2005）。

3. 食品加工与储藏工具与技术

新旧石器过渡时期人类仍然受着自然环境的制约，依山傍水而居。这一时期的人类的采集狩猎中出现了新的变化。狩猎工具的进步以及大规模围猎、火猎技术的出现，猎获物出现不定期的过剩现象，一些较温顺动物，如羊、牛、猪等，会将它们驯养起来，促成了对它们的驯化和饲养；同时，人类的植物性采集对象也更多地集中在禾本科植物上，禾谷类籽粒成为人类食物，而茎叶则成为驯养动物的饲草。植物采集的需求量激增，为了提高采集效率，人类发明了石镰、石刀等作物收获类工具。在河北徐水南庄头新石器早期人类文化遗址中已经发现了石镰、石刀等工具。据推测南庄头遗址所处的时代，农业尚未形成，至多处在原始农业初期，据此可以推断石镰、石刀等工具是采集过程中发明的，正是这类农具的出现促进了原始农业的起源与发展（刘景芝，1994）。在新石器初期、早期的文化遗址中，如徐水南庄头、满城曹仙洞、武安磁山、新郑裴李岗等，还发现了大量的石磨盘、石磨棒等谷物加工工具，这表明在农业起源的前后禾谷类籽粒已经成为人类食物中的主要构成（中国社会科学院考古研究所河南一队，1982）。

禾谷类籽粒不同于浆果、块茎(根),必须去壳加工后方能食用。谷物加工的工具应运而生。正是这些采集经济的高级阶段所发明的工具,加速了原始农业和土地利用的起源。

早在旧石器时代人类就发明了用火和人工取火。用火加工食物,人类开始食用熟食(徐旺生,2011)。《韩非子·五蠹》中说:“上古之世,人民少而禽兽众”“民食果蓏蚌蛤,腥臊恶臭而伤害腹胃,民多疾病。有圣人作,钻燧取火以化腥臊,而民悦之”。用火加工过的熟食不仅口感好,而且促进了人类的进化。粟谷等禾谷类食物的出现,人们的饮食结构发生了变化。谷物都是小颗粒状的淀粉物质,不像野兽的肉体便于在火上烧烤食用,迫切需要用火炊煮加工的容器。《古史考》云:“神农时,民食谷,释米加烧石上而食之。”谷物食品加工最早的方法是石烹法。石烹法有二,其一是将石烧热,食物直接放在石上而制熟;其二是将烧热之石块放入盛水的容器中,使水沸再使食物熟之。陶器作为新石器时代的标志性特征工具被人们所发明。

原始先民发明陶器与对火的运用和学会对火的控制是分不开的。在长期用火和保存火种的过程中,原始先民发现黏土经过火烧之后变硬,不再变形,即使遇到水也不变形,盛水也不漏,于是,经过多次试验和探索,陶器发明了。《路史·外纪》说炎帝“埏埴以为器”。“埏埴”就是把泥土放入模型中制作陶器(霍彦儒,2009)。

陶器的发明,是人类文明发展的重要标志,是人类第一次利用天然物,按照自己的意志,创造出来的一种崭新的东西。人们把黏土加水混合后,制成各种器物,干燥后经火焙烧,产生质的变化,形成陶器。它揭开了人类利用自然、改造自然的新篇章。正如郭沫若先生所说“陶器的出现是人类在向自然界斗争中的一项划时代的发明创造”(《中国史稿》,1976)。

黄淮海平原是最早制作和使用陶器的地区之一。本区域新石器早期遗址,如河北阳原于家沟、徐水南庄头与北京怀柔的转年遗址等,均发现有早期陶片的存在。早期陶器多以平底的罐形器为主,其中以阳原虎头梁遗址群中于家沟1995—1997年发现的数块夹砂罐片的年代最早,距今约1.2万年;在时代稍晚的转年遗址,还出土了盛放食物或水的盂形器,这表明了原始陶器不断发展的进程。陶器的发明对土地利用的形成与发展起到了巨大的推动作用。

从早期陶器的器型上看,陶器的主要功能有3项:蒸煮、储藏和取水等。

蒸煮器:使各种食物都可以用炊具煮熟而熟食。炊具的出现扩大了食品的种类,特别是谷物类食品,使之变得容易消化和吸收,从而使营养结构得到改善,人们的身体素质大为提高。间接地促进了原始农业的生产,增加了对土地垦殖的需求。

储盛器:储存粮食可防潮、防霉、防虫、防鼠,也可以盛放其他生活资料。谷物采集和生产都是季节性的,为了保证全年食物的供给,采集、收获谷物必须储藏若干季节,陶容器的出现,提供了优良的储存条件。特别是对于农业生产的种子保存更是一项了不起的发明。对农业与土地利用起源起到了重要的作用。

取水器:水是人类生存的必需,原始人依山傍水而居最重要的目的就是靠近水源。因此,水源成为人类活动的限制因素。陶器的出现无论是从河、泉取水,还是后来的打井提水,都是有效的工具。从而扩大了人类土地垦殖和居住的空间。

此外,陶器还可以用作许多种类的器具,陶刀用于收割庄稼,陶锉用于脱去谷粒、锉磨工具;陶球用于狩猎;陶纺轮用于纺织等(霍彦儒,2009)。

陶器的出现是原始农耕文化赖以生产的重要条件,为土地利用起源和发展提供了重要工具和技术的支撑。

4. 房屋与聚落建造技术

原始居民的居住受到当地自然条件的制约，时间愈早俞明显。住所的发展变化与人类的进化和发展相互依存、相互促进。人类住所可以分作两大类：天然住所——洞穴，人工住所——房屋。漫长的旧石器时代人们以天然洞穴为住所，并随着采集狩猎的需要不断迁徙；随着人类工具和技术的进步，开始出现临时的人工洞穴式住所。进入新石器时代随着原始农业的兴起，人类定居生活，真正地建筑房屋。从土地利用的角度考察，房屋住所的出现不仅促进了农业土地利用的兴起，同时也是一类新型的土地利用类型。

住所的需求是随人类进化而产生的。人类进化史中的住所演化可以分作三大阶段：树栖时期、洞穴时期和房屋聚落时期。人类的祖先是生活在森林的猿，它们生活在森林中，栖息于树木上，这样可以躲避森林中的猛兽袭击。吴汝康先生在《人类的起源和发展》中指出“从现生的猿类来看，没有一种是居住在山洞里的。根据现有的化石证据，无论是腊玛古猿、南方古猿还是早期猿人，都不是在山洞里居住的。只是到了晚期猿人时期，人类才居住在山洞里”(吴汝康，1976)。人猿揖别进入直立人阶段，人类体质有了较大的转变。直立行走的人已经完全不适应树栖的生活，特别是人类幼儿已经不能像其他类人猿如猩猩那样抱住母亲，使得母亲在哺育上的行动大大受到限制，甚至需要他人照顾，更难以想象树栖生活了。洞穴就成为理想的群居场所，人们在洞口生火，这样既能取暖又能在烤肉时防范动物。人类依靠天然洞穴抵抗风雨严寒和猛兽伤害、繁衍哺育后代。

洞穴在人类早期的生活和生产上起到巨大的推动作用，但作为居址它本身具有一些先天的缺陷。其一，洞穴的空间大小是天然形成的，不能有灵活变动的可能，当人口增长时，空间就自然成为大问题；其二，洞穴是开敞的，受气候和昼夜温差的变化影响很大，野兽的威胁还是时而存在；其三，洞穴中湿度较大，长期居住对人的身体会产生危害；其四，洞穴的顶并不是绝对安全的，洞穴顶部的石头常常会跌落，而威胁人的生命安全。正是以上的诸多因素，人类最终完成了居住模式的革命性改变——从“走出洞穴”到“聚落生活”(郑韬凯，2009)。

受天然洞穴缺陷的诸多制约，当原始人群增加时，就必须有其中的一部分离开原来的洞穴，寻找新的居住洞穴。特别是不稳定的采集狩猎生活，为了寻找食物资源，人群不断迁徙，也就必须不断地寻找新的住所，在找不到天然洞穴的时候，不得已开始营造人工“住所”，“构木为巢，掘地为穴”。

《韩非子·五蠹》中说：“上古之世，人民少而禽兽众，人民不胜禽兽虫蛇。有圣人作，构木为巢以避群害，而民悦之，使王天下，号曰有巢氏。”《墨子·辞过》中说：“古之民未知为宫室时，就陵阜而居，穴而处。”《易经》中也说：“上古穴居而野处。”这些传说表明我国远古人工住所建造技术起源有两大方向：空中的“巢”和地下的“穴”。一般认为“构木为巢”是南方“干栏式房屋”的前身。而北方房屋则是“掘地为穴”发展而来。其实无论“巢”，还是“穴”，其关键的进步之处在于，先民们已有了“构木”建造房屋的意识。关于“有巢氏”出生、立都或筑巢的地点传说不一，南北方均有出处。项峻《始学编》说：“上古皆穴处，有圣人出，教之巢居，今南方巢居，北方穴处，古之遗迹也。”(《太平御览》卷七十八引)，认为巢居开始于南方。《林邑记》也说：“苍梧已南，有文郎野人，居无屋宅，依树上住宿，食生肉，采香以为业，与人交易，若上皇之人。”(《太平御览》卷一七二引)；而《遁甲开山图》中则说：“石楼山在琅玡，昔有巢氏治此山南。”(《艺文类聚》卷十一引)，琅琊山在山东省诸城市。也有传说有巢氏立都石楼山，而这个石楼山在今山吕梁市兴县东北。有巢氏并非具体的某个人，可以认为有巢氏应该是“构木造房”先民的总称。

黄淮海平原地处北方，房屋建筑起源于人工地穴式居所。新石器中早期的磁山、裴李岗文化期遗址中已经有较为成熟的房屋建筑，这些建筑多数为半地穴或地穴建筑。“掘地”和“构木”是早期人工穴居住所营造的两道工序。

黄淮海平原周边山麓及冲洪积平原上部气候干燥而地下水位较深，黄土或次生黄土层丰厚，土质均匀，具垂直节理，内含丰富的石灰质，容易挖掘而又不易倒塌，适宜于挖穴造屋。这为人工地穴的产生提供了重要的自然条件。受动物挖穴的启示以及对天然洞穴的模仿，先民们开始“掘土为穴”，人工建设容身居所，这种建筑模式在北方地区仍有存在。

穴居的建造方式有两大类：横穴式（即“窑洞式”）和竖穴式（或称“地穴式”）（杨鸿勋，1986）。

——横穴式：即窑洞式房屋，可能是人们仿照天然岩洞建造的一种居住形式。一般是利用断崖或先在斜坡上开挖一垂直断面，然后横向挖掘成与断崖呈直角且与地面平行的洞穴。这种居住方式至今仍在黄土高原以及太行山等山麓地带流行。

——竖穴式：即由地面垂直下挖成竖向土坑，利用坑壁作为房屋的一部分或全部四周墙壁，坑口利用树干、树枝、树叶、茅草等物搭成屋顶盖；坑的平面有圆形和方形等。新石器时代早期和仰韶文化早、中期多为竖穴式房屋，依据竖穴的深浅，又可分为深穴式和浅穴式两种形式。

深穴式深度一般大于成年人身高，多在 1.5 m 以上。平面多为圆形，形状有筒形竖穴、袋形竖穴等；多为小型房屋，在居住面中部或靠某侧处有灶；出入一般靠独木梯或修斜坡、阶梯等。如在河南偃师汤泉沟仰韶时期遗址中发现的穴居，口径 1.5 m，深 2.0 m，坑底有一柱洞，推测其上应有由树枝、树叶等结扎的斗笠式屋顶，当为一座圆形深穴式房址。深穴式房屋具有冬暖夏凉的优点，但通风性、防潮性较差，不适宜多雨的气候，且有居住面积小、出入不便等缺点，故这类房屋较少，且在以后的发展过程中逐渐被淘汰。

浅穴式（或半地穴式）深度小于 1.5 m，大多数小于 1 m。平面有圆形和方形等；有的穴口四周筑有矮墙，以增加房屋空间的高度。一般在房屋的一面开有斜坡门道，并筑有防止雨水流入的门槛；有的门道两侧有柱洞，当有门棚建筑。多为小型房，也有中型和大型者。灶或火塘一般位于房屋居住面中部或中轴线靠近门口处，有坑状或台状两种。居住面多用混合土（黄土和料疆石粉等）经压实、火烤或敷设白灰面，光滑而坚硬，有利于防潮。浅穴式房屋分布最广，延续时间也很长（张新斌，2010）。

在新石器早、中期的绝大多数聚落里，房屋都以穴居、半穴居的形态出现。表明这一时期的先民虽然掌握了屋顶建造技术，但是尚缺乏墙体的建造知识和技术。到新石器时代中后期，聚落分布由山前平原上部和沿河台地向平原腹地延伸。较高的地下水制约了穴居房屋的建造，居住环境要求房屋建筑在地面以上。先民逐步发明了“木骨泥墙”、“夯土墙”筑墙等技术。从而形成了较成熟的房屋建造技术，其技术要点包括（郑韬凯，2009）：

基础：平整和夯实地面、挖坑抹泥、垫上石片以加固和防潮。

柱子：包括墙柱和中柱，中柱支撑屋顶，柱子和屋顶的结合采取捆绑或榫卯结合。

墙面：木骨泥墙，在地面上竖立成排的小柱，围上篱笆，涂抹泥。有的还用火烘烤墙面使其坚硬。夯土墙，先两边插好木板或其他材质的模具，再用松土填充，夯实后形成的墙体。

屋顶：将椽子放射性排列后捆绑起来，再和柱子连接。农作物在收割后放置在屋顶上当铺盖。

至此,从基础到屋顶,各项建筑技术基本上已经成熟,先民们可以快速、有效地营建适合于不同自然条件下的房子。房屋营造技术的出现,使人类摆脱了对天然洞穴的依赖,可以在更广大的地区实现定居。促进了农业土地的垦殖以及垦殖范围的扩大。同时,房屋建造技术的成熟,促进了农业聚落的形成,使之成为人工土地利用的新类型,原始的村庄建设用地。

1.6.2.5 土地利用起源与土地类型分化

土地利用是人类有意识地对自然土地的开发。通过对土地的开发和利用,使土地资源生产力提升,功能倍增。土地利用起源标志是人工土地类型的出现。

黄淮海平原周边的燕山、太行山以及泰山、山东丘陵地区的山区、丘陵地带是早期人类活动的区域,自然也是本区域土地利用的起源地。

漫长的旧石器时代,人类靠采集狩猎生活,以天然洞穴为栖身之地。虽然生活在土地上,但是并未改变土地的自然属性,土地是纯自然的土地。原始农业的出现改变了这一局面。原始农业的出现导致土地的开垦,自然的土地转化为人工耕种的耕地。耕地是规模化改造土地的发端,耕地的形成标志着土地利用的起源。

新石器时代耕地的起源以及农业的发展,为土地利用的分化和其他土地利用类型的起源奠定了基础。土地利用类型随着农业起源而诞生,随着社会劳动分工和产业分化发展,土地利用类型也相应分化。恩格斯在《家庭、私有制和国家的起源》一书中提出的发生在东大陆原始社会后期的3次社会大分工,即游牧部落从其余的野蛮人群中分离出来;手工业和农业的分离;商人阶级的出现。虽然黄淮海平原地区并没有存在一个“畜牧业”阶段,但是这3次分工是客观存在的。

第一次分工是农业部落从采集狩猎人群中分化出来。这种分化带来的土地利用是人工土地类型的出现,经人工开垦的耕地从自然土地中分化出来。农业生产的特点决定了从事农业生产的人群至少在一段时期内必须定居,同时农业生产力的提高也使人类的定居以及部落规模的扩大成为可能。部落规模由采集狩猎时期的数十人扩大到数百人,居住地也由天然洞穴转变为人工聚落,从而产生了伴随耕地而出现的又一类人工土地利用类型——聚落用地。如河南新郑裴李岗遗址面积约2万 m^2,同属裴李岗文化的河南舞阳贾湖遗址面积也有5万 m^2。(河南省文物研究所,1989)河北武安磁山遗址的面积达8万 m^2,有学者估计当时聚落的人口可能在200～300人。聚落分布的数量和密度也增加了,如河南发现的裴李岗文化遗址已有50多处,陕西渭水流域发现的老官台文化遗址也有30多处。近年来,新发现的后李文化遗址8处,其中邹平孙家遗址面积近4万 m^2、章丘西河遗址面积有6万 m^2,小荆山遗址面积达10万 m^2。

聚落是人类聚居和生活的场所,是人类各种形式的聚居地的总称。聚落环境是人类有意识开发利用和改造自然而创造出来的生存环境。史前聚落的构成要素包括各种类型的房屋、防卫设施、经济设施和墓地等。各种设施既相对独立,发挥着不同的功能,又有机地组合在一起,构成聚落的整体。不同类型的房屋在聚落中往往有着不同的功能,即使是同一类型的房屋,由于在聚落中所处的位置不同,也可能有着不同的作用。在新石器时代早、中期,防卫设施比较普遍的做法是在聚落周围挖壕沟,把整个村子包围起来,防止野兽危害和外族入侵;经济设施主要有烧制陶器的陶窑、储藏粮食等的窖穴、豢养家畜的圈栏等;每个聚落旁边都有固定的公共墓地(张宏彦,2003)。聚落内部的土地利用功能已经出现了分化。但是早期的聚落用地主要是围绕农业生产的农业聚落，各类用地直接或间接与农业生产相联系。

第二次分工是手工业和农业之间的分离。新石器中晚期随着农业在规模上的扩大，导致经营种类的增多。各种手工操作，如金属加工、纺织、制陶、酿酒、榨油、造船、皮革加工等活动逐渐增多，操作者经验日益丰富，制作技术不断改进。专职的手工业者逐渐增多，手工业终于从农业活动中分离，成为一个独立的生产部门。相应地出现了专门的手工业用地。除去小的手工业作坊之外，也出现了相当规模的专门用地，特别是新石器晚期铜器出现后，大型的陶器烧制、金属冶炼等用地成为专门的土地利用类型。黄淮海平原地区已发现大量新石器时代以来的烧陶窑场，仅仰韶文化陶窑就有五六十座，龙山文化陶窑也发现有十余处共二三十座。

第三次分工是原始社会晚期商人阶层的产生。产品交换很早就发生了，至少不晚于第一次社会大分工的出现。但是只有农业和手工业长足发展和分工后，交换才得到不断发展和扩大。交换规模扩大，品种增多，各生产者和消费者之间直接的产品交换越来越不便利，于是专事交换的中间人——商人应运而生。不间断地交换活动使部分脱离生产的商人得以为生，特别是城市出现后为商人和商业用地得到了扩展。

货物交换古已有之，《汉书·食货志》称食货“兴自神农之世”。说神农：“斫木为耒，揉木为耜，耒耜之利，以教天下，而食足。日中为市。致天下之民，聚天下之货，交易而退，各得其所，而货通。”司马贞补《史记·三皇本纪》也说神农：“教人日中为市，交易而退，各得其所。”《汉书·食货志》对食货的定义是：“食，谓农殖嘉谷可食之物，货，谓布帛可衣，及金、刀、鱼、贝，所以分财布利通有无者也。”

古人择水而居，凡人类的发源地都在大河流域。水是人类生存不可缺少的资源，上古的人类总是沿着大河的流向寻找最适合生存的地方居住。后来穿地取水，以瓶引汲，谓之为“井”。人群聚集井边形成村落。古人最初的贸易是在井边完成的，相传古者相聚汲水，有物便换，因成市，故云市井，市井后来泛指店铺市场，更成为商贾的代称，《管子·小匡》记载：“处商必就市井”。市井一词流传至今充分说明，市场的形成与人口的聚集有莫大的关系。市为临时或集中的贸易之地。随着贸易活动的广泛开展，“市”与具有军事意义的“城”结合起来成为“城市”。

古代没有“城市”这一概念，只有“城池”（城墙和护城河）和“城郭”（城：内城的墙，郭：外城的墙）等概念。“城”和“市”在最初是两个不同的概念，“城”指用作防卫而围起来的墙垣，是防御性的概念，是为社会的政治、军事等目的而兴建的；“市”则是指城中特定的交换场所，是贸易、交易的概念，是生产活动、经济活动所需要的，其形态是开放的、外向的。这两种初始的空间形态随着社会的进步和经济的发展变得丰富和扩大，并相互渗透，界限模糊，杂陈在一种新的环境形态之中，最终形成了内容多样、结构复杂的聚居形式——城市。城市不同于农业聚落，无论城市的起源如何不同，城市功能如何各异，有一条是共同的，就是城市的土地和人口，毋庸置疑地已经脱开了农业。城市的土地利用的确已经是“非农建设用地”。当代学界也一般以夏代为我国城市的起源时期（罗丽，2007）。

中国城市起源于仰韶文化晚期与龙山文化早期。《汉书·食货志》晁错曰：“神农之教曰：有石城十初，汤池白步。”《史记·封禅弓》云：“黄帝时为五城十一楼。”《吕氏春秋·贵因》云：“舜一徙成邑，再徙成都，三徙成国。”《史记·五帝本纪》也有类似的记载：舜“一年而所居成聚，一年成邑，二年成都”。文献中还记载夏鲧开始作城。《世本·作篇》载：“鲧作城郭。”《吕氏春秋·君守篇》云：“夏鲧作城。”（毛曦，2006）《吴越春秋》曰：“鲧筑城以卫君，造郭以居人，此城郭之始也。”总之在古代文献中关于城市起源的记载，相当于龙山文化时代的黄帝至夏王朝建立以前的这段历史时期，黄淮海平原作为农业最早开发的地区也是城市土地利用起源的最早区域之一。我国迄今发现的史前城址共约 40 余处，黄淮海平原地区的就有河南安阳市后岗、淮阳县平粮台、登封市王城岗、郾城县郝家台、辉县市孟庄；海岱地区的有山东章丘市城子崖，寿光市边线王，邹平县丁公，临淄市田旺，滕州市西康留，茌平县的教场铺、大尉、东平铺、尚庄，东阿县王集，以及阳谷县的景阳冈、王家庄、皇姑冢等处(马世之，1997)。

到春秋战国时期是我国城市急剧涌现的时期。随着分封制、等级制的发展，各地诸侯国林立，依据天子、诸侯、卿士所拥有的等级，便建立起大大小小城池。《左传》一书，记春秋时各国新建和补修的城，就有 70 多座。进入战国时期，"礼崩乐坏"，各分封诸侯间征战不已，周天子无力阻止，筑城的数量更多。《战国策・齐策一》记邹忌见齐威王时说："今齐地方千里，百二十城。"《战国策・齐策六》记燕将乐毅伐齐时，取齐"七十余城"。说明仅是齐国一个国家，就有 70 多座或 100 多座城。春秋战国时期城市的大发展，还有一个深刻的原因在于，奴隶制的逐步瓦解，私营工商业得到了相当发展，促进了城市的形成和兴起。黄淮海平原历来就是城市集中发展的区域。这些大大小小的城市，对黄淮海平原土地的开发垦殖以及社会的发展有着深刻的影响。

黄淮海平原的土地利用随着农业的起源而兴起，垦殖范围不断扩大。自然的土地类型被开发转化为人工土地类型。并且随着社会劳动分工和产业的演替，分化出农业聚落用地、养殖业用地、专门的手工业用地以及大大小小的城市用地。对今天黄淮海平原的土地利用仍然产生着不可忽视的影响。

1.7 黄淮海平原土地利用的历史变迁

黄淮海平原是国内最大平原之一。广袤的平原地貌，旱涝不均的大陆性季风气候以及黄河、淮河、海河 3 条水系水文特点对本区域的土地利用和土地垦殖历史有着深刻的影响。黄淮海平原地处中原是农耕文明的发祥地，黄河中游、海河上游是旱作农业发展最早的地区。作为农业大国，农业历史是数千年中国历史的主要构成。土地垦殖与利用是土地利用史的核心。黄淮海平原土地垦殖与利用的兴衰伴随着整个区域的社会经济发展。邹逸麟先生在《黄淮海平原历史地理》(1993 年)中对黄淮海平原农业发展的历史过程有过专门的论述。张履鹏撰文专门论述"黄淮海平原垦殖史略"。前人的研究为黄淮海平原土地利用勾勒出了历史轮廓。

1.7.1 土地利用起步——史前新石器时代

本区域是农业土地开发最早的地区，河南新郑裴李岗文化遗址、河北武安磁山文化遗址距今有 7 000 余年的历史。根据文物和考古研究的成果，史前农业种植以种粟为主，是旱作农业的起源地之一。这一时期的土地垦殖主要集中在平原周边山地以及山丘和平原的过渡地带。到新石器时代中期的仰韶文化以及晚期龙山文化遗址，虽然已经向平原扩展，但重点仍然在山前平原地带。地势较高的平坦地区最理想，既可避洪水，又有水源。而广大的冲积平原，黄河横流浸溢，又携带着巨量泥沙，自然条件不利于农业生产，平原腹地土地开发起步较晚。

1.7.2 土地垦殖向平原拓展时期——夏、商、周

广大的冲积平原土地平整肥沃，原本是农田垦殖的优良区域。但是由于河流水患的危害，土地垦殖受到相当大的制约。先秦时期随着生产力的提高，人口数量增加，对农业土地的需求加大，迫使土地垦殖向黄淮海平原中部扩展。平原土地开发过程中有两个重要的特点，其一，择“高”地而居；其二，避水与治水。

夏代土地开发的重点区域，承继新石器时代的特点，局限在山前缓斜平原一带，平原腹地还未大开发。但已有点片的发展，主要是在平原的腹地的高阜之地，传说中的黄帝三支子孙中除帝誉居亳（今河南堰师）外，少晖居曲阜，撷项居帝丘。阜、丘都代表高地。土地垦殖向冲积平原中部推移时，大多选择较高的河流阶地和平原岗地上，如河南永城黑烟堆、王油坊、商丘坞墙、汤阴白营等遗址都高出周围平地，显然是为了避免被洪水淹没，不过离河流都不太远，除了饮用所需以外，也不能排斥已有引用天然河流进行灌溉的可能。

大禹治水的传说，反映了当时人们治水辟田的愿望。殷商也有许多治河的传说。《国语·鲁语》上说“冥勤其宫而水死……商人禘舜而祖契，郊冥而宗汤。”治河的目的还是发展生产，垦殖农田。学者们认为商代建立后六次迁都，“涉河以民迁”，是为避水害；也有学者认为迁都的原因是当时生产力低下，农业仍然带有“游耕”特点所致。

3 个朝代在大平原开垦实绩，周多于殷，殷多于夏，说明生产是不断发展的。当时的平原林木丛生，还分布着竹鼠、象、犀牛、貘等。因为存在大量的池沼，捕鱼也是生产的重要部分，河南永城王油坊遗址就发现有网坠。殷墟中出现 6 种鱼骨，既有河泊鱼种，也有河海交接处鱼种。传说夏代已利用隔地种稻，《史记·夏本纪》载：禹令“益于众庶稻，可种卑湿”。利用低洼地种稻比裴李岗文化有发展。殷周时代记载其传说更多，《战国策》就提到“东周欲为稻，西周不下水。”夏代还出现有沟洫，史称“禹……尽力乎沟洫”。目前洛阳就出土有很深的人工沟（张履鹏，1983）。

1.7.3 城市兴起与土地垦殖加速期——春秋战国时期

春秋战国，铁质农具逐渐应用，生产力不断提高，大平原开发速度加快。西周灭商后采取分封制、井田制等政治经济制度，对平原的土地开发垦殖有重要的推动作用。

分封制的“授土”“授民”，建立了大量的诸侯国，相传周公分封 71 国。黄淮海平原地区建立了一批新兴国家，出现了像宋、卫、陈、蔡等较大的诸侯国家。在此以前已开拓的高地如帝丘、老丘、商丘、营丘已成为卫、魏、宋、齐等国的都城。到春秋战国时期，“礼崩乐坏”，大诸侯国为争夺土地、人口及对其他诸侯国的支配权，不断进行兼并战争，形成了诸侯争霸的局面。间接地促进了“筑城”的高潮，这些城市都选择在高地。高地城邑迅速发展，或为国都，如楚丘（卫文公迁都于此）、雍丘（杞国都），或为较大的经济都会，如陶丘（今定陶）、葵丘（今兰考）、平丘（今陈留）、牡丘（今茌平），或为诸侯大夫的采邑、食邑，如瑕丘（今淮阳境）、闾丘（今邹县东），咸丘（今巨野东），贝丘（博兴南）等。此外，如安丘（今胶东），桃丘（今阳谷）、重丘（今巨野）、顿丘（今内黄东）、梁丘（今城武东北）、谷丘（今虞城南）、鸡丘（今鸡泽）、廪丘（今范县南）、长丘（今封丘境）等亦很著名。围绕这些城邑土地得到了开发。一般来说平原农业生产较好的丘阜高地

首先被开垦,而易受水害的平坦低洼地开发较晚。因而平原上还有大片空地没有开拓,《左传》记载,“宋郑之间,有隙地焉。”《史记》上亦提到燕齐之间,相当于今德州以北,也有大量隙地,以致燕庄公入了齐境还不觉察。这时期四周发展起来的强国不断向黄淮海平原垦辟,尤其以种稻为主发展起来的楚国,一度把淮河流域的寿春作为政治经济中心,兴建了大型农田水利蓄水灌溉工程,如芍陂、期思陂等,对黄淮平原的土地垦殖起到了积极的作用(张履鹏,1983)。

井田制是中国春秋以前土地公有制的实现形式。“井田”一词,最早见于《谷梁传·宣公十五年》:“古者三百步为里,名曰井田”“井田者,九百亩,公田居一。”所谓“井田”,就是具有一定规划、面积和疆界的方块田。长、宽各百步的方田叫一“田”,一田的亩积(面积)为百亩,作为一“夫”,即一个劳动力耕种的土地。井田规划各地区不一致。有些地方采用十进制,有些地方则以 9 块方田叫一“井”。因为把 9 块方田摆在一起,恰好是一个“井”字形,井田的名称就是这样来的。一井的面积是方一“里”;一百井是方十里,叫一“成”,可容纳 900 个劳动力;一万井是方百里,叫一“同”,可容纳 90 000 个劳动力。在井田的田与田、里与里、成与成、同与同之间,分别有大小不同的灌溉渠道,叫遂、沟、洫、浍;与渠道平行,还有纵横的通行道,叫径、畛、涂、道。各种渠道的大小、深浅和通道的宽窄,都有一定的规格。

周朝施行井田制,既作为诸侯百官的俸禄等级单位,又作为控制庶民的计算单位。井田制下的土地一律不准买卖,只能由同姓依照嫡庶的宗法关系去继承。耕种井田的农业庶世也随着土地同属于领主阶级所有,终生不得离开土地,更不准转业。诸侯封主不得使土地荒废,土地善加利用者则有赏,反之则要受到斥责。孟子曰:“天子适诸侯,曰巡狩。诸侯朝于天子,曰述职。春省耕而补不足,秋省敛而助不给。入其疆,土地辟,田野治,养老尊贤,俊杰在位,则有庆,庆以地。入其疆,土地荒芜,遗老失贤,掊克在位,则有让。”(《孟子·告子》)。这些管理制度对土地垦殖与利用有重要的促进,推动了黄淮海平原土地的垦殖与利用。孔子曾称赞子路:“吾见其政矣。入其境,田畴尽易,草莱甚辟,沟洫深治,此其恭敬以信,故其民尽力也。入其邑,墙屋完固,树木甚茂,此其忠信以宽,故其民不偷也”。这也间接地表明黄淮海平原井田沟洫有较好的发展。

关于沟洫体系《周礼》有这样的记载,“凡治野,夫间有遂,遂上有径;十夫有沟,沟上有畛;百夫有洫,洫上有涂;千夫有浍,浍上有道;万夫有川,川上有路,以达于畿”(《地官·遂人》)。农田以“夫”为基本单位,一夫受田百亩。夫田与夫田之间有称为“遂”的水渠,遂上有称为“径”的道路;每十夫之田之间,有称为“沟”的水渠,沟上有称为“畛”的道路;每百夫之田之间,有称为“洫”的水渠,洫上有称为“涂”的道路;每千夫之田之间,有称为“浍”的水渠,浍上有称为“道”的道路;每万夫之田之间,有称为“川”的水渠,川上有称为“路”的道路。如此通达于王畿。这里记载的是一个完整的农田规划川、浍、洫、沟、遂 5 级沟渠,相应配置路、道、涂、畛、径 5 级道路,以夫(百亩)为耕地规划单元(史建群,1989)。道路、沟渠的设计参数均制定标准,“匠人为沟洫:耜广五寸,二耜为耦;一耦之伐,广尺、深尺,谓之甽;田首倍之,广二尺,深二尺,谓之遂。九夫为井,井间广四尺、深四尺,谓之沟;方十里为成,成间广八尺、深八尺,谓之洫;方百里为同,同间广二寻、深二仞,谓之浍。专达于川,各载其名”(《考工记·匠人》)。按周朝 1 尺=23.1 cm 换算看,“遂”的宽、深度近 0.5 m,接近今天末级固定渠道农渠的标准。沟、洫的深宽在 1~2 m。从深度看沟洫体系兼有灌溉排水的作用。这可以在《周礼》记载中得到印证,“掌稼下地。以潴畜水,以防止水,以沟荡水,以遂均水,以列舍水,以浍写水,以涉扬其芟,作田”(《地官·稻人》)。排水工程技术的成熟与应用,反映出黄淮海平原的土地垦殖已经从高地向低地拓展，甚至一些低洼的盐碱地也得到了开发与利用。《水经·浊漳水》提到“终古泻卤”，注意盐碱地危害。西门豹领导建成漳水十二渠引水种稻，先由洗盐开始(张履鹏，1983)。

1.7.4　平原开发高潮期——秦、两汉

经过秦朝的统一，汉初是农业生产的鼎盛时期。汉代在比较安定的条件下，人口增长很快。汉朝建立之初只有600万人口，经200余年，到汉平帝元始二年(公元2年)，人口增加到5 900多万人，增长近10倍(据邹逸麟先生研究统计，同期黄淮海平原区人口达到3 293.9万人，占全国人口的57%；东汉永和五年人口虽有所减少，仍然达到2 525.7万人，占全国人口的52%)。为了人们生活的需求，必须扩大耕地。黄淮海平原是最好的拓荒垦殖对象。它土地平坦，松软而肥美，一旦克服水害，就是最适合农业生产发展的地区。《史记·货殖列传》描述这一带：“夫自鸿沟以东，芒砀以北，属巨野，此梁、宋也。陶、睢阳亦一都会也。昔尧作成阳，舜渔于雷泽，汤止于亳，其俗犹有先王遗风，重厚多君子，好稼穑。虽无山川之饶，能恶衣食，致其蓄藏”，“齐带山海，膏壤千里，宜桑麻，人民多文绦布帛鱼盐”，“邹鲁滨洙泗……颇有桑麻之业，无林泽之饶”，“燕有鱼盐枣栗之饶”。可以看到本区土地利用的繁荣，土地垦殖类型已经不仅有耕地，而且有枣、栗、桑等园地沿海湖泊地区环盐田分布。农田作物种类也增多，形成了多种作物轮作的传统农业种植制度，《汉书·食货志》曾提到：“种谷必杂五种，以备灾害”。大豆面积已经增加，《氾胜之书》估计西汉时每个劳动力就种5亩大豆。大豆和谷子在作物中占主要地位，汉代文献常见菽粟连称。《天禄拾余》载，豆腐是淮南王刘安所发明，至今八公山豆腐还享有盛誉，说明淮河流域盛产大豆。延续到现在，形成黄淮大豆产区。由于技术的进步，这一带农作物产量不断提高。《管子·治国篇》提到：“常山之东，河汝之间……中年亩二石，一夫为粟二石。”到东汉时，黄淮海平原人口已很密集，说明垦殖量之大，崔寔在《政论》上说：“今青、徐、兖、冀，人稠土狭，不足相供”。

正是黄淮海平原大发展时期，黄河水患的记载也最频繁。首次在文献上出现黄河名称，《汉书》提到“使黄河如带，泰山如砺”。考查其原因，一方面是治水工程赶不上农业的发展，另一方面是田畴的垦殖增加，对水害非常敏感了。黄河改道的最早记载是周定王五年(公元前602年)，说明当时由于农耕的发展已重视水道的变化了。汉代以前，对河道不断有过治理和修防，但在诸侯各自为政的情况下，没有统一的修整，甚至以水相互攻伐。统一后，汉代不断地治理河道，政府也较重视。汉武帝在元封二年(公元前109年)就曾亲自主持过治河工作。到东汉永平十二年，朝廷派王景治理黄河，有重要的成效，稳定了河道，有利于这地区的农业发展。汉代对淤地肥田有了明确认识。西汉人贾让曾说过：“河水时到时去，填淤肥粪，民耕田之”(张履鹏，1983)。

1.7.5　动荡兴衰时期——魏晋南北朝

魏晋南北朝时期东汉末年开始，中国进入了长期分裂和战乱时期。黄淮海平原，特别是黄河以南及淮河两岸长期处于南北相争之地，每当战乱，土地利用和社会经济受到极大的破坏，生灵涂炭、农田荒芜、趋于凋敝。但是一旦统一于某一政权之下，土地利用、农业生产便出现繁

荣的景象。时兴时衰是本区域土地利用的特色。

长期的战争杀戮以及避乱迁徙，黄淮海平原地区人口急剧下降。东汉末年，黄河流域屡经兵燹，董卓之乱，“洛阳附近，无辜而死者不可胜计”。从洛阳至彭城（今徐州）的黄淮平原上，经曹操和陶谦之间战争，“墟邑无复行人”。除了战争中死亡外，大批中原人民向相对安定的地区迁徙。三辅、南阳人民多迁往益州。徐州一带人民多避乱江东。在蜀汉、东吴政权内任职的不少是黄河流域迁来的士大夫。此外，还有不少中原人士逃往幽州、辽东，甚至去鲜卑境内。经三国时期屡年战争，人口死亡、逃亡、隐匿的数字是相当高的。所以据西晋太康初年（3 世纪 80 年代）的户籍，全国仅 246 万户，1 616 万口，其中黄淮海平原人口比重下降到 41%。西晋末年，永嘉五年，匈奴攻陷洛阳，掳走怀帝，战祸连年，加以气候转冷变干，天灾不断，中原人口，纷纷越淮渡江，相率南下，出现了中国历史上第一次大规模的人口迁徙。此后中原每一次较大的政治变动，如祖逖北伐、淝水之战、刘裕北伐、北魏南侵等等，都有一次较大规模的人口南徙。据研究，截至刘宋为止，南渡人口约共有 90 万人，占当时刘宋全境人口共五百几十万的 1/6。西晋时北方诸州，包括淮河以北地区共有 140 万户，700 余万口。南渡的 90 万口占其 1/8 强。换言之，即北方 3 个人中有 1 人南徙，而南方 6 个人中有 1 人为北来侨民。

战乱过后土地荒芜，人烟稀少，百业凋敝，甚至洛阳附近亦有大片荒田。曹魏大臣高柔上疏表明：离京都不远的荥阳，周围十余里，野兽出没，“残食生苗，处处为害，所伤不赀。民虽障防，力不能御”，京畿之地成为狩猎场所。

以牧业为主的少数民族南侵以后，大片农田改作牧场，更促进了牧业的发展，有人称为畜牧业南侵。《魏书·食货志》载：“高祖即位以后复以河阳（今河南孟县）为牧场，恒置戎马十万匹，以拟京师（洛阳）军警之备，每岁自河西徙牧于并州，以渐南转，欲以司水土而无死伤也”。牧场规模很大，“规石济（今河南延津县东）以西，河内以东（今河南沁阳一带），拒黄河南北千里为牧地”。晋代初期，人口增加，农田不敷应用，束皙给晋武帝上疏提出：“州司十郡（指京都附近的司州，所属平阳、河东、弘农、上洛、河南、荥阳、汲郡、河内、顿邱），土狭人繁，三魏尤甚，而猪羊马牧，布其境内，宜悉破废以供无业”，即提出用牧场改造农田（张履鹏，1983）。也表明当时黄淮海平原牧场之发达程度。

十六国时期五胡乱华，匈奴、鲜卑、羯、氐、羌等游牧民族的铁骑，先后交替驰骋于大平原上，相互杀戮。“百姓流亡，中原萧条，千里无烟，饥寒流陨，相继沟壑。”（《晋书·慕容皝载记》）。西汉以来在黄淮海平原上修建的各种水利工程，开辟的耕地，全遭摧残。黄淮海平原上出现了大片的荆棘丛生的荒地。后赵石虎将黄河南岸自灵昌津（今河南淇县古黄河上津渡）南至荥阳，东极阳都（今山东沂南县南）的广大地区辟为游猎区（邹逸麟，1997）。

在这个动荡的年代，也间或出现一些短暂的恢复和繁荣时期。建安元年（196 年），曹操采纳枣祗、韩浩的建议，在许都（今河南许昌）附近进行屯田。屯田的土地是无主和荒芜的土地。劳动力、耕牛、农具是镇压黄巾起义中掳获的，有一部分劳动力号称为招募其实是被迫而来的。据说当年屯田收获谷物百万斛，缓解了社会矛盾。“于是州郡列置田官，所在积谷，征伐四方，无运粮之劳，遂兼并群贼，克平天下”（《三国志·魏书·武帝纪》）。曹魏屯田有民屯和军屯两种。民屯每 50 人为 1 屯，屯置司马，其上置典农都尉、典农校尉、典农中郎将，不隶郡县。收成与国家分成：使用官牛者，官 6 民 4；使用私牛者，官民对分。屯田农民不得随便离开屯田。军屯以士兵屯田，60 人为 1 营，一边戍守，一边屯田。曹魏屯田对安置流民，开垦荒地，恢复农业生产发挥了重要的作用，为曹操统一北方创造了物质条件。

曹操统一北方后，战争平息，招徕流亡，农民又重新回到土地上来，农业就很快得到恢复（栗志，1997）。河北平原在曹魏时是重要农耕区。镇北将军刘靖驻蓟（今北京城西南），于嘉平二年（250 年）修广戾陵渠大堨，引漯水（今桑干河、永定河）灌溉蓟南北，三更种稻，边民利之。灌溉面积达二千顷。其后十余年，又经过修筑，灌溉面积增至"万有余顷"。当时杜恕上疏曰："冀州户口最多，田多垦辟，又有桑枣之饶"。晋初太康年间（3 世纪 80 年代），冀州有 316 000 户，占全国总户数的 12.97%，仅次于首都洛阳所在的司州，占第二位。冀州南部为曹魏邺都所在，"邺县甚大，一乡万数户。"邺县所在的魏郡地界，人口稠密，土地垦辟。晋初犹人多地狭，《晋书·束皙传》云："土狭人众，三魏尤甚乞"，三魏指汉代魏郡和析出的阳平、顿丘二郡，合称三魏，相当今冀、豫二省交界地（邹逸麟，1989）。黄淮平原即汉代兖豫二州农业的显著恢复和发展，亦始于曹操时期。曹操募民屯田许下（今许昌市附近），得谷百万斛。于是州郡列置田官，普遍开展屯田。邓艾在淮河南北、颍河南北广兴屯田，兼修淮阳、百尺二渠，上引河流，下通淮颍，大治诸陂于颍南颍北，穿渠三百余里，溉田二万顷，淮南淮北皆相连接，自寿春至京师（今洛阳），农官兵屯，鸡犬之声，阡陌相属。曹操屯田许下，邓艾屯田淮颍南北，都是为发展农业，"以充兵戎之用"（张履鹏，1983）。曹魏时代在黄淮平原上的一些水利工程，对平原农业的发展起到了积极作用。

公元 5 世纪拓跋魏入居中原后，鲜卑族受农业社会的影响，开始走向定居生活，"劝课农耕"成为政府主要政策之一。但黄淮海平原的人民或迁徙，或死亡，大量流失，要恢复农业，首先要解决劳动力问题。北魏政府在太平真君五年（444 年）强迫北方的鲜卑族迁居冀、相、定三州为营户；六年南略淮泗以北，徙青、徐之民以实河北；七年略金乡、方舆，迁其民五千家于河北；迁济南东平陵民六千家于河北。同时因为中原土广人稀，给太和年间实行均田制创造了条件。计口授田，使大量荒芜的土地得到了开垦。北魏神龟年间，幽州刺史裴延修复督亢陂和戾陵诸堨，溉田百万余顷，为利十倍；皇建元年（560 年）平州（河北省卢龙县北）刺史稽晔也重修督亢陂，设置部队屯田，一年收获稻谷和粟米几十万石，北方边境的粮食也充足了。又在河内（河南省北部）一带设置怀义等屯田垦区，以供黄河以南的粮食消费。北齐天保八年（557 年）议迁冀、定、瀛三州无田之人，于幽州范阳宽乡以处之，谓之乐迁。这说明三州人口之繁盛，河北平原无疑是北朝农业最发达的地区（邹逸麟，1997）。

1.7.6 隋唐宋元时代——农业不断发展，但落后于江南

隋唐造成全国统一局面，生产有所发展，经济得到繁荣，成为继汉以来又一次兴盛。农田垦殖再度发展起来。出现了"繇来榛棘之所，遍为秫稻之川"，"四海之内，高山绝壑，耒耜已满"的局面。因为黄淮海平原的自然经济、地理条件及政治方面的影响，农业生产始终没有赶上长江下游、黄河中游农业区。尤其江南经过六朝建设，发展很快，所以韩愈有"当今赋出天下，江南居十九"，"扬一益二"等说法。唐代黄淮海平原仍然是产粮区域，北朝时牧业比较兴盛的黄河以北，亦变为粮产基地。隋初曾调郑、卫、汴、许、汝等地粮食。河北位州设黎阳仓（在今河南浚县），所储粮食能养二十万军队，足见河北粮产的丰富。北方桑蚕业也很发达，是重要的经济作物（张履鹏，1983）。

华北平原经过安史之乱和唐末五代的纷争，农业生产又受到挫折。开元、天宝年间，唐朝发展到极盛，而深受玄宗喜爱的藩将安禄山却于天宝十四载（755 年）于范阳（今北京市）

发动叛乱。这场突如其来的动乱引起了北部中国的剧烈动荡，唐军屡遭败绩，助长了叛军的嚣张气焰，各地士民失魂落魄，仓皇外奔。在这场灾难中，受创最深的首推河北、河南及关中。黄淮海平原的社会经济遭到了空前的破坏。洛阳一带为唐军与叛军争夺最激烈的区域之一，百姓生命财产损失也最为惨重。郭子仪曾指出过洛阳的惨况："夫东周之地（洛阳），久陷贼中，宫室焚烧，十不存一。百曹荒废，曾无尺椽，中间畿内，不满千户。井邑榛棘，豺狼所嗥，既乏军储，又鲜人力。东至郑、汴，达于徐方，北自覃怀，径于相土，人烟断绝，千里萧条"（《旧唐书・郭子仪传》）。面对屠城的威胁，大多数士民慌不择路，逃难方向并不一致。有幸逃生的人大多数向淮河以南涌去。江浙一带接受的北方移民最多。"自禄山召祸，瀛、博流离；思明继衅，赵、魏堙厄；以至农桑井邑，靡获安居，骨肉室家，不能相保"（《旧唐书・列传第九十一・田承嗣》）。

安史之乱平定以后，在唐亡以前的100多年里黄淮海平原有一段时间政局比较稳定，那就是河北三镇（卢龙、成德、魏博）长期处于独立状态，节度使父死子代，不受制于朝廷，租赋也不入中央。藩镇割据稳定时，各军阀在辖区内也通过各种手段发展生产，收敛财赋，河北平原的农业也由此有一定程度的发展。然而不久黄巢起义，政府举兵镇压，而北中国各军阀之间兵衅再开，黄淮海平原的河北部分"自魏至沧五百里间，僵死相枕"；河南"西至金、商、陕、貌，南极荆襄，东过淮甸，北侵徐、兖、注、郑，幅员数十州。五六年间，民无耕织，千室之邑，不存一二，岁既凶荒，皆脍人而食，丧乱之酷，未之前闻。（秦）宗权既平，而朱全忠连兵十万，吞噬河南，充、邪、青、徐之间，血战不解，唐祚以至于亡"（《旧唐书・昭宗纪》）。黄淮海平原农业又一次处于衰退、凋敝的状态（邹逸麟，1997）。

北宋统一中国，建都于汴梁，深入到了黄淮海平原腹地。发展此地区农业生产，主要是优越的政治条件起作用。建国之初，这一带荒芜土地还很多，陈靖上疏宋太宗提到"今京畿周环二十三州，幅员数千里，地之垦者亦十二三"。经过开国后的经营，这一带出现了繁荣的景象，《东京梦华录》提到"大抵都城左近，皆是田圃，百里之地，并无闲地"。

北宋在这一带的农田水利建设和土地利用方面有不少成就：在海河流域发展水稻。淳化四年（993年），雄州地方官何承矩等建议利用淀泊、河流修堤防，开辟稻田。朝廷发军队18 000人参加。工程结束后第一年，种水稻用晚熟种，遭霜而失败。次年接受教训改用早熟种，得到收成。至此，自顺安（今高阳县）到海边数百里都发展了稻田。并发展了各种水产，"莞蒲蜃蛤之饶，民赖其利"。引浊放淤，利用黄河、滹沱河放淤改良盐碱地。用政府力量组织大规模引浊放淤在历史上首见于宋代。王安石曾用黄河水以填淤沙瘠卤薄的盐碱地。熙宁五年曾付诸实施，沧州、滦州、邢州都有淤灌工程。淤田技术有所提高，知道引浊放淤有一定厚度才有效。阳武县（今河南原阳县）官员提出："田沙碱瘠薄，淤溉，候淤深一尺，计亩输钱，以助兴修。"放淤厚度要达到一尺才有改良的效果。放淤时间不同，水质不同，淤田效果也大不一样。黄河水分二、三月桃花水；四月末麦黄水；五月瓜蔓水；六月中旬以后叫矾山水，淤田最肥。这种水是由山林深处来的水，携带含腐殖质肥土较多（张履鹏，1983）。史书称矾山水"朔野之地，深山穷谷，固阴迈寒，冰坚晚伴，逮于盛夏，消释立尽，而沃荡山石，水带矾腥，并流于河。"

北宋徽宗宣和七年（1125年），女真大军在攻灭辽国。靖康元年（1126年）八月，金军再次兵分东、西两路大举南侵。宋朝守军纷纷弃城南逃，官绅士民更是匆匆外跑。南奔浪潮首先从河北、山西等地掀起。靖康元年闰十一月二十六日，金军攻陷首都汴梁，俘徽、钦二帝。靖康二年五月，宋高宗赵构在南京(今河南商丘)即位，大多官员人心涣散，举家南迁。之后，高宗先迁往扬州，又一路难逃，定都临安(今杭州市)。宋朝半壁江山沦陷，民众南迁浪潮也一浪高过一浪。形成中国历史上第三次大移民潮(张纯成，2010)。

女真人“初入中夏，兵威所加，民多流亡，土多旷闲。”《建炎以来系年要录》建炎元年夏四月庚申载：“初，敌纵兵四掠，东及沂、密，西至曹、浪、兖、郭，南至陈、蔡、汝、颍，北至河朔，皆被其害，杀人如麻，臭闻数百里，淮泗之间，亦荡然矣。”《炎兴下轶三》(三朝北盟会编)建炎元年五月六日条云：“两河之民，更百战之后，田野三时之务，所至一空，祖宗七世之遗，厥存无几。”上述数条充分说明了黄淮海平原在金人南侵之时，又经过了一次战火的浩劫，农业再度受到严重打击。金人占有黄淮海平原后，为了恢复生产，于天会九年(1131 年)分遣使者去各地劝农，接着将大批猛安谋克迁居黄河下游平原，比较集中在河北、山东地区，将大批荒地给猛安谋克进行屯田，“计其户口，给以官田。”并且给以牛、种，妥善安排农业生产。如正隆元年(1156 年)派使者分别在河北、山东地区收括官地、荒闲牧地，或逃绝户的土地授予猛安谋克户。金世宗时在河北、山东括民田三十多万顷，曾一度出现农业繁荣的景象(邹逸麟，1997)。

公元 1194 年，黄河在阳武(今河南原阳县)决口，占据那里的金统治者，希望以水代兵，借黄河的洪水侵扰南宋，致使暴虐的黄河在无遮无挡的淮北大平原，一泻千里，抢去淮河入海的水道，自此，黄河开始了长达 700 多年的夺淮历史。

元代蒙古族统治者入主中原地带以后，曾企图把大片农田改为牧场，“汉人无补于国，可悉空其野，以为牧地”。耶律楚材说服了元朝皇帝扭转了这种政策。兴办水利，劝课农桑，继续保持农业区的生产。此时期棉花由于引种成功，代替衰落了的蚕桑业，华北平原成为重要的粮棉产区。元代的重要农书《农桑辑要》、《王氏农书》对棉花栽培技术都有精辟的论述。到明代晋、冀、鲁、豫四省棉花在国内占比重最大，由万历六年征实来看，征棉布占全国的 65.8%，棉花占 85.9%。林业、渔业则都无大的发展。

1.7.7 明清时代——农业在深度和广度上都作了艰苦的努力

明清两代继元之后都建都在北京，自然重视畿辅附近海河流域的农业生产。虽然打算发展水利，开辟农田，但因海河水量不足，常和漕运发生矛盾。依靠漕运花费又很高，明万历年间徐贞明的奏章反映得较明确“神京雄踞上游，兵食宜取之畿甸，今皆仰给东南。岂西北古称富强地，不足以实廪而练卒乎？夫赋税所出，括民脂膏，而军船夫役之费，常以数石致一石，东南之力竭矣。又河流多变，运道多梗，窃有隐忧”。这种灌溉与漕运的矛盾在河南辉县百泉灌溉区表现依然明显，限止了水稻发展。在京畿附近虽垦田 39 000 余亩，但由于条件限制业有阻力而罢。清雍正三年(1725 年)发生大水灾，灾后，在怡贤亲王允祥的主持下，垦出稻田 59 万多亩，也因和漕运的矛盾而逐渐淹没，所余面积不大。

清代是人口增加最多的一个朝代，人口增加近 4 倍，农田垦辟达到高峰，山区梯田开发量也很大。为了有效使用有限的农田，出现提高单产的经济思想。诸如“粪田胜于买田”，“垦田不如粪田”，“用天之道，资人之力，兴地之利”等，对黄河、海河下游的盐碱地治理达到高峰。海河流域自古以来就有盐碱分布，《禹贡》称冀州“厥土惟白壤”。因为人口稀少时，可垦田较多，对碱害并不重视。明清两代因人口的增加，农田相对不足，对盐碱洼地的碱害问题越来越关切。

顾炎武《天下郡国利病书》中提到“河北大名等地十年九涝”,“然为江湖凫雁之泽,而硝河者又泄卤下垫,凡所经流率数岁不复刍牧”。《曲周县志》载“盐碱浮卤,几成废壤”。沙荒盐碱给当地人民带来贫困,明代韩贯过河南延津曾题诗诉苦“北望沙门路,无风亦起尘。蓬头经布妇,赤脚煮盐人。迎送昼兼夜,差徒旧并新,细评诸郡县,最苦是延津。”农民为了求生,在生产斗争中也找出一些有效的办法。但限于小农的境遇,改良也是有限度的。归纳其治盐碱办法有:用水冲刷把土壤中盐分赶走;在地里打围捻,蓄存雨水压盐;靠农业耕作措施,躲盐减少盐分对农作物的危害等等。

明代万历年间任宝坻(今河北宝低县)知县袁黄在其所著的《宝坻劝农书》中记录造台田来改良利用滨海盐碱地办法,“濒海之地,潮水往来,淤泥常积,上有碱草丛生,此须挑沟筑岸,或树立桩橛,以抵潮汛。其田中间高,两边下,不及十数丈,即为小沟;百数丈,即为中沟;千数丈,即为大沟,以注雨潦,谓之甜水沟。初种水稗,斥卤现尽,可种稻。所谓泻斥卤令生稻粱,非虚语一也”(张履鹏,1983)。

参考文献

[1] 鲍亦冈,谢德源,陈正邦,等.论北京地区燕山运动[J].地质学报,1983,57(2):195-204.

[2] 布雷特·辛斯基.气候变迁和中国历史[J].中国历史地理论丛,2003,18(2):50-65.

[3] 岑仲勉.黄河变迁史[M].北京:人民出版社,1957.

[4] 陈国达.“燕山运动”的历史意义[J].大地构造与成矿学,1992,6(2):111-112.

[5] 陈文华.中国原始农业的起源和发展[J].农业考古,2005(1):8-15.

[6] 陈希祥,缪锦洋,宋育勤.淮河三角洲的初步研究[J].海洋科学,1993(4):10-13.

[7] 戴俊生,陆克政,宋全友,等.胶莱盆地的运动学特征[J].石油大学学报:自然科学版,1995,19(2):1-6.

[8] 戴旭.试论黄淮海平原旱涝盐碱灾害的整治[J].地理科学,1988,8(4):355-396.

[9] 戴英生.黄河的形成与发育简史[J].人民黄河,1983(6):2-7.

[10] 丁振宗.《山海经》地貌应属的年代[J].福建师范大学福清分校学报,2006(3):12-18.

[11] 董树文,李廷栋,钟大赉,等.侏罗纪—白垩纪之交东亚板块汇聚的研究进展和展望[J].中国科学基金,2009(5):281-286.

[12] 董树文,张岳桥,龙长兴,等.中国侏罗纪构造变革与燕山运动新诠释[J].地质学报,2007,81(11):1449-1461.

[13] 杜水生.中国北方旧石器时代晚期文化的分期分区及相关问题[J].考古学报,2007(2):127-152.

[14] 杜旭东,李洪革,陆克政,等.华北地台东部及邻区中生代(J2K)原型盆地分布及成盆模式探讨[J].石油勘探与开发,1999,26(4):5-9.

[15] 段宏振.河北考古的世纪回顾与思考[J].考古,2001(2):101-112.

[16] 段宏振,张渭莲.北福地与磁山——约公元前6000—前5000年黄河下游地区史前文化的格局[J].文物,2006(9):52-61.

[17] 段小强,杜斗城.考古学通论[M].兰州:兰州大学出版社,2007.

[18] 恩格斯. 劳动在从猿到人转变过程中的作用[M]. 北京:人民出版社,1952.
[19] 樊克锋,杨东潮. 论太行山地貌系统[J]. 长春工程学院学报:自然科学版,2006,7(1):51-53.
[20] 范文澜,蔡美彪. 中国通史[M]. 北京:人民出版社,2009.
[21] 冯大奎,张光业. 全新世黄河下游平原地貌和自然环境的演变[J]. 河南大学学报,1988(1):27-33.
[22] 冯寅. 黄淮海平原治水问题[J]. 水利水电技术,1982(9):2-7.
[23] 逄振镐. 山东旧石器文化概论[J]. 华夏考古,1994(4):40-45.
[24] 傅先兰,李容全. 淮南地区淮河故道的初步研究[J]. 北京师范大学学报:自然科学版,1998,34(2):276-279.
[25] 高福进. 地球与人类文化编年:文明通史[M]. 上海:上海人民出版社,2003.
[26] 高星. 中国古人类石器技术与生存模式的考古学阐释[J]. 第四纪研究,2006,26(4):504-513.
[27] 葛肖虹. 华北板内造山带的形成史[J]. 地质论评,1989,35(3):254-261.
[28] 龚高法,张丕远,张瑾瑢,等. 历史时期我国气候带的变迁及生物分布界限的推移[A].《历史地理》第5辑[C]. 上海:上海人民出版社,1987:1-11.
[29] 郭晶晶. 掘地为"穴"与构木为"巢"汉字中的上古居住形式[J]. 安徽文学,2008(6):303-304.
[30] 郭沫若. 中国史稿[M]. 北京:人民出版社,1976.
[31] 海委漳卫南局. 漳卫南运河志[M]. 天津:天津科技出版社,2003.
[32] 何培元. 中国第四纪古气候环境的重建[J]. 中国地质科学院院报,1992,25:121-130.
[33] 河北省文物管理处,邯郸市文物保管所. 河北武安磁山遗址[J]. 考古学报,1981(3):303-338.
[34] 河南省文物研究所. 河南舞阳贾湖新石器时代遗址第二至第六次发掘简报. 文物,1989(1):1-14.
[35] 胡居文. 华北地区中生代盆地与油气[J]. 石油与天然气地质,1989,10(4):378-392.
[36] 胡美玲. 义务教育课程标准实验教科书化学九年级上册[M]. 北京:人民教育出版社,2006.
[37] 淮河水利简史编写组. 淮河水利简史[M]. 北京:水利电力出版社,1990.
[38] 黄汲清. 中国地质构造基本特征的初步总结[J]. 地质学报,1960,40(1):1-31.
[39] 霍彦儒,等. 陕西省志・炎帝志・第十八卷[M]. 西安:三秦出版社,2009.
[40] 蒋复初,傅建利,王书兵,等. 关于黄河贯通三门峡的时代[J]. 地质力学学报,2005,11(4):293-310.
[41] 杰里・本特利. 新全球史[M]. 北京:北京大学出版社,2000.
[42] 李鄂荣. 我国古代黄河水利工程活动对环境的影响[J]. 地质力学学报,1999,5(3):71-75.
[43] 李红有. 人类活动对海河水系变迁影响的探讨[J]. 中国水利,2004,9:66-68.
[44] 李容全. 黄河、永定河发育历史与流域新生代古湖演变间的相互关系[J]. 北京师范大学学报:自然科学版,1988(4):84-93.

[45] 李容全.黄河的形成与变迁[A].//杨景春.中国地貌特征与演化[M].北京:海洋出版社,1993:52-59.
[46] 李友谋.仰韶文化与中国古代文明[J].中原文物,2002(3):13-17.
[47] 李元芳.废黄河三角洲的演变[J].地理研究,1991,10(4):29-39.
[48] 林忠辉,莫兴国.历史时期黄淮海平原农作制度变迁与农业生产环境演变[J].中国生态农业学报,2011,19(5):1072-1079.
[49] 刘景芝.华北旧石器时代向新石器时代过渡时期文化初探[J].北方文物,1994,40(4):3-12.
[50] 刘庆柱.中国考古发现与研究 1949—2009[M].北京:人民出版社,2010.
[51] 刘绍龙.华北地区大型三叠纪原始沉积盆地的存在[J].地质学报,1986,60(2):128-137.
[52] 刘训.对中国东部燕山运动的一些认识[J].地质论评,1982,28(5):428-438.
[53] 刘训.对中国东部中、新生代盆地沉积—构造发展的几点认识[J].地质学报,1988(2):111-122.
[54] 刘志杰,孙永军.青藏高原隆升与黄河形成演化[J].地理与地理信息科学,2007,23(1):79-91.
[55] 栾丰实.大汶口文化:从原始到文明[M].济南:山东文艺出版社,2012.
[56] 罗来兴.论中国大地貌的形成[J].湖北大学学报:自然科学版,1988,10(3):79-83.
[57] 罗丽.中国古代城市起源动力及类型[J].延边大学学报,2007,40(2):87-91.
[58] 马世之.郑州西山仰韶文化城址浅析[J].中州学刊,1997(4):136-140.
[59] 满志敏.中国历史时期气候变化研究[M].济南:山东教育出版社,2009.
[60] 毛曦.论中国城市早期发展的阶段与特点[J].天津师范大学学报,2006(3):29-35.
[61] 梅惠杰,谢飞.华北新旧石器时代的过渡——泥河湾盆地阳原于家沟遗址[M].北京:文物出版社,2000.
[62] 聂宗笙.华北地区的燕山运动[J].地质科学,1985(4):320-333.
[63] 潘保田,李吉均,曹继秀.黄河中游的地貌与地文期问题[J].兰州大学学报:自然科学版,1994,30(1):115-123.
[64] 裴文中.中国原始人类的生活环境[J].古脊椎动物与古人类,1960,2(1):9-21.
[65] 彭兆蒙,彭仕宓,吴智平,等.华北东部侏罗—白垩纪盆地演化及其对构造运动的响应[J].西安石油大学学报:自然科学版,2009,24(5):7-12.
[66] 漆家福,于福生,陆克政,等.渤海湾地区的中生代盆地构造概论[J].地学前缘,2003,10:199-206.
[67] 青州市博物馆.青州市新石器时代遗址调查[J].张学海.《海岱考古》第一辑[C].济南:山东大学出版社,1989:124-140.
[68] 任纪瞬,王作勋,陈炳蔚,等.从全球看中国大地构造——中国及邻区大地构造图简要说明[M].北京:地质出版社,1999,1-32.
[69] 任美锷.气候变化对全新世以来中国东部政治、经济和社会发展影响的初步研究[J].地球科学进展,2004,19(5):695-698.
[70] 任式楠,吴耀利.中国考古学:新石器时代卷[M].北京:中国社会科学出版社,2010.
[71] 任相宏.黄河下游新发现的后李文化[J].中国文物报,1992(2):3.

[72] 山东省文物考古研究所章丘市博物馆. 山东章丘市小荆山遗址调查、发掘报告[J]. 华夏考古:1996(2):1-23.
[73] 邵时雄,郭盛乔,韩书华. 黄淮海平原地貌结构特征及其演化[J]. 地理学报,1989,44(3):314-322.
[74] 申维辰. 山西旧石器文化遗存[OL]. [2008-10-13]. 化石网.
[75] 施雅风. 中国全新世大暖期气候与环境[M]. 北京:海洋出版社,1992.
[76] 史建群. 井田与井田制度[J]. 农业考古,1989(01):134-139.
[77] 宋敏桥. 对"第一次社会大分工"问题研究的回顾与概说[J]. 商丘师范学院学报,2003,19(4):57-66.
[78] 粟志. 黄河流域灌溉发展史简述[J]. 人民黄河,1997(3):55-58.
[79] 孙广清. 河南裴李岗文化的分布和地域类型[J]. 华夏考古,1992(4):47-62.
[80] 孙景亮. 海河流域南系平原河流生态修复"乌托邦"[M]//中国环境科学学会. 中国环境科学学会学术年会论文集:2009. 北京:中国环境科学出版社,2009:421-425.
[81] 汤懋苍,汤池. 历史上气候变化对我国社会发展的影响初探[J]. 高原气象,2000,19(2):159-164.
[82] 万天丰. 郯庐断裂带的演化与古应力场[J]. 地球科学——中国地质大学学报,1995,20(5):526-534.
[83] 王苏民,吴锡浩,张振克,等. 三门古湖沉积记录的环境变迁与黄河贯通东流研究[J]. 中国科学:D辑,2001,31(9):760-768.
[84] 王同和. 太行山以东沉积盆地与油气分布规律[J]. 华北地质矿产杂志,1995,10(3):399-414.
[85] 王星光. 中国全新世大暖期与黄河中下游地区的农业文明[J]. 史学月刊,2005(4):5-13.
[86] 王育民. 中国历史地理概论上[M]. 北京:人民教育出版社,1987.
[87] 吴忱,许清海,阳小兰. 论华北平原的黄河古水系[J]. 地质力学学报,2000,6(4):1-9.
[88] 吴忱. 地貌面—地文期与地貌演化—从华北地貌演化研究看地貌学的一些基本理论[J]. 地理与地理信息科学,2008,24(3):75-78.
[89] 吴海涛. 历史时期淮北地区涝灾原因探析[J]. 中国农史,2004(3):30-36.
[90] 吴汝康. 人类的起源和发展[M]. 北京:科学出版社,1976.
[91] 吴锡浩,蒋复初,王苏民,等. 关于黄河贯通三门峡东流入海问题[J]. 第四纪研究,1998(2):186-186.
[92] 伍晴晴. 掀开农业文明时期的大汶口文化[J]. 中华居民,2012(2):12-15.
[93] 谢飞. 河北旧石器时代晚期细石器遗存的分布及在华北马蹄形分布带中的位置[J]. 文物春秋,2000(2):15-25.
[94] 熊毅,席承藩. 黄河流域土壤研究//华北平原土壤概况和改良途径[J]. 土壤学报,1957,5(4):285-291.
[95] 熊毅. 南水北调应注意防治黄淮海平原土壤盐碱化问题[J]. 土壤,1979(4):121-123.
[96] 徐福龄. 黄河下游河道历史变迁概述[J]. 人民黄河,1982(3):46-49.
[97] 徐海亮. 黄河下游的堆积历史和发展趋势[J]. 水利学报,1990(7):42-48.
[98] 徐浩生,金家广,杨永贺. 河北徐水县南庄头遗址试掘简报[J]. 考古,1992(11):961-986.

[99] 徐近之. 黄淮平原气候历史记载的初步整理[J]. 地理学报,1955,21(2):181-189.
[100] 徐昭峰. 新石器时代早期与农业起源有关的考古学问题[J]. 农业考古,2006(1):14-26.
[101] 薛春汀,刘健,孔祥淮. 全新世淮河三角洲初步研究[J]. 第四纪研究,2010,30(5):892-901.
[102] 杨达源,李徐生. 中国东部新构造运动的地貌标志和基本特征[J]. 第四纪研究,1998(3):249-255.
[103] 杨守业,蔡进功,李从先,等. 黄河贯通时间的新探索[J]. 海洋地质与第四纪地质,2001,21(2):15-20.
[104] 杨毅. 漫谈石器[DB/OL]. 化石网,2007-1-12.
[105] 杨子赓. 对中国新构造基本特征的认识[J]. 中国地质,1963(12):21-33.
[106] 叶青超. 华北平原地貌体系与环境演化趋势[J]. 地理研究,1989,8(3):10-20.
[107] 叶青超. 黄河三角洲的地貌结构及发育模式[J]. 地理学报,1982,37(4):349-363.
[108] 叶青超. 试论苏北废黄河三角洲的发育[J]. 地理学报,1986,41(2):112-122.
[109] 易明初,李晓. 燕山地区喜马拉雅期地壳运动划分及表现特征[J]. 现代地质,1995,9(3):325-336.
[110] 游修龄. 中国农业通史:原始社会卷[M]. 北京:中国农业出版社,2008.
[111] 郁金城. 从北京转年遗址的发现看我国华北地区新石器时代早期文化的特征[J]. 北京市文物研究所.《北京文物与考古》第五辑[C]. 北京:北京燕山出版社,2002:37-43.
[112] 郁金城. 东胡林人及其遗址[J]. 北京文物与考古,2004(0):3-9.
[113] 袁宝印,王振海. 青藏高原隆起与黄河地文期[J]. 第四纪研究,1995(4):353-359.
[114] 曾秉泰. 图解古文明[M]. 上海:南海出版社,2009.
[115] 张保升. 黄河水系的形成及其各河段的利用[J]. 西北大学学报:自然科学版,1979(3):75-85.
[116] 张纯成. 黄河文明中心南迁的生态环境原因分析[J]. 自然辩证法研究,2010,26(11):118-123.
[117] 张光业. 河南省第四纪古地理的演变[J]. 河南大学学报,1986(3):11-22.
[118] 张光业. 河南省山地系统[J]. 河南大学学报,1988(1):9-15.
[119] 张宏彦. 中国史前考古学导论[M]. 北京:科学出版社,2011.
[120] 张可迁. 试论安徽淮北冲积平原的形成和地质结构问题[J]. 中国地质,1962(6):10-17.
[121] 张兰生. 中国第四纪以来环境演变的主要特征[J]. 北京师范大学学报,1984(4):81-86.
[122] 张履鹏. 黄淮海平原垦殖史略[J]. 中国农史,1983(2):17-25.
[123] 张瑞胜,许卫国,周世全. 河南南部的燕山运动[J]. 华南地质与矿产,2010(2):53-58.
[124] 张维华. 河南省新发现的旧石器和人类化石[J]. 中原文物,1986(2):13-15.
[125] 张新斌. 黄河流域史前聚落与城址研究[M]. 北京:科学出版社,2010.
[126] 张之恒. 中国新石器时代遗址的分布规律[J]. 文物春秋,2007(5):13-19.
[127] 章人骏. 华北平原地貌演变和黄河改道与泛滥的根源[J]. 华南地质与矿产,2000(4):52-57.
[128] 赵荣. 人文地理学[M]. 北京:高等教育出版社,2006.
[129] 赵荣. 中国古代地理学[M]. 北京:商务印书馆,2004.

[130] 赵越.燕山地区中生代造山运动及构造演化[J].地质论评,1990,36(1):1-13.
[131] 赵宗溥.中国东部的燕山运动[J].地质科学,1963(3):128-138.
[132] 郑杰祥.河南龙山文化分析[J].开封师院学报,1979(4):35-45.
[133] 郑韬凯.从洞穴到聚落[D].北京:中央美术学院建筑学院,2009.
[134] 中国大百科全书编辑部.中国大百科全书考古学[M].北京:中国大百科全书出版社,2011.
[135] 中国社会科学院考古研究所河南一队.1979年裴李岗遗址发掘简报[J].考古,1982(4):337-340.
[136] 中国社会科学院考古研究所山东队,山东省滕县博物馆.山东滕县北辛遗址发掘报告[J].考古学报,1984(2):159-191.
[137] 周本雄.河北武安磁山遗址的动物骨骸[J].考古学报,1981(3):339-347.
[138] 周述椿.四千年前黄河北流改道与鲧禹治水考[J].中国历史地理论丛,1994(1):71-83.
[139] 竺可桢.中国近五千年来气候变迁的初步研究[J].考古学报,1972,1:15-38.
[140] 邹逸麟.东汉以后黄河下游出现长期安流局面问题的再认识[J].人民黄河,1989(2):60-65.
[141] 邹逸麟.黄河下游河道变迁及其影响概述[J].复旦学报:社会科学版,1980,(S1):12-24.
[142] 邹逸麟.黄淮海平原历史地理[M].合肥:安徽教育出版社,1997.
[143] 邹逸麟.中国历史地理概述[M].福建:福建人民出版社,1999.
[144] 左东启.黄河河道格局的历史演变及其对现代治黄思路的启示[J].水利水电科技进展,2001(4):184-188.

第2章

黄淮海平原土地利用与人地关系

长期以来，黄淮海平原属于典型的农业社会型，土地的生产功能是制约土地利用的主导性因素，自改革开放之后，黄淮海平原由传统的农业社会向城市、工业社会转换，区域生产力高速发展，产业结构和生产方式发生重大变化，土地生产功能对土地利用的制约性明显减小，取而代之的则是社会经济的重要影响。特别是近年来，随着城镇化、工业化以及农业现代化的快速发展，土地利用呈现剧烈变化，区域土地资源形势严峻，一方面，在城市人口增长与城镇规模经济发展压力下，城市、工业扩张亟需争夺土地，土地资源短缺状况日益突出；另一方面，农地减少，农村土地资源利用粗放，抛荒严重，且农业现代化发展使得非农建设用地需求剧增；再加上当前生态环境恶化问题日益严重，土地的合理利用强调要协调土地利用与生态环境之间的矛盾，耕地后备资源不足，土地资源管理不当，加剧形势的严峻性。因此，本章论述黄淮海平原目前的用地压力造成的土地利用特征，为充分挖掘该地区土地资源生产潜力，呈现土地多功能利用，建立一个合理和谐的土地利用空间形态提供一定的科学依据。

2.1 黄淮海平原的土地利用

2.1.1 土地资源利用现状

2.1.1.1 土地资源数量特征

1. 土地利用类型主要以耕地为主，人均耕地面积小

黄淮海平原土地总面积为 36.83 万 km^2，占全国总面积的 3.87%；现有耕地面积 19.52 万 km^2，占全国耕地总面积的 16.04%；林地面积 2.31 万 km^2，占全国林地总面积的 0.98%；草地面积 0.05 万 km^2，占全国草地总面积的 0.02%。如表 2.1、表 2.2 所示，黄淮海平原是我国重要的粮棉油生产基地，宜农土地资源丰富，开发利用程度高，目前全区土地利用程度高达

表 2.1　黄淮海平原土地利用现状

万 hm^2

行政区域	总面积	农用地										建设用地						未利用地			
		耕地		园地		林地		牧草地		其他农用地		居民点工矿		交通用地		水利设施用地		未利用土地		其他土地	
		1997 年	2008 年	1997 年	2008 年	1997 年	2008 年	1997 年	2008 年	1997 年	2008 年	1997 年	2008 年	1997 年	2008 年	1997 年	2008 年	1997 年	2008 年	1997 年	2008 年
北京	86.15	26.80	16.84	6.28	7.27	16.51	22.09	0.11	0.00	5.10	4.75	18.74	23.27	1.52	2.70	0.31	0.49	8.57	6.76	2.25	1.98
天津	119.17	48.44	44.37	3.71	3.59	3.41	3.62	0.06	0.06	18.12	18.11	22.11	27.74	1.31	2.10	6.37	6.52	6.41	3.49	9.24	9.57
河北	1043.22	514.83	493.82	33.57	43.64	80.55	90.63	1.67	1.54	60.03	59.54	118.41	128.75	6.27	9.11	9.81	10.53	173.96	164.26	44.11	41.38
江苏	371.45	194.89	192.26	13.39	13.51	10.80	10.88	1.44	0.01	47.03	46.37	47.12	50.50	2.14	3.42	9.83	9.26	3.85	4.79	40.81	40.45
安徽	398.63	262.15	254.72	7.71	7.53	8.79	15.31	0.17	0.17	35.41	36.02	52.10	53.69	3.05	3.83	5.80	5.77	3.84	3.49	19.62	18.12
山东	834.18	447.78	442.39	30.15	28.67	35.42	37.22	4.50	3.32	76.74	80.68	105.28	116.15	5.92	8.23	13.27	14.35	61.22	53.25	53.91	49.91
河南	830.13	512.05	507.49	13.80	13.17	46.80	51.03	0.10	0.11	48.26	49.35	116.77	120.36	5.28	7.37	5.85	5.98	49.39	45.61	31.82	29.65
合计	3682.93	2006.94	1951.89	108.61	117.39	202.27	230.77	8.05	5.22	290.70	294.82	480.53	520.46	25.49	36.77	51.23	52.90	307.24	281.65	201.76	191.06

87.16%，农业土地利用率为70.60%，其中耕地占土地总面积比重为53.00%，73.96%分布在河北、山东、河南三省，复种指数达到174%，并以全国16.04%的耕地产出了全国26.65%的粮食。由于区域人口基数大，人均耕地面积为768.50m^2(1.15亩)，不足世界人均耕地面积的1/4。

表2.2 2008年黄淮海平原土地利用结构 %

行政区域	耕地		建设用地		未利用地	
	占耕地总面积比重	占土地总面积比重	占建设用地总面积比重	占土地总面积比重	占未利用地总面积比重	占土地总面积比重
北京	0.86	0.46	4.34	0.72	1.85	0.24
天津	2.27	1.20	5.96	0.99	2.76	0.35
河北	25.30	13.41	24.32	4.03	43.50	5.58
江苏	9.85	5.22	10.36	1.72	9.57	1.23
安徽	13.05	6.92	10.37	1.72	4.57	0.59
山东	22.66	12.01	22.74	3.77	21.82	2.80
河南	26.00	13.78	21.92	3.63	15.92	2.04
合计	100.00	53.00	100.00	16.57	100.00	12.84

2. 非农业用地比重较高，且面积逐年增加

黄淮海平原境内交通便利，工业发达，人口稠密，城市密集，拥有百万以上城市人口的特大城市8个，50万～100万城市人口的大城市20个，还有大批中、小城镇，非农建设用地比重较高，尤其是经济发达，城市集中的京津唐地区。区内建设用地面积达6.10万km^2，占土地总面积的16.57%，其中居民点工矿面积占建设用地面积的85.30%，交通用地占6.03%。近年来在城市化、工业化进程的驱动下，人口不断向城市集聚，城市规模不断扩张，为解决这些城市人口的吃、住、行及完善相应的基础设施等问题，对建设用地的需求不断增加，建设用地面积快速上升，总体增加5 287.00 km^2，以山东建设用地面积增加最大，为1 426.58 km^2，其次为河北，1 390.64 km^2，增加面积最少的区域为安徽，为234.28 km^2。其中居民点工矿增加高达40万hm^2，交通用地其次，为11.28万hm^2，同时由于农业现代化的要求，农业基础配套设施的完善亟需非农用地，再加上农村人口虽然逐渐向城市迁移，农村居民点规模却在逐年增加，因此黄淮海区域非农建设用地需求在不断增加，用地面积也在逐年增加，人地矛盾更加突出。

3. 后备土地资源垦殖难度大

黄淮海平原未利用土地面积为4.73万km^2，占土地总面积的12.84%。将近90.82%主要分布在河北、山东、河南、江苏四地，其中河北分布最广，主要是荒草地、盐碱地以及裸岩石砾地等，占未利用地总面积的43.50%；其次为山东、河南两地，分别为21.82%和15.92%，主要是山东的滨海盐碱地区和河南的荒草及裸岩石砾地；江苏未利用地相对较少，占未利用地总面积的9.57%，主要是河流湖泊及沿海滩涂。虽然部分滨海地区和内陆地区有少量盐碱荒地和沙荒地可供开垦利用，但由于水资源条件的限制，使得这些荒地的开垦难度较大，且河北、河南两地裸岩石砾地数量不少，是难利用土地，因此黄淮海平原后备土地资源垦殖难度大，耕地后备资源质量差。

2.1.1.2 土地资源质量特征

1. 水土资源分布不均衡

黄淮海平原73%以上的耕地主要分布于河北、河南、山东3省(表2.1),粮食产量占全区总量的74.15%,其中以河南耕地面积最大,粮食产量最高,但是河南水域面积仅占全区15.52%,水资源短缺已成为制约其农业生产发展的重要因素。总体看来,黄淮海平原水资源人均占有量较少,农业用水量占总用水量的90%,同时平原工业、交通发达,城镇密集,废水排放量大,水资源污染状况严重,加上农业灌溉设施老化、农田用水效率低下问题也很突出,如何以有限的水资源解决农业用水,提高土地产能和增加粮食产量,养活黄淮海平原将近21.26%的全国人口,促进城市发展和人民生活水平提高,是一个具有重大意义的战略问题。

2. 农地破碎零乱,村庄布局不合理

作为我国主要的粮食主产区,黄淮海平原存在农田田块破碎、田间基础设施损毁严重以及农村居民点分布散乱,结构不合理,功能不健全的现象。黄淮海平原农地破碎零乱使得土地资源浪费,耕地生产力水平不高,对粮食安全造成一定影响。加上近年来城市化、工业化发展速度加快,吸引大量农村人口向城市迁移,造成一方面村庄数量众多,布局分散,用地粗放;另一方面村庄的分布与人口的分布不相一致的情况,村庄空心化现象严重,人地矛盾尖锐。

3. 农田生态环境恶化,轮作障碍形势严峻

近年来,随着洪水、地质灾害等自然灾害频发和突发性污染事件的增加,黄淮海平原土地耕作层遭到破坏,土地的盐碱化、污染化和贫瘠化逐渐加剧,农田生态环境日益恶化,区域农药施用量大,持久性有机污染物残留导致轮作障碍严重。同时随着种植技术的提高,耕地复种指数已达174%,平原北部农作物多为两年三熟,南部一年两熟,加上推行立体农业和粮棉间作、套作等技术,使得土地利用强度较大,生产力却逐渐降低。

2.1.1.3 土地资源区域分布特征

黄淮海地区土地资源具有明显的地域分布规律性,因地形差异和经济发展水平不同,分布总体呈不平衡性,90%以上的耕地主要分布于平原地区,宜农土地资源丰富,其余土地利用类型比重较小;14%的建设用地主要分布于京津唐等经济发展水平较高的铁路沿线区域,其城市密集,工矿较多,交通发达;57%的未利用地主要分布于经济发展水平较低的低洼平原区、滨海盐碱地区及山区。由于土地资源生产力主要集中在耕地上,粮、棉、油全靠耕地提供,土地资源分布的不均衡性决定了黄淮海不同地区土地生产力的高低,人口承载能力差异较大。

2.1.1.4 土地资源利用存在问题

1. 土地生产效率不高

黄淮海土地利用强度较大,宜农土地资源利用率达87.16%,且土地利用重用轻养,造成土壤质量降低,土地利用效率较低。同时地区农田破碎,土地生产力低,中、低产田面积大,土地农业利用效益不高。

2. 水资源短缺问题严重

黄淮海水资源量不及全国平均水平的1/3，是我国少数水资源严重不足的地区之一，尤以京津唐地区和胶东半岛水资源供需矛盾最为突出，且农田水利基础设施不完善，水资源利用效率较低。由于气候环境的变化，黄河断流频繁，干旱面积增大，作物种植由“两年三熟”转为“一年两熟”，实灌面积加大，农业用水需求量急增，人口增加，非农用水量也日益增加，致使该区域需水量剧增，加上地下水位连年下降，不仅限制了黄淮海平原农业可持续发展，而且还限制了经济、社会、生态环境的可持续发展。

3. 生态环境问题突出

黄淮海地区生态环境基础脆弱，自然灾害频繁，如旱涝灾害、平原地区的盐碱、风沙和采煤塌陷地等。经济持续快速增长的同时，工业化、城市化引起的城市人口过度集聚，造成严重的交通拥堵、环境污染问题，致使黄淮海地区生态环境问题突出。

2.1.1.5 农业土地资源利用

黄淮海地区农业土地是土地资源利用的主体，是农业各部门最基本的生产资料，农业用地总面积26万 hm^2，占土地总面积的70.60%，主要以耕地为主，其他类型农业用地相对较少。

1. 农业土地利用类型

(1)耕地　据统计，黄淮海地区耕地面积由1997年20.07万 km^2 减少到2008年19.52万 km^2，总体减少0.55万 km^2，主要是河北、北京、安徽减少量较大，分别为2 101 km^2、996 km^2 和742 km^2，江苏减少耕地面积最少，为264 km^2，主要是由于划分进黄淮海平原的江苏省北部城市沿海分布，随区域发展生产与建设需要进行沿海土地开发，对连云港等沿海城市进行围垦开发滩涂以新增耕地，因而区域耕地面积减少不多。

黄淮海地区耕地总面积占农业土地总面积的75.07%，从地域分布看，耕地主要集中在平原，约占全区耕地总面积的90%，山地、丘陵垦殖指数较低，耕地较少。根据水利条件和利用方向的不同，黄淮海地区耕地可分为灌溉水田、望天田、水浇地、旱地、菜地，各省不同耕地类型分布情况差异较大(表2.3)。灌溉水田面积为148.50万 hm^2(2 227.43万亩)，约占耕地总面积的7.61%，其中约78%主要分布在江苏、安徽地区。望天田面积为0.83万 hm^2(12.46万亩)，约占耕地总面积的0.04%，其中约79.34%位于河南。水浇地是黄淮海地区耕地的主体，面积为961.76万 hm^2(14 426.36万亩)，占耕地总面积的49.27%，以山东、河北地区分布最为集中，分别达33.85%和33.59%(以黄泛平原和黑龙港平原分布较为集中)。旱地面积为813.59万 hm^2(12 203.78万亩)，占耕地总面积的41.68%，集中分布于河南、安徽。其余为菜地，面积为27.22万 hm^2(408.27万亩)，占耕地总面积的1.39%，其中60%以上集中分布于城市郊区、城镇郊区及工矿区附近。

(2)园地　园地总面积为117.39万 hm^2(1 760.85万亩)，占农业土地总面积的4.51%，主要分布于浅山、丘陵地区及平原古河道沙地区，包括果园、桑园、茶园、橡胶园、其他园地。

(3)林地　林地总面积为230.77万 hm^2(3 461.55万亩)，占农业土地总面积的8.88%，森林覆盖率大大低于全国平均水平。林地的地区分布不均衡，主要分布于山地丘陵区、山前平原及古河道地区，包括有林地、灌木林、疏林地、未成林造林地、迹地、苗圃等。

(4)草地　草地面积为5.22万 hm^2(78.30万亩)，占农业土地总面积的0.20%，主要分布在山地、丘陵区、平原河滩地及滨海盐碱地，人工草地约占67.42%，其余为天然草地。

表2.3　各地区不同耕地类型分布及各地类占耕地比例　%

行政区域	耕地类型									
	灌溉水田		望天田		水浇地		旱地		菜地	
	1997年	2008年	1997年	2008年	1997年	2008年	1997年	2008年	1997年	2008年
北京	1.97	0.45	0.00	0.00	1.91	1.33	0.30	0.21	8.53	6.25
天津	4.70	3.57	0.00	0.00	2.04	2.07	1.99	2.12	13.99	7.31
河北	6.95	6.94	0.90	1.14	32.88	33.59	20.91	18.92	21.80	23.98
江苏	58.70	60.27	8.00	5.04	2.62	2.42	8.90	9.26	14.42	15.11
安徽	16.20	17.74	3.64	6.00	0.75	0.67	26.85	27.06	5.47	6.21
山东	4.99	4.76	8.82	8.48	33.74	33.85	12.42	12.66	20.78	24.51
河南	6.49	6.27	78.64	79.34	26.06	26.07	28.63	29.77	15.01	16.63
所占比例	7.55	7.61	0.04	0.04	48.37	49.27	42.40	41.68	1.64	1.39

2. 农业土地利用特点

(1)农业土地利用程度　黄淮海地区农垦历史悠久，凡在现有条件下可以开发利用的宜农土地基本已开发利用，宜农土地资源利用率达87.16%，土地垦殖率系数高达53.01%，耕地复种指数达174%，主要是提高复种以充分利用耕地增加粮食产量，林地利用率不高，现实生产力较低，由于水资源缺乏，草地利用率也不高。该地区依靠外延扩展稳定粮食生产空间很小，必须发展内涵挖潜模式。

(2)农业土地生产力　农业土地生产力不仅取决于土地本身质量，也和社会、经济、技术等条件及经营方式密切相关。黄淮海地区2010年粮食产量为14 561.7万t，占全国总产量的26.65%，但仍有较大面积的中低产田，且粮食生产已明显呈现钝化趋势，增产难度将越来越大，加上粮食效益不高，农民种粮积极性不高的问题比较突出，大量农村劳动力向城市迁移，耕地抛荒现象严重，对我国未来的粮食安全有重要影响。

(3)农业土地经营方式　农业土地经营方式是生产力和生产关系的结合，既可以反映生产力发展要求和各方面的利益关系，又可以推动生产关系有关环节的完善。随着城市化、工业化、农业现代化的发展，黄淮海地区以家庭为基本单位的农业土地经营方式已显得不适应发展要求，土地细碎化，管理成本高，劳动力生产效率低，加上劳动力外出导致土地粗放式经营甚至荒弃，农业土地生产力较低。转变现有农业土地经营方式，通过土地流转来实现农业土地的适度规模经营以提高农业土地生产力是黄淮海地区未来发展趋势。

2.1.2　土地利用的演变

黄淮海平原农业历史悠久，自新石器时期便出现人类的农业生产活动，人类活动与土地长期作用，形成区域相对稳定的土地利用特征，土地资源在广度和深度上都得到了充分的开发和利用。由长久的发展历程中发现土地利用及其变化均受到区域自然、社会经济条件的强烈影响和制约，某一个时段的土地利用特征与其时代的社会形态密不可分。新石器时代至明清时代黄淮海平原的农业社会形态历经发展—动荡兴衰—再发展，最终在深度和广度上都达到一定水平。在这一历程中人类生存与发展需求对农业发展以及土地利用变化产生动力，自然条件变化和人口增加引起人类需求的变化，人类需求变化导致人类生产方式和生活方式的改变，从而推动土地利用的发展，而生产经验的积累和生产工具的改进极大地促进了生产力。纵观黄淮海平原土地利用发展历史，早期土地利用特征是与农耕社会相适应的，受自然条件制约较大，近代随着社会经济形态的变化，土地利用受人工干扰愈甚，变化受自然资源的限制相对较小，至 20 世纪 80 年代，国家对区内自然不利因素进行综合治理，是黄淮海平原人类活动与土地作用的繁盛时期，促进了区域农业的持续发展。20 世纪 90 年代初期我国开始城市化进程，社会形态与早期的农耕时代不可同日而语，土地利用的变化自然也是差异极大。20 世纪 90 年代末至 21 世纪，黄淮海平原进入新一轮快速的城市化与工业化进程中，经济社会得以迅速发展，人口不断向大城市集聚，土地利用形态产生剧烈变化，表现为耕地面积的大幅下降和城镇村及工矿用地的显著扩张。耕地减少以城乡建设用地侵占耕地资源为主，新增耕地资源主要来源于未利用土地、牧草地，河、湖滩地的开垦，总体来看耕地资源质量在下降，加上平原内部地区间自然条件和社会经济发展速度的差异，土地利用的变化特征呈现出显著的地域差异。

在此背景下对黄淮海平原 1997—2008 年土地利用演变历程进行分析，揭示区域这一时段内土地利用变化的空间格局与主要驱动力。1997—2008 年黄淮海平原耕地、建设用地以及未利用地变化较大，耕地和建设用地的变化一负一正，是相互矛盾的，正是当前黄淮海平原城市扩张与耕地保护双重压力造成的用地状态，未利用地的持续减少则说明黄淮海平原的后备土地资源形势严峻(表 2.4 至表 2.6)。

表 2.4 黄淮海平原 1997—2008 年耕地面积变化 万 hm^2

年份	北京	天津	河北	江苏	安徽	山东	河南
1997	26.80	48.44	514.83	194.89	262.15	447.78	512.05
1998	26.66	48.44	513.78	194.85	261.98	447.81	511.58
1999	26.43	48.44	513.20	194.29	261.95	447.74	511.89
2000	25.74	48.34	513.36	193.99	262.14	448.09	511.72
2001	22.06	48.12	513.39	193.67	262.28	448.14	511.76
2002	20.41	47.85	513.02	193.38	261.87	447.76	510.31
2003	20.31	47.85	508.43	193.22	261.87	447.76	510.31
2004	17.44	44.56	503.93	192.57	254.96	443.28	507.56
2005	17.15	44.55	501.94	192.36	254.90	442.96	507.65
2006	16.98	44.52	493.81	192.31	254.58	442.70	507.56
2007	16.86	44.37	493.63	192.21	254.62	442.55	507.54
2008	16.84	44.37	493.82	192.26	254.72	442.39	507.49

表 2.5 黄淮海平原 1997—2008 年建设用地面积变化 万 hm^2

年份	北京	天津	河北	江苏	安徽	山东	河南
1997	20.57	29.79	134.49	59.08	60.94	124.47	127.90
1998	20.86	30.06	135.70	59.27	61.07	125.21	128.47
1999	21.07	30.21	137.31	59.72	61.16	126.23	128.76
2000	21.37	30.43	138.27	59.89	61.24	127.39	129.07
2001	22.59	30.75	139.07	61.06	61.25	129.46	129.46
2002	24.17	31.11	139.40	61.14	61.31	130.52	130.49
2003	23.66	31.06	140.35	60.56	61.25	129.98	128.11
2004	25.20	34.36	141.52	61.67	62.38	133.59	130.90
2005	25.52	34.63	144.08	62.14	62.47	135.31	131.87
2006	25.83	34.87	147.26	62.61	62.92	136.94	132.80
2007	26.33	36.03	148.14	63.05	63.29	138.31	133.56
2008	26.45	36.36	148.40	63.18	63.29	138.73	133.71

表 2.6 黄淮海平原 1997—2008 年未利用土地面积变化 万 hm^2

年份	北京	天津	河北	江苏	安徽	山东	河南
1997	10.82	15.65	218.07	44.66	23.46	115.13	81.21
1998	10.37	15.53	217.36	44.59	23.53	114.24	81.16
1999	10.37	15.35	216.31	44.55	23.45	113.32	80.89
2000	10.34	15.20	215.62	44.81	23.31	111.77	81.06
2001	10.41	15.04	215.28	44.66	23.23	109.06	81.01
2002	9.17	16.04	215.13	46.80	23.13	108.36	80.43
2003	9.17	16.04	214.75	46.76	23.05	108.28	80.43
2004	9.00	14.01	212.15	46.13	22.04	106.15	76.92
2005	8.93	13.81	210.33	45.96	22.02	105.42	76.51
2006	8.85	13.65	206.61	45.64	21.83	104.10	75.94
2007	8.75	13.24	205.97	45.35	21.67	103.30	75.35
2008	8.73	13.06	205.65	45.24	21.61	103.16	75.26

黄淮海平原土地利用变化主要表现为以下特征与分布格局(图 2.1,表 2.7)。

(1)耕地面积减少 55.05 万 hm^2,以旱地的减少最为突出,达 37.34 万 hm^2,其次为水浇地,减少面积为 9.06 万 hm^2。耕地减少以建设用地侵占为主,新增耕地主要来源于草地、未利用土地以及水域的开垦利用,因此总体看来黄淮海平原耕地资源的质量是下降的。

(2)建设用地增加 52.87 万 hm^2,是 1997—2008 年间黄淮海平原土地利用变化最突出的类型,主要来自于对耕地资源的占用。建设用地扩张区域主要以京津冀和山东最为显著,12

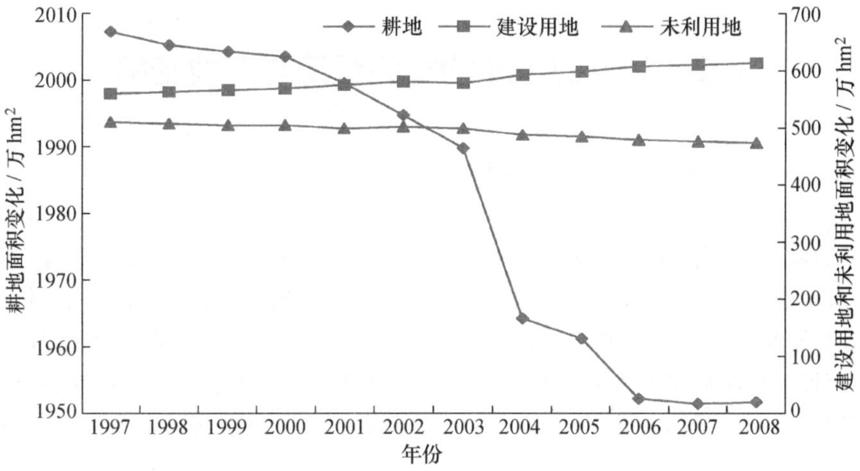

图 2.1 黄淮海平原 1997—2008 年土地利用动态变化情况

年来四省市扩张面积占总面积的 76.84%。

(3)林地面积增加 28.50 万 hm^2,新增加的林地面积主要集中于黄淮海平原河北、安徽、北京等地。

(4)草地面积减少 2.83 万 hm^2,以江苏、山东两地为主,占减少总面积的 91.87%,主要是被开垦为农田。

(5)水域面积减少 10.70 万 hm^2,其中尤以山东、河北、河南表现严重,水域减少面积之和达 8.90 万 hm^2,同时水资源短缺业已成为限制黄淮海平原农业生产发展的重要因素之一。

(6)未利用土地面积减少 25.59 万 hm^2,主要集中于京津冀一带及山东、河南,大多被开垦为农田。

表 2.7 黄淮海平原 1997—2008 年耕地地类变化情况 万 hm^2

年份	灌溉水田	望天田	水浇地	旱地	菜地
1997	151.51	0.85	970.81	850.93	32.84
1998	151.57	0.84	969.97	849.87	32.84
1999	151.26	0.83	969.79	849.36	32.68
2000	152.37	0.82	971.52	847.88	30.79
2001	150.53	0.83	969.70	848.48	29.87
2002	149.80	0.84	967.23	847.07	29.67
2003	149.40	0.84	966.73	843.22	29.56
2004	149.31	0.87	957.32	828.20	28.61
2005	149.03	0.83	959.50	824.20	27.95
2006	148.90	0.83	963.35	811.72	27.67
2007	148.43	0.83	961.73	813.52	27.25
2008	148.50	0.83	961.76	813.58	27.22

2.2 黄淮海平原的社会经济与产业结构

2.2.1 社会经济与产业结构现状

历史上黄淮海平原由于旱涝灾害频繁，盐碱土壤多，农业生产一直低而不稳，为促进农业发展，人们对黄淮海平原自然生产条件的治理逐渐从单一转向综合。20 世纪 80 年代中期，中国科学院对黄淮海平原自然资源进行开发利用与综合治理，实现了中低产田改造和荒洼地开发治理，从而促进黄淮海平原农业持续增长。加上黄淮海平原本身工业生产实力雄厚，加工工业亦有相当基础，交通运输发达，优越的工、交、农条件对平原社会经济的发展起着良好的驱动作用。

黄淮海平原一、二、三产产业结构比例由 1997 年的 20.64：45.44：33.92 调整为 2008 年的 10.08：49.62：40.06，第一产业和第三产业调整较大，体现了 20 世纪 90 年代末至 21 世纪初期社会经济快速增长，区域经济综合实力增强，产业结构得到进一步的优化。由表 2.8 分析可知，河北、山东、河南三省生产总值占区内总产值的 64%以上，安徽、江苏所占比重为 10%左右。其中河北、山东、河南三省第一产业、第二产业、第三产业占区内各产业产值比例分别为 76.44%、52.49%和 71.19%，可见黄淮海平原产业结构布局处于不均衡状，造成平原内部不同省市社会经济情况的差异。

表 2.8 黄淮海平原产业结构现状

亿元

行政区域	年份	国内生产总值	第一产业	第二产业	第三产业
北京	1997	1 730.60	69.29	704.34	956.97
	2008	8 761.33	83.13	1 886.40	6 791.81
天津	1997	1 235.28	69.43	643.88	521.97
	2008	6 719.01	122.58	3 709.78	2 886.65
河北	1997	3 663.33	813.90	1 735.93	1 113.50
	2008	14 361.27	1 718.86	7 735.25	4 907.18
江苏	1997	1 094.82	324.96	440.17	329.69
	2008	4 658.01	681.60	2 286.18	1 540.10
安徽	1997	1 059.28	323.03	433.92	301.33
	2008	2 745.70	612.30	1 151.40	982.00
山东	1997	3 124.67	727.24	1 454.29	943.14
	2008	14 231.90	1 458.55	8 065.92	4 707.45
河南	1997	2 680.06	682.44	1 215.68	781.94
	2008	11 708.58	1 689.08	6 520.93	3 498.57

2.2.2 社会经济与产业结构演变

黄淮海平原社会经济与产业结构变化的情况促进土地利用结构的调整，是土地利用演变的主要驱动力之一。分析黄淮海平原社会经济与产业结构在1988—2010年的演变情况，对于研究其土地利用在该时段内的变化情况具有参考意义。

自1988年以来，第一产业占生产总值的比例逐年下降，由28.33%降至2010年的9.34%，第二、三产业则是逐渐增长，尤以第三产业增长速度最快，2010年比1988年增长15.44%，年均增长0.67%。2010年黄淮海平原生产总值达到83 347.41亿元，人均生产总值25 849元，主要以第二产业为主，占总产值的48.86%。从产业结构调整来看，1988—1991年全区以第二产业为主，其次为第一产业，第三产业所占比例最低，1992年第三产业比重首次超过第一产业，1993年及之后则形成全区第二产业为主体，第三产业跟进，第一产业打基础的良好产业格局(图2.2)。

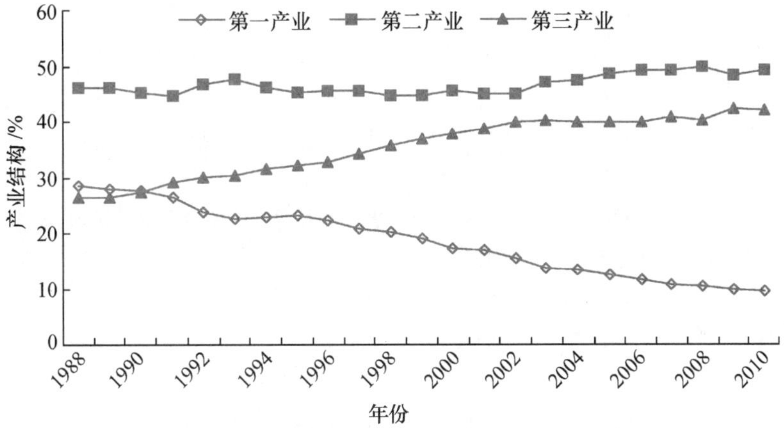

图2.2 1988—2010年黄淮海平原产业结构变化情况

平原内部各省产业结构的布局亦不平衡，由于经济发展需要，各省产业结构调整较大。20世纪80年代末至90年代初江苏、安徽、山东、河南四省产业结构由以第一产业为主调整为第二产业为主，第一产业和第三产业并进，至21世纪，则完全以第二产业和第三产业为重，第一产业比重下降幅度较大，与80年代相比均下降20%以上。北京、天津、河北则一直以第二产业为主，其中北京1994年产业结构发生较大变化，从第二产业为主转化为以第三产业为主，第一产业所占比重一直偏低，至2010年降至最低点0.74%。

纵观黄淮海平原产业结构变化概况，全区第一产业比重均趋于下降，其农业产区的功能随着城市化、工业化的进程受到一定程度的冲击，产业结构的调整与城市化率的变化趋于一致，第二、三产业比重的增加伴随着城市化水平的提高，至2010年黄淮海平原城市化率达33.80%。

黄淮海平原国内生产总值和第一、第二、第三产业产值变化如表2.9至表2.12所示。

表 2.9 黄淮海平原国内生产总值变化 亿元

年份	北京	天津	河北	江苏	安徽	山东	河南
1988	410.20	259.64	553.30	219.21	211.10	553.87	483.52
1989	455.80	283.34	662.50	233.87	199.70	614.65	551.89
1990	500.70	300.31	718.50	258.51	261.70	674.11	620.83
1991	598.90	337.75	797.70	274.09	362.60	775.77	699.65
1992	709.10	411.25	976.94	334.77	485.08	924.78	841.42
1993	817.02	536.10	1 320.13	447.54	378.79	1 345.49	1 094.74
1994	1 016.50	725.14	1 898.02	662.30	527.01	1 766.19	1 454.38
1995	1 325.45	920.11	2 529.87	842.97	712.92	2 278.15	1 971.10
1996	1 539.72	1 099.47	3 130.01	1 008.35	898.83	2 737.14	2 444.45
1997	1 730.60	1 235.28	3 663.33	1 094.82	1 059.28	3 124.67	2 680.06
1998	1 924.82	1 336.38	3 987.29	1 205.05	959.45	3 397.61	2 835.34
1999	2 072.69	1 500.95	4 248.04	1 319.72	952.88	3 381.88	2 939.69
2000	2 362.92	1 701.88	4 661.83	1 427.33	763.14	3 830.03	3 255.38
2001	2 466.26	1 919.09	5 060.65	1 583.71	971.68	4 277.89	3 590.26
2002	3 122.20	2 150.76	5 545.37	1 763.64	1 050.05	4 806.07	3 945.20
2003	3 681.40	2 578.03	6 429.41	1 955.75	1 131.15	5 681.49	4 341.22
2004	5 250.85	3 110.97	7 795.46	2 348.72	1 414.33	7 003.37	5 453.07
2005	5 876.81	3 905.64	8 996.32	2 465.73	1 686.51	8 423.25	6 722.43
2006	6 639.65	4 462.74	10 297.65	3 216.78	1 921.81	10 030.35	7 929.56
2007	7 809.71	5 252.76	11 921.89	3 846.45	2 260.60	11 942.19	9 535.94
2008	8 761.33	6 719.01	14 361.27	4 658.01	2 745.70	14 231.90	11 708.58
2009	10 624.32	7 521.85	15 216.39	5 279.89	2 994.20	15 510.98	11 514.32
2010	12 301.21	10 158.98	17 830.17	6 587.61	3 588.73	17 963.01	14 917.70

表 2.10 黄淮海平原第一产业产值变化 亿元

年份	北京	天津	河北	江苏	安徽	山东	河南
1988	38.50	26.21	133.67	95.02	88.90	219.21	178.63
1989	38.50	29.85	160.47	98.24	64.90	231.10	204.98
1990	43.90	30.77	173.99	110.35	91.40	249.17	222.44
1991	45.50	29.26	193.04	113.16	123.70	293.22	225.12
1992	48.64	30.26	235.75	124.85	179.32	277.97	248.86
1993	44.15	35.39	285.93	149.89	128.89	371.43	305.87
1994	60.22	46.53	470.36	220.54	179.32	464.88	384.21
1995	65.64	63.21	648.38	280.40	239.39	609.82	526.60
1996	67.71	67.60	752.71	321.23	299.46	709.52	638.67
1997	69.29	69.43	813.90	324.96	323.03	727.24	682.44

续表 2.10

年份	北京	天津	河北	江苏	安徽	山东	河南
1998	69.42	74.03	854.50	343.89	294.43	767.29	715.63
1999	69.87	71.14	830.13	353.73	310.24	710.11	761.67
2000	71.18	73.69	837.95	356.57	238.67	731.76	770.77
2001	73.99	78.73	876.08	378.86	315.55	752.07	827.26
2002	80.30	84.21	898.49	401.87	331.68	766.54	860.62
2003	78.90	89.91	980.42	398.71	314.26	817.33	759.59
2004	73.41	105.28	1 175.24	450.29	436.40	943.68	1 069.02
2005	73.85	112.38	1 289.20	501.06	442.65	1 063.49	1 212.95
2006	72.56	103.35	1 381.32	546.56	487.75	1 140.48	1 319.73
2007	74.79	110.19	1 514.21	605.41	553.78	1 266.80	1 409.38
2008	83.13	122.58	1 718.86	681.60	612.30	1 458.55	1 689.08
2009	86.78	128.85	1 817.23	734.93	638.90	1 564.98	1 686.01
2010	91.04	141.74	2 157.13	848.48	725.16	1 761.28	2 061.44

表 2.11 黄淮海平原第二产业产值变化 亿元

年份	北京	天津	河北	江苏	安徽	山东	河南
1988	231.60	159.58	272.49	78.72	70.50	222.41	189.42
1989	252.20	175.88	325.98	84.74	75.50	252.86	206.49
1990	262.40	179.97	353.90	93.22	96.40	281.43	229.73
1991	291.50	189.01	392.90	100.75	144.40	319.09	266.80
1992	345.90	230.61	481.84	134.51	212.22	421.36	352.07
1993	388.40	302.48	684.71	192.60	152.54	617.54	482.10
1994	460.92	404.08	868.66	268.07	212.22	813.72	672.53
1995	581.85	501.22	1 124.90	332.10	288.77	1 041.09	898.37
1996	647.30	584.43	1 445.12	398.12	365.32	1 263.39	1 117.09
1997	704.34	643.88	1 735.93	440.17	433.92	1 454.29	1 215.68
1998	751.77	660.00	1 880.15	490.40	377.28	1 555.31	1 263.09
1999	796.42	758.51	2 048.60	552.33	337.28	1 555.08	1 236.27
2000	892.74	863.83	2 274.33	606.80	261.68	1 837.39	1 423.88
2001	855.94	959.06	2 472.08	680.61	314.82	2 046.10	1 574.67
2002	1 016.60	1 069.08	2 754.62	774.87	348.18	2 336.31	1 746.07
2003	1 093.60	1 337.31	3 326.53	896.60	408.39	2 929.42	2 082.32
2004	1 431.56	1 685.93	4 054.69	1 108.27	510.03	3 838.64	2 632.79
2005	1 452.13	2 135.07	4 737.87	1 254.55	620.40	4 808.03	3 461.67
2006	1 547.86	2 457.08	5 480.15	1 545.19	716.80	5 789.99	4 187.35
2007	1 754.20	2 892.53	6 329.14	1 871.90	872.76	6 813.42	5 139.42
2008	1 886.40	3 709.78	7 735.25	2 286.18	1 151.40	8 065.92	6 520.93
2009	2 056.28	3 987.84	8 057.36	2 608.99	1 334.00	8 580.85	6 436.08
2010	2 449.89	5 710.06	9 499.41	3 162.23	1 708.89	9 745.89	8 444.82

表 2.12　黄淮海平原第三产业产值变化　　亿元

年份	北京	天津	河北	江苏	安徽	山东	河南
1988	165.20	73.85	143.65	44.57	51.80	112.14	115.48
1989	165.20	77.61	172.05	50.89	59.30	130.69	140.43
1990	194.60	89.57	186.35	54.94	74.00	143.51	168.67
1991	261.80	119.08	207.03	60.18	94.50	163.49	207.72
1992	314.50	150.37	253.35	75.41	135.50	225.45	240.47
1993	384.47	198.23	349.49	105.04	97.39	356.52	306.77
1994	495.36	274.53	558.97	173.69	135.50	487.59	397.65
1995	677.95	355.68	747.59	230.48	184.78	627.24	546.13
1996	824.72	447.44	932.18	289.01	234.06	764.23	688.67
1997	956.97	521.97	1 113.50	329.69	301.33	943.14	781.94
1998	1 103.63	602.35	1 252.25	370.75	287.74	1 075.01	856.63
1999	1 206.40	671.30	1 378.31	413.65	305.36	1 116.69	941.75
2000	1 399.00	764.36	1 549.56	463.96	262.79	1 260.87	1 060.72
2001	1 536.31	881.30	1 712.45	524.23	341.31	1 479.72	1 188.33
2002	2 024.60	997.47	1 892.23	586.90	370.20	1 703.22	1 338.51
2003	2 509.00	1 150.82	2 122.43	660.45	408.50	1 934.74	1 499.31
2004	3 745.88	1 319.76	2 565.53	790.16	467.90	2 221.05	1 751.26
2005	4 350.82	1 658.19	2 969.24	931.48	623.46	2 551.73	2 047.81
2006	5 019.23	1 902.31	3 436.18	1 039.11	717.26	3 099.88	2 422.46
2007	5 980.72	2 250.04	4 078.54	1 369.15	834.06	3 861.97	2 987.14
2008	6 791.81	2 886.65	4 907.18	1 540.10	982.00	4 707.45	3 498.57
2009	8 481.26	3 405.16	5 341.79	1 935.97	1 021.10	5 365.15	3 392.23
2010	9 760.38	4 307.15	6 173.63	2 576.90	1 154.67	6 455.84	4 411.44

2.3　黄淮海平原的人口

2.3.1　人口现状

黄淮海平原是农业生产历史起源地，早期农耕社会人口的分布与农业生产相适应，适于农业生产的区域人口分布较为密集，人口分布受农业生产和自然资源环境的限制。随着社会发展，区域人口的分布除受历史因素影响，主要受自然资源环境、人口自然增长影响。而近代人口分布的影响因素则更为复杂，除了历史和人口自然增长，还受到社会经济对人口的引力作用，人口机械增长因素对人口分布的影响逐渐增大，由于人类活动的活跃及控制自然能力的加强，自然因素对人口分布的限制逐渐弱化。

作为国家粮食主产区和北方发展程度最高的经济核心区，黄淮海平原交通便利，利于人口聚集，历来是我国人口最密集的地区之一，主要以农业人口居多，20 世纪 80 年代至今，城市化、工业化速度加快，非农人口比重逐渐增大。2010 年黄淮海地区总人口达到 2.60 亿人，占全国总人口的 19.36%，其中农业人口 1.74 亿人，占总人口的 67.00%，非农人口 0.86 亿人，占总人口的 33.00%。据统计分析，区内人口主要以河南分布最广，占总人口比重为 27.07%，其农业人口占黄淮海地区农业总人口的 49%，其次为河北、山东、安徽地区，分别为 24.39%、17.83%、14.14%，江苏则为 8.70%，北京、天津人口密度虽然较大，但与其余五省相比面积不大，总人口占黄淮海平原比例不大，均为 4.0%左右(表 2.13)。

表 2.13 黄淮海平原人口现状 万人

行政区域	总人口		农业人口		非农业人口	
	1997 年	2010 年	1997 年	2010 年	1997 年	2010 年
北京	972.21	1 138.71	283.22	204.93	688.98	933.78
天津	904.81	989.56	386.91	384.85	517.91	604.71
河北	5 456.78	6 170.83	4 493.66	4 244.16	963.12	1 926.67
江苏	2 288.24	2 555.64	1 886.36	1 513.27	401.87	1 042.37
安徽	2 757.24	3 053.99	2 298.31	2 461.13	458.93	592.86
山东	4 571.37	5 010.20	3 513.42	3 102.83	1 057.95	1 907.38
河南	6 007.42	7 038.90	5 009.56	5 480.02	997.85	1 558.88

2.3.2 人口动态变化

2.3.2.1 人口数量变化

黄淮海平原人口布局变化促进土地利用结构的调整，是土地利用演变的主要驱动力之一，分析黄淮海平原 1988—2010 年人口布局变化情况，对于研究土地利用在该时段内的变化情况具有重要意义(表 2.14 至表 2.16)。

表 2.14 黄淮海平原总人口变化情况 万人

年份	北京	天津	河北	江苏	安徽	山东	河南
1988	886.09	843.43	4 813.96	2 103.60	2 317.00	4 022.39	5 162.34
1989	904.48	856.95	4 894.56	2 149.53	2 364.62	3 982.37	5 262.92
1990	914.57	871.25	5 032.49	2 244.69	2 502.60	4 408.97	5 372.95
1991	922.25	874.75	5 170.42	2 281.21	2 550.23	4 474.33	5 578.56
1992	928.30	882.72	5 229.44	2 299.16	2 592.70	4 455.51	5 659.52
1993	942.00	847.46	5 281.78	2 316.04	2 622.12	4 480.12	5 755.00
1994	947.77	894.52	5 332.74	2 332.85	2 661.92	4 494.38	5 791.70

续表 2.14

年份	北京	天津	河北	江苏	安徽	山东	河南
1995	956.53	898.59	5 380.97	2 354.32	2 692.84	4 519.03	5 864.78
1996	962.96	902.43	5 413.14	2 377.20	2 724.12	4 536.96	5 930.06
1997	972.21	904.81	5 456.78	2 288.24	2 757.24	4 571.37	6 007.42
1998	978.75	910.74	5 499.11	2 312.56	2 784.98	4 604.80	6 063.61
1999	986.11	916.17	5 540.66	2 327.90	2 817.86	4 635.45	6 123.45
2000	994.61	918.71	5 600.97	2 371.21	2 721.41	4 668.71	6 250.59
2001	1 008.46	923.75	5 629.88	2 386.71	2 749.22	4 700.32	6 249.51
2002	1 022.64	926.99	5 662.87	2 399.16	2 774.56	4 728.79	6 306.47
2003	1 031.80	925.73	5 701.07	2 413.68	2 797.17	4 756.37	6 367.06
2004	1 046.45	938.47	5 734.68	2 431.11	2 853.89	4 805.20	6 447.73
2005	1 062.68	942.99	5 787.97	2 449.80	2 883.05	4 835.70	6 546.30
2006	1 077.78	952.28	5 841.26	2 476.40	2 928.81	4 861.32	6 644.87
2007	1 093.70	964.14	5 924.17	2 488.71	2 978.70	4 896.44	6 760.74
2008	1 108.91	970.21	6 022.95	2 506.60	3 017.59	4 923.68	6 868.46
2009	1 123.95	984.69	6 095.08	2 523.01	3 053.52	4 963.85	6 950.14
2010	1 138.71	989.56	6 170.83	2 555.64	3 053.99	5 010.20	7 038.90

表 2.15　黄淮海平原农业人口变化情况　　万人

年份	北京	天津	河北	江苏	安徽	山东	河南
1988	310.01	374.30	4 146.17	1 824.05	2 007.10	3 461.71	4 524.96
1989	303.38	378.49	4 199.82	1 837.02	2 044.50	3 344.86	4 591.86
1990	304.37	385.69	4 323.72	1 922.91	2 172.83	3 691.89	4 677.95
1991	304.07	382.56	4 447.62	1 950.35	2 212.00	3 712.48	4 854.13
1992	302.59	385.96	4 459.38	1 958.15	2 228.25	3 651.92	4 896.58
1993	307.30	357.35	4 483.46	1 962.86	2 245.96	3 613.79	4 933.00
1994	295.08	388.17	4 503.50	1 970.72	2 261.53	3 544.66	4 903.82
1995	279.58	388.38	4 493.58	1 973.11	2 279.91	3 520.12	4 923.60
1996	287.23	387.01	4 481.89	1 975.02	2 308.98	3 499.45	4 948.93
1997	283.22	386.91	4 493.66	1 886.36	2 298.31	3 513.42	5 009.56
1998	279.77	386.77	4 509.68	1 898.35	2 315.75	3 554.49	5 040.11
1999	275.19	384.88	4 524.57	1 838.89	2 337.61	3 571.23	5 076.43
2000	271.21	382.97	4 537.74	1 794.42	2 258.28	3 578.27	5 146.00
2001	267.33	381.88	4 521.90	1 756.67	2 276.14	3 538.50	5 093.48
2002	257.13	380.34	4 489.17	1 741.70	2 287.25	3 498.16	5 117.69
2003	246.29	372.26	4 229.90	1 679.56	2 297.60	3 416.35	5 115.05
2004	239.03	378.27	4 254.56	1 563.68	2 348.23	3 402.58	5 059.11

续表 2.15

年份	北京	天津	河北	江苏	安徽	山东	河南
2005	232.51	379.81	4 170.94	1 544.44	2 366.02	3 327.76	5 141.46
2006	225.26	380.07	4 087.31	1 533.10	2 384.22	3 316.62	5 223.82
2007	218.47	381.71	4 105.51	1 538.49	2 417.63	3 167.74	5 294.44
2008	213.74	380.47	4 178.89	1 545.07	2 441.98	3 107.59	5 364.21
2009	209.37	384.99	4 211.73	1 504.74	2 468.51	3 168.45	5 428.20
2010	204.93	384.85	4 244.16	1 513.27	2 461.13	3 102.83	5 480.02

表 2.16 黄淮海平原非农人口变化情况 万人

年份	北京	天津	河北	江苏	安徽	山东	河南
1988	576.08	469.13	667.79	279.55	309.90	560.67	637.38
1989	601.10	478.46	694.74	312.50	320.12	637.52	671.06
1990	610.20	485.57	708.77	321.78	329.77	717.08	695.00
1991	618.18	492.19	722.81	330.86	338.23	761.85	724.43
1992	625.72	496.76	770.06	341.01	364.45	803.59	762.95
1993	634.70	490.11	798.32	353.18	376.16	866.33	822.00
1994	652.69	506.35	829.24	362.14	400.38	949.72	887.88
1995	676.95	510.20	887.38	381.21	412.94	998.92	941.18
1996	675.73	515.42	931.25	402.19	415.14	1 037.51	981.13
1997	688.98	517.91	963.12	401.87	458.93	1 057.95	997.85
1998	698.97	523.97	989.43	414.20	469.23	1 050.31	1 023.50
1999	710.93	531.29	1 016.09	489.01	480.24	1 064.21	1 047.01
2000	723.40	535.74	1 063.24	576.80	463.13	1 090.45	1 104.60
2001	741.12	541.87	1 107.98	630.04	473.08	1 161.82	1 156.03
2002	765.51	546.65	1 173.70	657.45	487.31	1 230.63	1 188.78
2003	785.51	553.46	1 471.17	734.11	499.56	1 340.02	1 252.02
2004	807.42	560.21	1 480.12	867.43	505.67	1 402.63	1 388.62
2005	830.16	563.19	1 617.03	905.36	517.03	1 507.94	1 404.83
2006	852.52	572.21	1 753.95	943.29	544.60	1 544.71	1 421.05
2007	875.24	582.43	1 818.66	950.22	561.07	1 728.69	1 466.30
2008	895.17	589.74	1 844.06	961.53	575.61	1 816.09	1 504.25
2009	914.58	599.70	1 883.35	1 018.27	585.00	1 795.40	1 521.93
2010	933.78	604.71	1 926.67	1 042.37	592.86	1 907.38	1 558.88

自 1988 年以来各省市人口占黄淮海平原总人口比例虽略有波动，总体上变化不大，表明黄淮海平原人口总体布局情况较为稳定，但由于自然地理环境的限制和经济社会发展的不平衡，区域人口分布呈非均衡特征。此外 1988—2010 年，除北京、天津二市，平原其余五省农业人口的比重从 85%以上降至 70%以下，农业人口比重仍然远远高于非农人口(图 2.3)。

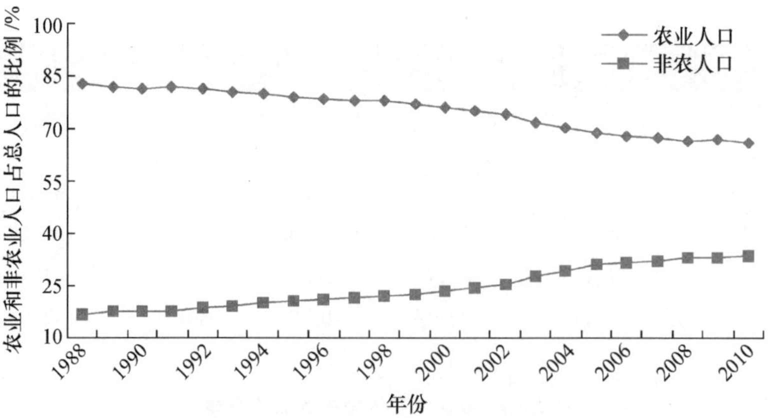

图 2.3 1988—2010 年黄淮海农业人口和非农业人口变化情况

2.3.2.2 人口空间变化特征

1. 总人口空间变化特征

整体来看，经过 20 余年发展，大城镇数量明显增加，城镇化率明显提高，从 1988 年的 17.37%上升为 2010 年的 33%，且一直保持持续增长状态(图 2.4)，因该处城镇化率是以非农人口进行计算，所以比以城镇人口计算的城镇化率偏低。2010 年与 1988 年相比全区人口数量整体呈增加趋势(表 2.17)，且不同级别人口数量的城镇分布出现一定程度的变化，高级别的城镇数量在不断增加，低级别的城镇数量呈减少趋势，以 20 万～50 万和 100 万～200 万两个人口数量级变化最为突出，其中 20 万～50 万城镇数量比重减少 11.89%，100 万～200 万城镇数量比重增加 10.61%。此外，2010 年大于 200 万人口的城镇数量在 1988 年的北京、天津、济南(指市区人口数据)基础上增加了石家庄、唐山、淮安、阜阳、郑州、临泉县共计 9 个地区。北京、天津两地作为我国中央直辖市，其人口数量具有行政管理职能引起的特殊集聚效应，济南、石家庄、郑州则是省会城市，是省内政治、经济和文化中心，吸引人口集聚，而唐山、淮安、阜阳是省内地区一级中心城市，也是综合性的地区政治、经济和文化中心，临泉县则是全国人口第一大县，每年向全国各地输出劳动力 40 万人，是全国农村劳动力开发试点县。由此可知，黄淮海平原将会以 50 万～100 万、100 万～200 万人口的城镇发展为重点，人口分布日益集中到这两个数量级别的城镇将是大趋势，大于 200 万人口的城镇数量也将会有一定数量的增加。

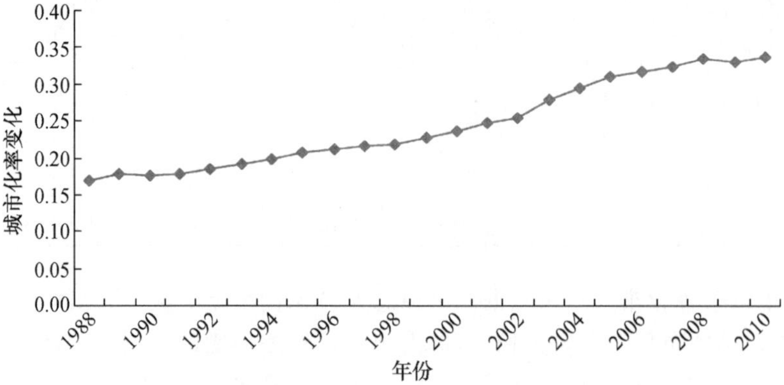

图 2.4 黄淮海平原 1988—2010 年城市化率变化情况

表 2.17 1988—2010 年不同级别人口数量的城镇变化情况

人口数量分级/万人	1988 年		2010 年		1988—2010 年变化	
	数量/个	比重/%	数量/个	比重/%	数量/个	比重/%
<20	17	5.47	7	2.25	−10	−3.22
20~50	131	42.12	94	30.23	−37	−11.89
50~100	129	41.48	137	44.05	8	2.57
100~200	31	9.97	64	20.58	33	10.61
>200	3	0.96	9	2.89	6	1.93

据联合国经济及社会事务部人口司于 2004 年发表的《2300 年全球人口预测》提出，中国人口总数预计在 2030 年超过 14.5 亿人，《中国城市状况报告 2010—2011》预测至 2030 年，中国的城镇化率将达到 65%左右，据此预测至 2030 年黄淮海平原人口总数将达到 3.08 亿人，城镇人口超过 1.91 亿人。因此，至 2030 年，黄淮海平原城镇将继续保持扩充，城镇人口的增加主要体现在 50 万～100 万、100 万～200 万人口的城镇，且该级别的城镇数量会持续增加，其次随着城镇化进程的加速，各地区作为政治、经济和文化中心的省会城市及一级中心城市对城镇人口的吸引大大加强，大于 200 万人口的城镇也会继续增加。

从总体空间布局来看，1988—2010 年黄淮海平原人口分布表现为北低南高，按理说平原北部省份社会经济发达程度高于南部省份，凭借社会经济对人口分布的重要影响，总人口分布应该是北部高才对，但是实际情况不然，主要是地理环境和历史因素造成的。本书引言部分指出，旧石器时代到新石器时代早中期黄淮海平原东西两侧，是最早土地利用与农耕文明的起源地。新石器时代晚期文化遗址进一步向平原中部扩展，农耕文化遗址自西向东发展。而黄淮海平原中北部(河北平原中部)，则是黄淮海平原中土地利用垦殖最晚的地区。因此，早期人类活动地区总体上在地域空间表现为北低南高特征，甚至在河北平原中部表现为空白地区，主要是由于黄河下游河道在河北平原中部长期泛滥、摆动，地面形成众多沙岗、洼地和大片沼泽，人类无法长期居留。之后人类社会向国家文明时代迈进，人类的活动地区始终是在此基础上发展扩充，加上平原北部紧挨北方游牧民族，历史上一旦发生战乱，少数民族入侵首先屠杀平原北部人口，一直以来北部人口总量稀少。随着历史进程的推进，近代社会国家对平原北部地理环境进行综合治理，大力发展农业，人口逐渐密集，之后由农耕社会转向城镇、工业型社会，虽然人类对自然的控制和治理能力显著提高，生产力布局对人口分布产生巨大影响，北部人口数量有显著提高，但是历史遗留下来的人口基数众多，区域人口分布的整体空间形态保持不变(图 2.5)。

从数量上来看，2010 年人口较 1988 年密集，整体人口布局相比变化不大。1988 年和 2010 年小于 20 万和 20 万～50 万人口的城市均主要分布于海河平原。1988 年 50 万～200 万人口的城市主要分布于淮北平原，大于 200 万人口的城市较少，呈零星分布。2010 年 50 万～100 万人口的城市则一半分布在黄河下游平原和淮北平原，一半分布于海河平原；100 万～200 万人口城市 71.67%分布于淮北平原，200 万人以上人口城市增加至 9 个。总的来说，1988 年黄淮海平原 20 万～50 万人和 50 万～100 万人口城市数量最多，比重约为 83.60%，人口数量主要聚集在区内黄河下游平原及淮北平原，大约集聚了总人口的 53.88%，海河平原以及山东

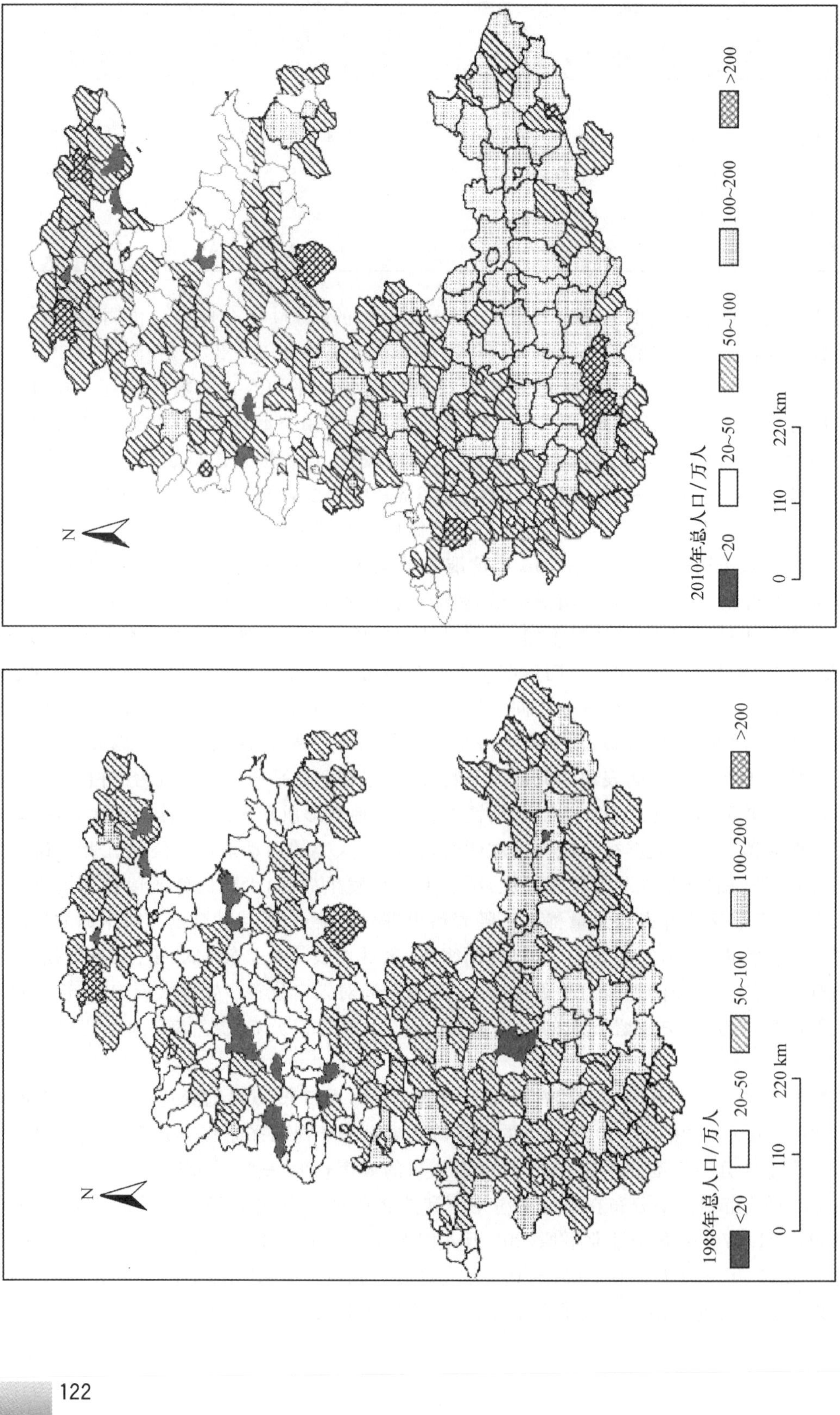

图2.5 1988、2010年黄淮海地区总人口分布图

丘陵地区人口分布相对较少。2010 年 20 万～50 万和 50 万～100 万人口城市数量比重降为 74.28%，100 万～200 万人口城市数量的比重则提高到 20.58%，人口主要向淮北平原集聚，大约集聚了总人口的 55.07%。

1988—2010 年黄淮海平原人口数量变化呈现分级递减特征(图 2.6)，即以某一城市为集聚中心人口增加量由内向外逐渐减少，各地区间人口数量变化呈不均衡分布，主要是由地理环境、历史政治和经济社会等多方面因素决定的。

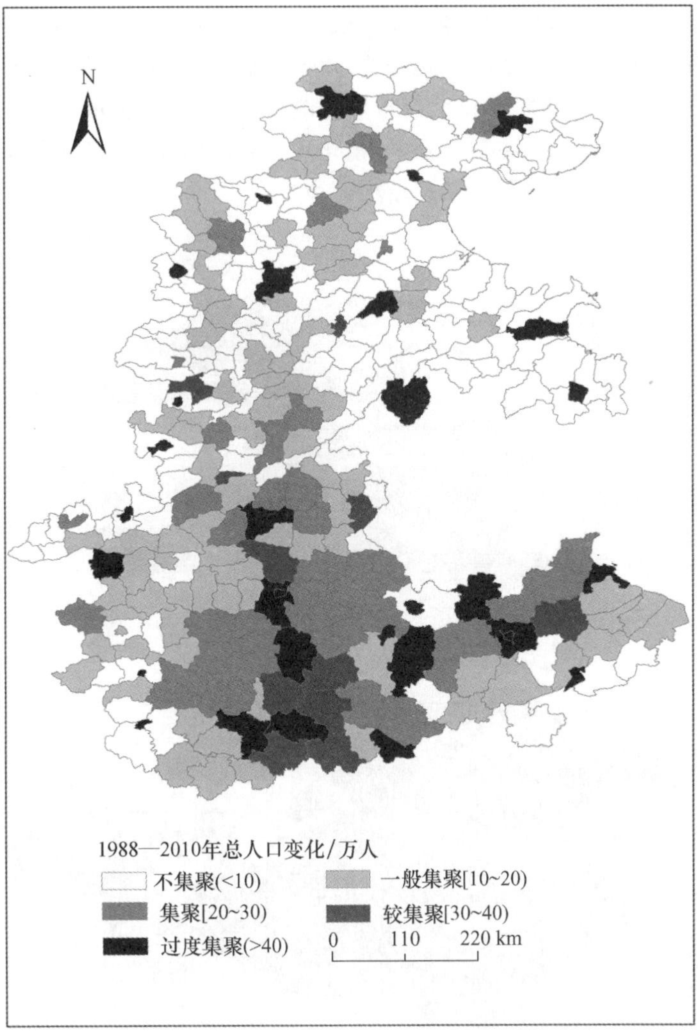

图 2.6 1988—2010 年黄淮海平原总人口变化

2. 农村和城市人口数量分布

总体上看，1988—2010 年黄淮海地区农村、城市人口数量分别增加 414.20 万人和 5 857.02 万人，城市人口数量增加显著高于农村人口，除了人口的自然增长因素，主要是随着城镇化、工业化的加速推进，小城镇建设日益受到重视，农村劳动力有序转移到城市。

(1)农业人口变化的空间特征　由于不同区域城市化速度和外出务工比重的变化存在显著差异,从而塑造了农村人口变化的空间聚集分布特征。从省(市)级层面来分析,可获得各省市农业人口数量变化情况,其中天津、安徽、河南、河北4个地区是增加的,以河南增加农业人口数量最多,高达955.06万人,安徽其次为115.19万人,河北增加97.98万人,天津最少仅为8.61万人。而北京、江苏、山东3个地区农业人口数量则是减少的,山东减少最多为358.89万人,其次为江苏,减少量为310.78万人,之后为北京,减少92.97万人。

从空间分布情况可知(图2.7),农业人口快速减少的地区主要分布在黄淮海北部和东部区域,为城镇化和工业化快速推进的经济发达区域,快速增加的区域则主要分布在淮北平原中部、北部。黄淮海平原农业人口数量变化主要以低速增加为重,47.59%的地区表现出这样的特征(表2.18),随着生产力的发展和生产布局的改变,黄淮海平原的农业人口数量将会继续以低速增加和低速、中速减少为主要特征,城镇化水平越高的地区,农业人口减少越快速,生产力相对较低的地区,农业人口则呈现低速增加。

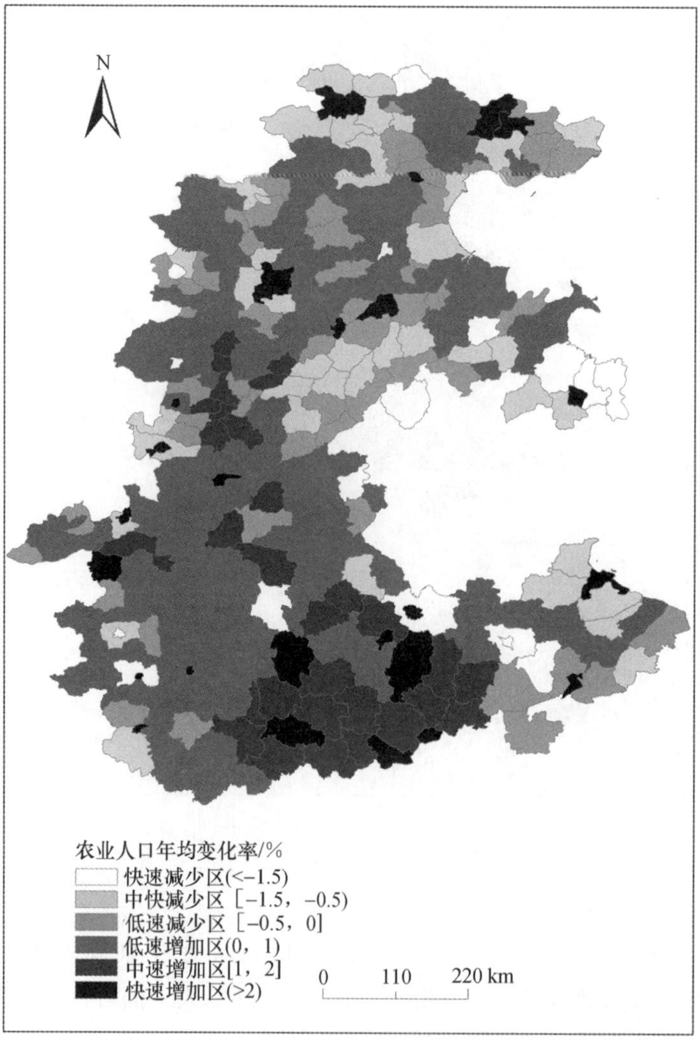

图2.7　1988—2007年黄淮海平原农业人口年均变化率

表 2.18 黄淮海平原农业人口数量变化特征

类别	数量/个	比重/%	类别	数量/个	比重/%
快速减少区	15	4.82	低速增加区	148	47.59
中速减少区	41	13.18	中速增加区	29	9.32
低速减少区	52	16.72	快速增加区	26	8.36

(2)非农业人口变化的空间特征　农业人口发生显著变化的同时,黄淮海平原非农人口也呈现相应的变动,总体上数量增加,且不同地区随经济社会发展情况不同非农人口变化情况存在明显差异。据统计,1988—2010 年各省市非农人口增加数量最多的是山东省,高达 1 346.70 万人,其次为河北,1 258.88 万人,安徽增加 1 073.84 万人,其余各省市非农人口增加数量介于 140 万～900 万人之间。从空间分部来看,黄淮海地区非农业人口快速增加地区主要分布于海河平原和江苏地区,低速增加地区则分布在淮北平原,刚好与农业人口的空间变化相反(图 2.8),与其城镇化、工业化发展的速度是趋于一致的,主要是由于城镇化、工业化发

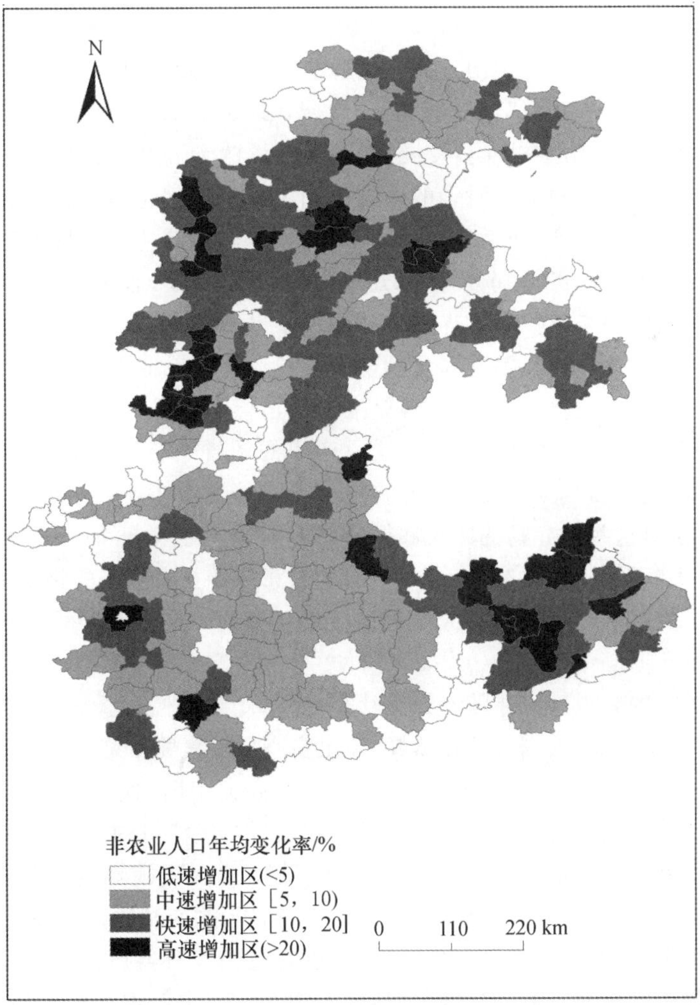

图 2.8 1988—2010 年黄淮海地区非农业人口年均变化情况

展提出了大规模生产的要求,提供了更多的就业机会和较高的经济收入,使得人口从农村大量涌入城市,促进了城市非农人口的集聚。整体来看,黄淮海平原非农人口的变化主要是以中速、快速增加为主,所占比重高达 65.92%,低速增加也占据一定比重,达 22.83%(表 2.19),因此随着城镇密集程度的加剧,如京津冀、山东半岛等城镇密集区,黄淮海平原非农人口将保持持续增长状态,呈现以中速增长为主,快速、低速增长为辅的变化特征。

表 2.19　黄淮海平原非农人口数量变化特征

类别	数量/个	比重/%	类别	数量/个	比重/%
低速增加区	71	22.83	快速增加区	90	28.94
中速增加区	115	36.98	高速增加区	35	11.25

2.4　黄淮海平原的人地关系

人地关系一词,始见于 17 世纪西方人文地理学对土地利用问题的研究,后成为传统地学、经济学和土地科学的研究主题(南京地政研究所,1998)。18 世纪末马尔萨斯(Malthus, T. R.)“人口论”,强调人口增殖对社会发展的抑制作用;19 世纪中、后期,马克思、恩格斯在批判马尔萨斯人口论的基础上建立了科学的人口论和人口经济理论,把人口问题置于整个社会经济中考察,提出了“人口生产”要适应“物质生产”,人口与经济协调发展的原理(中共中央马克思恩格斯列宁斯大林著作编译局译,1972)。20 世纪 70 年代,非正式组织罗马俱乐部发表《增长的极限》这一研究报告,建立“世界系统动态模型”,描述人口增长与生态系统的关系,指出至 21 世纪末,当前人口、资源、消费和食物生产的指数化增长将使得地球无法维持与这种消耗水平相对应的巨量人口规模,人类社会最终崩溃。虽然该报告的悲观主义结论是一个备受争论的问题,但是对于当前经济高速增长模式所产生的矛盾是有一定警示意义的。报告指出由于经济社会的快速发展,当今人类的废弃物产生数量将比前工业社会的垃圾排放物要大得多,而当今自然系统对这些废弃物的回收和循环能力则要差得多,再加上人口对资源环境系统的要求越来越高,不断增长的“提高生活水平”的梦想意味着更高水平的物质消费和环境破坏,当生态系统无力承受越来越快速的经济增长造成的压力时,必有一个“增长极限”(丹尼斯·米都斯,1997)。

人类对人地关系的客观认识伴随着原始社会、农业社会和工业革命的人类历史进程,大体上是从早期人类“依赖—适应—利用”自然界,满足自身所需食物以维持生存开始,之后随着社会生产力和科学技术的进步,人类的需求增多,扩展到人类利用和改造自然以满足需求变化,人地关系趋向于综合研究人与自然进行物质变换和人口与经济协调发展问题。因此可以明确人地之间的客观关系:一方面,人类生存依赖地理环境,且人类社会活动受地理环境制约;另一方面,人类在人地关系中处于主导地位,可以认识、利用、改变和保护地理环境。当前社会面临人口数量加速增长,资源环境质量恶化,城市化进程过快等日益严重的全球性问题,人地关系的协调就成为最为紧迫的任务,即协调为满足人类全面需求而进行的各种人类活动与资源环境之间的关系,通过其协同进化使人地系统协调发展,其协调本质也就是人口、资源、环境、经济与社会的持续发展问题。

人地关系体现人类活动与土地利用变化的相互影响，其状态的优劣以人类目前及长远生存与发展为准则，主要是人类在利用土地过程中产生的人与地、人与人之间关系的运动、发展规律及其协调问题。而在人地关系这对矛盾中，人是居于矛盾的主要方面，最重要的是人的需求，人类生存与发展的需求是造成人地关系发生变迁的主要动力和原因。人类所创造的科学、技术、文化是影响和满足需求的关键因素。人地关系实质就是满足人类不断变化的需求，而满足需求的过程与自然环境如何协调发展成为现今全球普遍关注的问题。人类活动的协调主要是对人口生产、物质生产、生态生产和社会文化生产的协调，使其形成正向相互作用(吴传钧，1991)。因此人地关系不仅仅是人口数量和土地面积的关系，其本质关乎人类的生存与发展问题，主要是人口增长如何与环境、资源协调发展，从而实现可持续发展这一最终目标。

2.4.1 历史时期人地关系概述

研究表明，从新石器时期开始，黄淮海平原周边的山麓洪积冲积扇平原便是人类活动聚集地区。随着生产力发展和人口增加，人们逐渐向更适宜垦殖和发展的冲积平原及滨海地区迁移，农业发展水平随之提高。春秋战国时代，黄淮海平原成为我国主要农业区，加上战国以后水利事业的发展，农业开发向着平原中部和滨海地区延伸，同时城市经济发展，出现了许多著名都会。秦时则因为长期兼并战争和滥用民力，人口大量减少。经过西汉一系列休养生息的政策，人口得到恢复，加上黄淮海平原水陆交通发达，全国大部分著名的工商业城市位于该区域，其今河南、山东地区农业、商业及文化教育发达，成为当时人口活动最频繁地区。之后魏晋南北朝时期至隋朝初年，由于自然环境恶化及战争频发，平原社会经济受到破坏，人烟萧条。直至唐代中期，由于一系列安定政策的奖励，黄淮海平原再次成为我国经济最发达、人口最密集地区。而宋代以后，由于整个黄河流域生态环境的恶化以及连年战争的破坏，北方经济南移，黄淮海平原不复之前的富饶繁华景象。明清时期，黄河屡屡决口，改道向我国东南方向流动，海河流域长期泛滥，灾害频生，使得黄淮海平原自然环境更趋恶化，成为生产停滞，文化发展落后，人民生活困苦地区(邹逸麟，1993)。从这一变化巨大的历史进程可以看出，黄淮海平原是我国重要的人口分布区域，主要是由于黄淮海平原面积广阔，地势平坦，自然条件利于人类生产生活，但是由于其位居我国中心地带，一旦朝代更替历来是兵家必争之地，战乱频生使得人口频繁迁入迁出，人口数量波动较大，人地关系变化较大。黄淮海人口的数量变化及区域布局状况主要受自然环境、生产力发展水平、大规模战争等因素的影响，与1982年胡焕庸和张善余教授提出的影响人口分布的主要因素为自然环境，生产力发展水平和生产布局特点，以及历史、社会和政治因素三大类结论一致。同时人口的数量和分布状况又直接决定区域社会经济发展程度和生产力布局，因此人地关系是相互作用，相互影响的一个系统。

纵观历史，黄淮海平原人地关系历经恶化—恢复—再恶化—再恢复等一系列变化(表2.20)，不同时期社会形态存在差异，加上各种复杂因素从而造成适时的人地关系，但是古往今来，人地关系的演变趋势秉持求同存异原则，最终寻求的始终是人地和谐这一目标。

表 2.20　中国历史时期黄淮海区域人地关系状况

历史时期	人地关系状况	主要影响因素
新石器时代	原始和谐	自然因素
春秋战国	人类活动频繁	生产力发展
秦朝	第一次恶化	兼并战争
汉朝	相对恢复	历史、社会和政治因素
魏晋南北朝—隋朝初年	第二次恶化	自然因素、战争频发
唐朝	再度恢复	历史、社会和政治因素
宋朝	第三次恶化	自然因素加上政治因素
明清至新中国成立前	严重恶化	自然因素、生产力低

2.4.2　近代人地关系研究

2001 年诺贝尔经济学奖获得者斯蒂格勒茨曾说:“中国的城市化与美国的高科技发展将是深刻影响人类 21 世纪发展的两大主题”。城镇化和城市经济的快速发展伴随着人口迁移和增长,某种程度上,人口的迁移和增长是中国城镇化进程的一个重要组成部分。中国社会科学院财政与贸易经济研究所发布的《中国财政政策报告 2010/2011》指出,2008 年年底,中国的城市化率已达 45.6%,城市人口达到 6.07 亿人。到“十二五”期末,中国的城市化率将超过 50%,城市人口将超过农村人口。而据世界银行预测,到 2020 年中国市区人口超过 100 万的大城市数量将突破 80 个。从城市的一般发展来看,城市人口达到一定水平(50 万以内)不仅就业机会多,生活环境也相对稳定;如果继续增长(大于 100 万)就会削弱该城市在知识文化集中、产业发达、社会资本形成等方面的优势,同时精神上的生活环境随之恶化,城市整体质量下降(岸根卓郎,1990)。伴随城镇化的高速发展,越来越多的农村人口向大城市和中、小城镇迁移,这种大规模的人口迁移开始重新塑造中国的人口分布形态,从而对城市和农村土地结构和功能产生巨大影响。

人口增长对土地利用空间和土地产品的需求不断扩大,土地供给的稀缺性与现今人类社会经济需求的增长性之间失衡发展,实质上是尖锐的人地矛盾,黄淮海平原作为农业主产区和经济核心区,既要保障国家粮食安全问题又要加速城镇化,不可避免要面对更为尖锐的人地关系矛盾。现如今城镇化水平逐步提高,区域产业结构和人们生产方式、生活方式较以往发生重大转变,由于城镇二、三产业比重的提升,能提供更多的就业机会和较高的收入,农村人口大量涌入城镇,使得城镇人口迅速增长,同时促进城镇的扩张,进而再吸收更多的劳动力和资本。农村剩余劳动力向城市大量转移,以某一城市为中心大量集聚人口已成为这一时期人口迁移流动的最终形态。在一定城镇规模下,人口的集聚产生生产效益,促进城镇发展和城镇空间集聚,但是当人口的集聚超过现有规模的承载能力就形成过度集聚,造成城市拥堵、环境污染等城市问题和相应的社会经济问题。其一,人口数量加速增长,且人口流动性大,带来诸多社会与经济问题(杨建明,2007);其二,土地利用结构与功能发生剧烈变化,大量耕地被占用,被用于工业化建设,土地资源在地域上和时间上供应失调,土地问题突出(刘彦随,2007);其三,环境污染扩大致使土地质量恶化(晏安,2008)。这 3 个问题都不是孤立存在的,它们相互作用,相互影响,从而人口增长所引起的社会边际成本超过边际收益,城镇要继续发展产生效益就需要扩大成本,包括交通、住房、环境等方面。

在此背景下,各部门亟需扩大规模,从而产生对现有土地资源的争夺,因此,在黄淮海平原进入新一轮城镇化快速发展时期,如何避免人地关系的恶化是社会经济和谐发展的关键问题。

2.4.2.1 人口密度

人口密度是指单位土地面积上的常住人口数量,是衡量人口分布状况的重要指标之一,可以从比较的角度反映出不同区域人口分布的差异性,便于研究不同地区人地关系特征。张善余教授曾指出,计算一个地区的人口密度最好以扣除水面以后的陆地面积为基数,对一些水网地区而言,用总面积计算出的人口密度往往与实际情况有较大出入。因此本节采用总土地面积减去水域之后的陆地为单位土地面积,得到的人口密度更接近真实情况。

由表 2.21 分析可知,2010 年黄淮海平原共有 202 个城镇人口密度在 600 人/km^2 以上,数量合计占全区 64.95%,其土地面积比重共计 65.83%,集中全区总人口的 78.40%。与此相对而言,2010 年黄淮海平原有近 23 个城镇人口密度在 300 人/km^2 以下,占土地总面积的 6.72%,集中 2.84%的人口,属于人口更稀少区。以上对比显示出黄淮海平原不同地区间人口密度差异较大,人口分布不均衡。主要是由于不同地区地理环境存在差异,城镇化水平和社会经济发展状态等因素对人口形成相对的引力作用或离心作用,促进人口集聚或流动,从而形成不均衡的人口分布状况。与 1988 年相比,黄淮海平原的人口稠密区,无论范围还是数量,以及人口的相对比重,在 2010 年均显著增大。随着城镇化的继续发展,预计 2030 年黄淮海平原总人口增长至 3.08 亿人,而新增加的 0.23 亿人口将主要分布在这些人口稠密区,因此人口稠密区扩大的趋势还将继续。

表 2.21 黄淮海平原各城镇按人口密度的分级

类型	城镇数量/个		数量比重/%		人口比重/%		土地面积比重/%	
	1988 年	2010 年	1988 年	2010 年	1988 年	2010 年	1988 年	2010 年
人口更稀少区	42	23	13.50	7.40	6.19	2.84	11.93	6.72
人口稀少区	124	86	39.87	27.65	36.45	18.77	42.23	27.46
人口一般稠密区	93	112	29.90	36.01	33.17	34.94	29.77	38.11
人口稠密区	17	37	5.47	11.90	5.12	12.44	4.30	11.00
人口过度稠密区	35	53	11.25	17.04	19.08	31.02	11.78	16.73

从空间层面分析(图 2.9),1988 年高值区域主要沿太行山东麓、豫西伏牛山地、黄河以南京杭大运河呈带状分布,低值区域主要在海河平原中部、东部以及淮北平原中部呈面状分布,与农业社会的人口分布模式具有相似性,主要沿适宜农业耕种区域集聚。历史上黄淮海地区人口分布主要是沿周边山麓适宜耕作区域向平原扩展,可看出 1988 年的人口分布模式是在以此为人口集聚点的基础上,逐渐向周边地区扩展。2010 年人口密度较 1998 年集聚,高值区以沿太行山东麓、豫西伏牛山地分布的某一城市为集聚点呈递减分布,由内向外人口密度逐渐降低,低值区域则于山东北部和西北部呈面状分布。有多种因素造成这样的差异结果,一方面因为各地区人口规模和土地面积的差距;另一方面是人口趋向生产力发展水平高的区域集聚,近代社会人口密度分布不但受地理环境、历史因素影响,更大程度上取决于生产力水平的高低。

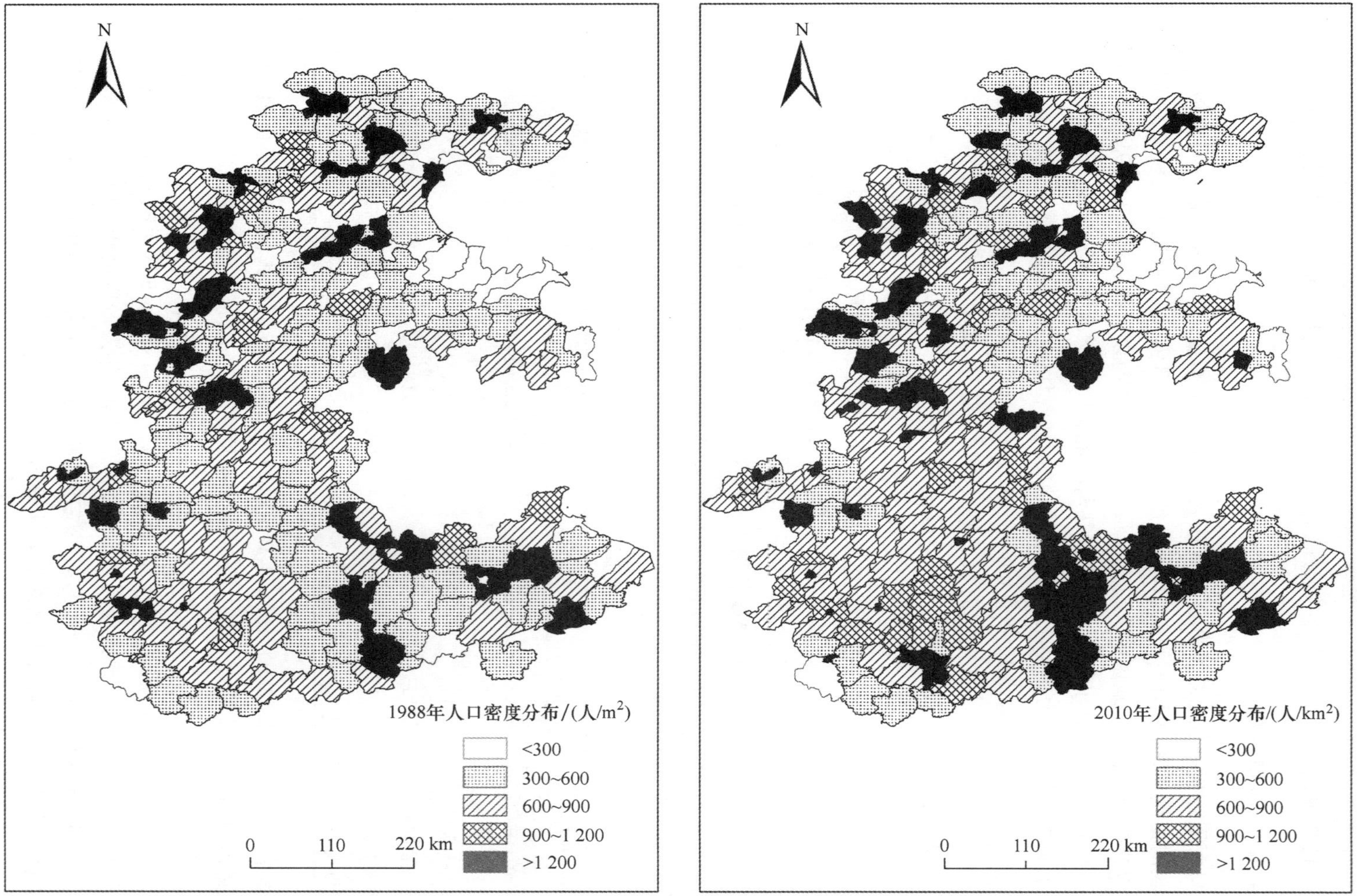

图2.9　1988、2010年黄淮海地区人口密度空间分布图

2.4.2.2 人口聚集特征

以上谈到黄淮海平原新增人口将趋向人口稠密区分布，但是应该怎样具体分布还没有涉及，本节则从城镇结构角度来考虑该问题，讨论每一级城镇具体是怎样集聚人口的，从而分析黄淮海平原未来人口的集聚趋势。城镇化是扩大人口稠密区的主要手段(张善余，2003)，因此对人口的集聚有着重要影响，在此以城镇化率对黄淮海平原各城镇进行分级，分析不同级别城镇对人口的聚集情况(表2.22)，其中城镇化率80%～100%为一级城镇，60%～80%为二级城镇，依此类推总共划分五级。由表2.22分析可知，1997—2008年城镇化率高的城镇数量总体表现为增加，比重也相应增大，突出表现在20%～40%和40%～60%这两个级别，小于20%这一级别显著减少，表明黄淮海平原小城镇发展速度大于大中城市发展，体现了重点发展小城镇的思路。

表2.22 黄淮海平原不同等级城镇变化

城镇等级	城镇化率/%	城镇数量/个		城镇比重/%		占总人口变化比重/%
		1997年	2008年	1997年	2008年	
一级	80～100	10	14	3.22	4.50	20.04
二级	60～80	18	19	5.79	6.11	14.53
三级	40～60	5	26	1.61	8.36	5.27
四级	20～40	33	87	10.61	27.97	18.13
五级	<20	245	165	78.78	53.05	42.02

此处采用聚集系数来分析不同等级城镇对人口的聚集能力大小，黄淮海平原整体表现为高级别城镇对人口的聚集能力显著高于低级别城镇，低级别城镇聚集人口能力差异不大，其公式如下：

$$g = p/c \tag{2.1}$$

式中：g为某一级别城镇对人口的聚集系数；p为某一级别城镇1997—2008年总人口增加量占全区总增量的比重；c为某级别城镇数量占总数量的比重，具体见表2.23。

表2.23 黄淮海平原不同等级城镇对人口的聚集能力

项目	等级				
	一	二	三	四	五
城镇化率/%	80～100	60～80	40～60	20～40	<20
聚集系数	4.45	2.38	0.63	0.65	0.79

通过黄淮海平原人口密度制图可更直观认识到不同等级城镇对人口的聚集状况存在差异(图2.10)，高级别城镇对人口聚集能力高于次级城镇，呈现以高级别城镇为中心由内向外逐级降低的梯级规律，同时在以两个高级别城镇为中心逐级递减的交集区域又会出现对人口聚集能力的增大，例如图中以石家庄和邯郸为中心的交汇点是邢台，按照递减规律邢台对人口的聚集能力应该跟衡水等区域一致，但实际表现为增大。

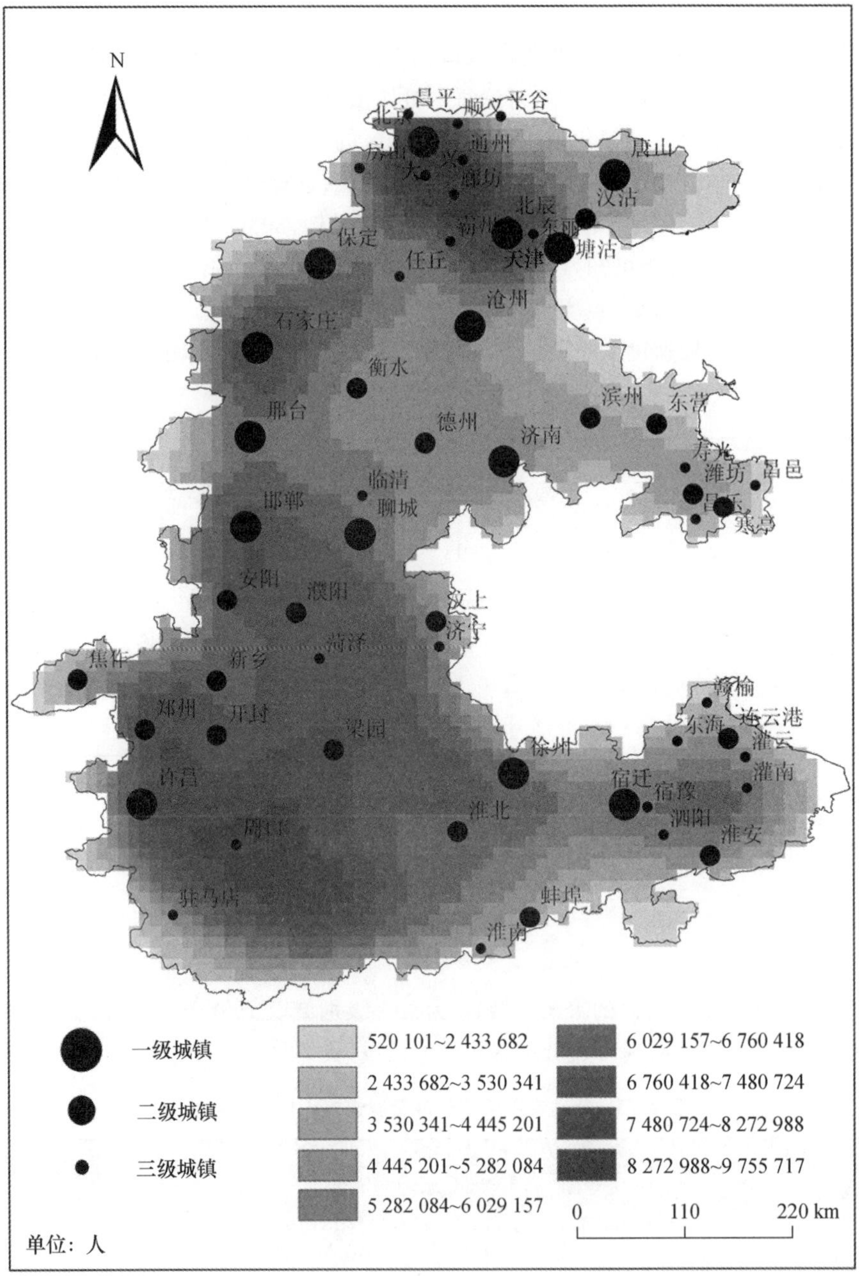

图 2.10　黄淮海平原不同等级城镇对人口的聚集情况

2.4.2.3　人地关系

在不同等级城镇对人口的集聚能力和程度存在显著差异的情况下，黄淮海平原人口增长和分布处于不均衡状态，对土地利用相应提出不同要求，应进一步讨论不同等级城镇对土地资源的利用状态，明确黄淮海平原现在人地关系状态，以便寻求人口与环境、资源的可持续发展道路，为该区域人地关系的和谐发展提供科学参考。

通过表 2.24 可以发现，城镇人口主要集中在城镇化率高的地区，不同等级下各城镇土地资源利用状况表现出差异。其中人均耕地资源表现出显著的规律性，人均耕地面积随着城镇级别的提高而减少，主要是建设用地的需求增大侵占耕地资源，城镇化率高的地区耕地面积所占比重愈少。同时可以看到，1997 年各城镇土地资源的比重分布规律不明显，总体上是城镇化率低的地区所占土地资源比重大，但是 2008 年土地资源的比重随城镇等级高低呈现出规律性的变化，土地资源所占比重随着城镇等级的降低而增大，同时 2008 年低级别城镇所占土地资源比重较 1997 年有较大程度降低，其他级别则整体比 1997 年有一定程度的提高，且级别越低增加幅度越高，表明这一时段黄淮海平原小城镇发展速度较快，也是新一轮城镇化发展的主要趋势。

表 2.24 黄淮海平原不同等级城镇人地情况

等级	城镇化率/%	占城市人口/%		人均耕地/(亩/人)		占耕地/%		占建设用地/%		占未利用地/%	
		1997 年	2008 年	1997 年	2008 年	1997 年	2008 年	1997 年	2008 年	1997 年	2008 年
一级	80～100	30.79	32.97	0.15	0.26	0.46	1.71	4.38	6.52	1.09	2.82
二级	60～80	21.67	15.49	0.53	0.59	2.35	2.98	5.37	6.68	5.03	4.40
三级	40～60	3.09	12.42	0.73	0.97	0.77	7.44	1.05	11.36	0.43	9.58
四级	20～40	10.69	19.93	1.44	1.42	9.08	27.49	12.43	26.33	18.17	28.83
五级	<20	33.77	19.19	1.61	1.49	87.35	60.38	76.77	49.10	75.28	54.37

2.4.2.4 小结

(1)黄淮海平原总人口将持续增加，增加人口主要趋向总人口数量为 50 万～100 万人、100 万～200 万人且城镇化率介于 20%～60%之间的城镇布局，人口密集度会进一步加剧。

(2)人口数量增多，相应对土地需求增大，而黄淮海平原土地资源面积有限，且可供开发利用的后备土地资源不足，土地资源形势严峻。为了使有限的土地资源得到充分利用，进行土地内涵挖潜，实现土地多维利用。例如耕地的功能从狭义角度理解主要为生产，从广义角度亦即土地多功能利用出发，还具有隔离、生态功能，依此类推可充分挖掘土地利用潜力，增大土地利用效率。

(3)城镇化将会是黄淮海平原发展社会经济的主要手段，城镇规模扩张，在此过程中对建设用地的需求只会多不会少，但是作为国家主要农区，要在现有水资源短缺的劣境下保障粮食产量，同时还需要保护生态用地以保障地区生态环境，多重压力对黄淮海平原土地利用提出严峻考验，要求合理利用有限土地资源解决不同部门的用地需求，建立和谐土地利用空间。

参考文献

[1] Department of Economic and Social Affairs Population Division. World Population to 2300[N]. Printed in United Nations, New York, 2004.

[2] 岸根卓郎. 迈向 21 世纪的构图规划——城乡融合系统设计[M]. 北京：科学出版社，1990.

[3] 丹尼斯·米都斯.增长的极限——罗马俱乐部关于人类困境的报告[M].长春:吉林人民出版社,1997.
[4] 国际欧亚科学院中国科学中心,中国市长协会,联合国人居署.中国城市状况报告 2010—2011[N].北京:外文出版社,2010.
[5] 刘彦随.中国东部沿海地区乡村转型发展与新农村建设[J].地理学报,2007,62(6):563-570.
[6] 南京地政研究所.中国土地问题研究.合肥:中国科学技术大学出版社,1998.
[7] 吴传钧.论地理学的研究核心——人地关系地域系统[J].经济地理,1991,11(3).
[8] 晏安,邓乐.论环境污染的城乡转移与政策保护[J].生态经济:学术版,2008(1):429-431.
[9] 杨建明.人口流动与市场机会研究[J].经济问题,2007(7):41.
[10] 张善余.中国人口地理[M].北京:科学出版社,2003.
[11] 中共中央马克思恩格斯列宁斯大林著作编译局译.马克思恩格斯全集[M].北京:人民出版社,1972.
[12] 中国社会科学院财政与贸易经济研究所.中国财政政策报告 2010/2011[M].北京:中国财政经济出版社,2010.
[13] 邹逸麟.黄淮海平原历史地理[M].合肥:安徽教育出版社,1993.

第3章

黄淮海平原耕地与粮食生产

农业生产是国民经济的基础，粮食生产是基础中的基础。黄淮海地区农业用地中主要是耕地，耕地作为土地资源的精华部分，是人类社会生存、繁衍和发展的基础，直接影响到粮食的安全，它的变化对人类生存、社会稳定和经济发展的影响最为直接、广泛和深远。耕地的变化能直接或间接地反映一个区域的社会、经济以及人口、政策的变化轨迹和趋势，耕地的变化不仅反映区域的农业发展过程和水平，同时也是地区社会经济发展的缩影。

3.1 黄淮海平原耕地与粮食生产

3.1.1 粮食生产形势

3.1.1.1 粮食生产地位

黄淮海平原农业生产条件优越，自古以来就是重要的粮食产区，在我国粮食生产中占有很大比重，对保障全国粮食安全发挥着重要作用。近 10 年该地区粮食产量占全国粮食总产量的 22%～27%，棉花产量占全国的 1/3 以上，油料产量占全国的近 1/3(表 3.1)。在粮食作物中该地区小麦的播种面积占全国的 35%～40%，产量约占 40%；玉米播种面积占全国的 27%～29%，产量约占 30%；大豆播种面积占全国播种面积的 18%～19%，是“北粮南调”重要的农产品基地。国务院 2009 年 4 月 8 日通过的《全国新增 1 000 亿斤粮食生产能力规划(2009—2020 年)》中将全国粮食生产区划分为核心区、非主产区产粮大县、后备区和其他地区 4 类地区，核心区共计 680 个县(市、区、场)，其中黄淮海地区有 300 个县(市、区)，占核心区县数的 44%。规划中要求黄淮海地区承担新增粮食产能建设任务 164.5 亿 kg，占全国新增产能的 32.9%，作为我国大宗农产品的主要产地，黄淮海地区粮食生产在全国占据重要地位。

表 3.1 黄淮海地区粮食、棉花、油料产量及其在全国所占比例

年份	粮食			棉花			油料		
	全国/万 t	黄淮海地区/万 t	占全国/%	全国/万 t	黄淮海地区/万 t	占全国/%	全国/万 t	黄淮海地区/万 t	占全国/%
2000	46 217.5	11 037.0	23.88	441.7	179.34	40.60	2 954.8	924.66	31.29
2001	45 263.7	11 071.2	24.46	532.4	241.72	45.40	2 864.9	923.71	32.24
2002	45 705.8	10 502.4	22.98	491.6	226.75	46.12	2 897.2	918.13	31.69
2003	43 069.5	9 217.6	21.40	486.1	197.68	40.67	2 811.0	759.11	27.00
2004	46 946.9	11 060.7	23.56	632.4	279.16	44.14	3 065.9	892.47	29.11
2005	48 402.2	11 860.3	24.50	571.4	246.87	43.21	3 077.1	874.45	28.42
2006	49 747.9	13 024.0	26.15	674.6	266.17	35.33	3 059.4	879.04	33.29
2007	50 160.3	13 363.8	26.64	762.4	262.91	34.48	2 568.7	860.81	33.51
2008	52 870.9	14 018.8	26.52	749.2	263.11	35.12	2 952.8	889.87	30.14
2009	53 082.1	14 629.5	27.56	637.7	233.71	36.65	3 154.3	870.41	27.59

数据来源：中国农村统计年鉴。

黄淮海地区是《中国综合农业区划》中所提到的最重要的农区之一，在我国主要的九大综合农区中粮食生产水平一直居于前列，与长江中下游区占据了粮食产量的半壁江山。从“八五”、“九五”开始，黄淮海地区经过多年的农业综合开发和治理工作，农业生产条件明显改善，粮食综合生产能力提高，是其他各大区所不可替代的(图 3.1)。

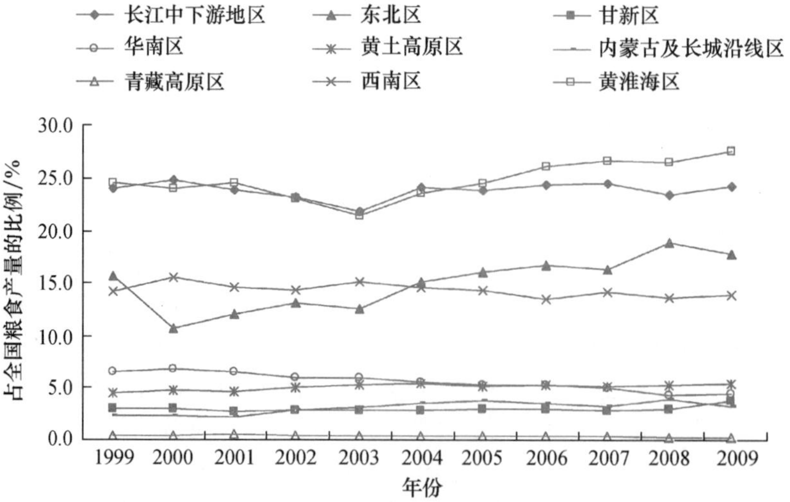

图 3.1 九大农区粮食产量占全国比例

黄淮海地区粮食生产对全国粮食产量变化有着直接的影响。从图 3.2 中可以看出，近 10 年来黄淮海粮食产量的发展趋势与全国粮食产量发展趋势相同，黄淮海粮食产量降低，全国粮食产量也降低，黄淮海地区粮食产量增加，全国粮食产量也增加，说明黄淮海地区的粮食生产状况左右着全国粮食生产的全局。根据 2000—2009 年 10 年间黄淮海地区粮食生产统计数

据，2000 年黄淮海平原的粮食产量为11 037.0万 t，粮食产量占全国总产量 23.88％，之后黄淮海平原粮食产量开始下降，至 2003 年粮食产量达到最低点，粮食总产量为9 217.6万 t，占全国总产量 21.40％，2004 年国家采取减免农业税、对农业进行补贴和扶植等政策，充分调动了农民种粮的积极性，粮食产量迅猛增加，到 2009 年粮食产量达到14 629.5万 t，占全国总产量的百分比提高到 27.56％。从全国粮食产量层面来看，2000—2003 年，全国粮食产量减少了3 148万 t，减少量的 57.8％来自于黄淮海地区；2003 年到 2009 年全国粮食产量增加10 012.6万 t，其中 54.1％来自于黄淮海地区，可以说黄淮海地区的粮食波动决定着全国的粮食产量变化（图 3.3）。

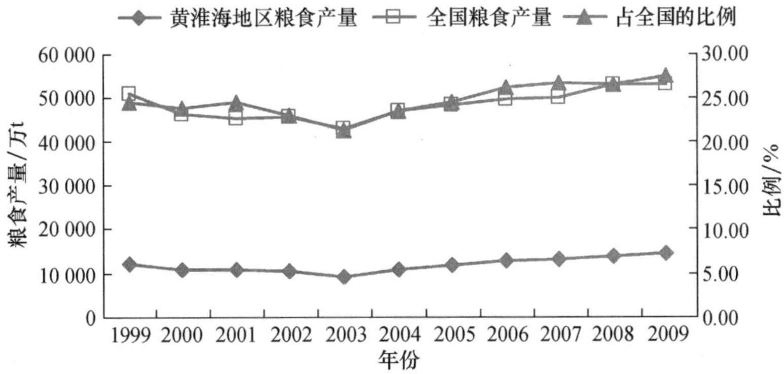

图 3.2 黄淮海地区粮食产量占全国的比例

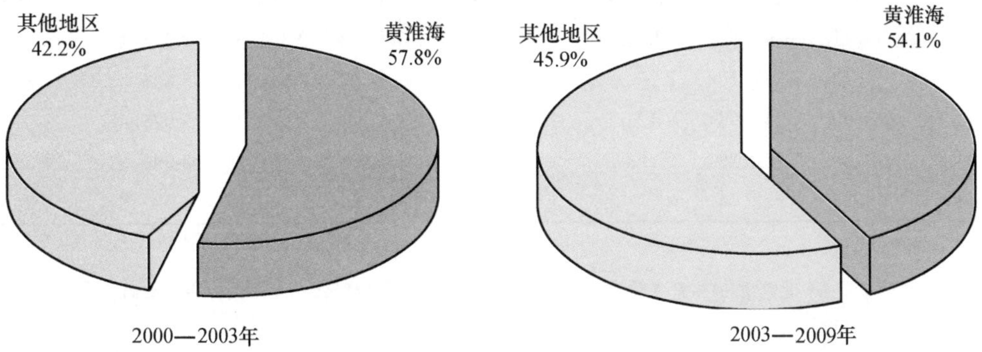

图 3.3 2000—2009 年黄淮海地区粮食产量增(右)减(左)占全国增减的比例

3.1.1.2 粮食生产变化

根据五省二市统计资料表明，黄淮海地区粮食总产量变化呈上升趋势（表 3.2）。2010 年粮食总产量达到 14 561.74 万 t，比 1988 年增长了 1.83 倍，年均增长率为 14.08％，同期粮食单产达到 6 200 kg/hm^2，是 1988 年的 1.56 倍。从全区来看，1988—2010 年粮食总产量主要以河南、河北、山东 3 省贡献居多（图 3.4），由 68.66％增至 74.15％，江苏、安徽两省其次，由 26.42％降至 24.08％，而北京、天津两地粮食生产总量占黄淮海平原比例是最小的，由 4.92％降至 1.77％。

表 3.2　黄淮海地区粮食产量分布与变化　　万 t

年份	北京市	天津市	河北省	江苏省	安徽省	山东省	河南省	合计
1988	234.42	158.30	1 783.60	1 134.34	972.69	1 798.24	1 894.03	7 975.62
1989	239.23	169.80	1 891.30	1 218.72	1 006.09	1 933.67	2 168.04	8 626.85
1990	264.62	188.75	2 005.40	1 201.07	1 050.42	1 960.95	2 237.81	8 909.02
1991	279.71	198.51	2 052.50	1 204.06	725.99	2 255.49	2 080.70	8 796.96
1992	281.93	198.74	2 081.70	1 203.76	1 068.10	2 181.20	2 212.25	9 227.68
1993	245.49	199.82	2 291.00	1 155.48	980.15	2 435.49	2 514.55	9 821.98
1994	240.17	190.33	2 388.21	1 188.70	999.20	2 501.08	2 202.47	9 710.16
1995	209.47	207.46	2 667.61	1 276.40	1 339.84	2 611.79	2 544.02	10 856.59
1996	197.23	207.00	2 882.80	1 330.86	1 414.67	2 661.37	2 815.77	11 509.70
1997	201.54	206.16	2 925.26	1 377.79	1 536.55	2 452.60	2 910.30	11 610.20
1998	203.13	210.12	3 070.26	1 300.31	1 175.01	2 623.38	2 743.58	11 325.79
1999	170.80	174.85	2 992.50	1 404.84	1 492.83	2 724.53	3 135.93	12 096.28
2000	116.80	124.05	2 822.72	1 184.20	1 234.28	2 349.26	2 909.98	10 741.29
2001	84.22	143.33	2 762.42	1 118.15	1 240.26	2 288.74	3 088.19	10 725.32
2002	78.75	137.82	2 544.10	1 096.08	1 302.48	2 008.57	3 043.58	10 211.38
2003	47.40	131.20	2 484.60	829.24	883.51	1 961.00	2 487.20	8 824.15
2004	54.20	125.27	2 647.50	1 219.12	1 515.56	2 153.80	3 136.60	10 852.05
2005	71.90	137.50	2 844.80	1 194.13	1 406.71	2 588.30	3 223.20	11 466.54
2006	85.41	143.52	2 926.50	1 331.35	1 660.48	2 861.65	3 613.11	12 622.02
2007	81.43	147.15	2 995.12	1 346.53	1 558.48	2 946.17	3 805.58	12 880.46
2008	98.49	148.93	3 123.46	1 486.66	1 786.41	2 946.17	3 925.88	13 515.99
2009	98.28	156.29	3 198.71	1 561.90	1 865.63	3 381.31	3 990.52	14 252.64
2010	98.28	159.74	3 332.50	1 590.67	1 915.83	3 440.90	4 023.81	14 561.74

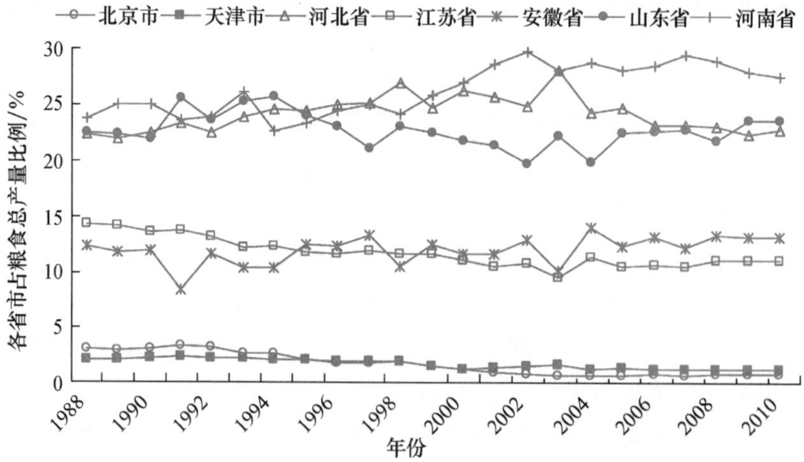

图 3.4　1988—2010 年各省市粮食产量占黄淮海平原粮食总产量的比例

1988—1999 年是黄淮海平原粮食总产量增长阶段，1995 年粮食总产量首次突破 1 亿 t，1999 年达12 096.28万 t，比 1988 年增长4 120.65万 t，年均增长量达 412.07 万 t。1988—1996 年粮食播种面积和粮食单产基本上处于稳定增长阶段，1997—1999 年粮食单产虽然下降，粮食复种指数持续增长，所以粮食总产量保持增长状态，但增长速度持续下降。

2000—2003 年是黄淮海平原粮食产量的下滑阶段，粮食总产、单产全面下滑，至 2003 年，粮食总产减至8 824.15万 t，回到 1991 年水平，耕地面积和粮食播种面积下降幅度较大，粮食复种指数也有一定程度的降低。主要是 20 世纪 90 年代后期粮食持续增长，由于畜牧业、农产品加工等产业不发达，对粮食的需求结构比较单一，造成粮食过剩，农民经济效益不高，种粮积极性降低。同时 2000—2003 年也是我国粮食生产持续时间最长，下降幅度最大的阶段，主要是 2000—2003 年农业支出占财政支出的比例连年下降，2003 年降至最低点 7.2%。这一时期粮食总产量占全国的比例虽然有一定波动，但是整体上变化差异不是特别大，彰显了黄淮海平原在全国农业地位的重要性。

2004—2010 年是黄淮海平原粮食产量的持续增长期，经过粮食结构调整，粮食需求增大，至 2006 年粮食总产、单产均已恢复至 1999 年水平，至 2010 年粮食播种总面积和单产基本稳定，粮食生产能力达到新的高度，2008—2010 年粮食复种指数虽然有一定程度降低，但仍然高于 2004 年以前任何一年。

3.1.2 耕地资源

黄淮海平原土地总面积为 36.83 万 km^2，占全国总面积的 3.87%；现有耕地面积 19.52 万 km^2，占全国耕地总面积的 16.04%。黄淮海平原作为我国重要的粮棉油生产基地，宜农土地资源丰富，开发利用程度高，农业土地利用率为 70.60%，耕地占土地总面积的比重在 50%以上。目前全区土地利用程度高达 87.16%，耕地复种指数为 174%，并以全国 16.04%的耕地产出了全国 27%的粮食。由于区域人口基数大，人均耕地面积为 1.15 亩，不足世界人均耕地面积的 1/4。从地域分布看，黄淮海地区耕地主要集中在平原，约占全区耕地总面积的 90%，山地、丘陵垦殖指数较低，耕地较少。

根据水利条件和利用方向的不同，黄淮海地区耕地可分为灌溉水田、望天田、水浇地、旱地、菜地，各省不同耕地类型分布情况差异较大(表 3.3)。灌溉水田面积为 148.5 万 hm^2，约占耕地总面积的 7.6%，其中约 78%主要分布在淮河流域的江苏、安徽地区。望天田面积为 0.83 万 hm^2，约占耕地总面积的 0.07%，其中约 79%分布在位于黄河中下游的河南。水浇地面积为 961.76 万 hm^2，占耕地总面积的 49.3%，以黄河流域的山东、河南地区和海河平原的河北地区分布最为集中，分别达 60%和 33%(以黄泛平原和黑龙港平原分布较为集中)。旱地是黄淮海地区耕地的主体，面积为 813.59 万 hm^2，占耕地总面积的 41.7%。其余为菜地，面积为 27.22 hm^2，占耕地总面积的 1.39%，菜地中 60%以上集中分布于城市郊区、城镇郊区及工矿区附近。

表 3.3　2008 年黄淮海各地区不同耕地类型分布表　　万 hm^2

行政区域	各省、市合计	耕地类型				
		灌溉水田	望天田	水浇地	旱地	菜地
北京市	16.84	0.66	0.00	12.81	1.67	1.70
天津市	44.37	5.30	0.00	19.86	17.22	1.99
河北省	493.82	10.30	0.01	323.02	153.96	6.53
江苏省	192.26	89.50	0.04	23.25	75.34	4.11
安徽省	254.72	26.34	0.05	6.48	220.16	1.69
山东省	442.39	7.07	0.07	325.58	103.01	6.67
河南省	507.49	9.32	0.66	250.76	242.23	4.53
黄淮海地区合计	1 951.89	148.50	0.83	961.76	813.59	27.22

3.1.3　耕地变化

3.1.3.1　耕地数量变化

根据 2008 年国土资源部门数据，黄淮海地区农用地内部土地利用结构中耕地面积为 1 951.89 万 hm^2，占到农用地面积的 84.67%，耕地仍然占有绝对主导地位，且远远高于其他地类。耕地主要集中于山东、河北和河南 3 省，其次是江苏和安徽，北京市和天津市耕地面积较小，如表 3.4 所示。1997—2008 年，黄淮海地区耕地数量变化较大，耕地净减少量为 55.05 万 hm^2，年均减少量为 4.59 hm^2，年均减少幅度为 0.23%。

表 3.4　黄淮海地区各省市 1997—2008 年耕地变化情况　　万 hm^2

年份	北京	天津	河北	江苏	安徽	山东	河南	合计
1997	26.80	48.44	514.83	194.89	262.15	447.78	512.05	2 006.94
1998	26.66	48.44	513.78	194.85	261.98	447.81	511.58	2 005.10
1999	26.43	48.44	513.20	194.29	261.95	447.74	511.89	2 003.93
2000	25.74	48.34	513.36	193.99	262.14	448.09	511.72	2 003.38
2001	22.06	48.12	513.39	193.67	262.28	448.14	511.76	1 999.42
2002	20.41	47.85	513.02	193.38	261.87	447.76	510.31	1 994.61
2003	20.31	47.85	508.43	193.22	261.87	447.76	510.31	1 989.75
2004	17.44	44.56	503.93	192.57	254.96	443.28	507.56	1 964.31
2005	17.15	44.55	501.94	192.36	254.90	442.96	507.65	1 961.51
2006	16.98	44.52	493.81	192.31	254.58	442.70	507.56	1 952.47
2007	16.86	44.37	493.63	192.21	254.62	442.55	507.54	1 951.77
2008	16.84	44.37	493.82	192.26	254.72	442.39	507.49	1 951.89

随着社会生产方式的巨大变迁，不同土地利用系统之间的转化、竞争日趋显化。耕地资源由于具有多用途、多功能、多属性的特点以及经济效益差异，决定了耕地用途转移的必然趋势(姚慧敏等，2004)。今后若干年内黄淮海平原耕地数量将仍以减少为主要变化趋势。耕地作为人类生存和社会稳定的基础条件，它的无限制减少必然会直接影响耕地的粮食生产能力，威胁到粮食安全，从而给社会带来严重后果，给区域发展带来极大危害。从可持续发展角度思考，黄淮海平原区耕地变化趋势应该为：在一个既能为区域发展提供充足空间又能保障人类生活的安全阈值以内，耕地数量保持逐渐下降的整体趋势，并最终在接近区域耕地安全阈值时趋于稳定状态。

为了说明土地类型的空间变化，用变化强度指数和变化空间分异指数对不同区域 1997—2008 年的耕地变化率进行分析，这两个指数的计算公式为：

$$\text{变化强度指数} = (S_{it} - S_{i0}) \times 100 / S_{i0} \tag{3.1}$$

$$\text{变化空间分异指数} = (S_{it} - S_{i0}) \times 100 / (S_t - S_0) \tag{3.2}$$

式中：S_{i0} 为第 i 省(市)该地类期初面积；S_{it} 为第 i 省(市)该地类期末面积；S_0 为区域该地类期初面积；S_t 为区域该地类期末面积。

两个指数都能反映研究期内某区域土地利用变化的强弱，但参照系不同，变化强度指数以区域自身为参照，突出反映地类在研究期内的变化强度，但由于各区地类面积不相等，因而在比较区域间土地利用空间变化时存在不足，所以又采用变化空间分异指数，它反映了各区域的土地利用变化对全市变化的影响程度，也即变化的空间分异情况，具有较强的可比性(表 3.5)。

表 3.5 黄淮海地区 2008 年对比 1997 年的耕地变化 万 hm^2

地域	1997 年面积	2008 年面积	增减面积	变化强度指数	变化空间分异指数
北京	26.80	16.84	−9.96	−37.16	18.09
天津	48.44	44.37	−4.07	−8.41	7.40
河北	514.83	493.82	−21.01	−4.08	38.16
江苏	194.89	192.26	−2.64	−1.35	4.79
安徽	262.15	254.72	−7.42	−2.83	13.49
山东	447.78	442.39	−5.39	−1.20	9.79
河南	512.05	507.49	−4.56	−0.89	8.29

从变化强度指数来看，北京市遥遥领先。北京市在此期间城市化进程加快，各业用地矛盾突出，尤其是为迎接奥运会，建设用地大幅增加，2008 年与 1997 年相比，北京市耕地面积减少了 9.96 万 hm^2，耕地变化强度指数绝对值达到 37.16。其次是天津、河北和安徽省，变化强度指数绝对值在 2.83～8.41，变化强度较小的是江苏省、山东省和河南省，变化强度指数绝对值小于 2。

从变化空间分异指数来看，北京市、河北省和安徽省都达到了 10 以上，说明这些地区是引起黄淮海耕地变化的主要区域。

随着黄淮海地区耕地面积的变化，耕地内部结构也发生变化。2008 年，黄淮海地区耕地中灌溉水田 148.5 万 hm^2，水浇地 961.76 万 hm^2，旱地、菜地和望天田分别为 813.59 万 hm^2、27.22 万 hm^2 和 0.83 万 hm^2，与 1997 年相比，望天田面积比较稳定，旱地、菜地、灌溉水田都有所减少，水浇地面积相应增加，主要是由于近些年的土地整理和农业基础设施建设工程加大了对农田水利的投资力度，使农田水利无论是质量还是数量都有所增加，相应的水浇地面积也不断扩大(表 3.6)。

表 3.6 黄淮海地区耕地内部结构

万 hm^2

年份	耕地	灌溉水田	望天田	水浇地	旱地	菜地
1997	2 006.94	151.51	0.85	970.81	850.93	32.84
1998	2 005.10	151.57	0.84	969.97	849.87	32.84
1999	2 003.93	151.26	0.83	969.79	849.36	32.68
2000	2 003.38	152.37	0.82	971.52	847.88	30.79
2001	1 999.42	150.53	0.83	969.70	848.48	29.87
2002	1 994.61	149.80	0.84	967.23	847.07	29.67
2003	1 989.75	149.40	0.84	966.73	843.22	29.56
2004	1 964.31	149.31	0.87	957.32	828.20	28.61
2005	1 961.51	149.03	0.83	959.50	824.20	27.95
2006	1 952.47	148.90	0.83	963.35	811.72	27.67
2007	1 951.77	148.43	0.83	961.73	813.52	27.25
2008	1 951.89	148.50	0.83	961.76	813.59	27.22

3.1.3.2 耕地质量变化

黄淮海平原耕地数量减少的同时，也引起耕地质量的损失。因为城镇发展占用耕地的70%以上是区位较好、有灌溉设施、熟化程度好、生产能力高的优质耕地，而开发复垦增加的耕地及新开垦荒地的质量较低。从表 3.7 可以看出，具备灌溉条件的优质的灌溉水田、水浇地和菜地面积都有所减少，由 1997 年的1 155.16万 hm^2 减少到 2008 年的1 137.48万 hm^2，减少 1.5%，但是由于耕地总面积减少的幅度较大，这三者所占的比例不降反升，由 1999 年的 57.56%上升到 2008 年的 58.27%。虽然现有耕地中优质耕地比例有所提高，但大量的优质耕地的流失仍然会影响到地区的粮食生产能力。尤其是人类的不合理利用，造成耕地污染严重，农田质量下降。

表 3.7 1997 年和 2008 年黄淮海平原区耕地面积组成

耕地类型	1997 年		2008 年	
	面积/万 hm^2	比例/%	面积/万 hm^2	比例/%
灌溉水田	151.51	7.55	148.50	7.61
望天田	0.85	0.04	0.83	0.04
水浇地	970.81	48.37	961.76	49.27
旱地	850.93	42.40	813.58	41.68
菜地	32.84	1.64	27.22	1.40
总面积	2 006.94	100.00	1 951.89	100.00

3.1.4 耕地变化驱动因素

导致耕地资源的状况变化的因素包括自然因素和人类活动，特别是近几十年的人类活动更是彻底地改变了土地利用方式和覆盖类型，人类活动对土地利用方式的改变归根结底是由于社会经济因素，这种影响主要表现在两个方面：一是直接影响，如人口增长，导致粮食需求增加，大量的开荒和土地深度利用，与此同时建设用地增长，导致耕地面积锐减，形成一个互动循环机制；二是间接影响，人类的不合理利用，农药污染、污水灌溉以及相应的环境后滞效应等，加剧了耕地的退化。无论是直接影响还是间接影响均对耕地的质量变化和数量变化发生作用，不同的是数量变化表现更为明显，更容易被觉察，质量变化却是一个相对较长的积累过程，但是绝对不容忽视。

3.1.4.1 工业化与城镇化

工业化、城镇化是现代社会经济发展的两种不同过程。它们不仅通过人口、产业集中，地域扩散占用土地，使土地利用非农化，而且通过生活方式和价值观念的扩散，改变原来的土地利用结构，在工业化和城镇化发展过程中，农耕地转向非农业用途尤为突出。20 世纪 90 年代以来，黄淮海地区经济增长很快，在 1997—2008 年间，国内生产总值增长了 333%，其中工业产值增长了 373%，同期城市建设力度也加大，建设面积不断扩张。与 1997 年相比，黄淮海平原建设用地增加了 52.87 万 hm^2，除农村居民点面积略有下降外，其他各类建设用地都有不同程度的增加，如城市土地面积由 1997 年的 23.51 万 hm^2 增加到 2008 年的 31.54 万 hm^2，增加了 8.03 万 hm^2，相当于 1997 年城市土地面积的 34.16%；建制镇的面积由 21.71 万 hm^2 增加到 31.21 万 hm^2，增加了 9.5 万 hm^2，增加比例为 43.76%；独立工矿由 60.55 万 hm^2 增加到 82.60 万 hm^2，增加了 22.05 万 hm^2，增加比例 36.42%；交通运输用地由 25.49 万 hm^2 增加到 36.77 万 hm^2，增加了 11.28 万 hm^2，增加比例 44.25%（表 3.8）。从以上数据可以看出，黄淮海平原在 10 年间，主要的建设用地都增加了近一半。

表 3.8 1997—2008 年黄淮海平原建设用地变化表

用地类型	面积/万 hm^2		建设用地增加	
	1997 年	2008 年	面积/万 hm^2	比例/%
城镇用地				
城市	23.51	31.54	8.03	34.16
建制镇	21.71	31.21	9.50	43.76
城镇小计	45.22	62.75	17.53	38.77
独立工矿用地	60.55	82.60	22.05	36.42
农村居民点	339.46	338.69	−0.77	−0.23
交通运输用地	25.49	36.77	11.28	44.25
其他建设用地	86.53	89.31	2.78	3.21
建设用地合计	557.25	610.12	52.87	9.49

这种建设用地快速扩张的过程中，首先占用的就是耕地，如作为黄淮海平原重要组成部分的山东省在1997—2005年间，建设用地中增长速度最快的城市用地年均增长率达到4.61%；交通、工矿用地的增长率也均超过3%，远高于其他主要地类的变化速度。同期，全省建设占用耕地19.46万hm^2，占新增建设用地的47.8%，其中2002、2003年的建设占用耕地的比重超过了70%。河北省的情况与山东省相似，建设占用耕地数量占当年新增建设用地总量的比例基本稳定在50%～70%（表3.9）。

表3.9　1997—2004年河北省新增建设用地占用耕地情况

年份	新增建设用地面积/hm^2	占用耕地面积/hm^2	比例/%
1997	21 262.16	11 450.72	53.85
1998	15 978.43	10 851.81	67.92
1999	22 124.99	15 616.06	70.58
2000	13 124.00	9 602.71	73.17
2001	12 415.96	6 620.99	53.33
2002	15 825.09	8 403.93	53.11
2003	11 384.13	7 893.01	69.33
2004	58 059.51	30 050.63	51.76

虽然近年来开始实施占补平衡制度，耕地面积开始呈现缓慢增加的趋势，但表面上实现了耕地数量占补平衡，实际上不少地区是通过补充劣质耕地的方法来掩盖优质农田的减少，耕地的质量并没有实现占补平衡，这降低了耕地利用效益，造成了耕地的隐性流失。

正确处理城镇化、工业化在土地利用中的地位和作用是耕地保护的一个难点。目前，黄淮海地区许多省市正处于城镇化加速发展时期，随着城镇化水平的提高和国民经济的发展，各项建设事业对土地需求量将与日俱增，工业化和城镇化的发展应放在耕地资源保护这架天平上重新思考和审视，在推进城镇化的同时实现耕地保护和食品供给的安全保障。

3.1.4.2　人口增长

如果把土地利用视作一个开放性的系统整体，人口则是该系统结构的组织者、参与者，同时还是系统输出品消费者。换言之，人可以通过生产技术、活动方式调节、组织土地利用系统结构，同时，作为参与者，也占用一定面积的土地用作生存的场所——居住地。最后，还作为消费者，消耗土地利用系统的产品，增加对土地生态系统生产力的压力。因此，人口增长必然导致居住地的增加和土地利用系统输出产品需求量的增加，而输出产品需求量的增加只有两条途径：一是调整、优化系统结构，提高土地利用系统的能量转换成生产能力；二是扩大土地利用面积，开发未利用的土地资源，提高土地利用强度。因此，人口是最具活力的土地利用变化因素之一，对耕地数量变化起着重要的作用。黄淮海地区人口密集，进入21世纪后，以每年3%的速率增长，2008年总人口达到2.54亿人，占全国总人口的19.14%，随着人口增长，耕地面积在不断减少，人地矛盾加剧，耕地压力增大。

3.1.4.3 经济管理机制

经济管理机制是土地利用的直接决策因素，它通过地权制度、价格制度、经营机制等直接影响土地利用及其结构的形式。土地利用实践表明，随着不同的经济管理机制的运行，土地利用结构随之发生明显的变化。目前，经济管理中市场机制已经初步形成，土地使用制度的改革，联产承包、双层经营、户为基础的运作，使土地利用的经营效果与经营者切身利益密切相连。广大农民可以依靠自己对市场价格制度的判断，自主地确定承包土地利用方式，由此打破了计划经济控制时期土地利用的统一决策的畸形趋同性，形成了多样化、高效化、商品化趋势。

但是，由于目前价格制度还存在缺陷，受比较经济利益的影响，种植业内部存在着低产值粮食作物向中产值经济作物到高产值蔬菜转化，种植业向果园、水产养殖转化的趋势，土地利用结构的调整变化非常突出。与其他利用形式相比，种植的收入最低，因此，在农户自主生产的条件下农业结构调整是不可避免的。从近 10 年耕地被占用的情况也可以证实，黄淮海地区有近一半的耕地减少量是由于农业结构的调整。当然农业内部结构调整对农村基层经济组织和农户个人都可带来巨大的经济效益，但是由于长期以来的农业结构调整随意性很大，弃耕改园，开田挖塘基本上由集体和承包人决定，不受计划和规划控制，只受市场价格和效益的驱动，因此在某种程度上带有一定的盲目性。

另外，政府的政策实施，也会对耕地产生巨大影响。例如近几年国家实行生态退耕政策，据统计，山东省在 1997—2005 年生态退耕共计6 183.94 hm^2，年均 687.10 hm^2，占同期耕地面积减少量的 1.5%。

3.1.4.4 社会行为

20 世纪 90 年代初从计划经济向社会主义市场经济转轨时期，经济过热，加上土地管理失控，黄淮海平原一些地区出现“开发区热”、“房地产热”等现象，一些地方缺乏保护耕地的长远意识，乱占耕地，滥批租土地，甚至出现了大量的耕地撂荒现象，非农建设占用耕地的问题十分突出。前几年，农产品相对过剩，农业收入十分微弱，更加助长了农民厌农情结。一些地区的农户本身对农业种植仅仅抱着兼业和不愿一下子放弃的暧昧态度，再加上农业种植经济效益低下，促使农户放弃了种植，导致了个别地区出现农业撂荒，无人管理或经营粗放，这也是耕地肥力质量下降的重要原因。随着国家对三农问题的重视，采取了减免农业税、粮食种植补贴等积极的农业政策，这种情况才出现了明显的好转。

3.1.4.5 农业科技进步

科学技术的发展水平和应用程度直接影响着土地利用的深度和广度，是影响土地资源集约利用水平高低的重要因素之一。对于耕地来说主要包括土壤改良、耕作制度、栽培技术、良种培育以及灌溉、化肥、农机、农药等，农业技术水平的高低对于提高农业生产力，实现农业集约经营，增强抵御自然灾害的能力等方面起着越来越大的作用。农业科技的进步体现在粮食单产的提高。为了提高土地生产力，保证农业的稳定发展，黄淮海地区的山东、江苏、河南等主要的粮食大省采取了一系列措施，包括增加农业投入，改善农业生产条件，提高农业技术水平等，逐步实现了由传统农业向现代农业的转变，但随着科技在农业生产中的广泛应用，受利益驱动，农业结构调整进一步加快，人们开始转向经济效益更高的生产方式和土地经营利用方式，使耕地面积进一步减少。

3.2 黄淮海平原粮食生产面临的挑战

3.2.1 耕地变化限制着粮食生产能力的提高

3.2.1.1 耕地面积变化对粮食播种面积的影响

从20世纪90年代以来，黄淮海平原区耕地面积下降趋势较快，虽然在耕地占补平衡政策的实施下，近几年耕地下降速度减缓，但由于耕地减少造成的对粮食产量的影响不容忽视。

据国土资源管理部门的土地利用现状变更数据，1997年耕地面积2 006.94万 hm^2，2008年减少为1 951.89万 hm^2，净减少55.05万 hm^2，占1997年耕地面积的27.43%。黄淮海地区耕地面积一直处于动态变化之中，同期耕地面积变化的幅度远大于净减少的数值，如2007年，黄淮海地区耕地减少13.32万 hm^2，同年通过占补平衡等措施增加耕地12.69万 hm^2，2007年耕地净减少0.63万 hm^2。由此可以推断，从1997年到现在，虽然耕地净减少为55.05万 hm^2，但除去每年新开垦的耕地，实际上减少的优质耕地远不止这些。

黄淮海平原耕地数量减少对粮食生产最主要的影响就是粮食播种面积的下降。从20世纪末开始，我国粮食播种面积逐渐下降，2003年降到了近些年来的最低点。黄淮海地区的粮食播种面积也大幅下滑，这种状况引起了国家的重视，2000年起从安徽开始，进行农业税减免试点工作，到2003年在全国全面铺开。十届全国人大常委会第十九次会议高票通过决定，自2006年1月1日起废止《农业税条例》，全面取消农业税，同时实行粮食直补政策，农民种粮积极性提高，粮食播种面积有所提高。

黄淮海地区1991年粮食作物播种面积为2 599.8万 hm^2，2009年为2 349.6万 hm^2，减少250.2万 hm^2，年均递减0.53%，粮食播种面积占农作物总播种面积的比重也由75.89%降低到71.46%。自从2003年废除农业税后，黄淮海平原粮播面积从2003年低谷的1 976.7万 hm^2 增加到2009年的2 349.6万 hm^2，6年间增加了18.9%。但是从总体上看，黄淮海地区粮食播种面积的回升低于全国平均水平，黄淮海粮食播种面积占全国粮食播种面积的比例由1991年的23.15%左右下降到2009年的20.69%（表3.10）。

3.2.1.2 耕地质量变化对粮食生产能力的影响

黄淮海平原耕地数量减少的同时，也引起耕地质量的损失。因为城镇发展占用耕地的70%以上是有灌溉设施、熟化程度好、生产能力高的优质耕地，而开发复垦增加的耕地及新开垦荒地的质量较低，造成了耕地的隐性流失。耕地数量和质量的变化，通过对粮食作物播种面积的影响，并在一定程度上导致粮食生产环境条件的改变，最终影响到粮食作物的单产与总产。

黄淮海平原区的作物熟制主要是小麦和玉米，据调查，黄淮海平原区水浇地小麦产量6 000～7 500 kg/hm^2，玉米产量10 000～12 000 kg/hm^2；旱地小麦产量4 500 kg/hm^2 左右，玉米产量6 000 kg/hm² 左右；灌溉水田水稻产量为7 500～9 000 kg/hm²；望天田水稻产量4 500 kg/hm² 左右。据此可以估算水浇地、旱地、灌溉水田和望天田等耕地亚类的粮食单产，然后估算各耕地亚类由于面积减少而导致的粮食总产量的损失。

表 3.10 黄淮海地区粮食播种面积变化

年份	黄淮海地区粮食作物播种面积/万 hm²	黄淮海地区农作物播种面积/万 hm²	黄淮海粮食播种面积占农作物播种面积的比例/%	全国粮食作物播种面积/万 hm²	占全国播种面积的比例/%	比上一年增减情况/万 hm²	播种面积年增长率/%
1991	2 599.8	3 425.9	75.89	11 231.4	23.15	—	—
1992	2 554.5	3 634.8	70.28	11 056.0	23.11	−45.3	−1.74
1993	2 222.5	3 420.7	64.97	11 050.9	20.14	−332.0	−13.00
1994	2 565.5	3 422.2	74.97	10 954.4	23.46	343.0	15.43
1995	2 581.8	3 441.4	75.02	11 006.0	23.46	16.3	0.64
1996	2 649.6	3 477.9	76.18	11 254.8	23.54	67.8	2.63
1997	2 631.1	3 487.9	75.44	11 291.2	23.30	−18.5	−0.70
1998	2 668.0	3 558.8	74.97	11 378.7	23.45	36.9	1.40
1999	2 347.1	3 164.5	74.17	11 316.1	20.74	−320.9	−12.03
2000	2 206.4	3 167.1	69.67	10 846.3	20.24	−140.7	−5.99
2001	2 120.5	3 153.8	67.24	10 608.0	19.99	−85.9	−3.89
2002	2 082.6	3 130.3	66.53	10 389.1	20.05	−37.9	−1.79
2003	1 976.7	3 104.5	63.67	9 941.0	19.88	−105.9	−5.08
2004	1 987.4	3 103.6	64.04	10 160.6	19.56	10.7	0.54
2005	2 159.9	3 213.9	67.20	10 427.8	20.71	172.5	8.68
2006	2 230.9	3 251.0	68.62	10 495.8	21.26	71.0	3.29
2007	2 265.3	3 249.0	69.72	10 563.8	20.56	34.4	1.54
2008	2 287.5	3 254.7	70.28	10 679.3	20.55	22.2	0.98
2009	2 349.6	3 288.2	71.46	10 898.6	20.69	62.1	2.71

数据来源：中国农村统计年鉴。

从表 3.11 可以看出，黄淮海平原灌溉水田从 1997—2008 年面积减少 3.01 万 hm²，按照粮食单产估算标准，粮食总产量减少 40.64 万 t；同期望天田面积减少 0.02 万 hm²，估算粮食总产量减少 0.18 万 t；水浇地面积减少 9.05 万 hm²，估算粮食总产量减少 135.75 万 t；旱地面积减少 37.35 万 hm²，估算粮食总产量减少 392.18 万 t。在不计算菜地的情况下，黄淮海地区 2008 年与 1997 年相比，由于耕地面积净减少，导致粮食总产量净损失 568.75 万 t，占 2008 年粮食总产量的 4.21%。

表 3.11 2008 年与 1997 年比粮食产量变化估算

耕地类型	1997 年耕地面积/万 hm^2	2008 年耕地面积/万 hm^2	1997—2008 年面积变化/万 hm^2	按熟制估算的粮食单产/(kg/hm^2)	粮食产量变化/万 t
灌溉水田	151.51	148.5	−3.01	13 500	−40.64
望天田	0.85	0.83	−0.02	9 000	−0.18
水浇地	970.81	961.76	−9.05	15 000	−135.75
旱地	850.93	813.58	−37.35	10 500	−392.18
菜地	32.84	27.22	−5.62	—	—
合计	2 006.94	1 951.89	−55.05	—	−568.75

3.2.2 处于领先的单产进一步提高的难度增大

历史上黄淮海地区粮食单产水平较低，例如山东的聊城和德州两地，粮食单产在 20 世纪 60 年代初只有 750 kg/hm^2（黄进勇，2000），到了 80 年代末，单产水平明显提高，达到2 500 kg/hm^2。在 20 世纪末，由于国家对该区多年的综合治理，粮食单产增加很快。1995 年全区粮食单产达到近5 000 kg/hm^2，是新中国成立初期的 3～4 倍。近些年随着农业投入的增加，粮食单产水平也大幅度提高，2009 年黄淮海地区大部分灌溉条件较好的地区粮食单产达到7 500 kg/hm^2 以上。

如图 3.5 所示，2009 年与 1991 年相比，黄淮海地区粮食平均单产提高了2 147 kg/hm^2，增长了 52.6%，为全国同期单产增量的 1.7 倍，并且黄淮海地区主要粮食作物单产全面增产，玉米、水稻、小麦等主要粮食作物增产是同期全国同种作物增产的 2～4 倍，表明黄淮海地区粮食作物单产的增长幅度远高于全国平均增长水平。

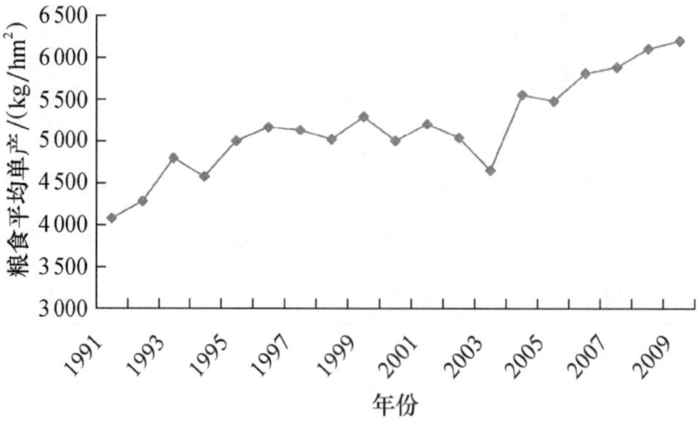

图 3.5 黄淮海平原粮食单产变化趋势

黄淮海地区粮食单产的提高是粮食总产量增加的主要原因，按照公式：

$$粮食单产波动幅度 = (本年粮食单产 - 上年粮食单产)/ 上年粮食单产 \quad (3.3)$$

$$粮食总产量波动幅度 = (本年粮食总产量 - 上年粮食总产量)/ 上年粮食总产量 \quad (3.4)$$

计算出黄淮海地区1992—2009年各年的波动幅度(图3.6),从图中可见,黄淮海地区粮食单产与总产量变动幅度的时间序列具有高度相关性,粮食总产和粮食单产大多数年份波峰和波谷完全对应,说明粮食单产水平决定粮食总产量的高低。

从图3.6中还可以看出,2003年黄淮海地区粮食单产和总产大幅下降后,在政策的刺激下2004年有个加大的变化,单产水平大幅度的提高,之后的几年间,单产的波动越来越小,说明在现有技术水平条件下,粮食单产已经趋于稳定,再进一步提高的难度将会加大。

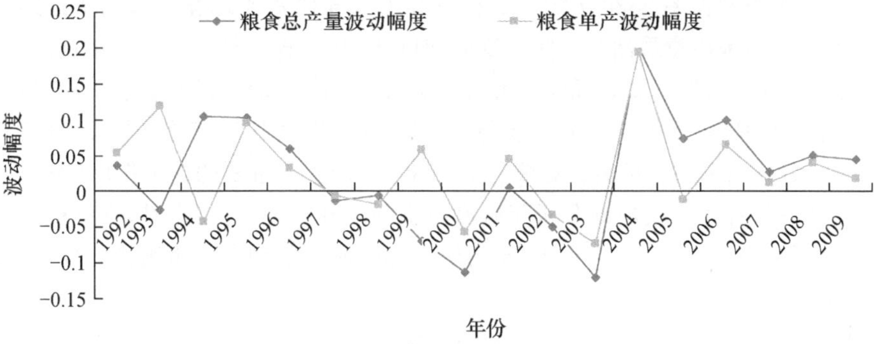

图3.6 黄淮海地区粮食单产与总产波动时间序列趋势

3.2.3 较低的比较效益驱动农业结构调整

土地是一切活动的载体,是农业经济发展的重要生产资料。一方面,在现行的经济体制下,种植业比较利益低下,耕地用于种植业的经济收益明显低于其他产业,以经济效益为主导的土地利用必然使耕地利用不断转向收益高的用途。同时随着人民生活水平的提高,人均谷物消费水平不断降低,而对果品和肉类的需求处于上升的趋势,为了满足市场需求,获得更高的经济效益,也会促使农民将生产转向效益较高的行业。另一方面,尽管近年来国家对种粮农户实行了粮食补贴,但种粮比较效益偏低的状况没有根本改变。据调查,在2005年河北省主要农产品比较效益中,种粮效益最低,占粮食作物播种面积3/4以上的小麦和玉米的纯收益更低,每亩纯收益分别为215.69元和167.62元,只相当于花生亩纯收益的42.9%和3.4%,棉花亩纯收益的27.7%和21.5%。粮食比较效益低,影响农民种粮的积极性,也会产生农业内部的结构调整。

3.2.4 农业生产投入品价格上涨加大粮食生产压力

我国农业生产和粮食生产的发展历程表明,两者的增长越来越依赖于以农业生产资料为主的物质投入的增加(曹志宏,2008)。广义的农业生产资料指农业生产相关的生产条件,包括人口、耕地面积、农村生产性固定资产、农业机械化情况和农业现代化项目水平等5个方面。在此重点对黄淮海平原农业机械化和农业现代化的指标进行分析,农业机械总动力代表农业机械化情况,农业现代化项目指标包括农用化肥施用量、农村用电量、农用塑料薄膜使用量、农药使用量。对黄淮海平原的分析表明,农业生产资料的投入量总体上呈增长趋势,但不同类型的农业生产资料对农业生产的促进作用不同，同时农业生产资料不合理投入会影响农业生产效率和农村经济的发展，并对农村资源环境造成一定的污染。

1988 年以来，黄淮海平原农业机械总动力呈稳步上升的态势，2010 年农业机械总动力为 2 932.83 亿 W，比 1988 年增长了 4 倍，年平均增长率为 17.41%；随着农业现代化的发展，农村用电不仅用于农业生产，还用于运输、农产品加工和服务业等其他产业。黄淮海平原农村用电量自 1988 年以来逐年上升，并出现较快增长。2010 年农村用电量为10 696 859 万 kW·h，比 1988 年增长了 7.07 倍，年均增长率达 30.76%。1988—2010 年黄淮海平原化肥施用量是逐年上升的，农用塑料薄膜和农药施用量虽然有一些小波动，但总体上呈增长态势。2010 年黄淮海平原农用化肥施用量比 1988 年增加了 2.85 倍，年均增长率为 12.33%；农用塑料薄膜 2010 年比 1993 年增长了 3.90 倍，年均增长率为 16.94%；农药施用量 2010 年比 1991 年增长了 2.70 倍，年均增长率为 11.72%。各项指标的稳步增长对粮食总产量增长产生了重要的促进作用(表 3.12)。受具体统计数据的限制，各生产资料的分析年限有所不同。其中，农村用电量、农业机械总动力、化肥施用量的分析年限为 1988—2010 年，农用塑料薄膜使用量和农药施用量的分析年限分别为 1993—2010 年和 1991—2010 年。

表 3.12 黄淮海平原农业投入变化

年份	农村用电量/万 kW·h	农业机械总动力/亿 W	化肥施用量/t	农用塑料薄膜使用量/t	农药施用量/t
1988	1 512 079	732	4 900 511	—	—
1989	1 716 449	794	5 519 740	—	—
1990	1 889 165	781	6 107 004	—	—
1991	1 819 819	828	6 535 386	—	142 004
1992	2 296 549	856	6 900 869	—	155 788
1993	2 351 249	907	7 824 669	148 458	175 298
1994	2 777 711	1 005	7 990 904	226 380	212 930
1995	3 303 286	1 130	8 868 184	226 368	252 501
1996	3 824 003	1 235	9 484 207	248 129	255 794
1997	4 136 872	1 411	9 847 725	275 214	264 280
1998	4 237 371	1 536	10 264 345	280 939	264 964
1999	4 660 281	1 688	10 564 220	269 338	267 051
2000	4 598 858	1 859	10 782 851	291 918	267 643
2001	4 865 302	1 977	11 086 841	322 751	273 585
2002	5 152 008	2 010	11 393 450	370 259	294 396
2003	5 534 076	2 159	11 482 695	393 244	294 640
2004	6 394 868	2 276	11 798 841	413 521	286 790
2005	7 404 352	2 383	12 293 045	435 834	296 546
2006	8 101 959	2 472	12 661 712	447 437	316 642
2007	9 139 969	2 568	13 037 815	445 652	319 414
2008	9 140 610	2 698	13 230 456	429 245	333 801
2009	10 117 220	2 822	13 557 468	433 508	334 734
2010	10 696 859	2 933	13 893 065	498 832	337 038

表 3.13 黄淮海地区农业投入比较

地区	农机总动力/亿 W		农村用电量/亿 kW·h		化肥施用量/万 t		农药用量/t		塑料薄膜用量/t	
	1988	2010	1988	2010	1988	2010	1991	2010	1993	2010
北京	40.0	20.8	16.4	39.6	10.6	11.2	7 266	3 972	7 455	13 539
天津	41.8	58.8	13.2	51.0	11.4	25.5	2 474	3 721	5 414	12 009
河北	225.1	925.6	46.7	470.4	111.6	288.5	42 451	78 000	24 084	107 000
河南	139.3	732.5	30.5	203.0	99.4	450.4	25 470	84 531	27 395	95 472
安徽	50.8	290.7	6.2	35.9	55.6	150.5	15 571	50 535	14 078	46 771
江苏	70.0	188.9	11.8	107.4	81.9	179.2	17 002	32 000	20 445	32 000
山东	165.5	715.5	26.3	162.5	119.6	284.0	31 770	84 279	49 587	192 041
总计(*R*)	732.4	2 932.8	151.2	1 069.7	490.1	1 389.3	142 004	337 038	148 458	498 832
全国(*N*)	2 657.5	9 278.0	712	6 632.3	2 141.5	5 561.7	794 944	1 758 000	707 321	2 173 000
R/*N*/%	27.56	31.61	21.24	16.13	22.88	24.98	17.86	19.17	20.99	22.96

从表 3.13 中可以看出，黄淮海各地区农业投入都有了较大的提高，并且各指标在全国的比重除农村用电量有所下降外，其余都有不同程度的提高，说明黄淮海平原农业集约化水平较高，农业生产还处于高耗能状态，高投入高产出是本区农业生产的特点，生产成本居高不下，进一步增产的空间变小。虽然各省市采取了一系列措施，但农资涨价仍然不同程度地增加了种粮农民的生产支出。与 2004 年相比，2010 年我国粮食平均费用由每亩 200 元增加到 297 元，免税、直补等政策给农民带来的直接实惠基本上被农资涨价所抵消。依靠加大农业资料投入提升产量的空间越来越小，并且随着化肥、农药、种子、农机具等农业生产资料价格上升，粮食生产成本也大幅增加，农民增加农业投入的意愿变小，再加上黄淮海地区粮食生产的分散经营及农业劳动者素质低下等原因造成的依赖于农业生产技术的推广来提高粮食单产的潜力越来越小，使黄淮海地区的粮食增产难度进一步加大。

3.2.5 水资源短缺成为粮食生产的关键因素

20 世纪 80 年代以来华北地区持续干旱少雨，海河、黄河、淮河的地表径流衰减十分明显，地表水资源的不足，促使当地工农业生产和城乡人民的生活用水主要依靠超采地下水来维持。尤其是海河平原地下水超采十分严重，从 1985 年到 1998 年就累积超采地下水 649 亿 m^3，平均每年超采 46.3 亿 m^3。地下水位持续下降，出现了河湖干涸、地面下沉、海水入侵等严重生态环境问题，水资源的可持续利用受到了严重挑战。

农业用水基数大，只要增加一点百分比，增加的绝对值就非常可观。黄淮海地区粮食高产是以增加农业耗水量为前提的，农业耗水量增加的直接后果就是挤占本该属于生态系统自身消耗的水资源，生态平衡遭到破坏，系统功能逐步退化。农业用水是黄淮海平原区地下水位下降的主要原因，因此为追求粮食高产的水资源利用方式在今后是不可取的，水资源成为限制粮食产量增加的关键因素。

3.2.6 发展不均衡制约着区域总体水平提高

黄淮海地区发展不均衡主要表现在以下几个方面：一是由于历史的原因，黄淮海平原地区农业综合开发起步最早的是北部，其次中部，南部起步相对较晚并且投入不足；二是高、中、低产田分布的不均衡，中低产面积大；三是粮食单产在空间上存在地域差别。以县为单位分析黄淮海地区粮食单产水平的空间分布(图 3.7)，各县之间粮食单产差异明显，全地区有将近 1/2 的县粮食亩产超过 500 kg，这些县主要分布在水系附近、灌溉条件较好的地区，也说明黄淮海粮食生产受水资源影响较大。从横向上看，黄淮海地区有 3 条粮食高产带，分别位于海河、黄河和淮河流域附近，两河之间明显存在着一个粮食产量较低的区域；从纵向上看，又分为靠近内陆和沿海两个区域，内陆地区的粮食产量明显高于沿海地区。这种不均衡造成再进一步的发展过程中，地域之间存在差别，限制了整个地区的协调同步发展。

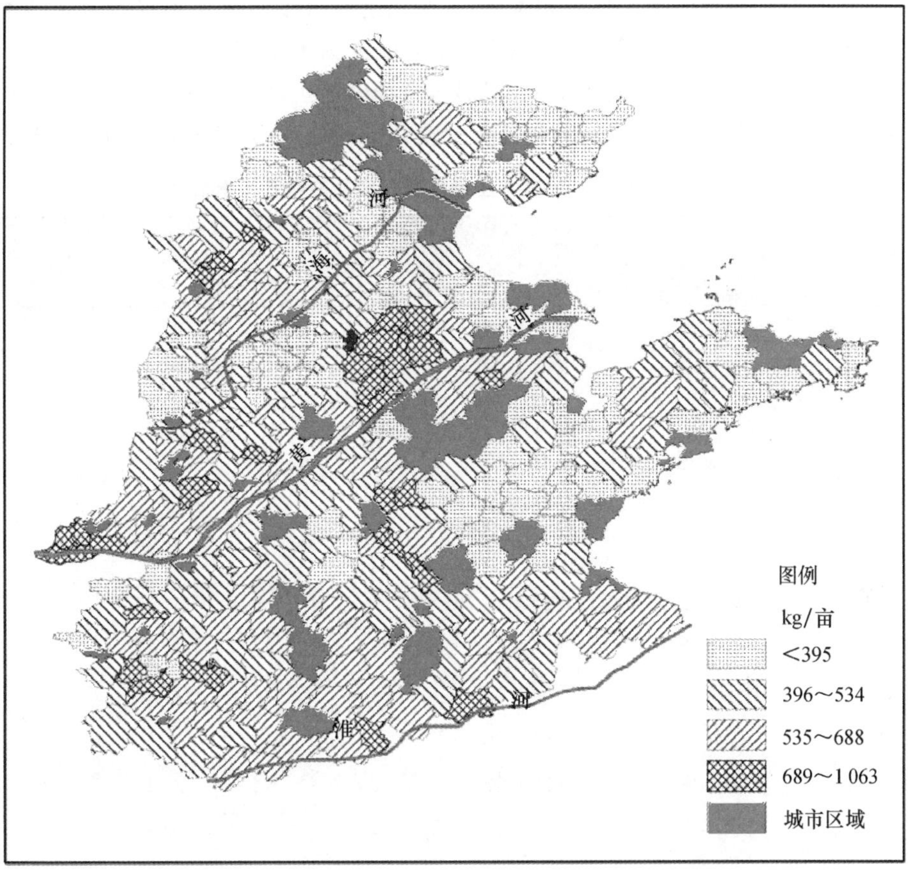

图 3.7 黄淮海地区 2009 年粮食单产区域分布图

3.3 黄淮海平原粮食生产对策

3.3.1 加强土地综合整治,稳定耕地面积

土地综合整治是改善农业生产条件与农田生态环境、增加有效耕地面积,实现耕地产出总量动态平衡的重要途径,耕地供给的增量主要来源于土地开发、整理和复垦。根据黄淮海地区两市五省的统计资料表明,在 2001—2008 年间,通过土地开发和整理复垦补充耕地535 054.3 hm^2,按照各省市 2008 年平均单产水平,可增加粮食 273.31 万 t,占黄淮海地区粮食总产量的 2%,这对于保证我国粮食安全有着重要的作用(表 3.14)。

3.3.1.1 土地开发

黄淮海地区由于开发较早,土地利用率较高,根据 2008 年黄淮海地区的土地利用数据,可开发的未利用地为 212.82 万 hm^2,耕地后备资源不足。根据土地开发的实际情况,在未利用地的开发过程中,首先要树立忧患意识,正确处理“吃饭”和“建设”问题,强化开发计划管理。

由于各种用地均有其特定的土地环境和条件，未利用地在开发过程中不仅涉及土地本身的属性，而且还涉及土地的环境因素等，受自然因素的限制尤为突出，在开发过程中必须本着“先规划，后实施”的原则，通过科学编制土地开发规划，合理确定土地开发的规模、深度和数量，才能通过自然因素和投入能量的相互作用，保持和提高土地的生产力，从而达到可持续利用。

表 3.14　**2001—2008 年土地复垦开发补充粮食产量估算**

地区	增加耕地面积/hm²		平均单产/(kg/hm²)	补充粮食产量/万 t	合计/万 t
北京	土地开发	11 537.37	4 775.51	5.51	6.76
	土地整理	2 608.36		1.25	
天津	土地开发	16 058.83	3 351.03	5.38	5.87
	土地整理	1 455.13		0.49	
河北	土地开发	64 578.69	3 873.44	25.01	28.78
	土地整理	9 745.14		3.77	
江苏	土地开发	94 247.45	6 294.79	59.33	99.13
	土地整理	63 226.49		39.8	
安徽	土地开发	31 642.19	4 423.94	14.00	25.16
	土地整理	25 217.85		11.16	
山东	土地开发	100 266.67	5 013.41	50.27	66.38
	土地整理	32 133.33		16.11	
河南	土地开发	61 344.49	5 008.19	30.72	41.23
	土地整理	20 992.31		10.51	
黄淮海地区	土地开发	379 675.69	—	190.22	273.31
	土地整理	155 378.61		83.09	

由于农用地对土地利用的条件相当严格，后备土地资源较为有限，而建设用地的土地利用要求条件则较宽，只要有一定的工程地基承载力即可用于构建建筑物，故建设用地的后备土地资源广袤。我国人多耕地少，农产品需求量大，改革开放以来非农建设的发展又占用了大量耕地，致使人地矛盾日趋尖锐。为了保证国民经济基础产业——农业的稳步发展，在未利用地资源开发利用中，对适宜农牧生产的土地资源，应优先考虑开发为农用地。其中适宜开发成耕地的首先应开发成耕地，以达到增加耕地的目的。当然，如果开发成其他用地，发展林果业、渔业，也可将原有的果园、鱼塘逐步退耕退养，同样也可达到增加耕地的目的。

在未利用地开发过程中要做到开发与提高并举，大力推行边开发、边改良、边提高的利用措施。引入新型开发模式，实施高科技含量的开发行为，一方面快速培肥新耕土地，配合坡改梯、客土培肥、合理轮间套等科技手段，缩短见效周期，实现三重效益的有机结合；另一方面加大对现有耕地的资金投入，加强农田基础设施建设，提高标准农田比例，提高耕地生产效益，坚决走高效、可持续发展的道路。

3.3.1.2 土地整理

土地整理是指在一定区域内，根据土地利用总体规划，单位、经济组织或个人通过采取行政、经济、法律或工程技术等手段，在一定期限内，调整改造土地利用方式和权属状况，改进完善土地利用条件，提高土地利用率和产出率，改善生活条件和生态环境的一切活动的总称，包括农用地整理、非农建设用地整理和综合整理。其中可以增加有效耕地面积，提高耕地质量和利用效率的土地整理活动主要包括农田整理和农村居民点整理两部分。农田整理主要包括中低产田改造和零星地类、沟渠、农路、田坎等整理。中低产田改造是提高耕地生成能力和增加有效耕地面积的重要手段，侧重于对耕地质量的提高，但对耕地面积的影响不大。

农村居民点整理是今后黄淮海地区土地整理的重要内容，2008 年黄淮海平原农村居民点面积为 339 万 hm^2，人均用地达到 197 m^2，远超过国家的相关标准，如果按照人均 140 m^2 的标准整理，则超标面积为 98.20 万 hm^2，具有广阔的整理潜力。农村居民点整理要按照“规划先行、政策引导、村民自愿、多元投入”的原则，一要加大盘活农村存量建设用地的力度。要组织乡镇、村科学制定旧村庄发行和零散住宅整理归并的总体方案，并按计划、分年度组织实施；实行“建新退旧”制度，经批准新建住宅后，建房户必须将原旧宅基地退交村委会或村集体经济组织统一安排使用，通过盘整逐步消灭“空心村”。二要健全制度措施。制度措施的健全是农村建设用地整理顺利实施的保障，要建立城市建设用地增加与农村建设用地减少相挂钩等与农村建设用地整理相关的制度，运用行政、经济等手段促进农村建设用地的整理，确保农村建设用地整理的全过程都按规章制度进行并有严格的操作程序和规范。三要扩大资金的投入方式。在农村建设用地整理资金投入方式上，可以从用于农业土地开发的土地出让金、新增建设用地土地有偿使用费、耕地开垦费中拿出部分资金，用于农村建设用地整理；或是采用证券化或企业化的形式，让农民以股票、债券等方式及企业化运作的形式参与农村建设用地整理，吸收企业及个人资金达到筹资和分散风险的目的，并从农村建设用地整理中获得收益；也可以将农村建设用地整理的整理权和开发权通过招拍挂方式向市场出售。四要采取项目化管理方式。农村建设用地整理要进行项目化管理，按程序对项目立项、工程招投标、过程检查、资金使用、项目验收等环节进行严格把关。

3.3.1.3 土地复垦

土地复垦，是指对生产建设活动和自然灾害损毁的土地，采取整治措施，使其达到可供利用状态的活动。2008 年黄淮海平原工矿用地为 82.60 万 hm^2，提供了巨大的土地复垦空间。为了保护耕地，严格执行“耕地占补平衡”和“先补后占”的原则，企业若占用耕地必须先复垦同等数量和质量的耕地，土地复垦要与企业生产建设统一规划，并逐步实行复垦保证金制度，即企业获准用地之前，必须先缴纳一定数量复垦保证金。同时在复垦过程中充分运用现代科技手段，加强土地复垦的资源调查、评价和监测，开展土地复垦领域的科技研究，加强实用技术的开发和推广，增加土地复垦的科技含量，广泛开展国际交流与合作学习，借鉴国外的先进技术和经验。

根据黄淮海地区现有的土地资源情况，通过土地整理，将分散的、零星农田集中成片，如果可增加 3%的耕地面积，则黄淮海地区增加耕地 58.6 万 hm^2；按照人均 140 m^2 保留农村居民点，预计农村居民点整理潜力将达到 98.20 万 hm^2，如果对这些潜力的 30%进行整理，整理出

10%的耕地，则可增加耕地面积2.95万hm^2；如果工矿用地有40%可以进行复垦，复垦增加10%的耕地面积，则工矿用地复垦增加耕地3.30万hm^2。黄淮海地区通过土地整理、复垦预计可增加耕地面积64.85万hm^2，按照黄淮海平原粮食单产8 000 kg/hm^2计算，则可增加粮食产量519万t，是2010年黄淮海地区粮食产量的3.5%。

3.3.2 增加复种指数，提高耕地资源利用效率

当粮食种植面积基本稳定时，可以在农业结构调整中，推广粮、棉、蔬间作套种等模式，提高复种指数，通过这种空间的轮换来增加有效播种面积，提高耕地资源利用效率。例如棉麦一体化栽培技术的推广，黄淮海地区的棉田传统上以单纯种植棉花为主，全年有一半的时间土地闲置，同时冬季土壤裸露，容易引发风蚀，通过推广该技术，利用棉花规模化育苗移栽等措施，进行小麦和棉花的套种，可以实现将一季变为两季，提高土地利用率，缓解粮棉争地。据估算2009年黄淮海棉花播种面积534.6万hm^2，如果按照一半的棉田进行粮棉一体化生产，则相当于增加小麦播种面积267.3万hm^2，按照小麦6 000 kg/hm^2计算，则可增加粮食产量1 604万t，是2009年黄淮海地区粮食产量的11%。

3.3.3 推进规模化经营，降低生产成本

规模化经营可以解决务农劳动力结构性短缺问题，有利于农业科技推广应用，促进农业机械化的发展，提高土地产出率和资源配置效率，尤其是规模化经营有利于降低农业生产成本，提高农民收入。

黄淮海地区的农村青壮年劳动力外出务工后，大多将承包地流转给种田能手、种粮大户、合作社和农业企业，弥补了农村劳动力转移对农业生产的不利影响，较好地避免了土地撂荒，有利于实现专业化、标准化、集约化经营，使粮食综合生产能力得到了提高。规模经营者更注重粮食生产效益，更在意科学种田、选用优良品种和先进适用技术，有利于农业科技推广应用。当规模增加到一定程度，耕地集中连片，为大型机械作业提供基础条件，使机械化作业和专业化服务成为可能，大幅度降低生产成本。

在推进规模化经营过程中，要处理好几个关键问题。一是农村土地经营权的流转，通过经营权流转，可以将分散土地资源集聚起来，促使粮食生产逐渐形成适度经营规模。农村土地经营权流转要在确保农村土地集体所有的前提下，将承包经营权分解为独立的承包权和经营权，并在稳定土地承包关系基础上，鼓励农民自愿转出土地、促进规模经营发展。二是农业机械化的推广，完善农业机械购置补贴制度，研发适宜于规模化生产的农业机械，提高机械作业水平。三是农业社会化服务水平的提高，在加强基层农技推广体系建设基础上，重点关注统防统治、机械化、抗旱排涝等社会化服务组织的发展，对为规模化经营服务的社会化组织提供优惠政策和条件，促进农业社会化服务水平的提高。

3.3.4 开发耕地多功能性，提高耕地产出效益

土地本身是自然产物，当土地被投入人类种植食物的社会生产活动以后成为原始的耕地。

长久以来，人们对耕地的认识仅停留在单纯或狭隘的物质供给功能（主要是粮食生产）上，作为基本的生产资料用经济眼光来审视，认为耕地只是农业生产部门的物质条件，耕地只具备单一的、为人类提供食物等生活消费品和工业原料的功能。

实际上生产功能仅是耕地基本功能之一，是人类赖以生存的基础，古往今来，全球人口数量的不断增长，人口质量的不断提高，社会的持续进步，都同耕地功能的不断丰富与强大密不可分。在人类利用耕地进行农业生产之初，耕地的利用便是人与自然界生物圈的协调过程，耕地除了生产功能，还通过自然代谢对人类活动产生的废弃物和污染物予以接纳、存贮、净化、降解、吸收，并以新的形式重新返回自然环境之中，这便是耕地的环境调节功能，即生态功能；其次，在现有社会保障体系尚不健全的背景下，大部分农民仍然需要以耕地收入作为维持最低生活水平和抵御社会风险的主要手段，这使耕地还负载着社会保障功能（霍雅勤等，2004）。随着城镇化、工业化和农业现代化进程，耕地的其他次生功能也逐渐体现并为人们接受，如以休闲旅游为主的现代农业功能、农耕文化为核心的文化教育功能、城镇空间发展的隔离功能等。

造成耕地面积减少的原因之一是比较效益的低下，因此开发耕地能够获取高附加值的功能是解决这个问题的有效手段。随着工业化和城市化的快速推进，生活空间狭小、生存环境严重恶化使城市居民普遍有回归大自然的强烈愿望。而长期的城市生活使城市居民对传统农业、农村、农事操作等概念渐渐淡化甚至缺失，使得环境幽静、空气清新、生活安逸的乡村田园风光令人向往。借此时机，可赋予了耕地较高的观光游憩价值，凸显了较强的旅游观光休闲服务功能，通过农产品采摘、专供等形式提高耕地的产出效益，确保耕地的持续发展。

3.3.5 建立资源管理—生产决策—社会化服务为一体的大面积均衡增产技术体系

为实现黄淮海地区粮食生产均衡发展，一方面要下大力气进行中低产田改造，另一方面要对技术和管理进行集成，形成集管理、决策、服务一体化的技术体系。

黄淮海地区中低产田面积较大，区域间粮食单产水平不均衡，要针对这种情况，制定不同的技术方案，促进黄淮海地区粮食均衡增产。低产田土壤保水保肥力差，粮食产量较低，应采取测土配方施肥、农田基础设施改造等技术和措施促其向中高产田转变；中产田保水保肥能力相对较好，土壤养分含量适中，要注意培肥地力，实行秸秆还田，增施有机肥，不断提高土壤养分含量，以实现中产向高产的转变；高产田地形平坦，质地适中，保水保肥、供水供肥能力强，要合理调整作物品种，改善土壤结构，科学管理，在提高作物产量的同时，改善作物的品质。

另外还要提高管理决策和社会化服务水平，利用农业信息化技术，开发和建立精准农业管理和决策系统，通过全球定位系统、地理信息系统、专家系统和决策支持系统等关键环节的控制，实现农田管理信息化，通过专家的支持制定有关品种、施肥、病虫害防治等决策，减少生产成本和环境污染，增加经济效益。加强农业技术服务队伍建设，为农户提供技术和信息服务，把粮食生产转变到依靠科技进步和提高农民素质的轨道上，真正使农业科技成为粮食增产、农民增收的第一要素。

3.3.6 加强农业基础设施建设，提高水资源利用效率

黄淮海地区的耕地面积占全国的16.04%，而水资源仅占全国的7.7%，黄淮海地区缺水的严重性居全国之首。自20世纪80年代以来，华北地区气候持续偏旱，缺水形势日益严重，由于降水偏少、气温偏高，地面蒸发损失加大，黄河断流频繁，作物种植由“两年三熟制”改为“一年两熟制”，农业用水需求量急增，粮食主产区缺水矛盾十分突出。因此要大力建设稳产高产、旱涝保收、节水高效的高标准基本农田，因地制宜采用科学合理的节水模式，最大限度地提高水资源的利用效率。集中部分资金进行中型灌区节水配套改造，解决项目区水利上的“瓶颈”。努力增加有效灌溉面积，加强农业基础设施建设，积极稳定促进黄淮海地区农业生产效率的提高。

参考文献

[1] 曹志宏，郝晋珉，梁流涛. 黄淮海平原粮食产量与主要投入要素的灰色关联分析. 农业现代化研究，2008，29(3)：310-313.

[2] 黄进勇，高旺盛. 黄淮海平原县域粮食单产的增长趋势及其稳定性比较. 农业系统科学与综合研究，2000，16(2)：92-95.

[3] 霍雅勤，蔡运龙，王瑛. 耕地对农民的效用考察及耕地功能分析. 中国人口资源与环境，2004，14(3)：105-108.

[4] 姚慧敏，张凤荣，鞠正山. 黄淮海平原区耕地变化对粮食生产能力的影响. 农村经济，2004，10：3-33.

第4章

黄淮海平原林业与土地利用

林地是森林赖以生存与发展的根基，作为一种重要的土地利用形式，在保障木材及林产品供给、维护国土生态安全、应对全球气候变化中具有特殊地位。在整个土地利用系统中，森林生态系统是生物圈对大气圈组成和气候调节这一重要功能的执行者，人类对这一问题已经达成共识。平原是人类活动的最佳区域，高强度的土地利用，无节制的索取，使得平原成为生态环境最为脆弱的地区之一，也是生态建设中往往被忽略的区域。平原农区发展林业理应是土地利用的一个重要方向。农区植被系统是以人工植被为基础的生态系统，在人工植被结构中使木本植物、特别是乔木占一定比例，对农田生态系统、对景观环境、对经济发展都有重要的生态和经济意义。林木是人工植被结构中不可缺少的基本组成部分。多年生木本植被（包括乔灌木、果树、经济林、薪炭林、木本药材、木本绿肥和饲料等）是更新期最长的生命资源组成部分，作为土壤的保护者，在很大程度上决定着农田生态系统的抗侵蚀性能。它所造成的农田小气候，增加了农田生态系统对大风、干热风等灾害性气候因素的抗逆性。森林是陆地最大的储碳库和最经济的吸碳器，林业在应对气候变化的间接减排方面具有无可比拟的优势。相对于丘陵和山地地区，平原地势平坦，水热充足，土地后备资源丰富，更适合发展林业。充分利用平原地区的优越条件，平稳加快平原林业发展，有助于解决保护粮食安全、木材供需矛盾、促进农民增收等诸多问题，是贯彻落实可持续发展、生态文明建设、应对气候变化、解决“三农”问题的重要途径之一。

本章中的林业用地包括“土地利用现状”（见表2.1）分类中的林地和园地两大类土地利用类型。就植被类型而言，均属多年生木本植物，具有基本相同的生态和生产功能。就行政主管部门而言，都归属林业部门管理。《中华人民共和国森林法》规定以生产果品、食用油料、饮料、调料、工业原料和药材等为主要目的的林木属于经济林，可见林果业属于林业的范畴。

4.1 黄淮海平原林业用地变化和因素分析

4.1.1 林业用地变化

黄淮海地区农耕历史悠久，是我国原始农业发展最早的地区之一，随着农牧业生产发展，经过长期的农业开垦、伐木取材、战火焚毁以及游牧民族入主中原后重牧轻农等政策改易的影响，这一平原的植被状况产生了重大的变化。新石器时代早期分布的茂密天然植被早已荡然无存。整个平原地区，目前几乎不存在天然森林，除残丘、沙地、河滩、洼地、湖泊、沼泽及盐土上有少量的天然灌木、草本植物群落外，其余广大地区分布的全为栽培植被。

时至今日，黄淮海平原是我国最重要的粮食主产区，发展农业是黄淮海地区的首要任务。但随着该区人口的膨胀，土地的压力日益加剧，同时土地退化、土壤肥力下降及环境污染等正疯狂地吞食着这块耕地资源丰富的土地。永续、高效地利用和保护土地资源是普遍关注的问题。粮食主产区发展林业主要目的是改善农田生态环境、保护和利用土地资源特别是耕地资源，以服务于农业生产。同时，作为一个经济效益显著的产业，发展林业也是提高土地利用效益，促进农村经济发展，增加农民受益的重要途径。

在以粮为纲的年代，平原林业是不受重视的。特别是在平原的盐碱区，恶劣的自然环境条件下，农田林木稀少。随着黄淮海平原综合治理和综合开发的深入，平原林业逐步得到重视，在国家“六五”至“九五”科技攻关项目“黄淮海平原综合治理与综合发展”中专门设置了“平原综合防护林体系研究”、“农林复合生态系统结构与功能研究”等专题，推动了黄淮海平原林业的发展。各级政府也对平原绿化、农田防护林网建设给予了很高的重视。虽然平原林业有所发展，但是各地发展极不平衡，许多地方的林业发展仍然处在政府行政手段推动下的被动局面。近年来，情况发生了很大的改变，政府、企业和农民都成为平原林业发展的推动力量，黄淮海平原林业迅速发展。林地、园地规模的扩大表明了这一点。

根据黄淮海地区历年土地利用变更数据(表 4.1)，1997 年到 2008 年园地面积增加了 8.78 万 hm^2，提高了 8.08%；林地面积增加了 28.50 万 hm^2，提高了 14.09%。两类用地合计的林业用地总面积由 1997 年的 310.88 万 hm^2，发展到 2008 年的 348.16 万 hm^2，增加了 37.28 万 hm^2，提高了 11.99%。这里需要指出的是，上述数据只是变更数据的统计结果。实际林地、园地增加数量远大于这个数字。其一，大量新栽种的林木、果树占用传统耕地，土地变更数据中仍然作为“可变地类”，保留在耕地类型中；其二，近年来普遍发展的林粮间作生产模式中，林木占地并未统计为林地或园地；其三，零星的“四旁”植树占地并未计入林地或园地。由于缺少数据难以确切统计，粗略估计新增林业用地面积是上述统计数据的 1.5～2 倍，实际新增林业用地应该在 70 万～90 万 hm^2。黄淮海地区不同年份林地、园地面积变化如图 4.1 所示。

表 4.1 黄淮海平原林业用地变化表 万 hm²

年份	园地	林地	合计
1997	108.61	202.27	310.88
1998	108.39	203.09	311.48
1999	108.17	203.02	311.19
2000	108.16	202.60	310.76
2001	107.35	204.01	311.36
2002	107.35	208.36	315.71
2003	107.07	212.46	319.53
2004	108.94	230.27	339.21
2005	108.95	231.48	340.43
2006	118.01	231.27	349.28
2007	117.60	230.94	348.54
2008	117.39	230.77	348.16
增减	8.78	28.50	37.28
增减比例/%	8.08	14.09	11.99

数据来源：各省市历年土地利用变更数据。

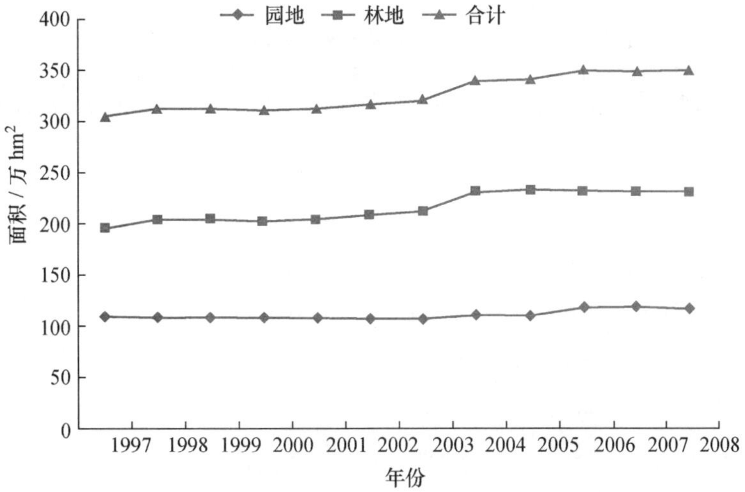

图 4.1 黄淮海地区不同年份林地、园地面积变化

黄淮海平原的各省、市平原林业发展极不平衡，如表 4.2 至表 4.4 所示。

从表 4.2 可以看出五省二市中林地扩张最大的是安徽、北京和河南，分别扩大了 74.18%、33.80%和 24.40%。其余各省也都有较大幅度的提高。

林地内部结构的变化看(表 4.3)，绝对数量增加最多的是有林地和未成林造林地，分别增加了 21.27 万 hm² 和 15.92 万 hm²，而疏林地面积有所减小，减少了 1.31 万 hm²。这表明黄淮海平原林地质量的提高和造林速度的加快。

表 4.2 黄淮海平原各省市林地面积变化 万 hm^2

年份	北京	天津	河北	江苏	安徽	山东	河南	林地合计
1997	16.51	3.41	80.55	10.80	8.79	35.42	46.80	202.27
1998	16.89	3.40	80.94	10.81	8.79	35.44	46.83	203.09
1999	16.88	3.40	80.91	10.83	8.81	35.46	46.73	203.02
2000	17.06	3.39	80.77	10.68	8.78	35.36	46.55	202.60
2001	19.13	3.40	80.52	10.63	8.76	35.31	46.26	204.01
2002	21.41	3.40	80.77	10.65	9.16	35.31	47.66	208.36
2003	21.41	3.40	84.85	10.68	9.16	35.31	47.66	212.46
2004	22.24	3.66	90.19	10.93	15.28	36.73	51.25	230.27
2005	22.32	3.66	91.14	10.92	15.29	37.14	51.02	231.48
2006	22.28	3.67	90.72	10.89	15.35	37.29	51.06	231.27
2007	22.13	3.63	90.68	10.89	15.30	37.27	51.03	230.94
2008	22.09	3.62	90.63	10.88	15.31	37.22	51.03	230.77
增减	5.58	0.21	10.08	0.08	6.52	2.96	10.01	35.44
增减比例/%	33.80	6.16	12.51	0.74	74.18	8.64	24.40	18.14

数据来源：各省市历年土地利用变更数据。

表 4.3 黄淮海地区不同年份林地面积构成统计 万 hm^2

年份	林地合计	有林地	灌木林	疏林地	未成林造林地	迹地	苗圃
1997	202.27	127.66	26.60	29.32	16.20	0.26	2.25
1998	203.09	127.72	27.13	29.32	16.42	0.26	2.24
1999	203.02	127.46	27.12	29.36	16.56	0.26	2.26
2000	202.60	127.50	27.15	28.55	16.74	0.30	2.35
2001	204.01	128.44	27.39	28.07	16.44	0.29	3.38
2002	208.36	128.69	30.06	27.35	17.70	0.35	4.21
2003	212.46	129.35	30.04	27.34	21.14	0.35	4.24
2004	230.27	135.94	30.90	27.06	31.16	0.38	4.85
2005	231.48	137.52	30.90	26.87	30.78	0.37	5.05
2006	231.27	135.05	32.51	26.62	31.41	0.32	5.38
2007	230.94	134.89	32.46	26.59	31.37	0.32	5.30
2008	230.77	134.86	32.45	26.59	31.29	0.32	5.27
增减	35.44	21.27	7.23	−1.31	15.92	−0.07	2.48
增减比例/%	18.14	18.73	28.68	−4.68	103.56	−18.82	89.25

数据来源：各省市历年土地利用变更数据。

表 4.4 黄淮海平原各省市园地面积变化 万 hm^2

年份	北京	天津	河北	江苏	安徽	山东	河南	园地合计
1997	6.28	3.71	33.57	13.39	7.71	30.15	13.80	108.61
1998	6.23	3.69	33.69	13.38	7.64	30.07	13.69	108.39
1999	6.22	3.67	33.76	13.29	7.65	29.99	13.60	108.17
2000	6.50	3.72	33.60	13.37	7.55	29.96	13.47	108.16
2001	6.55	3.70	33.41	13.22	7.50	29.58	13.38	107.35
2002	6.90	3.70	33.36	13.47	7.56	29.07	13.29	107.35
2003	6.90	3.70	33.29	13.26	7.56	29.07	13.28	107.07
2004	7.47	3.73	33.51	13.50	7.66	29.50	13.56	108.94
2005	7.48	3.71	34.15	13.50	7.62	29.18	13.31	108.95
2006	7.40	3.71	43.68	13.54	7.63	28.81	13.23	118.01
2007	7.30	3.63	43.68	13.52	7.55	28.73	13.18	117.60
2008	7.27	3.59	43.64	13.51	7.53	28.67	13.17	117.39
增减	0.99	−0.12	10.07	0.12	−0.19	−1.47	−0.62	8.78
增减比例/%	15.76	−3.15	29.98	0.91	−2.41	−4.89	−4.52	8.08

数据来源：各省市历年土地利用变更数据。

黄淮海平原的园地主要是果园，果园品种主要包括苹果、梨、桃、杏、枣等。近年来，果园面积在各地都有所发展。1997—2008 年期间，河北省的果园面积增长了 29.98%，净增加园地面积约 10 万 hm^2；其次，北京市果园面积也提高了 15.76%，净增园地面积约 1 万 hm^2。而河南、山东和安徽园地面积有所减少，主要是在土地整治中，一些零散的老旧、低产地被整理划入耕地中。而通过果园更新，园地整体质量得到了提升，果品产量和质量都有较大程度的提升。

总之，黄淮海平原地区的林业在发展中逐渐突破了传统农业模式，形成了独具特色的平原林业体系：产业结构由单一的农业变为农、林、牧、副、工、商多业并兴；经营对象由单纯的农作物变为乔、灌、草、粮、林、果、药、菜等多层次、多种类植物；林业生产方式由集体经营变为以户为单位经营，主要利用形式有农林间作、围村林、路渠林带和农田林网，形成了具有平原农区特色的农田林网体系(蒋建平、武禄光，1994)。另外，在经营组织形式上，变革了过去政府行政命令、政府出资、集体或农民义务投劳的被动组织形式。许多地方出现了以木材加工企业为龙头，集体与农民主动参与、积极投资投劳参与林业、发展林业的“集体＋农户＋企业”的现代林业组织形式，充分调动了资金、技术、人力以及管理等要素的自动优化组合积极性，形成了良性的平原林业可持续运行环境。在北方平原地区则形成了一批加工林果产品的产业体系，逐步改变了传统的平原林业“只栽不收”的消极局面。

4.1.2 林业用地变化因素分析

考察黄淮海平原近年来林业快速发展的现状，重要的驱动力来自以下几个方面。

4.1.2.1 农业结构调整中的经济利益驱动

随着市场经济的深入和现代化农业发展战略的实施,粮食产量已经不是衡量农业生产效益的主要指标,而经济效益、生态效益和社会效益等成为衡量农业生产效益的综合目标。黄淮海地区土层厚、劳动力充足、灌溉便利,与山区造林相比,植树易成活、成材快。平原林业正是利用了这些优势,在缩短生产周期、减少生产投入、加速资金周转、提高经济效益等方面找到了新的发展途径。例如发展最快的豫东环村林和农桐间作,投资也仅是苗木费用,而且在经营上集约化,树种速生,与南方速生树种杉木、北方速生树种落叶松相比,生长周期大大缩短,资金周转率提高4~5倍,经济效益显著,农民植树造林成为自觉行为(蒋建平、武禄光,1994)。同时,经济体制的改革和农民收入的增加,提高了农民营林的积极性。自十一届三中全会实行农村经济体制改革后,推行家庭联产承包责任制,土地所有权和经营权分离,农民从事农业生产的积极性大大提高。与农业生产息息相关的林业生产也由原来的集体经营为主变为以户经营为主,按照"树随地走,谁种谁有,经营自主"的方针政策,使林木经营的责任权利真正统一,调动了广大农民的营林积极性。此后,木材市场的开放,更促进了林业生产的发展和农民对林业经济价值的重视。黄淮海区域长期以来都是木材销售区,木材可以直接进入市场销售,不受国家指令性计划约束。比如市场需要桑杈、水果、编织原料等林副产品,就会相应产生桑园、果园、乔灌结合等营林方式。这样,林业产业与市场机制供需结合,实现了很好的社会效益。由于市场化、产业化、转变农业发展方式和生活水平提高的需要,在黄淮海一些地区由单一的农作物种植模式,开始转向营林、农林、农牧相结合等农业种植模式,促进了黄淮海地区林业快速发展。

4.1.2.2 生态建设中的观念驱动

随着城镇化、工业化的加快,一方面经济及社会发展取得了巨大的成就,另一方面也带来了生态环境形势日益严峻的代价。当前,生态环境恶化的范围在扩大,程度在加剧,危害在加重,生态环境整体功能在下降,抵御各种自然灾害的能力在减弱。黄淮海区域生态环境的问题主要表现在:①森林质量下降,草场退化,土地沙化速度加快,水土流失严重。②水域污染严重,水域面积萎缩,河流频频出现断流现象,地面沉降,滩涂面积减少,天然湿地干涸,水源涵养和调节能力下降。大气环境处于严重污染水平,尤其是城市空气污染严重。③生物多样性锐减。由于野生动植物栖息的环境受到破坏和污染,造成动植物的迁徙甚至死亡,同时,外来物种入侵加剧,导致原有生物群落衰亡。④生态功能继续衰退,水源涵养功能退化,洪水蓄调功能下降,防沙治沙功能减弱,沙尘暴危害严重,生态安全受到威胁。这些生态环境问题引起了国家和社会的关注,改善生态状况的愿望越来越强烈,全民生态建设意识明显提高,林业生态建设开始被人们重视,生态需求已经成为社会对林业的第一需求。在这一背景下,黄淮海平原林业迎来了快速发展时期。

4.1.2.3 景观林业建设

林业建设是景观建设的核心内容,黄淮海地区的景观建设主要包括城镇绿化、村庄绿化和绿色通道建设,基本实现了城镇园林化、村庄绿格化和通道林荫化,促进了城乡绿化一体化进程,农村生态旅游事业不断发展,对建设社会主义新农村起到了重要的作用。近年来,随着各地推进生态城市、生态城镇和新农村的建设，黄淮海城镇村景观林业取得了较大的成就。城镇化景观林业主要包括公园绿化、街道绿化以及河堤绿化等。村庄绿化主要内容是环村的绿化和村庄内部式的点缀绿化，构成了网状的空间布局，加强环村林带是提高农村生态环境质量和生态安全的主要途径，另外环村绿化工程结合经济林的栽植也可以进一步提高农民收入，因此黄淮海地区近年环村绿化发展较快，所占绿化的比重很大。庭院及宅旁绿化是村民自发种植的经济林和庭院绿化。绿色通道包括高速公路、国道、省道、县道、乡村及以下级别道路、铁路、河流及干渠的绿化，随着国家和地方对基础设施建设的重视和投资力度加大，黄淮海区域的公路和铁路建设都迎来了较快的发展。因此，绿色通道也成为黄淮海区域林地面积增长的重要因素。据有关统计数据显示，2005 年黄淮海区域辖区绿色通道总里程约为 360 981 km，单侧绿化长度约为 458 662 km，活立木蓄积量约为 3 795 万 m^3。

4.2 黄淮海平原林业功能与发展争论

关于平原林业的发展历来有不同的观点，其根源还是出于我国特殊的国情，人多地少，人地矛盾突出。争论的焦点集中在几个方面：保农业还是保林业？保生态还是保产业？平原林木的正负效应之争，不同的观点各执一词，莫衷一是。如何正确认识平原林业的发展，正确评价平原林业的功能，值得我们认真思考。

4.2.1 林业功能

系统地评价平原林业的功能，可以得出如下的结论，平原林业系统是一个多功能系统。具体体现在平原林业系统的生态功能、农田防护功能、产业功能以及景观功能。

4.2.1.1 生态功能

1. 净化空气功能

全球变暖已成为一个不争的事实，人们生产生活中消耗越来越多的矿物燃料，同时向空气中排放大量有害气体，威胁着人类健康。植物具有吸收二氧化碳、释放氧气的功能，同时能吸收二氧化硫、二氧化氮等有害气体，释放植物精气，杀死细菌真菌，产生负离子。据测定，森林中空气的二氧化硫含量要比空旷地少 15%～50%，且在夏季随着温湿度的上升，林木生理功能愈发旺盛，净化空气功能还能加快，相对湿度在 85%以上，森林吸收二氧化硫的速度是相对湿度在 15%时的 5～10 倍。通常情况下，林区空气飘尘浓度也较非森林地区低 10%～25%(Melillo，J. M. ，2009)。

2. 碳汇功能

全球气候变暖是影响人类生存和发展的重大问题，造成气候变暖的主要原因是温室气体在大气中浓度的增加(Mohan，K. W. ，1999)。大量的科学研究证明，CO_2 是所有温室气体中数量最大、影响最直接的因素，据估算，大气中 CO_2 引起的温室效应占所有温室气体引起的温室效应的 60%左右(IPCC，2007)，控制碳排放是减缓温室效应的最主要途径。当前减缓碳排放的主要途径有两种：一种是控制碳源，如实施清洁能源政策、采用碳捕捉和碳封存技术(carbon capture and storage，CCS)等措施；另一种是增加碳汇，如实施减少森林砍伐和退化(reduce emissions of deforestation and degradation，REDD)计划、推进林业调整和都市绿化等碳汇建设(Costanza. R. R，1997；IPCC，2007)。通过林业的建设，可以进一步增加碳汇，保持区域碳平衡。《全国林地保护利用规划纲要(2010—2020 年)》中指出，我国现有森林每年吸收 9 亿多吨碳，净吸收量达到了每年工业碳排放的 8%。争取到 2020 年比 2005 年森林面积增加4 000万 hm^2、森林蓄积增加 13 亿 m^3 的目标，将保护利用林地、增加森林资源提高到了国家目标和战略高度。

《2009 年河南省林业生态效益公报》表明，2009 年河南全省林业生态效益总价值为 4 376.83 亿元，全省现有林业资源年吸收固定二氧化碳 7 984 万 t，相当于全省工业用燃煤二氧化碳排放量的 25.56%，有效减缓了温室效应，实现了间接减排，扩大了环境容量，提高了经济社会发展的环境承载能力。

河北省曲周县的研究表明，2009 年曲周县碳汇总量为40.673 0×10^4 t C-eq，净碳源量为 80.647 0×10^4 t C-eq，即生态系统处于碳失衡状态，利用废弃农居点、废弃工矿用地以及田头村间的空地发展林业，将原有的园地和林地面积 787.34 hm^2 增加到4 511.46 hm^2，即可保持其区域碳平衡(杨立，郝晋珉，2011；2012)。

3. 控制噪声功能

随着交通业、运输业的发展，噪声对人类的危害越来越严重，噪声超过 90 dB 将会影响人类正常工作。据研究，公园或者片林可以降低噪声 5～40 dB，行道树可消减噪声 7～10 dB，12 m 宽的乔灌木覆盖的道路可降低噪声 3～5 dB，30 m 宽的乔灌木覆盖的道路可降低噪声 5～8 dB，乔、灌、草结合的多层次的 40 m 宽的绿地可降低噪声 10～15 dB。没有树木的大街上，噪声要比林木葱郁的大街多 5 倍。树木控制噪声的功能主要表现在两方面：一是通过风吹树叶和鸟语虫鸣声压制噪声；二是通过树叶、枝条和树干对噪声的分散作用，吸收了大部分的噪声。树木本身不能吸收多少噪声，但是可以起到反射和分散声波的作用，因此树林作为天然的消声器，具有良好的防噪声效果。

4. 涵养水源与水土保持功能

我国人均淡水资源不到世界水平的 1/3，全国正常年份缺水 400 亿 m^3，400 余座城市供水不足，110 座城市严重缺水，农田受旱面积近 0.27 亿 hm^2，造成的经济损失高达数千亿元。同时，我国每年流失土壤总量有 50 多亿 t，相当于 66.7 万 hm^2 土地被剥走了 1 cm 厚的表土；水土流失总面积达 356 万 km^2，占全国国土面积的 1/3，对耕地安全和粮食安全构成了严重威胁。森林具有很强的保持水土、涵养水源作用，其茂密的树冠、深厚的落叶层及发达的根系，可持续吸收降雨量 65～270 mm，将大部分自然降水转化为有效水资源。树木的枯枝落叶形成腐殖质层，像一块巨大的吸水海绵，可以吸收大量降水，实现细水长流，起到了保持水土的作用；树冠减少了雨水对地面的冲击力，有效阻隔雨水对土地的直接冲刷，在降雨量为 300～400 mm 的地方，有林地的土壤冲刷量约为 60 kg/ hm^2，仅为裸露地的 1/110；树木的根系能够紧紧的固定土壤，使其免受雨水冲刷，防止水土流失、土地荒漠化。据中国林科院监测评估成果显示，我国森林生态系统每年涵养水源量 4 947.66 亿 m^3，年固土量 70.35 亿 t。

5. 生物多样性保护功能

森林生态系统为生物物种提供生存与繁衍的场所，从而对其起到保育作用的功能。研究表明，在各类生态系统中，森林生态系统拥有的生物多样性较高。尤其是热带雨林，虽然仅覆盖地球陆地表面的7%，但其包含的生物种类却占全球已知物种的50%～70%。另外还有大量的物种，尤其是昆虫还未被分类，大部分已知物种也还未进行充分的认识，其生物学、生态学、食用或药用以及其他潜在的有益特性从科学的角度仍然未知(Mohan, K. W,1999)。

4.2.1.2 农田防护功能

1. 抵抗自然灾害

农田防护林对大风、干热风等自然灾害有很好的抗逆作用。干热风常引起小麦因蒸腾过量，失水过多，造成植株青枯，籽粒干瘪，质量变劣，产量降低，小麦受害后一般减产10%～30%，严重可达50%以上(蒋建平、武禄光,1994)。平原林业通过植物的蒸腾作用增加空气湿度、降低空气温度，茂密的树冠降低风速，从而有效减轻了干热风给作物带来的伤害，增强了抗旱能力，保障了农业生产和生态安全。

2. 调节农田小气候

树冠可以反射、散射掉一部分太阳辐射，减少地面增温。并且，由于树木的蒸腾作用，将土壤中的水分输出到地上，形成雾气，增加了降水，使得树林内具有日照弱、气温低、相对湿度大等小气候优势。在绿化通道和农田周边种植树木，见缝插针式的发展林业，可改善农田小气候。在林带保护下的农田，蒸发量平均比空旷地降低12.5%，林带内降低30%～36%(蒋建平、武禄光,1994)。农田林网内，日平均提高空气相对湿度22.5%，最高可达27%，农林间作一般可提高空气相对湿度9%～29%(蒋建平、武禄光,1994)。夏季林网内农田比空旷地日平均气温降低0.5～2.6℃，14时气温降低0.9～4.1℃。

3. 保育土壤

多年生木本植物，可以通过其强大的根系，固定土壤物质，保护土壤不受冲刷或吹扬，起到保护耕作土壤的作用。

树林的残落物如树枝、树叶等，落入泥土中化为腐殖质，可以增加土壤养分含量，改善土壤性质，提高土壤肥力，使其更适合于农作物种植。据中国林科院监测评估成果显示，我国的森林资源年保肥量可达3.64亿t。

在风沙严重广大的黄泛区，林木可以通过枝干、枝叶的阻挡和摩擦降低风速，改变低空气流，有效阻挡风沙，从而具有防止风沙危害、稳定生态系统的重要作用。

林地在改善土壤盐碱化中也起到重要作用，在林木蒸腾作用下，生物排水，降低地下水位，控制土壤返盐；而根系的穿透作用可以促进土壤的淋洗脱盐。

4. 生物防护功能

在农田生态系统中，林木植被为各种农作物病虫害的天敌提供了栖身之所。

4.2.1.3 产业功能

林业具有巨大的经济功能。它不仅能够提供经济价值高的林产品、林副产品以及林下的各种动植物产品。还可以在林业生产环节、林产品加工等其他环节培育新的产业、延长产业链条，促进地方经济发展，提高农民收入，创造就业岗位(付朝阳,2005)。

发展林业所产生的直接经济效益首先体现于林业第一产业本身，林业第一产业主要涉及林木的栽培，林产品的采集和木材的采伐等领域。木材在建筑、家具、纸和包装材料方面具有环境友好的优势，也是可再生资源，在加工过程中比金属、塑料、混凝土更节能，更具有市场竞争力，是支撑经济发展的四大重要原材料之一。我国是世界上木材消耗的大国，木材紧缺的现象十分突出，2005 年木材消耗量约 3.3 亿 m^3，其中 1.2 亿 m^3 依靠进口。随着我国经济社会的快速发展，木材需求呈刚性增长，成为国际社会关注的热点问题。依靠进口解决木材紧缺问题难以为继，立足国内才是根本出路(刘家顺，2006)。林产品除原木、锯材之外，还包括纸浆材、人造板材、果品等，副产品主要包括林中动植物的叶、茎、皮、脂、毛等。林地的种植、养护、采伐带动了当地第一产业和第二产业的发展。木材加工业、人造板制造业、家具制造业、纸制品及包装业等产业的发展则带动了当地第三产业的发展。林果业的发展，能带动相关水果行业、果品加工业等相关二、三产业的发展。树木在提供木材的同时也提供了各种生态服务，需要林业实现生态经济，提供木材原材料。林业生产可以为农民和当地社会带来巨大的经济收益。

以河北省曲周县发展速生丰产林为例，根据“十五”期间农业种植情况，亩产小麦 400 kg，玉米 450 kg，以现行价格小麦 0.96 元/kg，玉米 0.65 元/kg 计算，亩产值为 676.5 元，除去各项投资及用工，年均亩纯收入不足 200 元。而种植高密度商品林，每亩植树 333 株，培育 3 年后，单株蓄积达 0.036 3 m^3，以现行市场价 200 元/ m^3，年均亩产值为 805.86 元，除去流动资产投资折旧及摊销，年均亩纯收入 523.8 元，若营造林网式商品林，每亩植树 26 株，在间作物总产量不减的情况下，年亩增加收入 62.92 元。商品林基地建成后，产材量按能满足河北赛博板业集团刨花板产量 11 万 m^3 计算，年利税可增 820 万元；因而可以看到发展林业有着较大的经济效益。

4.2.1.4 景观功能

通过发展林业，构筑农田林网、增加村庄和农户院落的林草覆盖，发展庭院林业，不仅能够美化农村生态和家居环境，改善村容村貌，促进人与自然的和谐共处，而且能够提高农民的生态道德意识，提高自身修养，形成良好的道德意识，转变传统的生活观念和生活方式，促进农民生活质量的提高。与此同时，在城市郊区、生态旅游区、道路两侧发展林业，承担了区域生态建设重要的屏障作用，能为城市居民提供休闲娱乐的场所，缓解城市居民因工作压力大、生活节奏快、居住空间小带来的精神疲劳；营造城市森林、创造森林城市，反映的是建设文明和谐社会，实现人与自然和谐、城市与自然和谐的现代城市理念，这是城市林业传递的最根本的森林文化。

4.2.2 林业发展的问题和争论

4.2.2.1 农林业的竞争矛盾

黄淮海平原是我国最重要的粮食生产基地，在我国粮食安全体系中占据了不可或缺的地位。保持粮食生产的稳定和持续增长，首要的前提是保证足够量的粮食播种面积。随着城市化、工业化，大量的耕地被挤占。近年来随着林业产业的迅猛发展，林业用地也成了挤压粮食生产空间的重要力量，在比较效益的驱动下，黄淮海平原上在耕地甚至基本农田上发展速生丰产林“蔚然成风”的调查指出，黄淮海平原的“杨上粮下”现象，已经成为粮食播种面积下降的重要推手。

以下是刘巽浩教授在“对黄淮海平原‘杨上粮下’现象的思考”一文的几段描写(刘巽浩,2005):

“近10年间,山东省粮食产量下降较多。据统计,从1995年到2004年粮食播种面积由813万 hm^2 下降到650万 hm^2,年粮食总产由4 246万 t下降到3 500万 t,人均粮食占有量由488 kg下降到390 kg,均下降了1/5左右。该省已经开始由余粮省向粮食输入省转变。与此同时,该省以杨树为表征的平原造林面积却大幅度上升。据山东省农业统计资料显示,1991—2000年林地增加243万 hm^2;2004年全省林地面积293万 hm^2,其中平原片林119万 hm^2,加上平原农田林网与公路绿化带,以杨树为主的平原林地约占全省有林地的1/2,平原林木蓄积量已占全省林木蓄积量的61%。目前,该省粮食占用耕地、经济作物耕地与林业用地已成三足鼎立之势。我们从鲁西到鲁东,看到大平原一些肥沃耕地已变为耗水耗肥的杨树天下。严重的是,这种‘杨上粮下’的趋势还在被鼓励并继续迅速发展。”

“据官方统计,1991—2000年的10年期间,黄淮海地区的冀、鲁、豫三省林地增加829万 hm^2,其中许多是在平原粮田上种植杨树。最近在河北省典型考察中获知,地处平原而土地面积不大的衡水地区杨树已扩展到617万 hm^2。20世纪80年代到90年代前半期,农业增产迅速,鲁冀豫三省在粮食播种面积稍有减少的情况下,粮食总产与人均粮占有量均有大幅度的增长,1995年和1996年到达顶峰。20世纪90年代中期以后粮食状况开始恶化,尤其是2000年以后粮食播种面积、总产、人均粮占有量均呈较大幅度下降态势。2003年与1995年相比,鲁冀豫三省粮田面积下降10.5%,粮食总产量下降8%,人均粮食占有量下降16%;其中山东省降幅最大,河北省次之,河南省粮食播种面积与总产略增、人均粮略减,我国东南部沿海地区这种粮食恶化态势更严重。2004年秋,在江苏省江阴市考察了解到,经过4年的结构调整,该市粮食总产量由42万 t猛降至22万 t。”

“黄淮海平原是我国最大的农区,在全国农业与粮食安全中具有举足轻重的地位。2000年,鲁冀豫三省粮食总产占全国的23%。黄淮海平原‘杨上粮下’的局面如果继续发展下去,全国若也如此发展下去,国家的粮食安全就岌岌可危了。”

诚然不应将黄淮海平原粮食播种面积下降完全归结与平原林业,但是过度发展平原林业必然会影响粮食生产。关键的问题是如何抓握“度”的问题。

4.2.2.2 平原林业生态优先还是产业优先

黄淮海平原地域辽阔,自然条件复杂,利于发展农业生产。但是每年总有部分地区农业生产遭受不同程度的自然灾害影响,其中以水、旱、风、沙、盐碱等灾害危害较大。平原农田防护林体系建设,在改善生态环境条件、改善农田小气候、提高抗御自然灾害的能力、保障农作物稳产高产方面发挥了巨大的作用。据学者观测研究,农田林网,小麦增产30.0%,玉米增产21.5%,花生增产16.5%,棉花增产24%~34%;农桐间作,小麦增产10%~28%,谷子增产20%,玉米增产9.6%~32.3%;农柿间作,小麦增产6.9%;农枣间作,小麦增产9.7%~22.4%;农桑间作,小麦增产10%~30%(蒋建平、武禄光,1994)。

雷娜等(2011)对黄淮海平原2001年和2005年农田防护林生态服务的价值进行研究。结果表明:2001—2005年农田防护林生态服务的价值年均增加30.11亿元,充分显示了农田防护林生态服务的重要性(表4.5)。

表 4.5 2001 年和 2005 年黄淮海平原农田防护林生态服务价值核算 亿元

项目	2001 年	2005 年	变化量
林产品	16.15	24.74	8.59
防护林防护	77.44	114.32	36.88
净化空气	0.68	0.81	0.13
固碳供氧	49.33	62.03	12.70
保育土壤	239.37	289.46	50.09
生物多样性	200.80	242.97	42.17
总计	583.77	734.33	150.56

出于对林木生态功能的保护，也出于对“平原绿化”政绩和地方形象的考虑，管理部门一刀切地执行“只能栽，不能砍”的政策，极大地阻碍了林业产业的发展。

平原林业系统具有多功能性，生态和产业并非你死我活，应该找到一条兼顾多种效益的平原林业发展道路。

4.2.2.3 平原林业水资源生态效应的质疑

森林系统具有重要的涵养水源的作用，但是黄淮海平原的林业对水资源的影响是否都是正面效应？有的学者对此提出了质疑。

黄淮海平原是一个严重缺水的平原。随着城乡生活用水、工业用水的增加，农业水资源更是严重不足。而随着作物产量的提高，生物耗水量也不断增加。木本植物强大的根系，巨大的树冠，植物蒸腾远大于草本作物。大面积发展平原林业必然会加大区域的生物耗水量，加剧平原的水资源短缺。

也有学者认为，大面积平原林业的发展，改善了区域下垫面状况，可以增加区域降水量等等。各种观点莫衷一是，都缺乏强有力的科学依据。

科学地、全面地认识和对待平原林业，避免极端的、片面的指导思想和发展路子，是黄淮海平原林业土地利用必须长期思考的问题。

4.3 黄淮海平原林业发展若干战略对策

黄淮海平原林业发展具有重要的现实意义和长远的战略意义。21 世纪是我国全面推进现代林业建设的新阶段，平原林业具有广阔的发展空间和深度开发的潜力，面临着扩大规模、调整结构、提高效益、跨越发展的艰巨任务。与此同时，我国平原林业的可持续发展也面临着市场经济条件下各种利益驱动因素的扰动，推进现代林业发展、转变林业增长方式、实现较高的林地综合产出，是未来一段时期内平原林业发展的根本途径(蒋建平，1994)。本节从黄淮海林业建设工程规划设计和发展的措施方面进行探讨。

4.3.1 林业用地统筹规划布局

以生态建设为目标，围绕生态脆弱区域，积极推进生态林网、经济林和绿色道路建设，加强重点区域生态修复，实施城市森林工程。通过培育和发展森林资源，着力保护和建设好森林生态系统，使林业生态体系在生物多样性保护、增加碳汇、减缓全球气候变暖中发挥重要作用，保证人与自然的和谐共存。同时，完善相关利益激励和保障措施，建立健全生态补偿和林业补贴制度，完善森林生态效益补偿基金制度；建立健全中央财政造林、森林抚育、湿地保护补助、林木良种、林业机具购置等财政补贴制度；加大林业生态建设和基础设施投入，建立林业生态建设投入保障制度。

要在区域土地利用格局优化的前提下，统筹平原林业布局。协调各类用地的矛盾，确定不同类型区域的平原林业的发展规模，避免从部门利益出发的片面做法。

①基础生态骨干工程规划：统筹制定黄淮海平原骨干生态工程体系以及黄河、淮河、海河等流域骨干生态工程规划。依托骨干生态工程，优化布局平原林业用地。

②依托公路、铁路、河流骨干基础设施，建立生态廊道网络，布局林业用地。

③城乡统筹统一布局林业用地，形成生态城市、绿色村镇、绿色开敞空间为一体的平原林业土地利用格局。

④以路、渠、沟等农田基础设施通道绿化和农村闲散废弃土地利用为主要空间，建立网、带、点、片相结合的综合防护林体系。

⑤经济林、优质丰产用材林、生物质能源林、工业原料林等基地建设，应以不占耕地少占农地为前提，充分利用废弃工矿、村庄，受污染土地以及未利用地。

4.3.2 科学林业用地工程设计

黄淮海平原造林主要是沿沟渠路营造防护林带，其次是小面积片林和其他房前屋后四旁植树以及林粮间作、果粮间作等，结合平原的实际特点，总结出适合平原特点的林业建设工程模式。

4.3.2.1 农田防护林带

农林防护林带在改善和调节农田光热水汽状况、减少无效蒸发、提高土壤肥力等方面都具有明显的作用。沿沟渠路旁营造林带，不占用耕地，又兼收防护效益，这是平原农区发展林业的方向。以河北省曲周县发展林业为例，曲周县在曾经的盐碱土综合治理中形成了干、支、斗、农、毛五级灌排系，各级沟渠间距及走向见表 4.6。各级沟渠纵横交错，基本上将农田切割成 300 m×300 m 左右的方田。在此基础上设置沟渠道路。在沟渠道路的不同组合上营造林带，这样方田周围由林带包围。每个方田由 4 条林带组成林网，可以降低来自任何方向的风速。因此，不必过多地强调主副林带之分。每条林带的宽度由各级沟渠道路起土量与台地面积决定。在林带树木的密度上，根据具体情况尽可能栽满，同时应考虑土壤养分的情况，密度不宜过大，一般采用窄行距(增加行树)，宽株距(降低总体密度)的 1 m×2 m(根据树种树冠的不同，可适当调整)设计。空间结构上，乔灌结合形成立体双层结构，增强防护效果。

表 4.6 各级排灌渠系间距及走向

沟渠形式	渠道级别				
	干级	支级	斗级	农级	毛级
走向	东北—西南	东—西	南—北	东—西	南—北
间距/m	2 000～3 000	1 200～1 500	600～700	300～400	100

4.3.2.2 小型片林

黄淮海平原区集中造林多为小型片林，面积不宜过大。它是根据某种需要，建立起来的小型林场如矿区坑复垦林场、农村居民点复垦木林场、苗木林场以及果园、药材园等。片林是平原区林网工程模式的组成部分和必要的补充。平原区发展林业的生态作用还在于为野生动物提供适宜的栖居场所。曲周县早期，通过平整盐碱荒地发展造林，已经小具规模。同时，结合新农村建设，通过复垦被合并农村居民点土地造林，如槐桥乡的小弟八村，带来了较高的经济效益和生态效益。此外，村庄、坑塘四旁以及骨干河道两侧也都有相当大的营造林的潜力。在片林结构上应为多种树种混交，林下搭配紫穗槐等灌木。在幼林期还可在行间种植作物或绿肥牧草，管理作物与牧草的同时，也为林木生长提供充足的养分、水分，促进林木的生长，从而使片林形成多层结构的混交林。

4.3.2.3 农林间作

农林间作是在方田内部进一步把林木均匀而稀疏地散布其中，并与农作物长期共存的一种复合林带结构类型。其目的是通过方田内部的林业结构进一步调节农田小气候，实现高产稳产和增加经济收益。当前黄淮海平原农林间作形式主要为杨粮间作。据实地调查发现，农林间作的整体林木质量不高，一是间作林木受到农作物影响较大，采伐周期短，间伐频繁；二是农林间作结构的不合理。黄淮海地区林业第二产业发展迅速，对木材需求量大，农林间作林木受农田施肥等影响，长势好，采伐周期短，有快速为林业第二产业提供原材料的优势。因此，黄淮海地区农林间作具有很大的发展潜力，但要做到根据当地实际情况发展，尽量做到少影响农作物的生产。

4.3.3 林业产业化经营

建立现代林业产业化经营体系，提高林业生产效益，以产业发展促进生态林业发展。建立木本粮油基地、优质水果基地、名贵中药材基地等特色经济林基地，逐步形成以骨干企业为龙头，以基地为依托，产品生产、加工和市场相衔接的经济林发展体系，促进经济林产业结构调整和升级。充分发挥平原林业的生态、经济双效益(祝光耀，1996)。

以提高森林资源的保护和利用水平，优化林业产业结构为出发点，以促进农民增收致富为落脚点。根据各地资源情况，整合优势资源，以基地建设为载体，按照以林为主、保护第一，集约经营、规模发展，因地制宜、突出特色的原则，加大林下经济开发力度。引导农民利用承包的林地，大力发展林药、林菌等林下种植业，养鸡、养鸭、养鹅、养兔、养猪等林下养殖业，充分利用林下多种生物资源，促进特色生态产业发展，进一步提高林业综合效益，实现以短养长、长短协调的良性循环。

把规模化林业土地利用与生态观光、休闲度假有机结合，发展森林旅游；培育龙头企业，延伸产业链条，如林纸林板一体化原料林基地，提高林地生产效率和林产业效益。

平原地区林业产业的发展是平原林业建设的重点，产业兴则林业兴，没有产业支撑的林业既无活力更难以持久。平原地区应充分发挥其地域优势，在遵循市场经济规律和林业发展规律的基础上，积极发展以森林资源培育为基础、以精深加工为带动、以科技进步为支撑的特色林业和新兴林业产业，提高林地产出率、资源利用率和劳动生产率，构建品种丰富、规模可观、布局合理、优质高效、环境友好、竞争力强的林业产业体系。

合理调整林业产业结构。以提高林地生产力为核心，资源培育为基础，做大第一产业；以提高科技含量和附加值为核心，以信息化、机械化、高科技为手段，发展油茶、核桃等木本粮油、特色经济林产业等绿色富民产业，改造提升第二产业；以改造森林景观、提高文化品位为核心，以人性化、多样化为理念，发展森林生态旅游业，培育花卉苗木产业，推进野生动植物繁育利用产业等多种形式，做活第三产业。同时应注重发展林业战略新兴产业，包括生物质能源林基地建设、林业生物产业、新能源产业和新材料产业等。

优化区域之间资源配置。各区域应根据自身优势和特点，因地制宜的安排林业产业发展重点。南方集体林区，重点推进速生丰产林、工业林原料以及珍贵大径材基地建设，形成我国商品林发展和木材生产的重点区域；在东北内蒙古林区，尽快将木材产量减到合理定产水平，加大抚育经营和保护管理的力度，建成大径材和珍贵用材战略储备基地；在平原地区，大力发展生态经济型防护林和四旁树，建成以人工林为主体的补充木材供给的新兴产业基地。

采取积极的产业扶持政策。积极培育林业种植和加工龙头企业，推进林业产业化经营；在特色森林资源丰富的地区，培育一批林业特色产业集群和区域品牌；完善林业金融税收扶持政策，完善林业发展的市场体系，引导社会资金投入林业发展，大力培育林产品市场体系，建立和完善林产品市场准入制度。

4.3.4 加大林业产业的科技含量

加大平原林业发展过程中的科技含量，以现代发展理念为指导，用现代科学技术、设施装备和管理手段进行包装，以市场机制为基础；促进林业产业信息化发展，加强林产品信息网络建设，促进林产品流通；促进林业劳动者技能的提高转变，将林业的劳动密集产业特性向知识密集型的现代林业产业转变；在壮大林业产业劳动者队伍的同时，提高林业产业人员的林业产业知识水平，使其具有掌握现代市场经济机制、林业政策法规、运用现代林业科技成果的技能(付朝阳，2005)。加强高新技术的研究和引进，强化果树高新技术的研究。建立林业技术服务体系，实现产、学、研三者相结合，加速人才培养，强化技术指导和培训。推进传统技术向现代技术转变，通过品种优化、施肥有机化、信息网络化，实现良种壮苗的普及、栽培技术的应用、产品加工的循环，使现代科学技术覆盖林业生产的全过程。同时，加速传统林业生产设施的现代化转变。现代林业要改变传统的生产方式，生产设备就要相应的进行更新换代。以往林业生产各环节的设备简陋、效率低下，影响了林业生产效率。发展现代林业应不断提高营林生产、采伐作业、产品加工的机械化和智能化水平，实现林业生产设备和管理水平的现代化。

参考文献

[1] Costanza R,R d'Arge. The value of the world's ecosystem services and natural capital. Nature, 1997,387:253-256.

[2] IPCC. Guide lines for National Greenhouse Gas Inventories[R]. IGES, Kamiyamaguchi, Hayama, Japan, 2007:3.

[3] Li Yang, Hao Jinmin, et al. Analysis and prediction on carbon sources, sinks in Quzhou County of Huang Huai Hai Plain, China. International Journal of Food, Agriculture & Environment, 2012,10(1):132-136.

[4] Melillo J M, Reilly J M, Kicklighter D W. Indirect emissions from biofuels: how important? [J]. Science, 2009,326(5958):1397-1399.

[5] Mohan K W, Fatih E, Tristram O. 1999. Assess in terrestrial ecosystem sustainability: useful nessofregional carbon and nitrogen models[J]. Nature & Resources, 1999, 35(4): 21-33.

[6] 付朝阳. 论林业产业结构的战略性调整. 中国林业,2005,5A:35-36.

[7] 蒋建平,武禄光. 试论平原林业. 河南农业大学学报,1994(28)2:103-110.

[8] 雷娜,等. 黄淮海平原农田防护林生态服务价值研究. 黑龙江农业科学,2011(7): 82-85.

[9] 刘家顺. 中国林业产结构与政策研究亟待调整. 中国林业产业,2006(5):30-59.

[10] 刘巽浩. 对黄淮海平原"杨上粮下"现象的思考. 作物杂志,2005(6):1-3.

[11] 杨立,郝晋珉,等. 基于区域碳平衡的土地利用结构调整——以河北省曲周县为例. 资源科学,2011,33(12).

[12] 祝光耀. 市场经济条件下我国林业问题的思考. 改革与理论,1996(3):7-9.

第5章

黄淮海平原水资源与土地利用

黄淮海平原是我国重要的粮食生产基地，同时也是严重的资源型缺水地区，人均水资源量不及全国平均水平的1/3。近30年，随着黄淮海平原综合治理的成功，农业生产条件大为改善，农业发展迅速，表现为农业产量平稳增长、有效灌溉面积的扩大。然而，伴随而来的是农业水资源利用量的逐年增长，加之平原区内人口持续增长和工业化、城市化长足发展，水资源需求总量迅速增长，黄淮海平原水资源的供需矛盾日益突出。21世纪平原区水资源需求量将达到高峰，作为用水第一大户的农业水资源利用，不仅会对区域水资源平衡产生重要影响，而且也是区域土地利用以及社会经济发展的关键瓶颈。

面对黄淮海平原农业生产持续发展和生态环境的巨大压力，需要认真研究问题的症结所在，在水土资源利用中贯彻科学发展观，寻求水土资源持续利用的新途径、新办法，努力将传统农业向持续农业转变。尊重自然规律，转变发展模式，重视在水土资源开发、配置、利用中的生态问题，坚持全面规划、统筹兼顾、综合治理的方针，强化区域农业发展中的水资源约束和水环境约束，实现经济发展与生态保护的双赢。

5.1 黄淮海平原水环境问题

近30年是黄淮海平原经济社会快速发展时期，不仅区内人口数量和工业生产的增长势头明显，粮食、蔬菜和棉花等农产品产量也在持续增长，导致生产、生活用水量持续增加。水资源作为区内自然-经济综合体中最活跃的因素，不仅制约农业发展，同时也影响着工业和城乡区域发展。

5.1.1 水生态环境问题

5.1.1.1 地下水降落漏斗

若区内地下水的补给量与开采量在年内或年际内保持平衡，则地下水位会保持相对稳定。

但黄淮海平原地表水资源量远低于各业用水的需求总量，增加地下水开采量在各地十分普遍，地下水位持续下降。根据黄河、淮河和海河水资源公报，五省二市平原区近10年平均地下水开采量达$400\times10^8\ m^3$。其中工业与生活消耗35%左右，农业生产消耗约为65%；所开采的地下水中，浅层地下水占79%，深层水占21%。多年平均地下水开采量远远超过平均补给量，形成了大范围的地下水降落漏斗（包括浅层地下水降落漏斗和深层地下水降落漏斗）。地下水位下降和降落漏斗形成带来的不良后果包括：①机井出水量不足，可用地下水量逐年减少，沧州地区20世纪的深井出水量在$80\sim120\ m^3/h$，目前不足$30\ m^3/h$。②深井报废率大大增加，经济损失严重，黄淮海平原每年的机井报废率在10%以上，水泵也经历了离心泵—潜水泵—深井泵的更换过程，加大设备投入成本。③抽水动力消耗增加，用水成本提高。

目前，黄淮海平原地下水年度开采量平均为年补给量的120%以上，地下水超采区已达164个。其中，海河平原的井灌面积已占总有效灌溉面积的78%以上，地下水危机凸显；黄河下游平原由于有引黄水量保证，地下水抽取量较小，但在个别地区也出现了多处浅层地下水降落漏斗。淮河流域由于降水丰沛，地下水补给量大，地下水开采利用相对较低，地下水位下降不明显，地下水降落漏斗零星分布于流域西部地区。目前，在黄淮海平原内连片的大面积地下水降落漏斗区总数达51处（包括深层地下水降落漏斗14处），总面积达$7.6\times10^4\ km^2$，其中海河平原33处，淮河平原15处，黄河下游平原3处。地下水降落漏斗主要分布在山前平原和中部平原的铁道两侧。比较著名的有天津、北京、沧州、郑州、石家庄等漏斗。上述漏斗的形成很大一部分原因是由于农业机井密度过大、连年过量抽采。其中海河流域平原区已累计超采地下水约$900\times10^8 m^3$，为流域地下水资源量的3.8倍，漏斗区面积占流域平原面积的47%。

浅层地下水降落漏斗集中分布于山前平原。燕山山前平原以北京为例，自20世纪70年代以来，地下水超采量每年达$3\times10^8\sim8\times10^8\ m^3$，形成了北京城区和近郊区2 500 km^2范围的降落漏斗，地下水位以每年1～2 m的速度下降，目前北京地区地下水埋深普遍已达25～46 m。太行山山前平原以石家庄为代表。由于地下水的开采量连年增加，地下水位逐年下降，早在20世纪60年代就形成了降落漏斗，后逐年扩大，到目前漏斗面积达5 475 km^2，地下水位从1970年的7～8 m下降至目前的32.5 m，平均每年下降近1 m。其他的浅层漏斗还有郑州、唐山、邯郸、安阳、商丘等地。上述降落漏斗的水位下降速度通常为每年1 m，遇丰水年略有恢复。但从整个平原来看，截至目前浅层地下水降落漏斗仍呈现整体扩展、局部减少的趋势。由于浅层地下水补给相对容易，若采取限量开采和及时回灌措施，这种漏斗扩展的趋势可得有效缓解。

在黄淮海平原地面之下120～600 m区间，普遍分布着深层地下淡水层。海河平原有4个含水组，除第1含水组为潜水或微承压水外，其他3组均为深层承压水，海河平原主要开采承压含水组。深层地下水降落漏斗主要分布于广大冲积平原和滨海平原。其突出特点是水位下降速度快、面积扩展快，这是由深层地下水补给条件差造成的。平原区内有多达14处的深层地下水降落漏斗，以天津和黑龙港流域最为典型。深层地下水的开采深度一般大于200 m，最深可达900～1 000 m。自1970年以来，天津大量开采深层地下水，年开采量达$6\times10^8\ m^3$以上，南部地区深层地下水长期处于超采状态，深层地下水位持续大幅度下降，形成了连片的降落漏斗。近年来，由于有滦河水作为替代水源，深层水开采强度略有减小，但汉沽、大港、静海等地的深层地下水位仍在持续下降，深层地下水漏斗区超过8 000 km^2，中心水位低于外围水位约120 m，承压含水组水位埋深以每年4 m左右的速率持续下降。黑龙港地区人均水资源量 185 m^3，为黄淮海平原中最为缺水的地区，由于该区浅层地下水多为咸水、地表水严重不足，长期以来主要靠开采深层地下水支撑区域发展。黑龙港地区近 30 年来深层地下水累计超采逾 600×10^8 m^3，形成了以用水集中的沧州—衡水—邢台—邯郸一线为中心的 2×10^4 km^2 深层地下水降落漏斗区。2007 年，最深的衡水漏斗中心水位埋深已达 98.3 m。深层地下水循环周期为数百年至数千年，补给十分困难。深层地下水和煤炭、石油等矿产资源一样属于不可再生资源，用去多少就会减少多少。

5.1.1.2 地面沉降

地下水位下降和降落漏斗的形成引起的直接地质环境问题就是地面沉降。在黄淮海平原，由于连续几十年的地下水集中开采，承压水位连年下降，区域性地面沉降相当普遍，已形成以天津为中心的大面积地面沉降区。天津市沉降区 1950—2007 年地面沉降累积量最大已达 3.2 m，沉降范围北起杨村，南达黄骅，西至坝县，东抵渤海西岸。此外，沧州、北京等地的地面沉降也较为明显。沧州作为平原区内最缺水的城市，人均水资源仅 205 m^3，低于联合国规定的极端缺水地区人均水资源占有量，由于长期超量开采地下水，漏斗面积已达 4 860 km^2，在漏斗中心区地面累计沉降量达 1.7 m，许多老式楼房因地面下沉已出现了倾斜和裂缝。在北京，每年地下水超采量达 1×10^8 m^3，截至 2005 年已在市内形成大小不等、总面积达 2 650 km^2 的 5 个降落漏斗区，大面积的地面沉降已经出现。据北京市测绘处对水准点的多年观测，累积沉降量大于 0.1 m 的面积达 1 826 km^2，最大沉降出现在朝阳东北—顺义西南一带，累积沉降量达 1 000 mm，东郊八里庄—大郊亭一带地面沉降达 734 mm，酒仙桥地区地面沉降 503 mm，西南郊的大兴县庞各庄、榆垡一带，近 10 年就沉降了 330 mm 以上。

地面沉降带来的直接危害包括：①基础设施受损，造成井泵失效，地下管道破裂损坏。②楼房墙壁开裂、地基下沉，建筑物的抗震能力和使用寿命受影响。③局部改变地形地貌条件，降低防洪排涝工程的效能，造成大面积积水，加剧洪涝灾害。④形成积水洼地，滨海地区带来海水倒灌的威胁。⑤地面水准点失准，给工程建设带来不利影响。

5.1.1.3 江河湖沼干涸

研究表明，正常情况江河水流的开发利用量一般应控制在总流量的 30%左右，最高也不得超过 40%。也就是说，要保留至少 60%以上的流量用于维持江河水域的生态环境，包括生物生长繁衍用水、补充地下水、冲泄河道泥沙、稀释净化水体污染用水等。然而，当前在黄淮海平原江河水利用率已远远超过这一界限，黄河水的开发利用率已超过 70%，海河情况更为严重，河流的利用量高达 80%～90%，部分河段达到 100%，呈现“有河皆枯、有水皆污”的局面。此外，在黄淮海平原内，许多河漫滩、湖泊、沼泽、海滨滩涂等湿地被围垦、破坏和污染，导致平原内湿地功能严重衰退，面积持续减少。

从黄淮海平原河流演变可看出当地河水利用形势的严峻性。新中国成立初期，区内河道水量充沛，航运较为发达。南运河—卫运河、子牙河、滏阳河、大清河—府河、北运河等河的通航里程达 3 095 km。20 世纪 60 年代，沿京广线的多数河道仍是清水长流，部分河道可通航。至 70 年代，航运停止，但水质良好。80 年代后，随着用水量的增加和安排无序，造成海河与黄河干流以及许多支流的流量衰减。截至目前，黄河以北的河流大都成为季节性河流。调查显示，海河流域中常年断流（断流时间超过 300 d）的河段占 45%，常年有水河段仅占 16%。永定河干流多年平均过流天数只有10 d;大清河、子牙河近20年来几乎年年断流,多年平均河道干涸300 d以上;漳卫南运河系,除卫河尚有少量基流外,漳河、漳卫新河年断流280 d以上;闻名于世的京杭大运河(南运河段)基本常年干涸,只有引黄时才见有水。一些河道虽然有水,但其主要是生产、生活废污水和灌溉退水,基本无天然径流。平原内河流水量持续减少,区内河道日趋干涸。

水资源利用过量还造成湖泊干涸,湿地萎缩。新中国成立初期,平原内有200余个大型天然湖泊、洼淀,由于各业用水量激增,湿地来水量剧减,面积由9 000 km^2减少到不足1 000 km^2。现存湿地如白洋淀、北大港、南大港、团泊洼、千顷洼、草泊、七里海、大浪淀等,均面临干涸困境。华北明珠白洋淀,1949—1965年水面为2.73×10^4 hm^2,1966—1979年降至1.6×10^4 hm^2,减少42%,1980—1987年连续干淀,1988年重新蓄水后又曾几次干淀,曾多次从黄河调水济淀。

由于区内河流必需生态用水被挤占而导致的连续多年长时间枯水断流,造成沿河两岸地下水水位下降,干旱加剧,特别是三角洲地带,大片沼泽滩涂湿地退化,生物资源衰减,使著名的黄河三角洲国家级湿地自然保护区受到威胁。黄河多年入海水量过少,不仅使黄河泥沙入海造陆功能消失,而且原来已形成的陆地又正在逐步被海流吞食。河道干涸还引起土地沙化、土壤盐分积累等次生问题。近30年,海河平原土地沙化面积不断扩大,从冀西地区发展到冀南衡水—邢台一带并向京津地区扩展。目前,滦河沿岸、永定河下游、大清河及子牙河水系、滏阳河及漳河两岸等洪泛区土壤因得不到有效水分补充,沙化呈扩展态势。

5.1.1.4 水环境污染

黄淮海平原广阔的农业土地,是区内水环境污染的主要原因之一。由于农业灌溉退水、化肥、农药、动物饲养排泄物的影响,农业已成为一个区内水生态系统的主要面污染源。根据世界银行统计,中国的化肥消费量从1980年到1998年增长了50倍,在此期间,每年的化肥消费量平均为4.1×10^7 t,水体中约75%的磷和60%的氮来自于农业面源污染。为追求农业高产,区内农业生产中的化肥和农药施用量很大。施入田间的化肥和农药,在喷洒过程中,有一部分直接污染大气,后随降水进入水生态系统;另一部分进入土壤被土壤的固相物质所吸附,随水淋溶,在土壤中扩散迁移。受降雨冲刷的作用,有一部分随地表径流或壤中流进入河水之中,污染了河川湖沼的水。目前,区内很多河流已成为灌溉退水的纳污河。由于缺乏足够的淡水稀释水体中的污染物,海河流域和淮河流域的水体污染状况在全国最为严重,河流水质极为恶劣,淮河和海河属于Ⅳ类以上水质的污染河长分别占总河长的72.6%和69.3%。黄河在平原区内由于是地上河,很少有支流汇入,只有大汶河经过东平湖调节后,排入黄河干流,因此,污染程度稍轻,但近年来,大汶河污染逐渐加重,黄河水质也不容乐观。

与1978年相比,黄淮海平原的污染物排放总量增加了1.5倍。2000年区内主要河流的污径比高达1∶4,污染物主要为化学耗氧量、挥发酚、氨氮。当前,区内向水体排放的污染物量已远远超出了水体的自净能力,同时又缺乏足量的清洁淡水来提高水体的自净能力,水体污染形势相当严峻。平原40多座大型水库的水质均受到不同程度的污染,有8座水库水质呈富营养化。以位于黄淮海平原西北边界的官厅水库为例,水库因受上游和周边污染物影响,水质为劣Ⅴ类,被迫于1997年退出生活供水。除水库之外,区内大多数湖泊的污染和富营养化也相当严重,各类入湖的污染物逐年积累,湖泊水体呈较为严重的富营养化和水质恶化态势。

水体污染最终都会对人类健康产生影响。污水渗入地下或用于农业灌溉,对地下水和农产品造成污染,对人体健康造成潜在威胁。黄淮海平原每年使用污水进行农业灌溉的量超过

$15\times10^{8}\ m^{3}$。被污染地区居民的发病率和致癌人数要比其他地区高出0.3%～0.5%。

5.1.1.5　河流断流

除淮河外，黄淮海平原的其他河流均出现了一定程度的断流。据统计，1972—1989年间，黄河下游利津河段累积断流192 d，平均每年断流15 d。1990年后，黄河下游断流加剧。断流时间延长，断流年份平均断流时间为105 d；断流距离延长，在20世纪70—80年代，断流长度平均为242 km和256 km，至1990年延长到438 km。1972—1998年间，21年出现了断流情形，累计达1 050 d。最为严重的断流出现在1997年，利津站出现了13次断流，断流天数累计226 d，330 d无水入海，断流河段曾上延至距河口约780 km的河南开封附近，占黄河下游河道长度的95%以上。除黄河干流出现断流外，区内海河流域许多支流的中下游，基本上是干涸的。

断流造成大量的泥沙在下游河道严重淤积。据实测汇总的统计资料，黄河约有1/4的泥沙淤积在下游河道内。年复一年，河床不断抬高，形成举世闻名的"地上悬河"，由此导致"小流量、高水位、低流速、大险情"，增加了黄河下游决口的风险。目前黄河下游河床高出两岸地面4～6 m，最高处达10 m以上，河势摆动游荡，给黄河下游防洪构成很大的威胁。同时，断流造成了下游部分地区无水可供、洪水威胁和防洪难度增加、河口地区生态环境恶化和生物多样性减少，加重了河口地区土地的盐碱化以及河口湿地生态系统的退化，降低了水环境容量，制约了经济、社会、环境的协调发展。

5.1.1.6　入海水量减少

因区内各业取水量的增加，黄、淮、海三河及其支流的入海水量明显减少。根据新中国成立后的水文统计资料，海河、黄河入海水量呈明显减少趋势，20世纪90年代减至最低(海河除外，该河至今仍在缩减)。20世纪90年代与50年代相比，海河流域和黄河流域的平均入海水量分别减少了72%和80%。1997年后，由于黄河年断流常达226 d，国家对黄河水的利用采取了严格的管制措施，黄河入海水量略有回升，黄河已连续7年不断流。淮河入海水量总体上看也是逐渐减少，但进入21世纪，该流域进入了丰水期，2003年和2007年的淮河全流域大洪水便是典型证明，因此入海水量回升很快。表5.1为平原区内主要河流的入海水量变化情况。平原区内主要河流入海水量递减的原因主要有二：①区域各业水资源消耗量增大；②干流大型水库蓄水影响。其中河道外水量消耗增加是入海水量锐减的最大最直接因素。以黄河为例，20世纪80年代平均天然径流量较50年代减少14%，而河道外耗水平均年增长量却高达$140\times10^{8}\ m^{3}$，约占入海水量减少值的72%。

表5.1　平原区主要河流不同年份入海水量变化情况

流域	年平均入海水量/$10^{8}\ m^{3}$					
	20世纪50年代	20世纪60年代	20世纪70年代	20世纪80年代	20世纪90年代	21世纪初
海河	241.8	163.4	160.0	129.8	108.1	24.86
黄河	480.5	501.2	410.0	285.9	136.7	136.3
淮河	400.2	440.1	392.8	276.3	199.7	283.1

数据来源：根据《全国重点流域重点卷册水文年鉴》《水资源统计公报》资料整理。

主要河流入海水量减少导致的生态后果有二:①海水入侵。由于滨海地区地下水得不到充足的淡水补给,水位下降,造成海水入侵淡水含水层,使盐碱化面积增大,严重影响滨海地区的土地利用。以秦皇岛为例,由于海水入侵,使水质变差,水井报废;海滩坡度变陡,浴场缩窄,给当地居民生活用水和旅游业发展带来不利影响。②河口生态环境退化。由于入海径流减少,在河口地区具有经济价值的鱼类基本消失,如山东黄河河口的名贵鱼种"黄河刀鱼"现已基本绝迹,渤海湾著名的大黄鱼等优良鱼种也基本消失,渤海湾的底栖生物种类明显减少。近10年来,渤海近岸海域多次发生大面积赤潮,给渔业资源和海洋生物造成极大破坏。水量减少还严重威胁着黄河三角洲湿地水环境条件,影响湿地保护区内8 000多种水生生物,上百种野生植物,180多种鸟类的生存和繁衍。同时,渤海10余种"洄游"鱼类不能正常繁衍生息,致使部分鱼类面临灭顶之灾。

5.1.2 水资源过度利用是水生态环境问题的根本原因

对于黄淮海平原出现上述严重的水生态环境问题的原因有几种不同的说法。部分学者认为,黄淮海平原水生态环境危机是区内降水先天不足导致的。从多年平均降水量来看,黄淮海平原降水资源的确算不上丰富,但也并不算太少。以北京为例,多年平均年降水量为630 mm,和地处欧洲的巴黎、莫斯科、维也纳、布达佩斯相差不多,比伦敦、柏林还要略多一些。但这些地区并未出现像北京这样的水生态环境危机。

还有一种观点认为,水生态环境危机是由全球气候变化导致近20年来黄淮海平原的降水显著减少造成的。我们分析了1951—2005年的黄淮海平原年降雨量资料,从分析中得知,黄淮海平原在60—70年代年降雨量偏多,80—90年代降水偏少,进入21世纪,特别是近几年黄淮海平原区的年降雨量还高于多年平均(图5.1)。从气候统计学上看,区域年降雨量呈现周期性的干湿交替波动十分正常。根据前人(熊伟,2004)有关全球变化和降水波动的研究结果,自从1890年有气象记录以来,我国北方地区的年降雨量基本处于一个以20～30年为周期的干湿交替周期性波动。黄淮海平原年降水量变化基本符合这一规律。认为全球气候变化导致降水减少,引起上述不良水生态后果,尚无使人信服的证据。

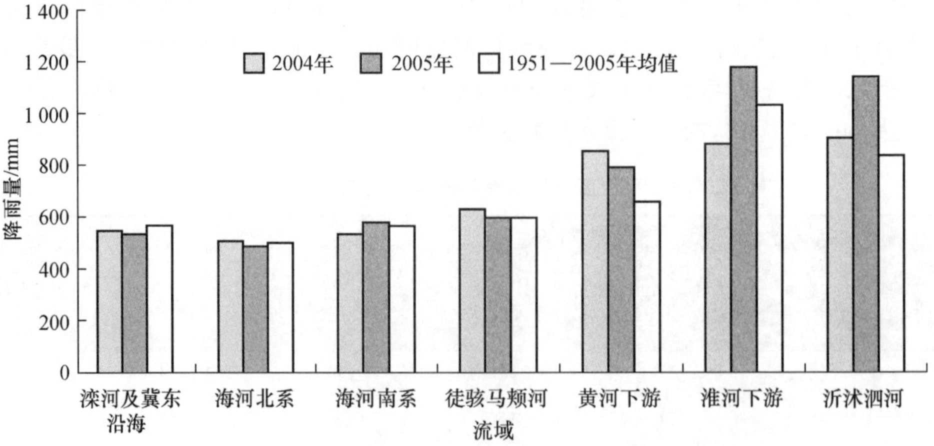

图5.1 黄淮海平原各流域近期降雨量与历史平均降雨量的比较

若把区内的水资源作为一个系统整体分析，系统的收入项主要为降水和入境客水，既然降水并未减少，入境客水近年来虽略有减少，但出境水量减少更多，系统总的收入项并未真正减少。水资源失衡的原因是水资源系统的支出量增加。系统支出项包括生活用水、生产用水和生态用水三大主要类型。平原上出现的河道断流、湖沼干涸、地下水位下降等诸多问题，客观上说明生态用水是严重不足的。生活和生产用水挤占生态系统消耗的水量是水生态环境问题的症结所在。总体上看，黄淮海平原人口增加、城市化进程加快、工业发展加大了水资源的消耗，但农业作为最大用水户，其利用强度持续增加是水资源耗竭、导致诸多生态问题的重要原因之一。

5.1.3 农业生产用水概况

按水文学的常规定义，农业用水包括农田灌溉和林牧渔各业的取水量，其中灌溉用水占绝大部分，约90%。但上述定义并不完全符合农业用水的实际情况。事实上，在农业生产过程，从种子发芽到成熟的全过程中，灌溉水量仅占农业用水量的一部分，甚至为零(如雨养农业)。没有灌溉并不表示农作物在生长过程中不消耗水资源，如作物生产有机物的过程——光合作用便每时每刻都离不开水，所需水量主要来自土壤。农田水分消耗途径主要有3种方式：①作物的叶面蒸腾。作物从土壤中吸收的水分，99%以上通过叶面蒸腾散失在大气中。叶面蒸腾是作物维持其正常生理活动的基础，因而是必要和有效的水分消耗。②作物棵间蒸发。对于旱田是棵间土壤蒸发，对于水田是棵间水面蒸发，棵间蒸发对调节农田小气候作用明显，维持一定量的棵间蒸发十分必要。③作物光合作用。光合作用作为作物生产有机物的关键，其主要原料是水和 CO_2，尽管光合作用的耗水量很小，仅占根系吸水量的1%，但却是必不可少的。上述三项消耗之和为作物耗水量。

在实际的农业生产过程中，作物耗水量值受SPAC系统中众多因素的综合影响，包括气象条件、土壤性状、作物种类、技术措施、灌溉制度等，而这些因素对耗水量的影响又是相互关联、错综复杂的，用区内耕地的实际耗水量测算黄淮海平原的农业耗水量是非常困难的。根据黄淮海平原各地的水利统计资料和水资源公报数据，采用水量平衡法概算了1978—2005年全区农业生产的总耗水情况(图5.2)，结果显示，平原区农业耗水量总体上在1995年前呈波动式增长趋势，1995年后处于高位徘徊态势。

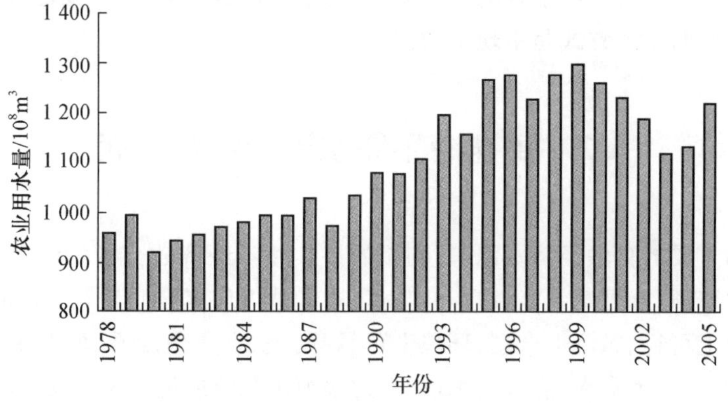

图5.2 1978—2005年黄淮海平原粮食生产用水量情况

作物为正常生长并获得一定产量,必须消耗一定量的水分,这一水量可称为作物耗水量。作物耗水量主要来源包括两个部分,一部分是天然降水,另一部分是补充灌溉(一些农业生产过程无此部分,如雨养农业)。有关学者根据大量田间试验资料进行统计分析后得出,一般农作物吸收的水分重量平均超过其本身干重的500倍(王德荣等,2001)。虽然从作物种类上看,不同作物或者同一作物在不同时段的耗水规律都不尽相同,但从宏观层面上看,区域粮食总产和水资源消耗量之间仍存在一定的规律。图5.3为黄淮海平原1978年以来粮食总产量和农业生产中水资源消耗量之间的关系。

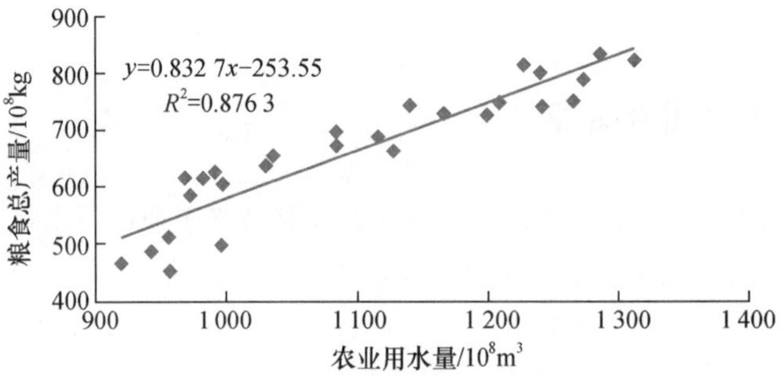

图5.3 黄淮海平原粮食总产量与农业用水量之间的关系

图5.3的回归方程式显示,黄淮海平原区内农业生产所消耗的水资源量与粮食总产量之间存在着明显的线性相关关系,相关系数较高,这说明粮食总产量增加是导致黄淮海平原水资源供需关系紧张的原因之一。从回归方程的系数看,黄淮海平原农业水资源生产率为0.83左右,即每消耗1 m^3 农业水资源可生产出0.83 kg粮食,说明黄淮海平原农业水资源的粮食生产效率已较高。进一步大幅度地提高农业水资源生产率虽然难度较大,但是仍然有较大的增长空间。

农业用水基数大,农业用水量增加或减少一个百分点,所增加或减少的用水总量都是非常可观的,对区域水资源平衡影响极大。大力发展节水农业、提高水资源生产率,是黄淮海平原粮食产量提高和社会经济持续发展的关键。目前黄淮海平原的粮食产量已经达到相当高的水平,特别是近年来已经实现了粮食总产的九连增,水资源生产率也有较大的提高。但是我们也必须清楚地认识到,粮食高产是以增加农业耗水量为前提的。农业耗水量增加的直接后果就是挤占本该属于生态系统自身消耗的水资源,生态平衡遭到破坏,系统功能逐步退化。追求长期粮食高产再高产的生产方式是不现实的。

5.2 黄淮海平原水资源综合分析

水资源作为重要的自然经济资源,其利用的持续性对经济社会可持续发展起着至关重要的作用。所谓水资源,就是某一区域在一定时段内能被人们直接开发与利用的那一部分水体,这种利用在技术上可行、经济上合理、环境上可承受。从农业角度看,农业水资源是可用于农业生产的水量,收入项为降水、灌溉用水(来自地表河川径流或地下水),支出项为作物蒸腾、棵间蒸发,即农田蒸散量。在区域尺度上的水循环主要是四水转化,即大气降水、地表水、地下水和土壤水之间的相互转化关系。水资源包括由天然降水形成的地表水，入渗所形成的地下水，河流、湖泊、土壤空隙和人工水库中所流动和蓄存的，可以直接或间接供给人类生活、工业和农业所使用的水。

5.2.1 降水保证率确定

从全球水循环的角度看，区域内所有的水资源都来自于大气降水，降雨量的多寡直接决定着区域水资源量的多少。受季风气候的波动影响，黄淮海平原年降水量变化幅度很大，仅用多年平均值作为评价依据无法真实反映平原区水资源的真实情况。必须依据不同的降水保证率水平，才能较真实地反映区域的水资源状况。

降水保证率的计算方法较多，常见的有经验频率法、分组法和均方差法，每种方法都有其优点和适用范围。根据年代长度为55年的黄淮海平原降水资料，采用经验频率法确定降水保证率。具体步骤如下：

①把1951—2005年平原区内的总降雨量数据分别按从大到小的顺序递减排列。

②对排列好的降雨量数据按大小次序进行编号，由于基础资料是55年，因此，为1～55。

③利用公式 $P=\frac{m}{55+1}\times 100\%$，计算各序号所对应保证率，并从小到大对应列入上述式中，式中的 P 为保证率；55为基础资料年份数；m 为降雨量排列的序列数，由1到55。

④绘制经验频率曲线：纵坐标为 P（保证率），横坐标为 P 所对应的降雨量，将55个点连成平滑曲线，得到黄淮海平原降水量保证率曲线。

⑤要确定不同保证率下黄淮海平原的降雨量，即可从降水保证率曲线上查找各等级保证率（10%，20%，…，90%，95%）所对应的降雨量数值。

5.2.2 地表水资源量

某一区域的地表水资源量常用河川径流量来表示。对于黄淮海平原而言，地表水资源量主要包括区内降水产生的地面径流量和入境河流的客水来水量两个部分，并扣除出境水量。黄淮海平原气象观测条件优越，具备相当密度的常规气象站点，有较长时间系列的降水记录可供直接利用。平原区内水文观测站点覆盖也较完备，主要河川的详细水文观测资料数据较为齐备（少数年份或少数站点资料缺失），水文观测资料可从《全国重点流域水文年鉴资料汇编》中的黄河卷、海河卷和淮河卷获得。《全国重点流域水文年鉴资料汇编》中的水文基础资料十分详尽，记录了全国范围内各流域国家级基本水文观测站的基础水文资料，主要有：水文站点分布图和资料索引；各站点月（年）平均流量表；各站月（年）平均水位表；降水径流表；各时段最大洪水总量统计表；各站月（年）引排水量表；各站月（年）降水量统计表；年内降水量等值线图；暴雨量等值线图；年径流深等值线图；年水面蒸发量等值线图；大中河流逐日平均水位表；水文站及有独立使用价值的水库、堰闸、渠道、小河站的逐日平均水位表；河道、水库、堰闸站及有需要的渠道站的逐日平均流量表和实测流量成果表；等等。详尽的气象和水文资料为系统分析黄淮海平原水资源提供了基础保障。

5.2.2.1 自产地表径流量

降水是区域自产地表径流量的唯一来源，因此平原区的降水特征影响着平原区的自产径流。水文学上常用年径流深的概念来表征区域自产径流量。由于水体的连续性和径流的地带性分布，同时考虑数据可得性和水文资料连续性，将黄淮海平原区分为海河平原区、黄河下游平原区和淮北平原区。

自产径流深的常规计算方法很多，主要有代表站法、等值线法和查表法(即降水量-径流关系法)等方法。考虑资料收集情况和研究区水文站点分布较密的实际情况，选取代表站法进行计算，并引入多年平均降水、多年平均年径流量进行修正。所谓代表站法，就是在某一流域范围内，选择几个基本能够控制和代表全区且实测径流资料年代较长的代表站，充分考虑径流形成条件的相似性，把代表站的年径流深按面积比的方法移用到研究区的范围内，并充分考虑代表站和研究区的降水条件差异及下垫面对产水量的影响，推算区域多年平均年径流量(张展羽等，2006)，计算公式和修正式分别为：

$$\overline{Y}_F = \frac{F}{f}\overline{Y}_f \tag{5.1}$$

$$\overline{Y}_F = \frac{\overline{\alpha}_F \overline{P}_F F}{\overline{\alpha}_f \overline{P}_f f}\overline{Y}_f \tag{5.2}$$

式中：$\overline{Y}_F$ 为研究区多年平均年径流深，mm；$\overline{Y}_f$ 为代表站控制范围内的多年平均年径流深，mm；$\overline{P}_F$ 为研究区多年平均降水量，mm；$\overline{P}_f$为代表站多年平均降水量，mm；$\overline{\alpha}_F$ 和 $\overline{\alpha}_f$ 分别为研究区和代表站多年平均径流系数，无量纲；F 和 f 分别为研究区和代表站的面积，km^2。

依据黄淮海平原内的水系特征，把整个平原划为若干二级研究区域进行计算。平原区多年水文资料显示：平原区内的年径流深自南向北逐渐递减，在同一纬度带，则山前平原区大于中部平原区，近海平原高于中部平原。黄淮海平原区的径流深值整体上呈现平原四周高、中心低，黄河以南高、黄河以北低，径流深的地带性分异十分明显。很显然，年地表径流深受降雨量影响十分明显。按水文学界的径流分区指标，平原区内有年径流深大于 200 mm 的多水带、年径流深在 50～200 mm 的过渡带和低于 50 mm 的少水带三类区域。其中，多水带分布于淮北沂沭河下游平原、泰沂山南平原；过渡带为燕山山前平原、渤海沿海平原、太行山山前南北走向的狭长地带、泰沂山北侧平原、南四湖西平原、淮北诸河上游平原；少水带为海河中心平原，包括海河黑龙港运东平原和徒马河大部分地区，年径流深介于 25～50 mm 之间。黄淮海平原区内自产径流深最小的区域在滏阳河和滹沱河之间的泰沂山雨影区，由于降水量很少，年径流深不足 25 mm。从径流分区看，黄淮海平原大部分区域处于过渡带和少水带，是我国东部几大平原中自产径流深最小的。

以获取的各地水文站点的自产径流深资料为基础，利用式(5.1)和式(5.2)及各代表站点的控制面积，得到黄淮海平原三大区域的自产径流量的多年平均值，为 365.9×10^8 m^3(表5.2)。由于平原区内各地的气候、地形、土壤和水文条件的不同，同时受水利工程建设、农业生产方式的影响，自产径流量在区域间的空间差异十分明显，主要表现为：黄河以南的淮北平原以 44.2%的面积拥有自产径流量高达 271.6×10^8 m^3，占平原区总自产径流量的 74.2%。而黄河下游平原和黄河以北的海河平原的年平均自产径流量之和不足 100×10^8 m^3，仅占总量的

25.8%。径流量的空间分异对水资源在各业中的应用产生着深远的影响。

表 5.2 黄淮海平原自产地面径流量

流域	多年平均径流深/mm	多年平均径流量/10^8 m^3	不同降水保证率下自产径流量/10^8 m^3		
			50%	75%	95%
海河平原	55.4	72.9	61.5	33.9	17.2
黄河下游平原	75.1	21.4	17.6	12.1	8.5
淮北平原	169.9	271.6	289.7	193.4	109.5
黄淮海平原	119.8	365.9	368.8	239.4	135.2

除表 5.2 中结果显示的数量差异外，水文资料还显示：受季风气候影响，黄淮海平原的降水在年内和年际之间变化很大，因此，造成平原内年自产径流量在年内和年际变化也十分明显，且具有一定周期性。从年内来看，黄淮海平原具有明显的汛期和枯水期。其中，汛期出现在夏秋季(6～9 月份)，该时段自产径流量占年自产径流总量的 75%～85%；枯水期出现冬春季节(10～5 月份)，自产径流量小，往往不足总量的 15%，此时区内河流常常断流干涸。可见，与降雨量在年内分布不均相比，径流量的年内分配不均度更大。自产径流在年际的突出表现为连丰连枯时段较长，且平原区内大面积的丰枯年份也常有发生。20 世纪 60—70 年代为典型的丰水年份，自产径流总量较大；到 90 年代中期，进入了径流的连枯时段，自产径流量显著减少，最大减幅达 50%以上。

5.2.2.2 入境水量

所谓入境水量，是指从黄淮海平原之外流入平原区内的地表水，包括天然入境量和人为地依靠水利工程设施有控制地往境内输水两种形式。在黄淮海平原，主要入境水量包括海滦河上游山区、淮河上游山区丘陵区、黄海下游支流的山区入境客水，以及黄河干流入境水量。下面分别以上游山区入境水量和黄河干流入境水量两部分来计算黄淮海平原区的入境水量。

1. 上游山区入境客水

黄淮海平原周围山区总面积约 2.52×10^5 km^2，每年通过发源于山区的河流注入平原区大量入境水。从上游山区进入平原区的河流(支流)主要有青龙河、滦河、蓟运河、潮白河、永定河、拒马河、唐河、潴龙河、滹沱河、潇河、滏阳河、清漳河、浊漳河、淇河、卫河、颍河、汝河、潍河、胶莱河、小清河、大汶河、泗河、沂河、沭河等 24 条河流，分别从平原区外的冀北、冀西、晋东、豫西、鲁中、鲁南等地入境。受地形和河流走向影响，一些河流水文测站设在山区和平原的界限附近，而也有一部分河流的水文测站设在离边界较远的位置。因此，在计算入境水量时采用了不同的计算方法，边界测站直接计算求得，远离边界的测站视站点距离边界的远近，根据无数据集水面积和降水量情况间接计算得到。计算方法分别如下。

(1)边界水文站点采用逐月累加的方法：

$$W_{in} = \sum_{i=1}^{12} Q_i \tag{5.3}$$

式中：W_{in}为水文站点入境水量，10^8 m^3；Q_i 为水文站的月流量，10^8 m^3。

(2)对于水文站点距离边界一定距离的地区，直接采用面积比法计算入境水量，即利用控

制站实测年径流量,加上控制站以下区域自产径流和面积之积,方法为:

$$W_{\text{in}} = \sum_{i=1}^{12}(Q_i + 10^{-5}P\alpha f) \tag{5.4}$$

式中:P 为水文站点实测降雨量,mm;α 为径流系数,无量纲;f 为控制站以下至平原区的集水区域面积,km^2;其余的同公式(5.3)。

(3)对于个别无水文测站的小河,用该河集水流域面积和径流深等值线法估算。所谓径流深等值线法,就是在区域面积不大且缺乏实测资料的情况下,借用与该区地质、地貌、植被等下垫面环境相似的地方所测得的降水和径流深的关系等值线图,根据该区降雨量估算该区的径流量。在计算平原四周缺乏山口实测资料地区的径流深时,采用与相邻或特征相似且水文数据较为完善的水文测站的降雨量与目标测站的降雨量的比值,计算目标测站径流深,再根据集水面积计算径流量。

根据水利部《全国重点流域水文年鉴资料汇编》中有关河流水文站点的实测资料和平原区周围的径流深等值线图,按上述方法(1)～(3)匡算出从平原周边的上游山区进入黄淮海平原的入境水量,按区域汇总的计算结果如表 5.3 所示。

表 5.3　黄淮海平原上游山区入境水量　10^8 m^3

流域	山区多年平均入境水量	不同降水保证率下的山区入境水量		
		50%	75%	95%
海河平原	189.1	177.8	134.3	88.9
黄河下游平原	87.7	75.4	49.0	22.5
淮河平原	110.7	112.2	74.3	85.8
黄淮海平原	387.5	365.4	257.6	197.2

结果显示,从黄淮海平原周边山区流入平原的地表水入境总量为 387.5×10^8 m^3。从水系来看,海河平原接纳太行山和燕山山区的上游的境外客水最多,达 189.1×10^8 m^3;其次为淮河平原,接纳伏牛山、泰沂山南侧境外客水量为 110.7×10^8 m^3;黄河下游平原的上游山区来水最少,主要接纳泰沂山西侧和北侧的入境水,总量为 87.7×10^8 m^3。上游山区入境水量对黄淮海平原而言,意义重大。特别是对于降水量和自产径流不足的海河平原,其上游山区集水面积大,入境水量较多且主要集中于几条大河,占总量的 85%以上,可有效缓解海河平原的水量供需紧张状况。

从分项计算结果看,上游山区入境水与自产径流的变化特点相似。即受季风影响,年内和年际间变化大。来水集中于汛期(6—9 月份),其余月份来水很少,甚至为零。不同年份之间的来水量相差 1 倍以上。需要指出的是,随着上游山区经济社会发展和人口的增加,当地各业需水量持续增长,取水蓄水等水利工程建设不断加强,对河流上游水量拦蓄持续增加,近几年进入平原的入境水量逐渐减少,在枯水年尤为明显,造成海河平原许多河道在年内很长一段时间干涸。

2. 黄河干流入境水量

平原区内的海河水系和淮河水系总体上看以平原自产径流为主要补给源,两河的入境水量基本上可用上述山区进入平原区的水量来估算。而黄河则有很大不同,由于其河床在平原区内高出两岸地面,平原内支流很少,是区内唯一一条水量随流程的增加而减少的河流,且近 20 年入境水量波动较为明显。因此,将黄河干流的入境水量单独计算。根据黄河水利委员的水文统计资料，花园口水文站1956—2000年黄河实测入境流量平均为408.4×10^8 m^3。但近20年来，由于黄河中上游取水量急剧增加，流入平原区的黄河流量已大幅减少(表5.4)。

表5.4　黄河进入和流出平原区两主要水文站径流量情况　10^8 m^3

水文站点	各年份实测径流量								1987—2005年平均径流量
	1998	1999	2000	2001	2002	2003	2004	2005	
花园口	218.0	208.5	165.3	165.5	195.6	272.7	240.5	257.0	252.8
利津	106.2	68.36	48.59	46.5	41.9	192.6	198.8	206.8	141.4

数据来源：根据黄河水利公报(1998—2006年)整理。

平原区内黄河河床高出地面数米，具有为两岸农业灌溉和各业用水的自然引水的有利条件。目前，在平原区内已建成了大面积的黄河灌区，黄河入境水量为平原区农业发展提供了良好的基础条件，但目前水量减少的现实已对平原区农业构成了不利影响。除水量减少之外，资料还显示黄河干流入境水量年际波动明显，花园口站实测值的最大年入境水量是最小量的4.5倍。年内入境水量分配也不均匀，春季约占16%，夏季占30%左右，秋季占40%左右，冬季不足10%。由于近年来黄河干流入境水量减少，很难达到50年平均的408.4×10^8 m^3，因此在水资源评价过程中采用1987—2005年的平均值252.8×10^8 m^3。

5.2.2.3　出境水量

将黄淮海平原的地表水作为一个独立系统看，自产径流和入境水量是其收入项。地表水在供工业、农业和城乡居民生产生活使用方面发挥着重要的作用，但作为一个系统而言，无论如何都不可能将平原内的所有地表水资源100%耗光，必定有一部分水量会流出区域，成为系统的支出项之一，即地表水的出境水量。

由于黄淮海平原特殊的地形地貌，海河流域和黄河流域的出境水量为注入渤海的水量，其中海河水系有十几个入海口，黄河下游也有数个入海口；淮河则分为两部分，包括入江量和入海量，其中入江量是指淮河通过洪泽湖在三江营注入长江的水量，入海量指沂沭泗河水系通过燕尾港和临洪口注入黄海的水量。入海水量和入江水量计算方法较为简单，因为在平原区内的主要河流基本都在入海(入江)口处或者距入海口较近的地方设有水文观测站点，各河的入海水量径流资料较为齐备，因此把实测月径流量直接加和就可作为各河的年入海水量。对于极个别水文站(如黄河利津水文站)距入海口较远，则需扣除控制站以下至入海口的各业用水量(水资源公报公布数据)。根据各测站的水文统计资料和黄委、海委和淮委发布的水资源公报数据，计算出平原区多年平均的出境水量情况(表5.5)。

表5.5　黄淮海平原出境水量　10^8 m^3

流域	1956—2000年平均出境水量	不同降水保证率下的出境水量		
		50%	75%	95%
海河水系	136.4	126.7	68.8	25.3
黄河下游水系	315.4	297.3	173.6	127.4
淮河水系	312.6	312.1	232.4	163.3
黄淮海平原	764.4	736.1	474.8	316.0

表 5.5 中结果显示，三大水系的出境流量的多年平均值为黄河最高，淮河次之，海河水系最少。且不同的降水保证率水平下，海河和黄河的变化显著高于淮河，说明淮河水量的稳定性好于其余两河。其中，海河的稳定性最差，在 95%保证率水平下的出境流量仅相当于正常年份的 1/5，年际变差系数非常高，因此，在海河平原进行水资源利用规划时，应充分考虑水资源年型的差异。此外，资料还显示黄淮海平原各河流的入海入江量的绝大部分以汛期(6～9 月份)洪水的形式注入渤海、黄海和长江，年内变化也较为显著。

5.2.2.4 可利用地表水资源量

所谓可利用地表水资源量，是指黄淮海平原区的自产径流量、入境水量之和扣除出境水量的差值，用下式计算：

$$Q_{rm} = R + Q_i + Q_y - Q_o \tag{5.5}$$

式中：Q_{rm} 为区域可用地表水量，10^8 m^3；R 为区域自产地表径流量，10^8 m^3；Q_i 为上游山区入境流量，10^8 m^3；Q_y 为黄河上游入境流量，10^8 m^3；Q_o 为区域的出境流量，10^8 m^3。

将前面有关自产径流量、入境水量和出境水量的计算结果代入公式(5.5)，得出不同保证率水平下黄淮海平原的可利用地表水资源量，计算结果如表 5.6 所示。

表 5.6 黄淮海平原地表水可利用量 10^8 m^3

流域	平原区多年平均地表水资源可利用量	不同降水保证率下可利用地表水资源量		
		50%	75%	95%
海河平原	125.6	112.6	99.4	80.8
黄河下游平原	46.5	48.5	40.3	26.4
淮河平原	69.7	89.8	35.3	32.0
黄淮海平原	241.8	250.9	175.0	139.2

从表 5.6 中结果可看出，黄淮海平原的可利用地表水资源量比较有限，在正常降雨年份也仅有 250×10^8 m^3 左右。而在偏枯年份(75%保证率)和极枯年份(95%保证率)仅分别有 175×10^8 m^3 和 140×10^8 m^3 可利用地表水量，平原区内的地表水资源匮乏程度可见一斑。从空间上看，海河平原的可利用地表水量较多，且不同保证率下差距不大，而其余两水系不仅总量上少，且不同保证率下差别也相对较小。究其原因，与海河平原入境水量大但出境水量小分不开，说明海河平原的地表水利用强度较大，这也可部分解释海河平原“有河皆干”的客观现象。

从长期来看，黄淮海平原的上游山区和黄河干流来水的增加潜力不大，因为上游各地的用水强度都呈现出持续加大的趋势，而区内短期内降雨量增加的可能性也不大，因此黄淮海平原可用地表水资源量在稳中递减必将成为主要趋势。

5.2.3 地下水资源量

所谓地下水资源，是指黄淮海平原的地层中参与水文循环、不断更新的、具有利用价值的那一部分水，与地表水一样，是平原区内水资源的有机组成部分。对地下水的分析，常运用补给量、自然排泄量和可开采量3个概念进行评价。

5.2.3.1 地下水补给量

地下水补给量是指通过各种途径进入黄淮海平原区地下含水层的水量。由于评价目的是为农业利用，而农业生产对地下水水质有一定要求。一般而言，矿化度小于2 g/L的淡水可满足作物需水要求，而矿化度大于2 g/L的微咸水或者咸水则难于直接使用或无法使用。因此，本文所称的地下水资源指矿化度小于2 g/L的地下淡水资源，包括潜水、浅层承压水和深层承压水3种类型。其中潜水和浅层承压水统称为浅层水，由于其补给来源充足，循环交替快且较易抽取利用，因此是各业利用的主要开采对象。深层承压水是一种更新恢复极为缓慢的水资源，补给极其困难，且需要的时间非常长。因此，在短时期看，开采深层承压水就像开采其他矿产资源一样，抽取多少就减少多少，其储蓄量常随开采量的增加而减少。大量提取会造成深层承压水枯竭，极难复原。鉴于此，为保证区域水生态系统的健康，文中在进行水土资源可持续利用评价中不包括深层承压水。

水文学上，持续利用的地下水资源应指每年可积极更新或恢复的地下水，即地下水的年补给量，包括降水入渗补给量、河道渗漏补给量、山前侧向流入补给量、渠系渗漏补给量、灌溉入渗补给量、越流补给量和人工回灌补给量等项，上述各主要项的水文模型计算方法如下(郭建，2007；尤春峰等，2001；杜绍敏等，1997；魏忠义等，1997)。

①降水入渗补给量为平原区内降水产生的坡面漫流和洼地水入渗到土壤，并在重力作用下渗透补给含水层的水量，是黄淮海平原内浅层水的重要补给源，估算公式为：

$$U_p = 10^{-5} P\alpha F_p \tag{5.6}$$

式中：U_p 为年降水入渗补给量，$10^8\ m^3$；P 为多年平均降水量，mm；α 为多年平均降水入渗补给系数；F_p 为接收降水入渗补给的面积，km^2，计算中采用区域总面积扣除建设用地面积。

②河道渗漏补给量指当河川水位高于两岸地下水位时，河水渗入地下水的水量。黄淮海平原内河流众多，河道渗漏补给量也是浅层地下水的重要来源之一，估算公式如下：

$$U_r = 2 \times 10^{-8} KF_r I_r LT \tag{5.7}$$

式中：U_r 为河道渗漏补给量，$10^8\ m^3$；K 为渗透系数，m/d，取值与土质有关；I_r 为水力坡度，一般用河底坡度代替，无量纲；F_r 为单位长度河道垂直地下水流方向的剖面面积，m^2/m；L 为河道长度，m；T 为河道或河段渗漏时间，d/年。

③山前侧向流入补给量指黄淮海平原周围山区地下水通过裂隙、断层和溶洞以潜流形式直接补给平原区浅层地下水的水量，其主要发生地在山区与平原区的交界地，估算公式为：

$$U_m = 365 \times 10^{-8} kI_m F_m \tag{5.8}$$

式中：U_m 为山前侧向流入补给量，$10^8\ m^3$；k 为潜流入渗系数，m/d；I_m 为山区潜流与平原地下水的坡降，无量纲；F_m 为垂直于地下水水流方向的河床潜流过水断面面积，m^2。

④渠系渗漏补给量指干、支、斗、农、毛各级渠道在输水过程中，对地下水的渗漏补给量。由于黄淮海平原内的渠道水位一般高于两岸地下水水位，所以渠道输水对地下水产生渗漏补给，补给量估算方法为：

$$U_a = r(1-\eta)W_a \tag{5.9}$$

式中：U_a 为渠系渗漏补给量，10^8 m^3；r 为渠系入渗补给系数；η 为渠系水利用系数；W_a 为渠首水量，10^8 m^3。

⑤灌溉入渗补给量指灌溉水进入大田之后，经包气带渗漏补给地下水的水量。黄淮海平原作为全国的主要灌区之一，灌溉用水量较大，因此，灌溉入渗补给量也较大，常用下式估算：

$$U_i = (1-\beta)W_i \tag{5.10}$$

式中：U_i 为灌溉入渗补给量，10^8 m^3；β 为田间灌溉蒸散系数；W_i 为灌溉量，10^8 m^3。

除上述 5 项之外，在黄淮海平原还存在着深层地下水的越流补给量、人工回灌补给量等项。由于越流补给量基础资料缺乏，而很少在黄淮海平原实施人工回灌补给地下水，且通常这两项的值很小，可忽略不计(张展羽等，2006)。据此，地下水总补给量的计算式为：

$$U_t = U_p + U_r + U_m + U_a + U_i \tag{5.11}$$

按地表水主水系分区，依据黄淮海平原的地下水历史水文资料，按上述计算方法求得各项结果，公式中所用参数采用水文学上黄淮海平原的常用经验参数，汇总之后得到黄淮海平原的地下水补给量(表 5.7)。

表 5.7　黄淮海平原区地下水综合补给量　　10^8 m^3

区域	分项	多年平均地下水补给量	不同降水保证率下地下水综合补给量		
			50%	75%	95%
海河平原	降水入渗补给量(U_p)	119.7	124.9	76.3	55.3
	河道渗漏补给量(U_r)	11.3	10.7	7.5	4.9
	山前侧向流入补给量(U_m)	8.4	9.1	5.4	3.9
	渠系渗漏补给量(U_a)	20.6	19.8	15.3	9.3
	灌溉入渗补给量(U_i)	15.7	14.9	11.5	7.7
	地下水总补给量(U_t)	175.7	179.4	116.0	81.1
黄河下游平原	降水入渗补给量(U_p)	30.3	29.6	21.3	14.8
	河道渗漏补给量(U_r)	2.7	2.5	1.9	1.2
	山前侧向流入补给量(U_m)	1.3	1.5	0.9	0.6
	渠系渗漏补给量(U_a)	3.6	3.6	2.8	1.8
	灌溉入渗补给量(U_i)	3.0	2.9	2.1	1.7
	地下水总补给量(U_t)	40.9	40.1	29.0	20.1
淮河平原	降水入渗补给量(U_p)	248.5	260.5	178.2	125.0
	河道渗漏补给量(U_r)	2.7	3.1	1.9	1.2
	山前侧向流入补给量(U_m)	2.1	2.3	1.5	1.0
	渠系渗漏补给量(U_a)	10.8	11.4	8.6	5.6
	灌溉入渗补给量(U_i)	13.9	14.2	9.9	8.1
	地下水总补给量(U_t)	278.0	291.5	200.1	140.9

续表 5.7

区域	分项	多年平均地下水补给量	不同降水保证率下地下水综合补给量		
			50%	75%	95%
黄淮海平原	降水入渗补给量(U_p)	398.5	415.0	275.8	195.1
	河道渗漏补给量(U_r)	16.7	16.3	11.3	7.3
	山前侧向流入补给量(U_m)	11.8	12.9	7.8	5.5
	渠系渗漏补给量(U_a)	35.0	34.8	26.7	16.7
	灌溉入渗补给量(U_i)	32.6	32.0	23.5	17.5
	地下水总补给量(U_t)	494.6	511.0	345.1	242.1

计算结果显示：黄淮海平原内地下水补给量的最大项为降水入渗，约占总补给量的80.6%；其次为渠系渗漏补给，占7.1%；灌溉入渗补给居于第三位，占6.6%；河道渗漏和山前侧向流入补给量所占比例最小，分别为3.4%和2.4%。其中，降雨入渗补给、山前侧向流入补给和河道渗漏补给可看作为天然水资源补给，黄淮海平原的天然水资源的地下水补给总量为$427\times10^8\ m^3$，约占总补给量的86.3%；渠系渗漏补给和灌溉入渗补给可被视为人工水资源补给，占补给总量的13.7%。

从空间上看，黄河以南的淮河平原降水丰沛、河系较多，天然水资源补给地下水所占比例较大；黄河下游及其以北的海河平原由于气候的原因，人工补给量所占比例高于淮河平原。此外，农业土地利用对黄淮海平原地下水补给量的影响较大。从计算结果中可以看出，凡农业灌溉用水量较大的地区，渠系渗漏和灌溉下渗的补给量就大。海河平原由于降水较少，为追求高产，灌溉农业发达，灌溉系统（渠系和田间灌溉）补给量占区域地下水补给总量的20%以上。黄河下游平原由于黄河河床海拔高于沿河两岸农田，灌溉条件优越，引黄灌溉量很大，因此灌溉系统补给量超过地下水总补给量的15%。而淮河中下游平原由于降水多，区域内旱作农业发达，用于农业灌溉的水量较小，所以灌溉系统回补水所占比重（<10%）很小。

5.2.3.2 地下水自然排泄量

地下水的自然排泄方式主要有潜水蒸发、排入地表河道、水平方向侧向流出和垂直方向越流排泄等几种形式。

潜水蒸发量指在土壤毛细管作用的影响下，浅层地下水沿着毛细管不断上升，在土壤表层形成蒸发。潜水蒸发量的大小，主要取决于气候条件、潜水埋深、包气带岩性以及植被覆盖情况，此外，受地下水的人工开采量的影响非常显著。潜水蒸发量估算采用下式进行：

$$E_p = 10^{-5}E_0CF_p \tag{5.12}$$

式中：E_p 为潜水蒸发量，$10^8\ m^3$；E_0 为年水面蒸发量，mm；C 为潜水蒸发系数，与地下水埋深相关，无量纲；F_p 为研究区面积，km^2。

排入地表河道水量指平原区内河川水位低于岸边地下水位时，地下水排入河道的水量。根据地下水动力学原理，应为河道渗漏补给地下水的逆运算，计算公式为：

$$E_r = 2 \times 10^{-8} K F_r I_r L T \tag{5.13}$$

式中：E_r 为河道渗漏给地表水的水量，10^8 m^3；K 为渗透系数，m/d，取值与土质有关；I_r 为水力坡度，指地下水位高出河流水面高度的斜率，无量纲；F_r 为单位长度河道垂直于地下水流方向的剖面面积，m^2/m；L 为河段长度，m；T 为河道或河段渗漏时间，d/年。目前，在黄河下游和海河平原由于地下水位下降严重，且黄河河床高于地表，所以可认为 E_r 值为 0。在计算淮河流域渗漏量时，模型中 K 取砂姜黑土的值，水力坡度取地表河流的平均水位和地下水的平均水位的水力坡度。

由于黄淮海平原海拔低，地下水坡降小，水平流动缓慢，通过水平方向侧向流出量和越流排泄量几乎为零(刘昌明等，1988)，在自然排泄量中可以不予考虑。因此，地下水的自然排泄量计算方程为：

$$E_t = E_p + E_r \tag{5.14}$$

计算结果如表 5.8 所示。

表 5.8 黄淮海平原地下水自然排泄量 10^8 m^3

区域	分项	多年平均地下水排泄量	不同降水保证率下地下水排泄量		
			50%	75%	95%
海河平原	潜水蒸发量(E_p)	26.9	27.2	24.1	19.8
黄河下游平原	潜水蒸发量(E_p)	11.3	10.4	8.3	6.2
淮河平原	潜水蒸发量(E_p)	112.5	112.6	89.3	61.5
	排入地表河道量(E_r)	55.2	55.0	52.4	51.1
	地下水自然排泄量(E_t)	167.7	167.6	141.7	112.6
黄淮海平原	潜水蒸发量(E_p)	150.7	150.2	121.7	87.5
	排入地表河道量(E_r)	55.2	55.0	52.4	51.1
	地下水自然排泄量(E_t)	205.9	205.2	174.1	138.6

表 5.8 中结果显示，与地下水的天然水补给量相比，地下水的自然排泄量微不足道。这主要是受黄淮海平原区经济社会发展和人类开采地下水增加的影响，特别是灌溉农业发展，地下水被大量开采，地下水的主要排泄方式已从自然排泄转为人工排泄。从表中也可以看出，地下水开采量大的海河平原，地下水自然排泄量最小。在黄河下游平原区，由于主要河道河床远高出周边地下水位，因此，排入地表河道水量为 0。而淮河平原由于地下水位较浅，排入河道的水量则明显增加。

5.2.3.3 地下水可开采量

地下水可开采量是区域水资源综合利用的一项重要的基础性数据。由于受经济、技术、生态、环境等综合因素的限制，地下水资源往往不能全部被开采利用。因此，需对地下水资源量的可开采量进行评价。地下水资源可开采量是指在经济合理、技术可行且不发生因开采地下水而造成地下水位持续下降、水质恶化、海水入侵、地面沉降等水生态环境问题和不对水资源系统造成不良影响的情况下，允许从地下含水层中抽取的最大水量。要维持黄淮海平原的水资源可持续利用，必须实现区域内的地下水开采量和自然排泄量之和与地下水综合补给量平衡，即地下水可开采量的多年平均值不应超过黄淮海平原的地下水总补给量多年平均值。

地下含水层是一个水分运动活跃的区域，通过补给和排泄构成一个水循环系统。总补给、自然排泄和开采量在数量上应保持着平衡关系，即水量收支相等。根据地下水水量平衡和水资源可持续利用原则，黄淮海平原区地下水可开采量可用下式计算：

$$Q_m = U_t - E_t \tag{5.15}$$

式中：Q_m 为地下水可开采利用量，$10^8\ m^3$；U_t 为平原区地下水总补给量，$10^8\ m^3$；E_t 为区域地下水自然排泄量，$10^8\ m^3$。

事实上，除式(5.15)所列几项之外，在平原区的地下水体中，还存在一部分水量未被列入方程中，即地下水体的储存量，由于这部分水量长期稳定存在于地下含水层中，补给、排泄和人工抽取正是通过储存量的变化来得以实现的。作为地下水循环的中间项，从长期来看，要保持区域水循环平衡和地下水位稳定，地下水的储存量也将大致保持不变，地下水的储存量并不影响地下水的可开采量计算，可将其视为常量。表 5.9 中显示的是按三大流域计算的各地可开采量。

表 5.9 黄淮海平原地下水可开采量 $10^8\ m^3$

流域	多年平均地下水可利用量	不同降水保证率下地下水可开采量		
		50%	75%	95%
海河平原	148.8	152.2	91.9	61.3
黄河下游平原	29.6	29.7	20.7	13.9
淮河平原	110.3	123.9	58.4	28.3
黄淮海平原	288.7	305.8	171.0	103.5

结果显示，平水年黄淮海平原地下水资源的可开采量约在 $300\times10^8\ m^3$。黄淮海平原地下水可开采资源量和地表水资源规律大体一致，也是南多北少，这一特征给该区的农业土地充分利用造成了一定困难。

5.2.4 土壤有效储水量

现行的水文学上的水资源评价体系中，某一区域的水资源总量往往是地表水和地下水资源的总量，扣除掉因地表水和地下水相互转化过程中的重复交叉计算部分，这一水量被形象地称为“蓝水”。这种水资源量计算方法在水利工程上是正确的，因为在现阶段只有“蓝水”水量可通过工程或技术手段进行人工提引。然而对于农业生产而言，通过天然降水存储于土壤包气带中的水分却是十分重要的。所谓水资源的可持续利用就是要充分利用天然降水和其他可用的水资源，在保证基本生态用水的前提下，采取适当措施，提高水的利用效益和产出。

5.2.4.1 “绿水”概念

当前学术界对存在于土壤包气带中的水资源研究正逐渐成为热点，为了与存在于地表水体和地下含水层中的“蓝水”相区别，学者们将可供作物直接吸收利用的土壤储水称为“绿水”。人们很早就开始了对土壤水的系统研究（刘昌明，1989；贾大林，1988），但“绿水”概念的提出却很晚。最早由 Falkenmark M.（1995）提出，他认为：“绿水”是由降雨直接转化而来的储存于作物根区土壤中可供作物直接利用的水分，对旱区农业生产和粮食安全十分重要。国内学者对“绿水”的研究尚处于起步阶段。据统计，全球粮食生产用水中，绿水占七成左右。我国现有耕地 1.22 亿 hm^2，而灌排设施齐备的仅 0.58 亿 hm^2，有一半以上近 0.64 亿 hm^2 耕地依赖“绿水”雨养。此外，我国还有约 4.00 亿 hm^2 的牧草依赖“绿水”生长。刘昌明院士（2006）依据“蓝水”和“绿水”概念对我国水资源进行计算的结果表明，我国“绿水”总量远高于“蓝水”，占总水资源量的比例多年平均在 60%以上，并提倡变“蓝水”管理为“绿水”管理。

从水循环过程和水量平衡要素看，“蓝水”即地表水与地下水，为降水转化而来的两个部分，数量有限，在我国不足降水量的一半。“绿水”是源于降水、存储于土壤并被植被通过蒸散消耗掉的水资源。现行水资源评价多集中于可见的、能被工程提引的“蓝水”，而对“绿水”资源评价和管理常被忽视。本节所谓的土壤有效储水量，指一年内降落于区内土壤包气带中，可直接被作物吸收的那一部分降水，与“绿水”概念一致。显然，土壤有效储水量是农业生产可利用水资源的一部分，且是最重要的一部分。

5.2.4.2 估算方法与结果

根据“绿水”和土壤有效储水量的概念，基于水量平衡原理，参考有关降水与土壤水相互转化的研究成果和计算方法（刘昌明，1988；贾大林，1989；刘昌明，1989），采用式（5.16）估算黄淮海平原区土壤有效储水量：

$$Q_p = 10^{-5} \times (P - R - E - U_p) \times F \tag{5.16}$$

式中：Q_p 为土壤有效储水量，$10^8\ m^3$；P 为研究区的多年平均降雨量，mm；R 为地面流失量，即形成的地面径流量，mm；E 为降水期间的蒸发量，其数很小，常可忽略；U_p 为降水通过土壤包气带的深向渗漏量，mm；F 为研究区扣除建设用地面积的平原总面积，km^2。式（5.16）中，黄淮海平原的 P 值来自常规气象资料，R 由式（5.1）和式（5.2）计算得出（即 $\overline{Y}_F$），U_p 由式（5.6）计算得出。

表 5.10 为黄淮海平原土壤有效储水量计算结果。从表中结果看，在平水年黄淮海平原土壤有效储水量可达 1 300×$10^8\ m^3$ 以上，相当于区内地表水和地下水资源量的 2 倍，土壤有效年储水量平均占年降水量的 55%左右。土壤有效储水量在实际中可直接为作物吸收而供应植物蒸腾和土壤棵间蒸发所消耗，对农业生产而言意义重大。土壤包气带作为区域土壤有效储水量的载体，由于其特殊的理化性状，可长时间保蓄水分，以连续不断地供给作物使用。黄淮海平原幅员辽阔，各区土壤有效储水量主要受区域面积大小影响，还受到下垫面土壤和植被情况的影响。总体上看，在水量交换以垂直方向为主的黄淮海平原，土壤储水量比重较大。事实上，即使在灌溉土地上，作物也并非直接利用灌溉水，而是需要把灌溉水转变为土壤水后才能为作物所利用。而无灌溉条件的旱地农作物所利用的只能是降水转化而来的土壤有效储水，即“绿水”。黄淮海平原是我国东部地区人均和亩均地表水和地下水资源量最少的地区，把土壤有效储水量作为农业水资源的一部分进行分析，对农业生产而言意义重大。

表 5.10 黄淮海平原土壤年有效储水量计算结果 $10^8\ m^3$

区域	项目	多年平均土壤有效储水量	不同降水保证率下土壤有效储水量		
			50%	75%	95%
海河平原	降水量	628.3	631.8	481.1	371.0
	地面径流量	72.9	61.5	33.9	17.2
	渗漏量	119.7	124.9	76.3	55.3
	土壤有效储水量	435.7	445.4	370.9	298.5
黄河下游平原	降水量	204.3	200.8	162.0	100.4
	地面径流量	21.4	17.6	12.1	8.5
	渗漏量	30.3	29.6	21.3	14.8
	土壤有效储水量	152.6	153.6	128.6	77.1
淮河平原	降水量	1 269.1	1 280.7	945.9	739.8
	地面径流量	271.6	289.7	193.4	109.5
	渗漏量	248.5	260.5	178.2	125.0
	土壤有效储水量	749.0	730.5	574.3	505.3
黄淮海平原	降水量	2 101.7	2 113.2	1 588.9	1 251.2
	地面径流量	365.9	368.8	239.4	135.2
	渗漏量	398.5	415.0	275.8	195.1
	土壤有效储水量	1 337.3	1 329.4	1 073.7	920.9

当然，表 5.10 的结果是以年为单位的整个平原的土壤有效储水量情况，作为区域农业水资源总量平衡分析尚可，但年内总水量并非在每种作物的生长季内都有效。若要针对具体作物的水分利用，则往往需要根据作物各生育期的需水特征和相应时段的降水情况进行具体分析。以便根据作物阶段需水量、降水量和土壤储水量的耦合程度，确定该作物在各生育阶段的补充灌溉量。这一点在降雨量年内分布极为不均的黄淮海平原，更具现实意义。

5.2.5 区域可利用水资源总量

明确黄淮海平原年度可用水资源总量是进行水资源可持续利用分析的基础。一般水利工程学上的可利用水资源是指地表水量和地下水量之和扣除重复的部分。蓄存在土壤包气带中的水分因不能被直接提引而往往被列在可利用水资源范畴之外。事实上，对农业生产而言，土壤水不仅可以通过深层渗透转化为地下水或以壤中流的形式转化为地表径流，而且可被农作物等植被通过根系吸收直接供蒸腾、光合等生理活动使用，从而生产有机物，为人类创造价值。因此，土壤有效储水量也应被列在可利用水资源总量之中。本节主要采用上述原则，计算黄淮海平原可供生产、生活和生态消耗的水资源总量。

根据以上分析，黄淮海平原可利用水资源总量包括可用地表水量、可开采地下水量和土壤有效储水量 3 个部分，在数值上为上述三项之和，可用下式计算：

$$Q_t = Q_g + Q_m + Q_p \tag{5.17}$$

式中：Q_t 为黄淮海平原内可利用水资源总量，$10^8\ m^3$；Q_g 为地表水资源可利用量，$10^8\ m^3$；Q_m 为地下水可开采利用量，$10^8\ m^3$；Q_p 为区域有效储水量，$10^8\ m^3$。

从前面几节的分析中可知，式(5.17)是一个无重复的水资源总量计算公式，结果可作为黄淮海平原可利用水资源的总量，如表 5.11 所示。

表 5.11　黄淮海平原可利用水资源总量　　$10^8\ m^3$

区域	项目	多年平均可利用水资源总量	不同降水保证率下的可利用水资源总量		
			50%	75%	95%
海河平原	地表水量	125.6	112.6	99.4	80.8
	地下水量	148.8	152.2	91.9	61.3
	土壤有效储水量	435.7	445.4	370.9	298.5
	可利用水资源总量	710.1	710.2	562.2	440.6
黄河下游平原	地表水量	46.5	48.5	40.3	26.4
	地下水量	29.6	29.7	20.7	13.9
	土壤有效储水量	152.6	153.6	128.6	77.1
	可利用水资源总量	228.7	231.8	189.6	117.4
淮河平原	地表水量	69.7	89.8	35.3	32.0
	地下水量	110.3	123.9	58.4	28.3
	土壤有效储水量	749.0	730.5	574.3	505.3
	可利用水资源总量	929.0	949.2	665.0	565.6
黄淮海平原	地表水量	241.8	250.9	175.0	139.2
	地下水量	288.7	305.8	171.0	103.5
	土壤有效储水量	1 337.3	1 329.5	1 073.8	880.9
	可利用水资源总量	1 867.8	1 891.2	1 416.8	1 123.6

从表 5.11 中结果可知，平水年黄淮海平原可供工农业生产、居民生活和生态环境消耗的水资源总量在 $1\ 850\times10^8 \sim 1\ 900\times10^8\ m^3$ 之间。其中，主要以土壤有效储水量的形式保存在“土壤水库”中，占总量的 71.6%；可利用地表水资源量和可开采地下水资源量在数值上基本相当，各占 10%～15%。在不同保证率下，黄淮海平原的可利用水资源总量相差较大，如在极枯年份，水资源总量比平水年下降 38%左右。从单项上看，地表水和地下水在不同保证率下变率较大，而土壤有效储水量变化则远不如前两者剧烈，变幅相对较小，说明土壤有效储水量对于黄淮海平原水资源平衡的极端重要性。在极枯年份，地表水和地下水资源无法用于农业生产的情况下，土壤有效储水量可保证一定量的粮食产出。

从空间上看，淮河平原和海河平原的可利用水资源总量较大，黄河下游平原较小，这主要受区域面积大小和降水量空间分布不均的影响。此外，也与山区进入平原的水量(包括地表水和地下水)多寡有关。

需要指出的是，本节所述的可利用水资源总量均为矿化度小于 2 g/L 的淡水。事实上，黄淮海平原内还广泛分布着浅层地下微咸水和咸水，其矿化度分别在 2～5 g/L 和 5 g/L 以上。据刘玉春等(2006)的研究，黄淮海平原可开采的地下微咸水可达 23×10^{8} m^{3}/年。学术界关于微咸水在农业生产或其他方面中的应用，以及利用微咸水可能带来的影响正在成为研究热点(乔玉辉等，2003；胡文明，2007)。

5.3 黄淮海平原水资源农业产量承载力匡算

水资源可更新性决定了它是一种可持续开发利用的资源，但前提是利用强度维持在一个合理范围内，即水资源利用不能超过其最大承受限度，否则持续性将遭到破坏。水资源承载力研究是从资源环境保护与社会经济发展之间的关系出发，研究某区水资源在其利用上可达到的强度、速度、规模和容量，以便为区域经济社会持续发展提供决策、规划和资源配置依据。

通常一个地区的水资源消耗方式分为生产、生活和生态 3 个方面，即常说的“三生”用水。生产用水区分为农业生产和工业生产两个方面。因此，水资源支出可分为城乡生活用水、工业用水、生态环境用水和农业用水四大板块。农业用水是用水大户，但是与城乡生活用水比较，后者居于优先满足的优势地位，农业用水无法与其竞争，也不能与其竞争。对于工业用水而言，其在经济上具有明显的比较优势，农业用水不具有与其竞争的条件。城市化、工业化不仅挤压农业土地空间，同样也压缩农业用水“空间”。农业用水量增加的唯一博弈对象就是生态用水。要实现区域水土资源可持续利用，保持区内生态系统不再恶化是基本前提。而维持生态系统不继续恶化的首要条件就是要满足其最小生态需水量。因此，从实现区域水土资源持续利用的目标出发，从理论上匡算出可持续利用条件下区域水资源的粮食承载力。

5.3.1 水资源农业承载力

承载力(carrying capacity)概念源于力学，后被其他学科借用，最初应用于群落生态学。1921 年，Park 和 Burgess 在人类生态学研究中，首次提出了承载力的概念。资源承载力在早期主要探讨资源与人口的关系，主要领域是土地承载力。经过几十年的发展，资源承载力的概念已扩展到许多其他的领域。水资源承载力概念由我国学者在 20 世纪 80 年代末提出。但截至目前尚未有权威而明确的定义，学者们针对自身的研究特点提出了各自的观点。综合起来，主要有两种观点：一种是水资源开发规模论；另一种是水资源支持持续发展能力论。前者认为，水资源承载力以某一区域的水资源总量为基础，在一定社会经济技术阶段，以社会、经济与环境协调发展为原则，通过合理配置和有效利用，水资源可供给工农业生产、人民生活和生态环境保护等用水的最大规模，即水资源开发容量；后者把水资源作为经济社会和生态环境的基础性和战略性资源，认为水资源承载力是在资源持续利用、生态环境协调发展的前提下，区域水资源所能支撑的最大经济规模。前者观点适合干旱缺水地区，以保护水资源为原则；后者观点更具普遍意义。上述两种观点都遵循以下原则：①把水资源利用置于可持续发展战略框架下进行研究；②把生态环境作为研究系统中的重要一环，综合考虑水资源对经济、社会和生态环境协调发展的支撑力。

综上所述，本研究对水资源承载力的定义为：在一定流域或区域内，以可预见的技术、经济和社会发展水平为基础，以可持续发展为原则，以维护生态环境良性循环为前提，经合理配置，水资源所能支撑的最大人口数或最大经济规模。相应地，区域的农业承载力定义为：在可预见的未来，以资源可持续利用为原则，以生态环境不再继续恶化为前提，某一区域水资源在合理配置基础上所能支撑的最大农业产出。

由于水资源既是生态环境中不可或缺的自然要素，又是社会发展中重要的战略性经济要素，既与各种自然因素相关，又受诸如经济发展水平、国家政策、管理水平等社会、经济、文化因素的影响。因此，研究水资源承载力，应综合考虑社会经济、生态环境、资源系统等方面，从资源可能性角度出发，回答这样的问题：区域可利用水资源总量是多少？用这些可利用水资源量能够支撑多大的人口规模、生产多少工农业产品？

在黄淮海平原的农业生产诸要素中，相对于耕地资源而言，水资源是区内农业进一步发展的"瓶颈"因素。农业作为区内的最大用水户，同时在与生活用水和工业用水争夺水资源的过程中天然地处于劣势地位。因此，在研究黄淮海平原水资源的农业承载力时，需扣除区内生态、工业生产和城乡生活用水的基本需求量，在此基础上对区域水资源的农业产量承载力研究才具有现实意义。

区域水资源农业承载力具有以下内涵：

(1)明确的主客体属性　承载力主体是水资源系统，客体是区域社会经济系统和生态环境系统，承载对象是农业产出。

(2)空间属性　即水资源的农业承载力是针对某一具体区域而言的，不同区域在水资源可利用量、社会发展水平、经济结构、生态环境等方面条件不尽相同，承载力水平也不同，因此计算水资源的农业承载力必须首先划定目标范围。

(3)时间属性　在定义中强调"某一时段或阶段"是因为在不同时段内，社会发展水平、技术水平、水资源利用效率以及不同行业对水资源的需求量都是不同的。因此匡算水资源承载能力需要明确研究时段，注意到不同阶段同一区域的水资源承载能力可能不同。

(4)可承载属性　这是资源可持续利用原则在承载力上的具体体现。计算水资源农业承载力必须以"维护生态环境良性发展"为基本准则和前提，保证水资源对农业的支撑是"持续支持"，体现承载力的可持续性。偏离经济、社会、生态的持续发展和资源的持续利用，有关承载力的研究毫无意义，因为任何基于对资源过度使用和对环境过度破坏的瞬间高产出，都是无法长期维系和注定要崩溃的。

(5)动态属性　由于承载主体(水资源系统)和客体(社会、经济、环境系统)都不是一成不变的，均处于一定的变化之中，因此，水资源承载力也会相应地呈现一定的动态变化性。这一属性体现在两方面：一是区域水资源系统的可利用水量具有波动性；二是不同时段人类开发利用水资源的能力和水平也有较大差异。

5.3.2　生态需水量匡算

对黄淮海平原除农业之外的其他各业进行需水预测，是评价区域水资源农业承载力的基础。以往水资源利用潜力评价忽视生态环境的水分需求，各行各业挤占生态用水，导致不良生态后果的出现。科学的水资源管理应是兼顾社会经济发展和生态环境保护的一个整体行为。

居民生活用水、农业灌溉和工业用水属于人类直接利用水资源，而生态环境系统为维持其基本功能所需要消耗的水资源（生态需水）则属于人类间接利用水资源。满足人类赖以生存的生态环境的最小生态需水量，才能维持生态系统服务功能的正常发挥。

5.3.2.1 生态需水的概念

由水资源承载力的概念和内涵分析可知，合理的水资源承载力必须以资源持续利用为前提。资源持续利用的核心是人类经济社会发展对资源的需求不能长期超过资源的最大承载负荷，实现人类与自然和谐共处。对于水资源而言，就是工农业生产和居民生活等各业利用水资源的同时，也要考虑生态环境为维持其功能发挥和良性循环所需消耗的水量，即生态需水量。

从广义上讲，维持地球水生态系统的“四大平衡”（水热平衡、水盐平衡、水沙平衡、水量平衡）所需消耗的水量都是生态需水。狭义的生态需水指为维护生态环境质量不再进一步恶化并逐渐改善所需消耗的水资源量；从类别上看，主要包括维持河流生态基流、湖泊与湿地水面、地下水水位、森林蒸散、水土保持、水体污染物稀释及城市河湖绿地等方面的需水。据此，本文提出的生态需水定义为：为达到区域主要生态系统的生态均衡或者维持生态系统功能正常发挥所需消耗的地表水、地下水和土壤水资源总量。

5.3.2.2 生态需水分项匡算

针对黄淮海平原生态环境系统的特点，将区内主要生态系统划分为河道、林地、湖泊、湿地和城市系统五大类别，分别采用不同方法计算各系统的生态需水量。生态需水计算方法分为两类：一类是水文学方法，另一类是生态学方法。在测算过程中，计算公式主要利用杨志峰等(2003,2006)有关生态需水的理论和方法并参考其他研究者的研究成果综合得到。生态需水量分为最优、中等、最小等不同层次，不同层次需水量有明显差异。为充分估算水资源的农业产量承载力，在生态需水量计算上采用最小生态需水层次。

1. 河道生态需水量

河道生态需水量指维持河道内外水生生物正常生长、保护特殊生物和珍稀物种生存、保护和改善河流水体水质、维持河流水沙平衡和水盐平衡、维持河口地区生态平衡所需要的水量。河道最小生态需水量是指为维系和保护河流的最基本生态环境功能不受破坏，所必须在河道内保留的最小水量，其数值理论上应为河流的基流量。

采用经《制订地方水污染物排放标准的技术原则和方法》(GB 3839—83)修改后的7Q10法结合Montana法估算平原区内主要河流的最小生态需水量，修改后的7Q10法规定一般河流采用近10年最枯月平均流量或90%保证率最枯月平均流量作为河流最小流量设计值，Montana法将河流平均流量的百分数作为河流流量的推荐值，该法简单易行，便于操作，适合于任何有水文站点的季节性变化的河流（通过水文监测资料获得年平均流量）。黄淮海平原的主要河流，基本都是有水文站点的季节性河流，适合上述两种方法。Montana法将河道需水设为8个等级，推荐值分为汛期和非汛期，以河道需水占河道平均径流量(50%保证率)的百分比作为推荐标准值，见表5.12。

表 5.12 **Montana 法河流流量推荐值表** %

流量状况叙述性描述	推荐的基流(平均径流量的百分数)	
	10 月份至翌年 3 月份	4—9 月份
最大	200	200
最佳范围	60～100	60～100
很好	40	60
好	30	50
较好	20	40
一般或较差	10	30
差或最小	10	10
极差	0～10	0～10

资料来源:杨志峰等,生态环境需水量理论、方法与实践,北京:科学出版社,2003。

从表 5.12 中可看出,平水年河道流量的 1/10(即 90%为河道外耗水)流量是保持大多数水生生物在全年正常栖息、维持生态平衡所推荐的最低径流量或阈值,即河流最小生态需水量不应小于多年平均流量的 1/10。因此,采用主要河流多年平均年径流量的 10%作为河流最小生态需水量的控制标准。表中推荐值还显示,保持大多数水生动物有良好的栖息条件和正常的生活活动所推荐的基本径流量是 50%保证率下的河道径流量的 30%～50%。钱正英(2006)认为黄淮海平原水资源紧缺,水资源开发利用率一般宜采用的标准为 60%～70%,因此采用多年平均河道径流的 30%作为黄淮海平原中等生态需水量的控制上限。同时考虑到河道需水和河流入海水量存在相互交叉和兼容,因此,在一年内取最小生态需水和入海水量的较大值作为河道生态需水量的计算结果,计算结果见表 5.13。

表 5.13 **黄淮海平原河道最小生态需水量计算结果**

流域	中等生态需水要求		最小生态需水要求		2001 年河道用水量	
	用水量/10^8 m^3	占径流比例/%	需水量/10^8 m^3	占径流比例/%	用水量/10^8 m^3	占径流比例/%
海河水系	74.4～89.1	25～30	29.7	10.0	8.7	2.9
黄河下游水系	84.4～101.1	25～30	33.7	10.0	6.6	2.0
淮河水系	113.2～135.3	25～30	45.1	10.0	31.8	7.1
黄淮海平原	271.4～325.5	25～30	108.5	10.0	35.4	3.2

采用 Montana 法计算,如果要保持平原区内河道生境不再继续退化、恶化,则至少需要 108.5×10^8 m^3,若要保持良好的生态环境,则需要(271.4～325.5)×10^8 m^3;而黄淮海平原区内的 2001 年生态用水则远远低于上述标准。为维持平原内的良好水生态环境,在今后的水资源利用中应将平原区内河道的生态需水纳入区域水资源供需平衡预算中。

河道生态需水除满足河道消耗之外,还应该预留一定水量用于冲沙。黄淮海地区主要面临黄河泥沙过大问题,为维持黄河河道的水沙平衡,必须保留一部分水量用于防止河道淤积。黄河水利委员会曾根据实测资料得出如下结论:保持黄河下游河道年淤积量在(3～4)×10^8 t

水平，所需年输沙水量应在(200～240)×10^8 m^3，其中汛期为150×10^8 m^3。

2. 林地生态需水量

截至2005年，黄淮海平原林地面积占区域总面积的6.29%。保证林地正常水分需求对维持区内林地的防风固沙、蓄水保土、净化空气、保护生物多样性等功能至关重要。林木蒸腾作用强烈，水分需求较大，因此，进行区域水资源利用平衡必须考虑林地的需水量。林地生态需水量指为维持林地生态系统自身发展和林地生态环境功能所需要消耗的水资源量，主要为植被蒸散量(张远等，2002)。

林地植被蒸散量主要受气候条件、植被种类和植被覆盖度等因素影响，可用参考蒸散量和蒸散系数确定，由于参考蒸散量一般按月计算，因此计算式可表达为：

$$Q_{ET} = \sum_{i=1}^{12}(10^{-5} \times ET_i \times K_c \times S_F) \tag{5.18}$$

式中：Q_{ET}为年度林木总蒸散量，10^8 m^3；ET_i为第i个月参考作物蒸散量，mm；S_F为区域内林地面积，km^2；K_c为各林木的蒸散系数。根据Milly(1992)的研究结果，林地月最小蒸散量大约为参考蒸散量的60%，因此K_c取值为0.6(根据各地气候条件不同略有差异)。但如果让林地生态系统功能更加改善，则需要蒸散量约为参考蒸散量的80%，此时K_c取值应为0.75～0.85。

参考蒸散量结果在本研究中多处需要用到，这里明确一下计算模型、过程和中间参数的选取情况。所谓参考蒸散量指一种假想参照植物的蒸腾和棵间蒸发速率，该假想作物的高度为0.12 m，固定的叶面阻力为70 s/m，反射率为0.23，类似于表面开阔、高度一致、生长旺盛、完全遮盖地面而且不缺水的绿色草地的土壤蒸发和作物蒸腾量(左强等，2003)。

由定义可知，参考蒸散量仅与区域的气象因子有关，与作物种类以及土壤类型等因素无关(Allen, 1998)。根据平原基础数据的可得性和湿地、林地和城市绿地特征，采用FAO推荐的Penman公式进行计算黄淮海平原的参考蒸散量。Penman公式是运用湍流扩散和能量平衡原理推出的半理论半经验方程，对于估算较长周期的蒸散结果实用性较好，且实用范围较广，公式如下：

$$ET_0 = \frac{\Delta \cdot R_n + \gamma \cdot E_a}{\Delta + \gamma} \tag{5.19}$$

式中：R_n为日间净辐射，MJ/(m^2·d)；E_a为水面蒸发力，mm；Δ为饱和水汽压-温度的斜率，hPa/℃；γ为干湿球温度计常数，与温度有关。黄淮海平原中，Penman公式中的各项用以下方程确定：

$$R_n = 0.75R_F - \sigma\left(\frac{T_{max}^4 - T_{min}^4}{2}\right) \times (0.34 - 0.14\sqrt{e_a}) \times \left[1.35 \times \frac{\left(a + b\frac{n}{N}\right)R_a}{0.75 + 2 \cdot Z \cdot 10^{-5}} - 0.35\right] \tag{5.20}$$

$$E_a = 0.26 \times (e_s - e_a) \times (1 + Cu_2) \tag{5.21}$$

$$\gamma = 0.6455 + 0.00064T_a \tag{5.22}$$

将上述几式代入Penman公式，统一量纲得到参考蒸散量计算模型，如下：

$$ET_0 = \frac{\left\{\frac{P_0}{P}\frac{\Delta}{\gamma}\left[0.75R_A\left(a+b\frac{n}{N}\right)-\sigma T_K^4(0.56-0.079\sqrt{e_a})\left(0.1+0.9\frac{n}{N}\right)\right]\right.}{\frac{P_0}{P}\frac{\Delta}{\gamma}+1.0} \rightarrow$$

$$\leftarrow \frac{\left.+0.26(e_s-e_a)(1+Cu_2)\right\}}{\frac{P_0}{P}\frac{\Delta}{\gamma}+1.0} \tag{5.23}$$

式中：P_0 为海平面大气压，hPa；P 为研究区域实际大气压，hPa；R_A 为太阳总辐射，采用蒸发力表示，mm/d；n 为日照时数，h；N 为最大日照时数，h；e_s 为饱和水汽压，hPa；e_a 为实际水汽压，hPa；σ 为斯蒂芬-波尔兹曼常数，为 2.01×10^{-9}；T_K 为绝对温度，等于 $273+T_a$；T_a 为实际温度，℃；u_2 为 2 m 高处风速，由气象站常规观测高度的风速乘以 0.75 的系数获得；a、b 为利用研究区太阳辐射的经验系数，据康绍忠研究，黄淮海平原夏半年(4～9 月份)可取 $a=0.17$、$b=0.52$，冬半年可取 $a=0.19$、$b=0.55$，其中 e_s 和 Δ 分别由下面两个方程求得：

$$e_s = \begin{cases} 6.11\times10^{\frac{7.63T_a}{241.9+T_a}} & (当\ T_a>0℃) \\ 6.11\times10^{\frac{9.5T_a}{265.5+T_a}} & (当\ T_a\leqslant0℃) \end{cases} \tag{5.24}$$

$$\Delta = \begin{cases} \frac{5\,966.89}{(241.9+T_a)^2}\times10^{\frac{7.63T_a}{241.9+T_a}} & (当\ T_a>0℃) \\ \frac{35\,485.05}{(265.5+T_a)^2}\times10^{\frac{9.5T_a}{265.5+T_a}} & (当\ T_a\leqslant0℃) \end{cases} \tag{5.25}$$

将黄淮海平原各气象站点的记录数据代入 Penman 公式和林地蒸散计算公式(5.18)，得到了黄淮海平原林地生态需水量(表 5.14)。

表 5.14 黄淮海平原林地生态需水量 10^8 m^3

区域	中等生态需水量	最小生态需水量	林地现状用水量
海河平原	51.5～58.4	41.2	37.6
黄河下游平原	18.7～21.1	14.9	15.4
淮河平原	79.9～90.6	63.9	85.8
黄淮海平原	150.1～169.2	120.0	137.0

表 5.14 中结果显示，从整体上看黄淮海平原林地的现状用水量高于林地最小生态需水量，但距使林地生态功能进一步改善的中等生态需水量仍有一定的差距。从区域上看，淮河流域的林地现状用水量对林地的满足程度较高，黄河流域基本持平，海河流域林地现状用水则稍显不足。

3. 湖泊生态需水量

湖泊最小生态需水量指为防止湖泊生态环境系统继续恶化而需消耗的水量，包括湖泊生物需水量、水生植被蒸散需水量、水生生物栖息地需水量、污染物稀释需水量等几方面。根据黄淮海平原湖泊特性，将其分为两大类：天然湖泊和人工湖泊。其中人工湖泊指蓄水量较大的大型水库,大型水库目前已成为兼具多种生态功能的复合水生态系统。

黄淮海平原位于较为干旱的北方缺水区,区内湖泊受人为活动干扰严重,入湖和出湖的水量都很小,采用生态功能法,利用湖泊生态系统的最小耗水来确定最小生态需水量。最小耗水包括湖泊水面蒸发量、湖泊下渗量、水生生物需水量(主要为水生植被蒸散量)和污染物稀释需水量几方面。综合前人研究成果,区内湖泊的最小生态需水量的计算模型为(李新虎,2007;徐志侠等,2005;Gleick,1998):

$$L_{\min} = \sum_{i=1}^{n}\left[(10^{-5} \times E_0 \times S_i) + k_s \times S_i + k_e \times E_0 \times S_i + \frac{\Delta T[W_{ci} - c_{si}]}{c_{si} + K\Delta T} v_i\right] \quad (5.26)$$

式中:$L_{\min}$为平原区内湖泊的最小生态需水量,$10^8\ m^3$;E_0为水面蒸发量,mm;S_i第i个湖水面面积,km^2;k_s为黄淮海平原湖面平均渗漏系数,$10^2 m^3/m^2$;k_e为水生植物蒸散系数,无量纲;ΔT为湖泊枯水时段,d;W_{ci}为第i个湖泊的污染物排放量,mg/L;c_{si}为湖泊污染物目标浓度,mg/L;K为水体污染物的自然衰减系数,1/d;v_i为排入湖中的污水量,$10^8\ m^3$。模型主要用于枯水期的湖泊需水,因为汛期注入湖泊的河流流量一般可满足湖泊生态需水。

利用上述模型和收集到的区内湖泊相关资料,计算出黄淮海平原区湖泊的中等和最小生态需水量(表5.15)。

表5.15 黄淮海平原湖泊生态环境需水量 $10^8\ m^3$

区域	中等生态需水量	最小生态需水量	(2001年)湖泊用水量
海河平原	42.1	23.4	18.9
黄河下游平原	7.4	5.2	3.9
淮河平原	90.6	60.6	66.1
黄淮海平原	137.1	89.2	92.0

表5.15中结果显示,黄淮海平原主要湖泊的最小生态需水量每年约为$89.2\times10^8\ m^3$,中等生态需水量为$137.1\times10^8\ m^3$。从2001年湖泊用水量看,高于最小需水量而低于中等生态需水量。从空间上,各地湖泊生态需水差异较大,海河平原和黄河下游平原的湖泊2001年用水量没有达到最小生态需水量标准,湖泊生态环境仍处于持续恶化之中;淮河平原的湖泊2001年用水量虽高于最小生态需水量,但距中等生态需水量仍有较大差距。

4. 湿地生态需水量

黄淮海平原的湿地以滨海湿地和河岸湿地为主,从类型上看包括河口湿地、滩涂湿地、浅海湿地、河流故道湿地、湖泊洼淀湿地等几大类。湿地被誉为"地球之肺"和物种资源库,保护区内宝贵的湿地资源对于维持黄淮海平原生物多样性十分重要。而保护湿地的首要前提就是要保证每块湿地的最小生态需水量。湿地最小生态需水量指保持湿地生态功能不退化所需消耗的最少淡水资源量,主要包括湿地植被蒸散量、生物栖息地需水量和净化污染物需水量。

在综合有关湿地需水量计算方法的基础上,结合黄淮海平原湿地的具体特征,湿地植被蒸散量用下式计算(朱婧等,2007;王新功等,2007;崔丽娟等,2006;崔保山,2002):

$$\frac{dQ_p}{dt} = ET_m(t) \quad (5.27)$$

$$ET_m = ET_0 \times K_c \tag{5.28}$$

式中：Q_p 为湿地植物需水量，mm；ET_m 为湿地植物单位时段蒸散量，mm；t 为时间，以月为单位；ET_0 为参考作物蒸散量，mm，由式(5.23)计算所得；K_c 为湿地植物的平均蒸散系数。最后用 Q_p 乘以湿地植被面积就得到全区的湿地植被需水量值。

生物栖息地需水量是湿地内鱼类、鸟类等栖息与繁殖所需的基本水量。根据国外相关研究，正常年份鸟类或鱼类在湿地内栖息、繁殖情况的最小需水量可用以下经验公式估算(Henry 等，1995)：

$$Q_b = 10^{-2} \times 1/6(S + S_m + \sqrt{S_m S})\delta(T + H) \tag{5.29}$$

式中：S 为湿地区正常年面积，km^2；S_m 为枯水期湿地面积，km^2；T 为枯水期水平面高度，m；H 为正常年水平面高度，m；δ 为水平面高度修正系数。

湿地用于净化污染物的需水量经验模型为：

$$\frac{dQ_j}{dt} = \alpha Q_d(t) + \beta Q_m(t) \tag{5.30}$$

式中：Q_j 为湿地净化需水量，$10^8\ m^3$；t 为时间；Q_d 为进入湿地的点源污水量，$10^8\ m^3$；Q_m 为进入湿地的面源污水量，$10^8\ m^3$；α、β 分别为点源污水和面源污水的稀释倍数，稀释倍数按达标排放浓度和地表水国家标准比值而定。

在黄淮海平原内，面积大于 10 km^2 的湿地区域有 40 块，总面积达 9 210.1 km^2(见 237 页附表 5.1)。在计算过程中，湿地最小生态需水量以该 40 块湿地为计算对象。在收集上述湿地有关面积、植被、水位和污染物排放等资料的基础上，采用式(5.27)至式(5.30)进行逐项计算，最后进行各项加和，得到三大流域的湿地生态需水量，结果见表 5.16。

表 5.16 黄淮海平原湿地生态环境需水量 $10^8\ m^3$

区域	中等生态需水量	最小生态需水量	现状湿地用水量
海河平原	63.0	41.2	31.4
黄河下游平原	41.9	26.5	19.9
淮河平原	80.3	51.9	53.7
黄淮海平原	185.1	119.6	97.4

从表 5.16 中结果看，黄淮海平原的现状湿地用水量尽管低于最小生态需水量，但从满足程度上看，仍然较高。这是由于区内多数湿地都是国家或省级自然保护区，人类活动对湿地的破坏受到了很大限制，湿地用水基本可得到满足。但现状湿地用水量与中等生态需水量相比，仍有较大差距。从空间上看，淮河平原现状用水量高于最小生态环境需水量，其余两流域内的现状湿地生态用水量则稍显不足，缺水率分别为 23.8%和 24.9%。

5. 城市生态需水量

城市生态需水量指维持城市生态良性循环所需消耗的水量，是维持城市生态系统功能正常发挥、物质循环、能量流动和信息交换的基础。城市生态需水量包括城市绿地植被蒸散量、河湖水面蒸发量和水体渗漏量 3 部分(胡习英等，2006)。

采用人均绿地定额法计算绿地植被蒸散需水量。人均绿地面积是城市园林绿化的一个重要定额指标，利用人均绿地定额来推算城市绿地需水量，可基本反映当地的实际情况。计算模型为：

$$Q_g = \sum_{i=1}^{n}(10^{-3} \times P \times D_i \times ET_i) \tag{5.31}$$

式中：Q_g为黄淮海平原绿地蒸散需水量，m^3；P 为目标年某市的人口数；D_i 为第 i 种绿地人均定额面积，m^2；ET_i 为第 i 种绿地蒸散量，mm。ET_i 取 ET_0 和草地蒸散系数的乘积，其中，ET_0 采用式(5.23)求得。

城市河湖水面蒸发是城市水体的支出项，只有补充这部分水量，才能保证湖泊河流入水和出水平衡，保持水体水位稳定，计算模型为：

$$Q_w = 10^{-5} \times S_w \times E_w \tag{5.32}$$

式中：Q_w 为城市河湖水面需水量，$10^8\ m^3$；S_w 为城市水体面积，km^2；E_w 为水面蒸发力(可从常规气象资料中获取)，mm。

当河流、湖泊蓄水时，会产生一定水压，因此，在地下水位持续下降的黄淮海平原就会产生一定量的渗漏，渗漏量用以下经验公式计算：

$$Q_s = 10^{-2} \times \frac{S_w}{K_s} \tag{5.33}$$

式中：Q_s 为城市水体渗漏需水量，$10^8\ m^3$；S_w 为城市水体面积，km^2；K_s 为渗漏经验系数，m，其取值分别为 0.1～0.5(水底为不透水层)、0.5～1.0(中等透水程度)和 1.0～2.0(疏漏底层)。

在计算黄淮海平原城市最小生态需水量时，所指城市为县级以上城市，包括 359 个县(市)城和 44 个地级以上城市。1996—2004 年区内各城市绿地面积按各地城市规划的人均绿地指标和人口确定，结合各城市的水体面积统计数据匡算平原区的城市最小生态需水量，结果如表 5.17 所示。从计算结果可知，黄淮海平原城市生态用水中主要消耗项为绿地植被蒸散量，占到总需水量的近 90%，而城市水体蒸发与渗漏量之和仅占 10%左右。

表 5.17 黄淮海平原城市最小生态环境需水量 $10^8\ m^3$

区域	绿地植被蒸散量	水体蒸发渗漏量	最小生态需水量
海河平原	48.4	7.3	55.7
黄河下游平原	15.7	1.4	17.1
淮河平原	44.5	8.9	53.4
黄淮海平原	108.4	17.8	126.2

表 5.17 中的结果仅是维持城市绿地和水体生态系统不继续恶化的水量，整个区域需要约 $126 \times 10^8\ m^3$。事实上，黄淮海平原城市河湖水体的污染情况已非常严重，为稀释污染物和提升水体的自净能力，还需要在此基础上向水体中增加一部分清洁淡水，以改善区内城市水体整体功能。因此，实际中的城市生态系统需水量会大于表 5.17 中结果。

5.3.2.3 黄淮海平原最小生态需水总量

将各生态系统的最小生态需水量加和，得到黄淮海平原最小生态需水总量，将其作为区域水资源平衡中的一项。将河道、林地、湖泊、湿地和城市五大生态系统最小生态需水量加和后的结果如表 5.18 所示。

表 5.18 黄淮海平原最小生态环境需水总量 $10^8\ m^3$

分项	海河平原	黄河下游平原	淮河平原	黄淮海平原
河道最小生态需水量	29.7	33.7	45.1	108.5
林地最小生态需水量	41.2	14.9	63.9	120.0
湖泊最小生态需水量	23.4	5.2	60.6	89.2
湿地最小生态需水量	41.2	26.5	51.9	119.6
城市最小生态需水量	55.7	17.1	53.4	126.2
区域最小生态需水总量	191.2	97.4	274.9	563.5

计算结果表明，要保证黄淮海平原主要生态系统的环境不再进一步恶化，平均每年需消耗约 $560\times10^8\ m^3$ 的生态用水。从空间上看，最小生态需水最多的为淮河平原，其次是海河平原，黄河下游平原的最小生态需水量最低。这主要与各地的生态类型以及区域面积有关。淮河平原河流湖泊众多，林地和湿地面积也较大，用于水面蒸发、林地蒸散的水量远超过其余两地，因此，生态需水量较大。

5.3.3 工业用水需水量预测

随着我国市场经济体制的不断健全，市场机制将会在未来的资源配置中发挥更大作用。由于工业、居民与农业水资源利用存在的巨大回报差异，会导致越来越多的农业水资源转移到其他方面，形成工业和生活用水与农业争夺水资源的局面。

工业用水指工、矿企业在生产过程中使用的水量。目前我国工业用水量约占全国地表水和地下水资源总和的 20%，随着我国工业化和城镇化进程的加快，工业用水量所占比例还会逐渐上升。此外，工业用水还具有数量较大、增长速度较快、用量差异大、节水潜力大的特点。在黄淮海平原，特别是海河平原，几乎所有的城市都出现了不同程度的水资源短缺问题，平均每年因缺水减少工业产值 400 多亿元。因此，在区内调整工业结构与布局，推广工业节水新技术，提高工业用水重复利用率，加强废水、污水处理和回用，加大海水利用比例十分必要。

工业用水需求量预测一般是根据区内宏观经济发展速度、经济结构和用水效率经分析后做出的。在计算过程中，经济发展速度和经济结构变化情况来自五省二市经济社会发展规划预测结果，并结合各地工业经济统计资料，充分考虑工业发展趋势、城市化进程、技术进步、工业节水潜力和重复利用率等因素的影响，以现状用水为基础，采用新增水量法预测了黄淮海平原区各省 2015 年和 2030 年的工业用水需求量。所谓新增水量就是为使工业生产正常进行，保证生产过程对水的需要，实际从各种水源引取的第一次利用的新鲜水量。由于科学技术进步和管理水平提高，区内节水措施会进一步完善，企业用水的重复利用率会进一步提高，重复利用率的提高会降低新增水量，也就降低了单位工业增加值所需的新水量。因此，在预测过程中充分考虑了这一点，采用社会用水重复利用率提高程度预测值，预测未来一定年份新增水量，预测模型为：

$$V_{\mathrm{wfi}} = \frac{1-R_i}{1-R_0} V_{\mathrm{f0}} (1+d)^n \times Z_i \tag{5.34}$$

式中：$V_{\mathrm{wf}i}$ 为预测目标年的年新水量，$10^8\ \mathrm{m}^3$；V_{f0} 为起始年的单位工业增加值新水量，$10^8\ \mathrm{m}^3$/亿元；d 为多年平均新水增长率，%；n 为起始年至预测年份的间隔年数，年；Z_i 为预测目标年的工业增加值，亿元；R_0 为起始年份工业用水重复利用率，%；R_i 为预测目标年工业用水达到的重复利用率，%。由于基础资料的原因，预测起始年份是 2005 年，目标年分别为 2015 年和 2030 年。预测起始年份 2005 年黄淮海平原区工业用水的重复利用平均为 51.7%。

预测工作往往是一种趋势预测，因此，根据工业用水重复利用率增长有高、低两种方案，相应地工业用水需求量预测值也有高、低两种结果。两种方案反映了工业用水节水技术和利用水平的高低，重复水利用率的增长速率高低方案分别取 2%和 1%。工业增加值采用趋势外推法进行预测。工业用水需求量预测结果如表 5.19 所示。

表 5.19 黄淮海平原工业需水预测结果 $10^8\ \mathrm{m}^3$

省市	2005 年现状	高方案		低方案	
		2015 年	2030 年	2015 年	2030 年
北京	6.8	6.2	5.4	5.8	4.9
天津	10.6	13.2	16.1	11.7	13.2
河北	52.4	69.6	81.4	59.8	68.9
河南(豫北)	45.4	53.9	69.3	49.2	58.1
山东(鲁西)	33.1	39.9	47.8	36.6	41.9
江苏(苏北)	19.7	22.8	26.4	21.4	24.3
安徽(皖北)	18.6	22.5	25.6	20.7	23.2
总计	186.6	228.2	271.9	205.3	234.5

由表 5.19 中结果可知，黄淮海平原工业用水需求量在 2015 年为(205.3～228.2)×$10^8\ \mathrm{m}^3$，2030 年为(234.5～271.9)×$10^8\ \mathrm{m}^3$。考虑到远期预测的不确定性和科技进步对工业用水增加量的抑制作用，且为充分评估平原区的水资源农业产量承载能力，选取近期预测结果的低方案作为水资源平衡预案中工业用水需求量，即工业用水量取 205.3×$10^8\ \mathrm{m}^3$。

5.3.4 城乡生活用水需求量预测

生活用水分为城镇生活用水和农村生活用水。其中，城镇生活用水包括居民家庭用水和公共用水(含商业、建筑业、服务业用水)，农村生活用水包括农民家庭生活用水和家庭牲畜用水。在新中国成立初期，由于人口少、生活水平低，黄淮海平原生活用水量较少。随着社会经济发展，人口快速增长，生活水平不断提高，生活用水量以每年 4%～6%的速度增长。生活用水所占比重不大，但增长迅速，且对用水保证程度和水质要求最高。

生活用水需求量预测分为两个部分，农村生活需水和城市生活需水。分别按农村地区人均日综合用水定额(包含牲畜用水部分)和城镇综合用水定额乘以相应的人口规模预测值计算得到。居民日综合用水定额与当地的水源条件、气候因素、生活水平和习惯、水费状况有关，不同等级城市由于公共用水量的不同，人均定额也有差别。衡量某一地区生活用水水平，常用人均综合生活用水量指标进行评价。综合生活用水量指标包括居民家庭日常生活用水和城市公共设施用水(办公、商业、服务业)两个方面。当前，在我国大中城市人均综合用水量指标要比小城市高，小城市要高于农村，常按 L/(人・d)计。黄淮海水资源紧缺，按国家编制的《室外给水设计规范》，黄淮海平原区的人均综合生活用水量指标如表 5.20 所示。

表 5.20 我国城市综合生活用水定额 L/(人・d)

级别	特大城市		大城市		中小城市		农村	
	最高值	平均值	最高值	平均值	最高值	平均值	乡镇均值	村庄均值
一	260～410	210～340	240～390	190～310	220～370	170～280	40～90	30～70
二	190～280	150～240	170～260	130～210	150～240	110～180	30～70	30～50
三	170～270	140～230	150～250	120～200	130～230	100～170	20～60	20～50

黄淮海平原的江苏和安徽属于表中的一级区，其余三省二市属于二级区。在进行生活需水预测时，提出高、低两种方案。设定高、低两种定额，以反映不同的用水和节水水平。人口预测采用各地水资源公报的统计口径，城镇人口采用非农业人口指标，其他的为农业人口。城镇化水平结合各地政府制定的城市化发展战略与规划中的规划结果。根据已有的成果，由于城镇化水平的提高，农村人口大量向城镇迁移，农村人口在 2010 年之后呈现下降趋势，人口的这种变化趋势势必将对生活用水量产生结构性影响。总的趋势是农村生活需水总量低速增长或下降，城镇用水快速增长。且由于城市第三产业和建筑业的发展也会使城市公共用水量快速增长。表 5.21 为生活用水需求量预测结果。

表 5.21 黄淮海平原生活用水需求量预测结果 10^8 m^3

省市	2005 年	高方案		低方案	
		2015 年	2030 年	2015 年	2030 年
北京	11.8	17.6	20.8	15.0	18.3
天津	7.4	10.9	12.9	9.2	11.2
河北	18.9	22.3	26.4	20.4	24.9
河南(豫北)	13.2	17.1	20.2	16.3	19.8
山东(鲁西)	7.9	10.6	12.5	9.5	11.6
江苏(苏北)	9.1	11.6	13.7	10.5	12.8
安徽(皖北)	10.3	13.2	15.7	12.4	15.1
总计	78.6	103.2	122.1	93.3	113.7

由表 5.21 中结果可知，黄淮海平原居民生活用水需求量在 2015 年为(93.3～103.2)×10^8 m^3，2030 年为(113.7～122.1)×10^8 m^3。随着平原区内城市供水的日益紧缺，各地都会加

大城乡生活用水和公共用水的节水力度，这样生活用水需求量可能会降低一些，为充分评估平原区的水资源农业产量承载能力，本研究选取低方案的近期预测结果为水资源平衡预案中生活用水需求量，即 $93.3\times10^8\ m^3$。

5.3.5 可用于农业生产的水资源量

黄淮海平原作为国家重要的粮食生产基地，农业水资源持续利用是农业可持续发展的关键。在对区内水资源量进行综合分析基础上，得到区内可供各业利用的水资源总量。通过前面对生态、工业和居民生活等各项水资源支出项的计算和预测，依据水量平衡原理，计算出区内生态优先原则下可用于农业生产的水资源总量，计算方法如下：

$$Q_a = Q_{tm} - Q_e - Q_i - Q_l \tag{5.35}$$

式中：Q_a 为区内可用于农业生产水资源总量，$10^8\ m^3$；Q_{tm} 为区内可利用水资源总量，$10^8\ m^3$；Q_e 为黄淮海平原最小生态需水量，$10^8\ m^3$；Q_i 为工业用水需求量，$10^8\ m^3$；Q_l 为城乡生活用水需求量，$10^8\ m^3$。方程中未考虑用于农业灌溉的工业废污水量和微咸水量。

根据式(5.35)，得到黄淮海平原在不同保证率水平下可用于农业生产的水资源量(表5.22)。

表 5.22 黄淮海平原农业可利用水资源量 $10^8\ m^3$

分项	多年平均	不同降水保证率下的各项水量		
		50%	75%	95%
总的可利用水量	1 867.8	1 891.2	1 416.8	1 123.6
最小生态需水	563.5	—	—	—
工业需水	205.3	—	—	—
生活需水	93.3	—	—	—
农业可利用水量	1 005.7	1 029.0	554.6	301.5

本研究在计算区域可利用水资源量时，按不同保证率选取典型年分别计算。在匡算生态及各业需水时，由于年型对其影响不明显，因此未按年型分别计算需水量，均使用平水年份均值。从表 5.22 中可知，正常年份黄淮海平原的农业可利用水资源量在 $1\ 000\times10^8\ m^3$ 左右，而在偏枯和极枯年份，农业可利用水资源量分别下降 50%和 70%左右。

5.3.6 水资源农业产量承载力

保证水资源的可持续利用，是实现黄淮海平原农业持续发展和改善生态环境的基础和前提，也是实现经济社会可持续发展的基本要求。要实现区域水资源可持续利用，水资源利用强度就不能超过其阈值。本研究目的之一就是匡算在不同保证率水平下，在保证最小生态需水、工业用水和生活用水的基础上，黄淮海平原水资源可承载多大的粮食产量。

5.3.6.1 计算方法

所谓水资源农业产量承载力，就是在保证生态环境不继续恶化和其他各业供水前提下，黄淮海平原水资源可以支撑的粮食产量规模。从本质上说，就是研究区域农业水资源的投入量和粮食产量之间的关系。

研究农田蒸散量与粮食产量之间关系的作物水分生产函数，可揭示农业耗水与农业产出关系，可预测一定的农田蒸散量所对应的粮食产量规模。在实际应用中，若将作物水分生产函数中的田间蒸散量用投入农田的农业水资源量代替，则可用该函数匡算水资源可承载的粮食产量规模。

1. 水分生产函数概述

随着有关农业水资源利用研究的不断深入，作物水分生产函数越来越受到人们重视。研究发现，直接影响农作物干物质积累或产量形成的 3 个主要因素包括：①作物品种和遗传特性；②气候环境（太阳辐射、大气温度以及大气压差等）；③作物可以利用的水量。为避免几大因素相互干扰，国内外的农业水资源学者假设作物生长过程中土、肥、气、热条件相同，单独研究水分和产量的关系，便产生了作物水分生产函数这一概念和方法。20 世纪 50 年代起，许多学者从不同角度建立了各类水分生产函数模型。由于研究目的不同，表达形式呈现多样化，如作物产量既可表示为经济产量（EY），也可表示为物质产量（DM）；水分因子则有作物蒸散量（ET）、作物蒸腾量（T）、灌溉水量（IR）及可利用水量（AW）等不同类别的表述，目前以研究 ET 与作物产量关系的最为多见。

目前，国内外学者已提出了多种作物水分生产函数模型。归纳起来可分为两类：一类是作物产量与各生育阶段蒸散量之间的关系；另一类是作物产量与全生育期总蒸散量的关系。

(1)作物产量与各生育阶段蒸散量的关系　各生育阶段供水量对作物产量的影响较为复杂。生育阶段的水分生产函数模型假定在每一个生育阶段缺水对产量的影响都是独立地进行研究的，最为著名的有 Blank 和 Jensen 于 1975 年分别提出的相加模型和相乘模型，表达式分别为：

$$\frac{Y_{\mathrm{a}}}{Y_{\mathrm{m}}} = \sum_{i=1}^{n} A_i \left(\frac{ET_{\mathrm{a}i}}{ET_{\mathrm{m}i}}\right) \tag{5.36}$$

$$\frac{Y_{\mathrm{a}}}{Y_{\mathrm{m}}} = \prod_{i=1}^{n} \left(\frac{ET_{\mathrm{a}i}}{ET_{\mathrm{m}i}}\right)^{\lambda_i} \tag{5.37}$$

式中：Y_{a} 和 Y_{m} 分别为实际供水条件下的作物产量和充分供水条件下的最高产量，$\mathrm{kg/hm^2}$；$ET_{\mathrm{a}i}$和 $ET_{\mathrm{m}i}$分别为实际条件下第 i 个生育阶段的作物实际耗水量和潜在需水量，mm；n 为作物全生育期的阶段数；A_i 和 λ_i 分别为第 i 阶段的缺水反应系数。

生育阶段作物水分生产函数一般用在作物全生育期可供水量一定的情况下，如何最优分配各生育阶段的水量求解。通常为中小型灌区或大田水平做灌溉决策支持，以实现灌溉水量优化分配，获得灌区或田间最高总产。本文研究区域为黄淮海平原，面积广阔，各地气候条件不尽相同；研究对象为水资源量，基本时段单位为 1 年；区内作物种类众多，各种作物的生育阶段不同；按各种作物的生育阶段的水分投入量计算产量规模困难很大，很不现实。因此，这里不对该类模型进行过多分析。

(2)总蒸散量与产量的关系　全生育期总蒸散量水分生产函数是以全生育期的总蒸散量为自变量、以产量为因变量的函数，又可分为绝对值模型和相对值模型两类。

绝对值模型的作物水分生产函数表达式为(彭世彰等，2000)：

$$Y = aET^2 + bET + c \tag{5.38}$$

式中：Y 为作物产量；ET 为作物全生育期总的实际蒸散量；a、b、c 为回归系数。

相对值模型的作物水分生产函数运用作物实际蒸散量 ET_a 和潜在蒸散量 ET_m 之比与潜在产量 Y_m 和目标产量 Y_a 建立方程关系表示(西北农业大学农业水土工程研究所等，1999)：

$$1 - \frac{Y_a}{Y_m} = K_y\left(1 - \frac{ET_a}{ET_m}\right) \tag{5.39}$$

式中：Y_a 为作物实际单产，kg；Y_m 为充分供水条件下作物的最高单产，kg；ET_a 为作物实际蒸散量，mm；ET_m 为充分供水条件下作物全生育期的蒸散量，mm；K_y 为作物产量对水分亏缺的反应系数。

比较绝对值模型和相对值模型可知，绝对值模型往往用于计算作物生产的边际水分投入量，用它来计算水分投入的产量规模精度很低，因为绝对值模型需要大量的第一手试验数据。相对值模型很好地克服了这一问题，它利用可投入某种作物的水量与该作物潜在需水量的比例关系，推求潜在产量和目标产量之间的比例关系，计算精度较高。但相对值模型在不同地区间是否可移用和移用的准确度如何是个重要的问题。针对这一问题，国外一些学者做了大量工作，研究发现在不同地区应用某一作物的相对值水分生产函数模型产生的偏差很小，主要影响因素为土壤和气候条件(Clumpner. G. 等，1987)，主要表现在对 K_y 值的影响。印度学者Rajput 等(1986)经过多年试验研究后得到可普遍应用于各地的全生育期相对值水分生产函数的 K_y 计算模型：

$$K_y = 12.12\left[\frac{\left(\frac{e_s - e_a}{e_s}\right)^4\left(\frac{T_s - T_{27}}{T_s}\right)}{CS^2}\right]^{0.196} \tag{5.40}$$

式中：K_y 为作物的产量反应系数，无量纲；e_s 为平均饱和水汽压，hPa；e_a 为平均实际水汽压，hPa；T_s 为作物生长天数，d；T_{27} 为作物生长期最高气温低于27℃的天数，d；CS 为土层厚度与作物最大根深的百分比(若土壤层深度大于最大作物根深，则可取100%)，%。将黄淮海平原的气象和土壤数据代入，得 K_y 为0.961 3。

根据研究数据获取情况和研究目标，选用全生育期蒸散量的相对值水分生产函数模型是适宜的。在计算过程中，作物全生育期的实际蒸散量用该作物可获得水资源量代替，之后，将各类作物的实际产量加和就可得到黄淮海平原水资源的农业产量承载力。

2. 作物需水量

从式(5.39)可知，作物水分生产函数与作物潜在蒸散量(即作物需水量)关系十分密切。作物需水量(ET_m)是一个国家或地区农田水利工程规划与设计、水资源利用与管理、农作物种植区划与布局工作的重要基础资料。国外在制定水法、河流分水等工作上以农作物需水量为主要依据之一。从20世纪80年代起，我国在流域水资源规划、河流水分配等方面也逐渐开始把作物需水量作为主要依据。参照国内外已有资料，作物需水量的一般定义为：在一定气候背景和适宜土壤肥力水平下，充分供水条件下作物正常生长发育，获得最高单产时的植株蒸腾、土壤棵间蒸发以及构成植株体的水量之和。构成植株体的水量与作物蒸腾和棵间蒸发相比，比例很小（小于总量的1%），通常可忽略不计。即认为作物需水量在数值上就等于获得最高单产时的植株蒸腾量与棵间蒸发量之和，亦称为作物潜在蒸散量。作物需水量受气象条件（辐射、温度、日照、湿度、风速）、作物种类、品种、耕作技术措施等因素综合影响。

根据式(5.39)的作物水分生产函数，要匡算黄淮海平原水资源的农业产量承载力，必须先获得该区主要粮食作物的潜在蒸散量（作物需水量）。作物需水量 ET_m 的常规计算方法是由作物生育期的参考蒸散量(ET_0)与作物系数(K_c)的乘积确定，即：

$$ET_m = ET_0 \times K_c \tag{5.41}$$

式中：作物系数 K_c 是作物需水量与参考蒸散量的比值，是作物本身生物学特性的反映，与作物的种类、品种、生育期和作物群体叶面积指数等因素有关，目前可方便地查表获取主要作物的 K_c 值；ET_0 根据黄淮海平原多年气象资料的均值采用式(5.23)求得。采用 FAO 推荐的常见作物的标准作物系数(FAO-56,1998)。表 5.23 为黄淮海平原 5 种主要作物的 K_c 值，根据 K_c 值计算出的黄淮海平原气候条件下各种主要作物的 ET_m，以及在查阅大量相关资料基础上确定的充分供水条件下的理论产量。

表 5.23　黄淮海平原主要粮食作物 K_c 和 ET_m 一览表

项目	小麦	水稻	玉米	豆类	薯类
K_c	0.85	1.20	0.75	0.70	0.65
ET_m/mm	550	780	485	455	420
ET_m 下单产/(kg/hm^2)	5 200	8 250	6 500	3 000	8 500

表 5.23 中结果显示，不同作物的需水量不同，产量潜力差距也较大，这是由其自身生物学特性决定的。需水量最大的作物为水稻，最小的为薯类；理论产量最高的为薯类，最低为豆类。若从表 5.23 中结果看，大面积推广薯类种植，可消耗最少的水量，来获得最高的粮食产量。但事实上，人们在食物消费中偏好多样性，各种主要粮食作物都有一定程度的需求。单独种植薯类可获得高产在理论上可行，但在现实中却是行不通的。5 种主要粮食作物需水量和理论产量是评估黄淮海平原水资源的粮食产量承载力的基础。

3. 农业水资源在作物间的分配

由于农户的种植习惯和偏好，本章 5.3.5 节中计算所得的可用于农业生产的水资源量不会也不可能仅用于粮食生产，农业水资源必然存在一个水资源在各种作物间的分配过程。因此，对有限的农业水资源在各作物间进行合理分配是科学评估区域水资源粮食产量承载力的基础。为贴近农业生产实际，在农业水量分配过程中，选取各种农作物（包括消耗农业用水的果树和蔬菜）多年平均播种面积和该作物的潜在需水量乘积作为分配依据。各种农作物播种面积选取 1978—2005 年的平均播种面积（见 237 页附表 5.2），作物需水量主要参考“FAO-56”的作物需水计算结果(Allen,1998)，同时参考其他文献资料综合整理得到。

按上述农业水量分配方法，不同水资源保证率下黄淮海平原内可供各种作物消耗的水量分配结果如表 5.24 所示。

表 5.24 黄淮海平原按作物消耗的水量分配结果

作物	1995—2005年平均面积/10^3 hm^2	潜在需水量/mm	分配模比系数/%	不同降水保证率下的水量分配/10^8 m^3		
				多年平均	75%	95%
小麦	7 268.0	550	31.88	320.6	176.8	96.1
稻谷	1 604.1	780	9.98	100.4	55.3	30.1
玉米	4 940.5	485	19.11	192.2	106.0	57.6
豆类	1 278.3	455	4.64	46.7	25.7	14.0
薯类	963.9	420	3.23	32.5	17.9	9.7
油料	2 164.9	390	6.73	67.7	37.3	20.3
棉花	1 330.2	485	5.15	51.8	28.6	15.5
蔬菜	2 471.9	450	8.87	89.2	49.2	26.7
麻类	24.8	400	0.08	0.8	0.4	0.2
糖料	13.6	450	0.05	0.5	0.3	0.2
烤烟	97.8	400	0.31	3.1	1.7	0.9
茶园	53.2	700	0.30	3.0	1.7	0.9
果园	1 617.0	750	9.67	97.3	53.6	29.2
总面积	23 828.1	—	100.00	1 005.7	554.6	301.5

从水量分配结果来看，黄淮海平原的农业水资源消耗量最大的为小麦，其次为玉米，这与平原区内的农业生产实际情况相符合。5种主要粮食作物的用水量占到全部农业用水量的70%左右，因此，粮食生产在农业用水中处于明显的优势地位。在非粮农作物中，用水量最大的为果园，占农业用水量的10%左右；其次是蔬菜，占8%以上；油料和棉花所占比例较高，均超过5%；其他各类经济作物的用水量总和不超过区域农业用水总量的1%。

5.3.6.2 水资源农业产量承载力

当前，学术界有关水资源承载力的评价研究尚处于起步阶段，一般做法是设置一个评价指标体系，采用背景分析法、层次分析法或主成分分析法，得到某地水资源承载力的一个无量纲分值，再依据分值大小，比较不同地区水资源承载力的高低。这种研究方法的显著缺陷在于实用性差，无法真正确定某地水资源的实际承载力。鉴于此，以黄淮海平原农业水资源为研究对象，利用前述的作物水分生产函数法，匡算了区内水资源的农业承载力，提出了资源可持续利用模式下黄淮海平原的粮食总产量控制规模。

1. 常规利用水平下粮食产量规模

为科学评价区内水资源的粮食生产能力，需要首先界定粮食的概念和范畴。目的不同，“粮食”一词的内涵也不同。国外的粮食概念比国内小得多，一般指稻谷、小麦和玉米三大禾本科作物。国内的定义比较多样。根据《辞海》定义，粮食是各种主食食料的总称，如小麦、高粱、玉米、薯类等。为使研究数据具有统一性，参考我国统计部门进行社会经济统计时所界定的粮食范畴，包括稻谷、小麦、玉米、豆类、薯类五大类。

根据上述粮食的界定，将黄淮海平原每种作物所分配的水量按其播种面积折算为水深(mm)，代入式(5.39)计算每种作物现实水分投入水平下可获得的粮食单产；用单产乘以该作物多年平均播种面积，得到该作物水资源约束下的产量规模；最后，将 5 种作物的产量规模加和即得到黄淮海平原在常规农业水利用水平下的粮食产量规模。计算结果如表 5.25 所示。

表 5.25　常规水分管理水平下黄淮海平原主要粮食作物产量承载力

作物种类	分项	不同水资源保证率水平下粮食产量		
		多年平均	75%	95%
小麦	水资源约束下单产/(kg/hm²)	4 324.7	2 584.1	1 607.3
	多年平均播种面积/10³ hm²	7 268.0	7 268.0	7 268.0
	产量规模/10⁴ t	3 143.2	1 878.1	1 168.2
稻谷	水资源约束下单产/(kg/hm²)	6 861.2	4 100.7	2 548.5
	多年平均播种面积/10³ hm²	1 604.1	1 604.1	1 604.1
	产量规模/10⁴ t	1 100.6	657.8	408.8
玉米	水资源约束下单产/(kg/hm²)	5 405.1	3 229.4	2 007.7
	多年平均播种面积/10³ hm²	4 940.5	4 940.5	4 940.5
	产量规模/10⁴ t	2 670.4	1 595.5	991.9
豆类	水资源约束下单产/(kg/hm²)	2 493.2	1 489.5	928.6
	多年平均播种面积/10³ hm²	1 278.3	1 278.3	1 278.3
	产量规模/10⁴ t	318.7	190.4	118.7
薯类	水资源约束下单产/(kg/hm²)	7 077.5	4 225.5	2 623.7
	多年平均播种面积/10³ hm²	963.9	963.9	963.9
	产量规模/10⁴ t	682.2	407.3	252.9
常规用水模式下粮食总产规模/10⁴ t		7 915.1	4 729.1	2 940.5

从结果中看，平水年份，在保证区域生态环境不继续恶化的前提下，黄淮海平原的粮食产量承载力为 7 915.1×10^4 t，在偏枯年份和极枯年份有较为明显的下降。根据农业统计资料，2006 年平原区的粮食产量为 8 257×10^4 t，考虑到 2006 年区域降雨量略低于多年平均值，可以认为粮食产量已略超出区域水资源的承载力，生态用水受到一定程度的挤占。因此，若短期内农业用水技术不能取得较大突破，则需在区内采取一定的粮食总产规模限制措施，以保护平原区脆弱的生态系统，维持平原区经济社会的可持续发展。

2. 节水条件下的粮食产量规模

随着全球淡水资源危机日益突出，各国政府和学者纷纷致力于发展节水农业技术。自 20 世纪 80 年代以来，各研究机构和研究人员开展了大量农业节水相关研究，有关农业水资源的利用管理思路也发生了根本性转变。节水农业的核心思想是消耗最少的水资源量生产最多的农产品，提高单方水的粮食生产量。目前有关农业节水的概念和提法很多，其中，山仑(1999)的界定最具代表性：节水农业指半干旱半湿润区在充分利用自然降水基础上高效利用灌溉水的农业，其中心任务是提高农业水资源的利用效率。

节水农业的涵盖面非常广泛，包括种植业结构调整、耕作制度变更、工程节水技术、节水灌溉制度、保墒和旱农技术等。其中种植业结构调整主要提倡适水种植，增加低耗水作物的栽种比例，限制高耗水作物的种植规模；耕作制度变更主要为调整熟制、复种指数和农民种植习惯，降低农业水资源消耗量；工程节水技术主要为变大水漫灌为滴灌、喷灌、渗灌等管道输水，以及渠道衬砌等措施；节水灌溉制度包括限制灌溉、非充分灌溉和关键期灌溉等；保墒和旱农技术包括深耕深翻、打破犁底层、中耕松土等精耕细作手段等。此外，依据作物需水规律，以大气降水和土壤墒情预报为基础，构建作物水分亏缺评价模型，利用模型提出灌区作物适宜的灌水时间、灌水量以及作物间的水量分配建议的灌溉决策支持系统也可列入节水农业范畴。

上述节水措施在一定条件下都有一定的节水作用。但它们实际应用的效果和推广常受到诸多因素制约。如工程节水技术中滴灌、喷灌和微灌的投资成本问题和区域适宜性问题，常成为限制其大面积推广的主要因素。此外，需要指出的是，从区域水资源系统和循环角度看，工程节水技术并不能实现真正节水。以渠道衬砌为例，在第5章5.2节的水资源综合分析中可知，渠道衬砌可减少地表水在输送过程中的渗漏损失，提高地表水资源的利用效率；但从地下水角度看，渠道下渗水量正是地下水的重要补给项之一，在提高地表水利用效率的同时减少了地下水资源的补给量，从整体上看，并没有做到实际节水。为此，本文所指的节水技术主要为可减少区域总蒸散量的农艺节水技术。

对于农业生产而言，"真实"节水是指可减少农田蒸散量的节水技术。该类节水技术通过适水种植、节水灌溉制度和旱农保墒技术等手段实现真正意义上的农业节水。从大量研究结果看，对于主要农作物而言，采用节水灌溉制度和保墒旱农技术平均可降低灌溉用水量的20%左右(山仑，1999；彭世彰等，2007；崔远来等，2007)，节约水量平均占作物需水的6%～8%。采用这一结论，根据相对值全生育期的作物水分生产函数[式(5.39)]，计算得到真实节水条件下黄淮海平原不同保证率水平下水资源的粮食产量承载力(表5.26)。结果显示，如果在平原区内普遍采用当前成熟的农艺节水技术，与现实产量相比，平原区粮食产量仍有一定的提升空间。因此，在黄淮海平原区大力推广农业节水技术十分必要。

表5.26 节水农业技术下不同保证率水平下黄淮海平原主要粮食作物的合理产量规模

作物种类	分项	不同水资源保证率水平下粮食产量		
		多年平均	75%	95%
小麦	水资源约束下单产/(kg/hm²)	4 590.5	2 737.1	1 697.0
	多年平均播种面积/10³ hm²	7 268.0	7 268.0	7 268.0
	产量规模/10⁴ t	3 336.4	1 989.3	1 233.4
稻谷	水资源约束下单产/(kg/hm²)	7 283.2	4 343.2	2 690.6
	多年平均播种面积/10³ hm²	1 604.1	1 604.1	1 604.1
	产量规模/10⁴ t	1 168.3	696.7	431.6
玉米	水资源约束下单产/(kg/hm²)	5 738.1	3 420.7	2 119.8
	多年平均播种面积/10³ hm²	4 940.5	4 940.5	4 940.5
	产量规模/10⁴ t	2 834.9	1 690.0	1 047.3

续表 5.26

作物种类	分项	不同水资源保证率水平下粮食产量		
		多年平均	75%	95%
豆类	水资源约束下单产/(kg/hm^2)	2 648.0	1 577.9	980.2
	多年平均播种面积/$10^3 hm^2$	1 278.3	1 278.3	1 278.3
	产量规模/10^4 t	338.5	201.7	125.3
薯类	水资源约束下单产/(kg/hm^2)	7 503.9	4 475.6	2 770.0
	多年平均播种面积/$10^3 hm^2$	963.9	963.9	963.9
	产量规模/10^4 t	723.3	431.4	267.0
节水模式下粮食总产规模/10^4 t		8 401.3	5 009.2	3 104.5

为减缓水生态环境恶化的趋势，从 20 世纪 90 年代起，学者们就不断提出在水资源供需紧张地区，要转变农业土地利用模式，从传统的丰水高产型农业转向控水限产型农业，以实现区域农业水土资源的持续利用，维持区内生态环境的良性循环，避免以牺牲生态环境为代价换取农业高产出的情形。国内的许多学者先后提出限制灌溉、非充分灌溉、雨养农业等农业灌溉和生产措施，以避免水资源的过度利用。

5.4 黄淮海平原农业水土资源利用分区

黄淮海平原幅员辽阔，土地资源和水资源地域性差异很大，在水土资源利用上，不能千篇一律。需根据各地水土资源特点进行农业水土资源利用分区，寻求各地农业水土资源利用的最佳途径，因地制宜地提出针对性强的建议与对策。

5.4.1 农业水土资源分区方法

农业水土资源作为农业生产的基本要素，水土资源短缺及其匹配错位是黄淮海平原农业进一步发展的根本性制约因素。水土资源的空间耦合是农业生产的先决条件，已有研究成果通常将水资源和土地资源分别进行研究，或以 GIS 与模型结合方法为基础进行水土资源动态变化、优化管理与决策分析。本研究通过对黄淮海平原农业水资源与土地资源的匹配状况定量评价，构建模型揭示宏观尺度下农业水土资源匹配程度及其空间差异性，并将其作为水土资源空间分区的主要指标，水土资源利用分区可为黄淮海平原粮食生产、水土资源持续利用与管理提供理论参考。

5.4.1.1 水土资源匹配度计算

采用农业水土资源匹配系数衡量各地水土资源匹配程度。所谓水土资源匹配系数是反映特定区域可供农业生产的水资源和耕地资源在时空上的匹配关系，采用单位面积耕地可拥有的水资源量来表示。将该系数引入区域水土资源匹配程度的测算，目的是要揭示一定区域尺度水资源和土地资源时空分配的均衡状况与满足程度。区域水资源与耕地资源分布的一致性与量比水平越高，其匹配程度就越高，农业生产的基础条件就越优越。

水土资源匹配系数的测算，以黄淮海平原 42 个地级市和北京、天津 2 个直辖市为评价对象，共 44 个基本评价单元，依据各市年度水资源量和耕地面积数据，计算各单元水土资源匹配程度。由于缺乏市级区域内“绿水”水量资源，考虑到绿水水量与地表水和地下水的关联，选取水资源公报里的水资源量作为评价依据，计算公式如下（刘彦随，2006）：

$$K_i = \alpha W_i / L_i \tag{5.42}$$

式中：K_i 为 i 市水土资源匹配系数，无量纲；α 为市域农业用水比重，%；W_i 为 i 市供水量，$10^8\ m^3$；L_i 为 i 市域耕地面积，$10^4\ hm^2$。

由于基础资料获取原因，各评价单元的农业可利用水资源量不易计算。为计算方便，式(5.42)中的农业水资源数据为各省（市）水资源公报（1998—2005 年）上公布的农业灌溉用水量。运用式(5.42)，求得黄淮海平原市域尺度的水土资源匹配系数（表 5.27）。

表 5.27　2005 年黄淮海平原市域水土资源及其匹配系数

地级市（直辖市）	水资源量 $/10^8\ m^3$	耕地面积 $/10^4\ hm^2$	水土资源匹配系数	地级市	水资源量 $/10^8\ m^3$	耕地面积 $/10^4\ hm^2$	水土资源匹配系数
（北京市）	8.05	16.06	0.501 2	平顶山市	8.83	31.54	0.280 0
（天津市）	9.44	40.30	0.234 2	驻马店市	24.22	88.58	0.273 4
秦皇岛市	6.74	18.21	0.370 1	德州市	8.22	61.79	0.133 0
唐山市	11.85	55.06	0.215 2	滨州市	16.78	44.61	0.376 1
廊坊市	11.55	37.91	0.304 7	潍坊市	24.84	78.31	0.317 2
沧州市	8.69	81.25	0.107 0	济南市	10.34	36.70	0.281 7
衡水市	7.58	58.55	0.129 5	淄博市	6.26	21.16	0.295 8
保定市	14.09	79.49	0.177 3	济宁市	23.24	60.09	0.386 8
石家庄市	9.69	58.77	0.164 9	菏泽市	20.87	83.10	0.251 1
邢台市	8.10	64.82	0.125 0	东营市	9.06	21.88	0.414 1
邯郸市	9.78	66.10	0.148 0	聊城市	8.73	56.48	0.154 6
安阳市	7.36	40.88	0.180 0	徐州市	19.78	59.77	0.330 9
濮阳市	5.37	26.89	0.199 7	连云港市	16.97	38.35	0.442 5
鹤壁市	2.02	10.52	0.192 0	宿迁市	19.30	45.20	0.427 0
新乡市	7.76	45.43	0.170 8	盐城市	14.60	31.42	0.464 7
焦作市	3.14	19.27	0.162 9	淮安市	23.88	33.15	0.720 4
郑州市	8.37	33.07	0.253 1	宿州市	21.25	62.22	0.341 5
开封市	9.63	42.82	0.224 9	淮北市	5.20	17.97	0.289 4
商丘市	16.99	71.99	0.236 0	阜阳市	19.55	63.30	0.308 8
周口市	19.00	85.41	0.222 5	亳州市	17.52	59.87	0.292 6
许昌市	7.13	34.39	0.207 3	淮南市	6.81	19.80	0.343 9
漯河市	4.91	18.92	0.259 5	蚌埠市	17.08	37.40	0.456 7

表 5.27 中结果显示，黄淮海平原平均水土资源匹配系数为 0.276 4。同时根据 2005 年全国的水资源量、耕地面积统计数据，得到全国水土资源平均匹配系数为 0.294 2。黄淮海平原

的匹配系数略低于全国平均水平，说明与全国农业水资源利用状况相比，黄淮海平原的农业用水较为紧张。从空间上看，海河平原属于区内最为紧张地区，尤其以海河中部地区最为严重；而淮河平原的农业水资源则较为丰富，匹配系数分值较高。

5.4.1.2 分区指标与原则

在对黄淮海平原进行农业水土资源利用分区时，主要指标是各地的水土资源匹配系数。由于农业水土资源利用是多因素相互交织的综合过程，若只按一个指标分区难以全面反映区内的真实情况。为同时兼顾各地的自然和社会经济条件，分区时遵循下列基本原则：①地形地貌和自然地理特征基本一致；②水资源条件和水利化措施，在同一分区内基本相同；③兼顾土壤区划、农业区划和水资源区划的完整性；④兼顾行政区划（县级）、河流水系、流域及大型灌区的完整性；⑤作物种类、作物结构、熟制相对一致；⑥无“飞地”原则，确保每个分区都是连片的。

5.4.1.3 分区结果

根据上述原则，黄淮海平原农业水土资源利用分区分为 3 个一级区，即海河平原区、黄河下游平原区和淮河下游平原区。其中海河平原区又分为海河北平原区、海河南平原区、徒马河平原区 3 个二级区，黄河下游平原区又分为豫北平原区和鲁北平原区 2 个二级区，淮河下游平原区又分为淮北平原区、湖西平原区、黄海滨海平原区 3 个二级区（图 5.4 和表 5.28）。

图 5.4 黄淮海平原农业水土资源利用分区示意图

表 5.28　黄淮海平原水土资源利用分区状况

一级区名称	二级区名称	包括省、市	包括县市区
海河平原区(Ⅰ)	海河北平原区(Ⅰ$_1$)	河北、北京、天津	昌黎、乐亭、滦县、滦南、唐山、唐海、丰润、丰南、玉田、平谷、顺义、昌平、大兴、房山、通州、北京城八区、涿州、霸州、高碑店、雄县、定兴、永清、大厂、香河、三河、廊坊、宝坻、武清、固安、宁河、静海、蓟县、天津城区
	海河南平原区(Ⅰ$_2$)	河北、河南	文安、容城、徐水、定州、蠡县、满城、望都、顺平、保定市区、安国、唐县、高阳、安新、曲阳、博野、清苑、泊头、任丘、黄骅、河间、献县、吴桥、沧县、东光、肃宁、南皮、盐山、青县、孟村、海兴、沧州市区、冀州、深州、枣强、武邑、武强、饶阳、安平、故城、景县、阜城、衡水市区、鹿泉、辛集、藁城、晋州、新乐、深泽、无极、赵县、灵寿、高邑、元氏、栾城、正定、行唐、石家庄市区、沙河、临城、内丘、柏乡、隆尧、任县、南和、宁晋、巨鹿、新河、广宗、平乡、威县、清河、临西、邢台县、邢台市区、邱县、大名、魏县、曲周、鸡泽、肥乡、广平、成安、临漳、磁县、永年、馆陶、邯郸县、邯郸市区
	徒马河平原区(Ⅰ$_3$)	山东、河南	安阳市区、汤阴、内黄、浚县、沾化、济阳、惠民、博兴、阳信、无棣、德州市区、乐陵、禹城、陵县、宁津、齐河、武城、庆云、平原、夏津、临邑、聊城市区、临清、高唐、阳谷、茌平、莘县、东阿、冠县
黄河下游平原区(Ⅱ)	豫北平原区(Ⅱ$_1$)	河南、山东	滑县、新乡、获嘉、原阳、卫辉、长垣、封丘、延津、沁阳、孟州、修武、温县、武陟、博爱、郑州市区、中牟、开封、尉氏、兰考、杞县、通许、濮阳、范县
	鲁北平原区(Ⅱ$_2$)	山东	邹平、高青、滨州、利津、垦利、东营、河口、广饶、博兴、潍坊城区、青州、诸城、寿光、安丘、昌邑、昌乐
淮河下游平原区(Ⅲ)	淮北平原区(Ⅲ$_1$)	河南、安徽	许昌市区、长葛、许昌县、鄢陵、襄城、郾城、临颍、舞阳、叶县、周口、商水、淮阳、太康、鹿邑、西华、扶沟、沈丘、郸城、商丘、睢阳、宁陵、虞城、民权、夏邑、柘城、睢县、永城、驻马店市区、确山、新蔡、上蔡、西平、泌阳、平舆、汝南、遂平、正阳、萧县、灵璧、泗县、淮北、濉溪、蚌埠市区、怀远、固镇、五河、界首、太和、临泉、阜南、颍上、阜阳、淮南、凤台
	湖西平原区(Ⅲ$_2$)	山东、安徽	单县、曹县、定陶、巨野、东明、成武、砀山、嘉祥、金乡、鱼台、郓城、鄄城、梁山、菏泽、丰县、沛县、徐州
	黄海滨海平原区(Ⅲ$_3$)	江苏	东海、灌云、赣榆、灌南、连云港、淮阴、涟水、洪泽、盱眙、淮安、响水、阜宁、滨海、宿迁、沭阳、泗阳、泗洪、邳州、新沂、铜山、睢宁

5.4.2 水土资源利用分区

5.4.2.1 海河平原区(Ⅰ)

海河平原区位于黄河以北的广阔平原，总面积约 14.6×10^4 km²，占黄淮海平原总面积的 46%。现有耕地面积 713.7×10^4 hm²，其中有效灌溉面积 441.3×10^4 hm²。本区耕地资源丰富，降水较少，长期以来一直靠抽取地下水支撑农业发展，造成地下水严重超采，在很多地区出现了水生态失衡的现象。本区降雨在年内和年际变化都很大，年降水量的 70%左右发生在 6～9 月份的汛期，且常以暴雨形式出现，在冬小麦生长季(11 月份至翌年 5 月份)内的降雨量不足全年降雨量的 15%，年内极度降水不均导致水旱灾害频繁发生。

1. 二级分区描述

(1)海河北平原区(I_1)　位于滦河及冀东、冀北诸河下游平原，包括北京市中南部、天津市全境和河北省北部地区，本区土地总面积 3.1×10^4 km²，耕地面积 147.7×10^4 hm²，其中灌溉面积 102.1×10^4 hm²。区内土壤类型以褐土、潮土和滨海盐土为主，地势从西北向东南倾斜。区内主要河流有滦河、小青龙河、陡河、蓟运河、北运河、潮白河、温榆河和永定河等，由于河流的中上游多位于降水量较大的山区，入境流量较多，因此本区是海河平原区水资源条件较好的地区。

本区年降雨量自山前平原往东南逐渐从 700 mm 降至 550 mm，年自产径流深 100～150 mm。地下水资源分山前和滨海两种情形。山前平原地下水含水层粒径从扇顶部至扇前缘逐渐变细，富水性由强转弱。山前平原坡降较大，含水层物质颗粒较粗，地下径流较为通畅，不仅可得到降雨入渗补给，也可得到来自上游山区的地下河补给，地下水含量较为丰富。山前平原地下水水质较好，矿化度低，适合各业使用，因此开采利用程度较高。许多山前地区都出现了不同程度的地下水超采现象。位于冀东、天津沿海的海滦河出口处的滨海平原地势低平，多由粒径较小的海相堆积物堆积而成，地下水流动性差，受海水入侵影响，滨海平原地下水水质较差，矿化度大于 5 g/L，属氯化物型水，不能饮用。

受积温影响，本区主导农作制度以两年三熟和一年一熟为主。本区南部有灌溉条件的耕地可达两年三熟，其余耕地均为一年一熟。农作物以旱作物为主，包括小麦、玉米、大豆、薯类、棉花等，零星分布少量水稻，种植方式为套作和轮作。本区作物生长季内积温为黄淮海平原最低，套作目的是保证作物生长所需的积温，套作模式主要有小麦套玉米，也有少量的小麦套薯类、小麦套花生方式，其余棉花、大豆等均为一年一熟。由于区内耕地灌溉比例高达 70%，且区内农民有精耕细作的传统，北京郊区、天津郊区、唐山都是著名的粮食单产高值区，复种指数平均为 142%。

(2)海河南平原区(I_2)　本区位于大清河以南、黄河以北的黄淮海平原中心区，包括河北中部、南部地区，幅员辽阔，面积 8.6×10^4 km²，耕地面积 413.8×10^4 hm²，其中有灌溉条件的 231.8×10^4 hm²。本区土壤类型以褐土、褐土化潮土、盐化潮土为主，区内地势低洼，沉积物厚度在 200～600 m。本区主要河流有大清河、子牙河、漳河、卫河、滹沱河、滏阳河、黑龙港等。受降水量影响，本区自产地表径流在整个黄淮海平原内为最低，属于典型的少水带(年平均径流深<50 mm），地表水资源匮乏是本区突出的特点。由于降水和地表水量不足及长期超采地下水，目前本区地下水埋深已由原先的3～5 m下降至20～30 m，并且由于大量开采深层地下水，在本区已形成多处大面积地下水降落漏斗，在漏斗中心区地下水水位深达100 m以上。本区地下水在空间上呈现咸淡水相间的分布特征，且咸水之下往往仍有淡水层存在，这也是造成该区深层水超采的原因之一。

本区年降水量在空间上自西向东呈现“高—低—高”格局，即西部的太行山山前平原和东部滨海平原的年降雨量较大，为600～650 mm，而中部的中心平原区的年降雨量为整个平原的低值中心，在500 mm左右，低值中心的出现与该区处于泰沂山雨影区内关系密切。本区不仅年降雨量为整个平原最低，年内和年际波动也最为显著，降雨稳定性极差。区内主要自然灾害为旱、涝、碱，经多年科技“攻关”综合治理，区内地下水位普遍下降，涝、碱危害大为减轻，目前本区农业生产中的主要问题是干旱缺水。

本区的主导农作制度为南部一年两熟，北部两年三熟。优势农作物为小麦、玉米、棉花，是区内小麦、棉花生产基地。该区具有灌溉条件的耕地所占比例为区内最低。从作物性状和地区资源特征看，棉花是本区适应性最强的经济作物。

(3)徒马河平原区(I_3)　本区位于卫河、漳河、漳卫新河和黄河所围成条形地带，包括河南北部、山东西北部地区。土地总面积2.9×10^4 km^2，耕地面积152.2×10^4 hm^2，其中灌溉面积107.4×10^4 hm^2。区内土壤以褐土化潮土、盐化潮土和滨海盐化潮土为主，是整个平原内滨海潮土分布最广的亚区。区内主要河流为徒骇河、马颊河、漳卫新河等几条独立入海的河流。本区自产地表径流量和入境地表径流量都较少，地表水资源不丰富，引黄灌区的兴建部分缓解了本区地表水不足的问题。除滨海地区外，绝大多数地区年降雨量不足550 mm，也属于平原区内的水资源匮乏区。本区古河床分布较多，受其影响，具有地下水呈条带状分布的特点。由于该区地势低平，地下水矿化度较高，水质较差。本区的徒骇河和马颊河对于农业生产而言具有双重作用，在汛期(6～9月份)充当排水总干渠，在枯水季充当蓄水灌溉总渠。两河的各级干、支渠也具有类似功能。

本区的主导种植制度为粮食作物两熟、棉花一熟。农业生产气候条件与海河南平原区相似，但由于可引黄，农业水资源状况优于I_2区，灌溉条件优越。主要种植作物为冬小麦、春玉米、夏玉米、棉花，其中棉花播种面积较大，约占农作物播种面积的1/4。

表5.29为海河平原各分区农业气候基本情况。

表5.29　海河平原各分区农业气候基本情况

分区	平均温度/℃	1月份均温/℃	7月份均温/℃	≥0°积温/℃	≥10°积温/℃	降雨量/mm
海河北平原区	10.5～11.5	−4.5～−4.9	24.3～26.1	4 400～4 600	3 950～4 200	550～700
海河南平原区	11.5～13.5	−3.0～−3.9	25.2～27.6	4 600～4 900	4 250～4 500	450～650
徒马河平原区	12.0～13.5	−2.8～−4.0	26.0～28.2	4 750～5 050	4 300～4 500	500～550

2. 各分区可利用水资源状况

根据水资源量计算方法和有关生态、工业和生活需水的预测模型，利用海河平原区内分布的水文站点的历史资料和气象资料，得到海河平原各分区不同保证率下的可用水资源量(表5.30)。

表 5.30 海河平原各分区可用水资源量情况 10^8 m^3

分区	分项	不同水资源保证率水平下可用水量		
		多年平均	75%	95%
海河北平原区	可用地表水	36.6	29.0	23.5
	可用地下水	35.4	21.8	14.6
	土壤有效储水	84.7	72.2	60.0
	农业可利用水量	76.4	42.1	22.9
海河南平原区	可用地表水	63.6	50.3	40.9
	可用地下水	86.6	53.5	35.7
	土壤有效储水	253.1	209.7	167.8
	农业可利用水量	194.1	107.0	58.2
徒马河平原区	可用地表水	25.4	20.1	16.3
	可用地下水	26.8	16.6	11.0
	土壤有效储水	97.9	89.0	70.7
	农业可利用水量	65.4	36.1	19.6

从计算结果看，海河平原区的农业可用水资源量与其所占黄淮海平原的面积相比，属于水资源匮乏区。其中，单位面积农业水资源量最小的为海河南平原区，最大的为海河北平原区。究其原因，I_1 区山前补给量大和降雨量大是保证其水资源供应相对充足的基础，而 I_3 区则主要有引黄水作为其水量来源之一。但同时，I_1 区的工业和居民用水量过大也是一个显著的特点，这与该区经济发达、人口稠密有很大关系。

3. 各分区农业水资源的产量承载力

利用表 5.30 中关于海河平原各分区的可利用水资源量，利用平原区内各地的近 10 年的农业统计资料，采用第 5 章 5.3.6 节中的农业可用水量分配模型，将各分区农业用水量在各作物间进行分配，最后利用水分生产函数法估算出各分区水资源的主要粮食作物产量承载力(表 5.31)。

表 5.31 中结果显示，若保持水资源可持续利用，在现有种植格局和模式下，海河平原在平水年的粮食产量总潜力为 2 807.3×10^4 t，以小麦和玉米为主，分别占到总产量的 51.5%和 33.7%。据统计资料，海河平原区 2006 年的粮食产量已逾 3 200×10^4 t，超出了该区水资源的承载能力。因此，从资源可持续利用和农业可持续发展的角度出发，应对粮食作物的总产规模予以控制；或者采取降低其他非粮作物的种植比例、增大粮食作物的播种面积的手段，以保证国家粮食安全，从根本上实现本区农业资源的可持续利用。

4. 海河平原区农业水资源利用思路

海河平原区当前水资源在农业上的利用处于超负荷状态，在偏枯或者枯水年份水资源的供需矛盾则更为突出。本区作为中国政治、文化和经济中心，水资源短缺已成为影响区内经济社会持续发展的制约因素。由于区内城市化率高、工业发展速度快，加之人口总量大且增长较快，其他各业形成了对农业和生态用水的挤压态势。本区经济在一段时期内将保持高速发展的态势，因此农业灌溉用水(为可抽取的地表水和地下水)将被进一步压缩。鉴于此，今后海河平原区的农业水资源利用主导方针应为：提高降水资源利用水平，增强土壤水库的保蓄能力，因地制宜、分别对待。

表 5.31 水资源约束下海河平原各分区主要粮食作物产量潜力 10^4 t

分区	作物种类	不同水资源保证率下粮食产量		
		多年平均	75%	95%
海河北平原区	小麦	332.0	212.3	123.3
	稻谷	13.8	8.8	5.1
	玉米	217.4	138.9	80.7
	大豆	26.2	16.7	9.7
	薯类	54.9	35.1	20.4
	粮食总产潜力	644.3	411.9	239.1
海河南平原区	小麦	832.2	577.4	361.2
	稻谷	34.5	24.0	15.0
	玉米	544.6	377.9	236.2
	大豆	65.6	45.5	28.5
	薯类	137.8	95.5	59.7
	粮食总产潜力	1 614.8	1 120.3	691.9
徒马河平原区	小麦	282.5	193.7	122.3
	稻谷	11.7	8.0	5.1
	玉米	184.9	126.9	80.0
	大豆	22.3	15.3	9.6
	薯类	46.8	32.1	20.2
	粮食总产潜力	548.2	376.1	237.2

对于北京、天津、石家庄等几个大城市而言，要充分利用其在技术和人才上的优势，在周边郊区发展总耗水较少的精品农业、旅游观光农业和高科技示范农业等生态型农业，进一步降低农业的水资源利用总量，为城市进一步发展腾出水资源空间。对于区内的其他地区，在农业生产中应充分考虑当地的水资源实际状况，适当降低粮食总产量，并在种植业结构内部进行积极调整，适当压缩耗水量大的作物的种植比例，选种生育期需水和自然降水耦合程度好、耐旱、水分利用效率高的作物品种：由于水稻种植耗水量过大，与本区农业水资源短缺形成矛盾，因此建议取消在本区的水稻种植；小麦耗水量中等，但其生长季内本区降水量稀少，需水和降水的耦合度很低，需要补充大量灌溉水，鉴于本区冬春季节地表水量匮乏，灌溉主要依赖抽取地下水，因此在海河平原区，特别是地下水漏斗区，应适当压缩小麦的种植面积；玉米本身耗水量不大，且生长季正值该区的雨季，作物需水和天然降水的耦合程度很高，土壤水水分利用效率高，因此应在该区大力推广玉米种植，且为获得较高产量，宜提倡春玉米种植。

此外，本区内非粮作物种植比例较大，应适当压缩非粮作物种植面积，把有限的水资源用在粮食作物的生产上，以保证区内和国家的粮食安全。除压缩产量和调整种植业结构外，在海河平原区还应充分利用当地农业生产的技术优势，采取诸如增加有机肥施用量等多种农艺措施保墒，增进土壤的保水性能，提升土壤水的利用水平，尽可能地减少农业灌溉用水量，且把有限的灌溉水用在作物的“关键”生育期，在该区实现以雨养为主的旱农。

5.4.2.2 黄河下游平原区(Ⅱ)

本区位于黄河在平原区内的河道两侧，总面积 3.9×10^4 km^2，耕地面积 204.5×10^4 hm^2，有效灌溉面积 145.1×10^4 hm^2。旱涝、干热风、冰雹是本区的主要灾害，旱涝年数多、连续性强，久旱骤涝、涝后又旱是黄河下游平原区的农业气候特点，反映了黄河下游平原区农业生态环境具有较强变动性。

1. 二级分区描述

(1)豫北平原区($Ⅱ_1$)　本区位于花园口以下黄河两岸地区，分属河南北部和山东西部。土地总面积 2.0×10^4 km^2，其中耕地面积 97.6×10^4 hm^2，绝大多数具有灌溉条件。区内土壤以褐土化潮土、盐化潮土、河流冲积沙土为主，土壤表层有机质含量低，土体内富含可溶性盐分，含氮量高，磷强度低，易发生作物营养元素失调。本区地貌类型可分为河滩高地、缓平坡地、浅平洼地、背河槽洼地、决口冲积扇地、沙质河槽地、沙丘等多种微地貌，形成高、坡、洼相间分布的地形特征，旱、涝、碱灾害较为严重。区内除黄河干流外，还有天然文岩河和人民胜利渠等河道。由于本区可方便得到黄河干流的引黄水量，地表水资源较为丰富。

本区年平均降雨量为 600～700 mm，在整个平原区内属中等水平。地下含水层受黄河古河道影响，呈条带状分布。本区地下水不仅可得到降雨的补给，还可得到黄河水渗漏补给，且补给数量可观。因此，本区地下水较为丰富，且埋深较浅，矿化度较低，普遍低于 2 g/L，开采和利用条件优越。由于本区地表水和地下水均较为丰富，农业生产中引取黄河水既方便又经济，所以区内存在着“兴渠废井”的现象，可补给的地下水资源得不到开发利用，地下水位较高，导致排水系统不畅，加之引黄下渗，导致了区内出现次生盐碱化的现象。

本区大部分耕地可达一年两熟，优势农作物为小麦、玉米、水稻、棉花。

(2)鲁北平原区($Ⅱ_2$)　本区位于泰沂山北麓和黄河之间，包括山东滨州、东营和潍坊等地。土地总面积 1.9×10^4 km^2，耕地面积 106.9×10^4 hm^2，灌溉比例在 70%以上。区内土壤为褐土化潮土和滨海潮盐土。区内由冲积、洪积物堆积形成，地面平坦，地势从西南向东北微倾，本区一个典型的地貌特征是从山麓到沿海过渡迅速。区内除黄河以外，还有小清河、胶莱河、潍河、弥河等河流，上述河流多发源于泰沂山腹地，由于泰沂山区降水量大，因此本区河流入境流量大，加之黄河的入境水量，本区的地表水资源条件优越。

本区降雨量较为丰富，年平均在 650～750 mm，但降水量年际变化大，呈现明显的丰、枯周期变化规律。最大年降水量达 993 mm(1964 年)，最小年降水量仅为 334 mm(1968 年)，年降水量变差系数值在 0.25～0.38。由于本区特殊的地理位置，地下水量较为丰富，且埋深较浅，主要来源包括降雨入渗和山前侧向补给，山前平原的地下水矿化度低于 2 g/L，水质优良。但在本区的下游地区，由于灌溉退水和上游来水量大，形成集聚，引发了次生盐渍化现象。此外，在本区的滨海地区，地下水矿化度很高，甚至出产大量卤水，区内滨海地区有大片盐田，盛产海盐。

本区主导熟制为一年两熟或两年三熟，优势作物为小麦、玉米、棉花、蔬菜。

表 5.32 为黄河下游平原各分区农业气候基本情况。

2. 各分区可利用水资源状况

根据前述水资源计算方法和预测模型，利用黄河下游平原区内的水文资料和气象资料，计算得到黄河下游平原两分区不同保证率下的可用水资源量(表 5.33)。

表 5.32 黄河下游平原各分区农业气候基本情况

分区	平均温度/℃	1 月份均温/℃	7 月份均温/℃	≥0°积温/℃	≥10°积温/℃	降雨量/mm
豫北平原区	12.6～14.5	−2.0～−1.0	26.5～28.5	4 950～5 250	4 500～4 700	600～700
鲁北平原区	12.2～13.5	−3.5～−4.5	26.0～27.5	4 750～4 950	4 350～4 500	650～750

表 5.33 黄河下游平原各分区可用水资源量 10^8 m³

分区	分项	不同水资源保证率水平下可用水量		
		多年平均	75%	95%
豫北平原区	可用地表水	24.1	20.9	13.7
	可用地下水	16.8	11.7	7.9
	土壤有效储水	74.9	63.1	37.6
	农业可利用水量	53.3	29.4	16.0
鲁北平原区	可用地表水	22.4	19.2	12.5
	可用地下水	12.8	9.0	6.0
	土壤有效储水	77.7	65.5	39.5
	农业可利用水量	64.4	35.5	19.3

从可用水资源计算结果看，黄河下游平原的水资源量相对丰富。单位面积农业可利用水资源量远大于海河平原，这与该区降水量大且可得到黄河水供应有关。其中，豫北平原区单位面积农业可利用水资源量比海河平原区高出 28.7%，鲁北平原区单位面积农业可利用水量比海河平原区高 47.3%。表 5.33 中农业可利用水量低于土壤有效储水量，是因为并不是所有的土壤有效储水量都用于农业生产，事实上，相当大一部分土壤有效储水量消耗于湿地蒸发、林地蒸散，以及城市绿地等生态系统耗水。

3. 各分区农业水资源的产量承载力

依据表 5.33 中关于黄河下游平原两个分区水资源量，参考本区内各地近 10 年的农业统计资料，采用前述农业水量分配模型进行水量分配，利用水分生产函数法估算出两个分区水资源的粮食产量承载力(表 5.34)。

表 5.34 水资源约束下黄河下游平原各分区主要粮食作物产量潜力 10^4 t

分区	作物种类	不同水资源保证率水平下粮食产量		
		多年平均	75%	95%
豫北平原区	小麦	165.5	118.1	65.6
	稻谷	63.8	45.6	25.3
	玉米	140.7	100.4	55.8
	大豆	17.3	12.4	6.9
	薯类	36.7	26.1	14.5
	粮食总产潜力	424.0	302.6	168.1

续表 5.34

分区	作物种类	不同水资源保证率水平下粮食产量		
		多年平均	75%	95%
鲁北平原区	小麦	199.9	141.7	74.5
	稻谷	77.0	54.7	28.8
	玉米	169.8	120.3	63.3
	大豆	20.8	14.8	7.9
	薯类	44.3	31.3	16.4
	粮食总产潜力	511.8	362.7	190.9

结果显示，在现有种植格局和水资源利用方式下，黄河下游平原在正常年份的粮食产量潜力为 935.8×10^4 t。根据统计资料，黄河下游平原区 2006 年的粮食总产量约为 921.3×10^4 t，尚未超出其产量潜力，农业水资源利用基本平衡。从分区看，豫北平原区和鲁北平原区产量潜力差距不大，主要受耕地面积和单位面积水资源量的双重影响。

4. 黄河下游平原农业水资源利用思路

黄河下游平原区的农业水资源基本平衡，并未超出其承载力，尚有微小的提升空间。因此，本区的农业水资源利用应在保持现状的基础上，注意区域内各业用水的平衡，合理调配地表水与地下水资源，充分挖掘区内的水资源潜力。对于黄河两岸的土地次生盐碱化和沙化严重问题，应积极调整本区种植业结构，与农业科研机构合作，加大适应本区气候和耕地特性作物的研究开发，通过选育、改良的办法，培育适宜本区盐碱化土壤的作物，提高本区农业综合生产能力。

在利用好引黄水的基础上，应加大灌区地下水的利用力度，缓解本区土壤次生盐渍化问题。同时，在农业生产中要注意人与自然的和谐，把保护、恢复、重建水生态环境与利用水资源放在同等重要的地位，既要合理利用水资源，又要满足自然生态系统对水资源的需求。

5.4.2.3 淮河下游平原区(Ⅲ)

1. 二级分区描述

(1)淮北平原区($Ⅲ_1$)　本区位于淮河干流以北广大支流覆盖的大片冲积平原，包括河南中部和安徽北部地区。土地总面积为 7.4×10^4 km^2，耕地面积 411.9×10^4 hm^2，灌溉比例高达 75%。据豫皖两省的土壤普查资料，淮北平原主要有三大类：黄潮土、砂姜黑土和水稻土。其中，砂姜黑土占土地面积 50%以上，主要分布在淮北平原中、南部，褐土主要分布于区内北部，南部淮河沿岸大量地分布着水稻土。区内地势平坦，水土光热资源丰富，是黄淮海平原主要商品粮基地。区内主要河流有颍河、汝河、洪河、涡河、茨河、西淝河、浍河、唐河等，区内河流水量较为丰富，为农业灌溉提供了便利的条件。

区内多年平均降水量为 780～1 000 mm，自北向南递增；水面蒸发量为 1 000～1 200 mm，自北向南递减。降水的年际间和年内分布不均，年际间丰枯比值达 3～4，年内则主要集中在汛期(6～9 月份)，汛期雨量约占全年总降雨量的 70%。区内地下水埋深 1～1.5 m，补给来源以降雨入渗为主，因降雨丰富，本区地下水资源丰富且水质较好，区内大部分地区的地下水矿化度低于 1 g/L。由于本区丰富的降水和地表水资源，当地农民不习惯灌溉或者多引地表水灌溉，地下水的利用不充分。

本区主导熟制为一年二熟制，主要种植作物包括小麦、玉米、水稻、棉花。受气候条件、土壤以及灌排技术等因素的制约，区内农业生产中旱涝渍等灾害时常发生，灌溉水资源利用率较低，水分生产率和经济效益不高，水资源浪费现象较为普遍。经过 50 年治理，尤其是 20 世纪 80 年代开始以大沟为单元的除涝配套建设取得明显成效，已基本解决长期以来困扰该地区的涝渍灾害问题。当前，制约本区农业发展的一个关键性问题是春旱。

(2)湖西平原区($Ⅲ_2$)　本区位于南阳湖、独山湖、昭阳湖和微山湖以西，黄河干流以东的三角形区域，包括鲁西、豫东、皖北和苏北部分地区。土地总面积 2.1×10^4 km^2，耕地面积 110.7×10^4 hm^2。区内土壤以褐土化潮土和盐渍土为主。区内地形平缓，地面坡降约 1/20 000～1/3 000。区内地表水体包括洙赵新河、万福河、红卫河等河流和四大湖泊。

年降雨量在 650～850 mm，但年际变化大。旱、涝、干热风灾害频繁。地下水分布咸淡相间，往往地势低洼区为咸水分布，矿化度大于 2 g/L，在地势较高的区域，分布矿化度小于 2 g/L 的重碳酸盐型水，地下水埋深多在 1.5～3 m。由于本区大部分地区的地下水水质较差，且具有利用湖水及河水的方便条件，所以地下水的利用率较低。但部分地区的地下水仍然超量利用，出现了降落漏斗。

本区主导熟制为一年两熟或者两年三熟，主要种植作物为小麦、玉米和棉花。区内存在近一半面积的低产田，大量荒地荒滩处于闲置半闲置状态，农业水土资源利用率为全平原区最低。

(3)黄海滨海平原区($Ⅲ_3$)　本区位于废黄河、新沂河等河流出口处，包括江苏东北部和安徽西部部分地区。土地总面积 3.7×10^4 km^2，耕地面积 203.9×10^4 hm^2。区内主要土壤类型为黄潮土、砂姜黑土、滨海盐土和少量水稻土。本区以废黄河冲积平原为主体，间有一定面积的低山、丘陵岗地和洼地，土层较厚。区内主要水体包括沂河、沭河、泗河、新沂河、苏北灌溉总渠、大运河等。

本区年降雨量在 800～1 000 mm，雨量充沛，自产地表径流深在 200～250 mm，为黄淮海平原水量最丰富的地区。但水资源时空分布不均，70%的降雨量和 95%的径流量集中在 6～9 月份，且上游山区来水丰、枯变幅也很大，区内调蓄能力又差，在偏枯年份缺水矛盾仍然突出。从水文资料看，本区缺水主要集中在水稻栽插用水高峰的 6 月初。因本区降雨量大，加之山前地下补给量大，地下水年补给量较大。滨海地区地下水分两层，上层往往为咸水，在 120 m 以下的底层为碳酸盐型淡水。本区开发的主要问题盐碱土脱盐。随着土壤脱盐，地下水相应淡化。淡化措施有抽咸补淡或咸、淡结合等方式。淡化高矿化度的地下水或海水，固然也是解决水源的途径之一，但由于其代价太高，近期内不可能取得明显效益。

表 5.35 为淮河平原各分区农业气候基本情况。

表 5.35　淮河平原各分区农业气候基本情况

分区	平均温度/℃	1 月份均温/℃	7 月份均温/℃	≥0°积温/℃	≥10°积温/℃	降雨量/mm
淮北平原区	13.8～16.0	−1.0～1.0	27.0～28.8	5 250～5 500	4 550～4 800	780～1000
湖西平原区	13.0～13.5	−2.0～−1.0	26.0～27.0	4 950～5 100	4 500～4 600	650～850
黄海滨海平原区	13.8～15.0	−1.0～1.0	27.0～28.5	5 200～5 450	4 600～4 700	800～1 000

2. 各分区可利用水资源状况

根据前述水资源计算方法和预测模型，利用淮河平原区内的水文资料和气象资料，计算得到淮河平原各分区不同保证率下的可用水资源量（表 5.36）。

表 5.36 淮河平原各分区可用水资源量 10^8 m³

分区	分项	不同水资源保证率水平下可用水量		
		多年平均	75%	95%
淮北平原区	可用地表水	40.1	20.3	18.4
	可用地下水	72.6	36.5	18.6
	土壤有效储水	438.7	336.3	295.9
	农业可利用水量	302.7	166.9	90.8
湖西平原区	可用地表水	5.5	2.8	2.5
	可用地下水	14.6	7.3	3.7
	土壤有效储水	112.4	86.2	75.8
	农业可利用水量	98.6	54.4	29.5
黄海滨海平原区	可用地表水	24.1	12.2	11.1
	可用地下水	23.1	11.6	5.9
	土壤有效储水	198.0	151.8	133.6
	农业可利用水量	150.9	83.2	45.2

从水量情况看，无论是总量还是单位土地面积上的水量，淮河平原都处于较高的水平。从农业可利用水资源总量上看，淮北平原区在整个黄淮海平原内最大；从单位面积水量看，黄海滨海平原处于整个平原内的最高水平。因此，淮河平原区水资源的农业生产潜力最大。

3. 各分区农业水资源的产量承载力

依据淮河平原各分区农业可利用水资源量结果，参考淮河平原内各地的农业统计资料，采用上述农业水量分配方案进行水量分配，利用作物水分生产函数法估算出各分区的水资源粮食产量承载力（表 5.37）。

表 5.37 水资源约束下淮河平原各分区主要粮食作物产量潜力 10^4 t

分区	作物种类	不同水资源保证率水平下粮食产量		
		多年平均	75%	95%
淮北平原区	小麦	879.0	444.8	281.9
	稻谷	543.2	274.9	174.1
	玉米	782.7	396.1	250.9
	大豆	101.0	46.3	29.4
	薯类	208.2	105.2	66.6
	粮食总产潜力	2 514.1	1 267.3	802.9

续表 5.37

分区	作物种类	不同水资源保证率水平下粮食产量		
		多年平均	75%	95%
湖西平原区	小麦	128.7	70.6	47.9
	稻谷	176.9	99.9	67.7
	玉米	255.0	139.5	94.5
	大豆	32.9	16.3	11.1
	薯类	66.4	36.4	24.5
	粮食总产潜力	659.9	362.7	245.7
黄海滨海平原区	小麦	187.9	97.9	66.3
	稻谷	296.0	154.1	104.4
	玉米	391.1	203.7	138.0
	大豆	42.8	22.8	15.4
	薯类	86.7	45.1	30.5
	粮食总产潜力	1 004.5	523.6	354.6

结果显示，在现状农业生产方式和农业水资源利用水平下，淮河平原在平水年份的粮食产量潜力为 $4\,178.5\times10^4$ t。从水资源对农业生产的承载能力看，占据了黄淮海平原的半壁江山。根据统计资料，淮河平原区 2006 年的粮食总产约为 $4\,134.9\times10^4$ t，尚未超出其水资源的产量承载能力，仍有一定的提升空间，农业水资源利用基本平衡。从分区看，水资源粮食承载力最大地区为淮北平原区，该区为整个黄淮海平原水资源粮食产量承载力最大的二级分区。

4. 淮河平原农业水资源利用思路

由以上分析可知，本区农业水资源从总量上基本平衡。但从分项来看，本区地表水利用强度大，而可开采地下水则利用程度不够充分。因此，在淮河平原区，特别是淮北平原和黄海滨海平原区，应加大浅层地下水的利用力度。通过开发该区内的浅层地下水，可以实现一举多得的目的：①减少潜水蒸发，加大区内的可利用水资源量，降低地下水位、减轻盐渍化威胁；②增大降雨入渗，调节地下库容；③减少降雨径流流失，防止渍涝灾害；④增强伏雨洗盐的作用，土壤盐碱化得到改良；⑤解决本区旱季农业生产的缺水问题。

在种植业结构调整方面，出于充分利用区内农业水资源和增加粮食产量的考虑，应在本区增加单产高的水稻种植比例。此外，该区光热资源为整个黄淮海平原区内最好的，因此，还应增加复种指数，选育生育期短的作物品种，力争使复种指数达到 185%。

5.5 黄淮海平原农业水土资源持续利用对策与措施

黄淮海平原是我国重要的粮棉生产基地，对国家粮食安全起着不可替代的作用。为满足工农业生产和城乡用水需求，长期超量开采利用水资源，已经产生严重的水资源生态环境问题。随着城市化、工业化的进程，城市、工业用水将进一步加大，农业水资源将进一步被挤压。水资源严重不足已经成为本区农业生产面临的最大制约。面对严峻的挑战，传统的用水模式和生产方式必须转变，不仅要从技术、管理和经济上全面转变农业用水模式，而且要从长远可持续的角度转变生产方式和社会经济增长方式。

5.5.1 管理措施

5.5.1.1 合理配置区域水资源，保证最小生态需水量，确保生态安全

当前，有关农业生产的研究几乎都在强调粮食安全的重要性，却往往忽视粮食生产赖以存在的生态环境本身的发展。然而，水资源作为重要的自然资源和战略性的经济资源，不仅具有生产功能，还具有社会和生态功能。只有保证水资源的生态、经济和社会几大功能的健全，才能实现区域水资源的可持续利用和社会经济的可持续发展。

在黄淮海平原水资源利用上存在的主要问题是片面强调水资源的经济产出功能，对水资源在生态系统中担负的重要角色重视不够，导致工业和生活用水挤占农业用水，农业用水又挤占本应属于生态系统消耗的一部分生态用水，导致区内出现了一系列较为严重的生态环境问题，严重威胁区内的生态安全。从前面的计算和分析中可知，黄淮海平原内，尤其是海河平原，生态需水被挤占的问题相当严重；而从现实看，海河平原的水生态问题和危机同样也是最为严重的。倘若在黄淮海平原区内，继续走依靠牺牲生态环境来换取农业产出的老路子的话，即使获得再高的产量和经济效益也毫无意义，因为人类赖以生存的生态环境遭到了彻底的破坏。

事实上，水在各个重要生态系统中往往起着决定性的作用，只有确保各生态系统的最小需水量，才能遏制区内生态环境持续恶化的趋势。因此，平原区内的水资源管理部门和流域管理部门在进行区域水资源配置时，不仅要考虑粮食安全、社会安全，还要兼顾区域的生态安全，务必保证区域的最小生态用水量，确保为子孙后代留下一个良好的生态环境。

5.5.1.2 区域粮食产量总量规模控制

当前，黄淮海平原在粮食生产中存在着不顾及自然资源承载能力，盲目追求高产的短期行为。这种行为严重制约了区内自然资源的可持续利用，特别是对于水资源来讲，存在着区内水资源枯竭和水环境退化的严重隐患。因此，在资源利用上，一定要尊重自然规律，不能因眼前的短期利益而造成无可挽回的后果。在这一问题上，农业生产部门和水资源管理部门应会同协商，制订出符合区域资源特点的农业生产方案。根据区域水资源平衡方案，以可供农业利用的水资源量为基础，充分考虑作物的需水特征，采用适宜的作物种类组合和合理的种植制度，确定区域粮食总产的合理规模，实行区域粮食总产控制，将粮食总产控制在水资源可承受的范围内。

事实上，在西方发达国家，农业限产政策较为普遍。在美国，政府常在生态环境脆弱的地区采取粮食播种面积控制和休耕补贴的手段，要求和鼓励农民休耕部分土地，限制区域粮食总产。通过粮食总产限制，保护区内自然资源，以实现农业生产和资源利用的可持续性（胡芳，2007）。除粮食生产外，为维持资源可持续利用而限产的另一个典型例子是“休渔”制度，为保持渔业资源的可持续利用性，各国政府纷纷出台了强制性规定：在某一段时间内，禁止渔民捕捞。虽然短期内渔业总产减少，但从长期来看，由于维持了资源的持续利用性，收益仍十分明显。

因此，针对黄淮海平原农业水资源利用中存在的问题，应切实改变当前不顾及水资源承载能力，盲目追求高产的农业水资源利用模式，切实将粮食总产规模限制在区内水资源承载力范围内。在水资源供需紧张地区，粮食限产的具体措施很多，如在海河平原，可通过降低耗水作物播种比例、降低耕地复种指数、理性的农作物单产、减少灌溉水量等措施，达到区域总产规模控制的目的，避免水资源过度利用，实现黄淮海平原水资源的可持续利用和农业的可持续发展。

此外，黄淮海平原目前仍担负着相当数量的"北粮南调"的任务，从区内耕地资源上看无可厚非。但从水资源上看，按当前水资源的粮食生产效率，从平原区每调出 1 kg 的粮食，相当于调出超过 1 t 的淡水资源，这无疑会加大水资源短缺业已十分严重的黄淮海平原水资源的供需矛盾，从而加剧水生态环境的恶化。因此，从区域水生态可承受性角度考虑，应减少黄淮海平原的粮食外调量。

5.5.1.3 对水资源进行区划管理

针对黄淮海平原各地的水土资源条件，建议利用功能分区对各地水资源利用进行约束。同时，结合全国主体功能区划、农业区划、土地利用总体规划、水资源和流域综合规划，研究制定平原区内水资源开发利用的控制性指标，统筹水量水质、地表地下水、生活生产生态用水，对水资源进行优化配置，强化统一调度，保证重点缺水地区、生态脆弱地区的生态用水需求。

农业水功能区划应从协调水资源的合理利用和有效保护的关系出发，深入分析区域农业水资源开发利用现状和农业发展对水资源的需求，紧密结合区内水资源条件和环境状况，在不同地区划定农业水功能区。水功能区划通过对各业用水指标的平衡和取舍，确定各业用水的主导功能和利用顺序。以实现组织和约束水资源的开发、利用、治理和保护，确保区域水体功能不遭破坏。

通过农业水资源区划，完善区内水资源的统一管理，在兼顾各种功能需求的基础上，突出区内水资源的利用重点。对于农业用水，特别是取水实现总量控制，推行取水许可制度，实现行业用水量化管理。为保证区内水资源合理开发利用，必须加强各流域水资源的统一管理，分级负责，明确流域与地方水资源管理部门的事权划分，对区内水量实行统一调度，实施统一水量分配。依法管理区内水资源，对水资源实行科学调度、优化配置，制定有关水资源管理的法规，建立和完善水资源宏观管理和保护制度、取水许可制度，加强管理，强化监督。在发展灌溉农业节水采取的措施上，打破常规，改分散布置为集中安排，改单纯搞示范点示范区为全流域综合治理，改片面追求工程建设规模为出台重大管理举措。

5.5.1.4 转变水资源供需观念，变"以需定供"为"以供定需"

传统的水资源管理为需水管理，主要特征是根据各业的用水需求量确定供给水量。水资源管理部门通过建立大中型水利工程来不断满足各业的水资源需求。客观地讲，需水管理为提升区域水资源的生产能力、促进区域经济发展发挥了重要作用。但随着水利工程不断兴建，工程开发难度愈来愈大，成本不断增加，加之区域的水资源总量是有限的，不可能无限制地满足各业的水量需求。随着水资源开发强度的加大，水生态环境问题的出现为人类水资源利用敲响了警钟。因此，完全依靠增加供水来持续满足黄淮海平原不断增长的水资源需求已绝不可能，所以必须变需水管理为供水管理。

所谓的供水管理是采用综合技术手段规范水资源开发利用中的人类行为，从而实现对有限水资源优化配置和合理利用，它强调把水资源作为一种稀缺的经济资源向“市场”供应，对水资源的优化利用应着眼于现存的水资源供给，而不是向新的供水能力投资以满足各业的水量需求。在今后相当长一段时期内，大规模增加黄淮海平原农业水资源供给量是不现实的，因此，必须依靠现有水量实现农业持续发展，实行供水管理是实现这一目标的关键所在。供水管理首先要搞清楚区内水资源的可开发潜力和水资源的承载力，在预测各业用水需求的基础，进行水资源量的综合平衡，确定区域的各业的用水规划方案，并及时采取对策，避免出现超量开发利用而导致水资源供水能力和生态环境的破坏。

为实现区域可持续发展目标，应依据“生态优先”原则，优先满足主要生态系统的最小生态需水量。在此基础上，确定可用于农业生产的水资源量，并制定相应的农业用水标准和合理的产量目标。在现状用水基础上，考虑农业节水技术潜力，确定理性的产量目标和用水目标，特别是对于农业用水大户——灌区，合理的灌溉用水标准是确定灌区农业产出和农地开发程度的基础，通过灌溉用水标准的制定力争做到“以水定产、以供定需”，实现区域的水土资源利用平衡和生态环境改善。

5.5.1.5 调整种植业结构，降低高耗水作物的种植比例，提倡适水种植

在黄淮海平原的种植业内部，非粮作物播种比例过大。按 2006 年的统计数据，非粮作物播种面积占农作物总播种面积的 33.6%，非粮作物比例过大耗费了大量的农业水资源，最终影响区内的粮食总产。在粮食作物中，耗水量大的水稻和小麦又分别占粮食播种面积的 15.2%和 42.9%。水稻生产需要有淹水层存在，生长季内需要消耗大量的水资源；而小麦生长的冬春季节，平原区普遍少降水（尤其是春季蒸发旺盛，十年九春旱），特别是海河平原，地表水和降雨量在小麦生长季内都十分匮乏，且小麦的需水量较高，整个生育期需水量为 500～550 mm 之间，但期间的降水量由北向南在 80～150 mm 之间，要取得理想的产量，必须辅以大量灌溉。由此可见，当前黄淮海平原的种植业属高耗水型结构。这种结构是导致区域水资源供需失衡、农业用水挤占生态用水的主要原因之一。此外，黄淮海平原许多地区现有的耕作制度也与水源条件不相宜。黑龙港地区水资源供应不足，却有较高的复种指数和有效灌溉面积比例。除复种指数不合理外，各地熟制与水资源条件亦不相适应。在黄淮海平原北部实行一年两熟，农业水资源供应往往不足，遇旱年则超量抽取深层地下水补充灌溉，地下水水位持续下降问题十分严重。

结构调整是当前经济发展的主线，也是促进水资源可持续利用的重要措施。在种植业结构上，需要重新审视黄淮海平原水资源和水环境的承载能力，制定与区域资源状况相适应的种植业结构和空间布局。在现状基础上，逐步将与区内水资源条件不相适应的种植模式淘汰。在区内水资源丰富的淮河地区和水资源紧缺的海河地区分别建立起符合当地水资源条件特点的各具特色的种植业结构，使整个平原的农业生产布局与水资源空间分布相协调。在此基础上，实施水资源替代战略，在不威胁国家粮食安全的前提下，适当降低高耗水作物的种植比例，减少农业生产对水资源的需求。此外，在区内大力推广节水农业技术，大幅度提高农业用水的生产效率也是十分必要的。

根据以上分析，笔者认为黄淮海平原种植业结构应采取下列调整措施：①各区按当地水资源状况，建立其与水资源条件相适应的种植业结构。在北部的海河平原区，取消水稻种植，适

当压缩耗水多且需水与降雨耦合度低的冬小麦种植比例，增加与雨热同季的玉米作物的播种比例；在淮河平原，适当增加产量高的水稻种植比例，充分利用当地丰沛的水资源，同时，在大河沿岸地区的农业灌溉中增加地下水使用比重，这样既可避免次生盐渍化现象的发生，又可节约宝贵的地表水资源。②在耕作制度和作物布局方面，应遵循作物熟制与水资源状况和灌溉保证率相适应的原则，按照各地可用农业水资源量制定合理熟制，在水资源紧缺的海河平原应以一年一熟制为主，适当降低复种指数；在水资源供需基本平衡的黄河下游平原和淮河平原，从充分利用当地水资源出发，应通过套种、间种等手段，提高熟制，实行两年三熟和一年二熟，提高耕地的复种指数。③除作物间结构调整外，还需调整作物种植品种，在农业水资源供应不足地区，选育推广耐旱品种，增加耐旱品种的种植比例，节约灌溉水量。

5.5.2 技术措施

5.5.2.1 推广农业新技术，提高农业水资源利用效率

从各业用水所占比重看，农业生产用水量占平原总可利用水量的54%左右，农业用水量增加与区内出现的生态环境问题密切相关。为降低农业生产的水资源消耗量，须提高农业水资源的利用效率。减少农业用水量对缓解黄淮海平原水资源短缺和解决水生态环境失衡问题意义重大。根据当前有关农业种植的前沿研究，提高农业水资源的利用效率关键在于农业种植新技术的推广和普及，这些新技术包括：①测水灌溉技术。采用张力计、TDR等手段监测土壤或作物水分状况，分析土壤水分状况和作物需水情况，确定适宜的灌溉时间、灌水定额，避免灌溉水量浪费。②降低棵间蒸发。采用地膜或秸秆覆盖方法，增温保湿、保墒提墒、改善土壤理化性质，减少土壤无效蒸发。③育种技术。利用传统育种或生物基因工程技术育种手段，培育抗旱品种，增加作物的抗旱性，减少作物需水量。④保护性耕作技术。在雨养农业区，可采用免耕、休耕、少耕等保护性耕作措施减少土壤水分散失，从而降低农田水分消耗量。⑤利用先进的“3S”技术，实施田间水分有效监测，并对农业水利用效率进行及时评估。

5.5.2.2 推广节水农业技术

所谓节水农业是指通过采用农业栽培、管理措施，最大限度地减少作物耗水和棵间蒸发，提高单位水量的产出的过程。主要技术包括田间灌水技术、农艺节水技术、生物节水技术等。其中田间灌水技术包括：小畦灌溉、细流沟灌、波涌灌溉等地面灌溉技术；稻田干湿交替灌溉技术；喷灌和微灌技术；精准控制灌溉技术；非充分灌溉、调亏灌溉技术等。农艺节水技术包括：水肥耦合技术；蓄水保墒和培肥土壤技术；地膜覆盖和浅沟播种技术。生物节水技术包括：喷洒抗旱剂抑制作物蒸腾技术；抗旱基因移植和抗旱品种选育技术。

在黄淮海平原，通过推广上述一系列节水农业技术，可大大减少农业生产中的水资源消耗量，达到减少农业水资源利用量的目的。针对黄淮海平原当前出现的严重水资源供需矛盾，农业节水技术的大面积推广和应用是缓解该矛盾的有效途径之一，是提高用农业水资源利用效率的有效手段和措施。区内的海河平原，农用地面积较大，水资源供给不足，因此，在本区提倡以节水农业为中心的高效雨养农业十分必要。而在水资源相对较为丰富的黄河下游平原和淮河平原，也应采取先进的灌溉技术，减少灌溉过程中水量无谓损失，力争使区内农业产量达到

第5章5.3.6.2节所匡算的节水条件下的8 401.3×10^4 t。而在枯水年，节水技术显得更为重要，整个平原都应大力推广节水农业技术，从而提高水资源的粮食产出，确保粮食供需平衡和区内粮食安全。

5.5.2.3 利用工程技术措施，增加黄淮海平原可利用水资源量

当前，黄淮海平原可开发淡水资源越来越少，开发难度愈来愈大，供需矛盾更加突出。1949—2005年间，我国供水量增加4 500×10^8 m^3，平均每年增加90×10^8 m^3；但是近20年所增加的供水能力明显低于前30年，致使近20年来缺水范围扩大、缺水程度加剧。此外，过去50多年，比较容易开发利用的水资源大部分已被开发，可供继续开发利用的水资源不仅受区域空间限制，而且开发难度越来越大。随着人口的不断增加和经济的快速发展，各业对水资源的需求量不断增加，水资源对社会经济发展的制约作用日益凸现。毋庸置疑，水资源短缺已成为黄淮海平原全面建设小康社会进程中的主要"瓶颈"因素。

针对上述水资源利用中存在的问题，在黄淮海平原应实行"节流优先、多渠道开源"的水土资源利用战略。在加强需水管理、节水管理和提高用水效率的基础上，多方面增加供给。通过引调适量客水和利用部分废污水，缓解区内水资源供需矛盾。对所有水资源(包括本地水、外调水、雨水、地表水、地下水、土壤水、微咸水、咸水、废污水、海水)统筹安排、优化调度、高效利用，谋求水资源的最佳经济、社会与生态环境效益。

在区内水资源无法满足各业需求时，从区外调水就成为解决问题的重要措施之一。在黄淮海平原内部，曾多次实施跨区调水，如引滦入津、引黄济淀等。对于黄淮海平原而言，从区外调水主要为南水北调工程。南水北调工程的实施为缓解黄淮海平原水资源供需矛盾提供了契机。南水北调工程分东、中、西3条线路，建成后将长江、淮河、黄河相互连接，构成我国水资源"四横三纵、南北调配、东西互济"的总体格局。其中，对黄淮海平原水资源利用直接产生影响的为东线和中线工程。东线工程主要利用黄淮海平原区内的大运河河道、南四湖等水体逐级提水北送，输水至山东、河北、天津等地，线路全长1 156 km，年设计调水量达184×10^8 m^3。中线工程沿黄淮海平原西侧，在郑州附近穿过黄河，沿京广铁路西侧北上自流到北京、天津等地，输水干线全长1 427 km，年设计调水规模平均为130×10^8 m^3。目前，南水北调的东、中线工程都在加紧施工，其中东线的一期工程业已完工。工程建成时，引入黄淮海平原314×10^8 m^3的水量将大大缓解区域用水紧张态势，也为合理配置生态用水提供了良机。但如何有效分配从南方调来的水资源，在保障生产、生活用水的同时，给生态以最适宜的水量是一个迫在眉睫的问题。应在全面分析计算黄淮海平原生态需水基础上，合理配置和调控区内各业水资源，优先满足各主要生态环境系统的最小需水量，在遏制区内水生态环境持续恶化趋势的基础上，逐步改善区内水生态环境，实现黄淮海平原经济、社会、环境可持续发展。

除从区外调水之外，扩展区内水资源范畴也是缓解黄淮海平原水资源供需矛盾的重要手段。对于区内农业生产而言，通过一定技术手段，利用微咸水进行灌溉成为扩展区内农业可利用水资源量的重要措施之一。据研究，黄淮海平原矿化度在2～5 g/L的微咸水量每年达75×10^8 m^3，其中缺水的海河平原区储量就达56×10^8 m^3，如将这一部分水利用好，将在很大程度上缓解海河平原的水资源短缺矛盾。微咸水灌溉或咸淡水交替灌溉研究在很多国家受到重视。美国西南部的咸水灌溉至今已有100多年历史，中东国家、印度、日本、俄罗斯等国也有较长的微咸水灌溉历史。适合微咸水灌溉的作物包括玉米、小麦、棉花、水

稻、蔬菜等。当前,海河平原也在不断进行着微咸水灌溉试验,一些学者认为咸水与淡水交替灌溉是一种适合黄淮海平原的较好的咸水利用方式。咸水灌溉有其相应的优缺点和适用条件,需要根据平原区的气象、土壤、水源条件及作物的耐盐性能综合研究决定。咸水灌溉在黄淮海平原有一定的研究和应用前景,但同时咸水灌溉的影响因素复杂,要大面积推广,还有很多问题需要深入研究。从目前的研究和应用现状来看,今后应加强以下几个方面的研究工作:①结合各地特点的咸水灌溉综合技术研究。包括适合当地土壤、作物、气候、咸水成分的直接灌溉、轮(混)灌技术、咸水水质标准等,适用于咸水灌溉的灌水方法(地面灌溉、地下灌溉、喷微灌)及其技术要素等;②大面积咸水灌溉的安全性研究。不当的咸水灌溉,会引起作物的减产或绝收,会引起土壤的积盐,导致土壤盐渍化,严重的会导致耕地的荒芜,咸水灌溉也会对地下水位及水质产生影响,同时,为了保持农田咸水灌溉后的盐分平衡,需要增加对农田的淋洗量,淋洗盐分的排水必然会影响到咸水灌溉区域以外或深层地下水的水环境。如何从流域或区域尺度上评价咸水灌溉的影响,并从更大尺度上维持盐分的补排平衡及环境的可持续发展值得深入研究。

5.5.3 经济措施

采用经济措施配置农业水资源主要针对灌溉水量。在计划经济时代,水作为一种自然资源和福利性的产品,政府通过行政手段配置和管理水资源,并包办了水资源开发利用的一切投资。在农业水资源利用上,不存在灌溉水使用权分配和有偿转让问题,灌溉用水通常由政府无偿或低价供给。随着我国市场经济体制的建立,水资源作为基础性的经济资源,运用水权、水价、水市场等经济手段来促进水资源的优化配置,解决行政措施和工程措施无能为力的灌溉水量配置问题成为一种趋势和必然。灌溉水资源作为一种准公共资源,有竞争性无排他性,灌溉用户追求自身利益最大化的结果是灌溉水资源被过度开发利用,造成"公地悲剧"。随着国内水资源供需矛盾的日益加剧,借助经济手段配置灌溉水资源的客观需求日趋强烈。

长期以来,我国强调灌溉水资源的公共性,限制了水市场的发育。因此,要建立合理有序灌溉水市场,首先要界定灌溉水权,探索灌溉水资源的产权结构和管理制度。明晰水权,按水权理论对灌溉水资源进行管理是建立完善的社会主义水市场体制的前提。其次是确定合理水价,采用价格杠杆调节灌溉水的利用量,也是实现农业水资源合理利用的重要保障。

5.5.3.1 灌溉水水权管理

灌溉水权指与灌溉水资源相关的所有权、使用权、收益权、处置权等一系列财产权利。水资源具有多重特性:可以循环再生,但长期供给具有自然极限,同时又要满足生态需要;弹性较小的基本用水和弹性较大的多样化用水的消费特性。我国《水法》规定水资源国家所有,但没有对水权进行合理的分割及分配。水的所有权、使用权、收益权、处置权归为一体(国家所有),过分强调水资源作为公共产品一面,而忽略了具有稀缺资源性质的私人产品的性质,导致灌溉"大锅水"现象严重,排他性和可让渡性差。水权制度不明晰,灌溉用水的水权交易存在障碍,缺乏节水激励机制,从而出现了灌溉水资源领域的"公地悲剧"。

为了解决灌溉水资源的供需失衡,避免"公地悲剧"发生,需要通过明晰灌溉水权、建立灌溉水市场和政府宏观调控等手段，促进水资源利用效率的提高。结合国外的经验和黄淮海平原的实际情况，对黄淮海平原灌溉水权管理提出如下建议：①通过制度安排将部分灌溉水使用权（以下简称水权）出让给集体、企业、个人，该水权某种程度上是一种财产权利，享受一定条件下的使用、流转、收益的权利，非经合法程序是不受侵犯的；②采取尊重历史现状原则和公平原则，配置给农民适当灌溉水权，在此基础上建立灌溉水市场，促进水资源高效配置，由低价值领域自发转向高价值领域，建立灌溉用水向城市用水、工业用水转移的农民利益补偿机制；③水资源的多重特性决定了水权的双重属性。所以水市场是建立在水资源统一管理基础上的，水资源统一管理是综合基本水权（基本水权指满足公民生存和发展的权利而享有的水权）、公共水权（生态水权是维持生态系统和水环境的一种公共水权）、商品水权（商品水权是指工业水权、农业水权，具有竞争性、排他性，可以通过制度安排出让并可交易的水权）的统一管理。国家对商品水权范畴的灌溉水权的分配遵循“以供定需”的原则，正常年份下，农业水权可按法定水量进行分配，枯水年份，灌溉水权分配应倾向于按比例分配。

5.5.3.2 灌溉水水价管理

要真正实现依靠经济手段来配置灌溉水资源，必须把灌溉用水量的多少与用水户的经济利益挂钩。黄淮海平原水资源日益稀缺，已不能按照以往“以需定供”的观念来配置灌溉水资源。我国已确定的未来灌溉节水方针是：灌溉用水总量在未来相当长一段时间内不再增加，保障粮食安全用水需求主要通过农业节水、提高用水效率来实现。在促进节约用水的进程中，经济措施将起到越来越重要的作用。最重要的经济手段是合理的水价，充分发挥水价在水资源配置中的调节作用和杠杆作用的基本前提是要有科学合理的水价机制。与传统的主要依靠行政措施推动节水做法不同，依靠水价经济手段可更大程度地发挥市场机制和价格杠杆在水资源配置和水需求量调节方面的作用，通过建立起一套适应市场经济要求的水价制度，用价格这一重要的经济杠杆促进灌溉用户建立起自律式用水模式，不断提高灌溉水资源的利用效率和效益，抑制不合理用水需求增长。

黄淮海平原灌溉水资源不足已属不争的事实。但用水农民往往对此缺乏足够的认识，区内水资源无偿使用或水费标准过低使他们认为灌溉水资源是取之不尽用之不竭的资源，且带来了一系列问题：①国家水利事业负担过重。灌溉水收益低，但取水和工程建设成本高，水利对财政形成的压力过大。②水资源浪费严重。由于灌溉水被认为是无代价资源，许多地区仍习惯于采用大水漫灌的方式，灌溉水浪费现象十分严重。

解决上述问题的办法之一是建立合理的水费征收制度，充分发挥水价在灌溉水管理中的经济杠杆作用。目前，黄淮海平原的一些地方也在尝试性地调整灌溉水水价，并且取得了一定成绩。但区内仍存在的突出问题是灌溉水价偏低和没有建立起减少灌溉用水的效益补偿机制。为进一步促进灌溉水资源的合理使用，应积极推行以下水价措施：①计量收费。计量收费是促进节约用水的重要措施，鼓励灌区农民节约用水、减少灌溉水的利用量。②逐步调整灌溉用水价格。过低的灌溉水价既不利于农业节水，也不利于水利工程的正常运行。因此，要在兼顾农民承受能力的情况下，逐步提升灌溉用水价格，在农业用水领域推行“两部制”水价、丰枯季节水价和超定额累进加价等科学的水价制度。③加强末级渠系水价管理。要将末级渠系水价纳入政府价格管理范畴，依据末级渠系的运行管理成本核定末级渠系水价，推行“一价到户、一票收费”的终端水价制度。

附表 5.1 黄淮海平原区主要湿地及面积 km^2

湿地名称	面积	湿地名称	面积
洪泽湖湿地	1 576.9	七里海湿地	86.4
黄河三角洲湿地	1 531.2	千顷洼沼泽湿地	62.6
南四湖沼泽湿地	1 408.4	天津青甸洼湿地	61.0
莱州湾湿地	750.0	团泊湿地保护区	60.1
白洋淀沼泽湿地	366.0	滨海沼泽湿地	56.6
天津北大港沼泽湿地	322.1	马棚口湿地	54.4
昌黎黄金海岸保护区	300.0	唐山油葫芦泊湿地	54.1
骆马湖湿地	297.2	杨埕沼泽湿地	53.1
于桥水库水源保护区	235.6	大浪淀沼泽湿地	50.1
豫北黄河故道湿地	234.2	容城湿地	45.2
天津古海岸湿地保护区	211.8	天津尔王庄沼泽湿地	32.4
柳园口湿地	199.7	东黄坨湿地	28.2
宿鸭湖湿地	180.0	天津八门城沼泽湿地	25.6
宁晋泊沼泽湿地	156.6	无棣滨海湿地	24.3
陡河沼泽湿地	116.5	阜宁沼泽湿地	24.2
大清河湿地	116.3	大沽河湿地	23.1
天津大黄堡沼泽湿地	112.1	大贾庄湿地	19.2
恩县洼沼湿地	106.8	东丽湖湿地	15.8
北塘湿地	96.0	灌云沼泽湿地	15.2
东淀湿地	86.8	曹庄子湿地	14.7

附表 5.2 黄淮海平原 1995—2005 年各类农作物和茶园、果园面积 $10^4\ hm^2$

项目	年份											均值
	1995	1996	1997	1998	1999	2000	2001	2002	2003	2004	2005	
小麦	754.0	769.7	789.1	791.4	781.6	748.1	717.8	702.8	652.3	591.8	696.2	726.8
稻谷	165.5	175.3	178.2	174.8	177.9	149.6	145.9	151.3	154.0	136.0	156.1	160.4
玉米	465.0	502.6	471.4	504.6	513.2	470.5	480.7	491.9	492.7	522.9	519.2	494.1
豆类	143.2	132.8	129.7	146.3	134.8	143.3	131.2	122.7	114.2	96.2	111.8	127.8
薯类	114.1	113.6	107.9	105.0	106.0	104.9	96.8	94.9	77.8	67.1	72.4	96.4
油料	204.8	193.9	195.4	204.6	215.3	240.4	234.1	239.2	231.7	196.5	225.6	216.5
棉花	165.7	127.1	114.3	105.8	89.4	105.5	132.7	122.7	175.3	168.2	156.5	133.0
蔬菜	140.2	166.4	152.6	196.9	228.5	269.4	287.6	308.9	320.5	329.4	318.6	247.2
麻类	4.2	4.3	5.1	2.8	2.0	1.6	1.9	1.9	1.4	0.7	1.3	2.5
糖料	1.6	1.1	1.3	1.2	1.3	1.5	1.4	1.7	1.3	1.1	1.5	1.4
烤烟	8.7	11.7	15.1	10.8	9.7	11.2	10.7	9.4	8.7	3.6	8.0	9.8
茶园	5.1	5.1	5.1	5.1	5.0	5.1	5.3	5.4	5.7	5.3	6.3	5.3
果园	160.4	162.6	157.4	154.0	154.5	156.9	157.9	159.9	165.0	183.4	166.7	161.7
总计	2 332.5	2 366.1	2 322.4	2 403.4	2 419.2	2 408.0	2 404.0	2 412.6	2 400.7	2 302.1	2 440.2	2 382.8

参考文献

[1] Allen R. G. , Pereira L. S. , Raes D. , Smith M. . Crop Evapotranspiration: Guidelines for Computing Crop Water Requirements, Irrigation and Drain Paper No. 56. FAO [M]. Rome, Italy,1998:112-134.

[2] Clumpner G. , Solomn K. Accuracy and geographic transferability of crop water production functions [A]. Irrigation Systems for the 21st Century[C]. New York: ASCE, 1987: 285-292.

[3] Falkenmark M. Coping with Water Scarcity under Rapid Population Growth [M]. Conference of SADC Minister. Pretoria, 1995:94-101.

[4] Gleick P. H. Water in Crisis: Paths to sustainable water use [J]. Eological Applications, 1998, 8(3): 571-579.

[5] Henry C. P. , Amoros C. , Giuliani Y. Restoration Ecology of Riverine Wetlands: Ⅱ. An Example in Former Channel of the Rhone River [J]. Environmental Management, 1995, 19(6): 891-902.

[6] Rajput G. S. , Singh J. Water production functions for crops under different environmental conditions [J]. Agricultural Water Management, 1986(11):319-332.

[7] 崔保山,杨志峰.湿地生态环境需水量研究[J].环境科学学报,2002,22(2):219-224.

[8] 崔丽娟,鲍达明,肖红,等.基于生态保护目标的湿地生态需水研究[J].世界林业研究,2006,19(2):18-22.

[9] 崔远来,董斌,李远华,等.农业灌溉节水评价指标与尺度问题[J].农业工程学报,2007,23(7):1-7.

[10] 杜绍敏,周跃亚,田兆军.地下水资源计算问题的回顾与展望[J].黑龙江水专学报,1997(3):48-51.

[11] 郭建.对无资料地区地下水开采量的计算探讨[J].科技咨询导报,2007(16):53-54.

[12] 胡文明.微咸水灌溉对作物生长影响的试验研究[J].灌溉排水学报,2007,26(1):86-88.

[13] 胡习英,陈南祥.城市生态环境需水量计算方法与应用[J].人民黄河,2006,28(2):48-50.

[14] 李新虎,宋郁东,李岳坦.湖泊最小生态需水探讨[J].干旱区资源与环境,2007,21(2):114-117.

[15] 刘昌明,李云成."绿水"与节水:中国水资源内涵问题讨伦[J].科学对社会的影响,2006(1):16-20.

[16] 刘昌明,魏忠义.华北地区农业水文及水资源[M].北京:科学出版社,1989:1-32.

[17] 刘昌明.土壤水的资源评价.水量转换:实验与计算分析[A].北京:科学出版社,1988:6-25.

[18] 刘彦随,甘红,张富刚.中国东北地区农业水土资源匹配格局[J].地理学报,2006,16(8):847-854.

[19] 刘玉春,安秀容,杨路华.河北省微咸水利用潜力分析[J].水科学与工程技术,2006(1):13-15.

[20] 彭世彰,边立明,朱成立.作物水分生产函数的研究与发展[J].水利水电科技进展,2000,20(1):17-21.

[21] 彭世彰,徐俊增,丁加丽,等.节水灌溉与控制排水理论及其农田生态效应研究[J].水利学报,2007,10(S1):504-510.

[22] 钱正英,陈家琦,冯杰.人与河流和谐发展[J].中国水利,2006(2):7-10.

[23] 乔玉辉,宇振荣.灌溉对土壤盐分的影响及微咸水利用的模拟研究[J].生态学报,2003:2050-2056.

[24] 山仑,张岁岐.节水农业及其生物学基础[J].水土保持研究,1999,6(1):1-6.

[25] 石元春,贾大林.黄淮海平原农业图集[M].北京:北京农业大学出版社,1988:1-14.

[26] 王德荣,张泽,李艳丽.水资源与农业可持续发展[M].北京:北京出版社,2001:38-52.

[27] 王新功,徐志修,黄锦辉,等.黄河河口淡水湿地生态需水研究[J].人民黄河,2007,29(7):33-35.

[28] 魏忠义,汤奇成.西北干旱区地表水与地下水相互转化及总水资源的计算[J].干旱区资源与环境,1997,11(4):1-2.

[29] 西北农业大学农业水土工程研究所,农业部农业水土工程重点开放实验室.西北地区农业节水与水资源持续利用[M].北京:中国农业出版社,1999:10-46.

[30] 熊伟.未来气候变化情景下我国主要粮食作物生产模拟[D].北京:中国农业大学博士学位论文,2004.

[31] 徐志侠,王浩,唐克旺,等.吞吐型湖泊最小生态需水研究[J].资源科学,2005,27(3):140-144.

[32] 杨志峰,崔保山,刘静玲,等.生态环境需水量理论、方法与实践[M].北京:科学出版社,2003:22-102.

[33] 杨志峰,刘静玲,孙涛,等.流域生态需水规律[M].北京:科学出版社,2006:10-26.

[34] 尤春峰,冯焕勇,张焕智.黑龙江省三江平原地下水资源计算分析[J].黑龙江水利科技,2001(4):8-10.

[35] 张远,杨志峰.黄淮海地区林地最小生态需水量研究[J].水土保持学报,2002,12(2):72-75.

[36] 张展羽,俞双恩.水土资源分析与管理[M].北京:中国水利水电出版社,2006:24-63.

[37] 朱婧,王利民,贾凤霞,等.我国华北地区湿地生态需水量研究探讨与应用实例[J].环境工程学报,2007,1(11):112-118.

[38] 左强,李品芳.农业水资源利用与管理[M].北京:高等教育出版社,2003:247-265.

第6章

黄淮海平原城镇化对土地利用的影响

城市是社会经济发展到一定水平和一定阶段的产物，又是地域的政治、经济、文化和管理中心，对地域的经济、科技、社会及综合发展起推动和促进作用，是整个地区经济发展的发动机(谭纵波，2005)。合理的城市规模结构有利于合理配置资源，促进土地科学、可持续利用，优化产业布局，缩小区域差异，从而提高经济发展的整体水平。黄淮海平原是我国主要的粮食生产基地，对于我国的粮食安全保障具有重要的战略地位。同时，北京和天津等许多大城市位于该区，是我国城镇化发展的战略中心。因此，分析黄淮海地区城镇化对土地利用的影响具有重要的意义。

6.1　黄淮海平原城市体系基本概况

城市体系作为一个科学概念，在国外出现于20世纪60年代初期，形成于城市地理学和一般系统论的有机结合。按照体系的本质含义，是指“部分组成的整体”或“有组织的和被组织化的全体”、“以规则的相互作用又相互依存的形式结合的对象的集合”(周一星，1997)。因此作为一定地域范围内的城市体系，实质上是一个国家或一个地区一系列规模不等、职能各异、相互联系、相互制约的城市有机整体。城市体系是为了维持城市正常的活动，城市与城市间、城市与外部区域间总是不断地进行着物质、能量、人员、信息的交换与相互作用，把彼此分离的城市结合为具有一定结构和功能的有机整体。城市体系的构成一般需要具备以下条件：①城市群体内部各城市在地域上是邻近的，具有便捷的空间联系；②城市群体内部各城市均具有自己的功能和形态特征；③城市群体内部各城市从大到小，从主到次，从中心到一般集镇，共同构成整个系统内的等级序列，而系统本身又是从属于一个更大系统的组成部分(杨吾扬，2000)。

城市体系从系统角度而言与任何其他系统一样，具有群体性、关联性、层次性、开放性、动态性和整体性(何伟，2007)。

(1)群体性　城市体系的群体性是指城市体系是由一群或一组城市共同构成的整体，一个或少数几个城市是无法构成城市体系的，只有一定数量以上的城市聚集在一个地域之内才能组合成一个城市体系。

(2)关联性　城市体系关联性特征主要是指城市体系内各城市在经济、文化社会生活等各方面相互依赖、互为依存,彼此之间具有不可分割的关系。

(3)层次性　城市体系的层次性特征是指组成城市体系的各个城市在规模级别、功能大小、作用强度等方面呈现出由小到大、由简单到复杂的组织特征。

(4)开放性　城市体系的开放性特征是指城市体系本身及其所有城市在其发挥功能作用正常运行的过程中,与外界环境产生密切的相互作用,呈现出不同程度的扩散特征。

(5)动态性　城市体系的动态性特征是指城市体系的状态不是静止不变的,而是随着城市体系内、外部因素及时间因素产生种种变化。

(6)整体性　城市体系的整体性特征是指城市体系内的所有城市共同担负着区域社会经济运行和发展的任务,并在这一方面达到了统一。虽然城市体系中各城市在规模、职能等方面各不相同,空间位置也彼此独立,但它们却具有逻辑上的统一性,因而构成一个有机整体。

按行政建制划分,黄淮海地区有 2 个直辖市,分别是北京市和天津市;1 个副省级城市,为济南市;36 个地级城市,为东营、潍坊、唐山等;县级城市 37 个,分别为兖州、乐陵和禹城等;213 个县,分别为宁河、静海和蓟县等(表 6.1,图 6.1);建制镇 5 815 个。当前,黄淮海地区已

表 6.1　黄淮海地区城市数量及行政体系

项目	城市级别				
	直辖市	副省级市	地级市	县级市	县
城市名称	北京、天津	济南	东营、潍坊、济宁、德州、聊城、滨州、菏泽、石家庄、唐山、邯郸、邢台、保定、沧州、廊坊、衡水、徐州、连云港、淮安、宿迁、蚌埠、淮南、淮北、阜阳、宿州、商丘、亳州、郑州、开封、安阳、新乡、焦作、濮阳、许昌、漯河、周口、驻马店	青州、寿光、昌邑、兖州、乐陵、禹城、临清、辛集、藁城、晋州、新乐、鹿泉、南宫、沙河、涿州、定州、安国、高碑店、泊头、任丘、黄骅、河间、霸州、三河、冀州、深州、新沂、邳州、界首、新郑、卫辉、沁阳、孟州、禹州、长葛、永城、项城	宁河、静海、蓟县、济阳、商河、桓台、高青、垦利、利津、广饶、昌乐、鱼台、金乡、嘉祥、汶上、梁山、东平、陵县、庆云、宁津、临邑、齐河、平原、夏津、武城、阳谷、莘县、茌平、东阿、冠县、高唐、惠民、阳信、无棣、沾化、博兴、邹平、曹县、单县、成武、巨野、郓城、鄄城、定陶、东明、正定、栾城、行唐、高邑、深泽、无极、赵县、元氏、滦县、滦南、乐亭、玉田、唐海、昌黎、邯郸、临漳、成安、大名、磁县、肥乡、永年、邱县、鸡泽、广平、馆陶、魏县、曲周、邢台、临城、内丘、柏乡、隆尧、任县、南和、宁晋、巨鹿、新河、广宗、平乡、威县、清河、临西、满城、清苑、徐水、定兴、唐县、高阳、容城、望都、安新、曲阳、蠡县、顺平、博野、雄县、沧县、青县、东光、海兴、盐山、肃宁、南皮、吴桥、献县、孟村、固安、永清、香河、大城、文安、大厂、枣强、武邑、武强、饶阳、安平、古城、景县、阜城、丰县、沛县、铜山、睢宁、赣榆、东海、灌云、灌南、涟水、盱眙、响水、滨海、阜宁、沭阳、泗阳、泗洪、怀远、五河、固镇、凤台、濉溪、临泉、太和、阜南、颍上、砀山、萧县、灵璧、泗县、涡阳、蒙城、利辛、中牟、杞县、通许、尉迟、开封、兰考、叶县、安阳、汤阴、滑县、内黄、浚县、新乡、获嘉、原阳、延津、封丘、长垣、修武、博爱、武陟、温县、清丰、南乐、范县、台前、濮阳、许昌、鄢陵、襄城、舞阳、临颍、民权、睢县、宁陵、柘城、虞城、夏邑、淮滨、息县、扶沟、西华、商水、沈丘、郸城、淮阳、太康、鹿邑、西平、上蔡、平舆、正阳、确山、汝南、遂平、新蔡
个数	2	1	36	37	213

形成1个大都市连绵区和2个都市群。1个大都市连绵区是指京津冀大都市连绵区，包括北京、天津、唐山、秦皇岛、保定、沧州和廊坊等9个城市，面积约为16.72万 km^2；2个城市群是指山东半岛城市群和中原地区城市群，山东半岛城市群是指以济南和青岛为中心，包括淄博、东营和潍坊等8个城市，是我国东部重要的发展地区，也是环渤海地区的重要组成部分；中原地区城市群是以郑州市为中心，包括洛阳、开封、新乡、焦作、安阳和濮阳等9个城市，是中部最具发展潜力的地区之一(陆大道，2003)。

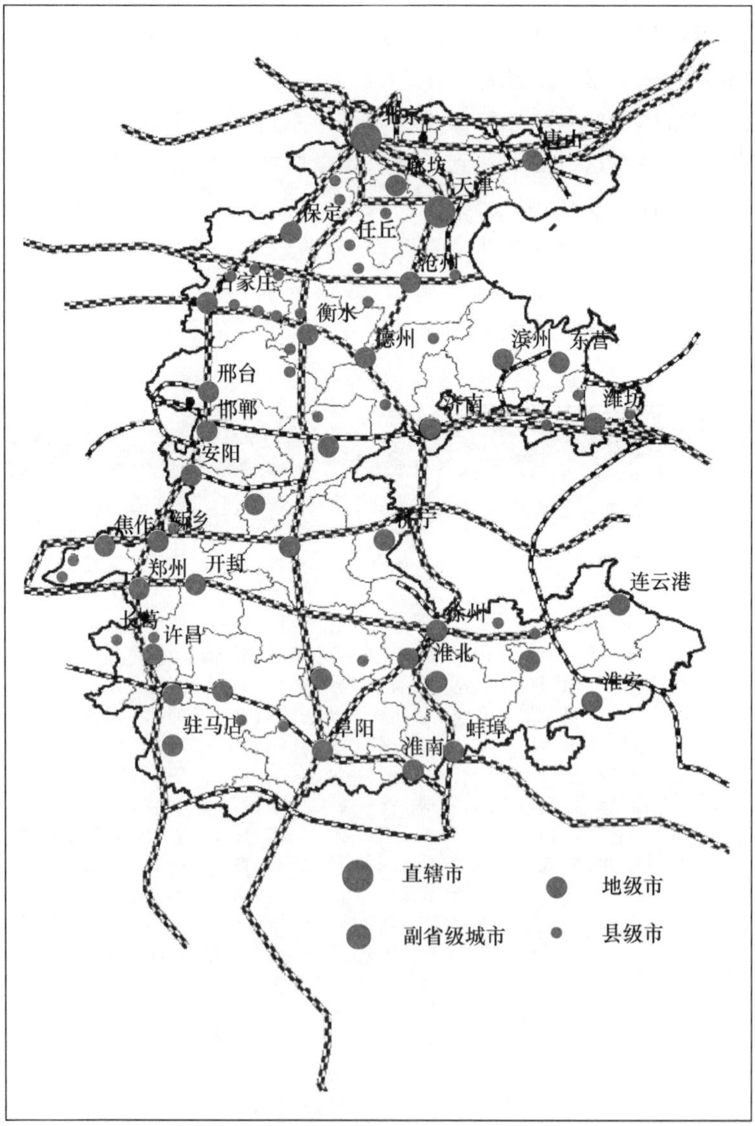

图6.1 黄淮海区域城市行政等级布局

6.2　黄淮海平原城镇化与城市用地扩张

城镇化(urbanization)最早是1867年由西班牙工程师赛特在《城镇化的基本理论》中首次提出的。随着18世纪中叶英国的产业革命，工业的兴起和发展，城镇化进程迅速加快。但是对城镇化概念的界定，一直是众说纷纭，莫衷一是。目前，人们普遍接受的一种说法是：城镇化是指农业人口向非农业人口转化并在城市集中的过程。在这个过程中，人口等生产要素由农村流入城市引起社会经济结构发生根本性变革并获得巨大发展的空间(周加来，2001)。具体包括以下3个方面：

(1)人口职能的转变　即由农业转变为非农业的第二、三产业，表现为农业人口不断减少，非农业人口不断增加。

(2)产业结构的转变　工业革命后，工业不断发展，第二、三产业的比重不断提高，第一产业的比重相对下降，工业化的发展也带来农业生产的现代化，多余人口转向城市的第二、三产业。

(3)土地及地域空间的变化　农业用地转化为非农业用地，由比较分散、低密度的居住形式转变为较集中成片的、密度较高的居住形式，从与自然环境接近的空间转变为以人工环境为主的空间形态。

对于城镇化定量化地测度可以有许多不同的角度，比如，可以从经济发展的角度，用国内生产总值，产值结构等指标来衡量；也可以从城镇建设的角度，通过城镇密度、城镇基础设施、固定资产投资等指标来反映；而目前普遍接受的则是城镇化率，即用城镇人口(或非农业人口)占该区域总人口的百分比来衡量。

城镇化是人类进步必然要经过的过程，经过了城镇化，标志着现代化目标的实现。目前，我国城镇化进程明显加快，已进入到高速城镇化的发展阶段。但是目前国内对于城镇化的研究，多是围绕着城镇化道路或模式进行的，对于城镇化可能引起的一系列问题却研究甚少。我们知道，合理的城镇化能带动区域经济发展，促使聚落形态、生产方式、生活方式、价值观等的转变。但是不合理的城镇化却会致使大量的耕地流失，影响粮食的生产和食物安全，危害失地农民的生计保障，并对城市的环境造成巨大的破坏。因此，本节将以黄淮海平原地区为例，重点分析城镇化对于土地及地域空间的影响。

黄淮海平原不仅是我国北方地区人口、产业和城镇密集地区，而且又是全国政治、经济、文化中心所在地，在全国经济发展格局中具有十分重要的战略地位。因此，研究黄淮海平原地区城镇化对土地的影响对于研究全国范围内的城镇化和土地及地域空间的变化具有重要意义。

6.2.1　城镇化主要特点

1. 城镇化程度高于全国平均水平，但地区分布不均衡

随着国家宏观经济政策由重点发展沿海区域向中西部内地的转移，黄淮海区域的城镇化发展迎来了一个快速的阶段。进入2000年以后，黄淮海平原地区的城镇化程度明显高于全国

平均水平,但是发展速度却慢于全国城镇化速度(表 6.2)。同时,由于区位和政策的不同,黄淮海区域不同地区的城镇化水平地区差异较大。如 2007 年,北京、天津两市的城镇化水平都超过了 70%,山东省为 54.71%,而安徽的阜阳、宿州、亳州则不超过 40%。在同一省内,差异也很明显,例如山东省的山东半岛比鲁西北和鲁西南地区城镇化水平要高 10%~15%。这给促进黄淮海区域和城乡均衡发展,进一步缩小城乡收入差距,加快现代化建设带来一定的障碍。

表 6.2 黄淮海平原和全国城镇化水平比较 %

项目	年份								
	2000	2001	2002	2003	2004	2005	2006	2007	2008
黄淮海城镇化率	46.54	47.20	47.78	49.36	50.23	50.98	51.56	52.25	52.54
全国城镇化率	36.22	37.66	39.09	40.53	41.76	42.99	43.90	44.94	45.68

注:1. 主要数据来源于《中国城市统计年鉴》。2. 由于条件有限,黄淮海城镇化率计算中所用的城镇人口等于地区的非农业人口加上两栖人口系数乘以地区的农业人口(城镇人口=地区非农业人口+两栖人口系数×地区农业人口),两栖人口系数参照相关资料取 0.3。

2. 城市职能以综合性城市为主,专业性城市数量较少

根据黄淮海地区的城市现状产业结构特征,可将全区的城市类型分为综合性城市与专业性城市两大类。

(1)综合性城市 这类城市主要是各级行政管理中心,并由行政管理职能带动各类经济因素的增长而形成的。按其管理权限和隶属关系可分为:①中央直辖市——国家级的政治、经济、文化中心。其中北京是我国行政中心城市的核心,也是全国城市体系的政治、文化和管理中心;天津是我国北方重要的工商经济中心和港口城市。②省会城市及省区首位城市,为省或大区级政治、经济和文化中心,包括济南、石家庄、郑州及青岛。③省内地区一级中心城市,系综合性的地区政治、经济和文化中心,如河北省的邯郸、邢台、保定、唐山、沧州、廊坊、衡水,山东省的淄博、潍坊、烟台、威海、济宁、泰安、德州、临沂、滨州、菏泽、聊城,河南省的开封、洛阳、新乡、安阳、焦作、濮阳、许昌、漯河、商丘、周口、驻马店、信阳,苏北地区的徐州、连云港、淮阴等,皖北地区的蚌埠、滁州、淮南、宿州、阜阳等。④县级市与县域政治、经济和文化中心,这类城市非农业人口在 5 万人以上的本区有 30 多个。

(2)专业性城市 主要是在矿业、交通枢纽及旅游业基础上发展起来的。其中发展历史较久、城市规模较大的专业性城市大多已在不同程度上向综合性城市发展。专业性城市按其主要职能可分为:①工矿业城市,如河北省的唐山(煤、钢铁)、邯郸(煤、钢铁)、任丘(石油),山东的淄博(石化、建材)、东营(石油),河南省的濮阳(石油),安徽的淮北(煤、化工、建材)等。②交通枢纽和港口城市。按各种运输方式完备程度划分,其中天津、青岛为各种运输方式兼备型,徐州、连云港、蚌埠为水陆空运型,北京、石家庄、济南、洛阳为陆空管运型,秦皇岛为水陆管运型,日照为水陆运型。③历史文化和风景旅游城市。包括北京,河北省的秦皇岛,河南省的开封、洛阳,山东省的青岛、济南、泰安、烟台、威海,以及江苏省的徐州等。

6.2.2 城镇用地扩张

在中国城镇统计中,计算一个城镇的土地面积有两种方法,即城镇建成区土地面积和城镇

市区土地面积。城镇建成区是指城镇政区范围内经过征用的土地和实际建设发展起来的非农业的生产建设地段，包括市区集中连片的部分以及分散在近邻区与城镇有着紧密联系，具有基本完善的市政公用设施的城镇建设用地（如机场、污水处理厂和通讯电台）。城镇市区则包括城区和郊区，市区范围要比城镇建成区大得多（刘露，2008）。由于中国城镇建成区更接近于城镇的实体区域。所以，本章中以城镇建成区建设用地表征城镇用地规模。在计算时，城镇用地面积等于城市建设用地面积与建制镇建设用地面积之和。

随着城镇化进程的加速推进，我国城镇人口和城镇规模也呈现快速发展。由于城镇基础设施完善，就业机会多，吸引了大量流动人口和移民，促进了城镇人口的快速增长。城镇人口的增加必然表现为城市居民对住房、交通和公共设施等方面的需求加强，因此，城镇人口的增加是城镇土地扩张的直接动因。同样，经济增长也是城市变化的主要动力之一，在城市扩张的过程中，城镇土地为城镇提供了一切社会经济活动的空间，也为城镇居民提供了生产生活的物质基础。

黄淮海平原大部分地区以农业生产为主，集聚着大量的农业人口，经济和社会发展落后，人们生活水平较低，城镇化是解决这一问题的主要措施。随着改革开放的深入，统筹区域发展战略的实施，黄淮海地区的城镇化迎来了快速的发展。由表 6.3 可知，从 1997—2008 年黄淮海地区城镇用地规模由 45.23 万 hm^2 达到 62.75 万 hm^2，2008 年较 1997 年增加了 17.52 万 hm^2，增长率达 38.73%。其中，建制镇用地规模增长快于城市用地增长，1997—2008 年期间，城市用地面积由 23.51 万 hm^2 达到 31.54 万 hm^2，增加了 8.02 万 hm^2，增长速度约为 34.11%，而建制镇用地面积由 21.71 万 hm^2 达到 31.21 万 hm^2，增加了 9.5 万 hm^2，增长速度约为 43.74%，这说明黄淮海区域的小城镇发展速度已经超越了大、中城市的发展。由图 6.2 可知，黄淮海地区的城镇用地面积在 2003 年之后迎来了较快的增长，这与国家实施科学发展观战略相关。

表 6.3 黄淮海平原 1997—2008 年城镇用地面积变化 万 hm^2

年份	城市用地	建制镇用地	城镇用地
1997	23.51	21.71	45.23
1998	23.93	22.21	46.14
1999	24.23	22.65	46.88
2000	24.41	23.08	47.49
2001	25.80	23.78	49.58
2002	25.96	24.41	50.36
2003	26.01	24.48	50.50
2004	28.40	26.52	54.92
2005	29.25	27.41	56.65
2006	30.06	29.20	59.26
2007	31.41	31.02	62.43
2008	31.54	31.21	62.75

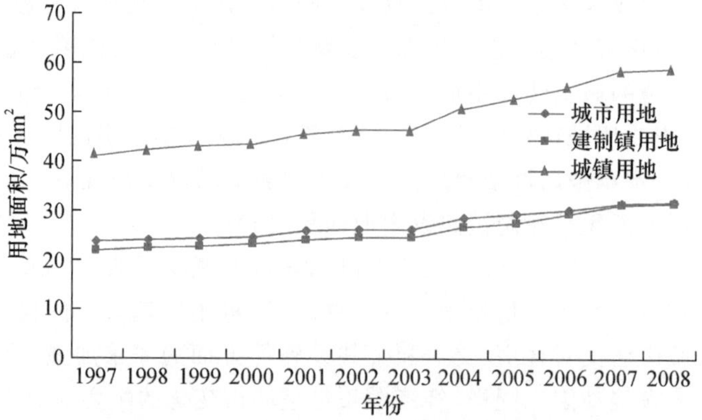

图 6.2 黄淮海平原 1997—2008 年城镇用地面积变化趋势

同时，黄淮海地区城镇化发展极其不平衡，在东部靠近沿海地区发展较快，如环渤海地区，而中西部地区发展较缓慢，如京九线中段附近区域。各地市城镇用地扩张状况也存在着明显差异，如廊坊、阜阳、济南、郑州等地 1997—2008 年的城镇用地增长率超过了 100%，而唐山、安阳、新乡、漯河和驻马店等地 5 年的城镇用地增长率则不到 20%。如表 6.4 所示，除少数城市，如邯郸市、衡水、邢台、宿迁和淮南等，城镇用地扩张速度与城镇化增长速度基本同步外，大多数城市的城镇用地扩张速度明显快于城镇化增长速度。

表 6.4 黄淮海平原部分城市 1997、2008 年城镇化度与城镇用地扩张变化情况

城市名称	S_1	S_2	S_3	城市名称	S_1	S_2	S_3
北京市	0.617	0.208	2.97	亳州市	3.07	2.543	1.21
天津市	0.275	0.098	2.81	济南市	1.119	0.276	4.06
石家庄市	0.326	0.193	1.69	东营市	1.012	0.234	4.33
唐山市	0.088	0.054	1.62	潍坊市	0.561	0.419	1.34
邯郸市	0.191	0.168	1.14	济宁市	1.692	0.536	3.16
邢台市	0.308	0.284	1.08	德州市	0.418	0.312	1.34
保定市	0.182	0.126	1.44	聊城市	1.632	1.462	1.12
沧州市	0.313	0.307	1.02	滨州市	3.21	0.802	4
廊坊市	1.25	1.145	1.09	菏泽市	1.675	1.583	1.06
衡水市	0.93	0.839	1.11	郑州市	1.557	0.152	10.25
徐州市	0.876	0.314	2.79	开封市	0.25	0.063	3.96
连云港市	0.274	0.146	1.88	安阳市	0.056	0.051	1.1
淮安市	0.379	0.038	9.88	新乡市	0.051	0.005	9.43
宿迁市	0.757	0.734	1.03	焦作市	0.143	0.134	1.07
蚌埠市	0.413	0.185	2.23	濮阳市	0.318	0.218	1.46
淮南市	0.175	0.164	1.07	许昌市	0.359	0.301	1.19
淮北市	0.771	0.081	9.51	漯河市	0.102	0.061	1.67
阜阳市	1.643	1.595	1.03	周口市	0.289	0.085	3.39
宿州市	2.431	1.359	1.79	驻马店市	0.127	0.056	2.29

注：S_1 表示表示 1997、2008 年城镇用地增长率；S_2 表示 1997、2008 年城镇化度增长率；S_3 表示城镇用地增长率与城镇化度增长率的比值，即 S_1/S_2。

6.3 黄淮海平原城市体系布局与特征

城市体系空间结构是区域范围内城市之间的空间组织形式，是其经济结构、社会结构和自然环境特征的空间投影，也是在一定社会经济发展下，区域城市发生、发展及其相互作用的产物(曾菊新，1996)。城市体系空间结构的发展存在4个阶段：①低水平阶段。②集核发展阶段。③聚集—扩散阶段。④高水平—网络化阶段。

6.3.1 基础理论和基本形式

6.3.1.1 基础理论

1. 世界体系理论

沃勒斯汀在1974年创立了世界体系理论(world-system theory)。按照沃勒斯汀研究，世界体系具有核心-边缘劳动分工的特征，形成核心国和边缘国间关系明显的不对称结构。核心国与边缘国的关系实质上是帮助核心国发展，其结果是边缘国成为不发达的国家。全球化过程通过世界体系的重新组织，核心与边缘的劳动分工进一步分化，从而导致全球经济的不平衡。在这种等级体系体制下，核心和边缘相联系的机制包括了不同的经济、政治和文化关系。世界体系结构和过程已经与国家城镇化形式、不同城市的社会结构和全球城市规模等级体系相连接。

2. 中心地理论

中心地理论是德国地理学家克里斯塔勒通过对德国南部城市和中心聚落的大量调查研究后提出的。他发现，一定区域内的中心地在职能、规模和空间形态分布上具有一定规律性，中心地空间分布形态会受市场、交通和行政3个原则的影响而形成不同的系统。由于理论的假设条件在实际达不到，但区域内的中心地具有不同的等级、规模和职能，等级越高，规模越大，数量越少，职能越复杂，这一普遍规律是可以作为城市体系布局原则的，即城市规模愈大，吸引的距离愈远，其服务范围也愈广，规模大的城市在数量上少于规模小的城市。

3. 增长极理论

法国的经济学家佩鲁提出的增长极理论的基本原理是：经济增长不是每个地方都具有同样的速度，往往是先集中在某些发展条件较优越的部门或企业，然后通过这些部门和企业的连锁效应，在其周围集聚其他许多相关部门和企业(包括第三产业)，逐步成为一定地区经济发展的中心，即增长极；继而通过不同渠道，使经济增长的势头扩散到周围地区，从而带动整个区域经济的发展。

4. 点轴理论

点轴理论是20世纪80年代陆大道先生提出的一种区域发展理论(陆大道，1995)。对于点轴理论的含义，陆大道先生指出：与自然界和社会的许多客观事物类似，生产力各要素在空间中相互吸引而集聚，同时又向外(周围)辐射自己的作用力(物质流、人流和信息流等）。

点轴开发即点轴渐进式扩散开发，包括3个方面的内容：一是在全国范围内规定若干联结主要城市、工矿区并且附近具有较好的资源、农业条件的交通干线所经过的地带，作为发展轴予以重点开发；二是在各个发展轴上确定重点发展的中心城市，规定各城市的发展方向和服务、吸引区。同时要确定中心城市和发展轴的等级体系；三是较高级的中心城市和发展轴线影响较大的区域，国家和地方较大的力量去集中开发，随着国家和地区经济实力的不断增强，经济开发的注意力愈来愈多地放在较低的发展轴和发展中心上。与此同时，发展轴线逐渐向较不发达地区延伸，包括发达地区的发展轴和中心城市较远的地区，将以往不作为中心城市的点确定为较低级别的发展中心。

5. *主要经济联系方向论*

城市地理学家周一星提出，在非均质空间和近于理智的人类活动条件下，城市和区域城市体系的空间结构受到主要经济联系方向的牵引而有某种规律性（周一星，1997）。

这一理论的前提是：

①城市是一个开放系统，其发展的主要动力是为城市以外提供产品和服务。

②城市与外部的相互作用按方向来分无非是向心和离心两种，即城市的吸引力和辐射力，可统称城市引力。

③城市大体上是有等级层次性的，其对外联系由不同方向、强度不均衡的力场构成。其中对它直接吸引范围内的低位次城市和区域的吸引力和辐射力称为第一引力，而受到的这个城市直接吸引范围以外更高位次城市和更发达区域的吸引力和辐射力称为第二引力。

④引力场的具体表现就是城市和区域的对外联系，最基本的是经济联系，其中有形的物流和人流的影响最为直接，而无形的信息、技术等流动也有重要影响。

以上前提是现实存在，而非理想抽象，在这样的前提下：

①城市的实体地域会沿着它的对外联系方向而延伸，当几个方向的引力不均衡时，城市会偏重于主要对外联系方向而发展。

②在漫长的历史发展中，一个城市城址的变迁往往朝着它的主要经济联系方向移动。

③在一个相对完整的地域里，若第二力场在几个方向上的引力相对均衡，即没有明显的主导对外联系方向时，则中心城市常在第一力场的均衡点上成长发育，取区域的中心区位或重心区位。在第二力场明显不均衡的情况下，即区域在外部有明显的主导对外联系方向时，中心城市常在区域偏于主要对外联系方向的门户位置上形成发展。若一城市能兼得区域中心区位和门户区位两种优势，该城市常常成为稳定的区域首位城市。

④城市的主要经济联系方向既有相对稳定的一面，也有随着经济格局、宏观形势和政策的变动而发生变化的一面。因此城市发展的主导方向也可能发生变化。

⑤ 城市沿主要经济联系方向而发展的基本原理是最小努力原则。即通过中心城市集散的人流物流效率最高，人·km和t·km趋于最小。

另外，常用的城市体系布局理论还有门槛理论、带形城市理论、反磁力吸引体系理论。

6.3.1.2 基本形式

城市布局的形式可根据城市首位度分为极核型、双核型、均衡型。城市首位度（urban primacy indexes）是指一个地区最大城市与第二大城市人口规模之比，可以作为衡量一定地域城市体系的等级规模关系的指标(何伟,2007)。

1. 极核型(向心型)

在一定范围内(省域、市域或县域)只有一个中心城市,多个次级城市。中心城市性质具有综合性,大多为行政中心。这种形式往往出现在平面形态呈方形或近圆形、中心城市位于中央的地区。这样形成的中心城市,集聚功能较强,人口规模与经济规模一般都较大,远远超过任何二级城市,因此城市首位度较大,一般大于4.5,二级城市分布相对均衡。

2. 双核型(分裂型)

在一定范围内有多个(二镇或多镇)性质或规模相当的小城市,往往是在区域内存在着与中心城市并重的一个或两个副中心。分裂型城市体系首位度小,一般介于1~1.6,城市体系的中心地位由几个城市共同承担,副中心在区域经济中发挥着不可代替的作用。这种分布形式的形成一般是由于其平面形态为长形,中心城市偏于一隅,需要在另一半地区有另一个中心城市。

3. 均衡型

区域内没有明显的核心,一级城市之间规模、性质相当,城市首位度一般介于1.6~4.5。在小的区域,如县域内出现这种形式,一般小城市之间联系不紧密,尚未形成真正的有机整体。这种空间分布型的中心往往为更高级别的中心城市所取代。例如环绕大中城市周围的市郊县,由于已有中心城市作为核心,县域内难以产生中心城市,只能在城市四周的县境内产生几个分散的、不很强大的一级小城市。而在较大的区域,如省域则城市体系发育较完整,其经济发展程度一般也较好,或者地域城市经济发展较均衡,如江苏、广东、浙江等。

6.3.2 城市规模等级结构

城市规模包括城市人口规模和城市用地规模。一般地讲,人口规模的大小决定用地规模大小,城市用地规模随着城市人口规模而变化,所以,可以通过人口规模和人均建设用地指标的确定,来确定城市的用地规模。但人口规模的发展也不是绝对地支配用地的扩展,人口的变化是连续的,有个别城市在一定时期内人口可能会衰退,但用地规模的发展带有一定的阶段性和跳跃性,也不会由于短时期的人口回落而致使用地规模变小。用地规模也不只被动地适应人口发展的需求,当城市用地受到限制时,其他条件再好,城市也难以壮大其规模。当城市用地条件受到限制时,用地容量决定人口规模,城市只能走内涵式的发展道路。当一个城市开发条件很好时,城市用地也不得过分扩展,不能把城市架子铺开得太大而长久无人工作或居住;两个规模之间必须保持一个平衡的、有机的发展态势(郝晋珉,2007)。由于经济水平的高低对城市的规模也有着直接的影响,一个地方的经济水平较高,相应地将会投入大量资金进行城市建设,从而扩大其城区规模,进而吸引更多的人口居住。从市辖区人口、建成区面积、市辖区经济总规模、市辖区人均建成区面积和市辖区人均经济规模等几个因素对黄淮海区域县级及以上城市规模进行分析,黄淮海区域县级以上城市2009年相关数据见表6.5。

表 6.5　黄淮海区域 2009 年县级以上城市规模相关数据

城市名称	市辖区人口/万人	建成区面积/km²	市辖区经济总规模/亿元	市辖区人均建成区面积/(m²/人)	市辖区人均经济规模/(元/人)
北京	1 175	1 350	11 972	115	101 889
天津	803	662	7 030	82	87 547
石家庄	243	201	1 082	83	44 527
唐山	307	224	1 919	73	62 508
邯郸	147	108	484	73	32 925
邢台	61	70	187	115	30 656
保定	106	131	481	124	45 377
沧州	53	44	327	83	61 698
廊坊	81	59	284	73	35 062
衡水	31	44	142	142	45 806
徐州	186	206	1 143	111	61 452
连云港	89	100	370	112	41 573
淮安	275	110	686	40	24 945
宿迁	160	63	309	39	19 313
蚌埠	93	103	267	111	28 710
淮南	181	97	363	54	20 055
淮北	109	63	282	58	25 872
阜阳	204	71	189	35	9 265
宿州	184	50	215	27	11 685
亳州	160	57	160	36	10 000
商丘	173	59	204	34	11 792
济南	348	336	2 513	97	72 213
东营	83	103	1 377	124	165 904
潍坊	181	136	690	75	38 122
济宁	120	89	539	74	44 917
德州	63	41	307	65	48 730
聊城	105	65	210	62	20 000
滨州	63	82	286	130	45 397
菏泽	150	63	206	42	13 733
郑州	285	337	1 432	118	50 246
开封	85	94	189	111	22 235
安阳	108	75	312	69	28 889
新乡	101	96	269	95	26 634
焦作	84	90	222	107	26 429
濮阳	67	36	221	54	32 985

续表 6.5

城市名称	市辖区人口/万人	建成区面积/km²	市辖区经济总规模/亿元	市辖区人均建成区面积/(m²/人)	市辖区人均经济规模/(元/人)
许昌	41	74	169	180	41 220
漯河	139	52	344	37	24 748
周口	53	44	94	83	17 736
驻马店	66	49	158	74	23 939
辛集	62	24	190	39	30 645
藁城	77	18	238	23	30 909
晋州	53	16	122	30	23 019
新乐	49	13	109	27	22 245
鹿泉	38	18	177	47	46 579
南宫	47	16	54	34	11 489
沙河	47	14	111	30	23 617
涿州	64	25	184	39	28 750
定州	121	25	191	21	15 785
安国	41	13	74	32	18 049
高碑店	55	22	134	40	24 364
泊头	59	20	170	34	28 814
任丘	82	42	667	51	81 341
黄骅	44	22	182	50	41 364
河间	80	15	194	19	24 250
霸州	60	18	242	30	40 333
三河	53	19	285	36	53 774
冀州	37	16	57	43	15 405
深州	57	17	71	30	12 456
新沂	102	31	135	30	13 235
邳州	172	40	224	23	13 023
界首	78	18	56	23	7 179
青州	91	46	294	51	32 308
寿光	103	37	443	36	43 010
昌邑	58	25	211	43	36 379
兖州	63	31	325	49	51 587
乐陵	69	17	105	25	15 217
禹城	52	40	115	77	22 115
临清	75	22	180	29	24 000
新郑	62	23	351	37	56 613
卫辉	50	19	59	38	11 800

续表 6.5

城市名称	市辖区人口/万人	建成区面积/km^2	市辖区经济总规模/亿元	市辖区人均建成区面积/(m^2/人)	市辖区人均经济规模/(元/人)
沁阳	50	17	205	34	41 000
孟州	38	22	150	58	39 474
禹州	126	32	345	25	27 381
长葛	71	41	303	58	42 676
永城	149	20	235	13	15 772
项城	131	37	158	28	12 061

注:由于在计算时,采取的人口为市辖区人口,造成其人均建成区面积偏低。

由表 6.5 数据分析可知,黄淮海区域城市规模差别较大,其差别趋势基本符合按行政等级划分,在该区域中,北京和天津的城市规模最大,济南次之;在地级市级别中,省会城市规模与地方地级城市相比较大。同等行政级别的城市中,经济较发达地区城市规模较经济落后地区较大。黄淮海区域这种差别化的城市规模会导致区域发展的不平衡,未来的几年应重点扶持相对规模较小的城市发展,为黄淮海区域的均衡发展提供更多的动力。

城市规模等级是指某区域(国家、地区等)内城市人口规模的层次分布(陈彦光和刘继生,1998)。一个地区的城市体系由不同规模的城市组成,并具有一定的规模结构。一般情况下,规模越大的城市,数量越少,人口规模和用地规模越大,各城市之间的差距越小;规模城市越小的城市,数量越多,人口和用地规模越小,各城市之间的差距也越小,因此城市体系中城市等级结构的划分是各城市均匀发展的前提条件。规模等级结构是城市体系的一个重要的结构特征,也是城市体系研究的主要内容之一。对于黄淮海区域城市等级结构的研究,主要是研究该区域内各类城市的规模层次分布特征,以及不同规模等级城市的组合特征和发生发展规律,指出其未来的发展趋势,为制定黄淮海区域城市体系发展战略服务。

当前用于分析城市规模等级的理论和方法主要有:城市首位律、四位城市指数和十一城市指数、城市金字塔和位序-规模律等。为了更好地体现城市的综合实力,通过建立城市规模的评价指标体系来对其进行评价,在以往对城市规模等级结构进行分析的过程中,城市规模一般用该城市的经济规模、人口规模或者建成区规模等单一指标来表示,但是城市是由人口、物质、资金、技术、信息等所组成的巨大"磁场",所以单一的指标并不能反映城市规模。由于城市规模反映的是一个城市在一定时期内经济、社会、人文、基础设施、环境、科教和文教等各个领域所具备的实力,可以由城市社会生产力和生产关系高度协调发展的水平来衡量。在时间上,它是动态与静态的结合,城市社会经济的不断发展本身就是综合实力增强的过程,但综合实力比较也只能以某一时间段为基础;在空间上,它又是相对的,实力的强弱是城市之间此升彼伏的相对概念,表达其强弱的综合得分仅反映一个相对差别。有的城市在某一方面功能可能更强,因而形成了各具特色的城市,这决定了某些城市在综合实力比较中虽不占有优势,但在某一方面或某一子系统的比较中可能处于领先地位。因此,城市只有在充分发挥各自优势和特点的基础上谋求全面和可持续发展才是真谛。

基于上述原因,在利用黄淮海区域城市现有统计数据指标构建"城市规模"评价指标体系时,应遵循以下基本原则。

(1)科学性原则　"城市规模"的评价是一项复杂的系统工作,在指标的选取上,应能准确科学反映城市竞争力，从不同角度说明城市总体指标，形成一个较为完整的指标体系。

(2)代表性原则　城市规模评价设计城市的不同领域，按照应对主要领域具有代表性的原则，选取指标时要综合考虑经济总量、人口规模、基础设施、环境建设和公共服务设施建设几个方面进行。同时，在确保代表性的前提下，尽量减少指标数量，避免过于庞杂，以提高实施过程中的可操作性。

(3)可行性原则　选取的指标必须能够进行度量和测定，便于量化，指标内涵明确且具有唯一性；计算和计量范围、口径一致，具有可比性，能够进行统一的比较和分析，尽可能利用已有的信息资源和数据。

根据科学性、代表性和可行性原则，从综合经济、基础与公共服务设施、文化科技教育和人口与建设用地 4 方面，选取经济规模、固定资产投资额、地方财政收入、人均经济规模、人口规模和建成区规模等 24 项指标(表 6.6)来对黄淮海区域各城市规模进行评价，并通过聚类法对黄淮海区域城市体系规模等级结构进行划分。其中人口和建设用地主要反映了城市基础规模的大小，综合经济反映了城市的竞争力，基础与公共服务设施则反映了城市建设的大小和发展的潜力，文化科技教育反映了城市的软实力。

表 6.6　“城市规模”评价指标体系

评价领域	评价类别	评价指标
综合经济	经济总量水平	经济规模(亿元)
		固定资产投资额(亿元)
		地方财政收入(亿元)
		地方财政支出(亿元)
	经济人均占有量	人均经济规模(元)
		人均固定资产投资额(元)
		人均可支配收入(元)
	经济结构优化	三产增加值占 GDP 比重(%)
		三产从业人员比重(%)
基础与公共服务设施	基础设施	客运总量(万人)
		货运总量(t)
		邮政总量(万元)
		电信总量(万元)
		用电总量(kW·h)
		医院个数(所)
		中学个数(所)
		影、剧院个数(所)
文化科技教育	文化教育	公共图书馆藏书量(万册)
		教育经费投资额(亿元)
	科技	专利授权量(件)
人口与建设用地	人口规模	人口规模(万人)
		人口密度(人/km^2)
	建设用地规模	建成区面积(km^2)
		人均建城区面积(m^2)

通过离差平方聚类方法选取上述24项指标对黄淮海区域各城市规模评价结果进行聚类，根据中国城市行政级别划分，选取聚类群集数(城市规模等级类别)为3～5个，聚类方法选择组间连接，标准选取平方Euclidean距离，进行逐步聚类，聚类结果如表6.7所示。

表6.7 黄淮海区域城市规模聚类结果

城市名称	4群集	5群集	6群集	城市名称	4群集	5群集	6群集	城市名称	4群集	5群集	6群集
北京	1	1	1	廊坊	4	4	4	邳州	4	5	6
天津	2	2	2	德州	4	4	4	沁阳	4	5	6
济南	3	3	3	淮北	4	4	4	辛集	4	5	6
郑州	3	3	3	长葛	4	4	4	霸州	4	5	6
石家庄	3	3	3	驻马店	4	4	4	涿州	4	5	6
唐山	3	3	3	阜阳	4	4	4	项城	4	5	6
徐州	3	3	3	聊城	4	5	5	永城	4	5	6
东营	3	3	3	周口	4	5	5	高碑店	4	5	6
潍坊	3	3	3	兖州	4	5	5	泊头	4	5	6
许昌	4	4	4	宿迁	4	5	5	藁城	4	5	6
保定	4	4	4	青州	4	5	5	新沂	4	5	6
滨州	4	4	4	濮阳	4	5	5	定州	4	5	6
连云港	4	4	4	寿光	4	5	5	临清	4	5	6
衡水	4	4	4	禹城	4	5	5	沙河	4	5	6
蚌埠	4	4	4	新郑	4	5	5	晋州	4	5	6
淮安	4	4	4	漯河	4	5	5	河间	4	5	6
邢台	4	4	4	菏泽	4	5	5	冀州	4	5	6
邯郸	4	4	4	三河	4	5	5	卫辉	4	5	6
焦作	4	4	4	孟州	4	5	5	新乐	4	5	6
开封	4	4	4	宿州	4	5	5	深州	4	5	6
新乡	4	4	4	禹州	4	5	5	乐陵	4	5	6
济宁	4	4	4	亳州	4	5	5	南宫	4	5	6
任丘	4	4	4	商丘	4	5	5	安国	4	5	6
沧州	4	4	4	黄骅	4	5	5	界首	4	5	6
淮南	4	4	4	鹿泉	4	5	5				
安阳	4	4	4	昌邑	4	5	6				

由对黄淮海区域城市聚类的结果分析可知：①无论城市类别个数选取4、5或6，北京市和天津市都是第一、二等级，这说明了北京市和天津市的各项指标远远大于其他各城市，同时北京市的城市规模大于天津市，其等级不同。②由于4群集的结果较为单一，排除这种分类。③5群集，总体上将黄淮海区域城市体系分成五大类，即一类的北京市，为我国的首都；二类的天津市，为直辖市级别；三类的济南市、石家庄市和郑州市等，属于省会城市或规模类似级别的城市；四类的许昌、保定和连云港等，属于地级市中规模较大级别的城市；五类的聊城、周口、兖州、宿迁、青州和濮阳等，属于地级市中规模较小级别的城市。④6群集是在5群集的基础上将第五类城市进一步细化，即将县级城市中规模较大和地级城市规模较小者划为一类，余者县

级城市规模较小的为一类。因此，选取6群集的聚类结果作为黄淮海区域城市等级分类，综上所述，可以将黄淮海区域城市体系划分为6个等级，其中一等城市为北京市，二等城市为天津市，三等城市为济南等7个城市，四等城市为许昌等23个城市，五等城市为聊城等19个城市，六等城市为昌邑等25个城市(图6.3)。具体分类情况见表6.8。

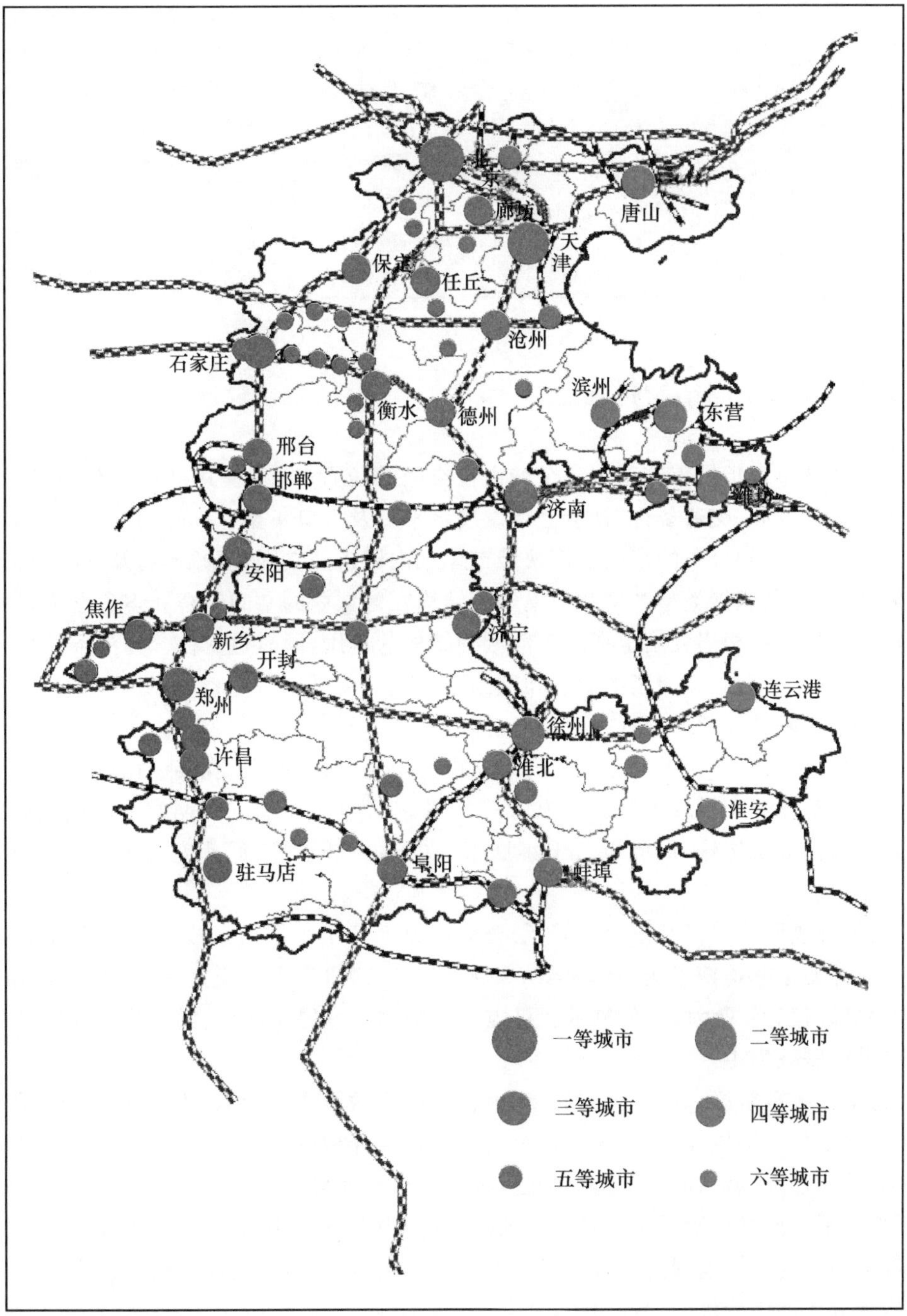

图6.3 黄淮海区域城市空间结构布局

表 6.8 黄淮海区域城市规模等级划分情况

城市等级	一等	二等	三等	四等	五等	六等
城市名称	北京市	天津市	济南、郑州、石家庄、唐山、徐州、潍坊、东营	许昌、保定、滨州、连云港、衡水、蚌埠、淮安、邢台、邯郸、焦作、开封、新乡、济宁、任丘、沧州、淮南、安阳、廊坊、德州、淮北、长葛、驻马店、阜阳	聊城、周口、兖州、宿迁、青州、濮阳、寿光、禹城、新郑、漯河、菏泽、三河、孟州、宿州、禹州、亳州、商丘、黄骅、鹿泉	昌邑、邳州、沁阳、辛集、霸州、涿州、项城、永城、高碑店、泊头、藁城、新沂、定州、临清、沙河、晋州、河间、冀州、卫辉、新乐、深州、乐陵、南宫、安国、界首

6.3.3 城市空间结构特征

城市空间分布是指城市体系内各个城市在空间的位置、联系及其组合状态。城市空间分布与区域内自然资源、交通条件、社会经济发展水平以及人口集聚程度等因素密切相关(何伟，2007)。分析城市空间分布的目的是反映城市体系内城市的空间位置、形态及其相互关系的特征。具体地说，它是职能类型结构和规模等级结构在区域内的空间组合和表现形式，因此城市空间结构分布的特征相当程度上取决于前两种结构的作用，同时也受社会经济条件、自然地理条件、城镇化水平以及人文因素的影响和制约。

城市体系空间结构的发展存在着 4 个阶段：

(1)低水平阶段　以若干分散孤立的小城市为中心，以小范围经济活动的封闭式循环为主要特征。城市空间分布及城市等级较为均衡、规模和职能单一；城市间以纵向联系为主，同级城市间缺乏横向分工协作，形成以若干小城市为中心的低水平、低速度均衡稳定发展的城市体系。

(2)极核发展阶段　以城市为中心，结合周围地区若干小城市形成初级城市群结构类型，此阶段产业开始呈非均衡聚集，区域经济发展的优势部门集中在交通条件、经济基础好的城市，形成优势区位，并成为区域发展的核极点。高级城市发展速度快、低级城市发展速度慢，城市间仍以纵向联系为主。

(3)聚集—扩散阶段　以一个大城市为核心，城市数量不多，但已基本形成城市群聚区框架，城市群轴线仍在形成发展中，极核增长的环境容量导致外部不经济，产业人口向低级城市扩散，扩散效应加强，城市间分工协作加强，中等城市发展加速。

(4)高水平—网络化阶段　在较大区域范围内，由若干大中城市共同组成城市群的中心，是城市群空间结构形式发展的高级阶段。由于经济网络化，导致产业结构高级化，城市体系在区域结构熵进入高级阶段的均衡状态。

城市空间结构布局分析可以从城市分布密度、联结形式、城市群形态特征 3 个方面进行(刘露，2008)。城市分布密度是反映不同面积的空间地域单元之内城市数量的指标；城市联结形式则反映城市体系城市之间相互空间位置关系特征及类型;城市群形态特征从城市体系空间分布角度而言,是指城市群之中的城市数量、核心城市数量及城市群总体外在组合形态特征等。有的学者研究认为:我国城市群地域空间结构类型及城市群形态可分为块状城市集聚区、条状城市集聚区和以大城市为核心的城市群等3种基本类型。块状城市集聚区的城市群体分布地域范围较广,由若干个大、中城市共同组成城市群体的核心,是城市群空间形式发展的高级形式。条状城市密集区的城市群体所组成的城市数量一般不多,大多以一个主要城市为核心,已基本形成块状城市集聚区框架,但城市群的轴线仍在形成、发展之中。以大城市为核心的城市群体分布是以一个特大城市或大城市为中心,结合其周围若干个中、小城市,共同形成的初级城市群体地域空间结构类型,该类型多见于地域经济发展还比较薄弱的地区,城市群体作为区域经济开发的极核刚刚形成。本书通过密度分析法、联结形式和城市群形态特征对黄淮海地区城市空间特征进行分析。

6.3.3.1 城市空间布局密度

区域城市分布的疏密状况是空间结构布局的最直接表现形式,区域城市空间布局密度可以用密度分析法来进行,其公式如下:

$$\rho = n/S \tag{6.1}$$

式中:ρ 为某一区域的城市密度;n 为该区域内城市个数,可以取不同规模等级的个数;S 为区域总面积,也可取区域耕地总面积、总人口或国民生产总值。分别选择不同的 S 含义(区域总面积、区域总人口、区域耕地面积),计算出相应的黄淮海区域城市空间布局密度 ρ(表6.9)。从区域总面积和耕地面积来看黄淮海地区城市空间布局密度较大,而从区域总人口来看黄淮海地区城市空间布局密度较小。

表6.9 黄淮海区域城市空间布局密度

S	区域总面积	区域总人口	区域耕地面积
ρ	2.29个/万 km^2	3.19个/千万人	4.03个/万 km^2

6.3.3.2 黄淮海区域现状城市发展格局特征

黄淮海地区交通发达,铁路、公路纵横交错,已经构成完善的交通网络体系。初始时期,黄淮海地区城市主要依托于河流与公路形成,随着新中国成立后,我国铁路建设迎来了高峰期,由于黄淮海得天独厚的地形优势,其铁路建设得以迅速和全面地推进,而黄淮海地区的城市空间也由河流和公路转向铁路线发展,一些新兴的城市也逐渐的崛起,如郑州、石家庄等,初步形成了“三纵五横”的网格状空间格局,体现了其城市分布密集的特点。“三纵”是指位于黄淮海区域东部沿京沪线由北京—天津—济南—徐州—蚌埠等大、中等城市构成的东轴,位于黄淮海区域西部沿京广线由北京—石家庄—郑州—漯河等大、中等城市构成的西轴,位于黄淮海区域中部的沿京九线由北京—衡水—菏泽—阜阳构成的中轴;“五横”是位于黄淮海区域北上部沿京秦线由北京—天津—唐山构成的北上轴,位于黄淮海区域北下部沿石太线和胶济线由石家庄—德州—济南—潍坊构成的北下轴,位于黄淮海区域中部沿新焦线和新石线由焦作—新乡—菏泽—兖州构成的中部轴，位于黄淮海区域南上部沿陇海线由郑州—开封—徐州—连云港构成的南上轴，位于黄淮海区域南下部沿漯阜线由漯河—许昌—阜阳—蚌埠构成的南下轴。

纵轴是黄淮海区域的城市体系的核心，集中了主要的特大城市和大城市，集聚着主要的城市人口，将成为黄淮海地区城镇化发展和区域经济合作发展的重点区域，其中东轴和西轴是黄淮海地区城市发展的最好地区。东轴主要分布于东部地区沿海发达城市，连接长江三角洲、京津冀两大都市绵延区和山东半岛都市群，是黄淮海地区进行经济发展转型和调整产业结构的排头兵，是加速现代化进程，缩小与发达国家经济、科技水平差距的重要区域；西轴主要分布于我国中部地区，是加强中西部与东部联系，实现中部崛起的重要城市廊道，该轴连接珠江三角洲、京津冀两大都市绵延区和中原地区、江汉平原、湘中地区 3 个城市群；中轴仍处于培育发展阶段，其构成城市大多为中小城市，主要位于河北、山东、河南和安徽的经济落后地区，其功能作用与西轴相同，主要目的是促进中部地区的崛起，同时对“黄泛区”、“淮泛区”等经济贫困地区起到拉动作用。

由于黄淮海区域形状呈南北长而东西窄，横轴的城镇带较短，但在连接中西部和东部地区具有重要作用。北上轴是连接内蒙古中西部地区与京津冀都市绵延区的重要通道，同时起到承接渤海湾物流集散的作用，该轴将在国家支持发展渤海圈经济战略的支撑下，以北京、天津两个特大都市为引擎，形成黄淮海区域经济社会最发达的城市带。北下轴连接山西及河北中南部和山东半岛城市群，具有发展实力的石家庄、济南、潍坊、衡水和德州等大中城市位于此轴，目前已经初具规模，同时迎来了国家中西部发展战略和山东半岛蓝色经济区建设的机遇，该轴是承接山东半岛向山西、陕西等中西部地区物流转移的重要通道，该轴是黄淮海区域北部重要的一翼，起着缓解北京和天津两大城市压力的作用。中轴和南上轴构成黄淮海中部主要的城镇带，该轴连接山东半岛城镇群、中原地区城镇群和关中城镇群，是横跨欧亚两大洲、沟通三大洋的“大陆桥”，是已成为我国重要的一条东西两头可以双向开放的陆上大交通动脉，是发挥东部地区，特别是环渤海地区对西北部的辐射带动作用，加强我国东、西部协作的重要走廊，同时又是黄淮海地区最具发展潜力的城市群，其建设与发展将带动黄淮海区域中南部的发展。南下轴主要沿淮河流域形成，是承接长三角都市区与中西部地区的主要通道，目前该轴城市规模较小，经济实力较弱，但随着产业的转移和国家对淮河流域发展战略的重视，该区域将迎来发展契机，会带动淮海流域豫东、皖北和苏北经济落后地区的发展。

6.4 黄淮海平原城市辐射带动下的土地利用结构

城镇化过程是和工业社会的经济发展相同步的一个客观存在的历史过程。在这一历史阶段，城镇作为社会财富生产、集聚中心起着越来越大的作用，对土地的需求也将扩大。土地作为城镇发展的物质基础和承载空间，与城镇化之间存在着密切的关系，随着城镇化的推进，土地利用结构也将会发生着显著的变化，本节将从城镇化的角度对黄淮海地区的土地利用结构的变化进行分析。

6.4.1 土地利用结构变化

黄淮海地处平原地区，土地利用方式还是以农用地为主，占土地总面积的70.60%。2008年，耕地面积约占区域总面积的53.00%，较1997年减少了1.49%。2008年城镇用地面积占区域总面积约为1.71%，远低于农村居民点用地的9.20%。考虑到区域总面积并无明显变化，所以土地利用结构的变化反映了土地的流向，根据表6.10的计算结果，1997—2008年期间，随着城镇用地面积的不断扩张，园地、独立工矿用地、交通用地、未利用地比重变化较为明显。土地主要由耕地、未利用地、牧草地流向了林地、园地、城镇用地和交通用地等地类，在居民点及独立工矿用地中，城市、建制镇和独立工矿用地比重有了明显的提高，分别提高了0.22%、0.26%和0.60%，农村居民点用地比重下降了0.02%。这体现了黄淮海区域城镇化经历了一段时期的快速发展，但同时区域发展极其不平衡，总体的城镇化水平不高。同时，随着城镇化的发展，人们对基础设施服务水平和生态环境保护的要求越来越高。

表6.10 黄淮海区域1997、2008年土地利用结构变化情况

地类名称	1997年比重/%	2008年比重/%	变化值/%	变化率	S
耕地	54.49	53.00	−1.49	−0.027	28.40
园地	2.95	3.19	0.24	0.081	9.63
林地	5.50	6.27	0.77	0.141	5.53
牧草地	0.22	0.14	−0.08	−0.351	2.22
建设用地	15.13	16.57	1.44	0.095	8.21
居民点工矿	13.05	14.13	1.08	0.083	9.38
城市用地	0.64	0.86	0.22	0.341	2.28
建制镇	0.59	0.85	0.26	0.437	1.78
农村居民点	9.22	9.20	−0.02	−0.002	345.94
独立工矿	1.64	2.24	0.60	0.364	2.14
交通用地	0.69	1.00	0.31	0.442	1.76
未利用土地	8.34	7.65	−0.69	−0.083	9.35
水域	5.44	5.19	−0.25	−0.046	16.98

注：S为城镇用地的变化率与其他地类的变化率绝对值的比值，即S=城镇用地的变化率/|其他地类变化率|。

如表6.11所示，在建设用地内部进行比较分析，1997—2008年期间，区域内农村居民点用地占建设用地的比重变化最为明显，减少了5.4%，说明了受到城镇化的影响，农村人口逐渐向城市人口转移，同时，国家和地方注重对农村居民点用地的整治。其他主要地类则呈现增加的趋势，表现为：独立工矿用地占建设用地的比重提高最为明显，提高了2.67%；其次是交通用地、建制镇和城市用地，分别提高了1.45%、1.22%和0.95%。这说明，黄淮海区域小城镇的发展速度已经超越了城市的发展，这也与我国重点支持中、小城镇发展的政策相符，同时城镇化的发展，扩大了工矿用地和交通用地的需求。

表 6.11　黄淮海区域 1997 年、2008 年建设用地结构变化情况

地类名称	1997 年比重/%	2008 年比重/%	变化值/%	变化率
城市用地	4.22	5.17	0.95	0.225
建制镇	3.90	5.12	1.22	0.313
农村居民点	60.92	55.51	−5.40	−0.089
独立工矿	10.87	13.54	2.67	0.246
交通用地	4.57	6.03	1.45	0.317

6.4.2　城镇化带来的影响

1. 挤占农业发展空间

黄淮海平原作为我国主要的粮食主产区，加快农业发展是其重点任务。然而近年来城镇化的发展占用了大量耕地，挤占了农业的发展空间。城镇化水平的提高伴随着城镇建成区面积的扩大和耕地的减少。据统计资料显示，1998 年黄淮海区域耕地面积和 2008 年相比，分别减少了 53.21 万 hm^2。一些地区兴起的"新城热"、"开发区热"和"地产热"造成了大量的土地的浪费。黄淮海区域一些地方城镇化水平仍然很低，如皖北地区和冀南地区，城镇化水平低于 40%，远远小于全国平均水平。因此，在这些地区，随着城镇化的加快推进，城镇用地扩张将进一步加快，将导致大量农田被侵占。据监测结果表明，城镇扩展占用的主要是耕地，占扩展面积的 80.2%；林地、草地和未利用地占 19.6%，农村居民点扩展为城镇用地的占 0.2%(田光进等，2002)。并且，城镇化占用大多为水温自然条件优越，基础设施较先进的耕地，尽管，国家采取了严格的耕地占补平衡政策，但新补充耕地大部分为荒地、破碎土地，土壤有机质、养分含量均不高，土地生产力不高，影响着土地生产能力的发挥。因此，在进行城市的建设中，应注重规划先行，提高土地的利用效率和集约度，同时注重对土地的整理，以补充城市建设过程中所占用的耕地，提高土壤质量，保障粮食安全生产对耕地的需求。

2. 给农业带来污染

土地利用应重视多功能和多效益。而在城镇化发展中，土地利用往往在获得经济效益的，同时忽略了其他效益。在城镇化的发展中，不仅侵占了农业的发展空间，而且给农业带来了污染问题。首先，随着城镇化的快速发展，工业排放"三废"的增加，给耕地土壤带来了污染，主要污染的类型有污水灌溉污染耕地、固体废弃物堆存占地毁田，主要集中在经济发达地区的城镇周边。根据有关部门的检测结果，黄淮海一些地区土壤中重金属含量全部超标，持久性有机污染物部分检测率高达 100%。其次，由于城镇化使得一大批农村人口涌入城市打工，使得农业生产人力投入减少，普遍依赖于农药、化肥和大型农机机械的使用，而需要较多人力投入的有机肥施用量逐年减少，使施肥结构和土壤养分失调，土壤性能趋于下降。同时，约 45%以上的耕地微量元素缺乏，70%～80%的耕地养分不足，30%～50%耕地氮养分过量。由于有机肥投入不足，化肥使用不平衡，造成耕地土壤退化，耕层变浅，土壤结构硬化，保水保肥能力下降，造成耕作层土壤颗粒的流失。

3. 土地利用集约度及利用效率低

由表6.4城市用地的增长速率和城市人口增长速率的比值可知，在黄淮海区域大多城市的城市用地的增长速率都超过城市人口的增长速率，其中淮北、郑州等城市超过10倍之多，这说明了在一些地区，对于城市用地的利用和管理存在不合理的现象，同时，没能更好地将人口从农村地区转移城市。因此，在城镇化的过程中，应正确处理好城镇化发展与土地资源保护的关系，摒弃将城镇化发展与土地保护对立起来的观念，树立正确的科学发展观，改变过去粗放用地和盲目管地的方式，实行建设用地由外延扩大向内涵挖潜转变，树立土地利用的节约集约观念，走资源节约型的城镇化发展道路。加强对城市用地的规模控制，做好土地规划与城市规划的衔接工作，根据规划对城市进行建设，防止城市土地规模的无限扩张造成土地资源的浪费。

通过表6.11我们可以发现，虽然农村居民点用地占建设用地的比重在减少，由1997年的60.92%减少到2007年的55.51%，但农村居民点用地所占比重仍然过高。随着城镇化的快速发展，越来越多的农民走出了农村，走进了城市，但是农村居民点用地却出现了“人减地增”的现象。而这恰恰反映出黄淮海区域城镇化过程中出现的城镇化对非农劳动力的吸纳能力低、农村劳动力职业转换先于地域转换等问题，因此在城镇化的过程中，需要结合当地的实际情况，制定相应的政策和措施，引导符合条件的农村人口向城市转移。同时，应因地制宜，对农村居民点用地进行相应的整治，以提高土地利用的效率。

4. 安置农村剩余劳动力

由于人口的迅速增长、土地资源的锐减和农村劳动生产率提高等原因，农村涌现出大量剩余劳动力，并且呈现了逐年增长的趋势，给农村的经济社会发展带来了较大的压力。因此，解决农村剩余劳动力的就业问题是关系到农村社会经济发展、实现全面建设小康社会的目标的关键。转移农村剩余劳动力有内部消化模式、就地转移模式、城市化发展模式、个体私营经济模式和劳务输出模式(梁坚等，2004)，而城镇化是转移农村剩余劳动人口的最主要和最佳途径。城市和小城镇是带动农村经济的枢纽，也是农村经济社会发展的发动机，农村人口的转移也为城镇建设提供了人力，二者形成了共赢的局面。一方面，城镇化为转移的农村人口提供了就业的机会，提高了农民的自身素质和生活水平，为农村外出务工人员提供了更广阔的发展空间。另一方面，农村人口的转移为城镇化的建设提供了充足的廉价劳动力，加速了城镇的建设。农村人口向城镇转移在一个时期内将呈加速发展态势，农业生产力的发展必将引起农村经济结构的深刻变化，将有更多的农业劳动力从土地上解放出来。因此，如何改变原有的土地利用模式，促进土地规模经营，提高土地利用生产率，是在这一过程需要认真思考的问题。

5. 带动农业发展

城镇化不只是给农业带来负的外部效应，同时也对农业的发展起着积极的推动作用。首先，城镇化的发展为农业生产提供了科技支撑，使更多的人员为农业提供社会化服务的行业，为农业生产更有合理的选种、施肥和种植等环节提供了技术；其次，城镇化的发展为农业生产提供了资金，使得农业生产的基础设施建设、经营方式的转变、农产品质量的提高和农业种植市场化能够成为现实。再次，由于城镇化使得大量农村劳动力的转移，为耕地的规模化种植提供了条件，从而为机械化作业提供了条件，提高了单位面积耕地的产出水平。最后，城市化的发展使地价不断上涨，人们有效利用和保护土地资源的意识增强，促使企业不断提高土地利用效益，注重对土地的整治，城市化的发展为农用地的整治和耕地后备资源的开发提供了资金、技术和设备。

6. 生态建设没能与城镇化同步

由表6.10可知，2008年黄淮海地区生态功能较强的园地、林地和牧草地的比重为3.19%、6.27%和0.14%左右，其中1997—2008年期间，牧草地比重减少了0.08%。随着城镇化快速发展，生态环境问题已经成为了黄淮海地区发展的一大瓶颈，水资源的缺乏、农业生态环境的恶化和工业“三废”的蔓延等都是该区域最为棘手的环境问题，如何加强生态环境建设，提高生态用地的比例，是黄淮海区域能否实现可持续发展的关键之一。

6.5 黄淮海平原城镇化发展的未来趋势——以河北省曲周县为例

未来的城镇化发展应打破阻碍城乡发展二元分割制度，以城乡统筹发展为宗旨，以城市带动农村的方式，增强城市和农村的互动，更好地实现城乡土地多功能的利用，达到城乡土地利用一体化，最终实现城乡一体化（杨立，2011）。因此，未来的城镇化应根据实际情况，对不同等级城市的功能实行分工，根据分工的不同，合理安置人口，确定土地利用的模式。本节以位于黄淮海平原区域的河北省曲周县为例，探讨其城乡一体化城镇体系发展规划和布局。

6.5.1 曲周县城镇体系基本概况

曲周县辖五乡五镇，其中，县城位于曲周镇，河南疃镇、第四疃镇、安寨镇和侯村镇为建制镇，槐桥乡、白寨乡、南里岳乡、大河道乡和依庄乡为一般乡镇。2009年曲周县的现状城镇化水平为34.56%，低于《河北省城镇体系规划(2004—2020)》中预测的全省2010年城镇化45%的水平，处于城镇化初期发展阶段，并表现出城镇化滞后的特征。曲周县县域城镇规模差别较大，县域的中心城曲周镇各项的总指标比其他城镇的总指标之和还要多。这说明在曲周县域的城镇体系中，曲周镇是一枝独秀，而其他乡镇规模较小，尤其是乡级城镇，其发展处于起步阶段。曲周县县域城镇体系划分为3个等级。第一级别：曲周镇，为县域中心城；第二级别：河南疃镇、第四疃镇、安寨镇和侯村镇，为县域中心镇；第三级别：槐桥乡、白寨乡、南里岳乡、大河道乡和依庄乡，为一般乡镇（图6.4）。曲周县城镇体系分布较为集中，县域中心城曲周镇处于县域中心的西部，定魏公路和邯临公路交接点，支漳河和滏阳河汇合处，由此可见，这一地区具有很强的集聚力，其规模等级为曲周县村镇体系的最大支点；河南疃镇、第四疃镇位于县域北部定魏公路两侧，与位于县域东南部南馆公路的侯村镇和西南部的安寨镇构成次支点；位于西南部的白寨乡、大河道乡和东南部的依庄乡以及中部的南里岳乡、槐桥乡构成第三支点。目前，曲周县城镇体系等级差别较大，没有进行明确的职能分工，给城乡一体化的土地利用带来了阻碍。

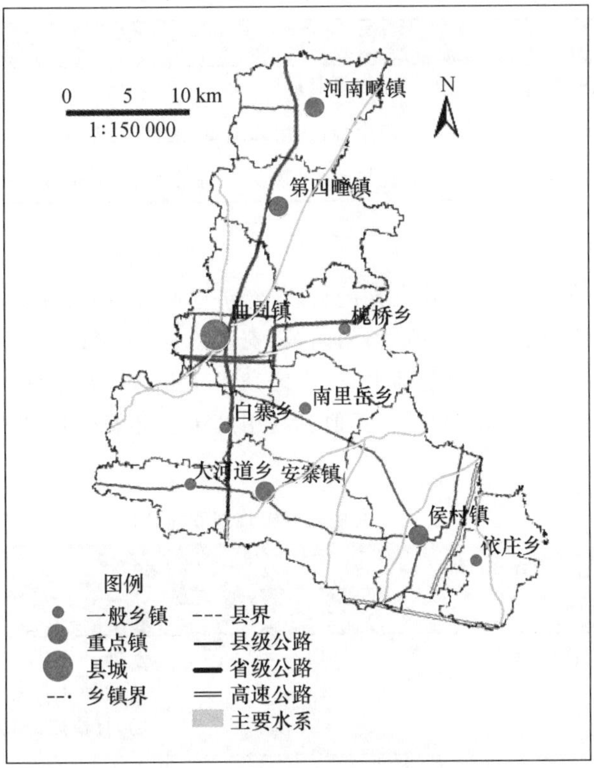

图 6.4 曲周县现状城镇体系空间布局

6.5.2 曲周县城乡一体化的城镇体系规划

1. 城镇空间布局结构

根据对曲周县经济发展现状和发展条件的分析，曲周县经济发展已由"极化"阶段进入"点轴"阶段。结合曲周县区域发展的情况，考虑到城乡协调发展的要求，确定其空间结构以"点轴"发展战略作为理论基础。"点"即各个等级的居民点。"轴"即产业集中布局地带，主要沿交通干线。

本次规划城镇体系空间布局形态为，两横一纵的城市经济空间发展轴。沿省道定(州)魏(县)线交通干道形成"一纵"为县域纵向经济发展轴，连接北部的河南疃镇—第四疃镇—城区—白寨乡—安寨镇、大河道乡；"二横"即以省道"邯(郸)—临(清)"公路为经济发展主轴，贯穿城区和槐桥乡；南(永年)—馆(陶)线为横向经济发展轴，连接南部的大河道乡—安寨镇—侯村镇—依庄乡。

2. 城镇等级结构

城镇职能规划的目的是引导各城镇和村庄发展特色产业，强调城镇之间的分工与协作，寻求互相合作、共同发展。综合考虑曲周县城镇分布、规模和管理特征，确定曲周县城镇等级为县域中心城市、中心镇、一般乡镇(表 6.12)。

表 6.12 曲周县城镇等级情况

个

序号	镇村级别	乡镇名称	数量
1	县域中心城市	曲周县县城	1
2	中心镇	河南疃镇、第四疃镇、侯村镇、安寨镇	4
3	一般乡镇	槐桥乡、白寨乡、南里岳乡、大河道乡、依庄乡	5

3. 城镇职能结构

曲周县城为县域的中心城市，是全县的行政、经济中心，应加大其经济发展的优势，发展成邯郸东北部的商贸物流中心。侯村镇、河南疃镇、安寨镇、第四疃镇，对曲周县的经济发展起着辅助的作用，在现有经济较厚重的基础上，逐步地完善其市场发展体系，成为曲周县重点镇，辅助中心城区带动其他周边乡镇的发展。其他乡利用其生态环境优势和农业优势，辅助中心城区与重点镇的发展(表 6.13)。

表 6.13 曲周县城镇规划职能结构

等级	个数	城镇名称	人口规模/万人			主要职能
			2009 年	2015 年	2020 年	
中心城市(一级中心)	1	曲周镇	7.87	12	19	发展一类无污染低耗能工业、农副产品的加工业和商贸经济、大型批发市场，打造成邯郸东北部的中心城市
中心镇(二级中心)	4	河南疃镇	0.58	1.5	1.8	充分利用现有七大行业，八大品种，提高产品的自身价值
		第四疃镇	0.16	0.74	0.97	扩大养殖业规模，进行产品的深加工，增强经济实力，利用综合市场发展地区贸易
		安寨镇	0.66	1.5	1.9	加大食品加工业规模，提高质量，加强果品种类的培育，促进花卉林木在品种、质量上形成特色
		侯村镇	0.30	1.8	2.1	种植以优质棉、杂粮、果蔬为主，形成专业市场。开展食品的深加工，提高规模和档次
一般乡镇(三级中心)	5	槐桥乡	0.24	0.36	0.82	增加商品林木种类，发展养殖业，扩大种植业，品种多样化
		南里岳乡	0.51	1.20	1.50	种植和养殖为主，食品加工为辅，建立农业生产、加工一条龙
		依庄乡	0.29	0.42	0.86	创建优质土特产品牌
		白寨乡	0.22	0.35	0.96	加大农业特种蔬菜与药材的种植，逐步发展市场和加工业，促进农业结构的多样化
		大河道乡	0.24	0.36	0.82	培育特色农业和优质农业

4. 城镇空间结构规划

在曲周县县域内形成以曲周镇为县城中心城市，河南疃镇、第四疃镇、侯村镇、安寨镇为次级中心，白寨乡、槐桥乡、大河道乡、南里岳乡和依庄乡为一般乡镇，城镇大多集聚在定魏和邯临公路两侧，在县域形成“弯弓搭箭”式城镇发展空间结构。规划后的城镇体系空间布局将形成4个片区，带动曲周县县域城乡共同发展。北部地区为河南疃镇—第四疃镇—曲周镇，南部地区为曲周镇—安寨镇—侯村镇，东部地区为河南疃镇—槐桥乡—侯村镇，中部地区为曲周镇—槐桥乡，这样县域的城镇体系在空间上便形成以北部、南部城镇体系为腰，东部城镇体系为底边，中部城镇体系为高的等腰三角形。由三角形的稳定性及ArcGIS的空间可达性分析可知，该城镇体系是一个稳定的、且发展均衡的空间结构，因此，它将在长时期内，引导和推进曲周县县域经济社会的均衡发展。

参考文献

[1] 陈才. 区域经济地理学[M]. 北京:科学出版社,2001.
[2] 国家统计局. 中国城市统计年鉴 1983—2007[M]. 北京:中国统计出版社,1983—2007.
[3] 何伟. 区域城镇空间结构与优化研究[M]. 北京:人民出版社,2007.
[4] 梁坚,查昆岩,黄世贤. 农村剩余劳动力转移路径探析[J]. 求实,2004(5).
[5] 刘露. 天津城市空间结构与交通发展的相关性研究[M]. 天津:天津大学出版社,2011.
[6] 陆大道,等. 中国区域发展的理论与实践[M]. 北京:科学出版社,2003.
[7] 陆大道. 区域发展及其空间结构[M]. 北京:科学出版社. 1995.
[8] 谭纵波. 城市规划[M]. 北京:清华大学出版社,2005.
[9] 田光进,周全斌,赵晓丽. 中国城镇扩展占用耕地的遥感动态监测[J]. 自然资源学报,2002,17(4):476-479.
[10] 杨立,郝晋珉,王绍磊,等. 基于空间相互作用的农村居民点用地空间结构优化[J]. 农业工程学报,2011,27(10):308-315.
[11] 杨吾扬,梁进社. 高等经济地理学[M]. 北京:北京大学出版社,2000,153.
[12] 曾菊新. 空间经济:系统与结构[M]. 武汉:武汉出版社,1996.
[13] 周加来. 城市化. 城镇化·农村城镇化·城乡一体化[J]. 中国农村经济,2001(5):8-9.
[14] 周一星. 城市地理学[M]. 北京:中国商务出版社,1997.

第7章

黄淮海平原交通与土地利用

现代化交通运输包括铁路、水运、公路、航空和管道5种基本的运输方式。由于黄淮海平原除黄河外没有较大的江河,且黄河由于水量、泥沙量大等缘故限制了它的通航能力及对区域经济的凝聚能力,因此铁路、公路、海洋运输和航空运输等交通要道形成黄淮海平原的交通网络体系。与此同时,交通设施的建设需要占用大量土地,其与客货运输也在一定程度上影响和反映了临近地区的土地利用方式、布局等,交通条件决定的区位水平对农业生产方式、布局也有重要影响,这一点180多年前屠能的古典农业区位论已有论述。交通对城市发展有很大的促进作用,黄淮海地区内石家庄、郑州等城市都是因为铁路而崛起(金凤君,2009)。本章从交通与运输、交通与土地利用、交通与城市发展3个角度分析黄淮海地区交通及其影响。

7.1 黄淮海平原交通与运输

7.1.1 交通网

2008年黄淮海平原39市的交通用地为367 657 hm^2,其中铁路和公路用地分别为53 792 hm^2和303 679 hm^2,民用机场用地6 328 hm^2,港口码头用地3 716 hm^2,管道运输用地141 hm^2。39市的土地面积仅占全国土地面积的3.87%,而铁路和公路用地面积占该类用地的20.20%,是全国平均铁路和公路用地密度的近4倍。就区域客运和货运交通条件而言,2008年年底区域客运总量和货运总量分别为48.99亿人和52.79亿t,其中铁路和公路客运量、货运量分别为48.41亿人、49.22亿t,分别占区域客、货运总量的98.82%和93.24%,因此铁路和公路是黄淮海平原主要的交通方式。

7.1.1.1 铁路网

铁路运输在我国运输体系中始终占据重要地位。我国国土广阔,人口众多,大量原料和商品需要在各地甚至国际间运输,铁路作为一种适宜货物长途调运和旅客长途旅行的交通方式,在我国国民经济发展中起着越来越重要的作用。铁路干线在许多国家有极为重要的地位,已成为许多国家和区域经济布局的重要轴线,而且随着铁路运输技术的不断发展,铁路在综合交通运输体系中发挥的作用越来越大(曹小曙,2003)。陆大道在其对我国国土开发和建设布局的轴线的权威研究中,基本上将铁路干线及沿线地带作为我国的二级轴线。铁路成为国民经济的大动脉,火车是最大众化的交通运输工具,铁路干线之所以能成为区域发展的轴线,主要是因为铁路交通设施具有以下优点:铁路具有运输量大,成本低,占地少,全天候,安全性好,节能高、污染小等;铁路线路基本走向是人为选址的结果,一般通过区域重要的资源产地和主要的城市等,与区域主要的人员分布和物资流动基本一致;铁路干线一般与区域的主要公路等基础设施保持一致,可以充分发挥多种交通运输方式的结合的优势降低运输成本和缩短运输空间距离;我国的铁路建设已有上百年的历史,铁路运输系统已经具备了比较完善的运输规模(金凤,2004)。

截至 2009 年,黄淮海地区 5 省 2 市铁路营运里程 18 971.7 km,占全国铁路营运里程 85 517.9 km 的 22.18%(图 7.1)。

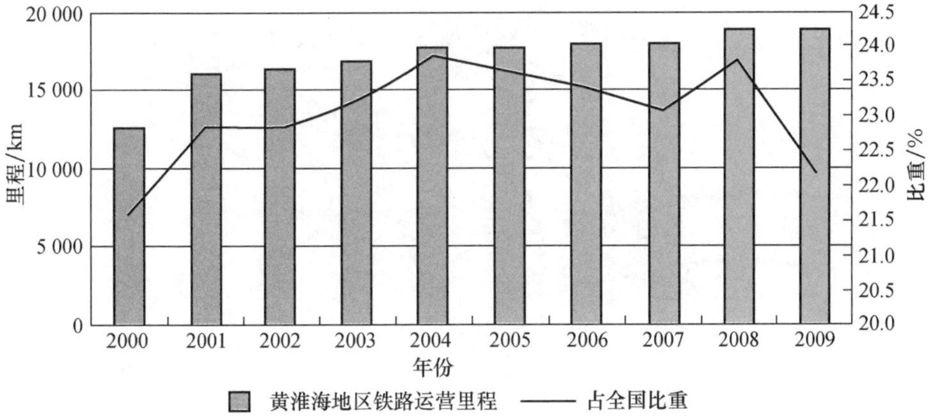

图 7.1 **2000—2009 年黄淮海地区铁路营运里程**

2000—2009 年,黄淮海地区 5 省 2 市铁路营运里程不断增加,从 2001 年的 12 658.7 km 增加至 2009 年的 18 971.7 km,年均增长 4.6%。该地区铁路网总规模占全国比重一直保持在 21%~24%之间。

2009 年,黄淮海地区 5 省 2 市铁路运营里程占全国的 22.18%,各省市按所占比重大小排序分别为河北、河南、山东、安徽、江苏、北京和天津,分别占全国铁路营业里程的 6%、5%、4%、3%、2%、1%和 1%(图 7.2)。

由于历史、地理位置等诸多方面的原因,新中国成立以前黄淮海地区铁路网就已经较为发达,京汉铁路、京张铁路、胶济铁路等闻名于世,为近代我国的经济发展和社会进步做出了巨大贡献。新中国成立后,该地区又迎来了铁路建设的高峰,到目前已建成 4 纵 4 横干线铁路网,4 纵包括京哈线(北京—哈尔滨)、京沪线(北京—上海)、京九线(北京—九龙)、京广线(北京—广州),沟通了该区域与东北、江浙、华南等地区的联系,4 横包括朔黄线(神池—黄骅)、太青线(太原—青岛)、新日线(新乡—日照)、陇海线(兰州—连云港),沟通了该区域与山西、陕西、甘肃等西北及沿海地区的联系。区域内铁路技术水平较高,例如双线铁路特别是双线电气化铁路(图 7.3)。

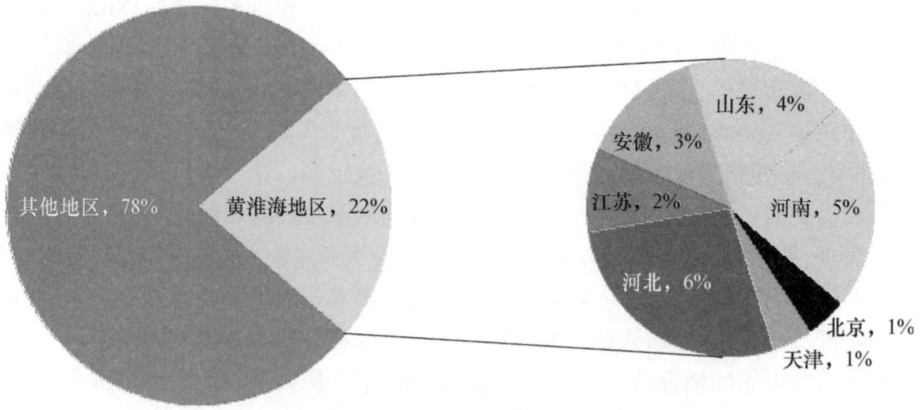

图 7.2　2009 年黄淮海地区各省市铁路营业里程及其比重

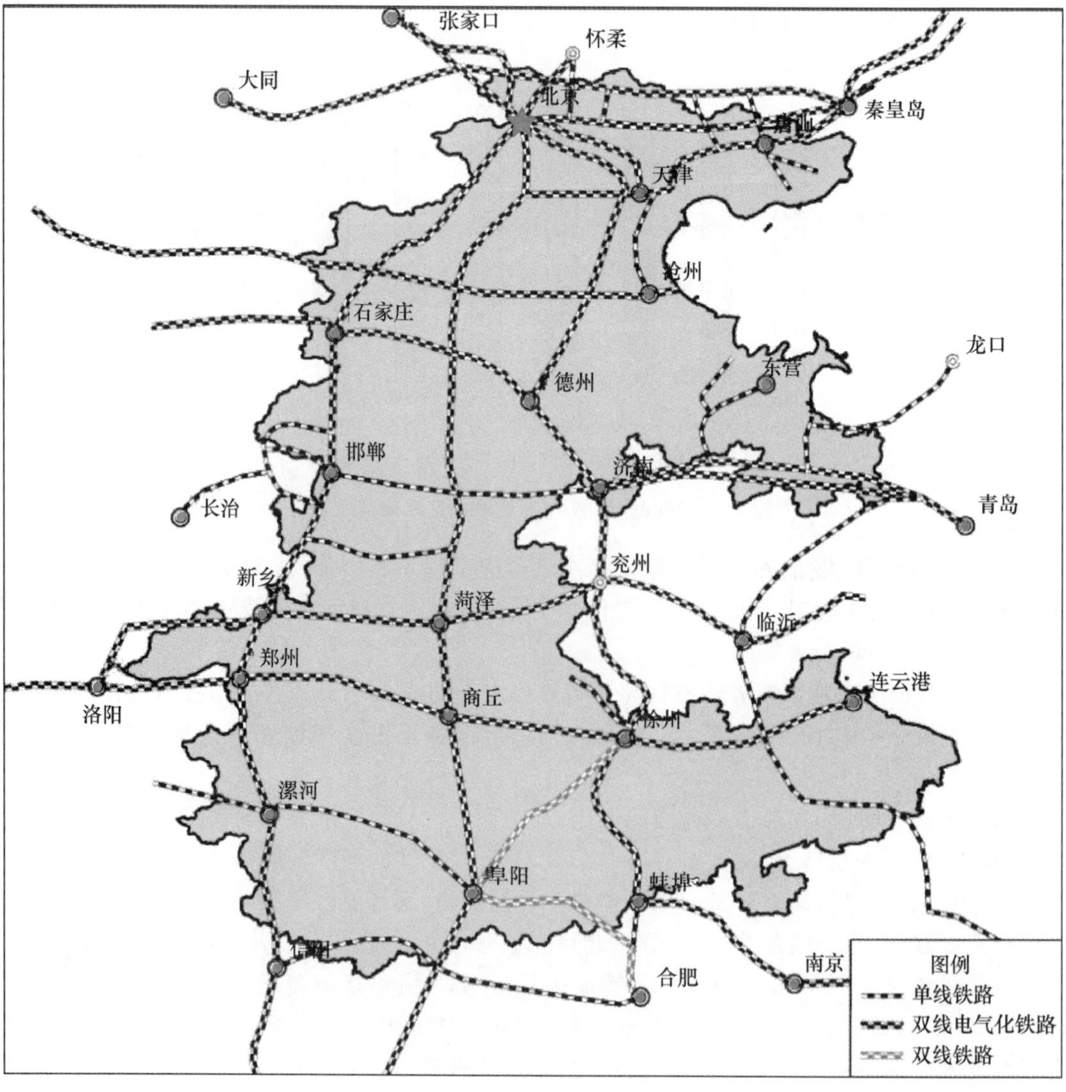

图 7.3　黄淮海地区铁路网

7.1.1.2 公路网

公路是具有一定线型、宽度和强度，供各种无轨机动、非机动车辆和人、畜行使的人工陆上通道，它是连接城市、乡村和工矿基地的纽带。因其分布的广泛性和使用的普遍性，使之渗透到陆地的各个角落。随着近10年来国民经济的飞速发展，民用汽车拥有量的不断增加，加快完善了公路网的建设。通达的公路网是客运和货运顺利进行的保障。

公路干线在许多国家和区域空间经济发展中占有极为重要的地位，和铁路交通运输路线一样，已成为许多国家和区域经济布局的重要轴线，特别是在较大区域间的物质和人员流通中具有极其重要的作用。随着汽车性能的不断提高，汽车数量的不断增多，公路尤其是高速公路的大量修筑，公路运输的地位和作用日益提高。

公路网规模是衡量一个地区交通基础设施的重要标志。到2009年年底，黄淮海地区形成了47.7万km的公路网，占全国总长度的12.4%，地域分布纵横交错，四通八达。相较2000年的16.1万km，增长率为197.2%。2001—2009年的平均年增长率为16.0%，其中2006年的增长率达到了107.0%，公路里程数较2005年翻了一番，是进入21世纪以来，黄淮海地区公路网发展最为快速的一年（图7.4）。

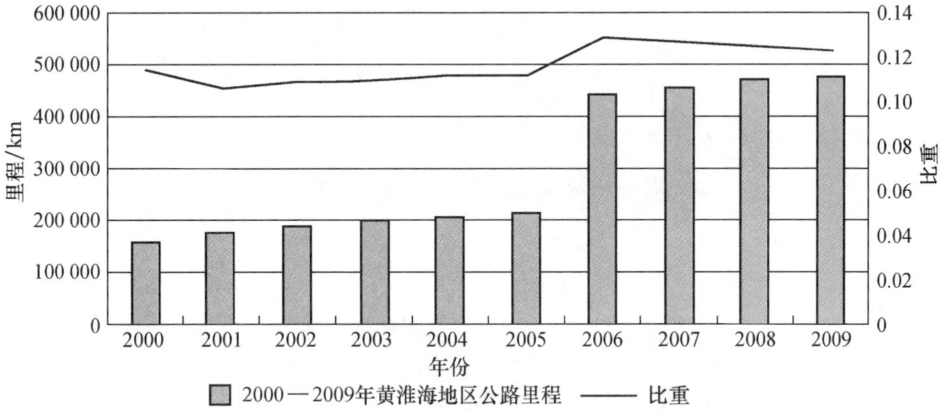

图7.4 2001—2009年黄淮海地区公路网规模

我国公路按等级分为等级公路和等级外公路两大类。其中等级公路包括5级：高速公路、一级路、二级路、三级路和四级路。至2009年年底，黄淮海地区等级公路里程为42.8万km，占本地区公路里程的89.6%，占全国等级公路里程的14.0%。全国等级公路比率为79.2%，黄淮海地区等级公路比率较全国平均水平高了一成，其公路结构明显高于全国平均水平（表7.1）。由于黄淮海地区以平原为主，更易于建立高等级的公路网络。但在这高比例的等级公路中，主要还是以四级路为主，地区公路等级的水平仍有待提高。

根据在路网中的地位公路又分为国道、省道、县道、乡道。其中国道是具有全国性政治、经济意义的干线公路，国道又包括能适应年平均昼夜小客车交通量为25 000辆以上、专供汽车分道高速行驶、并全部控制出入的高速公路，两者一个是按照路网地位分类，一个是按照技术等级分类，虽然分类不同，但由于其高速行车、通行能力大等特点，构成了区域的公路干线网络（图7.5）。

表 7.1　2009 年黄淮海地区 5 省 2 市公路等级构成　km

地区	公路里程	等级公路	高速	一级	二级	等外公路
北京	20 755	20 551	884	914	3 106	204
天津	14 316	14 316	885	737	3 184	0
河北	152 135	142 777	3 303	3 632	15 596	9 359
江苏	143 803	134 192	3 755	8 469	20 775	9 611
安徽	149 184	139 424	2 810	475	10 312	9 759
山东	226 693	223 992	4 285	7 551	23 925	2 701
河南	242 314	177 235	4 861	565	23 671	65 079
合计	949 200	852 487	20 783	22 343	100 569	96 713

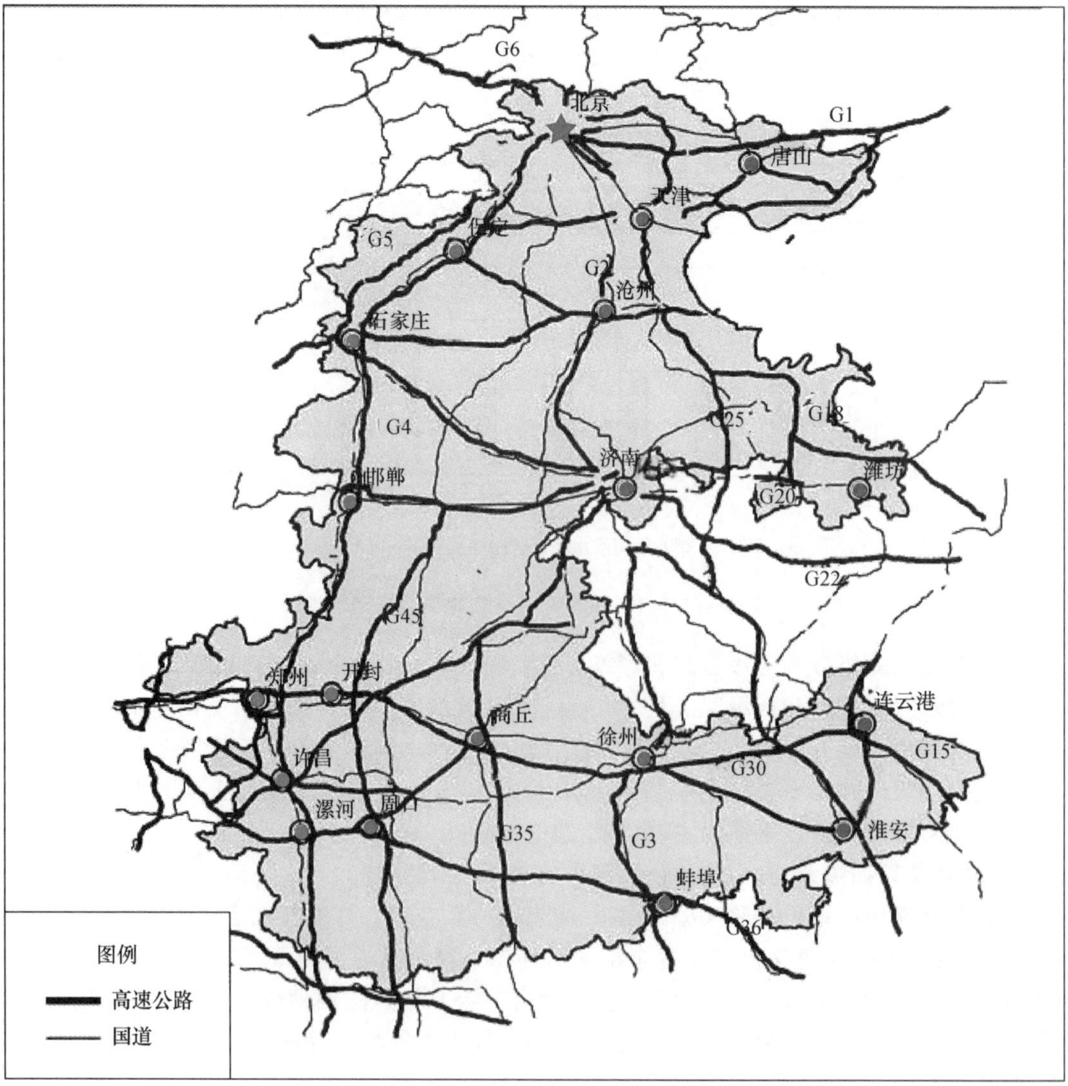

图 7.5　黄淮海地区公路干线网

黄淮海地区的高速公路网比较发达，由于北京作为首都位于该区域，其在高速公路网中的中心及辐射作用较为明显，国家高速公路网规划(7918 工程)中，7 条首都辐射线中的 4 条经过黄淮海地区，分别是 G1(北京—哈尔滨)、G2(北京—上海)、G3(北京—台北)、G4(北京—香港、澳门)，南北纵线中 4 条经过该区域，G15(沈阳—海口)、G25(长春—深圳)、G35(济南—广州)、G45(大庆—广州)，东西横线中 5 条经过该区域，G18(荣城—乌海)、G20(青岛—银川)、G22(青岛—兰州)、G30(连云港—霍尔果斯)、G36(南京—洛阳)。国道中，有 14 条经过该区域，包括 G102(北京—哈尔滨)、G103(北京—天津新港)、G104(北京—福州)、G105(北京—珠海)、G106(北京—广州)、G107(北京—深圳)、G204(烟台—上海)、G205(山海关—广州)、G206(烟台—汕头)、G307(歧口—银川)、G308(青岛—石家庄)、G309(荣城—兰州)、G310(连云港—天水)、G311(徐州—西峡)。

7.1.1.3 机场

机场是航空运输的重要场所，2009 年年底黄淮海地区共有通航的主要民用机场 10 个，包括北京首都机场、北京南苑机场、天津滨海机场、石家庄机场、邯郸机场、济南机场、潍坊机场、郑州机场、徐州机场、连云港机场。上述机场中，旅客吞吐量突破千万人次的只有首都机场，达到 5 593.81 万人次，占到黄淮海地区总量的 75.18%；旅客吞吐量在百万人次以上的有郑州机场、济南机场、天津机场、北京南苑机场和石家庄机场，分别是 588.76 万人、482.87 万人、463.73 万人、135.7 万人、104.37 万人；旅客吞吐量在 10 万人以上的有徐州机场和连云港机场，分别是 40.10 万人、20.86 万人；旅客吞吐量在万人以上的有邯郸机场和潍坊机场，分别是 7.08 万人、2.87 万人(图 7.6)。

7.1.1.4 港口

海洋运输是国际物流中最主要的运输方式之一，它是指使用船舶通过海上航道在不同国家和地区的港口之间运送货物的一种方式。黄淮海地区沿海规模以上港口仅有天津港和连云港(韩增林，2002)。

天津港位于渤海湾西端，海河下游及其入海口处，是环渤海与华北西北等内陆地区距离最短的港口，也是首都北京的海上门户。此外，天津港周边的陆路交通也十分发达，为发展海上运输提供了大区域经济纵深。根据天津港的地理位置、腹地经济发展需求以及在我国和区域综合运输体系中的地位和作用，天津港是我国沿海主枢纽港和综合运输体系的重要枢纽，是京津冀现代化综合交通网络的重要节点和对外贸易的主要口岸，是华北、西北地区能源物资和原材料运输的主要中转港，是北方地区的集装箱干线港和发展现代物流的重要港口。截至 2009 年年底，天津港口共拥有泊位 134 个，其中万吨级泊位 80 个，全国排第三，北方第一，码头长度 28 004 m，天津港在我国北方海运中占有重要的枢纽地位。

连云港位于海州湾西南岸，江苏省东北端，是横贯我国东西的铁路大动脉陇海线东部重点港，也是横贯我国东中西部的 G30(连霍高速公路)的最东端，是我国中西部地区的重要出海口。连云港是我国能源和原材料运输的重要口岸和重要的煤炭装船港，其南北港区共包括 5 个港区，连云、赣榆、前三岛位于北港区，徐圩、灌河位于南港区。连云港区以集装箱和大宗散货运输为主，兼顾客运和散、杂货运输的综合性港区；赣榆、徐圩港区依托临港工业起步，逐步

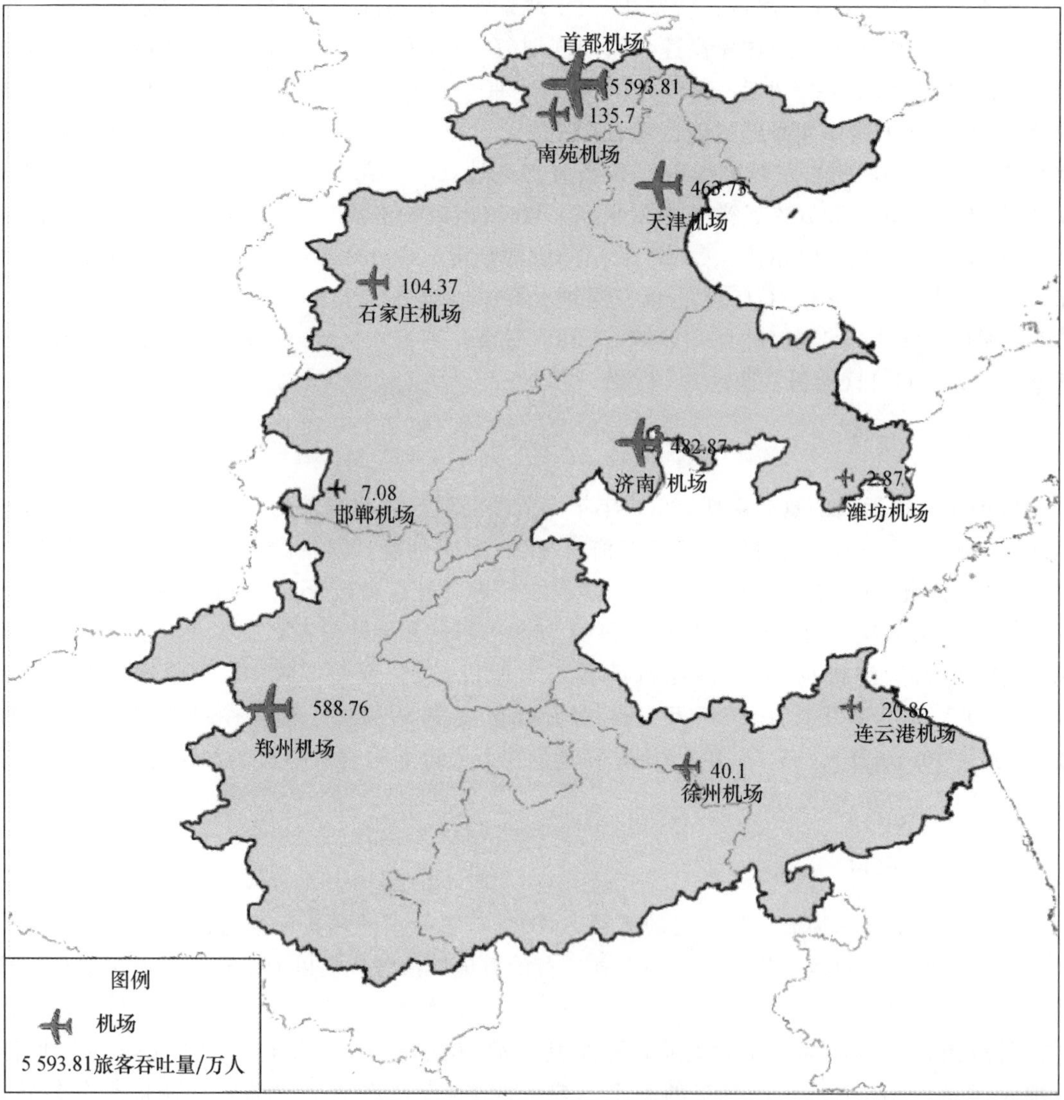

图 7.6 黄淮海地区主要机场及其规模

发展成为腹地经济和后方临港工业服务的综合性港区;前三岛港区以石油运输为主;灌河港区以散杂货、化工品运输为主,兼顾修造船功能。截至 2009 年年底,连云港港共有码头 55 个,其中万吨级码头 40 个,码头长度 10 802 m(刘玉新,2011)。

7.1.2 客货运输

7.1.2.1 客运

1. 客运量与旅客周转量

2001—2009 年,黄淮海地区的客运量及旅客周转量整体呈现增长的趋势,2003 年客运量及旅客周转量有所减少，2001—2009 年的其余年份都处于增长状态。在 2001 年时，黄淮海地区的客运量、旅客周转量分别为 425 704 万人、3 871.4 亿人 · km，到 2009 年，分别增长至 948 179 万人，7 532.4 亿人 · km。8 年间绝对值分别增加了 522 475 万人、3 661.0 亿人 · km，分别增加至 2001 年的 2.23 倍和 1.95 倍。

在 2003 年之前，客运量及其周转量的波动较小；2003 年之后，客运量及旅客周转量的增幅开始变大，波动性增强，2008 年客运量增加最为突出(图 7.7)。

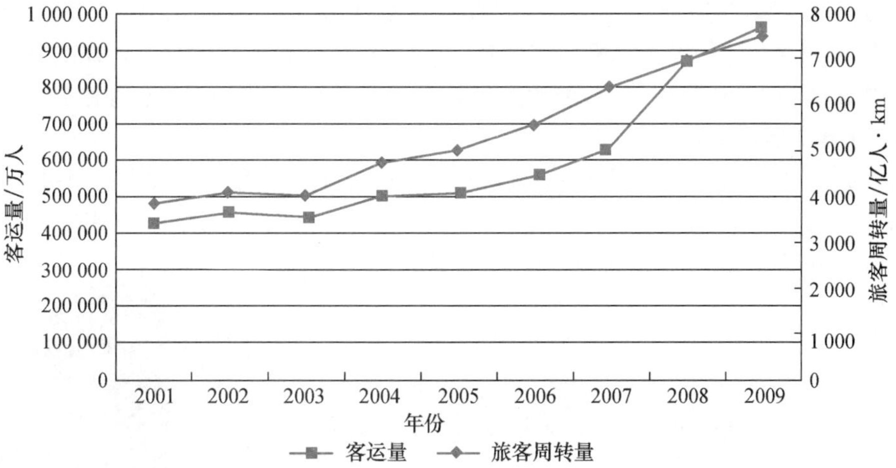

图 7.7 **2001—2009 年黄淮海地区客运量和客运周转量变化**

黄淮海地区的客运总量(图 7.8)，在 2001—2005 年总量保持一个比较平稳的状态，涨幅变化不大，2005—2009 年间客运总量快速增长，4 年间总量几乎翻了 1 倍，其中 2008 年涨幅最大。

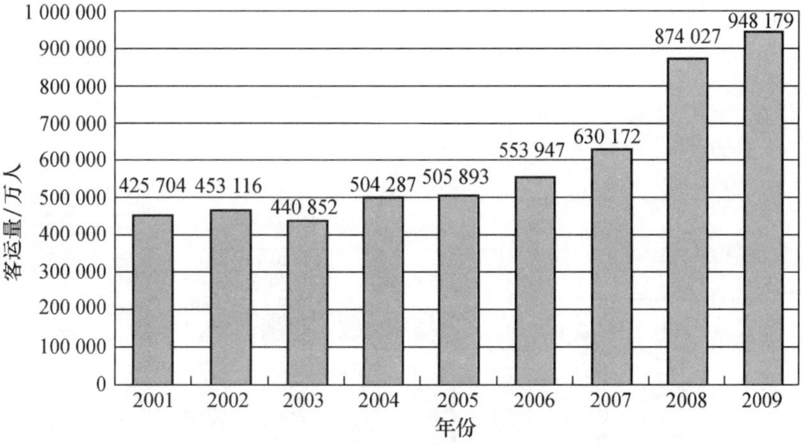

图 7.8 **2001—2009 年黄淮海地区客运总量**

以 2008 年的统计数据为例，得到黄淮海地区各省市客运量占全国总客运量的比例情况(表 7.2)，该年黄淮海地区客运量占全国的 30.48%，这是一个相对较大的比重。

表 7.2　2008 年黄淮海地区客运量占全国客运总量的比例　　%

省市	北京市	天津市	河北省	江苏省	安徽省	山东省	河南省	合计
比重	4.35	0.79	2.54	6.38	4.50	7.38	4.53	30.48

就各省市而言，2009 年与 2001 年客运量绝对值相比都有所增加，其中北京市、江苏省、山东省涨幅绝对值较大，北京市客运量的波动性最大，在 2005 年和 2006 年客运量降幅较大，2007 年客运量猛增，江苏省除了 2007 年间有所下降，其他年份客运量均处于增长状态，而山东省和天津市在这些年间客运总量一直增长，其中山东省涨幅绝对值是 7 个省市中最大的；涨幅较为平缓的为河北省，变化不大；天津市虽然客运量最小，但是 2009 年的客运量约为 2001 年的 7 倍，涨幅是黄淮海地区最大的。

黄淮海地区 2009 年客运总量是 2001 年的 2.23 倍，超过区域倍数的省市按照由大到小的依次是：天津市、北京市、山东省、安徽省，低于区域倍数的省市依次是：江苏省、河南省、河北省。

7 个省市中客流量增加量都为正的年份是：2002、2004、2007、2009 年；北京市 2008 年的年增长率最大，为 670%，天津市 2003 年的年增长率最小，为 0.59%；北京市 2008 年的年减少率最大，为 −82.86%，江苏省 2008 年的年减少率最小，为 −2.35%。

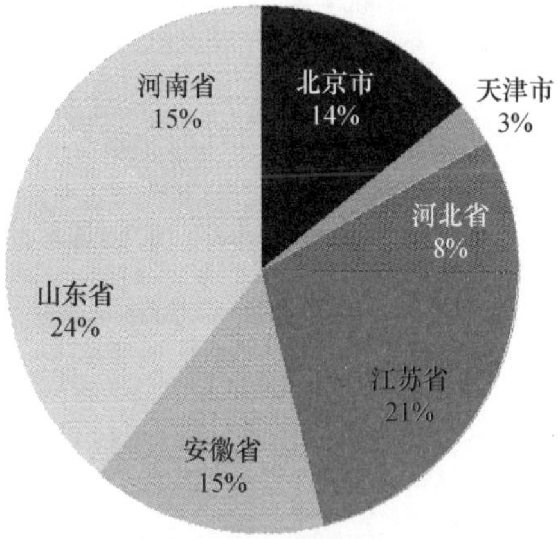

图 7.9　2008 年各省市客运量占黄淮海地区总客运量比重

在黄淮海地区，各省市客运量占黄淮海地区总量的比例由大到小依次是：山东省、江苏省、河南省、安徽省、北京市、河北省、天津市，分别为 24%、21%、15%、15%、14%、8%、3%（图 7.9）。

在 2001—2009 年间，由于“非典”的特殊影响，旅客周转量只有 2003 年减少（图 7.10），增长率为 −2.3%，其他年份的增长率均为正，其中 2004 年的增长率最大，为 18.6%。周转量的增长率波动很大，如图 7.11 所示。

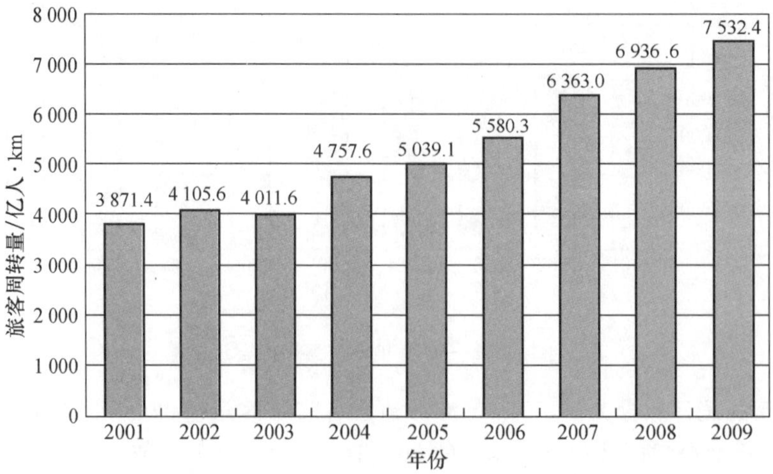

图 7.10　2001—2009 年黄淮海地区旅客周转总量

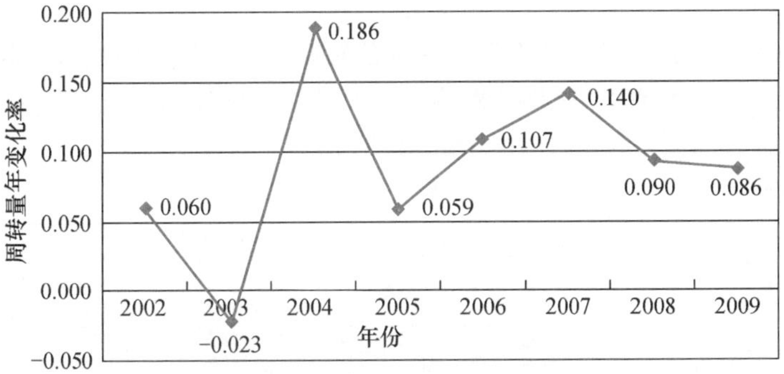

图 7.11 **旅客周转量年变化率**

同客运量一样，以 2008 年为例，黄淮海地区的旅客周转总量占全国的 29.90%，在国家的旅客枢纽中起着重要的作用(表 7.3)。

表 7.3 **2008 年黄淮海地区旅客周转量占全国总量比重**

省市	北京市	天津市	河北省	江苏省	安徽省	山东省	河南省	合计
比重/%	1.43	1.01	4.28	5.48	5.12	6.14	6.56	29.90

就各省市而言，2009 年相对于 2001 年都有所增长，涨幅绝对值最大的为山东省 995.53 亿人·km，其次为河南省、安徽省、江苏省、北京市、河北省，天津市涨幅最小为 155.94 亿人·km。黄淮海地区 2009 年旅客周转总量是 2001 年的 1.95 倍，超过这个倍数的省市分别为北京市、山东省、天津市、安徽省、河南省，仅江苏省与河北省两省低于平均值(顺序按照倍数由大到小排列)，最大的北京市为 2.98 倍，最小的河北省为 1.21 倍。

在 2001—2009 年的 8 年间，年增长幅度最大的是 2008 年的山东省，涨幅绝对值为 361.4 亿人·km，年增长幅度最小的是 2002 年的天津市，涨幅绝对值为 2.8 亿人·km；年降低幅度最大的是 2008 年的江苏省，降幅绝对值为 280.2 亿人·km，年降低幅度最大的是 2003 年的天津市，降幅绝对值为 5.2 亿人·km。年增长率最大的为 2004 年的北京市，增长率为 76.10%，年增长率最小的是 2002 年的天津市，增长率为 3.02%；年减少率最大的为 2005 年的北京市，减少率为－40.94%，年减少率最小的是 2003 年的山东省，减少率为－3.04%。

7 个省市客流量增加量都为正的年份是：2002、2004、2006、2007、2009 年；只有安徽省的旅客周转量一直保持正的年增长率，其他的省市都有不同幅度的增减。

由图 7.12 可知，在黄淮海地区旅客周转量最大的是河南省，其次依次是山东省、江苏省、安徽省、河北省、北京市、天津市，分别为 22%、21%、18%、17%、14%、5%、3%。

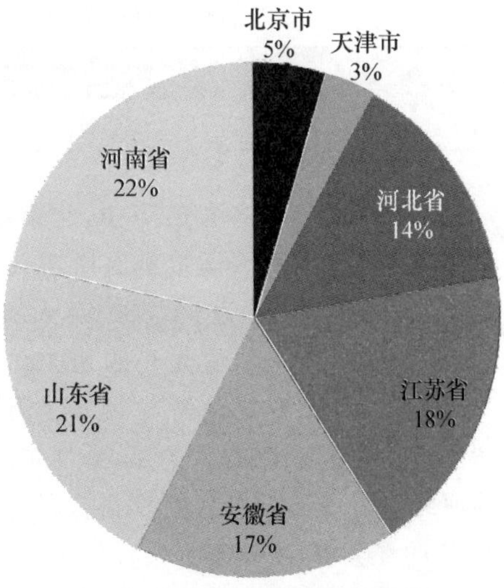

图 7.12 **2008 年各省市旅客周转量占黄淮海地区总旅客周转量比重**

2. 公路客运

在2000—2009年的9年间，黄淮海地区的公路客运量总体呈现增长的趋势，只在2003年和2006年间出现过减少，在2009年公路客运量出现了大幅度的增长(图7.13)。

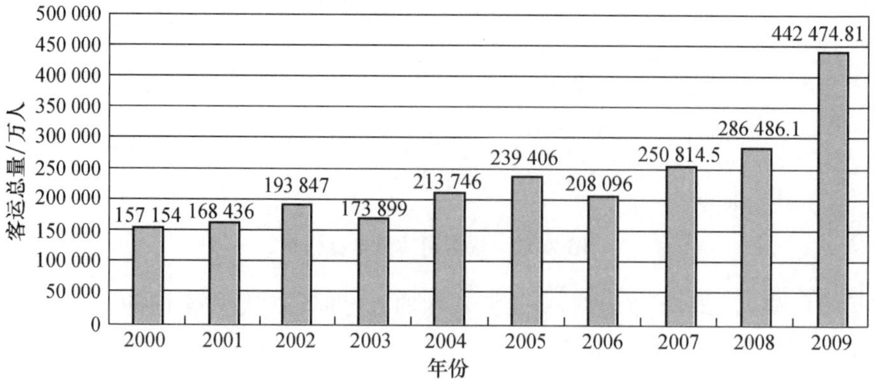

图7.13 2000—2009年黄淮海地区公路客运总量

2000年黄淮海地区的公路客运量仅为157 154万人，到2009年已经增长至442 474.81万人，增长了285 320.8万人，2009年黄淮海地区公路客运量约为2000年的2.82倍。2009年是9年间年增长量最大的年度，增长量为155 988.7万人，增长量最小的年度是2001年，增长量为11 282万人。仅2003年和2006年公路客运量有所减少，分别减少了约19 948万人和31 310万人。2000年的年增长率最大，约为30.48%，2001年的年增长率绝对值最小，约为7.18%，2003年和2006年的增长率约为－10.29%和－13.08%。

由表7.4可知，2000—2008年，黄淮海地区公路客运量占全国的比重均保持在10.5%～14.2%范围内，上下浮动范围不是很大，与全国的公路客运总量保持动态平衡。占全国公路客运量比重最小的年份是2008年，比重为10.68%，最大的年份是2005年，比重为14.10%。

表7.4 2000—2008年黄淮海地区公路客运总量占全国的比重

年份	2000	2001	2002	2003	2004	2005	2006	2007	2008
比重/%	11.66	12.01	13.14	11.88	13.16	14.10	11.19	12.23	10.68

在黄淮海地区的各省市当中，北京市的波动性最大，天津市的波动性最小。2000—2009年9年间各省市公路客运量都有所增长，差值最大的是河南省，相差285 320.8万人，差值最小的是河北省，相差为11 388万人。年增长量最大的2009年的北京市，年增长量为111 802.2万人；年增长量最小的是2002年的天津市，年增长量为90万人；年减少量最大的2006年的北京市，变化量为－49 443万人；年减少量最小的是2001年的天津市，变化量为－40万人。年增长率最大的是2009年的北京，增长率为1 168.2%；年增长率最小的是2009年的河北省0.27%；年减少率最大的是2006年的北京市为－95.22%；年减少率最大的是2003年的江苏省，变化率为－1.46%。

各省市的公路客运量在10年间都是有不同程度的升降，但是在2002年、2004年、2005年、2007年4年里，年增长量均为正。受“非典”的影响，在2003年，5个省的年公

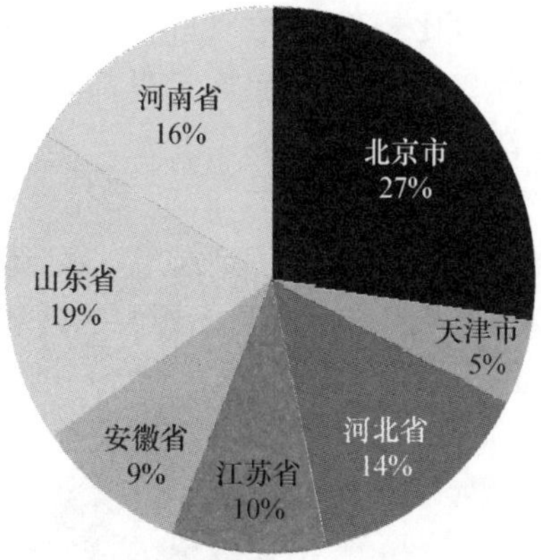

图 7.14 **2009 年黄淮海地区各省市公路客运量占全区的比重**

路客运量都有所减少，只有北京市和天津市的公路客运量有少量的增加。

河北省在各年中的比重一般较大，天津市的比重一般较小。就现状而言，选取 2009 年的数据进行说明(图 7.14)。由图可以看出，在 2009 年，北京市占黄淮海地区公路客运总量的比重最大，其他省市的比重由大到小依次是山东省、河南省、河北省、江苏省、安徽省、天津市。

3. 铁路客运

铁路客运量在 9 年间，只有 2003 年的总量有所减少，其他的年份里，铁路的客运量都有所增长(图 7.15)。

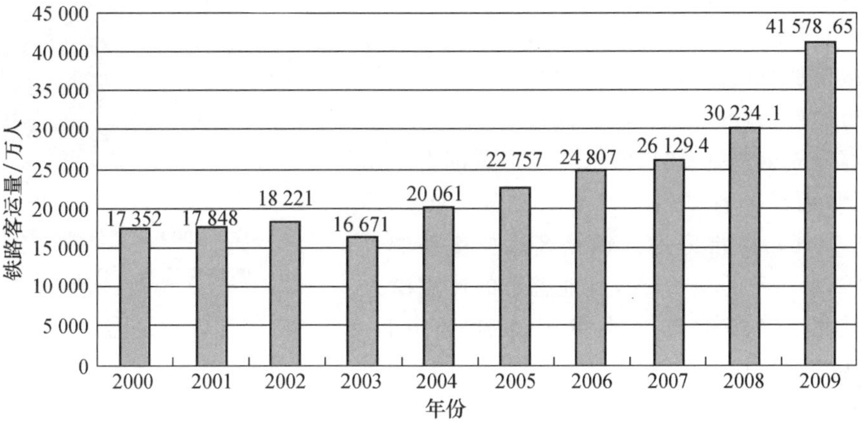

图 7.15 **2000—2009 年黄淮海地区铁路客运总量**

2000 年黄淮海地区铁路客运总量为 17 352 万人，到 2009 年增长至 41 578.65 万人，9 年的增长量为 24 226.65 万人，2009 年的铁路客运量约为 2000 年的 1.89 倍。2009 年黄淮海地区的年铁路客运量增长量最大，为 11 344.55 万人，年增长量绝对值最小的是 2002 年，增长量为 373 万人。增长率最大的年份为 2009 年，增长率为 37.52%，增长率绝对值最小的为 2002 年的 2.09%。

由表 7.5 可知，2000—2008 年，黄淮海地区铁路客运量占全国的比重均保持在 16.5%～20.7%范围内，上下浮动范围不是很大，与全国的铁路客运总量保持动态平衡。占全国铁路客运量比重最小的年份是 2000 年，比重为 16.51%；比重最大的年份是 2008 年，比重为 20.68%。

表 7.5 **2000—2008 年黄淮海地区铁路客运总量占全国的比重**

年份	2000	2001	2002	2003	2004	2005	2006	2007	2008
比重/%	16.51	16.97	17.25	17.14	17.95	19.69	19.74	19.25	20.68

对于黄淮海地区的铁路客运量，2000—2008 年的变化相对比较稳定，在 2009 年各省市的波动比较显著，其中安徽尤为明显。相对于 2000 年，各省市 2009 年的铁路客运量都增加了，差别最大的是安徽省，增加量为 6 523 万人，差别最小的是江苏省，相差 606.1 万人。

2001—2009 年间，年增长量最大的是 2009 年的安徽省，增长量为 5 655.8 万人；年增长量最小的是 2001 年的河北省，增加量为 23 万人；年减少量最大的是 2000 年的北京市，减少量为 5 199 万人；年减少量最小的是 2002 年的江苏省，减少量为 13 万人。年增长率最大的是 2009 年的安徽省，增长率为 265.26%；增长率最小的是 2009 年的河北省，增长率为 0.61%；减少率最大的是 2000 年的北京市，变化率为 −53.84%；减少率最小的为 2003 年的江苏省，变化率为 −1.37%。各省市中安徽省 2009 年的铁路客运量相对于 2000 年的倍数最大，该省 2009 年铁路客运量约是 2000 年的 6.16 倍；天津市的相对倍数最小，2009 年铁路客运量约为 2000 年的 1.49 倍。在 2003 年，黄淮海地区的所有省市铁路客运量都有所减少，2004、2005、2008、2009 年的所有省市的铁路客运量都有所增加。

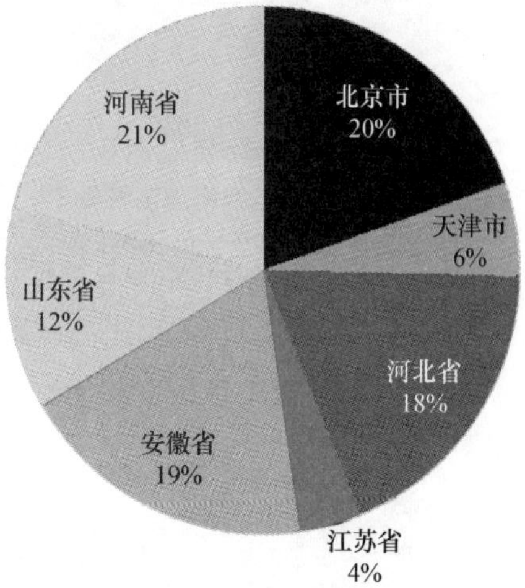

图 7.16　**2009 年黄淮海地区各省市铁路客运量占全区的比重**

在大部分的年份里，北京的铁路客运量都占了相对大的比例，而江苏省则占了最小的比例。就 2009 年而言(图 7.16)，黄淮海地区铁路客运量比重最大的是河南省，所占比重为 21%，其他省市的比重由大到小依次是北京市、安徽省、河北省、山东省、天津市、江苏省，江苏省所占比重为 4%。

4. 航空客运

黄淮海地区航空客运量从 2001—2009 年呈增长趋势，每年都有一定的增长量。黄淮海地区 2009 年的航空客运量约为 5 619.14 万人，2001 年的航空客运量约为 1 321.45 万人，2009 年相对于 2001 年的涨幅约为 4 297.70 万人，2009 年的航空客运量约为 2001 年的 4.25 倍(图 7.17)。

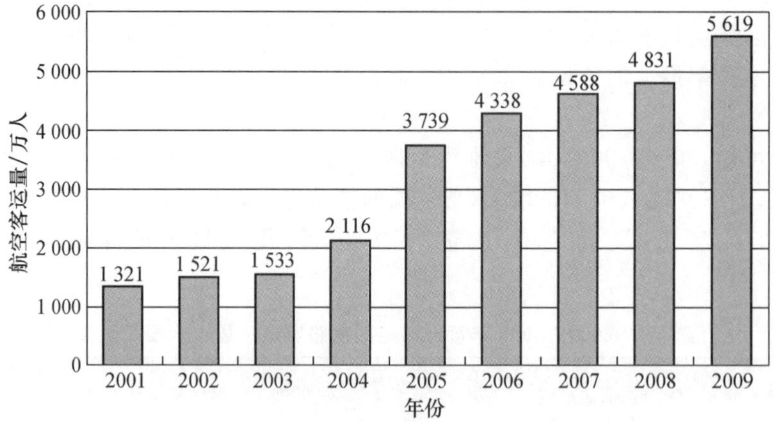

图 7.17　**2001—2009 年黄淮海地区航空客运总量**

黄淮海地区的航空客运量在2005年的增量最大，增量约为1 623.01万人，此时年增长率也是最大的，达到了76.7%；2003年的年增长量最小，增量约为12.24万人，同时2003年年增长率也是最小的，年增长率约是0.8%。

由表7.6可看到，2004年之前，航空客运量所占比例在17%左右，所占比重较为稳定，2004年以后，航空客运量所占比例在24.5%～27.5%之间变化，比重变化也不是很大。其中黄淮海地区航空客运量占全国比重最大的年份是2006年，所占比重最小的年份是2004年。

表7.6 2001—2008年黄淮海地区航空客运总量占全国的比重

年份	2001	2002	2003	2004	2005	2006	2007	2008
比重/%	17.56	17.70	17.50	17.46	27.04	27.16	24.70	25.09

除了北京市的波动比较大以外，其他各省市的航空客运量变化不大，而且数值也不大。各省市中年增长量最大的是北京市2005年的变化量，涨幅为1 443.41万人，减幅最大的是天津市2007年的变化量，减幅约为199.5万人。2001—2009年，各省市中涨幅最大的是2009年，增量约为3 249.79万人，增幅最小的是安徽省，增量约为1.64万人。河北省2009年航空客运量约是2001年的14.53倍，是各省市中最大的，而北京市则是最小的，2009年航空客运量约是2001年的3.98倍。

很明显可以看出，北京市的航空客运量占黄淮海地区的绝大部分，所占比例处于75%～85%。就2009年而言(图7.18)，北京市的航空客运量约是整个黄淮海地区的77.22%，大于其他所有省市航空客运量的加和。安徽省所占比重最小，仅为0.03%。

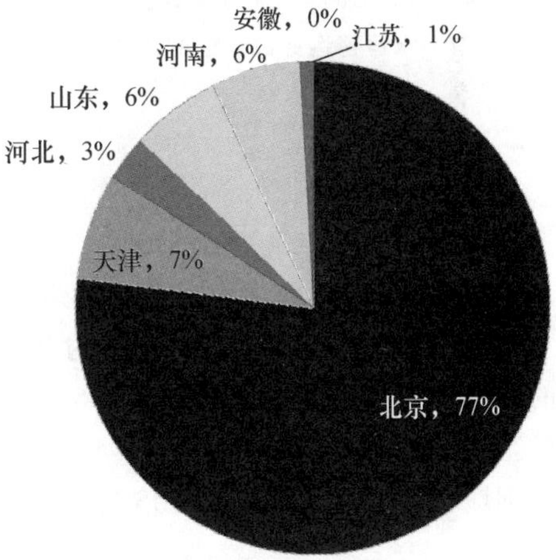

图7.18 2009年黄淮海地区各省市航空客运量占全区的比重

5. 水运客运

由于黄淮海地区中部分地区处于内陆，所以水运并不是很发达，和其他运输方式比较占了很小的比重。在黄淮海地区的各省市中也只在天津市、江苏省与河南省等地的部分地区比较发达。

就2009年(图7.19)进行分析，山东省所占比重超过了一半，但是2009年出现了一个特殊状况，即山东省的水运客运量在一年内从2008年的4万人增长至2009年的106.65万人，涨幅超过了其他各省市在2009年水运客运量的加和，所以出现了2009年中山东比重的过大。这种特殊状况还出现在2004年的安徽省，水运客运量从2003年的零增长至2004年的135万人。

选取2008年的进行分析，2008年的水运客运量情况比较能反映2001—2009年的正常情况。所占比重如图7.20所示。

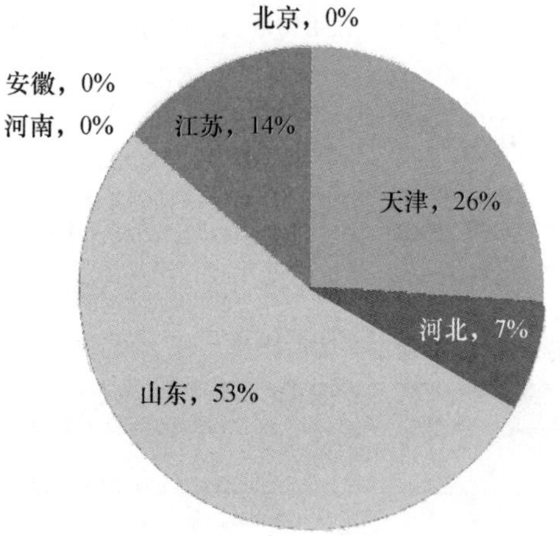

图 7.19 **2009 年黄淮海地区各省市水运客运量占全区的比重**

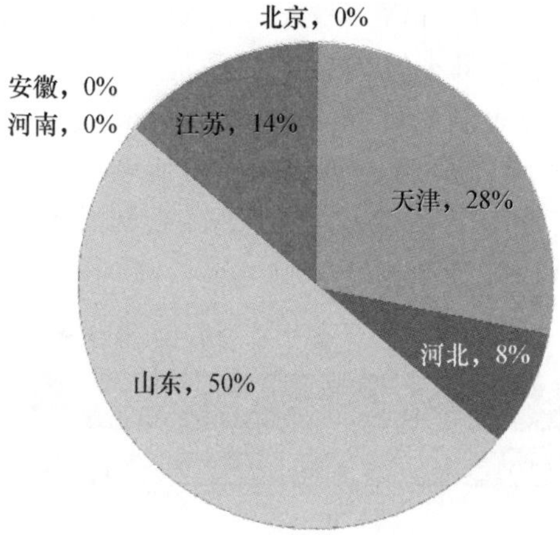

图 7.20 **2008 年黄淮海地区各省市水运客运量占全区的比重**

7.1.2.2 货运

1. 货运量与货运周转量

2001—2009 年，黄淮海地区的货运量及货运周转量总体呈现增长的状态，2007 年货运量有一个大的增长，除了 2007 年以外的其他年份变化都较为稳定(图 7.21)。2001 年，黄淮海地区的货运量与货运周转量分别为 395 986 万 t、7 533.61 亿 t · km，2009 年时上述指标已分别增长至 889 789 万 t、27 451.9 亿 t · km，增量分别为 493 733 万 t、19 918.29 亿 t · km，其绝对值分别增长为 2001 年的 2.25 倍和 3.64 倍。

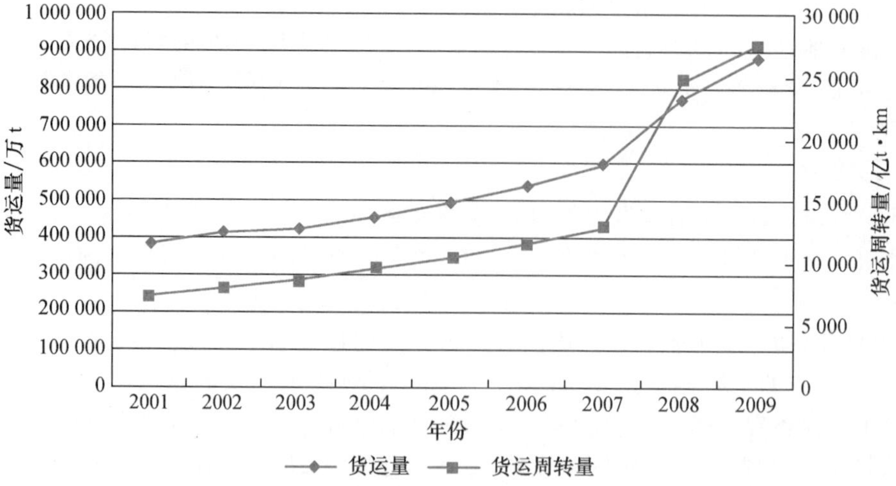

图 7.21 **2001—2009 年黄淮海地区货运量和货运周转量变化轨迹**

由图 7.22 可以看出，2007 年之前，黄淮海地区的货运总量增长较为稳定，而 2007 年之后的增长量较为明显。8 年间，年增量最大的年份是 2008 年，增量为 173 250.5 万 t，年增量最小的年份是 2003 年，增量为 11 686 万 t；年增长率最大的是 2009 年，增长率为 14.12%，年增长率最小的年份是 2003 年，年增长率为 2.78%。

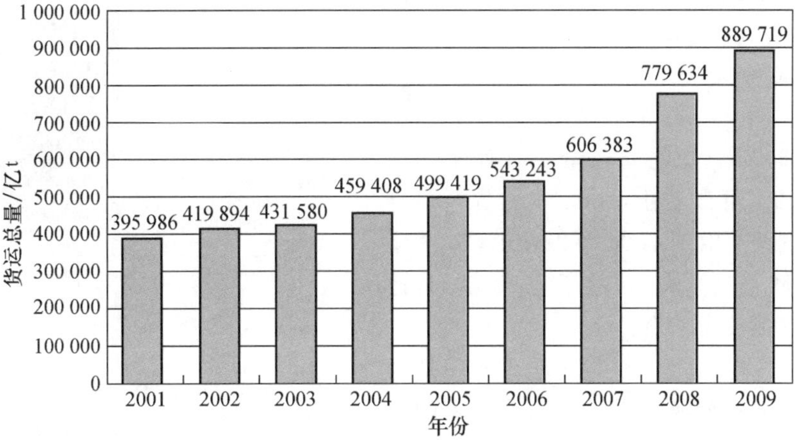

图 7.22　2001—2009 年黄淮海地区货运总量

2001—2008 年，黄淮海地区的货运量占全国总货运量的比重保持在 1/4～1/3，其中 2008 年所占的比重最大，为 30.13%，2007 年所占比重最小，为 26.64%。

以 2008 年的统计数据为例，得到黄淮海地区各省市货运量占全国总货运量的比重情况（表 7.7），该年黄淮海地区货运量占了全国的 30.13%，约占了全国总货运量的 1/3，占有一个相对较大的比重。

表 7.7　2008 年黄淮海地区货运量占全国货运总量的比重

省市	北京市	天津市	河北省	江苏省	安徽省	山东省	河南省	合计
比重/%	0.79	1.17	4.10	3.91	5.89	9.07	5.20	30.13

就各省市而言，2009 年相对于 2001 年的货运量，除了北京市有所减少外，其他各省市均有所增加，2007 年之前，各省市的货运量变化比较平稳，2007 年后各省市货运量的变化较之前剧烈，波动较大。在 2001—2009 年，仅安徽、山东、河南 3 省货运量一直处于增长的状态，其余省市在此段时间内年变化量都出现了不同的增长和减少。各省市中安徽省、山东省、河南省的涨幅绝对值较大，山东省的增长量绝对值最大，增长量为 174 495 万 t，天津市的增长量最小，涨幅为 7 954 万 t，北京市的减少量为 10 138 万 t。

就 2009 年相对于 2001 年的货运量倍数而言，安徽省的倍数最大，2009 年的货运量约为 2001 年的 4.331 倍，北京市的倍数最小，约为 0.669 倍。黄淮海地区 2009 年客运总量是 2001 年的 2.23 倍，超过区域倍数的省市按照由大到小的依次是：安徽省、山东省、河南省，低于区域倍数的省市依次是：江苏省、河北省、天津市、北京市。

7 个省市中客流量增加量都为正的年份是：2002、2004、2005、2006 年；河南省 2008 年的年增长率是各省市在 2001—2009 年间年增长率最大的，为 35.18%，天津市 2004 年的年增长率最小，为 0.1%；北京市 2007 年的年减少率是各省市 8 年间年减少率最大的，减少率为

－39.78％，北京市2003年年减少率是最小的，减少率为－0.23％。

在黄淮海地区，2008年各省市货运量占黄淮海地区总量的比例由大到小依次是：山东省、安徽省、河南省、河北省、江苏省、天津市、北京市，分别为30％、19％、17％、14％、13％、4％、3％（图7.23）。

2001—2009年，货物周转量一直处于增长状态，由图7.24可以看出，2008年的货运量有一个较大的飞跃。由图7.25可以看出，2008年年增长率最大，为91.33％，除了2008年，其他年份的变化率都较为平稳。

同货运量一样，以2008年为例，黄淮海地区的货物周转总量占全国的22.31％，在国家的旅客枢纽中起着重要的作用（表7.8）。

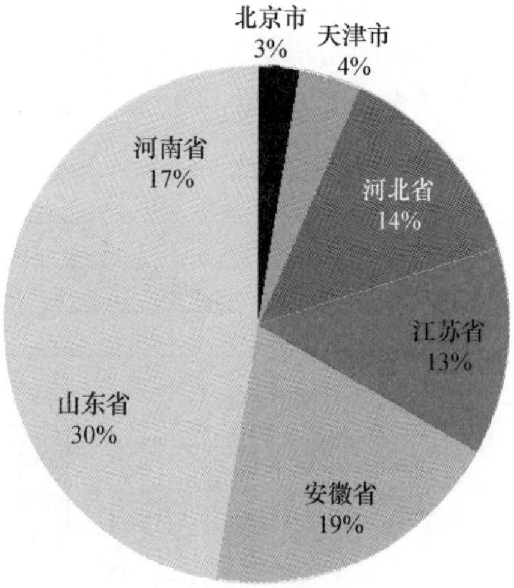

图7.23　2008年各省市货运量占黄淮海地区总货运量比重

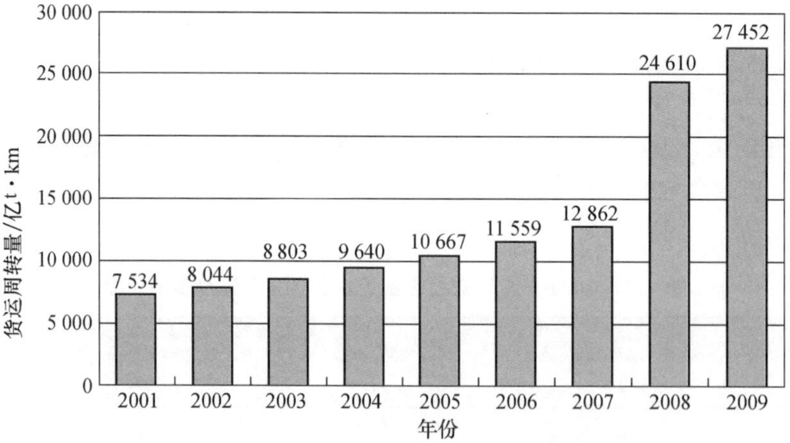

图7.24　2001—2009年黄淮海地区货物周转总量

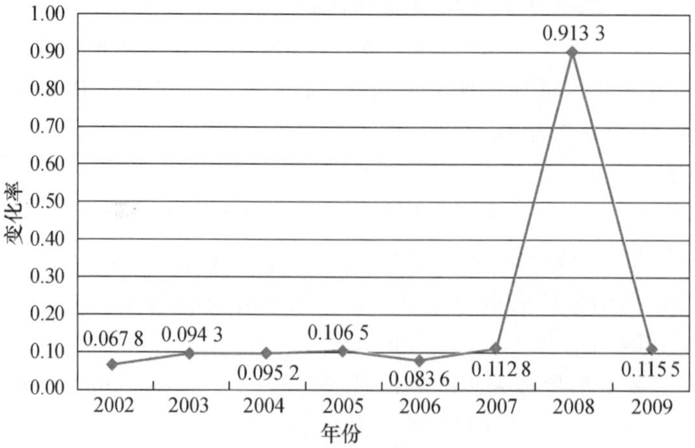

图7.25　货物周转量年变化率

表 7.8 2008 年黄淮海地区货物周转量占全国总量比重

省市	北京市	天津市	河北省	江苏省	安徽省	山东省	河南省	合计
比重/%	0.69	0.60	5.22	1.12	4.34	5.86	4.49	22.31

就各省市而言,2009 年相对于 2001 年都有所增长,涨幅绝对值最大的为山东省 6 177 亿 t·km,其次分别为安徽省、河南省、河北省、江苏省、北京市,天津市涨幅最小为 328 亿 t·km。黄淮海地区 2009 年货运周转总量是 2001 年的 3.64 倍,超过这个倍数的省市分别为山东省、安徽省,河南省、河北省、天津市、北京市、江苏省低于平均值(顺序按照倍数由大到小排列),最大的山东省为 5.84 倍,最小的河北省为 1.86 倍。

在 2001—2009 年的 8 年间,货运周转量年增长幅度最大的是 2008 年的山东省,涨幅绝对值为 4 099.15 亿 t·km,货运周转量涨幅绝对值最小的是 2002 年的天津市,增长量为 3.02 亿 t·km,仅北京市在 2009 年的货运周转量出现了减少的情况,年减少量为 27.29 亿 t·km,年减少率为−3.6%;年增长率最大的(210.7%)为 2008 年的安徽省,年增长率最小的(0.75%)为 2009 年的北京市。

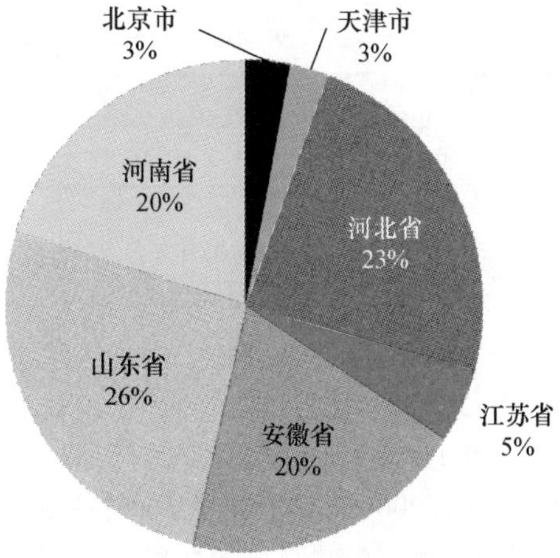

图 7.26 2008 年各省市货运周转量占黄淮海地区总货运周转量比重

由图 7.26 可知,2008 年在黄淮海地区货运周转量最大的是山东省,其次依次是河北省、河南省、安徽省、江苏省、北京市、天津市,分别为 26%、23%、20%、20%、5%、3%、3%。

2. 公路货运

在 2000—2009 年的 9 年间,黄淮海地区的公路客运量总体保持增长的趋势,只在 2003 年出现了一个小的减少,在前期货运量变化比较平稳,后期增长速度逐渐加快(图 7.27)。

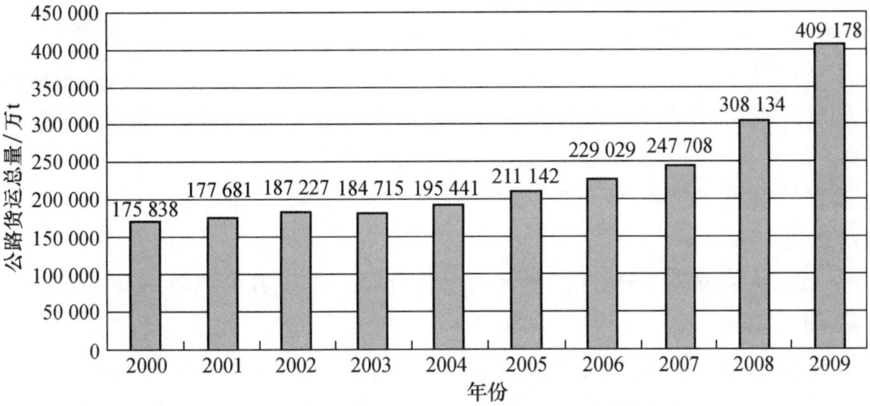

图 7.27 2000—2009 年黄淮海地区公路货运总量

在2000年黄淮海地区的公路货运量仅为175 838万t,9年间,到2009年已经增长至409 178万t,增长了233 340万t,2009年黄淮海地区公路货运量约为2000年的2.33倍。2009年是9年间年增长量最大的年度,增长量为101 043.9万t,增长量最小的年度是2001年,增长量为1 843万t。仅2003年公路货运量有所减少,减少了2 512万t。2009年的年增长率最大,约为32.79%,2001年的年增长率绝对值最小,约为1.05%,2003年的增长率约为-1.34%。

由表7.9可知,2000—2008年,黄淮海地区公路货运量占全国的比重均保持在15%~17%范围内,上下浮动范围不是很大。占全国公路客运量比重最小的年份是2007年,比重为15.11%,比重最大的年份是2000年,比重为16.93%。

表7.9 2000—2008年黄淮海地区公路货运总量占全国的比重

年份	2000	2001	2002	2003	2004	2005	2006	2007	2008
比重/%	16.93	16.82	16.10	15.92	15.70	15.74	15.62	15.11	16.08

在黄淮海地区的各省市当中,各省市波动情况都不是很大,但是山东省公路货运量的跨度较大。2000—2009年9年间,除北京市外,其他省市公路客运量都有所增长,差距最大的是山东省,相差87 894万t,差别最小的是天津市,相差为1 036万t,北京市的公路货运量2009年相对于2000年减少了9 257万t。年增长量和年增长率最大的是2009年的山东省,年增长量为44 964万t,年增长率为151.45%;年增长量和年增长率最小的是2009年的北京市,年增长量为64万t,年增长率为0.34%;年减少量和年减少率最大的2007年的北京市,减少量为13 081万t,年减少率为-42.26%;年减少量和年减少率最小的为2001年的北京市,年变化量为-3万t,年变化率为-0.01%。在2002、2005、2006、2008年4年里,各省市年增长量均为正。安徽省、山东省、河南省在2000—2009年的9年间,每年都保持增长的状态。

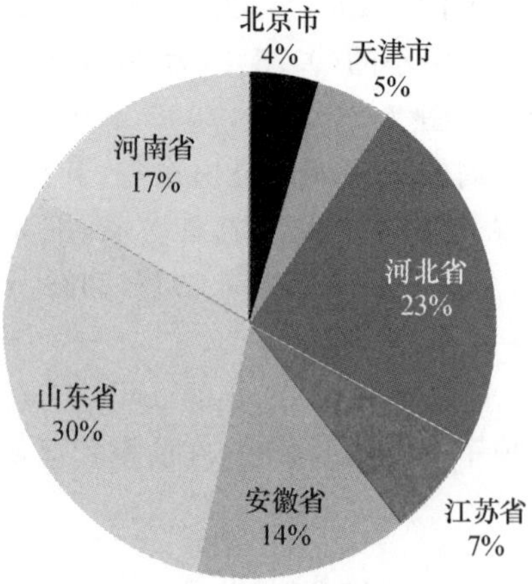

图7.28 2009年黄淮海地区各省市公路货运量占全区的比重

就各省市占当年黄淮海地区的比重而言,在2000—2009年发生着动态的变化,其中北京市的比重除了2003年的比重增加,其他年份的比重都在减少。以2009年的统计数据(图7.28)为例看一下各省所占当年黄淮海地区的比重,由图可以看出,山东省在当年的比重最大,其次依次是河北省、河南省、安徽省、江苏省、天津市、北京市。

3. 铁路货运

在2000—2009年,黄淮海地区的货运量总体保持一个上升的趋势,但在2009年出现了一个小的下降(图7.29)。

2000年黄淮海地区铁路货运总量为32 886万t,到2009年增长至62 512万t,9年的增长量为29 626万t,2009年的铁路客运量约为2000年的1.90倍。2005年黄淮海地区的年铁路货运量增长量最大,为7 410万t,年增长量绝对值最小的是2002年,增长量为1 516万t,只有

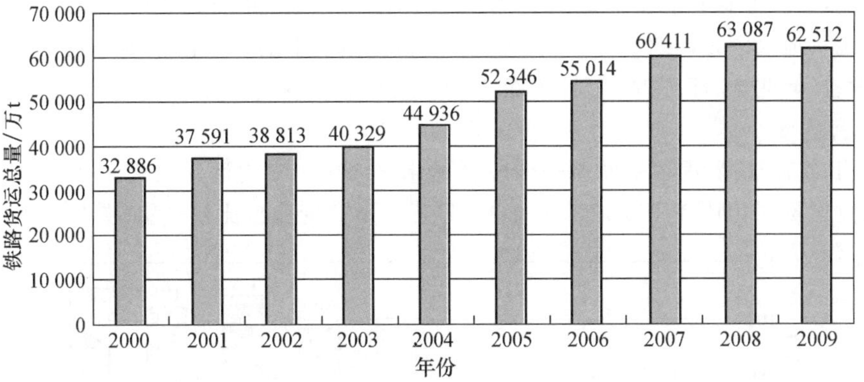

图 7.29 **2000—2009 年黄淮海地区铁路货运总量**

2009 年的铁路货运量有所减少，减少量为 575 t。货运量增长率最大的年份为 2005 年，增长率为 16.49%，增长率最小的为 2002 年的 3.25%，2009 年货运量的变化率为－0.91%。

由表 7.10 可以看出，黄淮海地区铁路货运量占全国的比重大部分都在 3.5%左右，整体处于 3%～4%，变化不大，和全国的铁路货运量变化基本保持动态平衡。所占比重最小的年份是 2000 年，所占比重为 3.17%；比重最大的年份是 2005 年，比重为 3.90%。

表 7.10 **2000—2008 年黄淮海地区铁路货运总量占全国的比重**

年份	2000	2001	2002	2003	2004	2005	2006	2007	2008
比重/%	3.17	3.56	3.48	3.45	3.61	3.90	3.75	3.68	3.29

黄淮海地区各省市的铁路货运量在 2000—2008 年的变化比较分散，整体波动较大。就变化幅度而言，天津的变化量最大，增加了 8 205 万 t，增加量最小的是江苏省，增加量为 1 817 万 t，北京市整体处于减少的状态，各省市中只有北京市 2009 年相对于 2000 年有所减少，减少量为 977 万 t。

年增长量最大的是 2005 年的河北省，增长量为 2 707万 t，年增长量最小的是 2005 年的北京市，增加量为 17 万 t；年减少量最大的是 2006 年的江苏省，减少量为 1 372 万 t；年减少量最小的是 2006 年的北京市，减少量为 20 万 t。年增长率最大的是 2005 年的江苏省，增长率为 60.91%；增长率最小的是 2005 年的北京市，增长率为 0.87%；减少率最大的是 2006 年的江苏省，变化率为－29.92%；减少率最小的为 2002 年的山东省，变化率为－0.27%。天津市 2009 年的铁路货运量是相对的 2000 年的倍数最大，该省 2009 年铁路货运量约是 2000 年的 3.66 倍；北京市的倍数最小，2009 年铁路货运量约为 2000 年的 0.63 倍。仅 2005 年黄淮海地区所有省市的铁路货运量都有所增加。在大部分的年份里，河北省和山东省的铁路客运量都占了相

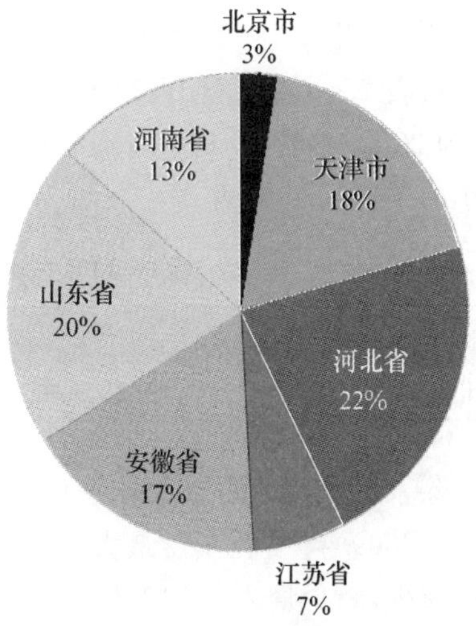

图 7.30 **2009 年黄淮海地区各省市铁路货运量占全区的比重**

对大的比例，而江苏省和北京市则占了较小的比例。就 2009 年而言（图 7.30），黄淮海地区铁路货运量比重最大的是河北省，所占比重为 22%，其他省市的比重由大到小依次是山东省、天津市、安徽省、河北省、江苏省、北京市，北京市所占的比重仅为 3%。

4. 航空货运

2004 年之前，航空货运量处于一个较低的水平，2005 年货运量出现一个较大增长，2004 年之前的货运量变化比较平稳，2005—2009 年货运量的变化也比较平稳（图 7.31）。

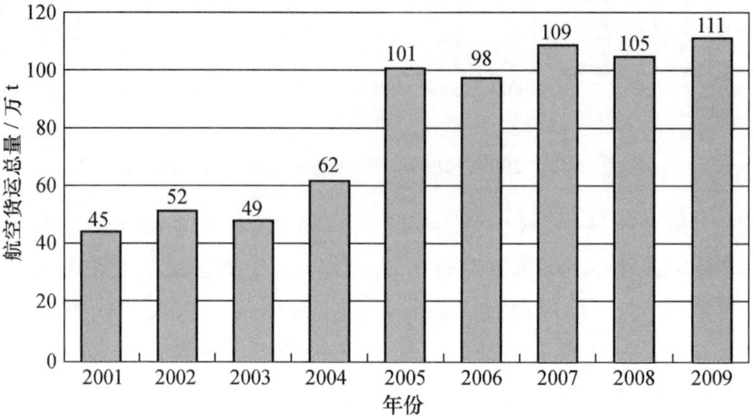

图 7.31　**2001—2009 年黄淮海地区航空货运总量**

黄淮海地区 2009 年的航空货运量约为 110.78 万 t，2001 年的航空货运量约为 44.82 万 t，2009—2000 年的涨幅约为 65.96 万 t，2009 年的航空货运量约为 2001 年的 2.47 倍。黄淮海地区航空货运量总量年增加量最大的年份是 2005 年，变化量为 38.94 万 t；年增加量最小的年份为 2009 年，增加量为 6.00 万 t；年减少量最大的年份为 2008 年，变化量为－4.13 万 t；年减少量最小的年份为 2006 年，变化量为－3.07 万 t。黄淮海地区航空货运量总量年增加率最大的年份是 2005 年，增长率为 62.59%；年增加率最小的年份为 2009 年，增长率为 5.07%；年减少率最大的年份为 2003 年，变化率为－6.12%；年减少率最小的年份为 2006 年，变化率为－3.04%。

由表 7.11 可以看出，2001—2008 年黄淮海地区航空货运总量占全国的比重变化范围较大，为 22%～33%。其中黄淮海地区航空货运量占全国比重最大的年份是 2005 年，所占比重最小的年份是 2003 年。

表 7.11　**2001—2008 年黄淮海地区航空货运总量占全国的比重**

年份	2001	2002	2003	2004	2005	2006	2007	2008
比重/%	26.21	25.70	22.26	22.46	32.95	28.11	27.09	25.68

除了北京市的波动比较大以外，其他各省市的航空客运量变化不大，而且数值也不大。2000—2009 年，变化幅度最大的是北京市，增长了 60.17 万 t，只有天津市在 9 年间的货运量有所减少，减少量为 0.513 万 t。安徽省 2009 年航空货运量约是 2001 年的 5.23 倍，是各省市中最大的，而天津市则是最小的，2009 年航空客运量约是 2001 年的 0.89 倍。

很明显可以看出，北京市的航空货运量占黄淮海地区的绝大部分，所占比例处于 75%～

93%这一范围。就 2009 年而言(图 7.32),北京市的航空货运量约是整个黄淮海地区的 88.35%,大于其他所有省市航空客运量的加和。安徽省所占比重最小,仅为 0.01%。

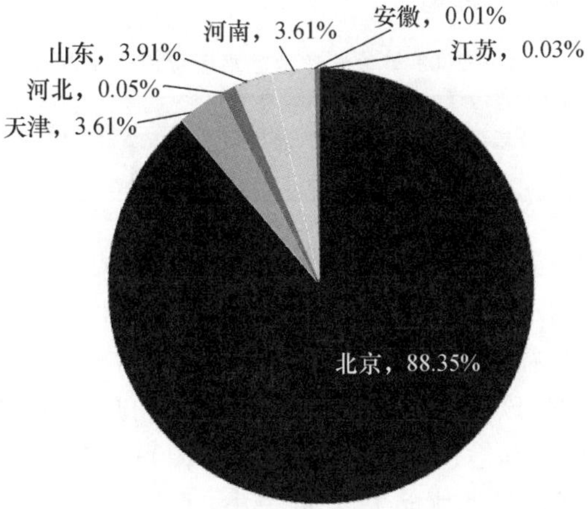

图 7.32 2009 年黄淮海地区各省市航空货运量占全区的比重

5. 水运货运

黄淮海地区中部分地区处于内陆,所以水运并不是很发达,尤其是北京的水运货运量几乎为 0,因此在这里不考虑北京的货运量。

2001—2009 年,黄淮海地区的水运货运量每年都以一定的速度增长,且增长速度较为稳定,未出现较大的波动(图 7.33)。

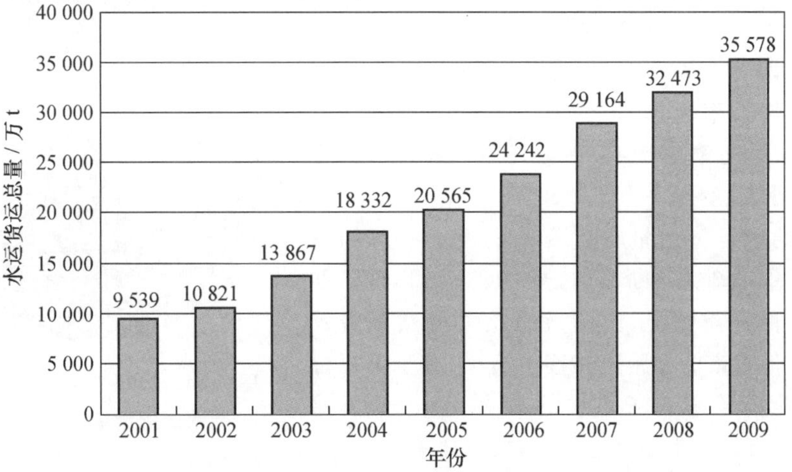

图 7.33 2001—2009 年黄淮海地区水运货运总量

2001 年,黄淮海地区的水运货运量为 9 539 万 t,2009 年时则增长至 35 578 万 t,增量为 26 039 万 t,2009 年的水运货运量约为 2001 年的 3.73 倍。黄淮海地区水运总量年增长量最大的年份是 2007 年,增长量为 4 922 万 t,年增长量最小的年份为 2002 年,增长量为 1 282 万 t。而水运总量的年增长率最大的年份为 2004 年,增长率为 32.20%,年增长率最小的年份为 2009 年,增长率为 9.56%。

由表 7.12 可以发现，虽然黄淮海地区水运货运量在全国的比例整体上逐年增加，但是比重依旧很小，其中 2008 年的比重最大，也只占到了全国总水运货运量的一成左右，由此可见，黄淮海地区的水运处于相对弱势的地位。

表 7.12　2001—2008 年黄淮海地区水运货运总量占全国的比重

年份	2001	2002	2003	2004	2005	2006	2007	2008
比重/%	7.19	7.63	8.77	9.78	9.36	9.75	10.37	11.03

天津依据地理优势，水运货运量在黄淮海地区占了很大的比重，且波动性较大。北京的水运货运量为 0，其他省市的水运货运量相对水平较低。

2001—2009 年，就增长幅度而言，天津的增长幅度最大，8 年间增长了 6 619 万 t，但其在 8 年间的增长倍数则是最小的，该市 2009 年的水运货运量约是 2001 年的 2.31 倍；虽然河南省的水运货运量不是很大，但是其增长倍数却是很大的，2009 年其水运货运量增长为 2001 年的 133.43 倍，河北省与其相似，虽然水运货运量很小，但是 8 年间水运货运量增长为起初的 66.13 倍。

除去北京外的 6 个省市中，只有河南省的水运货运量一直处于增长状态。也只有 2004 年，各省的水运货运量都保持增长状态。

就各省市的年增长量而言。2001—2009 年，年增长量最大的是 2009 年的安徽省，年增长量为 3 535 万 t；年增长量最小的是 2003 年的河北省，增加量为 3 万 t；年减少量最大的是 2009 年的天津市，减少量为 3 440 万 t；年减少量最小的是 2002 年的河北省，减少量为 3 万 t。年增长率最大的是 2005 年的河北省，增长率为 1 277.27%；增长率最小的是 2003 年的江苏省，增长率为 0.29%；减少率最大的是 2002 年的山东省，变化率为 −43.37%；减少率最小的为 2002 年的江苏省，变化率为−0.29%。

天津市的水运货运量在近两年出现了下降的情况，而其他各省市却在不断增加，至 2009 年，出现了如图 7.34 所示的比重情况，天津市的比重虽然是最大的，但是与其他省市的差距正在逐步缩小，居于第二位的江苏省水运货运量占了全区的 22%，仅次于天津市。由于北京市没有水运运输方式，所以比重为 0。

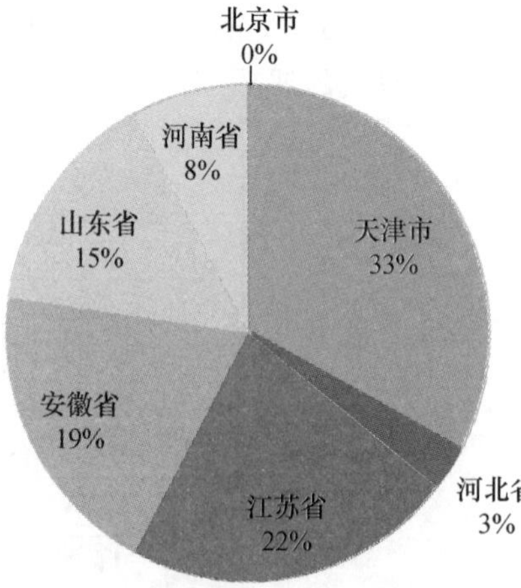

图 7.34　2009 年黄淮海地区各省市水运货运量占全区的比重

7.1.3　交通优势度综合评价

7.1.3.1　交通网络密度

交通设施水平是衡量一个地区发展的重要指标，同时对区域发展有重要引导、支撑和保障作用。因此，如何通过定量分析与评价一个区域的交通设施水平近年来逐渐成为交通地理研究的重要内容（曹小曙，2005），针对该问题，金凤君等学者提出了交通优势度概念，解释了其

“质”、“量”、“势”3个方面的内涵，并根据提出的测算模型以县为评价单元对全国进行了实证研究。张新(2011)构建包括交通网络密度、交通设施邻近度和区位优势度3个方面在内的区域交通优势度综合评价模型，研究了黄淮海平原交通优势度空间格局。

根据政治意义和管理使用性质的不同，我国公路分为国道、省道、县道、乡道和专用公路5个等级；根据任务、功能和交通量，又将公路分为高速公路、一级公路、二级公路、三级公路、四级公路(金凤君，2004)。以公路及土地面积数据为基础，计算黄淮海地区311个评价单元的公路网密度(图7.35)。

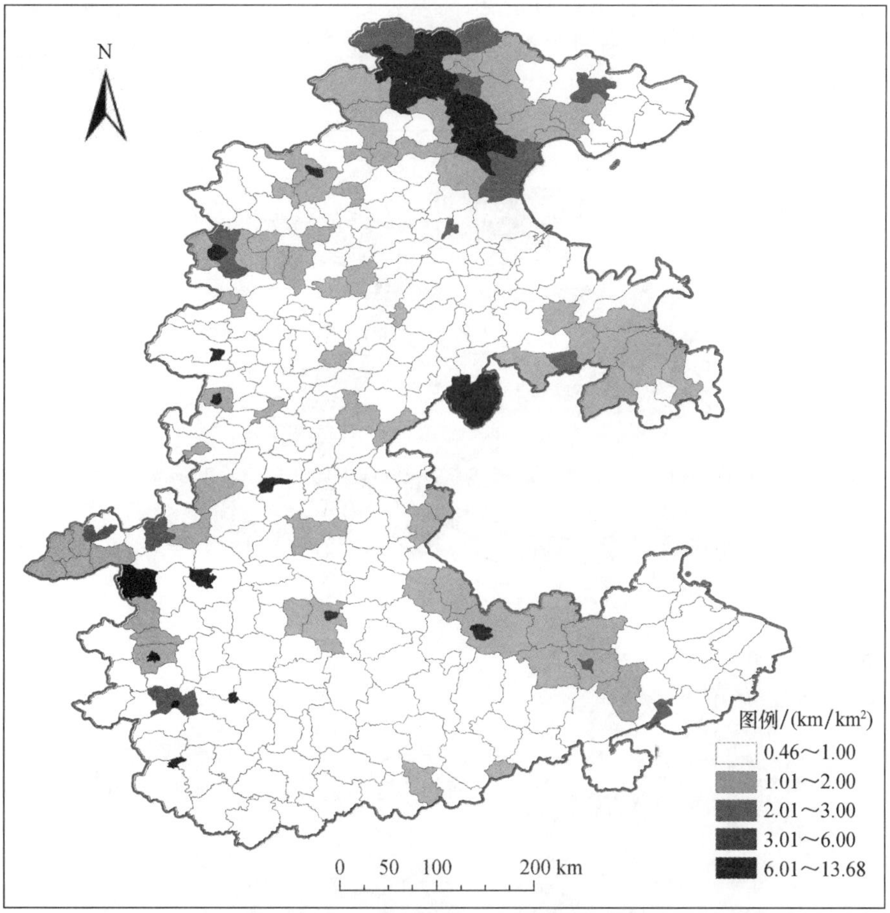

图7.35 2008年黄淮海地区公路网络密度空间格局

根据评价结果，黄淮海地区公路网密度呈现出以下特征：

①虽然黄淮海地区公路网络密度整体在全国处于较高水平，但区域内部极不均衡，公路网密度高低悬殊，且路网密度在2 km/km² 以下的单元占了绝大多数(88.1%)。天津市区(只包括河北区、河西区、和平区、南开区、红桥区)公路网密度最高，达到12.86 km/km²，而最低的河南省汝南县和正阳县都只有0.35 km/km²。路网密度在6 km/km² 以上的评价单元只有4个，分别是北京市区、天津市区、许昌市区和漯河市区，只占到总数的1.29%，路网密度在3～6 km/km² 之间的评价单元有16个，占到总数的5.14%，路网密度在2～3 km/km² 之间的评价单元有17个，占到总数的5.47%，路网密度在1～2 km/km² 之间的评价单元有70个，占到

总数的 22.51%，路网密度在 1 km/km² 以下的评价单元 204 个，占到总数的 65.59%。

②路网密度较高的地区主要有两种分布特征，即城市及其周边地区、太行山前及环鲁中南山地丘陵地区。这与该区域重点城市分布及经济发展有很高的空间耦合性。数据表明，37 个路网密度在 2 km/km² 以上的单元中，有 32 个为城市市区或城市近郊区，23 个分布在太行山前及环鲁中南山地丘陵地区。

7.1.3.2 交通设施邻近度

选取的交通设施邻近度指标有铁路站点、高速公路出口、港口、机场等点状交通设施和国道等线状交通设施，距离这些交通设施的远近程度更能全面地体现评价单元的交通优势(图 7.36)(孙威，2010)。

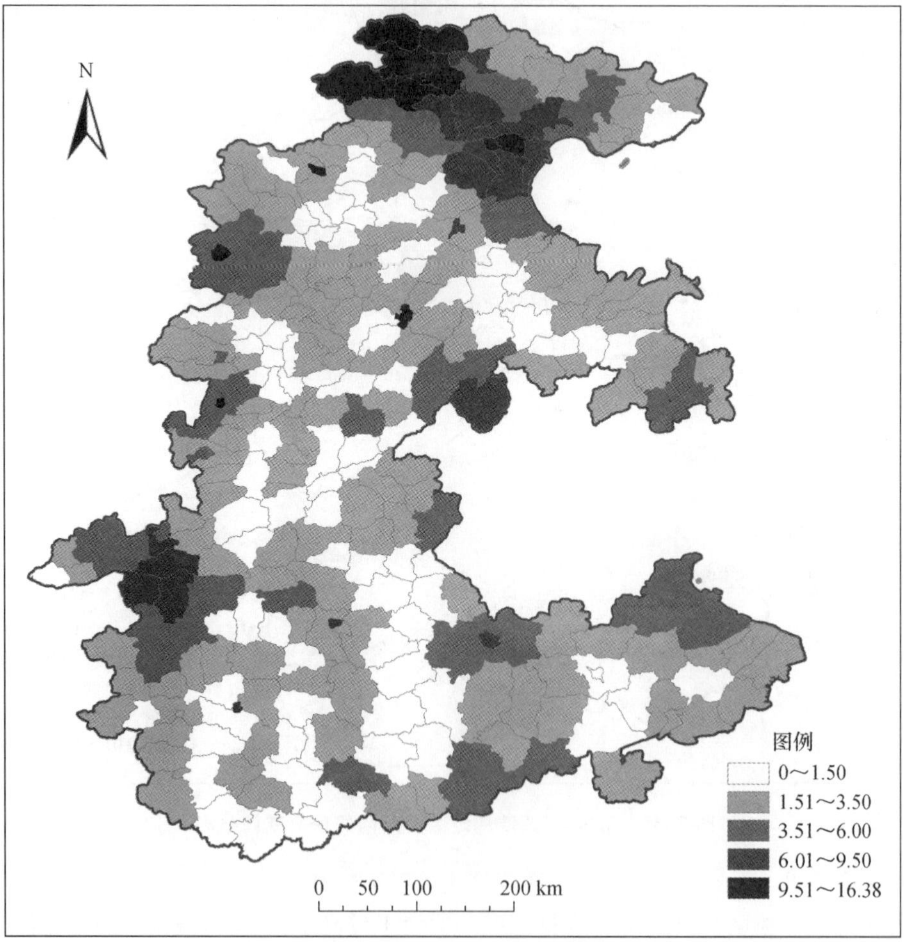

图 7.36 2008 年黄淮海地区交通基础设施邻近度空间格局

根据评价结果，黄淮海地区交通设施邻近度呈现出以下特征：

①与公路网密度一样，交通设施邻近度也呈现区域内部不均衡，且高低差异悬殊的特点，邻近度在 3.5 以下评价单元占大多数(74.92%)。邻近度最高的是北京市区，达到 15，最低的是博野等 12 个县，邻近度为 0；邻近度在 9.5～15 之间的有 8 个，占评价单元总数的 2.57%；

邻近度在6～9.5之间的有14个，占评价单元总数的4.50%；邻近度在3.5～6之间的有56个，占评价单元总数的18.01%，邻近度在1.5～3.5之间的有141个，占评价单元总数的45.34%；邻近度在0～1.5之间的有92个，占评价单元总数的29.58%。

②与公路网密度略有不同的是，交通设施邻近度的空间分布受城市及交通干线影响较大。北京、天津、郑州、济南等城市及其周边都形成了集中连片的邻近度高地，唐山、石家庄、徐州、连云港等城市由于交通基础设施类型、规模等略逊于京津等城市，故邻近度及其对周边区域的影响范围都要小于京津等城市；有交通干线穿过的评价单元邻近度优势明显，从邻近度空间格局来看，G2、G3、G4等高速公路以及G106、G107、G204、G307、G310等国道都对邻近地区产生了重要影响；而那些远离城市和交通干线的地区则形成了邻近度低谷。

7.1.3.3 区位优势度

区位优势度往往由评价单元到中心城市的空间距离、时间距离来衡量，评价值代表了该单元接受中心城市辐射影响并获得发展机会的大小。徐旭(2007)通过建立指标体系将黄淮海地区39个中心城市按影响力大小划分为5个等级，并量化其影响范围和影响度，计算出该区域区位优势度(图7.37)。

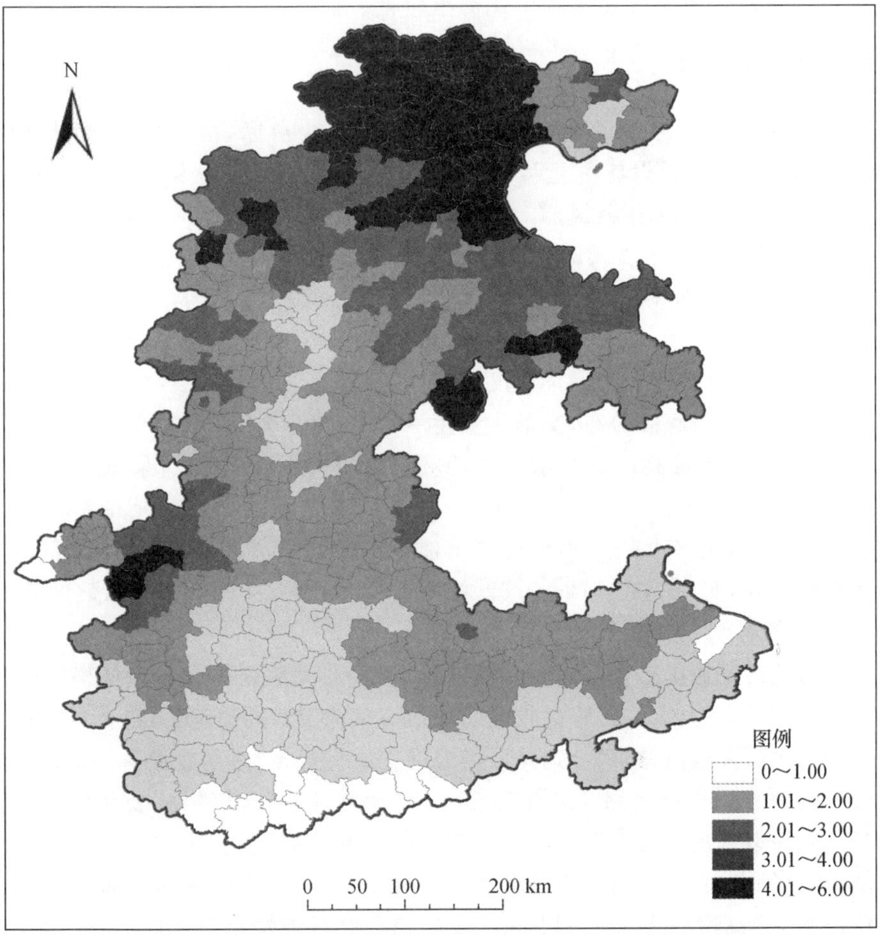

图7.37 2008年黄淮海地区区位优势度空间格局

根据评价结果，黄淮海地区区位优势度呈现出以下特征：

①评价单元数量呈正态分布。占比例最大的是区位优势度一般(2.01～3.00)的单元，达到40.51%，而优势度最高(4.01～6.00)和最差(0～1.00)的单元分别只占到11.90%和7.07%；区位优势度在1.01～2.00的有65个，占评价单元总数的20.90%，区位优势度在3.01～4.00之间的有61个，占评价单元总数的19.61%。

②区位优势度的空间布局基本呈现以京津为中心的同心圆分布，离京津越远区位优势度越低，且在重要城市及其周边形成个别区位优势高地，如石家庄、济南、郑州等。

③太行山前与鲁中南山地丘陵地区之间、淮河沿线形成两条区位优势低谷。这两个地区历史上曾经是我国人口最密集、经济最发达的地区，诞生了灿烂的文化，但宋朝以后整个黄河流域生态环境恶化，加之北方连年遭受战争破坏，该地区经济优势逐渐消失，明清以后黄河的多次改道，特别是1938年黄河花园口决堤造成了豫、皖、苏3省50余万人死亡，5.4万km^2土地变成水乡泽国，黄泛区日后几乎成为了洪涝、干旱、盐碱、风沙的代名词，诸多历史、自然因素使得该地区城市逐渐衰落，近代以来随着以铁路为主的交通及工业的发展，使得黄淮海其他地区诸如郑州、石家庄等城市迅速崛起(江沛，2005)，但由于该地区城市交通条件的落后，没能搭上这趟经济社会快速发展的末班车，距离其他新兴城市较远，加上本地区城市的衰落造成了该地区区位优势度较低(许华，2008；樊如森，2010)。

7.1.3.4 交通优势度

交通优势度是评价区域交通优势高低的一个集成性指标，由区域交通设施网络规模所代表的支撑能力、由交通设施邻近度所代表的联系与集聚能力和由区位优势度所代表的区域区位条件3方面组成(金凤君，2008；吴威，2011)。三者从不同的方面表现了区域交通优势的高低(王成新，2003)，根据上述研究得到的路网密度、交通设施邻近度及区位优势度分值，加权求和得到黄淮海地区311个评价单元的交通优势度分值(图7.38)。

根据评价结果，黄淮海地区交通优势度呈现以下特征：

①评价单元数量呈偏正态分布，交通优势度一般(0.68～1.10)及较低(0.44～0.67)部分占70.74%。交通优势度最高的是北京市区，其交通优势度达到2.72，最低的是河南省正阳县，其交通优势度只有0.05，交通优势度在1.64～2.72之间的评价单元有13个，占总数的4.18%，在1.11～1.63的有25个，占评价单元总数的8.04%，在0.68～1.10之间的有99个，占评价单元总数的31.83%，在0.44～0.67之间的有121个，占评价单元总数的38.91%，在0.05～0.43之间的有53个，占总数的17.04%。

②从黄淮海地区交通优势度空间布局可以看出，黄淮海地区的交通优势格局受国家铁路网和高速公路网布局影响较大，优势度较高的地区有京津及其周边地区，以及以京津为核心辐射出的3条交通优势度较高的带，分别是沿渤海湾交通优势带、京沪铁路和G3高速公路交通优势带、京广铁路和G4高速公路交通优势带。郑州和济南由于其铁路、公路交通枢纽地位交通优势明显。京津地区由于处于国家高速公路网的首都放射线和北方铁路网的中心位置，加之城市机场、港口等交通设施发达，集众多优越条件于一身，成为区域内交通优势度最高的地区。京沪铁路和G3高速公路、京广铁路和G4高速公路是连接京津地区与长三角、珠三角地区的重要通道，加上这两条通道上郑州、石家庄、济南等重要城市的枢纽地位和较完善的交通

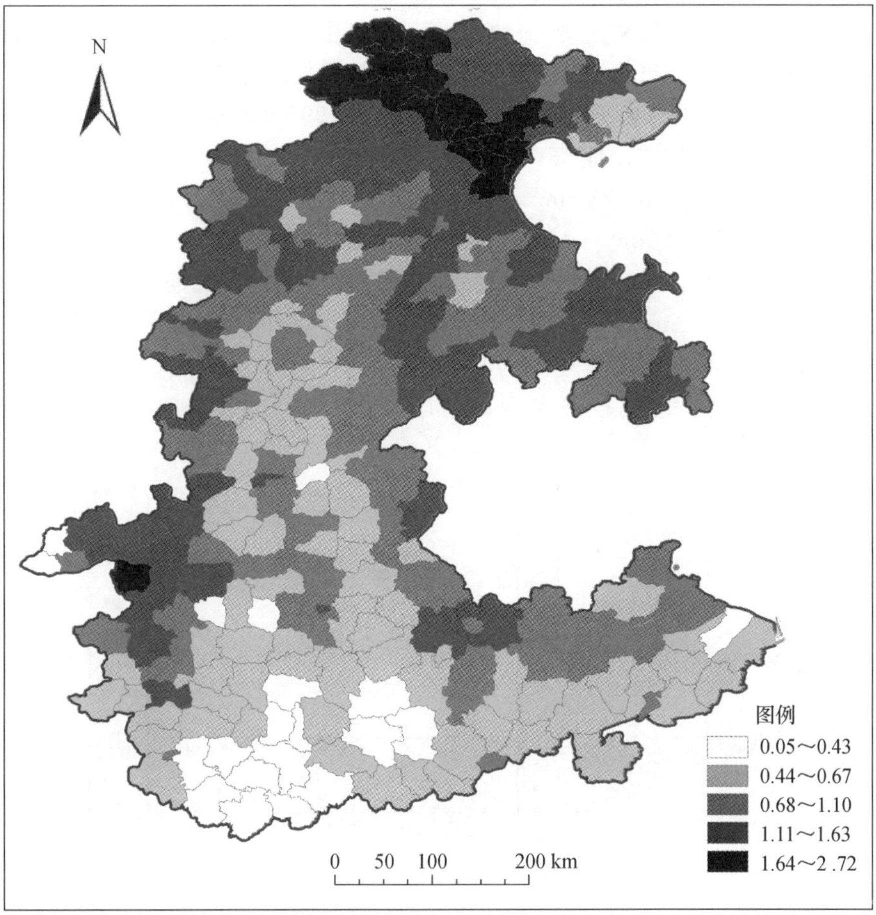

图 7.38 2008 年黄淮海地区交通优势度空间格局

基础设施及其对邻近地区的辐射影响，形成了京沪铁路和 G3 高速公路交通优势带以及京广铁路和 G4 高速公路交通优势带。环渤海地区是我国经济发展的热点地区，港口运输体系在经济发展中有重要地位和作用，其交通优势则主要是由于拥有港口的出海优势和毗邻京津的区位优势，区域内的天津港、连云港港是我国重要港口，曹妃甸港、黄骅港等港口也颇具潜力且发展迅速(邹逸麟，1997)。

7.2 黄淮海平原交通与土地利用

7.2.1 交通用地扩张

以交通干线为主的交通设施一方面对周边地区土地利用产生重要影响，另一方面其建设也需要占用大量土地。交通用地面积就是衡量区域交通基础设施建设规模的重要指标，根据交通运输类型又细分为铁路用地、公路用地、民用机场用地、港口码头用地、管道运输用地 5 种类型。1997 年，黄淮海地区交通用地总面积为 254 888 hm^2，占到区域土地总面积的 0.69%，其中铁路用地 47 984 hm^2，公路用地 198 035 hm^2，民用机场用地 5 894 hm^2，港口码头用地 2 975 hm^2，管道运输用地 0 hm^2。由于近年来交通基础设施建设规模较大，交通用地扩张速度很快，至 2008 年，交通用地总面积达到 367 657 hm^2，较 1997 年增长 44.24%，区域土地总面积占比也达到 1.00%，其中铁路用地 53 792 hm^2，增长了 12.10%，公路用地 303 679 hm^2，增长了 53.35%，民用机场用地 6 328 hm^2，增长了 7.37%，港口码头用地 3 716 hm^2，增长了 24.93%，管道运输用地 141 hm^2。

由图 7.39 可以看出，1997—2008 年的 12 年间，黄淮海地区交通用地增长迅速，尤其是公路用地增加了 105 644 hm^2，贡献了交通用地增加总面积的 93.68%，说明 12 年间，黄淮海地区公路网交通基础设施发展迅速。这与该地区区位、地形等特点有密切关系，1997 年以前，该地区铁路网已达到较高密度，而机场、港口、管道较公路、铁路占地面积却小很多。

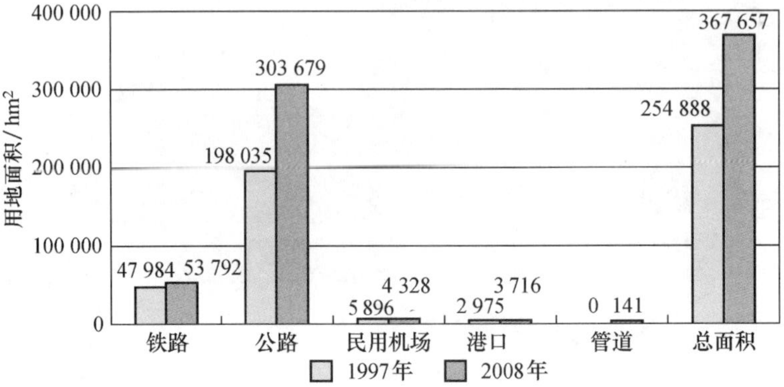

图 7.39　1997、2008 年黄淮海地区交通用地变化

为分析黄淮海地区铁路及铁路用地扩张的空间规律，本文以黄淮海地区 311 个县级单元为研究对象，利用 ArcGIS 的空间分析功能，分析了 1997—2008 年黄淮海地区各单元铁路用地变化情况，并根据 Quantile 分类，将所有区县分为 5 类。

1997—2008 年间，交通用地减少的区县有 31 个，占总数的 9.97%，分布区散布于整个黄淮海区域，其中减少最多的是河北省曲阳县，2008 年铁路用地较 1997 减少了 39%；大多数区县铁路用地面积未发生变化，包括没有铁路的区县和铁路用地面积未发生变化的区县，共 182 个，占总数的 58.52%；铁路用地略有增加(1%～9%)的区县有 36 个，占总数的 11.58%；增加较快(10%～41%)的有 31 个，占总数的 9.97%；增加最快的有 31 个，占总数的 9.97%，主要原因是基数较小且铁路发展较快，其他增长较快的区县有安阳市区、漯河市区、邹平、肃宁、茌平、馆陶、广平、黄骅、冠县、邯郸市区、新乡市区、河间、昌邑和大名，增长率均达到 100%以上。由图 7.40 可发现这些铁路用地增长的区县在空间上主要为东西向连续分布，这主要是因为该区域南北向交通已较发达，而连接港口与腹地的东西向交通基础较为薄弱，由于经济发展对东西向出海的需求导致铁路交通用地增长分布呈这一现象。

1997—2008 年，公路用地扩张很快，增速达到 44.24%。其中有部分区县公路用地呈减少

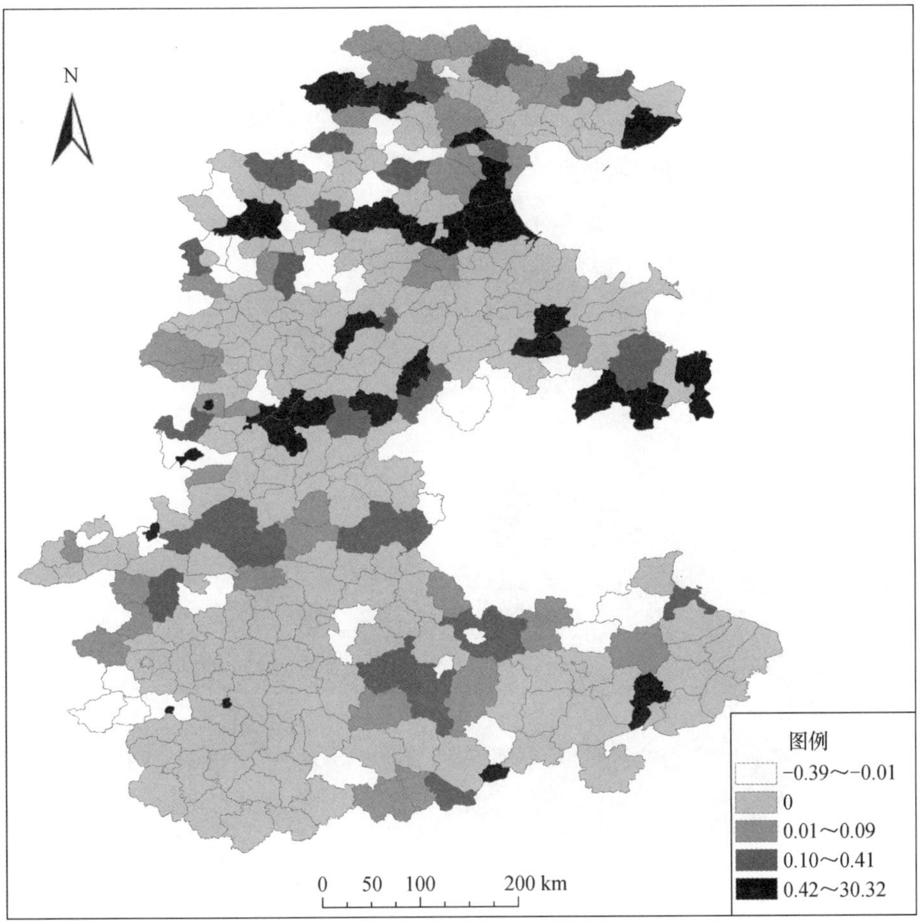

图 7.40 1997—2008 年黄淮海地区铁路用地变化

趋势，如石家庄市区、沧州市区、晋州市等 8 个区县，减少最多的是安阳县，2008 年公路用地较 1997 年减少了 45%，空间上主要分布在部分城市市区及其周边地区；增长 29%以下的区县有 121 个，占到区县总数的 38.91%；增加 30%～56%的有 63 个区县，占到总数的 20.26%；增加 57%～105%的有 60 个区县，占到总数的 19.29%；增加 106%～1 070%的有 59 个区县，占到总数的 18.97%。大部分区县在空间上也呈现出东西向连续分布的状态(图 7.41)，其中，增速最快的是宿迁市区，2008 年公路用地较 1997 年增加了 1 070%。

航空运输是连接区域内外的重要交通方式，具有速度快、占地少等优势，截至 2009 年末，黄淮海地区共有通航的主要民用机场 10 个，包括北京首都机场、北京南苑机场、天津滨海机场、石家庄机场、邯郸机场、济南机场、潍坊机场、郑州机场、徐州机场、连云港机场，其中规模、旅客吞吐量等最大的是首都机场。通过分析 1997—2008 年黄淮海地区机场用地的变化情况发现(图 7.42)，机场用地的扩张主要集中在市区或市区周边区县，如集中在市区的有天津、济南等，集中在市区周边的有北京周边的顺义，石家庄周边的正定，邯郸周边的磁县等，机场用地减少也主要集中在城市及其周边地区，如徐州、邯郸等，这主要是由于机场的改扩建导致的，空间上的分布也与机场区位分布特点有关。12 年间，有 7 个县机场

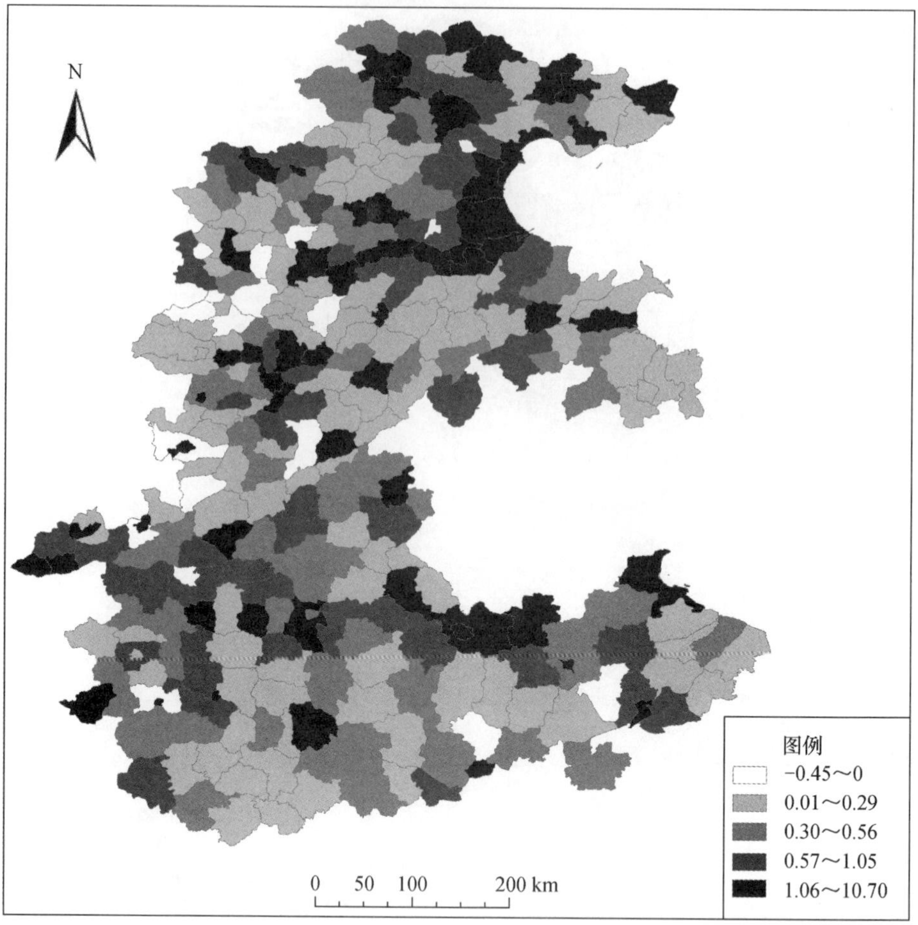

图 7.41 1997—2008 年黄淮海地区公路用地变化

用地呈减少趋势，分别是邯郸县、郑州市区、泗阳县、铜山县、徐州市区、惠民县、滨海县；294 个区县机场用地仍为零，占到区县总数的 94.53%；增长 14%～144%的有 7 个区县，占到总数的 2.25%，3 个县增长量达到 145%～351%，分别是沾化县、沛县和磁县，其中沾化县增长最快，达到 351%。

水路运输包括内河航运和海运两种，相应的港口也分为内河港口和海港两种，黄淮海中西部大部分地区较为干旱，水量较少，许多河流甚至已经干涸，没有形成内河航运，所以黄淮海地区的水路运输主要集中在东部及沿海地带，港口用地布局也呈现出相应特点。1997—2008 年，港口用地减少 1%～100%的有 11 个区县；港口用地一直为零的有 291 个区县，占到总数的 93.57%，这也反映出黄淮海地区的另一交通运输特点，以铁路和公路运输为主；增加 1%～98%的有 3 个区县；增加 99%～670%的也有 3 个区县；增加 671%～3 422%的有 3 个区县，分别是淮安市区、济宁市区和东营市区，其中淮安市区最大，达到 3 422%(图 7.43)。

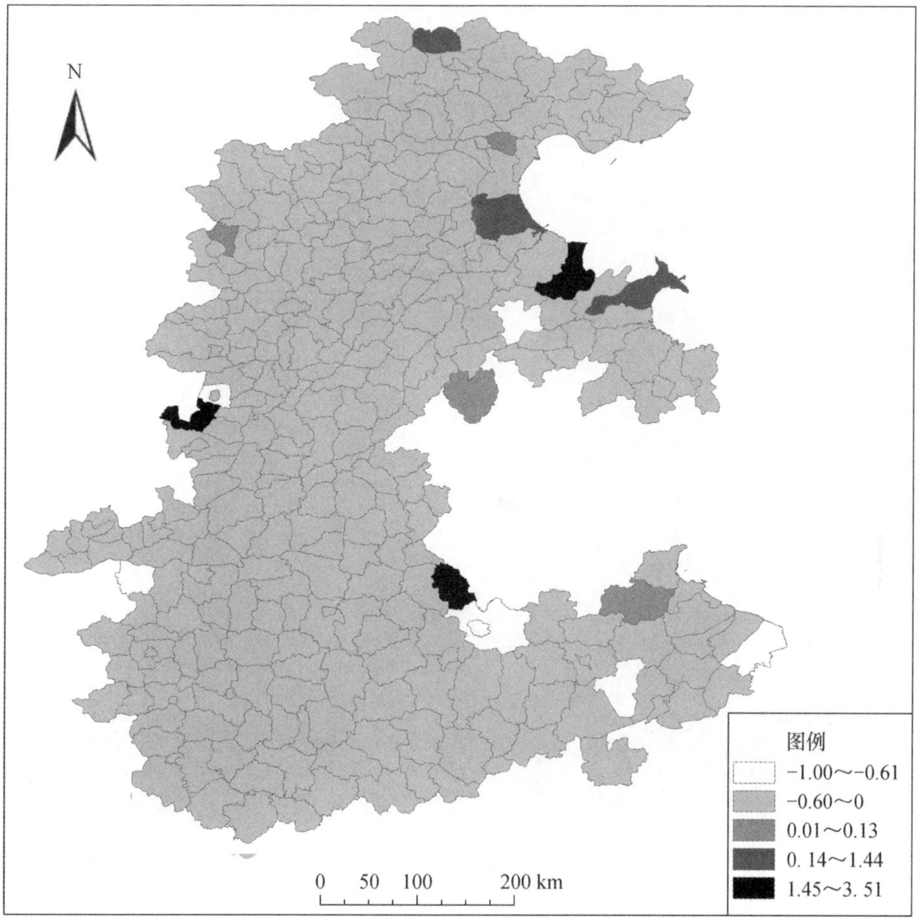

图 7.42 1997—2008 年黄淮海地区机场用地变化

7.2.2 交通建设对土地利用的影响

交通与土地利用是一种相互联系、相互影响的复杂关系，交通发展与土地利用相互可以促进。反之，不协调的交通与土地利用将导致两者的互相制约（曹小曙，2007）。

黄淮海地区建立了较为完善的交通基础设施，以铁路网和公路网为例，截至 2009 年，黄淮海地区铁路营运里程达 18 971.7 km，占全国铁路营运历程的 22.18%，京哈线、京沪线、京九线、京广线以及朔黄线、太青线、新日线、陇海线等都是区域乃至全国范围内的铁路干线，且铁路技术水平较高；截至 2009 年年底，黄淮海地区已形成了 47.7 万 km 的公路网，地域分布纵横交错，四通八达，国家高速公路网规划（7918 工程）中，7 条首都辐射线中的 4 条（G1、G2、G3、G4）经过该地区，南北纵线中 4 条（G15、G25、G35、G45）经过该区域，东西横线中有 5 条（G18、G20、G22、G30、G36）经过该区域（图 7.44，彩图 4）。

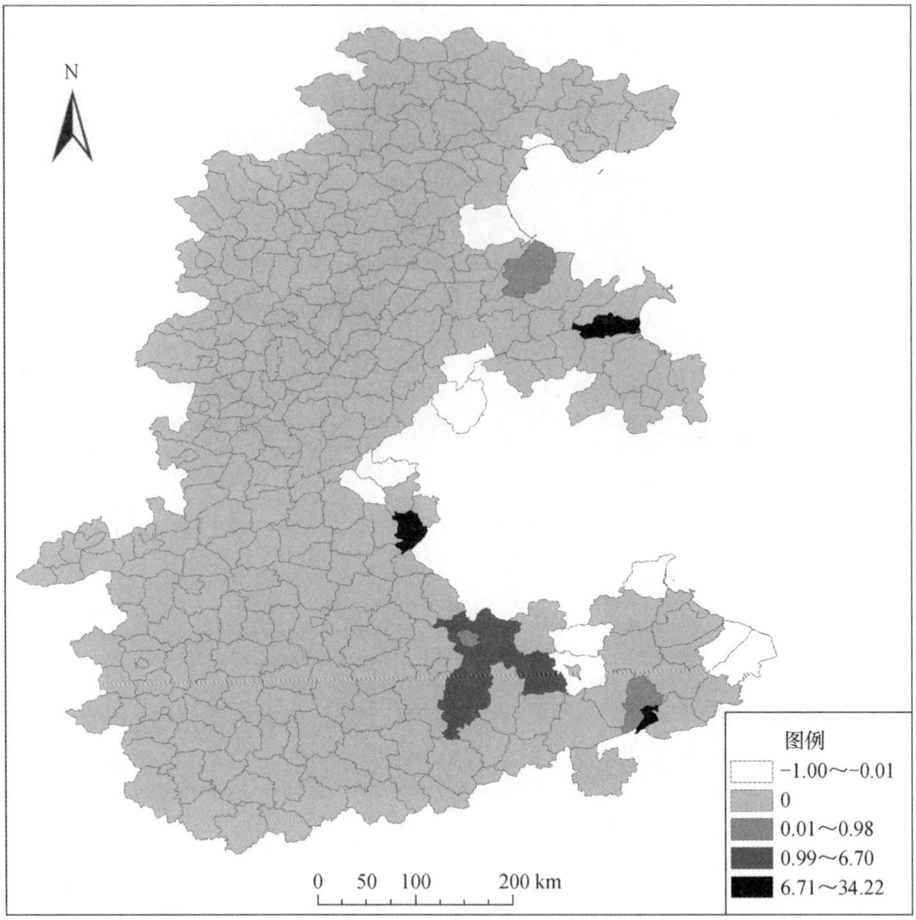

图 7.43 1997—2008 年黄淮海地区港口用地变化

以黄淮海地区铁路、高速公路、国道和省道作为交通干线，利用 GIS 的缓冲分析功能分别按照 100 m，200 m，400 m，600 m，800 m，1 000 m 建立交通干线缓冲区，将缓冲区与土地利用现状进行空间叠加分析，得到缓冲区内部的土地利用分布情况（表 7.13）。

表 7.13 交通干线缓冲区内部土地利用结构 %

地类	缓冲距离/m					
	100	200	400	600	800	1 000
农用地	78.10	78.43	81.75	82.49	83.23	84.11
林地	16.20	11.22	8.76	7.41	5.44	4.97
建设用地	21.89	21.55	18.23	17.49	16.74	15.87
未利用地	0.01	0.02	0.02	0.02	0.03	0.02

由交通与遥感影像图以及量化的交通干线缓冲区内部土地利用结构表可以看出，交通干线表现出对建设用地的空间吸引效应和对农用地的空间排斥效应，随着缓冲距离的增加，缓冲区内建设用地不断减少，由 100 m 内的 21.89%减少到 1 000 m 时的 15.87%，这一

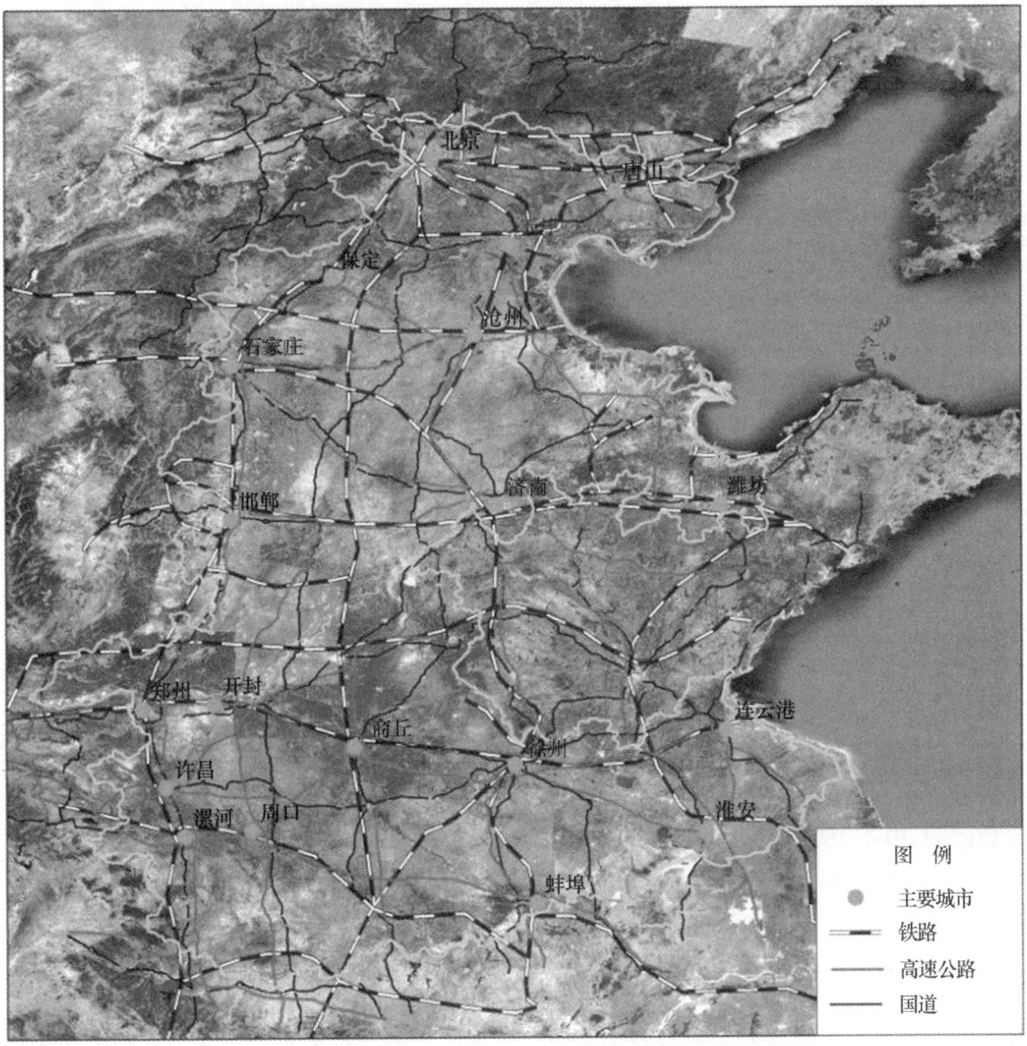

图 7.44　黄淮海地区交通与地貌

规律与其他学者的研究结论不谋而合，如毛蒋兴(2008)通过对深圳市开放式交通对缓冲区内土地利用影响的研究表明，交通线路对建设用地的总量吸引作用明显，且随着缓冲区范围的不同建设用地的吸引效应水平也有所不同，曹小曙(2007)对比分析了珠江三角洲1990—2000年间的土地利用变化情况及交通干线发展情况，发现交通干线两侧建设用地比例远远高于整个地区所占的比例，空间分异现象明显，姜广辉(2007)基于Logistic回归模型分析了北京山区农村居民点变化的驱动力，发现由交通条件变化引起的区位因素改善是农村居民点用地增加的一个重要内部驱动因子。城镇用地、农村居民点用地和工矿用地是建设用地的主要构成要素，建设用地随着距离道路越远所占比例越少，这一规律也验证了韦伯的工业论和克里斯塔勒的中心地理论中有关运输费用对区位优势影响的内容。

交通干线对农用地表现出明显的空间排斥效应，随着距交通干线距离的增加，沿线缓冲区内农用地总量大量减少，6个缓冲区内农用地所占比例分别为78.10%、78.43%、81.75%、

82.49%、83.23%和 84.11%。这主要是交通干线两侧非农建设占用，这刚好契合了屠能(1826)的农业区位论相关内容，交通干线使得均质平原上原本呈同心圆分布的运费成本区域沿线路延伸，在线路周边形成低运输成本区域，也即区位优势较优的区域，这通常会使得农地转向种植附加值高、不易运输或运输成本高的作物，而较好的区位条件使建设用地(无论是城镇用地、农村居民点用地还是工矿用地)产生的比较效益要远远高于农业，尽管政府出于保护耕地目的，出台了划定基本农田保护区等政策，但在市场经济下，仍无力阻止交通干线周边农用地大量变为非农建设用地。

根据上述分析结果，林地与建设用地呈现出同样的随距离增加而递减的规律，从 100 m 内的 16.20%降到 4.97%，这与其他学者的研究有所出入，如曹小曙(2007)、毛蒋兴(2008)对珠江三角洲地区的研究显示林地占比随着距离交通干线的增加而增加。经分析，造成这一出入的原因是黄淮海区域林地分布特点，由于长达几千年的高强度农业开发、利用，黄淮海地区林地分布已很少，且主要以交通干线两侧防护林、农田防护林、苗圃、经济林等形式存在，其中交通干线两侧防护林又占了很大比例。因此出现本研究结果，林地占比随着距离交通干线距离增加而减少。

7.2.3 交通条件对农业产值的影响

交通条件的优劣是决定一个地区区位条件的决定性因素，交通条件好的地区通达性较好，区位条件也较好，反之亦反。1926 年，屠能撰写了著名的《孤立国》一书，系统地阐述了土地位置与农业生产和地租的相关性，开启了古典农业区位论研究，他提出中心市场上各种农产品价格是相同的，由于市场周边各地区与市场距离、交通条件不等造成了区位差异，运费不同造成了成本差异，不同地区至市场间运费的差额构成了区位地租，而地租的高低会对农用地利用方式产生重要影响，按这种方式，形成以城市(市场)为中心，由内向外呈同心圆状的 6 个农业地带：第一圈为自由农业带，生产易腐的蔬菜及鲜奶等食品；第二圈为林业带，为城市提供木材；第三圈至第五圈以生产谷物为主，但集约化程度逐渐降低；第六圈为粗放牧业带；最外侧为未耕的荒地。屠能学说的意义不仅仅在于阐明了市场距离对于农业生产集约程度和农业土地利用类型的影响，更重要的是首次确立了土地利用方式的区位存在着客观规律性和优势区位的相对性。

本文以县域为单元，黄淮海地区 271 个县为研究对象，用单元用地均农业产值(万元/hm^2)表征农业集聚程度，利用空间分析软件，在黄淮海地区地均农业产值图上叠加了区域铁路、高速公路网，借此反映区域农业产值、利用类型与交通、区位的关系，如图 7.45 所示。

对图 7.45 统计分析，271 个县中，地均农业产值在 3.5 万元以上的有 60 个，占 22.14%，主要集中在京津唐周边地区，京广线沿线的石家庄周边地区、邯(郸)安(阳)鹤(壁)濮(阳)地区、平(顶山)许(昌)漯(河)周(口)地区，胶济铁路沿线的济(南)淄(博)潍(坊)地区以及陇海铁路沿线；2.80 万～3.49 万元的有 61 个，占 22.51%，主要分布在黄河沿线，G36 宁洛高速、S81 河南商周省道，以及朔(州)黄(骅)线、陇海线沿线部分地区；2.21 万～2.79 万元的有 65 个，占 23.99%，1.65 万～2.20 万元的有 62 个，占 22.88%，1.64 万元以下的有 23 个，占 8.48%，主要分布在被各主要交通线分割的中间地带。

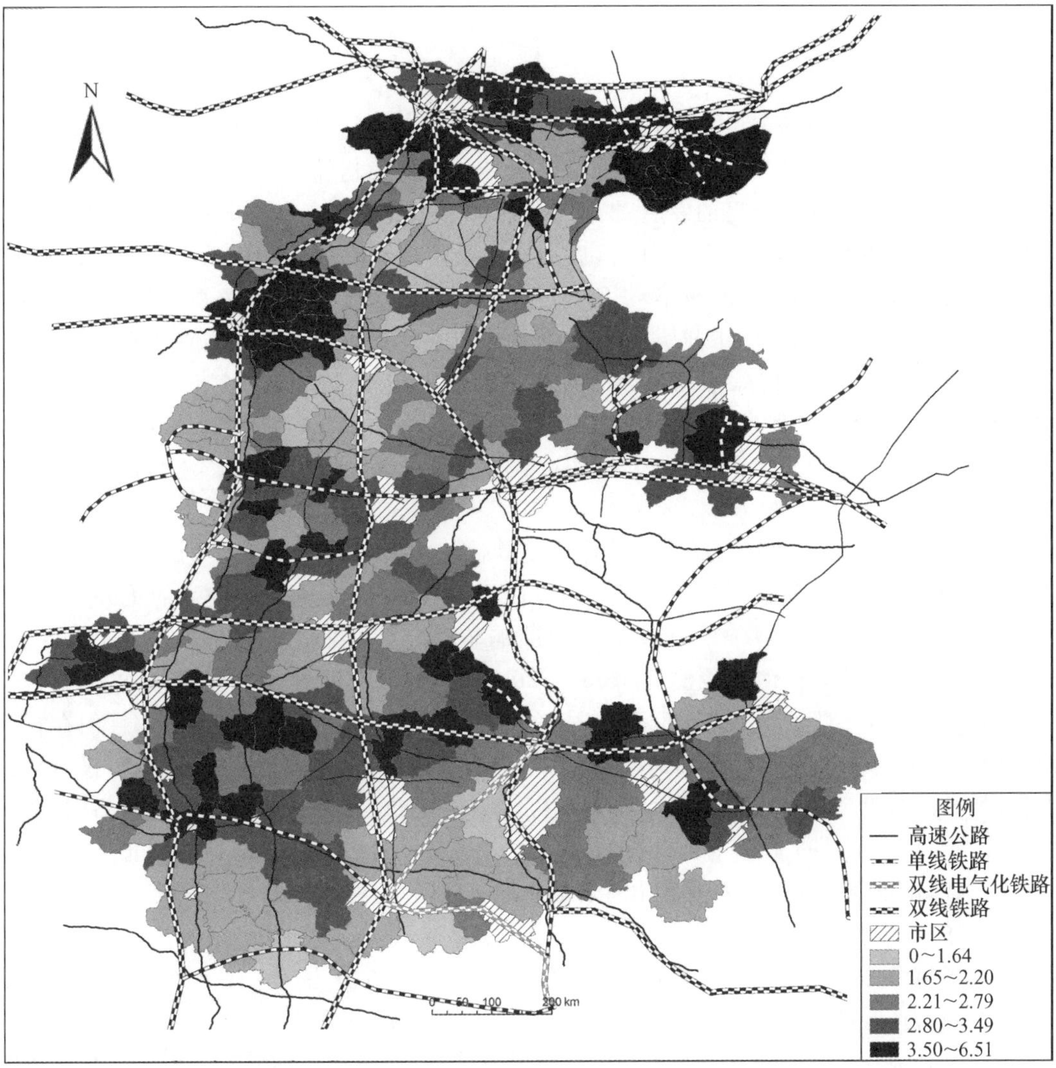

图 7.45 黄淮海地区交通与地均农业产值(单位:万元)

由以上分析不难看出,地均农业产值最高的地区大多分布在交通干线交叉地区(一般为城市),其次分布在交通干线周边,而被这些交通干线分割出的块状区域地均农业产值较低,交通干线决定的区位条件对农业发展具有重要影响。

7.3 黄淮海平原交通运输与城市发展

德国人文地理学家F·拉采尔曾指出"交通是城市形成的力"。进一步分解这个力,可以发现,交通是通过改变产业布局、推动经济发展和促进人口迁移等来影响城市发展的。

7.3.1 交通与城市经济

依据经典的产业布局理论，运输条件是产业区位选择和产业布局调整的重要影响因素，运输条件的改变往往直接导致产业布局的形成与改变。在交通运输较为落后的阶段，高额的运输成本限制了城市间外部贸易的发展，工业活动在城市间难以形成专业化分工，大多数工厂在其选址时会把城市经济作为首要条件，落后的交通条件将经济的多样化限制在城市范围内。随着交通的发展，区位约束不断减小，长距离的商品运输成为可能，围绕着中心城市的腹地市场开始增长，中等城市和小城市开始出现，工业生产可在不同城市间实现专业化分工，这促进了聚集经济效应的充分发挥，推动了城市向外分散型发展，更多城市将会出现（王丽，2011）。此外，便利的交通还能够促进沿线地区人口的快速流动，加快地区经济的对外联系，从而带动沿线周围的旅游、餐饮、房地产等第三产业的迅速发展，推动沿线经济的产业结构升级（曹小曙，2003）。

交通运输业对国民经济发展的支撑作用是其他任何行业都无以企及的，加大交通投资力度，对经济增长和扩大就业机会将产生积极作用，而且交通运输具有较强的正外部性，即交通建设对其他部门的生产和服务需求的影响较大，这也将促进经济的发展（赵雪雁，2011）。据清华大学胡鞍钢教授测算，1985—2006 年，中国交通运输投资每增加 1%，将会带动 GDP 增长 0.28%，其中，交通运输投资的直接贡献为 0.22%，由于其外部性的存在而导致的经济增长为 0.06%。也就是说，如果考虑交通运输的正外部性，交通运输投资对我国经济增长的贡献率为年均 13.8%。总体而言，1985—2006 年交通运输投资带动 GDP 每年增加 248 亿元，其中 196 亿元来自投资的直接贡献，另外 52 亿元为交通运输的正外部效益。同时，交通基础设施对我国的就业率也有着显著的正向影响，能够有效地促进就业。（黄晓燕，2011）

根据黄淮海地区地级以上城市 GDP 及第一、二、三产业在其中所占比例，绘制了如下黄淮海地区交通与产业结构图（图 7.46）。

城市是社会经济发展到一定水平和一定阶段的产物，又是地域的政治、经济、文化和管理中心，对地域的经济、科技、社会及综合发展起推动和促进作用，是整个地区经济发展的发动机（王心源，2001）。黄淮海地区共有 38 个地级以上城市，其中包括 2 个直辖市，为北京市和天津市；1 个副省级城市，为济南市；35 个地级市，分别为唐山、潍坊、安阳、阜阳、连云港等。黄淮海交通网络中，城市分布最多的是京广线和 G4 沿线、京沪线和 G3 沿线，京广线和 G4 沿线集中了 11 个城市，分别是北京、保定、石家庄、邢台、邯郸、安阳、新乡、郑州、许昌、漯河、驻马店，京沪线和 G3 沿线集中了 8 个城市，分别是北京、天津、沧州、德州、济南、徐州、宿州、蚌埠，这两条交通带集中了黄淮海地区一半的城市。

7.3.2 交通与城市人地关系

尽管人口的集聚看起来和经济发展水平密切相关，但在现代化经济发展的初始阶段，人口集中程度却随着交通的改善而变化（周振鹤，2009）。由于交通运输业的发展，尤其是公路、水

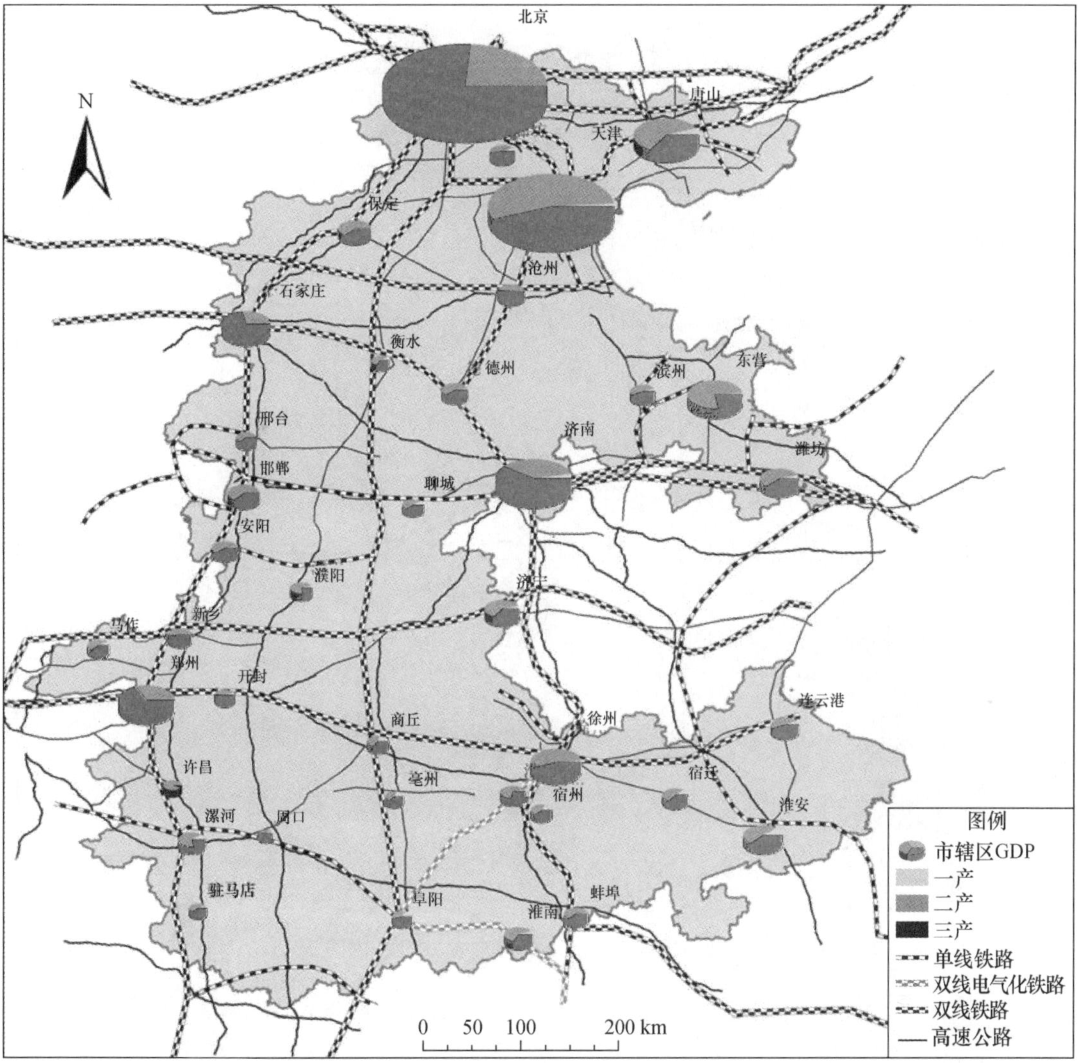

图 7.46　黄淮海地区交通与产业结构

路交通的发展，使得客运和货运成本、距离等都有所下降。另外，交通又提供和创造了较多的就业机会，迁移的“拉力”不断增强，迁移通道的阻力随之减小，这使更多的农村人口愿意迁往城市(张利民，1998)。随着集聚程度的不断提高，尤其是进入城镇化的中后时期，城市中心地带生存空间日益狭小、交通条件日益拥挤以及地价日益上涨，而高速公路等高技术交通运输和现代通讯手段的迅速发展，以及家庭轿车开始普及，距离已不再是居民进入城市的障碍。因此，人口在向城市集聚的同时，也会使得大批富人外迁，并最终导致了郊区化的形成(石元春，1982)。

根据黄淮海地区地级以上城市市辖区人口，绘制了黄淮海地区城市人口分布图，如图7.47所示。

根据黄淮海地区地级以上城市建成区面积，绘制了黄淮海地区城市建成区规模图，如图

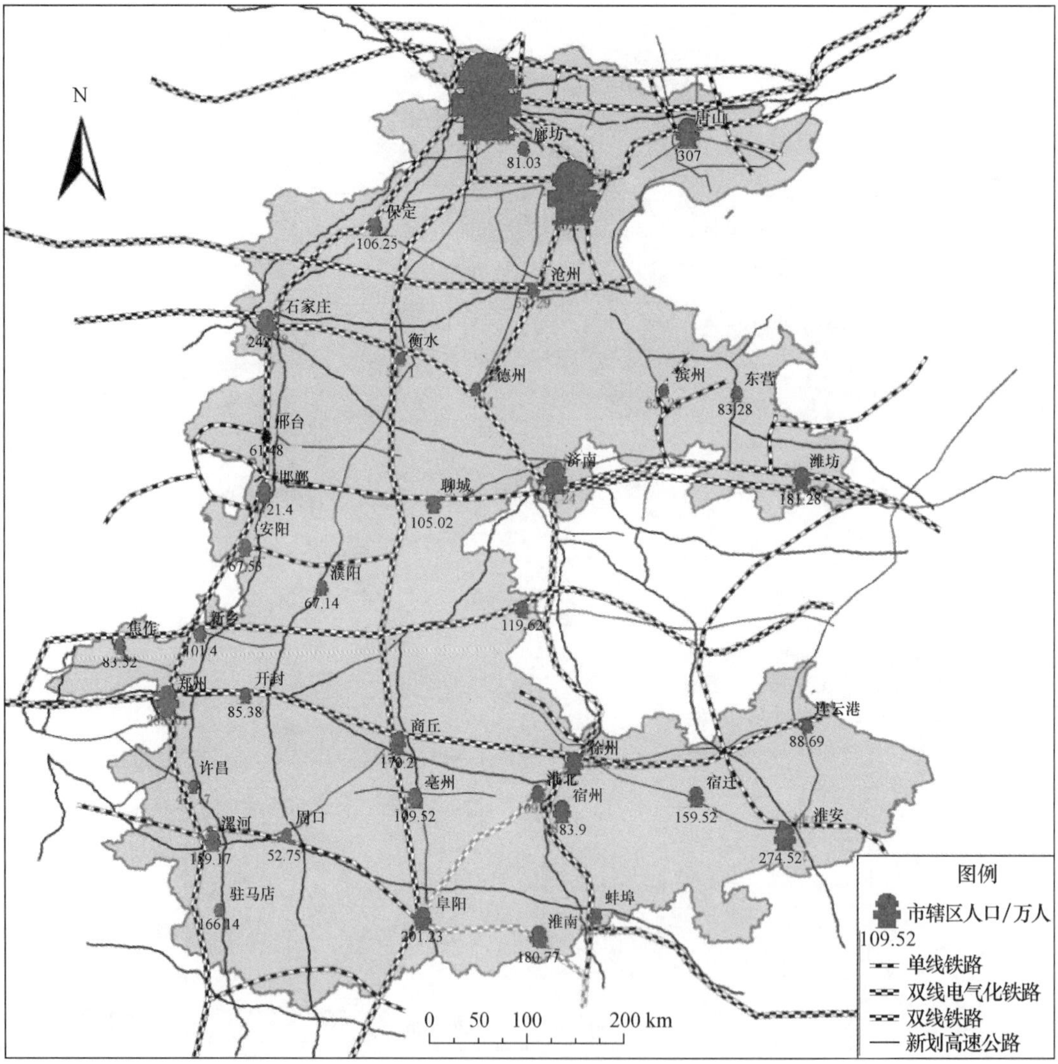

图 7.47　黄淮海地区城市人口分布

7.48 所示。

黄淮海地区主要交通干线和沿海线构建由都市带组成都市发展聚集区，东西方向分别是青石线和陇海线等，南北方向分别是京广线、京沪线和沿海线等。

该区域包括 1 个国家级优化开发区域——环渤海地区，3 个国家级重点开发区域——冀中南地区、东陇海地区和中原经济区。其中，环渤海地区包括北京、天津、唐山、沧州、济南、潍坊等城市，冀中南地区包括保定、石家庄、邢台、邯郸等城市，中原经济区包括郑州、开封、许昌等城市，东陇海地区包括徐州、连云港等城市。

该地区城市多位于区位或交通条件较好的地区，如北京、天津、唐山、济南等城市组成的环渤海城市群，有京哈、京沪等铁路干线及 G1、G2、G3 等国家级高速公路经过，更有首都机场、天津港、秦皇岛港及快速建设中的曹妃甸港与外界连通，区位优势明显，因此经济社

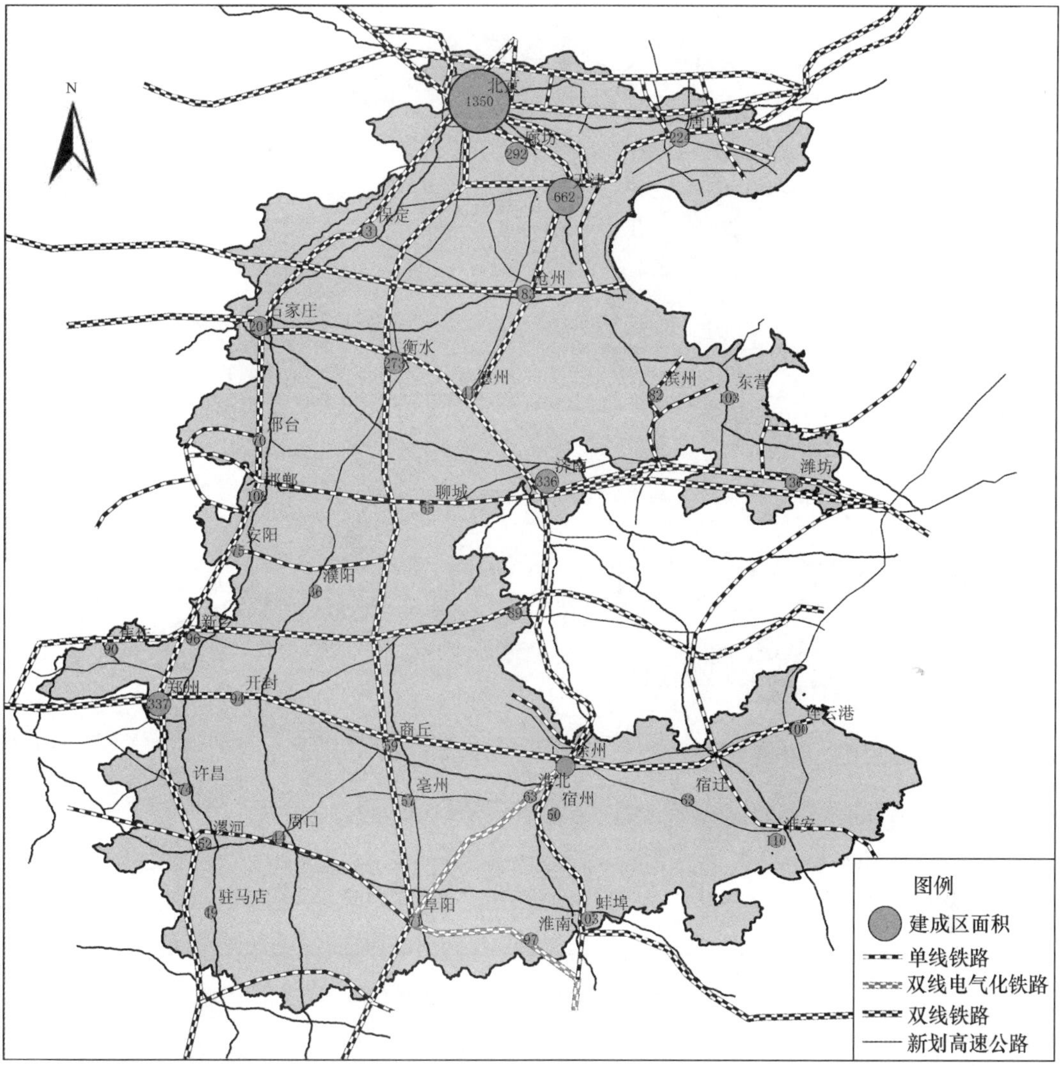

图 7.48 黄淮海地区城市建成区规模

会发展很快；冀中南地区则既有像石家庄这种原来只是一个小村庄，近代随着铁路发展起来的城市，也有邯郸、邢台这种历史名城，随着交通条件的好坏而兴衰；中原经济区处在京广线与陇海线交汇处，是沟通中国东西交通与南北交通的枢纽，地理位置十分重要；东陇海地区是欧亚大陆桥的最东端和出海口，南邻长三角城市群，北接山东半岛城市群，区位优势明显。

城市群的崛起必然带来城市用地的扩张，使大量农用地转为非农建设用地；与此同时，该区域自古以来就是我国重要的粮食主产区，在我国的粮食安全战略占有举足轻重的地位，城市周边大都是土层厚、肥力足的良田好土，因此，如何合理地解决该地区城市发展与耕地保护之间的冲突，是该地区面临的一个重大问题。黄淮海地区城市化战略格局如图 7.49 所示。

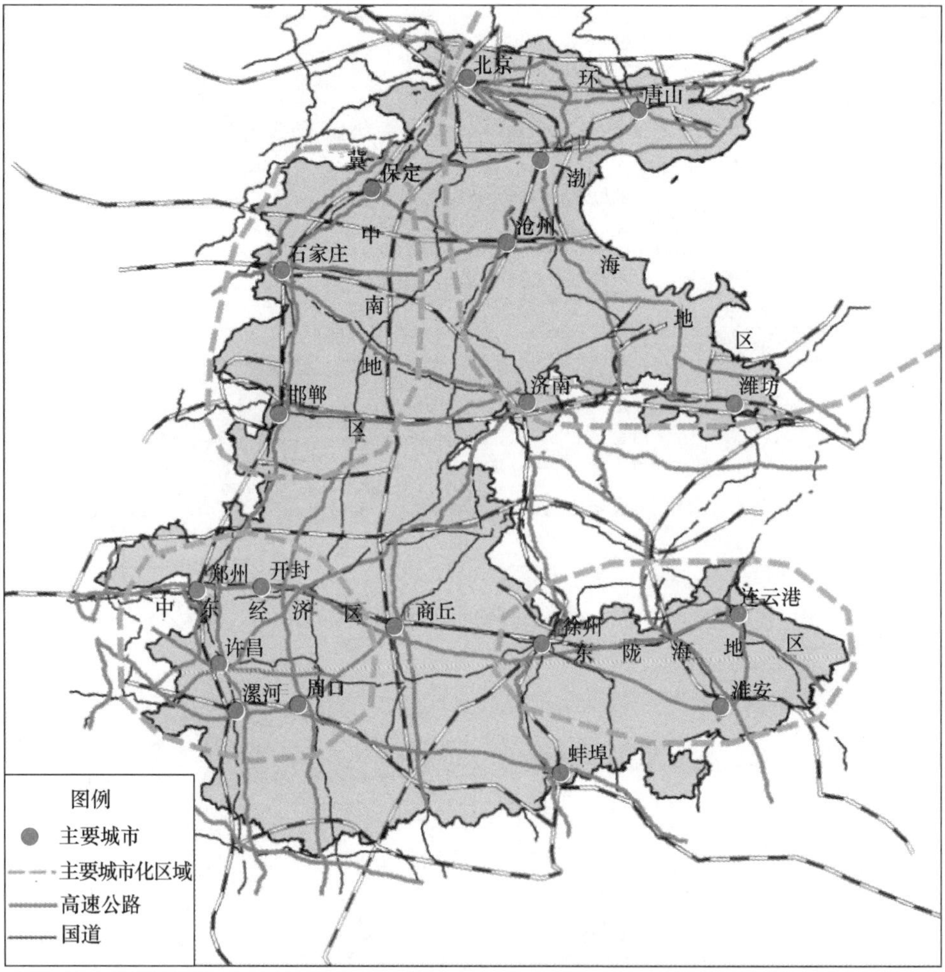

图 7.49 黄淮海地区城市化战略格局

7.4 小 结

通过上述研究，黄淮海地区有 3 条交通优势带，分别是沿渤海湾交通优势带、京沪铁路和 G3 高速公路交通优势带、京广铁路和 G4 高速公路交通优势带，均为南北向；由于近年来交通基础设施建设规模较大，1997—2008 年间，黄淮海地区交通用地规模扩张了 44.24%；建成的交通设施对周边建设用地有明显的吸引作用，而对农用地则表现出空间排斥作用，林地则随着干线距离的增加而减少，这体现出了平原林业分布的特色；由于区位条件较好，交通干线沿线地区农业产值较高，城市也大多分布在这些地区。

黄淮海地区交通设施也存在一些问题，空间分布不均衡，交通基础设施过度集中于城市及其周边地区，其余大部分地区路网密度偏低；南北向交通发达，但缺少东西向交通设施，由于是连接沿海港口的东西向交通设施等。

根据以上研究成果以及发现的问题，提出以下政策建议：

①大力发展东西向交通干线建设，特别是与港口相连，发挥港口腹地优势，建立完善的交通网络。

②利用交通干线交叉点便利的交通，结合城市现状，发展中、小城市特别是京九线沿线与东西向交通干线交汇地区，提升城市对周边地区经济的促进作用，同时利用交通干线沿线的区位优势，结合区域特点，大力发展二、三产业，以及特色、高附加值农业。

③交通网络对农用地有空间排斥作用，由于黄淮海地区是我国重要的粮食生产基地，因此，在协调经济发展与耕地保护问题上，可加强被交通干线所分隔的偏远区域的耕地保护，限制建设用地特别是交通用地的扩张，形成集中连片的粮食生产区域，这部分地区所丧失的发展权可由交通便利、经济发达地区给予补偿。

参考文献

[1] 曹小曙，马林兵，颜廷真. 珠江三角洲交通与土地利用空间关系研究[J]. 地理科学，2007，27(6)：743-747.

[2] 曹小曙，薛德升，闫小培. 中国干线公路网络联结的城市通达性[J]. 地理学报，2005，60(6)：903-910.

[3] 曹小曙，闫小培. 20世纪走廊及交通运输走廊研究进展[J]. 城市交通，2003，27(1)：50-54.

[4] 曹小曙，闫小培. 经济发达地区交通网络演化对通达性空间格局的影响——以广东省东莞市为例[J]. 地理研究，2003，22(3)：305-312.

[5] 樊如森. 近代华北经济地理格局的演变[J]. 史学月刊，2010，38(9)：38-96.

[6] 韩增林，王成金. 再论环渤海港口运输体系的建设与布局[J]. 人文地理，2002，17(3)：87-89.

[7] 黄晓燕，曹小曙，李涛. 海南省区域交通优势度与经济发展关系[J]. 地理研究，2011，30(6)：985-997.

[8] 江沛，熊亚平. 铁路与石家庄城市的崛起[J]. 近代史研究，2005，24(3)：175-181.

[9] 金凤君，王成金，李秀伟. 中国区域交通优势的甄别方法及应用分析[J]. 地理学报，2008，63(8)：787-798.

[10] 金凤君，王成金，王姣娥，等. 新中国交通运输地理学的发展与贡献[J]. 经济地理，2009，29(10)：1588-1592.

[11] 金凤君. 基础设施与区域经济发展环境[J]. 中国人口·资源与环境，2004，14(4)：70-74.

[12] 刘玉新，宋维玲，王占坤，等. 环渤海地区港口发展现状与趋势分析[J]. 海洋开发与管理，2011，18(7)：54-57.

[13] 石元春. 黄淮海平原的水均衡分析[J]. 北京农业大学学报，1982，8(1)：13-21.

[14] 孙威，张有坤. 山西省交通优势度评价[J]. 地理科学进展，2010，29(12)：1562-1569.

[15] 王成新，王格芳，刘瑞超，等. 区域交通优势度评价模型的建立与实证——以山东省为例[J]. 人文地理，2010，25(1)：113-116.

[16] 王丽，邓羽，刘盛和，等. 基于改进场模型的城市影响范围动态演变[J]. 地理学报，2011，

66(2):189-198.
[17] 王心源,范湘涛,郭华东.自然地理因素对城镇体系空间结构影响的样式分析[J].地理科学进展,2001,20(1):67-71.
[18] 吴威,曹有挥,曹卫东,等.长三角地区交通优势度的空间格局[J].地理研究,2011,30(12):2200-2206.
[19] 徐旭,曹小曙,闫小培.不同指标下的穗港城市走廊潜在通达性及其空间格局[J].地理研究,2007,26(1):179-186.
[20] 许华.近70年来黄泛区农业景观生态系统动态研究[D].开封:河南大学,2008.11-14.
[21] 张利民.近代华北城市人口发展及其不平衡性[J].近代史研究,1998,12(1):189-203.
[22] 张新,刘海炜,董文,等.省级主体功能区划的交通优势度的分析与应用——以河北省为例[J].地球信息科学学报,2011,13(2):170-175.
[23] 赵雪雁,江进德,张丽,等.皖江城市带城市经济联系与中心城市辐射范围分析[J].经济地理,2011,31(2):218-222.
[24] 周振鹤.中国行政区划通史[M].上海:复旦大学出版社,2009.
[25] 邹逸麟.黄淮海平原历史地理[M].合肥:安徽教育出版社,1997.

第8章

黄淮海平原农村居民点现状与新农村建设

8.1 黄淮海平原农村居民点现状特征

农村居民点是社会经济发展到一定历史阶段的产物。作为农村人地关系的表现核心，是农村人口生产和生活等综合功能的承载体，是我国农村土地利用的重要组成部分，是一个涉及经济、社会、技术的系统工程(金其，1998)。农村居民点是中国农村人口的主要聚居形式。它既是农民集中定居和生活的场所，也是各类建筑群、街道网、绿化系统及其他生产和公共福利设施的配置基地，包含各乡镇管辖范围内除了建制镇政府所在地建成区以外的所有村庄、集镇用地，既包括农户宅基地、附房用地、宅旁绿地、庭院、围墙用地、晒场用地等，也包括村内交通用地、基础设施和公共设施用地，是一个复杂的土地利用综合体(胡贤辉等，2007)。

黄淮海平原地势平坦，河湖众多，交通便利，经济发达，全区总面积 36.83 万 km^2，占全国的 3.87%，现有 19.52 万 km^2 耕地和 1.72 亿农业人口。农村居民点星罗密布的分布在平原上，区内居民点规模偏小，分布不均衡，主要成带状、团状和分散分布。

8.1.1 农村居民点用地分散，蔓延现象严重

由于长期以来，我国农村居民点建设基本上处于自发性的发展之中，为了农田耕作的便利，农村居民点多数服务于一定的耕作半径，从而形成了“满天星”式的农村居民点体系格局。如图 8.1 和图 8.2 所示，分别为黄淮海平原地区与美国密苏里地区农村居民点分布形态。

根据建设部的统计资料，到 2005 年年底，全国共有 313 万个村庄，其中有 56 万个是村民委员会所在地，村庄居住生活着 2.05 亿户、7.87 亿农民，村庄建设用地 16.47 万 km^2(2.47 亿亩)。

图 8.1　黄淮海平原地区农村居民点分布形态

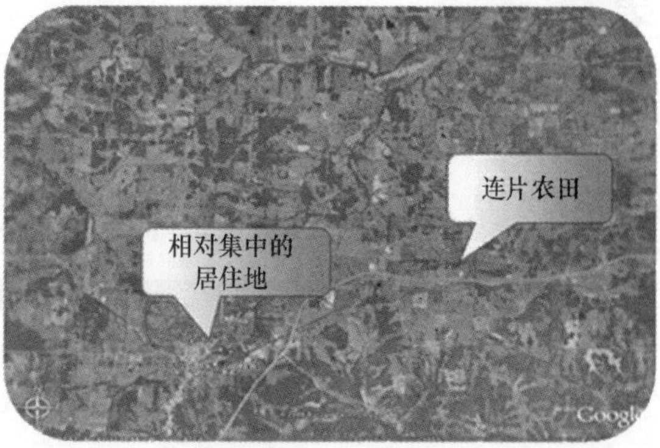

图 8.2　美国密苏里地区农村居民点分布形态

黄淮海平原地区农村居民点呈面状稀疏布置：分布散，用地规模小，用地不经济。整个黄淮海区域约有 20 万个自然村落，据测算，平均分布密度为 1.88 个/km^2，平均村组用地规模 5.18 hm^2。有的地方每平方千米农村居民点高达 25 个，而有些地方则寥寥无几，分布散乱。农村居民点规模较小，多数为 2～21 hm^2，以 30～50 户的居民点占多数，30 户以下的小村落零星布局，用地规模也较小。

受传统农业和自然经济影响，农村宅基地分布散乱。随着农村经济和交通的发展，许多宅基地直接建设在公路两旁，导致了村庄功能不完善，基础设施和公共设施缺失，土地资源严重浪费。在拆乡并镇、拆乡并村的过程中，只是在行政区划上并到一起，布局并没有改变，散乱现象依然存在。农村建设缺乏统一规划、管理松弛，并且受地形限制，山区村落散小，农民宅院散乱，乡村企业常与农民住宅交错混杂(孟晟平，2004；朱蕾，2005)。

空间连绵和蔓延现象严重。在城市化和农村现代化的冲击下，单核结构的农村居民点空间不断扩展，外围蔓延式的住宅增长导致农村居民点间边界不断模糊，形成行政上分割和形态各异的混合体，也有部分居民点沿道路两侧及河流两岸不断延伸，在初期不断“裂变”形成很多独家村，最后连绵成带状居民点(王焕等，2008)。

8.1.2　农村居民点用地占地面积过大

我国是农业大国，据统计，70.4%的人口为农业人口。改革开放以前，广大农村地区经济落后，生活水平较低。改革开放以来，农村经济得到快速发展，农户收入逐渐增加。因此，他们产生了改变生活环境、提高生活质量而修建住宅的欲望，随着生活水平的不断提高，这种欲望更加强烈。但是广大农村地区由于历史等原因导致的规划和管理滞后，建设用地粗放式外延扩张，大量占用了农用地，特别是耕地。与此同时，不少空地和老宅基地得不到有效利用。这样就造成了农村居民点用地总量相当大，再加上近年来农村人口迅速增加，导致村镇用地面积不断扩大。

表 8.1 为 2008 年黄淮海平原的土地利用结构表，由 2008 年的土地数据可见：黄淮海平原区域总面积为 36.83 万 km^2，其中农用地 26.00 万 km^2、建设用地 6.10 万 km^2、未利用地 4.73 万 km^2，分别占总面积的 70.60%、16.57%、12.84%。建设用地中，农村居民点的面积 3.39 万 km^2，占建设用地面积的 55.51%。其中，安徽省的农村居民点占建设用地的比例最

大，达 71.04%，其次为河南省，达 66.55%，北京市和天津市最低，农村居民点比例仅占建设用地的 26.53%和 24.16%。

与此同时，2008 年全国的农村居民点总面积为 16.54 万 km^2，占全国总建设用地面积的 50.42%。可见，黄淮海区域的大部分地区的农村居民点面积占建设用地总面积的比例超过全国平均水平，黄淮海平原区域的农村居民点占地较大，“散”、“乱”、“空”现象普遍存在，土地资源浪费严重。

表 8.1 2008 年黄淮海平原土地利用结构

行政区域	总面积/万 hm^2	农用地		建设用地				未利用地	
		合计		合计		农村居民点		合计	
		面积/万 hm^2	比例/%	面积/万 hm^2	比例/%	面积/万 hm^2	比例/%	面积/万 hm^2	比例/%
北京	86.15	50.96	59.15	26.46	30.72	7.02	26.53	8.74	10.15
天津	119.17	69.75	58.53	36.36	30.51	8.78	24.16	13.06	10.96
河北	1 043.22	689.17	66.06	148.39	14.22	82.39	55.52	205.64	19.71
江苏	371.45	263.03	70.81	63.18	17.01	35.67	56.45	45.24	12.18
安徽	398.63	313.75	78.71	63.29	15.88	44.96	71.04	21.61	5.42
山东	834.18	592.28	71.00	138.73	16.63	70.89	51.10	103.16	12.37
河南	830.13	621.15	74.83	133.71	16.11	88.99	66.55	75.26	9.07
合计	3 682.93	2 600.09	70.60	610.13	16.57	338.69	55.51	472.71	12.84

8.1.3 农村居民点人均占地面积严重超标

黄淮海平原农村居民点的建筑类型多以单层为主，各家各户独立成型且人均宅基地面积严重超标，客观上造成了土地的巨大浪费。

《村镇规划标准》(GB 50188—93)规定的村镇人均居民点用地的上限为 150 m^2(表 8.2)，而实际中的调查结果往往超出上限很多。《北京农民宅基地与房产制度研究》课题组对北京市青云店镇的调查统计，该镇户均宅基地 0.08 hm^2，户均 1.15 个宅院(按“一户一院”标准，超出 1 400 宗)。“超批多建”占 56.9%，超批面积为全镇宅基地总面积的 49%；“私搭乱建”占 8.3%，占地面积为宅基地总面积的 7%；“建新不拆旧”占 3.5%，多占宅基地面积为宅基地总面积的 3%。另外，由于规划宅基地面积大于现行法定面积现象较为普遍，在一定程度上也加大了超标准占地的比例。经综合统计，该镇超标准占地面积达到宅基地总面积的 59%。

在黄淮海平原内部，我们以 2008 年的黄淮海区域的农业人口和农村居民点面积来近似测算黄淮海区域的人均农村居民点的面积。通过测算，我们可以发现(表 8.3)：整个黄淮海区域的平均水平在 196.55 m^2/人。平均来看，范围内的五省二市的人均农村居民点估算面积均超过《村镇规划标准》(GB 50188—93)标准的上限 150 m^2/人。其中，北京市的人均农村居民点面积最高，达 328.45 m^2/人，最低的为河南省，为 165.89 m^2/人。可见，整个黄淮海平原区域农村居民点利用粗放，人均农村居民点面积过大，集约、节约用地潜力大。

表 8.2　人均建设用地指标(《村镇规划标准》(GB 50188—93))

现状人均建设用地水平/(m^2/人)	允许采用的人均建设用地指标级别		允许调整幅度/(m^2/人)
	指标级别	规划人均建设用地指标	
≤50	Ⅰ	50.1～60	应增 5～20
	Ⅱ	60.1～80	
50.1～60	Ⅰ	50.1～60	可增 0～15
	Ⅱ	60.1～80	
60.1～80	Ⅱ	60.1～80	可增 0～10
	Ⅲ	80.1～100	
80.1～100	Ⅱ	60.1～80	可增、减 0～0
	Ⅲ	80.1～100	
	Ⅳ	100.1～120	
100.1～120	Ⅲ	80.1～100	可减 0～15
	Ⅳ	100.1～120	
120.1～150	Ⅳ	100.1～120	可减 0～20
	Ⅴ	120.1～150	
>150	Ⅴ	120.1～150	应减至 150 以内

表 8.3　2008 年黄淮海平原人均农村居民点面积

行政区域	农村居民点面积/万 hm^2	农业人口/万人	人均农村居民点面积/(m^2/人)	行政区域	农村居民点面积/万 hm^2	农业人口/万人	人均农村居民点面积/(m^2/人)
北京	7.02	213.74	328.45	安徽	44.96	2 441.98	184.11
天津	8.78	380.47	230.84	山东	70.89	3 107.59	228.12
河北	82.39	4 178.89	197.15	河南	88.99	5 364.21	165.89
江苏	35.67	1 545.07	230.84	合计	338.69	17 231.95	196.55

8.1.4　农村居民点面积变化与城市化的不同步

1997—2008 年是黄淮海地区城市化、工业化的加速发展时期，黄淮海区域的城镇化发展也迎来了一个快速的阶段。城市化进程中，农村人口主要通过两种方式逐步转化为城市人口：一种是农村人口迁移到城市；另一种是农村就地转化城镇，农村人口转化为城市人口。农村人口的减少理论上必然会导致农村居民点的减少。因此，和谐的城市化进程中，城市化率的上升应该伴随着农村居民点面积的减少，城市化与农村居民点面积应该是大体上呈现一个此消彼长的关系。

根据全国土地的资料，我们得到1997—2008年黄淮海区域的农村居民点面积的变化情况（表8.4）。

表8.4 1997—2008年黄淮海平原农村居民点面积 万 hm^2

行政区域	1997—2008年农村居民点面积											
	1997	1998	1999	2000	2001	2002	2003	2004	2005	2006	2007	2008
北京	6.98	7.00	7.02	7.06	7.12	7.14	7.13	7.11	7.05	7.07	7.03	7.02
天津	7.98	8.04	8.07	8.12	8.15	8.15	8.15	8.62	8.63	8.68	8.78	8.78
河北	79.50	79.67	80.30	80.65	80.78	80.91	81.31	81.29	82.51	82.40	82.38	82.39
江苏	35.37	35.37	35.41	35.70	35.96	35.97	35.39	35.75	35.80	35.75	35.69	35.67
安徽	45.20	45.11	45.01	44.97	44.94	44.93	44.89	45.38	45.30	45.05	44.98	44.96
山东	72.55	72.52	72.50	72.42	72.43	72.03	71.61	71.40	71.64	71.88	70.85	70.89
河南	91.87	91.82	91.65	91.64	91.62	91.66	89.43	89.21	89.45	89.17	89.01	88.99
合计	339.46	339.53	339.96	340.56	341.00	340.77	337.92	338.76	340.38	340.00	338.72	338.69

总体来看，1997—2008年黄淮海地区农村居民点用地总面积减少76.44 km^2，其中河南省减少量最大，达288.59 km^2，其次为山东省减少量为166.09 km^2，而北京、天津、河北、江苏、安徽则整体增加，河北增加量最大为288.77 km^2。黄淮海平原农村居民点空间变化总体呈现南部减少，北部增加态势，其中多数区域是处于减少状态。

根据全国分县市人口统计资料，我们推算各年份相应地区的近似城市化率（表8.5）。

表8.5 1997—2008年黄淮海平原城市化率（估算） %

行政区域	1997—2008年城市化率											
	1997	1998	1999	2000	2001	2002	2003	2004	2005	2006	2007	2008
北京	79.61	79.99	80.47	80.91	81.44	82.40	83.29	84.01	84.68	85.37	86.02	86.51
天津	70.07	70.27	70.59	70.82	71.06	71.28	71.85	71.79	71.81	72.06	72.29	72.55
河北	42.36	42.59	42.84	43.29	43.78	44.51	48.06	48.07	49.56	51.02	51.49	51.43
江苏	42.29	42.54	44.70	47.03	48.48	49.18	51.29	54.98	55.87	56.66	56.73	56.85
安徽	41.65	41.79	41.93	41.91	42.05	42.29	42.50	42.40	42.55	43.02	43.19	43.35
山东	46.20	45.97	46.07	46.35	47.30	48.22	49.72	50.43	51.83	52.24	54.71	55.82
河南	41.63	41.82	41.97	42.37	42.95	43.20	43.76	45.08	45.02	44.97	45.18	45.33
合计	45.51	45.63	46.01	46.54	47.20	47.78	49.36	50.23	50.98	51.56	52.26	52.54

注：1. 主要数据来源于《全国分县市人口统计资料》；2. 由于条件有限，黄淮海城镇化率计算中所用的城镇人口等于地区的非农业人口加上两栖人口系数乘以地区的农业人口（城镇人口＝地区非农业人口＋两栖人口系数×地区农业人口），两栖人口系数参照相关资料取0.3。

总体来看，1997—2008年黄淮海地区的城市化率是稳步增加的，提高了7.04个百分点。分省市来看，江苏省城镇化速度较快，增加最多，达14.56%；其次为山东和河北，分别为9.62%和9.08%；天津市和安徽省的增加量最小，分别为2.48%和1.70%。

我们将农村居民点面积的变化和城市化率的变化放在一起比较，得到整个黄淮海区域农村居民点面积和城市化率的变化关系(图 8.3)。整个黄淮海区域的居民点面积从 1997—2001 年是逐步增加的，之后骤降，2003 年骤降至最低点，之后又开始上升，至 2005 年到达另一个极大值，之后又下降；而城市化率呈现一直增长的趋势。

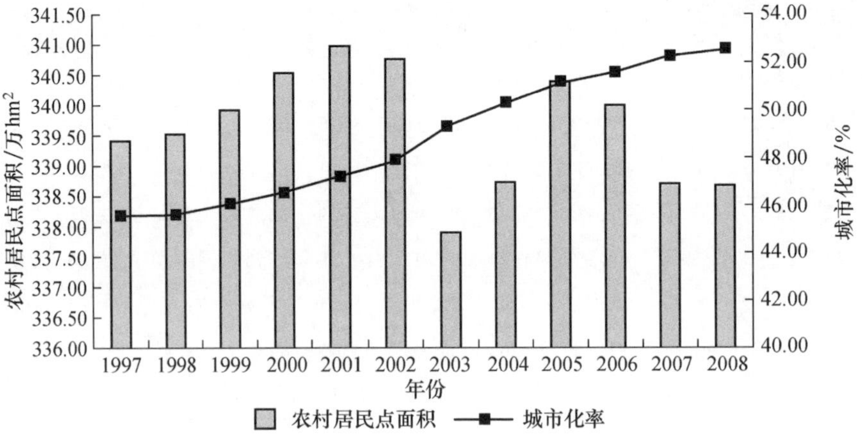

图 8.3 黄淮海区域农村居民点面积和城市化率(估算)(1997—2008 年)

可见黄淮海区域的农村居民点面积与城市化率的变化并没有呈现此消彼长的规律，在部分时间段两者还呈现正相关的关系。城市化进程中城市化率的提高并没有带来农村居民点面积的对应减少，相反，有时候呈现双增长的态势。从侧面可以看出，黄淮海平原区域的农村居民点的占地面积过大、土地利用效率低下，亟待整治、提高用地效率。

8.1.5 农村居民点缺乏统一规划，基础设施落后

黄淮海平原农村居民点一般历史悠久，不同年代、不同结构的建筑物相互交叉，相互之间缺乏统一的规划布局，见缝插针式的建筑物非常普遍。尤其在一些历史较长的农村居民点中，砖木结构普遍，建筑层次低，质量差，公共设施很不完善。

当前大多数村庄的房屋、农舍等建筑均存在以下问题：一是朝向各异，前后错落不齐，小巷弯曲，村庄道路质量较差；二是村庄内旧外新，建筑层次差别大、式样种类多、用材与装潢档次不一；三是功能混杂，缺乏公共活动场所，有些村庄建设规划沿着公路一条龙摆开形成“马路经济”，既影响交通又强占耕地，缺乏建设效益。所以，农村给人的感觉往往是杂乱无章、贫穷落后。

以农村的卫生状况为例。首先，排污下水道设施几乎是一片空白。露天臭水沟在房前屋后通过，有的村庄甚至连明沟也未设置，或是有排水沟，也没有定期清除淤泥，排水沟被淤塞。一旦遇到大雨，雨污合流，顺街蔓延，既影响美观，使得村内难以下脚，又增大了疾病的传播概率和范围。其次，饮水、环境卫生条件差，疾病多。农村饮水水源有山泉水、井水、塘水、机井水、自来水等几种，并以前 4 种为主，这些水均未进行饮用水净化处理，水质较差。加上农村厕所、畜舍以敞口露天、半露天的居多，而且大多是与农民居住用房混杂布局，垃圾随意丢弃和倾倒，形成了农村脏、乱、差的居住环境。村镇由于缺乏统一的规划，造成村内路窄巷小、七拐八弯，甚至穿居住厅堂而过，这样也增加了基础设施建设的困难性(图 8.4，图 8.5)。

图 8.4　黄淮海平原农村居民点建筑现状

图 8.5　黄淮海典型农区村庄环境

此外,绝大部分建筑由于是单层平房为主,占地面积很大,这样就形成了容积率低的状况。这种容积率低的农村居民点用地现状,给农村居民点内部交通设置、基础设施用地的配置增加了很多困难,阻碍了居民点内部结构的优化(严金泉.2005)。

8.2　黄淮海平原农村居民点的内部变化

农村居民点用地是人类活动所产生的一种重要的土地利用类型,它的变化一方面受到区域自然地理环境背景的直接控制,另一方面也受到人类社会经济的影响(于秀林等,2002)。

自然因素方面:人类自古依山傍水而居,自然环境条件成为农村居民点分布的基础。优越的自然条件则成为农村居民点产生并得以进一步发展的前提，作为人类赖以生存的自然环境条件（诸如地质地貌、水文气候等）以及自然资源（如耕地资源、矿产资源、动植物资源等）的丰饶度及其组合，都将促进或制约农村居民点的产生与发展（胡贤辉等，2007）。黄淮海平原地域辽阔，自然条件的差异决定了农村居民点在分布形式、分布规模上呈现出较大的差异。

社会经济因素方面：社会经济因素主要包括人口变化、技术进步、经济增长、政策制度（如城乡二元制、农村土地政策、农村社会保障制度等）和其他因素（如价值观念、风俗习惯、社会心理等）。

总之，农村居民点用地变化是一个相当复杂的过程，同时受到自然、社会、经济等众多因素的影响，这些因素彼此交互、相辅相成，而且在不同阶段这些因素对农村居民点用地所产生的影响方式与影响强度均有所不同。

8.2.1 空心村问题凸显，土地利用效率低

中国城市化和工业化的快速发展，对农村的社会经济发展带来了深刻的影响。城乡转型发展进程中随着农村人口非农转移与就业增多，农民的住房需求有了不断改善的愿望和条件。在农村建设规划缺失、土地管理缺位的情况下，容易形成“人走屋空”，农村宅基地普遍“建新不拆旧”，新建住宅逐渐向外围扩展的现象，导致村庄用地规模扩大和原宅基地闲置废弃加剧的一种“外扩内空”的乡村聚落演化过程——农村空心化。

就单个农村居民点自身而言，其用地方式大多以外延式扩展为主，而忽视对原有农村居民点的内涵挖潜。随着城市化进程的加快，越来越多的农村人口进入城市居住，原有的住房留在农村闲置起来，而留在农村生活的人仍需要改善居住条件，特别是年轻人成家需要建新房。使农村居民点用地总规模在不断扩大，而老旧的农村居民点用地却不断荒废，往往是外围新房林立，中心旧房破烂不堪，呈现出外缘粗放发展而内部衰落的状态，成为“空心村”。

黄淮海平原区域是农村空心化、增地潜力较大的重点区域。据河北省的调查，全省村庄内空闲地达 4 万 hm^2，占村庄用地 4%以上。以河北曲周县第四疃镇的调查为例，3 个村庄的土地利用粗放，房屋空置率和土地闲置率很高。3 个村庄的闲置土地面积达到 17.36 hm^2，占了整个居民点用地面积的 30.8%；空置房屋 468 处，空置率达到 19.4%；空置住宅宅基地面积达到 5.58 hm^2，占宅基地总面积 14%。农户将宅基地挪作他用的现象也大量存在。此外，农村居民点用地中的其他一些生产性用地，如通常所说的庭院经济用地，也都存在土地利用不充分和闲置问题。全国土地开发整理规划指出（国土资源部，2003），空心村量大、面广，这种土地利用状况难以适应全面建设小康社会的需要，通过对现有农村居民点逐步实施迁村并点、治理空心村、退宅还田等整理措施，可以增加有效耕地约 286.67×10^4 hm^2。而根据河南省国土资源厅测算，在全省开展空心村整治，可腾出耕地 10×10^4 hm^2，按河南人均 0.08 hm^2 耕地的现有标准计算，等于增加了 120 多万人的耕地（林嵬，2004）。可见，提高农村居民点用地的利用率具有相当大的潜力。

“离土不离乡”，“建新不拆旧”，农居大量闲置，使得农村居民点用地利用效率较低。

8.2.2 农村居民点中宅基地功能的变化

农村居民点作为一种地域空间，其起源是由宅基地开始的。随着社会经济的发展，农村居

民点的功能不断转变，渐渐出现了其他配套用地类型。但目前宅基地仍然是农村居民点用地的主体，也是农村居民点功能的缩影和主要体现。

随着人类生产力的发展和社会的进步，农村住宅在功能、形式、用地等方面的特点也不断地发生阶段性的变化。住宅的用途越来越广泛，除了作为人们的栖身之所外，还是进行文化学习、娱乐活动、社会交往的重要基地，生产、工作、科研、创作的辅助场所，它甚至起着弘扬民族文化、体现传统特征的作用。住宅的功用已由原始的抵御自然灾害的物质功能，扩展到适应人们多方面、多层次需要的社会功能。

农村居民点宅基地按其功能可以分为生活、生产和收益等不同的功能用地(姜广辉，2007)。

(1)生活功能用地　农村宅基地的生活用地主要包括用于日常交流、待客、学习、家务劳动、用餐等的堂屋、卧室，以及厨房、厕所、餐厅、锅炉房等其他日常生活用房。此外，由于农村生活与生产的特点，各种物品储藏量相当大，因此粮食、薪煤柴草的存储用地也属于生活用地。

(2)生产功能用地　宅基地除了作为人们生活起居的住所，还是居民从事一些庭院农业和手工业、副业生产的场所。这些生产用地一般包括宅院内的菜地、果园用地以及畜禽圈舍。此外，农民进行农业生产需要的存储空间也属于生产用地，如农具的存储用地。

(3)收益功能用地　在市场经济条件下，宅基地中一部分空余闲置的住房可以用来创造经济效益，从而形成了其收益功能。收益功能用地主要体现为农民自有住房中兼为工商业面积和房屋出租面积。一般来说，收益用地基本由堂屋或者起居室等生活用地兼做。

一定的用地功能形成一定的用地结构，用地结构影响着用地功能的发挥。宅基地用地功能和结构间存在着相互影响的内在关系，因此，宅基地内部各类用地结构的变化可以用来衡量功能的演变。

以黄淮海平原区某县农村居民点用地构成情况为例：宅基地内部主房面积所占比重最大，为60.29%；其次为杂物间，占17.26%；畜舍用地和设施用地分别占7.90%和5.85%；值得注意的是，菜地面积占到8.70%(表8.6)。

表8.6　黄淮海平原典型农区某县农村居民点用地构成情况　%

住宅组成部分	比例		住宅组成部分	比例	
	占占地面积	占建筑面积		占占地面积	占建筑面积
主房			厨房	0.84	2.09
卧室	14.69	36.65	厕所	0.95	2.37
客厅	9.48	23.64	畜舍		
杂物间			鸡圈	0.12	0.30
放农具	1.39	3.46	鸭圈	0.00	0.00
放粮食	0.19	0.47	鹅圈	0.36	0.89
储煤	0.59	1.48	猪圈	0.93	2.31
其他	4.75	11.85	羊圈	0.97	2.41
设施			牛棚	0.36	0.89
锅炉房	0.38	0.95	草料间	0.44	1.10
餐厅	0.18	0.44	菜地	3.49	8.70

从数据我们可以看出:生活功能用地仍是用地主体,生产功能逐渐减弱,收益功能不明显。农村居民点作为人们生活的场所和载体,不论在哪个阶段,生活功能用地均占据了宅基地用地的主要部分。生活功能作为农村居民点的首要功能,其重要性将随着社会经济的发展呈现不断加强的趋势,反之,生产功能则呈减弱趋势。我们以生产/生活功能比,即宅基地中生产用地对生活用地的比值,来刻画这种功能分异,功能比越小,农村住宅越偏向于生活功能。

生产/生活功能比=生产功能用地面积/生活用地面积

生活功能用地面积=卧室+客厅+餐厅+厨房+厕所+粮食及薪煤的存储用地面积

生产功能用地面积=圈舍+菜地+农具的存储用地

通过测算,该区域的农村居民点宅基地的生产/生活功能比约为1/4,可见,目前生活功能仍占主导地位。

当生产力水平较低、农民的购买力有限,客观上要求宅院承担较多的生产功能以满足农民生活的需要,自家的小院里种菜种粮食以及家庭养殖现象在过去十分常见。随着社会发展进程的加快,村镇间不断加强的联系使得农村家庭所需的蔬菜、肉、蛋、奶等都可以方便地购买到,甚至可能比自己种植、养殖还要划算;同时,耕作方式上由传统的畜力向小型农机转变,原先的牲畜棚及饲料的存储地不再需要,内宅基地原有的生产功能有所简化。庭院中种菜、养殖的现象逐渐减少,尤其是新盖的房子,庭院中用于种植及养殖的用地基本没有。但在早期修建的房子中,仍有一些种植、养殖用地存在,但现多闲置不用,就其功能而言已经不复存在。当社会经济进一步发展,生产功能用地所占比例将越来越少(张露沁,2008)。

农村宅基地是农村居民点用地的大头,它也是农民最重大的资产。大多数农村住宅依然具有生产生活双重功能。迄今为止,黄淮海平原农村的粮食商品率仍不过半数,不少农户仍然停留在“养猪为过年,养牛为耕田”的经营模式中。因而,此时的农村居民点模式不可避免地保留有自给自足的小农经济条件下的生活、生产方式。在经济比较发达的沿海地区,家庭工厂的出现,使农居具有了新的生产功能。生产与生活用地混杂,居民点用地无功能分区。生产用房与生活用房没有进行分割,很多地区人畜同处一宅。家庭作坊式的小加工厂以自家住房为主,集体工厂往往夹在住宅区内,使得农村居民点的生产、生活双重性非常突出。但是,专业化生产正在造成农宅的部分生产功能丧失。专业机耕(播、收)队伍的出现,使得家庭农机具逐渐淡出农户。养殖专业小区的出现,使农村居民点内部和住宅内部的畜禽圈舍废弃。煤炭和液化气的使用,使得原来农村居民点内部和住宅内部的薪柴堆放地空置。

农村经济的发展使得农村居民点宅基地的功能渐渐地发生着变化,宅基地功能的分化是大势所趋,生产功能将会逐渐淡出宅基地,而遗留下来的宅基地中闲置不用的生产用地具有很大的整理潜力。新型的宅基地结构模式也将进一步影响着农村居民点的用地变化。

8.3 黄淮海平原新农村建设中的问题及对策

社会主义新农村建设是在社会主义制度下,按照新时代的要求,对农村进行经济、政治、文化和社会等方面的建设,最终实现把农村建设成为经济繁荣、设施完善、环境优美、文明和谐的社会主义新农村的目标。中国共产党在十六届五中全会上提出要按照“生产发展、生活富裕、乡风文明、村容整洁、管理民主”的要求,扎实推进社会主义新农村建设。

在中国近百年现代化进程中，农民对中国社会及其现代化做出了巨大贡献和牺牲。新中国成立初期，我国工业基础薄弱，为了尽快实现国家资本的原始积累，保障重工业的尽快发展，不得不将农民束缚在土地上，通过农业与工业产品的“剪刀差”，完成转移支付，积累原始国家资本。改革开放后，也正是数以亿计的农民工，用低廉的劳动力价格，抛家舍业，支撑了中国产品的竞争力，成就了中国的“世界工厂”地位。中国的农村为了中国的城市化牺牲了太多，然而并没有从城市化进程中获取等价的回报，农村与城市、农民与市民呈现着巨大的反差，这种现象应当改变。目前，我国国民经济的主导产业已由农业转变为非农产业，经济增长的动力主要来自非农产业，根据国际经验，我国现在已经跨入工业反哺农业的新阶段。因此，我国新农村建设重大战略性举措的实施正当其时。

然而在新农村建设过程中，部分地方的做法并没有领会到新农村建设的精髓，在操作过程中出现了与设计初衷相背离的情况，农民利益受到了不应有的侵害：征地损失、“强拆”、“被上楼”等现象不在少数。因此，如何更好地推进新农村建设的进程，保障农民的利益就显得尤为重要。

8.3.1 新农村建设资金问题

推进新农村建设的一个核心的问题就是资金问题。新农村建设资金是指涉及农业、农民、农村的投资与补贴，涵盖范围包括农村、农民生产生活的基础设施；提高农业综合生产能力、促进粮食稳定增产和农民持续增收的工程建设；医疗、卫生、教育、社会保障等基本公共服务建设；农业现代化建设与相应的产业支撑建设等等(王铁，2008)。

我国的新农村建设起步晚、底子薄，要建成“生产发展、生活富裕、乡风文明、村容整洁、管理民主”的社会主义新农村所需要的资金数量很大，是一项艰巨的任务。目前在中国有70多万行政村，有300多万自然村，根据国家计委的调查，如果要把这些村落满足农村道路、安全饮水、沼气、用电、通信、广播电视等基础设施建设，达到“十一五”规划所讲的饮水、安全、道路、交通等都建设好，扣除已建成的投资项目，全国平均每个农民需要投资约为1 700～4 900元，需要4万亿人民币。这还仅仅是新农村建设中的一小部分，可见，整个工程的耗资巨大。

因此，在这个情况下，有要暂时放弃、搁置中国新农村建设的声音出现，而我们的态度是坚持社会主义新农村建设，“有条件先上，无条件后上”，积极主动使用多方投资，逐步推进社会主义新农村建设。

但是，当前的农业投资中还存在不少问题。以政府支农资金投入为例。自1978年至2006年，我国向农业投入资金从150.66亿元增加到3 172.97亿元，累计投入20 941亿元，从绝对数量上看，是有了很大的提升。但是，我国的农业投资比率从1985—2006年均在0.2左右(所谓投资比较率是指农业投资占全社会投资总额的比重与农业产值占社会总产值的比重之比)，根据世界农业发展的一般规律，在工业化中期的国家，农业投资比率应该接近或者超过1。可见我国财政中的支农投资严重不足。同时，在已投入的资金中，其投资结构存在诸多的不合理性。各种事业费的比重过高、建设性的支出偏低，与农民收入增加直接相关的项目投资比重小(张玉霞，2008)。

面对当前的资金问题，不能回避，更要正面积极解决，推动新农村的建设。应该进一步加大财政支出中支农资金的比重，调整和优化支农资金的投资结构，同时广泛吸引社会各方的投资，包括个人、企业自筹资金和银行贷款，主动灵活地加快社会主义新农村建设。

8.3.2 新农村建设要因地制宜

新农村建设过程中要体现广大农村地区的多元性和差异性，不能完全照搬模式，更不能是一个个城市的“翻版”，因地制宜地做好新农村建设工作。

农村居民点用地整理是对农村居民点用地结构和布局进行调整，它是新农村建设的重要内容。农村居民点用地整理是从宏观上对农村居民点数量、等级规模及布局的调整和微观上对农村居民点用地规模、内部结构的调整。立足于挖掘存量建设用地潜力，通过村庄的改造、归并和再利用，使村镇建设用地逐步集中、集约，从而提高村镇建设用地利用强度，促进土地利用有序化、合理化、科学化，并改善农民生产、生活条件和农村生态环境，以保障新农村建设顺利进行（杨庆媛，张占录，2003；陈百明，1999）。

叶艳妹等(叶艳妹，1998)认为农村居民点用地整理的模式主要有 4 种：一是农村城镇化用地整理模式；二是自然村缩并型用地整理模式；三是中心村内调型用地整理模式；四是异地迁移型用地整理模式。各地要根据实际情况，遵循“因地制宜、合理规划、统一改造、严格执行”的原则，以建设中心村、迁并自然村、消除零星村、改善农村居住条件、提高农民生活质量为具体目标，切实做好农村居民点用地整理工作。对于处在城市边缘区或中心镇周边的地区，由于自身基础设施条件较好，农民以非农收入为主，这些农村居民点可以纳入城镇扩展的范围，城乡统一规划统筹，实现农民居住城镇化。而对于处于广大农村腹地的农村居民点的整治，则更应该考虑不同地域的特殊性，方便生产生活，保障农民切身利益。

值得注意的是，新农村建设不能一味追求“新”，在建新的同时我们也要注重对“旧”的传承。农村居民点不仅仅是几栋房子几块地，它们已经有了当地文化的烙印，中国的传统文化更多的也是在广大的农村地区代代保存和传承。随着城市化进城的加快，人口向城市地区转移，农村居民点用地需求量应当也必将相应减少。但是，我们在减少这些农村居民点的时候，不能减少的是其中蕴含的，一种叫做“文化”的东西。农村居民点是文化传承的载体，因此，只有适度保留农村居民点，保留当地的农村特色，才能更好地保存和发展农村景观和农村文化，这不仅能为农民提供应对现代文明和都市文化冲击的有效缓冲机制，还可以让农民在自己的文化体系中实现生活的意义，同时还有利于保护农村的非物质文化遗产。此外，伴随农业的产业化发展，人们发现，现代农业不仅具有生产性功能，还具有改善生态环境质量，为人们提供观光、休闲、度假的生活性功能。随着收入的增加，闲暇时间的增多，生活节奏的加快以及竞争的日益激烈，越来越多的人希望能在典型的农村环境中放松自己。因此，适度保留具有当地特色、具有传统文化的农村居民点是十分必要的。

8.3.3 新农村建设应当是农民自主、政府引导

社会主义新农村建设的主体是农民，政府只需要发挥引导和必要的扶持作用。让农民成为新农村建设的主体是新农村建设的根本标志。新农村建设不应当是政府部门拍拍脑袋“一句话”的事情，不应当是千篇一律“一刀切”的做法。

通过社会主义新农村建设，推动农村社会向“生产发展，生活富裕，乡风文明，村容整洁，管理民主”的全面发展。政策设计的初衷毋庸置疑，好的政策只有得到妥善落实才能真正地发挥作用。然而，在政策实际落实过程中农民和集体的参与积极性不高、整治资金运转困难、新农村建设面子工程以及后期维护困难等现象较为普遍，甚至有违背农民意愿强制开展的情况出现。《国务院关于严格规范城乡建设用地增减挂钩试点切实做好农村土地整治工作的通知》[国发〔2010〕47 号]以及建设部 2005 年提出的《关于村庄整治工作的指导意见》中多处提到要从农村实际出发，尊重农民意愿的工作要求，要“组织动员和支持引导农民自主投工投劳，改善农村最基本的生产生活条件和人居环境，促进农村经济社会全面进步；充分利用已有条件，整合各方资源，坚持政府引导与农民自力更生相结合”。

中国的农民收入低、负担重、组织性差、社会地位低，属于弱势群体。农民是建设新农村的主体，在这样的情况下，使处于“身份”劣势的农民成为真正的主体，提高新农村建设的综合效益就显得尤为重要。

河北省曲周县小弟八村进行的新农村建设模式就是对农民自主式村庄整治的有益探索(武秀梅，2012)。

在组织参与机制上：小弟八村的村庄整治决策阶段，由村委会组织提出整治方案，通过党员会、村民代表会、村民大会等形式对方案提出建议；中期执行阶段，由村委会作为村庄整治的主要组织者，组织村民自愿出资投劳参与整治；在整治政策执行以及村级财务的监督方面，村里推行财务公开、民主管理。村支书将村内财务的每一笔收支账都印出来，每半年公布一次，并送每家每户；村党支部郑重向村民承诺，查出财务收支有错，按数量给予百倍的奖励。在维护村庄整治成果、建立长效管理机制方面，该村施行“三包化”管理模式，即实行农户包门前、党员包街道、两委包全村，层层责任制；实施“专职化”的管理模式，村里成立了村两委干部、党员和群众代表等 11 人组成的管护小组，下设道路管护小组、树木管护小组和环境管护小组，确保长效管护机制的运行(表 8.7)。

表 8.7 小弟八村整治的组织参与机制

公众参与阶段	村委会	村民
前期决策	提出方案供探讨	提出意见建议
中期执行	带头组织	投工投劳
后期监督	公布财务状况	实施监督权
长期维护	任务承包责任制	监督实施情况

在资金投入机制上：在村庄整治初期，主要依靠发动党员干部和村民筹资和出劳力，修建村庄基础设施；集体经济发展壮大以后，该村采取村“集体＋农户＋信用社贷款＋上级补贴”的多渠道筹资方式，即村集体负责规划和完善村内的基础设施，引导村民在新划定的宅基地区自己出资建房，并由信用社贷款和上级新农村建设资金作为对农民的补贴。在新民居建设过程中，每户村集体无偿补助 3 万元，帮农户办理 3 万元贷款并无偿为农户提供 3 年的利息，农户拿 7 万元可拥有标准的新民居(表 8.8)。目前全村已筹得建设资金 240 多万元。

表 8.8 小弟八村整治的资金投入机制

投入主体	投入形式	投入量
党员干部、村民	打井、架电、挖河、修路、建校、架桥	—
集体(村委会)	新民居规划,村内基础设施	300 万～400 万元
村民	自出资建房	每户 7 万元
信用社贷款	发放贷款,补贴利息	每户 3 万元贷款及 3 年利息
上级补贴	新农村建设资金	每户补偿 3 万元

通过整治,土地利用结构得到优化,农村产业成功转型,基础设施齐备。此外,通过后期的抽样调查发现,该村有 73%的村民对于村庄整治表示满意,其中有 43%的村民表示很满意,约有 10%的村民表示一般满意,但是仍有约 17%的村民表示对村庄整治过程不满意,其中有 7%的村民表示很不满意,主要原因是认为村庄的整治政策过为严格,未能充分尊重村民的意愿,如宅基地腾退造成面积不够用、引发家庭矛盾,宅田挂钩将农地收回导致"没地种"等。虽然还存在部分问题,但值得肯定的是,小弟八村模式是一次非常有益的探索,值得进一步深入优化示范。

我们可以肯定,和谐有效的新农村建设是农民自主、政府引导式的,应当是今后推广的模式。

参考文献

[1] 陈百明. 土地资源学概论[M]. 北京:中国环境科学出版社,1999.

[2] 国土资源部. 全国土地开发整理规划(2001—2010 年)[M]. 2003. 3.

[3] 胡贤辉,杨钢桥,张霞,等. 农村居民点用地数量变化及驱动机制研究[J]. 资源科学,2007,3:191-197.

[4] 姜广辉. 社会经济转型加速期农村居民点用地形态演化及其调控. [D]. 北京:中国农业大学,2007.

[5] 金其铭. 我国农村聚落地理研究历史及近期趋向[J]. 地理学报,1998,43(4):311-317.

[6] 林嵬. 河南农村宅基地浪费严重,空心村占耕地 150 万亩. http://house. focus. cn/news/2004-06-14/67139. html.

[7] 孟晟平. 集约利用土地优化村居环境——对广西村庄建设用地整理几个问题的思考[J]. 南方国土资源,2004(5):30-32.

[8] 王焕,徐逸伦,魏宗财. 农村居民点空间模式调整研究——以江苏省为例[J]. 热带地理,2008,28(1):68-73.

[9] 王铁. 系农村建设资金需求探析[J]. 中州学刊,2008(5):39-41.

[10] 武秀梅. 自主式村庄整治模式研究——以河北省曲周县小弟八村为例[D]. 北京:中国农业大学,2012.

[11] 严金泉. 苏南农村居民点用地集约利用实证研究与政策建议. http//www. jsmlr. gov. cn/

zygl/ywzj/zywz/20110922/1713059909772. html.
[12] 杨庆媛,张占录. 大城市郊区农村居民点整理的目标和模式研究——以北京市顺义区为例[J]. 中国软科学,2003(6):115-119.
[13] 叶艳妹,吴次芳. 我国农村居民点用地整理的潜力、运作模式与政策选择[J]. 农业经济问题,1998(10):54-57.
[14] 于秀林,任雪松. 多元统计分析[M]. 北京:中国统计出版社,2002.
[15] 张露沁. 农村居民点土地利用变化的文化要素研究——以河北省曲周县为例[D]. 北京:中国农业大学,2008.
[16] 张玉霞. 社会主义新农村建设中财政支农资金存在的问题及对策研究[J]. 商场现代化,2008,(558):372-373.
[17] 朱蕾. 农村居民点用地存在的问题与整理措施[J]. 山东省农业管理干部学院学报,2005,21(1):31-32.

第9章

黄淮海平原土地利用战略与对策

9.1 黄淮海平原土地利用面临的压力

我们今天的社会正处在一个大转型时期。所有的社会经济部门都在转型,都在快速发展。城市发展、工业发展、商业发展、基础设施建设、新农村建设、农业发展、林业发展、生态建设等等,所有发展和建设的压力都集中施加在土地上,所有的目光都聚焦在土地上。土地利用面临着前所未有的压力。

到21世纪中叶之前,我国面临三大高峰:人口高峰、城市化高峰和工业化高峰。

(1)人口高峰　按照官方公布的《中国21世纪人口与发展》白皮书:到21世纪中叶,全国人口总量在达到峰值(接近16亿)后缓慢下降;近年来大量的研究表明,中国人口峰值不可能达到16亿,将在14.5亿左右,峰值将在2020年左右到来。这似乎给我们一丝安慰,但是巨大的人口压力仍然是现实的压力。巨大的人口总量需要吃穿住行,需要解决就业。

(2)城市化高峰　按照国家统计局公布结果中国历年城市化率如表9.1所示。

1997年中国城市化率达到29.92%,1998年超过了30%(30.40%),2011年城市化率达到51.27%,首次超过50%,城镇人口开始大于农村人口。城市化发展的规律表明,当一国的城市化率超过30%以后,城市化发展速度将进入加速状态,并且出现城市与区域发展一体化的趋势。根据预测,到2020年,我国的城市化率将达到60%左右。对于我国特殊的城乡二元结构的国情来说,这意味着城市化率每年需提高约1.5%。而城市化水平每提高一个百分点,就意味着要有1 500多万农村人口转移到城市。如何实现大量农业劳动力向城市非农产业的转化,将成为我国城市化进程中遇到的最大挑战。

对于人口城市化率的计算历来有许多争议,"伪城市化率"的诟病不绝于耳,但是城市化速度的加快是客观实际的。《2010年中国城市化率调查报告》指出,2010年中国城市化率达到34.17%(按非农人口占全国总人口数计算),较2009年的33.77%,提升了0.40个百分点。

表 9.1　中国城市化率历年统计数据　%

年份	城市化率	年份	城市化率	年份	城市化率	年份	城市化率
1 949	10.64	1965	17.98	1981	20.16	1997	29.92
1950	11.18	1966	17.86	1982	21.13	1998	30.40
1951	11.78	1967	17.74	1983	21.62	1999	30.89
1952	12.46	1968	17.62	1984	23.01	2000	36.22
1953	13.31	1969	17.50	1985	23.71	2001	37.66
1954	13.69	1970	17.38	1986	24.52	2002	39.09
1955	13.48	1971	17.26	1987	25.32	2003	40.53
1956	14.62	1972	17.13	1988	25.81	2004	41.76
1957	15.39	1973	17.20	1989	26.21	2005	42.99
1958	16.25	1974	17.16	1990	26.41	2006	43.90
1959	18.41	1975	17.34	1991	26.37	2007	44.94
1960	19.75	1976	17.44	1992	27.63	2008	45.68
1961	19.29	1977	17.55	1993	28.14	2009	46.59
1962	17.33	1978	17.92	1994	28.62	2010	49.95
1963	16.84	1979	19.99	1995	29.04	2011	51.27
1964	18.37	1980	19.39	1996	29.37	2012	

数据来源：国家统计局。

(3)工业化高峰　工业化率是指工业增加值占全部生产总值的比重。工业化率达到20%～40%，为正在工业化初期；40%～60%为半工业化国家；60%以上为工业化国家。根据国家统计局数据，我国第二产业的比重长期徘徊在40%～50%之间，第一产业的比重1993年开始下降到20%以下，第三产业2001年开始上升到40%以上，可以看出我国工业化水平处在半工业化的前期阶段(表9.2)。要在21世纪中叶达到中等发达国家的工业化水平，工业化率达到60%以上尚有很长路要走。随着城市化的提速，工业化进程也将加速。

城市化、工业化发展、人口就业以及衣食住行等生活需求的加大，对土地的需求也不断提高。黄淮海平原作为全国最重要的粮食等农产品生产基地，同时又是工业化、城市化高速增长的区域，土地的供需矛盾更为突出。土地利用面临巨大的挑战。

在过去相当长一段时间里，黄淮海平原土地利用的聚焦点集中在农业土地利用上。而城乡二元结构的割裂，城市、工业发展缓慢，农业土地一定程度上处于独立运行、自我发展的状态。经过综合治理和农业综合开发，黄淮海平原成为我国最重要的粮棉油肉等大宗农产品的生产基地，担负了巨大的国家粮食安全责任。经过综合治理开发，农业生产的基本条件得到改善，绝大多数土地都已经开发利用，土地利用程度接近90%，除去天津、河北、山东、江苏等地滨海地带尚有部分开发利用比较困难的盐碱荒地外，其余地区都已经开发殆尽。也就是说黄淮海平原农业发展已经走完了外延扩展的道路，依靠扩大耕地面积提高农产品总量已经不可能。必须走内涵挖潜，提高土地利用效率，通过提高单位土地产能来扩大生产。

表 9.2 1952—2010 年中国三大产业增加值及比重

年份	国内生产总值/亿元	三大产业比重/%			年份	国内生产总值/亿元	三大产业比重/%		
		第一产业	第二产业	第三产业			第一产业	第二产业	第三产业
1952	679	50.95	20.88	28.16	1982	5 323	33.39	44.77	21.85
1953	824	46.27	23.36	30.37	1983	5 963	33.18	44.38	22.44
1954	859	46.02	24.63	29.34	1984	7 208	32.13	43.09	24.78
1955	911	46.64	24.40	28.96	1985	9 016	28.44	42.89	28.67
1956	1 029	43.53	27.28	29.19	1986	10 275	27.14	43.72	29.14
1957	1 069	40.57	29.65	29.78	1987	12 059	26.81	43.55	29.64
1958	1 308	34.39	36.96	28.65	1988	15 043	25.70	43.79	30.51
1959	1 440	26.89	42.73	30.38	1989	16 992	25.11	42.83	32.06
1960	1 457	23.59	44.47	31.94	1990	18 668	27.12	41.34	31.54
1961	1 221	36.45	31.85	31.70	1991	21 781	24.53	41.79	33.69
1962	1 151	39.71	31.21	29.08	1992	26 923	21.79	43.45	34.76
1963	1 236	40.60	32.97	26.43	1993	35 334	19.71	46.57	33.72
1964	1 456	38.75	35.28	25.97	1994	48 198	19.86	46.57	33.57
1965	1 717	38.26	35.07	26.67	1995	60 794	19.96	47.18	32.86
1966	1 873	37.83	37.88	24.30	1996	71 177	19.69	47.54	32.77
1967	1 780	40.48	33.86	25.66	1997	78 973	18.29	47.54	34.17
1968	1 730	42.36	31.05	26.59	1998	84 402	17.56	46.21	36.23
1969	1 946	38.18	35.42	26.41	1999	89 677	16.47	45.76	37.77
1970	2 261	35.40	40.34	24.26	2000	99 215	15.06	45.92	39.02
1971	2 435	34.24	42.00	23.77	2001	109 655	14.39	45.15	40.46
1972	2 530	32.99	42.85	24.16	2002	120 333	13.74	44.79	41.47
1973	2 733	33.50	42.91	23.59	2003	135 823	12.80	45.97	41.23
1974	2 804	34.01	42.51	23.47	2004	159 878	13.39	46.23	40.38
1975	3 013	32.52	45.48	22.00	2005	184 937	12.12	47.37	40.51
1976	2 961	32.95	45.15	21.90	2006	216 314	11.11	47.95	40.94
1977	3 221	29.51	46.85	23.64	2007	265 810	10.77	47.34	41.89
1978	3 645	28.19	47.88	23.94	2008	314 045	10.73	47.45	41.82
1979	4 063	31.27	47.10	21.63	2009	340 903	10.33	46.24	43.43
1980	4 546	30.17	48.22	21.60	2010	397 983	10.18	46.86	42.97
1981	4 892	31.88	46.11	22.01					

21世纪以来全国粮食产量在最初几年连续下降后，2003年达到20年来的最低谷，43 070万t。从2004年开始，全国粮食总产取得了历史性的“八连增”，稳步站上了5亿t和5.5亿t两个台阶(表9.3)。按照官方的总结，这个成绩是“政策好、人努力、天帮忙”等多种因素综合作用的结果。播种面积和单产的双连增是实现总产连续增加的直接原因。

表9.3 2004—2011年粮食增产、播种面积及单产变化情况

年份	粮食总产/万t	播种面积/10^3 hm^2	粮食单产/(kg/hm^2)
2004	46 947	101 606	4 621
2005	48 402	104 278	4 642
2006	49 804	104 958	4 745
2007	50 160	105 638	4 748
2008	52 871	106 793	4 951
2009	53 082	108 986	4 870
2010	54 641	109 872	4 973
2011	57 121	110 572	5 166

黄淮海平原粮食生产状况如第3章中所分析，连续增产过后，粮食单产水平已经提高到较高的水平，粮食增产的难度加大。同时，制约粮食增产的隐患日益凸显。耕地面积减少，而且还将进一步减少；比较利益驱动下，种植业结构调整，粮食播种面积难以持续增加；粮食生产的成本提高，单产提高受到影响；农业基础设施老化，耕地质量下降，成为粮食持续稳定的障碍；特别是水资源短缺的制约，越来越成为农业发展最重要瓶颈，而农户土地规模小，经营分散制约了农业的现代化经营。

造成上述隐患的原因很大程度上来自农业外部。城市化、工业化的加速推进，大量的优质耕地被挤占，而“占优补劣”的现象，又使得耕地整体质量下降，这种现象在黄淮海平原尤为突出，客观上也是不可避免的。建设用地的不断扩张，不仅挤占了农业空间，而且造成了农业生态空间的破碎，恶化了农业生产环境和生态环境；工业污染、居民生活污染，对农业土地质量和农产品质量形成越来越大的威胁。城市、工业对水资源、生产资料以及劳动力资源等的竞争，使农业生产更处在非常不利的境地。

但是，随着城市化的快速推进，城市人口不断增加，消费水平也将进一步提高，粮食供给保障将更加艰难。而城乡建设用地不合理布局，摊大饼式的扩张以及土地利用的浪费，不仅加剧了建设用地和农用地之间的矛盾，也造成了建设用地利用的诸多问题。

黄淮海平原农业生产的挑战，单靠农业内部是无法解决的，必须依靠土地利用的全局优化才能缓解。黄淮海平原作为我国最重要的粮食安全保障基地，在由传统农业向现代农业转型的时期，所面临的一系列难以克服的挑战，仅从农业自身应对是不可能解决的。农业土地利用的问题必须通过土地利用的整体优化来解决，在城市化、工业化进程中，实现农业现代化，以现代农业体系促进农业-农村的发展，保障国家粮食安全。

9.2 黄淮海平原土地综合整治

以人口峰值、城市化峰值和工业化峰值为极限前提，优化生态空间、农业空间和城乡建设空间，调整土地利用结构比例，提升各类土地利用类型的质量和利用效率，并在资源禀赋潜力和科技发展水平的前提下调控人类需求，从而实现产需平衡、人地和谐、环境优美的城乡一体化成熟型土地利用格局。

9.2.1 土地综合整治内涵与外延

土地利用是人类对土地的利用。土地是土地利用的对象，是人类一切生产和生活活动的物质源泉。人类通过不同的方式利用土地以满足人类的不同需求。土地之所以具有能满足人类生产生活各种需求的功能，并不是土地自身的作用，而是土地加上一定的劳动投入后的结果。人类对土地的利用不仅取决于人类的劳动投入和人类自身的智力与技术的发展，也受制于土地的质量、数量和空间分布与组合关系。土地利用是自然再生产与经济再生产相交织的过程，人类利用土地，增加土地产出，除了要投入土地外，还要投入必要的劳动力、资本和技术。

土地利用方式是土地利用过程中土地、劳动力、资本和技术等投入要素的不同组合方式及其所表现出的功能与效率。任何土地利用方式都需要一定的土地条件，这些土地条件中包括土地类型，土地空间规模、空间结构和空间布局，土地质量和土地系统的内外环境等。

当土地条件不能满足土地利用方式时，就必须通过人工手段，改善和控制土地条件、土地环境。这种控制和改善土地条件、土地环境以满足土地利用的过程就是土地整治。人类需求不断增长与变化，土地利用方式会随之不断变化，土地利用方式与土地条件之间的不适应是永恒的，土地整治也将是永恒的。

土地整治包括3个方面的整治：

(1)空间整治　即土地空间结构、布局和空间关系的调整；不同类型空间的规模与形态的整理。土地空间类型按其功能分为生产空间(物质能量生产的空间，即生物性生产空间)、生活空间(人类居住与交流空间)、生计空间(除生物性生产之外的所有产业空间)和生态空间(维持生物多样性以及生态系统稳定的空间等)。

(2)质量整治　即影响不同类型土地空间功能和效率的各要素障碍的消除、功能的提升以及要素关系的协调优化。所谓质量是针对特定功能而言的，目的功能不同所涉及的质量要素不同，要素度量标准也不同。质量要素包括土地自然要素、与土地经营利用相关的特定人工土地要素以及与土地利用功能效率相关的其他要素。

(3)环境整治　土地环境包括土地系统内外的自然环境和社会环境。土地自然环境整治指区域土地系统与外部周边空间的协调与联通、物质能量的输入输出关系调整；土地社会环境整治包括影响土地(空间、质量和利用)功能与效率发挥的生产关系、生产方式、生产力水平的调整和优化；区域供需关系的优化调整等等。

9.2.2 土地利用格局优化:空间整合

土地是具有空间属性的客观存在,或者说是填充了各种自然和人为要素的空间。关于空间人类给予了极大的关注,从古至今探索空间及其本质的活动从未停止。不仅因为空间是一切物质存在的形式,而且在于它是人类存在和一切活动的场所。随着人类数量的增长,有限的地球陆地空间越来越难以承受人口的压力,因此人类需要找到满足人类生存更大空间和最佳的生存空间利用的途径。在空间拓展(如海洋、外层空间等)尚未达到根本性解决空间需求问题的时候,有限陆地空间的合理利用显得更为重要。土地利用格局优化就是对陆地空间的优化利用。

9.2.2.1 土地空间的分化

空间本身是整体的,但是有时是可以分割的。填充了自然和人为要素的空间,土地空间表现出千姿百态的差异性,包括自然差异、人类利用差异引发的空间功能差异。所谓空间整合其本质是空间功能的综合。谈到整合必然存在分化,而这里的分化是以人类为核心的分化。

在人类出现之前的土地空间是自然的空间,除去自然要素分布差异之外,就是由这些差异所引起的物质能量自然生产差异。当人类诞生后,土地的自然空间就成为人类的生存空间。自然空间的局部有人类存在的空间便与其他周边的空间产生分异,当然由于人类是尚处在动物性阶段的人类,与其他动物差异不显著,人类的生存仍然是动物性生存,土地空间分异仍然是自然的分异。

随着人类种群数量的增加以及人类的进化,开启了支配自然的活动。人类开垦土地改变生存方式,由动物性的生产方式(采集、捕食)转变为人工再生产(种植、养殖)。人类的生存空间从自然空间中分化出来,出现了自然空间和生存空间(社会空间)。当然这一阶段的生存空间带有更多的自然属性。在自然环境允许下,生存空间可以自由地向自然空间拓展。人类种群部落之间的竞争,形成制约各自生存空间拓展的界限,自然空间开始被人为地分割,土地空间带有了产权属性。

原始生存空间内也由于聚落的产生,出现了聚落内部的生活空间和聚落周边生产空间之间的分异。由于农业生产方式的特殊性,生产空间带有很强的自然空间属性;而生活空间中空间结构开始变得复杂起来,除去居住空间之外,服务于生活、生产的工具制造空间夹杂其中;由于剩余产品的出现,物资交换的产生,原始的商业空间产生了。随着人口数量的增加,财富的积累、谋生手段的多样性,社会结构日益复杂,聚落空间中产生新的空间类型,如公共交流空间、政治活动空间、军事防御空间等等。

产业分工的结果,出现了非农业生产的人员,专门从事手工制造、或商业活动、或社会治理。原始的聚落生活空间中分化出一批非农的生活生产活动空间,即城市。生活在城市的人群,多数不再从事直接的农业生产。他们的谋生手段是从事政治、教育、军事、保卫、商业及手工业(制造、纺织、工匠等),城市空间不仅是生活空间,也是人类谋生的生计空间。

随着蒸汽机的发明,大工业的出现,城市空间中分化出专门的工业生产空间,这些空间规模依赖向周边农业生产空间、自然空间乃至城乡生活空间的扩张占领而不断壮大。城市已经不再是简单的生活空间,而变成生活、生产、生计空间的复合空间。城市空间的一大特征是自然空间属性逐渐蜕变,生态功能不断弱化,成为几近纯粹的人工空间。繁华的都市造就了丰富的物质生活、精神生活以及不断创新的生计手段,也造成了生态功能的退化或丧失,造成了各类的环境污染。拥挤的空间也对人类生活方式产生巨大的影响,间或也影响人类的心理健康。

城市规划以及城市功能区理念的产生,城市内部出现了相对特征明显的空间分化,生活居住空间、工业生产空间、商贸空间以及其他专门空间。而在乡村地区出现了兼有城市和村庄特点的城镇空间。

长期的土地利用空间的分化,绝大多数自然空间已经转变为社会空间或生存空间。尽管空间结构和空间类型纷繁复杂,但是可归为三大类,生产空间(农林草地空间)、生计空间(包括二、三产业的就业空间)以及生活空间(居住与交流空间)。自然空间已经退缩到了局部各类自然保护区、生态脆弱区和不适于人居区域。生产空间不仅担负着生物性物质能量的生产功能,还和自然空间一起担负了人类生态空间的功能,二者占据了主要的乡村空间。而生计空间和生活空间构成了城市空间,是生态功能极端弱化,物质能量转化消耗的空间。

9.2.2.2 城乡二元结构下的空间分割

从城市出现的那一天起,城市和乡村的空间分割就出现了。在古代社会,高大的城墙将城与乡分隔开来。城市是掌握权力的统治者、富裕阶层生活和活动的空间,其权势远高于周围的乡村。

代表先进生产方式的大工业出现后,将城乡分隔进一步强化,城市空间拥有更多的资本和财富,消耗更多的资源和产品,并凭借强势集团的行政、制度和资本、技术的优势,挤压乡村空间,剥夺乡村的资源与财富。城乡之间形成相互对立的空间分隔。这一点在中国的城乡二元结构制度安排下更为突出。

新中国成立后,为快速实现工业化(尤其是重工业化),国家实施了工农业产品不等价交换、农业合作化、统购统销和要素流动控制等一系列的城乡关系政策与制度,确保了农业对工业、乡村对城市长期而巨大的贡献,且这种牺牲农业的行为被制度和法律不断固化。扭曲的工农业产品的价格体系,一方面提高工业品价格,另一方面压低农产品价格,形成巨大的工农剪刀差,制造了不利于农业发展的贸易条件。随之后来实行的强制性的集体化生产和统购统销制度进一步巩固了这一差别。通过户籍制度及由此派生出与户籍制度相配套的城市劳动就业制度、城市偏向的社会保障制度、基本消费品供应的票证制度、排他性的城市福利体制等,有效地控制了劳动力等生产要素在城乡间的流动。城乡之间形成了难以逾越的无形隔离墙。生存空间成为相互分离和对立的两个空间:城市空间和乡村空间。

改革开放以来,随着城市化进程的加快,城市空间飞速扩展,不断地挤压乡村空间。从1991—2010年,城市建成区面积扩大了2.12倍,而城市化水平仅仅增长了0.89倍,土地扩张速率是人口城镇化速率的2.38倍,城市土地扩张与城市人口密度相背离。特别是2002—2010年,城市建成区面积扩展速度远远高于城镇人口集聚的速度。土地利用粗放,浪费严重;“土地财政”利益驱动,城市土地快速扩张;流动人口福利缺失,难以“城市化”。城乡空间的对立进一步加剧。

纵观城市化发展的途径,大致有两大类,第一是乡村的城市化;第二是城市的区域化。前者是农村社会生产进步,产业结构和社会经济结构转型的结果;而后者则是城市的扩展。虽然最终都将实现区域的城市化,但是因为途径和动力的不同,产生的影响也大不一样。

当前黄淮海平原乃至全国的城市化进程是上述两个过程的叠加。城市的区域化引发了城市扩展的冲动，大量的乡村空间或农业生产空间被挤占，而城乡二元结构的隔离又制约了农村人口的转移，结果是城市空间扩张与人口的城市化速度相背离；而乡村区域为了实现产业结构的升级，农村人口的转移，村镇建设也如火如荼，挤占大量的生产空间。这正是城镇建设用地极为紧缺的重要原因。空间上二元结构的对立还伴随着城乡利益集团的利益对立。城市利益集团是利益集团中的强势集团，通过城市的区域化挤占了大量的乡村空间，不仅获得了区域城市化的红利，而且通过剥夺农民集体土地获得了巨大的超额利益。农民利益的剥夺使得本已处在不利地位的乡村集团经济利益更加弱化，很大程度上减慢了乡村城镇化的进程。

城乡二元结构下城市和乡村各自为阵的城镇化，使得本已紧张的生存空间更加紧张。一方面城镇空间的扩展，远远落后于需求(合理的或不合理的)；另一方面城镇人工空间的过度扩张，造成了生产和生态空间的缩小，生产生态功能下降。

必须彻底扭转城乡对立的空间发展势态，实现城乡一体化的空间统一发展。

9.2.2.3 城乡一体化的空间整合

在城乡一体化思想指导下，推进区域空间的整合优化，实现区域空间的统一发展。空间整合首先是生产空间、生活空间、生计空间、生态空间的统一布局与调整。通过统一的布局，最大限度地节约土地空间，发挥最大功效。

避免土地空间的浪费：城乡分割下的城市化过程，城市居住用地扩大了，但是人口并没有相应的集聚，农村人口减少了，但是村庄用地并没有随之下降；非农产业在城市之间、城镇之间重复建设，不仅浪费土地空间，也不利于各自产业的发展；一定区域内的城镇总规模必须与城镇化人口相适应，城市各自发展自顾自己的规模扩张已经是当今的普遍现象，城市规划人口远远大于区域总人口，造成的土地空间浪费是惊人的。

土地空间多功能的发挥：在生存空间日益紧张的今天，每单位空间都必须充分发挥其最大效益。如农业(农田、果园、林地、草场等)空间既是生产空间，又是农民的生计空间，也是区域的重要生态空间和城市居民休闲度假的生活空间，与其他空间的合理布局就能够使农业空间发挥更大的功能。

整体功能的最优化：各类空间是相互依存、相互制约又相互促进的，按照空间之间的相互关系整合布局，不仅能够产生整体的优化作用，也能够促进各类空间功能效益的提升，使区域空间的功能效益最优化或最大化，满足人类生存与发展的需求。

空间整合的目标是创造更加适合人居，满足人类生存与发展的生存空间。空间整合必须充分体现以人为本，人地和谐原则，一方面要充分考虑人类的生存需要和发展需要，另一方面也必须控制人类的贪婪欲望，把需求控制在与生产力水平相适应的范围内。在目前全国人口接近峰值的时候，空间整合要以人口极限以及城市化和工业化高峰极限为条件依据，以未来成熟型空间结构为最终目标，优化调整空间格局和各类空间规模。

鉴于我国长期城乡分割的历史现实，空间整合过程中要以保护农业生产空间、生态空间为首要目标，适度制约大中城市的区域化过程，加快乡村城镇化的速度，最大限度地保护乡村集团(农民)的利益。

9.2.3 土地利用系统功能提升:综合整治

人类诞生于土地,依赖土地而生存、繁衍。土地提供了人类几乎全部物质和精神财富。我国人民对土地的利用历史悠久。伴随着人类文明的发展,以及人类对事物认识能力和水平的提高,经历了“认土”“用土”“改土”“养土”不断发展的过程,各发展阶段相互之间并非独立,而是具有广泛的内在联系。人类在认识土地的基础上学会了利用土地,在利用土地的过程中,又加深了对土地的认识,进而改造土地、养护土地,使土地能更好地为人类所利用。

任何土地利用都对土地条件有特定的要求,只有土地条件充分满足土地利用的要求时,土地利用才能产生最大的效益与效率,才能够实现满足人类需求的土地利用的根本目标。消除制约土地利用的因素,改善土地条件,满足土地利用需求是人类不断奋斗的目标和行为活动。这一过程就是土地综合整治。

土地综合整治是在一定土地利用目标和用途下,通过对土地质量、土地利用结构和布局的整治,增加有效耕地面积,提高土地利用率和产出率,改善人居和生态环境,实现土地可持续利用的过程。因此,土地综合整治的本质是保持土地空间、功能、性状与土地利用要求的和谐统一。土地综合整治可以看作是一个优化土地利用系统状态、提高生产能力和服务能力的过程。

与土地利用有关的土地条件属性大致分为如下3大类:土地的空间规模条件、土地的功能质量条件和环境条件。土地综合整治即是对这些条件的治理与改善。

9.2.3.1 空间整治(规模、形状与空间关系)

土地空间整治是对整治区域内各种土地空间的规模、形状、格局及相互之间的各种联系和关系进行综合整治。土地空间整治的对象既包括自然空间、生产空间还包含生计空间和生活空间。

1. 自然空间整治

科技的发展给人类改造自然提供了强有力的“武器”,也促使人类改造自然的欲望剧烈膨胀。因此,在人工景观的塑造中,片面追求大尺度,显示人类的改造能力,而忽视了对自然要素和生态环境的保护。在人工空间里,城镇与建筑不再是生长于自然基地之上,而成为完全覆盖在基地上的无生命构件。这些无生命的构件,由于本身缺乏自然的调节功能,还带来了城市热岛效应、空气污染等问题。自然空间整治,即对构成自然的各要素、自然-人工空间关系进行调控,使人工空间与自然空间相互联系、相互渗透,营建一个与自然和谐共生的人工环境空间。根据自然要素的形态、格局,建造的山水城市、沿海沿江沿河城市、山地城市就是典型例子,这些自然要素不但改善了城市小气候、维护了城市生态平衡、创建了城市特色,还给居于其中的人们增添了生活乐趣。

2. 生产空间整治

任何生产活动最终都要落实在一定的地域空间上,并在一定区域范围内进行分布与组合,从而表现为生产布局。生产空间布局随着各种影响因素变化而变化。在各种影响因素中,既包含空间属性的自然因素和人口分布,也包括非空间属性的技术、经济和社会因素。生产空间整治就是在地域空间上对生产力诸要素合理安排、部署和调整,达到优质、高产高效的生产布局。早在战国时期的《管子·地员》篇、《管子·乘马》篇中,就对农业与土壤相互关联的规律以及城市建设的选址条件进行过探讨，汉代司马迁的《史记·货殖列传》，则具体说明了自然条件、社会经济条件对生产分布的作用。在国外，为了提高布局的经济效益，欧洲经济学家提出了农业区位论和工业区位论，探讨生产布局。对于世界上人口众多而人均耕地面积较少的中国来说，因地制宜，发挥区域优势，开展高产优质高效农业生产布局，则对保障粮食安全有重要意义。此外，生产空间布局不能只考虑经济效益，以经济获利情况作为布局是否合理的评判标准，而要综合考虑经济、生态和社会效益，通过生产空间整治，实现区域全面、协调发展。

3. 生计空间整治

生计一般指谋生的手段和方式。1995 年社会发展峰会上通过的《哥本哈根宣言》中表述"可持续生计"为："使所有男人和妇女通过自由选择的生产性就业和工作，获得可靠和稳定的生计"(李建强，2010)。生计虽然比工作、收入和职业有更丰富的内涵和广阔的外延，但通过就业获得收入是维持生计之根本。工业革命以来，技术成为经济发展的主导因素，人们在生计方面呈现某些趋同性。人们从事产业性质不同，维持生计的安全性和稳定性也有所差异。农业由于受自然因素影响较大，农民单纯从事农业维持生计具有较强的不稳定性，而我国农业在三产的比重却较大，从事农业生产的人口众多。同时，受自然条件、经济发展及历史因素的影响，我国人口和产业分布地区差异也较大，据统计全国约 41%人口位于东部 11 省市(不包含港澳台)。因此，通过生计空间整治，引导人口合理布局、优化产业结构及其布局，增加社会就业岗位，对于促进区域协调发展，保障人们的生计安全具有重要意义。

4. 生活空间整治

生活空间整治根据整治对象的权属性质分为农村和城镇两部分。农村居民点整治是对农村地区分布散乱、闲置废弃和利用低效的用地，通过农村宅基地、基础设施和公共服务设施的统一规划，确定规模、形状和空间布局，以提高农村建设用地节约、集约利用水平。城镇生活空间整治是对旧城镇、"城中村"进行改造，完善配套设施，拓展城镇发展空间，不仅调整土地利用的平面空间布局，而且科学调整其三维利用空间。随着城市化的快速发展，目前我国的城市建设用地严重不足，而由于历史原因，我国的农村居民点占地面积一直很大，浪费严重。通过对农村居民生活空间整治，将农村集体建设用地的减少与城镇建设用地增加相挂钩，重新分配建设用地空间位置，不但可以完善农村的基础设施，改善村民生活环境，还可以避免建设占用耕地，实现土地节约利用。

9.2.3.2 质量整治(自然质量、人工质量与经营管理质量)

土地质量是指土地在一定的用途条件下，表现出的适宜性以及适宜的程度(或生产能力的大小或价值的高低)，是多种质量构成要素的综合反映。土地质量整治就是对土地质量的限制因素进行消除，并对土地质量构成要素进行综合优化。土地利用方式不同，土地质量的要求和整治标准会有所差异。

就耕地质量而言，随着科技的发展和人类认识水平的提高，人们对耕地的认识也不断深入。①耕地除了具有粮食生产这首要功能外，还具有区域生态功能，城镇隔离功能以及居民休闲娱乐功能等。②在现代农业系统中，耕地质量不仅反映提供生物性生产充足和谐的光温水土气和物质能量高效转化环境的能力，而且反映耕地对多功能利用适应性和对人工生产的服务能力。③耕地生产力也不能只用粮食产量来衡量，应从生物质产量、能量和质量、价值等全面衡量。耕地环境容量以及污染程度成为耕地质量评价的重要方面。

传统意义的耕地质量是以土壤肥力为核心的水土生产力，具体表现为用粮食产量来衡量其质量高低，土壤肥力越大，粮食产量越高，耕地的质量就越好。这是以单一要素来衡量耕地质量的方法。粮食作物虽然直接从土壤中吸取养分，但是光、热、地质、水文等因素也直接影响作物的生长。随着人类认识水平的提高，形成了现代意义的耕地质量。现代意义的耕地质量是以构成土地综合体诸要素的综合生产能力来衡量的。构成土地的要素包括土壤、气候、地质地貌、水文和生物等条件，同时也包括影响产品质量的环境质量。如果说土壤、气候、水文等条件直接影响耕地质量，那么现代科技水平下，克服影响耕地质量的限制因素的新型技术、装备、生产模式以及现代管理也会间接影响耕地质量。因此，新形势下耕地质量不仅表现为构成土地综合体诸要素的综合生产能力，还应表现为耕地对新技术、新装备、新型生产模式和现代管理的适应能力和服务能力。

耕地质量新内涵下进行耕地质量整治与提升，就要通过改善耕地性状、基础设施和经营条件，克服土壤、气候、地质地貌、水文和生物条件的障碍与不足，满足农业生产对新技术、新装备、新型生产模式和现代管理需求，提高产能与产值。耕地质量整治与提升的具体做法包括：消除障碍因素，提高耕地质量和有效利用率；改善农田基本条件，提高对光、热、水、土、生物的调控能力；为新装备、新技术的应用提供条件；提高耕地对新兴经营模式和管理模式的适应能力。

9.2.3.3 环境整治(自然与景观环境、社会与文化环境)

土地利用不仅受土地系统质量的控制，也受到系统内外环境的影响。同时土地利用本身也对系统内外的环境产生巨大的影响。土地综合整治包括对土地利用系统环境的整治，即从环境中输入有利于土地利用的要素，而将不利因素的输入降到最低；同时，将土地利用引起的负面影响降到最低。

环境有自然环境与社会环境之分。自然环境是环绕人们周围的各种自然因素的总和，如大气、水、植物、动物、土壤、岩石矿物、太阳辐射等。这些是人类赖以生存的物质基础。通常把这些因素划分为大气圈、水圈、生物圈、土壤圈、岩石圈等 5 个自然圈。人类是自然的产物，而人类的活动又影响着自然环境。对于土地利用系统而言，土地利用的环境包括了内部环境和外部环境。土地空间边界内的环境要素既是土地的构成要素也是土地利用的环境要素，如当地的光、热、水、土、气以及矿物、生物等；土地空间边界以外的自然要素构成了外环境。土地综合整治的环境整治就是对这些环境要素的整治，使之适合于土地利用，满足人类的需求，符合自然保护的要求。

除自然环境要素之外的要素，构成了土地利用的社会环境(或者广义的文化环境)，包括经济环境、政治环境、文化环境、科技环境、教育环境和人口环境等。虽然我们不应该泛泛地扩大土地整治的概念，但是社会环境的整治对土地利用会产生巨大的影响。如某些政策制度可能是拓展土地利用空间的束缚，制度创新能为拓展土地利用空间提供有效的途径；土地利用的根本目标是满足人类的需求，而人的欲望是无止境的，土地空间是有限的，人类需求必须控制在一定的范围内；历史文化遗产的保护是传承人类文明的必需，土地利用、土地整治必须充分认识到这一点。当前各地的城市、农村的整治中，盲目地大拆大建不仅造成许多损害群众利益的事件，也使许多优秀的传统文化毁于一旦。土地环境整治应该成为和谐人地，保护生态，保护文化，建设生态文明，建设美丽家园的重要手段。

9.3 黄淮海平原土地综合整治潜力分析

黄淮海平原人多地少、后备资源不足、用地粗放、布局不合理现象普遍存在。在用地供求矛盾突出，耕地保护和节约用地任务艰巨的形式下，开展土地综合整治迫在眉睫。土地综合整治是一项实现土地资源可持续利用发展战略目标的重要工程。它要统筹安排农用地整治、建设用地整治、未利用地开发、土地复垦等各类土地整治活动。黄淮海平原是我国最重要的农业经济区和粮食生产基地，同时也是我国重要的非农建设经济区，农用地整治和城乡建设用地整治是该区域土地整治的重点。

9.3.1 农用地整治潜力

农用地整治是指在以农用地(主要是耕地)为主的区域，实施土地平整、灌溉与排水、田间道路、农田防护与生态环境保持等工程。黄淮海平原耕地面积 19.52 万 km^2，占农用地面积 75.07%，该区域的农用地整治主要是进行耕地整治，增加有效耕地面积，提高耕地质量，改善农业生产条件和生态环境。

耕地整理数量潜力表现为通过整理田间道路、沟渠、田坎以及闲散零星地类增加耕地的潜在能力。根据已有资料测算，黄淮海平原沟路渠田坎系数为 11.75%，通过对该区域耕地整治潜力分析，估算出黄淮海平原能增加有效耕地面积 1.4 万 km^2。按区域 6 年平均产量 58.46 kg/km^2 计算，可增产 800 多 t。

黄淮海平原垦殖系数高，未利用土地较少，耕地产出率总体水平较高，但仍有大量中低产田存在。"六五"和"七五"期间国家对黄淮海平原旱涝盐碱等自然灾害和中、低产田进行了综合治理，提高了粮食产量。然而随着整个生产和技术水平的提高，农业产量的高、中、低标准也在不断发生变化。1992 年农业部土肥总站依据全国农业后备资源调查规定黄淮海地区中产田标准为 4 500～6 750 kg/hm^2，高于上限的为高产田，低于下限的为低产田。我国农业部农业资源区划管理司也制定了中低产田的划分标准：以当地平均单产为基础，上下浮动 20%作为划分高、中、低产田的标准。以 2005—2010 年的平均粮食单产为基础，确定黄淮海平原低产田的上限为 4 753 kg/hm^2，高产田的下限为 7 130 kg/hm^2。按照此产量划分标准，通过分县汇总，黄淮海平原高、中、低产田面积分别为 9 691 788.5 hm^2、6 952 747.6 hm^2、2 012 662.2 hm^2，分别占耕地总面积的 51.94%、37.27%、10.79%。黄淮海平原中、低产田比重虽然低于全国平均水平 66.52%(石全红，王宏，2010)，但中、低产田面积仍然较大。在现有生产力水平下，通过中、低产田改造，使中、低产田的产出水平分别提高一级，预计可以增加粮食产量 960 万 t。改造后，农业生产条件不但得到进一步改善，建设更多高标准基本农田，农业生产率也有明显提高。

9.3.2 农村建设用地整治潜力

黄淮海平原农村居民点面积 3.39 万 km^2，分别占城乡建设用地和建设用地总规模的

84.85%和 56.31%，农村居民点占地比重较大。2008 年该区域有农业人口 17 232 万人，照此人口数计算，黄淮海平原农村居民点人均占地面积为 196.73 m^2。

根据《村镇规划标准》(GB 50188—1993)、《镇规划标准》(GB 50188—2007)以及各省制定的村庄规划相关标准和导则，确定黄淮海平原居民点人均用地最高不超过 150 m^2。该区域农村居民点人均占地面积超出标准 46.73 m^2，土地整治的潜力较大。对 311 个县市区统计后发现，黄淮海平原只有不到 20%的县市区农村居民点人均用地符合国家标准，超出国家标准的县市区中约有 1/10 的农村居民点人均占地面积甚至超出了国家标准 1 倍，并且主要分布在北京和山东两地，具体分布情况见图 9.1。通过对这部分农村居民点进行整治，理论上可以节约用地 8 114 km^2，占现有农村居民点用地的 1/4。

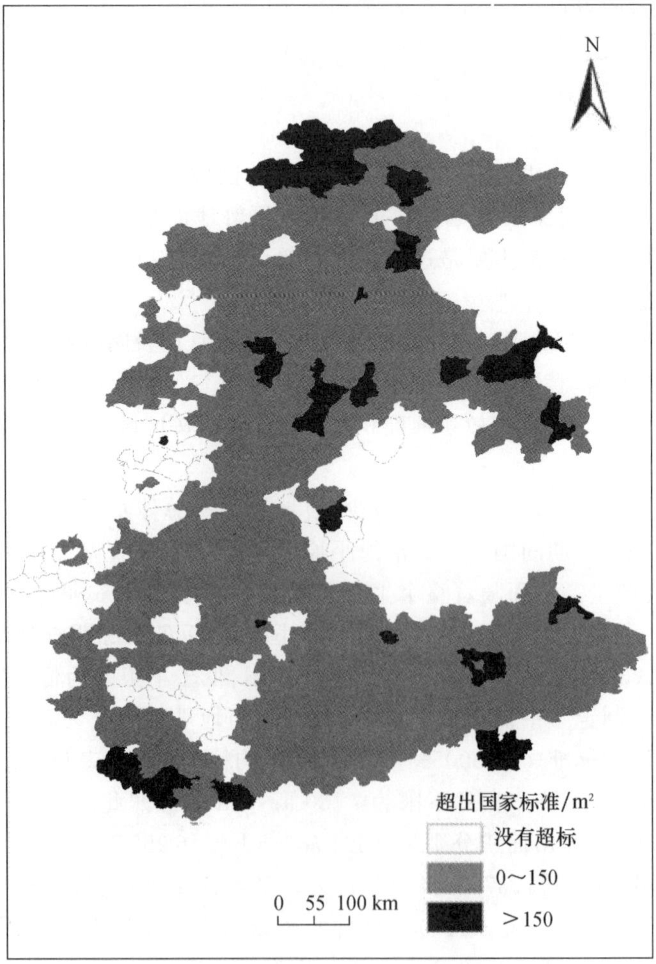

图 9.1 农村居民点人均占地面积超标状况分布

农村居民点整治潜力系数是整治潜力与被整治面积的比值。根据测算出的各县整治潜力系数，黄淮海平原农村居民点整治平均潜力系数为 30.77%，各县整治潜力系数见表 9.4。

表 9.4 黄淮海平原农村居民点整治潜力系数 %

市区/区/县	潜力系数	市区/区/县	潜力系数	市区/区/县	潜力系数	市区/区/县	潜力系数
石家庄市区	100.00	临邑	50.05	临清	43.07	望都	34.93
邢台市区	100.00	淮安市区	49.78	唐山市区	43.04	香河	33.94
济南市区	100.00	商河	49.71	昌乐	42.65	曲阳	33.86
许昌市区	100.00	茌平	49.70	武邑	42.41	沧县	33.74
徐州市区	99.82	青县	49.39	潍坊市区	41.50	丰南	33.66
邯郸市区	94.48	廊坊市区	49.21	武城	41.20	泗县	33.60
滨州市区	75.82	景县	48.42	乐亭	40.37	滦南	32.91
沧州市区	67.17	昌邑	48.33	黄骅	40.37	青州	32.78
东营市区	64.60	大厂	48.28	沾化	39.93	清苑	32.66
汶上	62.60	故城	48.14	淮阴	39.87	乐陵	32.30
寒亭	61.65	吴桥	48.13	博兴	39.60	齐河	32.20
垦利	61.30	聊城市区	47.98	陵县	39.48	平舆	32.05
确山	60.09	安平	47.65	冀州	39.35	南宫	31.94
顺义	59.50	寿光	47.41	饶阳	39.11	定兴	31.85
枣强	58.61	昌黎	47.37	蠡县	38.80	大城	31.85
盱眙	58.44	固镇	47.00	任丘	38.78	邱县	31.81
衡水市区	57.93	泗洪	46.98	泗阳	38.39	丰县	31.34
正阳	55.46	深州	46.93	献县	38.27	玉田	31.32
昌平	54.83	塘沽	46.65	铜山	38.19	静海	31.27
北京市区	54.73	唐海	46.64	阜城	38.15	河间	30.66
宿豫	54.34	禹城	46.46	东光	37.97	灵璧	30.66
通州	53.76	宿迁市区	45.89	涿州	37.62	汉沽	30.20
连云港市区	53.05	济阳	45.27	灌云	36.99	五河	30.18
平谷	52.79	武强	45.02	三河	36.46	菏泽市区	30.01
高唐	52.16	利津	44.50	赣榆	36.40	西青	29.98
平原	52.13	遂溪	43.91	阳信	36.37	新沂	29.79
宝坻	51.95	泊头	43.71	永清	36.26	宁陵	29.64
淮滨	51.93	遂平	43.67	辛集	36.08	庆云	29.45
大兴	51.75	东海	43.57	宁津	35.96	蒙城	28.53
大港	51.73	东阿	43.43	汝南	35.67	延津	28.42
房山	51.56	夏津	43.24	蓟县	35.45	满城	28.40
梁园	50.77	宁河	43.21	息县	35.39	保定市区	28.28
德州市区	50.39	孟村	43.12	海兴	35.33	阳谷	28.22

续表 9.4

市区/区/县	潜力系数	市区/区/县	潜力系数	市区/区/县	潜力系数	市区/区/县	潜力系数
顺平	28.09%	巨野	22.96	鸡泽	15.42	高阳	7.76
亳州市区	27.98	砀山	22.67	清河	15.04	柏乡	6.71
惠民	27.83	馆陶	22.20	临西	14.92	鄢陵	6.46
肃宁	27.81	扶沟	22.08	淮南市区	14.57	涡阳	6.05
容城	27.78	颍上	21.89	大名	14.55	栾城	5.82
永城	27.71	响水	21.52	中牟	14.20	郓城	5.82
涟水	27.69	金乡	20.53	定州	14.14	沛县	5.61
固安	27.68	沭阳	20.53	新蔡	14.01	任县	5.59
安国	27.30	广宗	20.39	深泽	13.80	晋州	5.51
霸州	26.82	东明	20.38	津南	13.62	南乐	5.46
南皮	26.54	卫辉	20.32	阜阳市区	13.22	利辛	5.35
武清	26.43	怀远	19.85	尉迟	13.21	淮北市区	5.26
冠县	26.42	阜宁	19.75	阜南	12.72	唐县	5.18
焦作市区	26.28	安阳市区	19.66	睢县	12.43	长垣	5.17
徐水	26.14	文安	18.83	新乡市区	12.23	宁晋	4.73
原阳	26.12	成武	18.79	元氏	11.91	高邑	4.69
高青	26.05	夏邑	18.78	萧县	11.23	太和	4.27
睢阳	25.51	舞阳	18.34	曹县	11.16	兰考	3.03
雄县	25.33	邳州	17.81	民权	11.04	滨海	2.75
临城	25.23	开封市区	17.76	威县	10.93	凤台	2.63
蚌埠市区	24.83	濮阳	17.63	邢台	10.91	鄄城	2.52
莘县	24.68	东丽	17.54	开封	10.15	行唐	2.39
邹平	24.54	滑县	17.30	界首	9.96	东平	2.27
封丘	24.47	盐山	17.09	鹿泉	9.93	睢宁	1.94
灌南	24.47	定陶	16.67	西平	9.93	内黄	1.65
无棣	24.29	许昌	16.32	滦县	9.77	楚州	0.92
广饶	24.06	叶县	16.31	范县	9.58	禹州	0.88
单县	23.96	丰润	16.19	曲周	9.04	太康	0.49
博野	23.43	新河	16.18	襄城	8.83	上蔡	0.41
高碑店	23.28	平乡	15.60	清丰	8.58	新郑	0.34
内丘	22.97	宿州市区	15.60	柘城	7.95		

注:1. 潜力系数计算过程中所需的人口数据,来源于《全国分县市人口统计资料 2008》;2. 由于资料中部分市区农业人口数为 0 或较少,所以得出的农村居民点整治潜力系数巨大。

按照综合确定的农村居民点整治潜力分级标准,黄淮海平原农村居民点整治潜力可分为四级(表 9.5)。

Ⅰ级潜力区土地整治潜力为 1 933.32 km^2,包含 34 个县市区。各统计单元整治潜力都非常大,其中石家庄、邢台、济南、许昌市区土地整治潜力为 100%,这主要是由于市区范围内人口城市化的同时，土地没有实现相应的“城市化”。如何解决这一问题，将是今后土地综合整治研究的重点。Ⅱ级潜力区整治潜力为 2 895.87 km²，包含 65 个县市区，主要分布在北京、天津、河北、山东。这两市、两省作为环渤海经济区的重要组成部分，随着经济区的快速发展，城市范围不断扩大，对建设用地需求也日益增多，通过农村居民点整治，将建设用地空间位置重新配置，有利于保障城市发展。Ⅲ级潜力区整治潜力为 2 307.56 km²，包含 75 个县市区，主要分布在Ⅰ级潜力区和Ⅱ级潜力区的周边。Ⅳ级潜力区整治潜力为 977.31 km²，包含 81 个县市区，主要分布在河南和安徽两省。该潜力区农村居民点总面积最大，但由于区域人口较多，所以区域农村居民点人均用地较小，土地利用相对较集约。具体分布情况如图 9.2 所示。

表 9.5 黄淮海平原农村居民点整治潜力分级

潜力分级	潜力系数/%	整治潜力/km²	潜力分级	潜力系数/%	整治潜力/km²
Ⅰ级潜力区	>50	1 933.32	Ⅲ级潜力区	35～20	2 307.56
Ⅱ级潜力区	50～35	2 895.87	Ⅳ级潜力区	<20	977.31

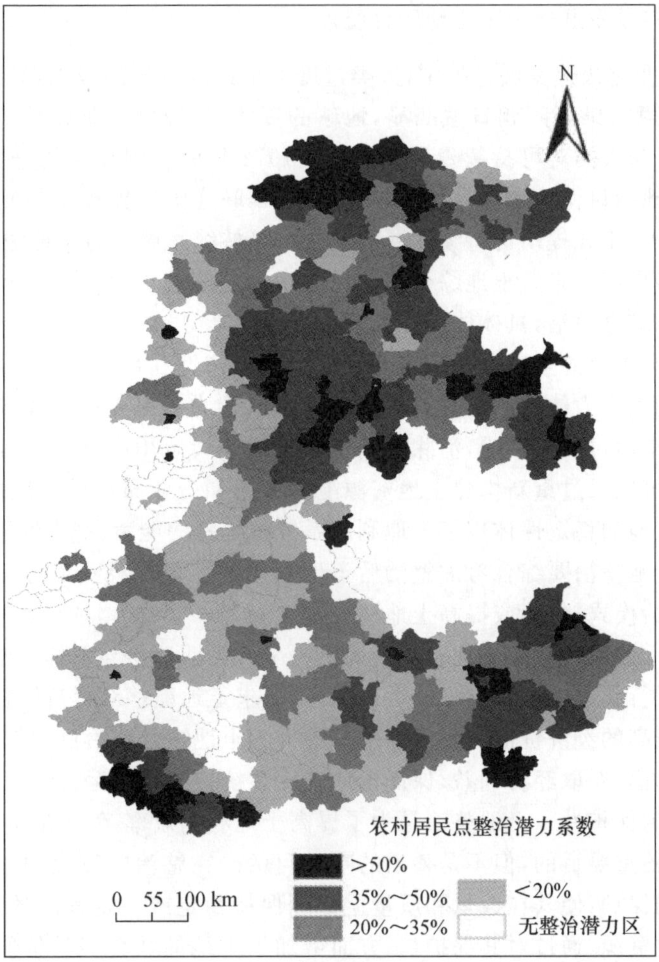

图 9.2 农村居民点整治潜力分布

通过对这部分农村居民点进行整治，理论上可以节约用地 8 114 km^2，占现有农村居民点用地的 1/4。节约出来的这部分农村建设用地，通过“增减挂钩”政策，既能有效补充耕地，防止耕地减少，又可以破解城市发展中建设用地不足的难题。

9.3.3 土地综合整治潜力分区

人类与土地长期以来就有着密切的关系。土地提供了人类生存和发展的地理空间，同时也承载了一切资源和环境要素。在人类经济社会的发展中，土地以其根本性和独特性，占据了其他资源无法替代的核心地位。然而随着人口增加和社会经济发展，不断增长的人类需求给土地资源带来越来越大的压力，人地矛盾也日益突出，在此矛盾现状下，如何实现土地的可持续利用成为人类社会能否可持续发展的关键。然而，由于历史原因和人类对土地利用认知上的错误，我国土地利用一直采用非持续性的方式和方法，土地退化，耕地减少，土地生态环境恶化，土地利用粗放等问题突出。土地综合整治不仅是要解决这些已有的问题，而且是要在可持续发展的理念下，通过对土地进行综合整治，实现土地资源可持续发展。

9.3.3.1 可持续发展理论下土地综合整治

300 多年的工业化快速发展过程中，人类过度追求经济增长的极限，导致自然资源临近枯竭，生态失衡和环境污染等问题日益凸显，地球的资源、环境已经难以承担人类无尽的需求。最早由环境问题引起人类对可持续发展的思考。1972 年联合国在斯德哥尔摩召开人类环境大会，首次国际性地探讨保护全球环境战略。1987 年联合国世界环境与发展委员会在《我们共同的未来》报告中，正式提出可持续发展的概念。可持续发展作为一种国际政治理念和社会发展准则在全世界推广开来。土地综合整治目的是为了实现土地可持续利用，而可持续利用指导思想下的土地综合整治，具体体现在以下几方面。

(1)保持和提高土地的生产性和稳定性　土地的生产性和稳定性是土地资源能否持续利用的基础。土地的生产力体现了它对人类活动的承载能力。引入可持续发展理论，进行土地综合整治，一方面是通过质量整治，消除限制土地发挥最大效用的不利因素，直接增加土地的生产力；另一方面可以通过重新构建土地资源配置方向和产业布局的空间结构框架间接提高土地的生产性。土地的稳定性体现了土地利用系统抗干扰的能力，稳定性越高，土地利用系统运行就越平稳。土地整治要综合考虑整治后土地利用的社会、经济、生态三效益，选择风险性低、操作性强的整治模式，保持或提高土地的稳定性。

(2)具有经济上的可行性　土地利用系统是一个人类活动参与下的自然系统，在经济方面也应具有良好的运行状态。这种良好的运行状态，要求土地能够获得持续稳定的经济产出，同时其自身也具有较高的经济价值和较大的增值潜力。土地综合整治目的就在于充分开发利用土地资源的潜在价值，获取经济利益，保证土地利用系统持续稳定运行。

(3)具有资源的保护性　土地整治是为了提高土地利用效率，使土地资源最大程度为人类所利用，这是整治的重要目的，但不是整治的唯一目的。在整治的过程中，要充分考虑对土地本身及相关资源的保护，使其在数量和质量上都能保持稳定或一定程度的提高。对于土地所承载的历史和文化资源，通过对其保护，一方面增加了土地的社会美学价值和旅游价值；另一方面使区域的历史文化得到继承和延续。

(4)具有社会的可接受性　任何土地利用行为或方式，如果不能被社会接受，将很难长期存在，也就谈不上利用的持续性。通过土地空间整治、质量整治、环境整治以及综合整治，人们的生产、生活条件得到改善，用地结构更加合理，经济效益明显提高，景观、生态环境优美，土地整治不但被社会所接受，而且得到广大群众的支持。

综上所述，可持续发展理论下的土地综合整治，是以土地利用的可持续性、系统性、效益性为出发点，通过土地利用环境的重建，不断提高土地质量，满足社会经济可持续发展对土地资源的需求，也就是保证土地资源可持续利用的生态建设措施和手段(杨红，陈百明，2006)。

9.3.3.2 评价指标体系及指标权重的确立

基于可持续发展的土地整理潜力评价指标体系是一个社会-经济-生态的复合体系。区域资源环境条件不同，社会和经济发展水平不同，土地综合整治的方式和方向也有所差异。黄淮海平原人口众多，城市发展迅速，城市快速扩张，大量耕地被侵占，而整个区域土地后备资源相对缺乏，且开发利用难度较大，土地利用矛盾比较突出。针对该区域特点，参照FAO发表的《FESLM》中确定的土地可持续利用的基本原则和评价标准，从土地的生产力与稳定性、经济可行性、资源保护性、社会可接受性5个方面，选择了19项指标，确定土地整治潜力的评价指标体系。各评价指标的权重，采用层次分析法确定。具体的指标选择和权重确定结果见表9.6。

表9.6 黄淮海平原土地综合整治潜力评价指标体系

目标层	准则层	指标层	单位	指标代码	权重
基于可持续发展的土地综合整治潜力	生产力与稳定性(0.35)	农作物单位面积产量(0.23)	t/hm^2	p1	0.080 5
		耕地有效灌溉面积比例(0.27)	%	p2	0.094 5
		交通用地比例(0.1)	%	p3	0.035
		水利化系数(0.1)	%	p4	0.035
		二、三产业产值波动系数(0.13)	%	p5	0.045 5
		粮食稳定性指数(0.17)	%	p6	0.059 5
	经济可行性(0.3)	人均GDP(0.16)	万元/人	p7	0.048
		单位面积固定资产投资水平(0.2)	万元/hm^2	p8	0.06
		农用地利用结构多样性指数(0.15)	%	p9	0.045
		农业收益增长率(0.27)	%	p10	0.081
		经济效益系数(0.22)	%	p11	0.066
	资源保护性(0.25)	耕地保护面积比例(0.33)	%	p12	0.082 5
		森林覆盖率(0.2)	%	p13	0.05
		工业废水排放达标率(0.17)	%	p14	0.042 5
		工业废气处理率(0.15)	%	p15	0.037 5
		工业固体废弃物综合利用率(0.15)	%	p16	0.037 5
	社会可接受性(0.1)	人均居住用地面积(0.35)	m^2/人	p17	0.035
		人均绿地面积(0.3)	m^2/人	p18	0.03
		各市占区域GDP比重(0.35)	%	p19	0.035

9.3.3.3　评价指标的量化和标准化

由于评价指标涉及资源、经济、社会、生产等多方面，各指标的内涵、量纲不同，数量级也相差较大，必须进行数据的标准化。数据标准化的方法众多，有级差标准化法、标准差标准化法、百分比标准化法、幂转换法等。这里采用百分比标准化法。根据评价指标与评价对象之间的关系不同，将评价指标分为正向型、逆向型和适度型，因此数据的标准化也分 3 种情况进行。

①正向型指标

$$Y_{ij} = X_{ij} / X_{j\max} \tag{9.1}$$

②逆向型指标

$$Y_{ij} = X_{j\min} / X_{ij} \tag{9.2}$$

③适度型指标

$$Y_{ij} = R / X_{ij} \quad X_{ij} \geqslant R \tag{9.3a}$$

$$Y_{ij} = X_{ij} / R \quad X_{ij} \leqslant R \tag{9.3b}$$

式中：Y_{ij} 为标准化后的数据，X_{ij} 为原始数据，$i=1,2,3,\cdots,m$ 表示评价单元，$j=1,2,3,\cdots,n$ 表示评价指标；$X_{j\max}$ 为第 j 个指标的最大值，$X_{j\min}$ 为第 j 个指标的最小值；R 为适度型指标的适度值。

在黄淮海平原土地综合整治潜力评价指标中，除二、三产业产值波动系数和人均居住用地面积为逆向型指标外，其余均为正向型指标。采用百分比标准化法，计算得到标准化后的指标值。

9.3.3.4　土地综合整治潜力分区

土地整治是一项有多重目标的工程项目，选用综合指数评价模型

$$F_i = \sum_{j=0}^{n} Y_{ij} \times W_j \tag{9.4}$$

式中：Y_{ij} 为标准化后的数据，W_j 为指标 j 的权重，$i=1,2,3,\cdots,m$ 表示评价单元，$j=1,2,3,\cdots,n$ 表示评价指标。测算整治潜力，并得到各评价单元土地整治潜力综合得分值及排名(表 9.7)。根据黄淮海平原土地利用存在的问题、社会经济情况，以及各评价单元综合得分，最终将该区域的土地综合整治潜力划分为 3 级(表 9.8 和图 9.3)。

1. 一级潜力区

该区域耕地有效灌溉面积比、粮食稳定性及单产水平整体都较低，土地综合整治潜力大。土地整治的重点是进行土地质量整治，通过加大农业基础设施建设，改善农业生产条件，进一步提高粮食生产能力和粮食生产的稳定性，稳固黄淮海平原的全国重要粮食生产基地地位。同时，进行农村居民生活空间整治，加大农村生活垃圾、污水处理等基础设施以及医疗卫生、文化娱乐、商业网点等公共服务设施建设，改变农村“脏、乱、差”的状况，逐步缩小城乡居民的生活环境差距。

表 9.7 黄淮海平原各市土地综合整治潜力综合得分及排名

区域	综合得分	排名	区域	综合得分	排名	区域	综合得分	排名
北京市	0.702 4	1	宿迁市	0.628 4	4	滨州地区	0.508 6	34
天津市	0.593 7	16	蚌埠市	0.488 0	36	菏泽地区	0.465 1	38
石家庄市	0.616 4	7	淮南市	0.561 4	23	郑州市	0.614 1	8
唐山市	0.609 4	10	淮北市	0.517 7	32	开封市	0.544 0	30
邯郸市	0.545 2	28	阜阳市	0.499 7	35	安阳市	0.595 2	14
邢台市	0.564 4	22	宿州市	0.451 4	39	新乡市	0.604 2	11
保定市	0.572 2	19	亳州市	0.481 5	37	焦作市	0.680 8	2
沧州市	0.544 1	29	济南市	0.618 7	6	濮阳市	0.602 1	12
廊坊市	0.552 8	26	东营市	0.600 7	13	许昌市	0.593 8	15
衡水市	0.508 9	33	潍坊市	0.554 1	25	漯河市	0.623 9	5
徐州市	0.613 5	9	济宁市	0.554 9	24	商丘市	0.638 5	3
连云港市	0.577 4	18	德州市	0.566 2	21	周口市	0.567 9	20
淮安市	0.527 0	31	聊城市	0.591 7	17	驻马店市	0.545 5	27

表 9.8 黄淮海平原土地综合整治潜力分级结果

潜力区等级	得分区间	包含区域	土地可持续发展水平
一级	≤0.55	衡水市、沧州市、邯郸市、滨州市、菏泽市、开封市、驻马店市、宿州市、淮北市、蚌埠市、阜阳市、亳州市、淮安市 13 个市	较弱
二级	0.55～0.61	天津市、保定市、廊坊市、邢台市、东营市、潍坊市、德州市、聊城市、济宁市、安阳市、新乡市、濮阳市、许昌市、周口市、淮南市、连云港市 16 个市	较强
三级	≥0.61	北京市、石家庄市、唐山市、济南市、宿迁市、徐州市、郑州市、焦作市、漯河市、商丘市 10 个市	强

2. 二级潜力区

该区域土地综合整治潜力较大。由于该区域具有较好的经济发展状况，土地整治不应局限在田水路林渠等基础设施建设，而是提高耕地对新兴经营模式和管理模式的适应能力。将土地质量整治与空间整治相结合，以市场为导向，建立旱涝保收高标准基本农田，建设有地方特色的规模化、生态型农业产业。使农民就近就业、就地转化和持续增收。对于农村居民点用地，通过适度调整或归并规模较小、布局分散的村庄，提高基础设施和公共服务设施的利用效率。最终形成农村人口向城镇和中心村集中，产业向集聚区集中，耕地向规模经营集中的新格局。

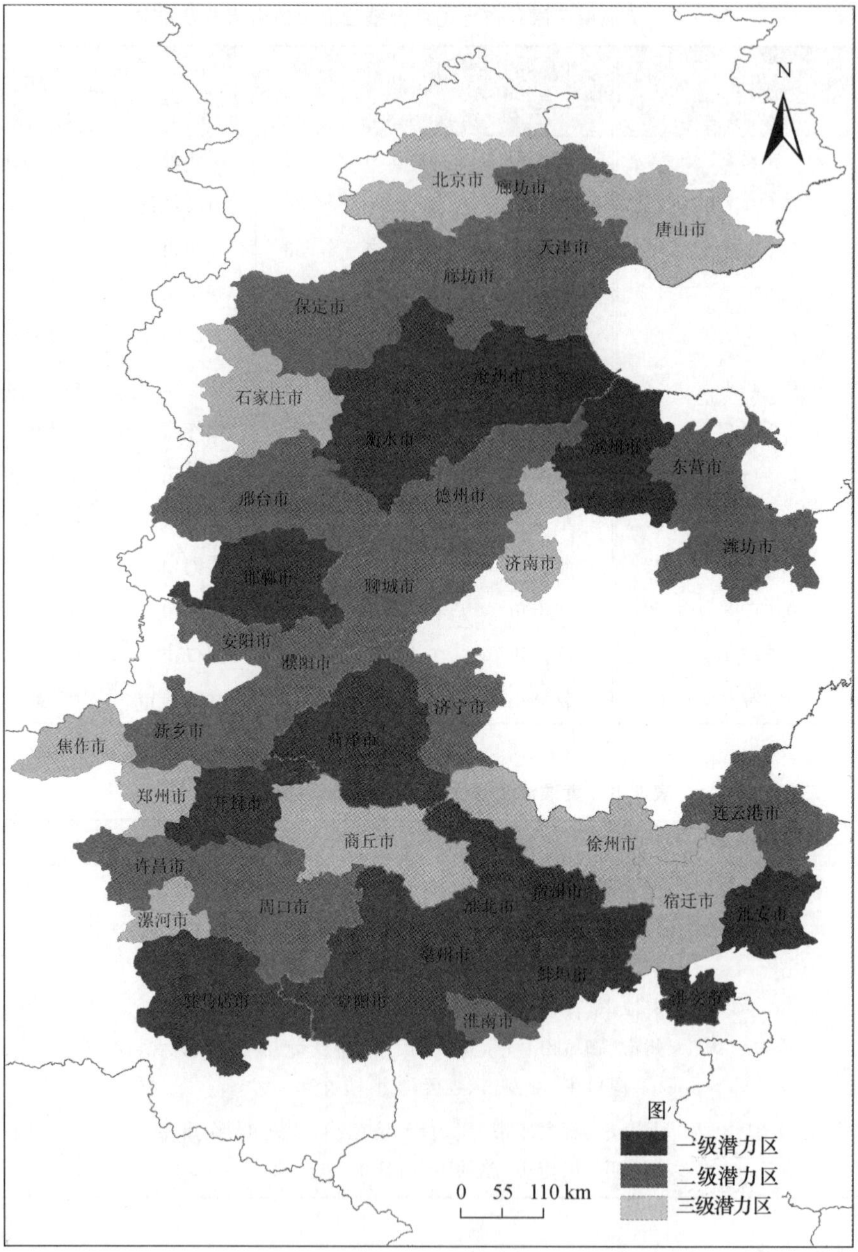

图 9.3　黄淮海平原土地综合整治潜力分区

3. 三级潜力区

该区域土地可持续利用程度虽然较高，但仍有整治潜力，土地整治的方向是以空间整治为核心，同时兼顾环境整治。该潜力区包含了像北京、石家庄、济南等大城市，以及区域内发展较快的城市，区域的人口众多，土地集约利用水平整体较高。因此，土地整治重点是引导人口合理布局，优化产业结构及其布局，增加社会就业岗位，促进区域经济快速发展。同时，通过增减挂钩，将农村集体建设用地的减少与城镇建设用地增加相结合，重新分配建设用地空间位置，克服城市快速扩张下建设用地供应不足问题。一方面减少建设占用耕地，保障城市快速发展；

另一方面结合新农村规划确定的农村居民点规模和布局，进行农村建设用地整治，不但可以降低人均用地面积，实现土地节约利用，还使得村民的生活环境得到改善，生活质量有所提高。

9.4 土地综合整治——以河北省曲周县为例

曲周县是典型农业县，它的发展是黄淮海平原农区的缩影。从 1973 年以石元春、辛德惠为代表的北京农业大学师生在这里建立试验区，探索土地整治和农业农村发展，积累了丰富的理论和实践经验。辛德惠院士提出了农业农村发展三阶段的理论，即农业农村发展过程包括综合治理、综合发展和城乡一体化。在曲周试验区工作 30 年，有幸经历了曲周县发展的前两个阶段，并有幸参与城乡一体化发展的研究与实践，力图研究总结典型农区县域土地综合整治与发展的规律与配套技术，建立指导黄淮海平原乃至更大地区城乡一体化土地整治与发展的样板。

9.4.1 曲周县概况

曲周县位于河北省南部，邯郸市的东北部，地处东经 114°50′22.3″至 115°13′27.4″，北纬 36°35′43″至 36°57′56″之间。东与邱县、馆陶县交界，西与鸡泽县、永年县相连，南与肥乡县、广平县接壤，北与邢台的平乡县毗邻。全县呈南宽北窄，南北宽 45.0 km，东西长为 23.0 km。曲周县隶属邯郸市，下辖 10 个乡镇，分别为曲周镇、安寨镇、侯村镇、河南疃镇、第四疃镇、依庄乡、南里岳乡、槐桥乡、白寨乡、大河道乡。全县有 342 个行政村。曲周镇为县政府所在地。

9.4.1.1 地质地貌

曲周县地处太行山东麓，是中生代晚期形成的一个独立的地质结构单元。初期隆起和拗陷重叠，至第三纪末被大量的陆相沉积物填平，成为一个统一的拗陷堆积平原。晚第三纪以来，直到第四纪间地壳运动以下降为主，大规模地覆盖了深厚的第四纪松散沉积物。第三纪里，比较湿润和炎热的亚热带气候所形成的强氧化环境，使这里表现出以富铁铝化和碳酸钙的淋溶淀和易溶盐遭到淋失为特征的古地球化学过程。进入第四纪，为强氧化还原的沉积环境。特别是中更新晚期以来，非稳定性矿物显著增加和碳酸钙富集。自上更新世以来，开始出现了易溶盐集聚的环境，沉积物中普遍出现溶盐的咸水，致使出现大量的盐碱地。就地壳表层而言，曲周县地质表层为淤积物，属次生黄土。按物质的粗细和黏性来划分，大致以曲周县城为界可分为南北两部分：南部以黄河、漳河冲积物和湖泊淤积物为主；北部则以沙河、洺河冲积物为主。岩性主要为疏松冲积物，以亚沙土、亚黏土、夹中砂、中细砂、细粉砂为主。这种地质条件，对地下水的形成、分布和运动均起着控制作用。

曲周县大地貌属于山前平原，在成为统一的拗陷堆积平原后，经过黄河、漳河、洺河和沙河的冲积，逐渐形成今天的冲积平原。地面高程在 45.4～32.7 m，地势由西南向东北倾斜，地面坡降 1/3 000 左右，总体地势平坦。因境内河流经常泛滥，受其冲击的影响，形成冲积堆、扇形地、缓岗缓坡地等复杂地貌。其县域按微型地貌土质易涝程度来分，可分为东南部风沙无涝和高上地不易涝区；北部低洼盐碱易涝区；南中部条带状低洼常涝红土带区；西南部高上地不易涝区。各自的特点如下：

(1)东南部风沙无涝和高上地不易涝区　包括依庄乡全部和侯村镇的东部，系黄河冲积而成，土质贫瘠，漏水漏肥。其地貌类型为故河道、自然堤及故河道留下的低河丘。

(2)北部低洼盐碱易涝区　包括河南疃镇的全部、第四疃乡和槐桥乡的部分土地。其土地贫瘠，地下贫水。地貌类型为二坡地、决口扇形地下部及洼地边缘。

(3)南中部条带状低洼常涝红土带区　包括安寨镇、槐桥乡、南里岳乡和第四疃镇的一部分，土质粘重和地势低洼，地下水贫乏，所以易旱、易涝。地貌类型为河间洼地和傍洼地。

(4)西南部高上地不易涝区　包括大河道乡、白寨乡的全部和南里岳乡的部分。土壤沙粘适中，保水保肥性能加好，地势较高。地貌类型为决口扇形地上部和故河道自然堤及缓岗。

9.4.1.2　气候

曲周县属于暖温带半湿润大陆性季风气候区，年平均气温 13.1℃。7 月份最热，平均气温为 26.8℃，极端最高气温为 41.1℃，1 月份最冷，平均气温为－2.9℃，极端最低气温为－19.9℃。无霜期年平均 201 d，10℃以上积温 4 472.0℃。年平均降雨量为 556.2 mm，降水主要集中在 7～9 月份，占全年降雨量的 1/3，雨热同期，对农业生产十分有利，土地生产潜力大。气候具有四季分明的特点，但春季干旱多风，十年九旱，冬季寒冷，雨量稀少，旱灾和病虫害是对农业生产危害最大的自然灾害。春季时有春寒、倒春寒。夏多晴热天气，气温高，日照多，蒸发大。降水主要在夏季，350 mm 左右，约占全年降水的 65.5%，并集中在 7、8 月间。秋温和凉爽少雨。冬雨雪稀少，月平均降水量不足 10 mm。由于受东南季风边缘的气候波动和全球增暖的影响，使曲周县气候条件处于不稳定的状态，极易形成农业气象灾害。

9.4.1.3　土壤

曲周县土壤均发育在近代河流冲击母质之上，土壤条件的分异主要受到河流冲积和改道的影响，河流的冲积和和河床的摆动造成了地貌上的差异，使土壤质地、地下水埋深和水质、土壤肥力、盐碱化程度都出现明显的分异。据土壤普查资料，境内土壤分为 3 个土类(潮土、盐土、褐土)，5 个亚类(褐土化潮土、潮土、盐化潮土、内陆盐土、褐土性土)；8 个土属(壤质褐土化潮土、黏质褐土化潮土、壤质潮土、黏质潮土、硫酸盐氯化物盐化潮土、氯化物硫酸盐盐化潮、壤质硫酸盐氯化物内陆盐土、沙质褐土性土)；下分 57 个土种。复杂的土壤类型，以及广泛的盐渍化土壤，极大地影响着土地的适宜性。

9.4.1.4　植被

由于曲周县是平原区，其耕作历史久远，因此植物的种类不多，植被总量较少，大部分为人工植被，自然植被很少。曲周县境内无天然林，有部分人工林，人工林木有杨、柳、榆、槐、椿；主要的果木有枣、苹果、梨、桃和杏等。构成自然植被的品种单一、数量少，而且分布非常零散，多在荒地、田间、路旁、树下等。2009 年曲周县林木覆盖率为 20.1%，各乡镇分布不平衡，依庄乡最高，河南疃镇最低。

9.4.1.5　水系

曲周县境内的河流有支漳河、滏阳河、老沙河 3 条河流，属海河流域子牙河水系(王红亚，石元春,2002)。第四系沉积物中储有浅层淡水、咸水和深层淡水 3 种类型的地下水。自产水、地表水、地下浅层淡水总储量约为 6 140.0 万 m^3。另外有若干大型排灌渠骨干工程,如王封干等骨干工程 22 条,总长度 266 km。水浇地 33 672.8 hm^2,占 65.9%。

9.4.1.6 交通条件

曲周县内有干线公路 5 条,其中省道两条,邯临公路和定魏公路纵横贯穿全县,邯临公路西交 309 和 107 国道,东到 106 国道和山东的临清市;定魏公路南接邯大路,北接邢临公路;其余为县级公路和乡村公路。

9.4.1.7 经济产业

曲周是典型的黄淮海平原农业县。农业历来是该县的支柱产业,农业作物以小麦、玉米、棉花、大豆、谷子为主。蔬菜种植面积达到 1 万 hm^2(15 万亩)以上,形成沿滏阳河蔬菜种植带。全县已形成"两绿(林果、蔬菜)两白(奶牛养殖、优质棉)中药材"发展格局。畜牧业养鸡、养羊、养猪为主,鸡存栏 10 万只以上,为养鸡大县。林业发展也很迅速,为全省造林绿化先进县。

全县有工业企业 400 余家,总资产达 12 亿元。主要产业有人造板材、棉纺、造纸、塑料、化工等。主要产品有刨花板、棉纱、色素、瓦楞纸、农地膜、食用油、带钢、自行车配件、农药等。曲周县华裕集团在新上全负压浸出油生产线同时,又上了科技含量较高的大豆分离蛋白项目;曲周县鹏达新材料有限公司采用纳米技术生产高纯超细氧化铝粉和氧化锆,产品已远销到东南亚、台湾等地。晨光集团生产的辣椒红色素销量占全球 70%份额,居第一位。

9.4.1.8 土地利用

2010 年全县土地总面积为 67 668.09 hm^2。其中,农用地面积为 56 341.79 hm^2,占土地总面积的 83.26%;建设用地面积为 530.77 hm^2,占土地总面积的 14.08%;其他土地面积 1 795.53 hm^2,占土地总面积的 2.65%。

农用地中,耕地面积为 53 095.03 hm^2,占农用地的比例为 94.24%;园地面积为 301.93 hm^2,占农用地的比例为 0.54%;林地面积为 451.77 hm^2,占农用地的比例为 0.80%;其他农用地面积为 2 493.06 hm^2,占农用地的比例为 4.42%。

建设用地中,城乡建设用地面积为 8 817.17 hm^2,占建设用地的比例为 92.51%,其中建制镇用地 995.52 hm^2,农村居民点用地 7 358.52 hm^2,采矿用地 396.08 hm^2;交通水利用地面积为 713.60 hm^2,占建设用地的比例为 7.49%,其中铁路用地 60.31 hm^2,公路用地 595.30 hm^2,水工建筑用地 57.99 hm^2;其他建设用地面积为 67.05 hm^2,占建设用地的比例为 0.70%。

农用地以耕地和其他农用地为主,耕地主要分布在侯村镇、安寨镇、第四疃镇和河南疃镇,占全部耕地的 51.95%;曲周镇、白寨乡、槐桥乡、南里岳乡等乡镇次之,占 35.98%;依庄乡和大河道乡分布相对较少,仅占 12.07%。其他农用地主要分布在第四疃镇、曲周镇、河南疃镇和侯村镇,占全部其他农用地的 52.11%;白寨乡、南里岳乡和槐桥乡次之,占 37.49%;大河道乡和依庄乡分布较少,仅占 10.40%。

全县建设用地的空间分布基本与经济发展水平一致,主要分布在以曲周镇为核心的侯村镇、安寨镇和白寨乡,占全部建设用地面积的 55.01%。

其他土地中，水域面积为 600.45 hm^2，全部为河流水面，占其他土地的比例为 32.75%；自然保留地的面积为 1 195.08 hm^2，占其他土地的比例为 67.25%，其中盐碱地为 492.47 hm^2，沙地为 347.14 hm^2，其他土地为 355.47 hm^2。

9.4.2 曲周县农业-农村发展

9.4.2.1 历史上的曲周

历史上曲周是有名的老碱窝，据《汉书》中的《地理志》记载："漳水出治北，入黄河，其因斥卤，故曰斥章"，斥章即今曲周。由此可见，曲周土地盐碱，已有 2000 年的历史。清朝乾隆十二年版，《县志·盐政》也记载着："曲邑北乡一带，咸碱浮卤，几成废壤，民间赋税无出或籍谋升斗。"盐碱地低洼不平，盐土丘林立，春天多旱，盐碱上返，大地白茫茫一片，播种而少出，苗出而少活，到了夏秋又多涝（牛灵安，郝晋珉，2003），因此在群众中流传着："春天白茫茫，夏季水汪汪，只听耧声响，不见粮归仓"的民谣。由于庄稼无多大收成，人们为了谋生，只好以淋小盐、熬卤水为业，因此又有"斥卤荒滩千百年，人们代代淋硝盐，有雨对付撒点籽，没有雨水就荒田"的俗语在流传。在旧社会曲周北部盐碱地一带，群众生活苦不堪言，吃的是红高粱加野菜，喝的是苦咸水，住的是土屋草房，遇到灾年，有的活活饿死，有的卖儿卖女，有的背井离乡去逃荒。新中国成立后，有党和政府关怀，生活有所好转，但仍相当贫困，吃粮靠救济，花钱靠贷款。在 1949—1979 年的 30 年间，共吃国家返销粮 7 000 多万 kg，花国家救济款近 3 000 万元。

曲周县地处华北平原南部，黑龙港地区的上游，属内陆冲积平原浅层咸水型盐渍化地区。由于长期受蒙古高压反气旋形成的强大季风的影响。春旱秋涝已成规律。其地势由西南向东北缓缓低平，河流沉积物质逐渐变细，地下适流也渐趋滞缓和潜水位升高。当潜水位达到浅水蒸发和土壤积盐的临界深度时，地下水以垂直排泄的形式。不断通过土壤的毛细管作用上升到地面被蒸发，其所含盐分却滞留地表，因此造成了土壤的盐渍化和地下水的矿质化。夏涝抬高了潜水位，春旱加剧了土壤的蒸发，这就更加速了土壤的盐渍化和地下水的矿质化过程。同时，土地的高低不平和缺少肥料也是形成盐碱地的重要因素。在地理和气候等的综合作用下，形成了大面积分布的盐渍土，且积盐深度大，含盐量高。治理前这里田无一块方，地无一块平，到处红荆碱蓬丛生，盐土疙瘩林立，景象十分荒凉。土地利用率极低，仅为 41%～60%；农业生产受自然的控制，产量低而不稳，粮食产量每亩不到 50 kg，棉花亩产仅有 7 kg（1973 年）；环境质量恶劣，旱涝灾害频繁，土地景观中少见树木；人民生活条件极差，住房多为茅草土坯房，饮水困难，食物不足。

9.4.2.2 综合治理

综合治理是农业农村发展的准备阶段，综合治理的目标是建成高产稳产的优化农田生态系统。对当地农业生产发展的限制因素，运用配套技术进行综合治理，建立起良好的农业生产基本条件，改善和保护农业生态环境，增强综合预防能力，发挥综合防治效能，以提高系统的逆抗性，进而持续稳定地提高地力，成为不断发展农业生产力的可靠基础；采用有效的农业综合措施，提高土地生产力，使农业第一性生产不断增长，平均每亩粮食产量由 100 kg 左右提高到平均 350 kg 以上，由中低产变为中高产田；农民收入有大幅度提高，由人均总收入的百余元增加到 1 500 元以上，增强了扩大再生产能力，生活水平相应提高。

根据曲周县自然和社会条件，综合治理的首要目标是消除旱、涝、碱、咸等的综合危害，提高土地利用率，改善农业生产基本条件，建立良好的农田生态系统，提高第一性产品的产量，促进农民生活的改善。在实践中以农业生产的提高作为目标，治理与利用统一，如提出灌溉改咸措施，通过开采利用浅层地下咸水灌溉农田，降低地下水位、淡化地下咸水；考虑到当地农民的接受力和承受能力，提出集中连片治理，治理一片见效一片；建立农林复合系统，如林粮间作等，既提高生产量，又改善生态环境；这一系列的措施和原则，使治理阶段的土地利用逐步合理，为持续发展奠定了良好的基础。

应该指出的是，在综合治理阶段建立强大的人工控制系统是土地持续利用的中心环节，农业工程系统是达到人工控制的必要手段。在曲周试验区的治理过程中，通过人工控制系统进行盐渍土改良，改善土地利用系统，建立了强有力的农业工程系统包括：井（深浅机井组）、沟（深浅沟排水系统）、渠（地上、地下灌溉系统）、建（各种配套建筑物）、平（改造微地形）、田（建立适应田间运输和机械作业的方田）、路（合理的交通运输网）、林（乔灌结合的防护林带、林网，经济林果等）、草（牧草、绿肥等）、机（机械建设）、电（动力系统）、监（监测预报系统）。改变了曲周县盐渍化土地景观，土地利用率、土地生产力大大提高。土地利用结构中交通、水利工程用地有所提高。农田林网有了较大的增长，在农业土地环境改善中发挥了较大的作用。农业生产飞速发展，到"七五"结束时，粮食耕地亩产达到 700 kg 以上，棉花产量达到 70 kg。人民生活水平、环境质量明显改善。曲周县从 1981—1989 年粮食生产连续 9 年保持增长势头，1989 年粮食总产达 17 060.5 万 kg，比 1980 年增长 103.8%，年均增长 8.23%，9 年累计增产粮食 49 222.0 万 kg，年均增产粮食 5 469.1 万 kg。曲周全县累计增加 6.12 亿元。人均收入为 1 517.2 元，比综合治理前增长了数十倍。

9.4.2.3 农业综合发展

经过综合治理，农业农村发展必须实现农业的综合发展，巩固土地治理成果，发挥土地的效益。实现如下目标：①生产力发展与继续创造良好有效的农业生产基本条件，保证土地资源永续利用，以及改善与保护农业生态环境等方面同步进行。结束过去以牺牲资源和环境为代价，来发展社会和经济的历史。②粮食生产的目标是达到和超过播种面积 400 kg，在此基础上全面发展农林牧渔各业。不断发展和扩大夏秋粮均衡高产田、麦棉两熟制高产田、麦油均衡高产田、棉花高产田、玉米高产田、三熟制高产田的建设。不断提高第一性（作物）产品和第二性（养殖）产品的生产力，使之形成合理的比例结构。③技术和产品的系列开发为本阶段的核心内容。以增效增值为目标，第一、二性产品的深加工和综合利用，形成第三性（加工）产品的生产力。以此推动种植结构、农业结构和产业结构的优化并在农村中协调发展。④在综合发展中提高总产值和人均总值，人均总收入为万元以上。

"八五"—"十五"期间，经过综合治理的曲周县土地利用由单一的种植业利用结构向优化的多元结构转变，进入到综合农业发展阶段。根据曲周发展面临的新问题，特别是我国告别农产品短缺时代，农业产业结构面临调整，增加农民收入的需求更加强烈等形势，以提高土地生产力和水土资源持续利用为基础，以第一、二、三性生产的综合发展，技术产品的系列化开发为核心，以持续发展能力建设为支撑，以"接口工程"（肥料工程、饲料工程、食品工程和贮藏工程）为重点，逐步建立起以农牧结合为主要内容、种养加一体化经营的高效、优质、持久和稳定的农业生态经济系统。

1. 耕地生产力综合提升

消除土地质量障碍因素后，挖掘耕地生产潜力，是提升耕地质量的主要内容。耕地生产力是耕地自然再生产(产能)和社会再生产(产出)综合表现。耕地产能的保持和实现取决于耕地系统光温水土气等物质能量的协调供应与转化，依赖于物质、能量、信息的归还与输入。曲周试验区在盐碱地得到治理控制后，耕地质量提升主要是建立高效生产系统，挖掘和保护耕地生产潜力。

治理后的曲周虽然农业生产条件得到了改善，但是空间分布并不均衡，生产管理水平差异很大，提高全县的生产能力的潜力在于实现区域的均衡增产。同时，农户对收入增长的迫切要求，亟待通过提高农业经营效益加以实现。扩大棉花、蔬菜总种植面积成为农户经营的首选，然而也带来了粮棉争地、粮菜争地等问题。为此，从提高耕地生产效能出发研究提出了如下几方面的技术，挖掘土地生产效益。

(1)小麦、玉米大面积均衡增产技术体系　以区域宏观分析、农户调查和专家问卷调查为主，结合冬小麦-夏玉米生产潜力的模拟估算，并运用实地实验数据，采用理论分析与实证研究、宏观分析与微观分析相结合的方法，对影响黄淮海平原冬小麦-夏玉米两熟生产潜力发挥的主要限制因素进行系统的研究。

提高小麦产量要解决的限制因素(按重要程度由高到低排序)：①选用产量潜力高的抗旱品种；②培肥地力；③保证最佳播期和播量；④实施节水灌溉技术保证关键生育时期水分需求；⑤加强田间管理。

提高玉米产量要解决的限制因素(按重要程度由高到低排序)：①选用产量潜力高质量可靠的优良品种；②培肥地力；③提高播种质量；④合理密植；⑤肥水运筹；⑥加强田间管理。

曲周历史上由于盐碱危害，种植多以小麦、玉米、棉花一年一熟为主。为了充分利用耕地的光热资源，推广小米玉米一年两熟。在满足小麦生产的前提下，播种短生育期(90～100 d)夏玉米，实现了耕地的全年生产，但是短生育期玉米产量潜力有限。为此根据当地的阻燃条件，提出并推广晚播麦，改变传统播种时间(9 月中下旬)，适当推迟到 10 月中下旬。选择中晚熟(100～120 d)玉米品种。机械化作业玉米铁茬播种，晚熟(120 d 以上)玉米品种，大增加玉米产量潜力。小麦-玉米产量达到吨粮田。

在提高单产的同时，我们建立区域作物栽培管理系统，优化品种结构、因土种植、测土配方施肥(有机无机配合)，集成秸秆还田、节水种植、规范化管理措施和农业技术装备，降低生产成本、提高资源利用率和劳动效率，实现区域粮食产量的大面积均衡增产。

(2)棉花冬闲田高效利用技术体系　曲周县不仅是粮食生产基地县，也是重要的棉花生产基地县。棉花更是农民提高农业净效益的重要手段。大面积扩大棉花种植规模，粮棉争地矛盾突出。

棉花全生育期仅为 6 个月左右(4 月中下旬至 10 月下旬)，全年有一半的时间土地闲置。同时冬季土壤裸露，容易引发风蚀。此外，由于大量使用地膜、农药，农田污染日趋严重。为此，我们开发推广了棉麦一体化种植技术：选择春播早熟棉品种，工厂规模化育苗，免耕机械化移栽，简化促早发管理，实现了春播棉-小麦一年两熟种植。充分利用棉花冬闲田，提高土地利用率，缓解粮棉争地。增收一季小麦，增加农民收入。减少棉田“白色污染”和农药化肥污染，达到了粮棉均衡增产的目的。

(3)日光温室与有机蔬菜生产技术　环境控制能力的增强是实现土地资源高效利用、农业高效生产的重要途径之一。为此我们在曲周县大力推广了日光温室与有机蔬菜生产技术。研究提出了高光效日光温室建造技术，从大棚结构、采光和覆盖材料等方面提高大棚建造质量，改善了温室生产条件，提高了保护地利用率和生产效率。此外，还研究提出了有机、绿色等不同标准蔬菜生产技术，提高了土地经营的效益，增加了农民的收入。

2. 调整农业结构

通过结构调整提高土地利用效益，增加农民收入。结构调整包括种植业结构调整（增加棉花、蔬菜高效种植面积）、农业结构调整（大力发展畜牧业、林果业）、产业结构调整（大力发展农产品加工业和农产品流通经营业）。直接和间接地提高土地利用效率和效益，促进区域农业农村的发展。

"九五"期间，虽然粮食播种面积总体呈下降的趋势，但粮食播种面积比基本稳定在80%左右，经济作物面积比例适当增加。但"十五"期间，粮食播种面积比例呈持续下降趋势，2004年粮食播种面积比基期下降了12.4%，2004年经济作物播种面积比基期则增加了10.8%，这是由于国家农业产业结构调整的政策影响和经济作物本身具有的经济潜力而决定的。目前试验示范区的经播面比已经达到了22.4%，如何进一步合理调整农业产业结构是急需解决的问题（表9.9）。

表9.9 "九五"—"十五"曲周县农业种植结构动态 %

项目	年份								
	1996	1997	1998	1999	2000	2001	2002	2003	2004
粮播面比	88.4	80.3	79.3	81.0	78.3	82.1	81.8	68.8	76.0
经播面比	11.6	14.5	14.6	12.3	12.2	15.1	15.4	20.2	22.4

在农业产业结构中，种植业比重在逐年下降，2004年比基期下降了15.6%；林业和渔业比重基本保持稳定，而牧业和副业发展迅速。牧业上升了9.7%，达到50.1%。2004年副业在农业产业结构中的比重为5.9%，比2003年上升了1.3%（表9.10）。

表9.10 "十五"期间曲周农业产业结构 %

年份	种植业	林业	牧业	渔业	副业
基期	58.1	0.4	40.4	1.1	
2001	56.3	0.5	42.1	1.0	
2002	54.7	0.5	43.8	1.0	
2003	45.4	0.8	48.0	1.2	4.6
2004	42.5	0.6	50.1	0.9	5.9
2004年比基期增长（降低）百分点	−15.6	0.2	9.7	−0.2	

注：受统计数据的限制，没有2002年以前的副业数据。

在曲周县农业用地结构调整上，从较单一的粮棉种植景观，向农业土地利用的多元化发展。发展经济价值高、市场需求量大的农产品生产，增加蔬菜用地、果园用地等的比例，以提高农业土地经营系统的抗逆性，提高经济效益。

农业土地利用景观多元化的形成，要以市场为导向。市场包括直接市场和间接市场。直接市场类的生产，从靠近市场的角度出发进行设计，如蔬菜用地景观，以交通干线为轴线分布；间接市场类的生产，以规模化基地的形式布局，如以提供淀粉生产和饲料蛋白生产原料的高油玉米种植，则应以淀粉厂、饲料厂为中心，形成一定范围的种植区。同时，市场为导向的种植景观形成，必须以当地资源条件为约束，必须以不破坏整体资源与环境景观为前提。

9.4.3 曲周县城乡一体化土地综合整治

9.4.3.1 城乡一体化发展战略

经过综合农业发展，曲周县的农业农村发展进入到了一个新的发展阶段。出现了新的发展特征和发展问题。

1. 经济特征分析

(1)农业生产与农民收入　经过土地综合治理和综合农业发展，曲周县农业生产得到了极大的提高，农民收入也随之迅速提高。粮棉产量分别提高了 3.0 倍和 5.63 倍；人均收入由1980 年的 55 元，提高到 2010 年的 6 010 元，提高了约 108 倍(表 9.11)。整个时段可以分为前后两个阶段。

表 9.11　曲周县农业产量与农民收入变化

年份	农民人均收入/元	农业产值/万元	粮食产量/t	棉花产量/t
1980	55	3 221.3	83 655	2 750
1982	111	6 940	103 530	2 295
1984	259	12 340	136 745	1 206
1986	327	14 890	153 923	1 704
1988	435	26 961	161 968	14 340
1990	549	32 607	177 443	13 515
1991	630	38 940	170 227	13 268
1993	669	45 032	196 208	5 447
1994	998	80 393	220 150	13 280
2000	2 568	120 926	307 606	9 120
2001	2 652	127 500	294 144	10 217
2002	2 728	140 232	286 872	10 236
2003	2 809	154 500	257 076	12 668
2004	3 160	188 437	270 897	14 709
2005	3 552	208 859	286 528	14 276
2006	3 882	221 505	282 058	17 209
2007	4 470	274 889	270 897	17 477
2008	4 916	307 123	303 329	18 454
2009	5 402	323 444	313 761	17 838
2010	5 942	347 463	325 772	17 826
2011	6 010	352 589	337 598	18 237

前一阶段(1980—1994 年),随着粮棉产量增加,农业总产值和农民收入增加,基本上是线性关系,粮棉产量分别提高了 163%和 383%。1994 年农业产值和农民收入分别是 1980 年的 25 倍和 18 倍;农民收入年平均递增率 114.3%。

后一阶段(2000—2011 年),粮食产量提高了 9%,在种植业结构大幅度调整中,保持了粮食产量的稳定;棉花产量提高了 99.97%。2011 年农业产值和农民收入分别是 2000 年的 2.91 倍和 2.34 倍。这在一定程度上表明,粮食增产的难度加大,农民收入增长幅度明显减慢,年平均增长率为 11.1%。种植业结构和农业结构调整是农民收入增长的主要途径。

虽然农民收入有所增长,但是与城镇居民收入增长相比相差甚远(表 9.12)。

表 9.12 1996—2011 年曲周县城镇居民人均可支配收入与农民人均纯收入 元

项目	年份							
	1996	1997	1998	1999	2000	2001	2002	2003
城镇居民人均可支配收入	2 780	4 562	4 874	5 022	5 204	6 027	5 532	5 844
农民人均纯收入	1 978	2 178	2 326	2 447	2 568	2 652	2 728	2 809

项目	年份							
	2004	2005	2006	2007	2008	2009	2010	2011
城镇居民人均可支配收入	6 204	6 767	7 360	8 412	9 967	11 563	12 020	12 176
农民人均纯收入	3 160	3 552	3 882	4 470	4 916	5 402	5 942	6 010

自 1996—2011 年城镇居民人均可支配收入由 1996 年的 2 780 元增加到 12 176 元,增长了 4.37 倍;农民人均纯收入由 1 978 元增加到 6 010 元,增长了 3.03 倍数。城乡居民的收入差距在逐步拉大(图 9.4),由 1996 年的 1.41 倍到 2011 年的 2.03 倍。

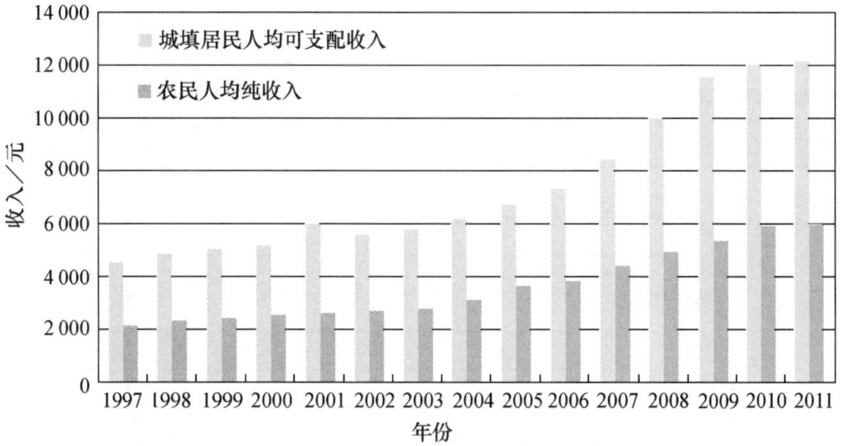

图 9.4 1997—2011 年曲周县城镇居民与农民人均可支配和纯收入图

(2)县域经济 随着经济的持续快速增长,曲周县地区生产总值(GDP)、财政收入以及全社会固定资产投资也大幅增加(表 9.13、表 9.14、表 9.15,图 9.5)。

表 9.13 1997—2011 年曲周县 GDP 及一、二、三产值 万元

项目	年份						
	1997	1998	1999	2000	2001	2002	2003
GDP	146 495	155 863	168 626	182 301	200 829	218 714	245 834
第一产业	75 957	75 823	76 509	75 129	78 475	81 800	91 252
第二产业	40 460	45 888	52 364	61 487	71 833	81 221	91 702
第三产业	30 078	34 152	39 753	45 685	50 521	55 693	62 880

项目	年份							
	2004	2005	2006	2007	2008	2009	2010	2011
GDP	283 970	323 125	375 060	492 772	502 268	563 545	651 587	680 456
第一产业	97 769	98 276	108 250	151 742	164 185	172 559	185 156	178 172
第二产业	111 846	127 949	142 880	192 496	194 560	224 525	267 152	313 859
第三产业	74 355	96 900	123 930	148 534	143 523	166 461	199 279	188 425

表 9.14 1997—2011 年曲周县财政收入 万元

年份		1997	1998	1999	2000	2001	2002	2003
财政收入		4 684	5 237	6 089	6 267	6 955	7 168	6 780
年份	2004	2005	2006	2007	2008	2009	2010	2011
财政收入	5 068	6 059	7 018	10 118	13 076	14 690	31 090	36 576

表 9.15 1997—2011 年曲周县固定资产投资统计 万元

年份		1997	1998	1999	2000	2001	2002	2003
固定资产投资		37 638	44 396	51 967	60 464	60 922	62 607	71 170
年份	2004	2005	2006	2007	2008	2009	2010	2011
固定资产投资	104 763	157 212	190 461	264 089	333 383	471 708	618 573	665 678

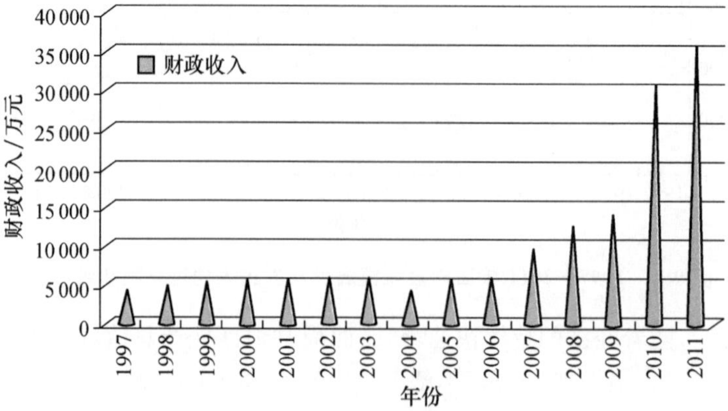

图 9.5 1997—2011 年曲周县财政收入

全县财政收入由1997年的4 684万元，增加到2011年的36 576万元，增加了7.8倍。尽管财政收入尚不宽裕，但已经为曲周全县的发展奠定了良好的基础。全社会固定资产投资由1997年的37 638万元，增加到2011年的665 678万元，增加17.69倍；也表明曲周县工业化、城市化已经开始起步。

(3)产业结构　曲周县是一个典型的农业县。传统产业以农业为主，第二产业和第三产业发展缓慢。进入21世纪，曲周县的产业结构出现了根本性的改变(表9.16，图9.6)。

表9.16　1996—2011年第一、二、三产业比重对比　%

产业	年份							
	1996	1997	1998	1999	2000	2001	2002	2003
一产	56.28	51.85	48.65	45.37	41.21	39.08	37.40	37.12
二产	23.62	27.62	29.44	31.05	33.73	35.77	37.14	37.30
三产	20.10	20.53	21.91	23.57	25.06	25.16	25.46	25.58
产业	年份							
	2004	2005	2006	2007	2008	2009	2010	2011
一产	34.91	30.41	28.86	28.17	26.53	30.62	28.41	26.18
二产	39.94	39.60	38.10	39.03	39.46	39.84	41.00	46.12
三产	26.55	29.99	33.04	32.79	34.01	29.54	30.58	27.69

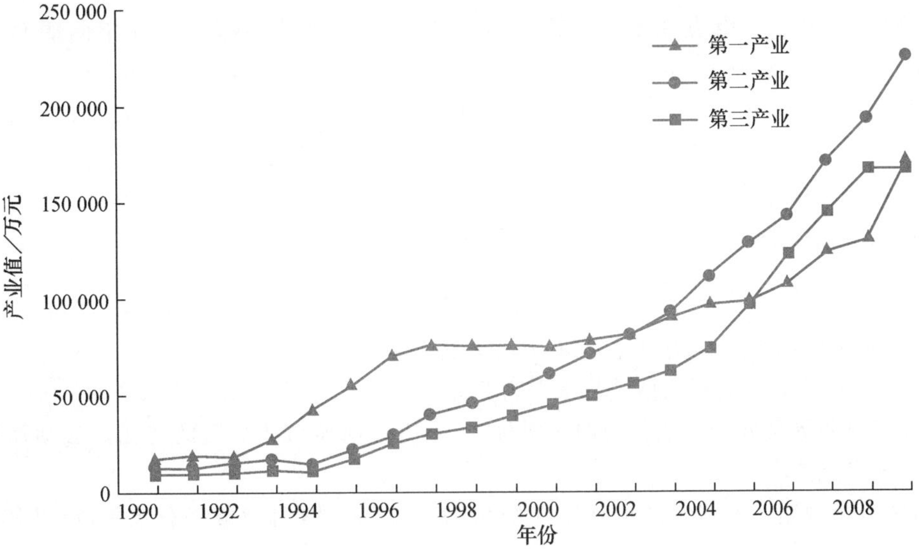

图9.6　曲周县1990—2009年一、二、三产业增长情况

2003年第二产业比重首次超过第一产业，产业值分别为91 252万元和91 702万元；而在2006年第三产业比重超过第一产业，产业值分别为108 250万元和123 630万元，以现代农业为基础的第二产业和第三产业相关产业体系已经初见雏形。曲周县第二和第三产业相关产业已经开始在区域经济的发展中占据主导地位。

2. 人口特征

(1)人口状况　曲周县人口变化以自然增长为主,外来人口的流入和人口迁出很少。表9.17是近年来人口变化情况。2010年比2000年人口增加了5.48万人,增加了13.9%。

表9.17　2000—2010年曲周县人口情况统计　万人

年份	总人口	非农业人口	农业人口
2000	39.40	2.26	37.14
2001	39.59	2.38	37.21
2002	39.80	2.45	37.35
2003	40.39	2.58	37.81
2004	40.93	2.76	38.17
2005	41.34	2.87	38.47
2006	41.97	3.05	38.92
2007	42.31	2.96	39.35
2008	43.32	3.58	39.74
2009	44.53	3.92	40.61
2010	44.88	4.28	40.60

注:数据来源《曲周县统计年鉴》,2000—2010年。

(2)城市化水平　由表9.17可以看出曲周的城镇化水平不高,2010年曲周县总人口44.88万人,其中非农业人口4.28万人,农业人口40.60万人,非农化率仅9.54%。

按照国家统计局的定义,城镇人口是以城市规划范围内的非农业人口、农业人口及建制镇的非农业人口和农业人口以及居住半年以上的暂住人口为城镇人口。按此口径统计2009年曲周镇的城镇人口为110 700人。

根据城市化水平计算公式:

$$PU = U/P \tag{9.5}$$

式中:PU为城市化水平;U为城镇人口;P为总人口。

则,2009年曲周镇的现状城镇化水平为24.86%,远低于全国城镇化水平。

可以看出曲周县处于城镇化初期发展阶段,并表现出城市化滞后的特征。必须加快曲周县城镇化的发展速度。

(3)城市化预测　按照农村剩余劳动力转移法预测曲周县未来城镇化水平,可以公式:

$$Y_n = Y_o(1+a)^n + [R_o(1+a)^n \times K - W_n/q] \times \beta \times R_v \tag{9.6}$$

式中:Y_n为规划期末城镇人口;Y_o为2009年城镇人口基数;a为人口自然增长率(采用6‰);R_o为县域2009年总人口;n为规划期限;K为农村劳动力占劳动总人口的比例;β为带眷系数(2015年采用1.2,2020年采用1.3);W_n为规划年耕地面积(80.05万亩);q为规划期末每个劳动力负担的耕地亩数(2015年劳均6亩,2020年劳均8亩);R_v为县域农业剩余劳动力进入新规划城镇人口比例(2015年30%、2020年40%)。

预测结果见表 9.18，2015 年、2020 年曲周县城镇人口和城市化率分别为 20.23 万人、43.33％和 30.73 万人、61.46％。

表 9.18 曲周县 2015、2020 年城镇人口预测

预测方案	现状(2009 年)	近期(2015 年)	远期(2020 年)
城镇人口/万人	11.07	20.23	30.73
城镇化率/％	24.87	43.33	61.46

据此预测 2015 年、2020 年农村人口分别保持在 26.45 万人和 19.27 万人，按照 2009 年农村人口 33.46 万人(静态)计，至少要分别转移农村人口 7 万人和 14.19 万人。这将是一项非常艰巨的任务。

3. 土地利用特征

(1)农业经营规模　2011 年全县土地总面积为 67 668 hm^2。其中，农用地面积为 56 334.77 hm^2，占土地总面积的 83.25％。全县农业人口 407 345 人，占总人口的 90.2％。人均农业用地 0.138 hm^2(2.07 亩)。农户土地经营规模平均为 0.55 hm^2(8.25 亩)。若使农户经营规模达到 1 hm^2，必须使现状农业人口减少一半以上。

农户经营规模不仅小，而且地块零碎分散。据调查农户经营田块在 2～11 块之间，平均地块为 6.5 块。地块的平均面积均不到 2 亩，且 3 亩以上的地块只占总地块的 13.5％～14.1％，地块明显狭小，限制了农业机械装备的使用。

(2)城乡建设用地　2010 年曲周县城乡建设用地 8 750.12 hm^2，其中城镇建设用地为 1 391.60 hm^2。1980 年以来城乡建设用地净占用耕地 828.2 hm^2，其中建制镇用地增加了 1 097.58 hm^2，村庄用地仅减少了 269.38 hm^2(表 9.19)。

表 9.19 曲周县城乡建设用地变化　　hm^2

年份	城乡建设用地	建制镇	村庄	年份	城乡建设用地	建制镇	村庄
1980	7 921.92	294.02	7 627.9	2010	8 750.12	1 391.60	7 358.52
2000	7 949.08	381.42	7 567.66	增减	828.2	1 097.58	－269.38

按照河北省现行土地政策，规划新建村庄、乡政府驻地、建制镇镇区，人均建设用地按 120 m^2 控制，县城城区人均建设用地按不大于 110 m^2。到 2020 年城镇建设用地将扩大到 2 769 hm^2，至少要比现状(2010 年)增加 1 377.4 hm^2。建设用地已经成为推进城市化的瓶颈。

(3)农村居民点分布及用地　目前曲周县 40.60 万农业人口，分布在全县 342 个村庄。平均每个村庄 1 180 人。大多数村庄人口在 500～2 000 人。不足 500 人的村庄占村庄总数的 12.57％。居住分散，农村公共服务条件落后(表 9.20)。

2010 年农村居民点面积为 7 358.52 hm^2，占城乡建设用地总面积的 83.46％。各乡镇人均农村居民点用地面积，最大为 227.57 m^2(第四疃镇)，最小值 156.93 m^2(依庄乡)，平均为 181.25 m^2，远超全国和河北省农村居民点人均用地标准(表 9.21)。即使按照现状农村人口数量不变，以人均 120 m^2 的标准计算，也可以节约出 2 470.38 hm^2 农村建设用地。若考虑城市化过程中农村人口的减少，农村居民点建设用地挖掘的潜力将更大。

表 9.20　曲周县农村居民点及其规模

村庄规模/人	村庄个数	所占比例/%	村庄规模/人	村庄个数	所占比例/%
>3 000	5	1.46	500～1 000	133	38.89
2 000～3 000	27	7.89	<500	43	12.57
1 000～2 000	134	39.18	合计	342	100

表 9.21　曲周县各乡镇村庄、人口密度与用地面积一览表

乡镇名称	村庄密度/（个/km^2）	人口密度/（人/km^2）	村庄规模/（人/村）	村庄用地/hm^2	人均用地/m^2
曲周镇	0.77	1 108.66	1 431	664.95	163.04
河南疃镇	0.44	551.29	1 255	737.52	172.10
侯村镇	0.45	612.19	1 357	1 107.27	196.56
安寨镇	0.44	604.51	1 369	944.32	169.47
第四疃镇	0.55	528.33	968	882.27	227.57
依庄乡	0.27	667.63	2 455	481.52	156.93
白寨乡	0.66	818.38	1 243	858.28	159.42
槐桥乡	0.52	535.78	1 039	584.37	198.18
大河道乡	0.51	688.26	1 345	481.86	197.89
南里岳乡	0.48	591.99	1 228	616.16	185.90

4. 城乡一体化发战略思路

推行现代农业，扩大农户经营规模是促进农民收入持续提高的重要途径。要实现土地的适度规模经营，关键的问题是农村劳动力的转移，必须通过产业结构调整，在城市化和工业化进程中创造充足的非农就业岗位。

经过多年的发展曲周县已经具备了工业化、城市化起飞的基本条件，二、三产业已经开始成为曲周县经济增长的主导产业。制约城市化、工业化的主要因素，一是目前工业企业规模小，产业雷同，产能重复；二是产业用地空间紧张。

曲周县农村居民点分散，占地面积大，基础设施落后，土地空间浪费严重，农村居民点的整治不仅能挖掘出城镇发展所需的土地空间，而且也是一项重要的耕地补充后备资源。更重要的是通过农村居民点整治，建设社会主义新农村，改善农村基础设施和公共服务，缩小城乡差别，提高农村居住人口的生活质量。

农业用地不仅是农业产业的基础，也是县域最主要的生态空间。提高农用地质量，改善农田景观环境，稳定农业基础产业。

曲周县城乡一体化发展战略思路是以新农村建设为突破点，土地综合整治为手段，稳定发展第一产业（现代农业、适度规模），大力发展第二产业（工业化），加快发展第三产业（城镇化），实现“三化同步”城乡一体化可持续发展的目标。区域经济持续发展，城乡居民充分就业，收入增加生活质量提升，生态与环境质量持续改善。

9.4.3.2　县域镇村体系规划

按照全面建设小康社会的目标和转变经济发展方式的要求，积极引导农村人口向城镇、中心村集聚，消除城乡二元结构，全面快速推进曲周县城乡一体化进程，形成以城镇带乡村，城乡互动互补，城镇化—工业化—农业现代化三化同步的局面。以新村规划和新农村建设试点村为载体，着力改善农村整体环境，提高农民生活质量，提升农民的综合素质，着力构建生产发展、生活宽裕、村容整洁、村风文明、管理民主、安定有序，人与自然和谐发展的曲周社会主义新农村。

1. 规划原则与目标

(1)规划原则　城乡一体化原则。在城乡一体化下，统筹考虑各镇、村的资源环境条件、社会经济发展水平和历史文化传统，优化城乡空间资源和生产要素配置，引导资金和资源重点建设中心镇和中心村。

因地制宜原则。按照有利于生产、方便生活、适度集聚的原则，制订规划措施。不切实际、盲目求大、过分集中可能会造成农民群众生产生活不便，但是也要避免迁就现状布局而过于分散。

节约资源原则。统筹协调好镇村居民点与区域内的产业布局、重大基础设施布局、土地利用的关系，推进各项设施共建共享。坚持保护耕地和节约用地的原则，合理归并镇村建设用地。

突出特色原则。综合分析各镇、村资源环境、交通区位、发展基础和潜力，突出特色，形成合理的规模等级和空间布局结构。

(2)经济发展战略

——产业优势聚集战略

必须突出城市经济的主导地位，逐步积聚具有产业比较优势，产业发展优势，产业规模优势，市场结构优势的城区核心。

——经济结构调整战略

着力调整优化产业结构，充分发挥特色优势，大力发展第三产业，要以商贸流通为先，积极开拓商贸市场，逐步完善市场体系，加快农业产品层次的提升，转化。

——科技创新战略

加强和提高第二产业的规模和档次，提高现有工业的科技含量，积极发展与农副产品相结合的食品、药品、一类加工工业和节水、节能型工业。

(3)经济发展目标　规划到2020年，曲周县城镇居民人均可支配收入61 000元以上，农民人均纯收入15 000元以上。其中到2015年，全县城镇居民人均可支配收入35 000元以上，农民人均纯收入9 000元以上。到2020年，曲周县国内生产总值达到250亿元，人均产值43 000元，一、二、三产业比例调整为20∶37∶43。

预测2015年城镇化率达到43.33%左右，2020年城镇化率达到61.46%左右；城镇人口2015年20.23万人，2020年30.73万人；城镇人口充分就业，农户实现适度规模经营。

(4)规划内容　制定县域城镇体系规划；合理确定行政村总体布局，明确需要撤并、保留和扩建的行政村和集中村落点数量，确定新农村空间布局；制定县域农村产业发展规划；统筹安排跨村域基础设施和社会服务设施；制定生态环境保护和综合防灾规划；制定与规划相配套的管理措施和政策措施。

2. 城镇布局与空间结构

镇村职能规划的目的是引导各城镇和村庄发展特色产业，强调城镇、村庄之间的分工与协作，需求互相合作、共同发展。综合考虑曲周县镇村分布、规模和管理特征，确定曲周县镇村等级由县域中心城市、中心镇、一般乡镇、中心村和基层村5级县域镇村等级结构（图9.7）。

(1)城镇空间布局　根据对曲周县经济发展现状和发展条件的分析，曲周经济发展已由“极化”阶段进入“点轴”阶段。结合国家经济发展大趋势，考虑到城乡协调发展的要求，确定其空间结构以“点轴”发展战略作为理论基础。“点”即各个等级的居民点。“轴”即产业集中布局地带，主要沿交通干线。

曲周县域城镇体系空间布局形态为，两横一纵的城市经济空间发展轴。沿省道定（州）魏（县）线交通干道形成“一纵”为县域纵向经济发展轴，连接北部的河南疃镇—第四疃镇—城区—白寨乡—安寨镇—大河道乡；“二横”即以省道“邯（郸）—临（清）”公路为经济发展主轴，贯穿城区和槐桥乡；南（永年）—馆（陶）线为又一横向经济发展轴，连接南部的大河道乡—安寨镇—侯村镇—依庄乡。

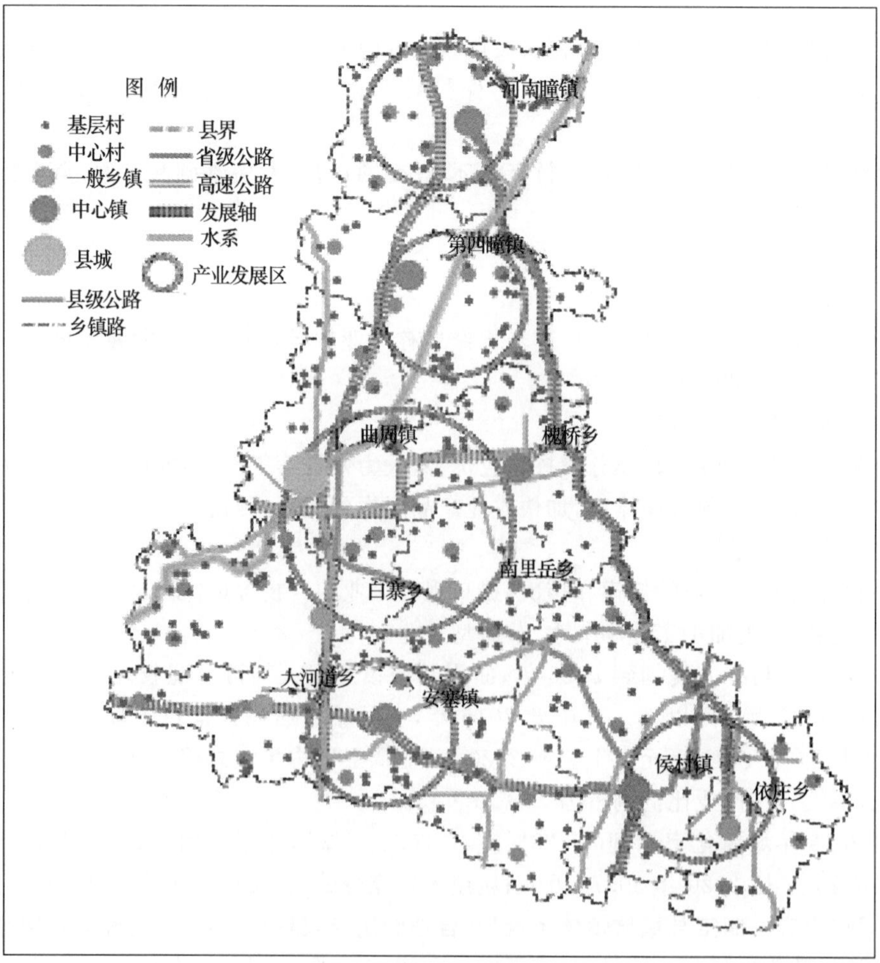

图9.7　曲周县村镇体系空间结构

曲周县城乡一体化村镇空间结构为等级有序，层次分明的1“城”—5“中心镇”—4“一般镇”—59“中心村”—253“基层村”；资源流通便捷，等级化、网络化的“两纵两横”公路交通网，“三河、十三干渠”地表水网络；相互促进、均衡发展的“两横两纵”的主框架和“一带一副”的次框架区域发展轴；产业分工明确，职能定位清晰的五大产业发展区。

1城：曲周镇为核心打造邯郸市区东北部次中心城市

5镇：河南疃镇、第四疃镇、安寨镇、侯村镇和槐桥乡(未来培育的中心镇)

4乡：白寨乡、南里岳乡、大河道乡、依庄乡

五大产业发展区：

城区片经济区(包括槐桥乡、南里岳乡西部、白寨乡北部)：以农业为基础，以商贸业为经济主导，努力发展一类工业。县内有规模、上档次的工业均布置在县城东部的工业区。在县城南设置地区性商贸交易市场。

侯村镇片经济区(包括依庄乡)：继续积极发展第三产业。利用特种种植和养殖业的优势，发展高效农业。积极培育交易市场，可建蔬菜、水果、杂粮、中草药的专业市场，建议开展棉花的深加工和肉类、水果、中草药的粗加工，成为曲周县的第二大商贸区。

安寨镇片经济区(包括大河道乡、南里岳乡南部、白寨乡东部)：扩大现有的养鸡、葡萄、辣椒、花卉、商品林种植养殖五大基地，发展高效高科技农业。加大食品加工产业的规模、品种和档次，成为曲周南部的食品加工区。积极发展葡萄和花卉特种商品市场，成为邯郸东北部的特种市场之一。

河南疃镇片经济区：工业以机械加工、冶炼、纺织、色素、饲料加工及五金标准件加工为基础，加大规模上档次，并利用村村都有商品流通服务站的市场的优势，积极培育组织市场体系。

第四疃镇片经济区：依托现有的农业基础，大力发展高效农业科技创新，与周边经济区互助，发展成为农业高新技术园区。

(2)镇乡职能　曲周县城为县域的中心城市，是全县的行政、经济中心，应加大其经济发展的优势，发展成邯郸东北部的商贸物流中心。侯村镇、河南疃镇、安寨镇、第四疃镇为次级中心，对曲周县的经济发展起着辅助的作用，在现有经济较厚重的基础上，逐步地完善其市场发展体系，成为曲周县重点镇，辅助中心城带动其他周边乡镇的发展。槐桥乡、白寨乡、大河道乡、南里岳和依庄乡为一般乡镇，利用其生态环境优势和农业优势，辅助中心城区与重点镇的发展。其中槐桥乡位于曲周镇与码头镇(邱县政府所在地)连线的中间，独特的区位有望培育成为县域的重点镇(表9.22)。

3. 村庄空间布局规划

以改善农民群众的生产生活环境为目标，坚持因地制宜、以人为本、就近集中、城乡统筹、保护环境的原则。以镇村空间布局为基础，完善镇村体系，优化村庄空间布局，实现基础设施共享，引导村庄有序发展。

针对曲周村镇体系等级规模现状，结合经济发展与新农村建设实际，综合分析新农村规模(包括人口规模和用地规模)影响因素，主要包括：

城镇化发展的影响：改革开放以来，农村经济已有很大的发展，城乡非农产业增长迅速，但仍然存在城市化滞后工业化的现象。曲周是农业大县，预测到2020年城镇化水平将达到61.46%，要达到这个目标，必须加快城镇化建设，必然对村镇发展规模的确定产生较大的影响。

表 9.22　镇村规划职能结构

等级	个数	人口规模/万人				主要职能
		镇村名称	2009 年	2015 年	2020 年	
中心城市（一级中心）	1	城区	7.87	12	19	发展一类无污染低耗能工业和农副产品的加工业和商贸经济、大型批发市场。打造成邯郸东北部的中心城市
中心镇（二级中心）	5	河南疃镇	0.58	1.5	1.8	充分利用现有七大行业，八大品种，提高产品的自身价值
		第四疃镇	0.16	0.74	0.97	扩大养殖业规模，进行产品的深加工，增强经济实力。利用综合市场发展地区贸易
		安寨镇	0.66	1.5	1.9	加强食品加工业规模和质量和果品种类的培育，提高花卉林木在品种、质量形成特色
		侯村镇	0.30	1.8	2.1	种植优质棉、杂粮、蔬水果为主。形成专业市场。开展食品的深加工，提高规模和档次
		槐桥乡	0.24	0.36	0.82	增加商品林木种类的多样化，发展养殖业、扩大种植业品种多样化。（未来培育的二级中心）
一般乡镇（三级中心）	4	南里岳乡	0.51	1.20	1.50	种植和养殖为主，食品加工为辅。以农业生产、加工一条龙
		依庄乡	0.29	0.42	0.86	创建优质土特产创品牌
		白寨乡	0.22	0.35	0.96	加大农业特种种植蔬菜与药材，逐步发展市场和加工业，促进农业结构的多样化
		大河道乡	0.24	0.36	0.82	培育特色农业和优质农业

产业结构调整的影响：农村产业结构的变化，村镇工业的兴起和发展，打破了传统的单一农业生产结构，开始由狭义的农业型向更深更广的复合型发展。曲周镇蔬菜、四疃银杏、白寨养鸡、安寨葡萄、依庄林下经济等特色产业规模发展，河南疃镇自行车配件加工基地建设，槐桥乡棉纺加工项目集群发展，极大地带动了村镇经济的繁荣，使得农民向镇区集聚的现象愈加明显，充分体现了市场经济对村镇空间布局的重新调整起到的重要作用。

农民生活水平的影响：近几年来，农民人均纯收入也在不断增加，生活水平有了较大幅度的提高。2009 年农民人均纯收入达到 5 402 元，比上年增长 9.9%。农民收入增长有赖于第二、三产业的发展，反之，第二、三产业的繁荣和发展，更依赖于人口集中的规模和服务范围。1999 年之前，农村居民的生活消费支出主要集中在食品、衣着和居住方面。1999—2009 年，其他消费支出比例迅速上升，住房消费仍然占相当大的比重。

公共设施供给的影响：新农村建设带来的中心村集中性公共设施供给对农民的重新迁移

起到重要的推动作用。尤其是中小学等教育设施的规模性要求,使得其一般集中布置在中心村建设,而出于对子女的教育考虑,农民向中心村的迁移也就成了十分合理的现象。

空间区位的影响:空间区位不仅指的是自然地理位置,而且包括了交通地理位置和经济地理位置。它是影响村镇发展规模的一个强有力的因素。交通地理位置是一些城镇所借以形成发展不可代替的基本条件,拥有一定优势的交通地理位置,特别是具有枢纽性质的位置,一般都会形成一定规模的城镇。

村庄建设条件的影响:村庄建设条件包括用地、用水、能源、交通条件、资源因素、自然因素等,对确定村镇发展规模都有一定的影响,其中最主要的因素就是用地、用水和自然因素。通过对曲周县域村庄现状的调查和评价全县 342 个村庄分为:合并搬迁(包括并入城镇、乡镇、中心村)、就地保留扩建、整体搬迁重建等优化类型。

(1)村庄优化原则　根据现状以及未来的发展,村庄优化考虑如下原则:城乡统筹、优化配置的原则;坚持“点—轴”发展战略为指导,即向公路交通沿线、县城、乡镇和产业聚集地靠近;地域空间上融为一体的村庄需合并;非农产业发达、可以率先实现城市化管理的区域村庄率先优化;人口规模远低于全县平均水平的村庄归并入中心村;自然灾害频发、存在安全隐患的村庄归并或搬迁;位于历史文物保护区、风景名胜区内的村庄;基础设施严重匮乏且难以修建的村庄搬迁归并;重大工程建设占地需要搬迁的村庄搬迁归并;规划为城镇范围的村庄就地城镇化改造。

优化过程中突出公众参与,村民自愿的原则,保护农民利益、保护传统文化。

(2)新村规模控制　村庄应该集中发展,包括土地、人口、资本等向中心村集聚。村庄集聚的规模应从两个方面来考虑。首先,以在中心村配置小学为例,推算中心村人口的适度规模。根据《农村普通中小学校建设标准》(建标 109—2008)规定,学校规模和班额宜根据生源按规定设置,完全小学最低规模和班级定额为 6 个班,平均 40 人/班,共 240 在校学生。根据河北省人口统计资料分析,7～12 岁儿童占总人口数的比重平均约为 6%,那么村庄的人口规模应在 4 000 人左右。

其次,从农业适度规模化要求来看村庄人口规模。假定每平方千米可耕种的农田为 1 000 亩(用于绿化、道路、沟河、公共设施等所占的面积约为 30%),若实现适度规模经营,每个劳动力管理农田的规模达到 20 亩,则每平方千米农田需要劳动力 50 人左右。即使减半,即每个劳动力平均管理 10 亩农田,则每平方千米也只需要农业劳动力 100 人。以四口之家,一个劳动力从事农业生产计,则每平方千米居住 100 户农户,400 人。若耕作平均半径为 2～4 km,那么集中居住区覆盖范围达到 16 km^2,则需要的农业劳动力为 1 600 个、农户为 1 600 户、人口为 6 400 个。

根据中国城市规划设计研究院《小城镇规划标准研究》,在经济中等发达地区中型一般镇人口规模确定为 20 000～35 000 人,中心镇为 35 000～50 000 人,中心村一般是村居民委员会所在地,是农村中从事农业、工业生产活动的较大居民点,具有商店、医疗站、小学等,其目前人口规模一般在 3 000～10 000 人。

综合上述分析,我们确定新农村人口规模以 3 000～5 000 人为主。按照 3 000～5 000 人规模迁并建设中心村,依据《村镇规划标准》和《河北省农村宅基地管理办法》等相关文件,人均建设用地面积控制在 120 m^2 以内。

(3)村庄优化类型评价判别　在城乡统筹发展的指导下,“放眼于全县、行动于乡镇”。村庄布点规划往往涉及大小近百个村庄和十分庞大的现状资料，除了运用层次分析法筛选出部分村庄，考虑城市化导向剔除掉部分村庄外，还运用定量分析为确定各个村庄保留还是迁移提供可靠依据。在进行村庄布点规划时，把人口规模达不到规定标准的村庄撤销，然后根据耕作半径再删除分布密集的村庄，“人口规模主导论”和“耕作半径决定论”粗略判别村庄布局不失为一种简便方法。但是，该方法忽视了农村人口减少速度的不同，而且忽视了村庄搬迁成本的差别，还忽视了经济发达村庄人口向交通干线、经济发展走廊聚集的事实。村庄布点规划应从村庄城镇化能力、村庄搬迁成本两个方面进行综合考虑。

村庄城镇化能力评价：村庄城镇化能力，反映村庄人口在城镇化过程中减少的速度，即村庄城镇化能力越强，农村人口减少速度就越快，那么该村就越不宜保留。根据相关研究可知，村庄城镇化能力主要受中心城、镇驻地、经济区、经济发展走廊等区位因素和外出务工比例的影响。进行村庄城镇化能力评价时，首先对人均收入、区位因素和外出务工比例进行级差标准化处理，消除各指标量纲；接着采用层次分析法确定权重；然后，每项指标的标准化数据与该指标权重乘积叠加得到各村城镇化能力指数，并依次确定村庄城市能力强弱，即城镇化能力指数高于平均数的村庄，城镇化能力强，反之，城镇化能力弱。

村庄搬迁成本评价：村庄搬迁成本反映搬迁村庄所造成的经济损失和付出的时间代价，它主要受农村人口规模、房屋建筑质量和公共服务设施 3 个指标的影响，其中公共服务设施主要包括小学与集市。村庄搬迁成本评价时，首先对 4 个影响因素数据进行标准化处理；接着采用层次分析法确定各指标权重；然后每项指标的标准化数值与该项指标权重的乘积相叠加得到村庄搬迁成本综合指数。搬迁成本综合指数高于平均数的村庄，搬迁成本高；反之，搬迁成本低。

村庄发展趋势的初判：根据村庄城市化能力和搬迁成本，初步判定村庄发展趋势，即城市化能力强、搬迁成本低的村庄，应该迁移；城市化能力强，搬迁成本高的村庄，予以保留，但应控制发展；城市化能力弱、搬迁成本低的村庄，应该迁移，城市化能力弱、搬迁成本高的村庄，予以保留且应积极或适度发展(表 9.23)。

表 9.23　不同类型村庄的整合措施

城市化能力	搬迁成本	采取方式	城市化能力	搬迁成本	采取方式
弱	高	保留或扩建	强	高	保留
弱	低	迁并	强	低	迁并

村庄迁并调整的确认：在初步判定村庄发展走势的基础上，根据不同乡镇村庄布局模式对村庄布点再次进行确认。需要注意的是，具体在某一村庄的撤销与保留上，要综合权衡。要充分考虑村庄整合的过程性，保留村庄尽可能相对多地为撤销村庄提供一定时间的服务。

(4)规划结果　通过评价分析并经各乡村公众认可，在城镇布局的基础上，342 个村庄除归并入所在城镇，居民点城市化外，规划 59 个中心村逐步实施。现状保留的 253 个基层村，按照政府引导、农民自愿、模式多样、逐步实施的原则，成熟一个实施一个(表 9.24，表 9.25)。

表 9.24 曲周县规划划入各乡镇政府驻地一览表

乡镇名称	村庄名称	数量/个
县城（曲周镇）	小河道、郑桥、褚庄村、湾子、冀庄、关庄、前河东、后河东、袁庄、张场、北街、西街、西疃、东街、南街、南疃、南关、西关、临堂村、南桥口、田庄、湾东里庄、八里张庄、北关、北王庄、陈庄、南甫、北甫、东关	29
侯村镇	侯村、东高固、西高固、里节固、东阳固、前王庄、贾庄、崔庄、徐阳固	9
安寨镇	安寨、东屯、河李庄、南阳庄	4
河南疃镇	河一、河二、河三、马屯、郑韩村、韩韩村、石韩村	7
第四疃镇	四疃、刘庄、邓村、五疃、六疃、巩村、第三疃、焦庄、李庄	9
槐桥乡	西槐桥、东槐桥、东南寨、西南寨、刘郭屯、西韩固、刘李庄	7
南里岳乡	南里岳、永胜村、太平村、义和村、顺义村	5
白寨乡	白寨、东陈庄、禚李庄、王庄、叶庄、艾台、席庄、甜水庄、南油村、前寨、后寨、高庄、北油村	13
大河道乡	前河道、西河道、东河道	3
依庄乡	依庄、军营、宋庄	3

表 9.25 曲周县各乡镇村庄迁并情况汇总表

乡镇名称(新村数)	迁并情况
曲周(8)	南辛庄、岳庄、苗庄、范庄、牛庄、彭庄
	后甫、吕甫、郭甫、霍桥、霍庄、小王庄、胡近口
	东牛屯、西牛屯、东芦王庄、西芦王庄
	蔡上村
	西刘庄、东刘庄
	赵庄、赵李庄、段庄
	麻庄、油贺
	郑桥
河南疃(7)	骆庄、弓庄、西水疃
	史庄、连珠村、高庄、张庄
	徐街、大街、康街、第二疃
	郎屯、西王间房、东五间房
	李口、朱口、郭口
	罗官营、宁屯、东里疃、西里疃
	麻庄、马一、马二、马三、东水疃、窑自头

续表 9.25

乡镇名称(新村数)	迁并情况
第四疃(6)	马疃、北辛庄、西流上寨、东流上寨
	北龙堂、南龙堂、李西头、孙庄、南王楼、郭李庄
	寺头后街、寺头前街、郑庄、西魏村、东魏村、南魏村、大第八
	王庄、吴庄、付庄、杏园
	邓村、五疃、六疃、韩庄
	卜街、大钟寨、小钟寨、朱庄、河西寨、龙王庙、程寨、赵街、沈庄
侯村(6)	吕洞固、三塔、五塔、申屯
	庞寨、花屯、阴庄
	戚寨、东王堡、西王堡、堤上
	龙高庄、龙李庄、东胡、西胡、李屯、前马、后马、广下、陈庄、东呈孟、袁庄
	朱寨、西呈孟、张绰、孟李庄、南陈庄、前陈、后陈
	土路、安上、陈村、后王庄、马村
安寨(7)	前衙、后李庄、后衙、公李庄
	后赵固、前赵固、赵庄、河固
	南马店、前公堡、后公堡
	马庄、北辛屯、西李庄、南辛屯、三义庄、谷庄
	东马连固、西马连固、王李庄、柳疃、韩固、杨庄、西杨固、东张庄、西张庄、樊庄
	芦应、郑村、西三塔
	南赵林、东赵林、西赵林、范庄、菜园、东甫、西甫、朱庄、秦庄
槐桥(4)	刘王庄、王赵庄、郭庄、白庄、套里、苦水卜
	小第八、大辛庄、马庄、靳庄、前观
	西漳头、东漳头、陈元庄、崔赵庄
	相公庄
依庄(5)	寺头、东路庄、西路庄
	禾秀寨、范军寨
	西来村、曹庄
	牛疃
	东来村
大河道(5)	东四夫人寨、西四夫人寨、赵逯庄
	东大由、西大由、孔庄
	后老营、东老营、西老营
	薛庄、苏小营、张新寨村
	常庄、颜庄、贾庄

续表 9.25

乡镇名称(新村数)	迁并情况
白寨(5)	塔寺桥、滏阳集、西朱卜 致中寨、范李庄、鲁新寨、苏胡寨、永安村、刘庄屯、牛卜、后里僧寨 娘娘寨、东冀庄、西冀庄、白疃店、要寨、布寨、柴固寨、司李庄、司寨、马布 娄寨、东焦营、东朱卜、安王庄、白小营 滏南庄、王村、西陈庄、南牛庄
南里岳(6)	马兰村、方张庄、史寨 炒寨、北里岳、安上 刘大寨、杨军寨、东里岳、王胡庄 北马店、张西头、武宋庄、大连寨 起镇、刘庄、王庄、封庄、封台 振清寨、张屯、小连寨

4. 建设用地控制

规划新建村庄、乡政府驻地、建制镇镇区，人均建设用地均按 120 m^2 控制；县城城区人均建设用地按不大于 110 m^2 控制。通过农村居民点整合可节约土地 2 909.29 hm^2（表 9.26、表 9.27）。

表 9.26　曲周县县域镇村用地一览表　　hm^2

乡镇	现状用地		规划用地	
	村庄	城镇	村庄	城镇
曲周镇	648.95	741.38	323.39	1 365
河南疃镇	686.65	73.57	226.46	194
侯村镇	1 090.48	72.41	334.19	227
安寨镇	924.74	47.26	346.56	205
第四疃镇	807.86	—	229.11	105
依庄乡	478.07	—	169.12	93
白寨乡	829.57	—	265.89	240
槐桥乡	563.31	—	141.17	89
南里岳乡	598.55	—	198.55	162
大河道乡	455.61	—	137.11	89
小计	7 083.79	934.62	2 371.55	2 769
镇村合计	8 018.41		5 140.55	
独立工矿	396.63		365.20	
合计	8 415.04		5 505.75	

表 9.27　曲周县县域镇村建设用地控制　hm²

分项	城镇建设用地	村庄建设用地	独立工矿建设用地	合计
2009 年	934.62	7 083.79	396.63	8 415.04
2020 年	2 769	2 371.55	365.2	5 505.75
增长	1 834.38	−4 712.24	−31.43	−2 909.29

9.4.3.3　新农村建设典型模式

新农村建设是一项系统工程，系统内部要素之间不同的配置结构，例如，关系的疏密、问题的主次、时间的先后、空间尺度的大小、层级的高低，使得新农村建设的发展机制表现各异，形成了不同的模式。从新农村建设“县域—乡镇—村”3 个层面空间体系的功能载体上看，可以分为县域中心辐射型、就地城镇化型、村级自助式发展型。其中，从发展机制看，其动力源可以分为内生和关联两种。内生动力源是村庄内部自发形成的，而关联则来自村庄外部。从投入来源来看，可分为 5 种：政府投入、农民集体投入、企业投入、农民个人投入以及四者的结合。实际操作中，单纯的政府投入或农民个人投入的情况比较少。从主导驱动力看，可以将其分为 8 种：政府主导、城市带动、村企互动、基层组织带动、能人领导、科技园区带动、主导产业带动、高效农业带动(表 9.28)。

表 9.28　黄淮海地区典型新农村建设模式

分类因素	模式细分	发展机制		
		动力源	投入来源	主导驱动力
空间体系功能载体的层级	县域中心辐射型	外部关联为主	农民集体投入、农民个人投入相结合	城市带动、基层组织带动、主导产业带动相结合
	就地城镇化型	外部关联为主	政府、企业、农民个人投入相结合	村企互动、主导产业带动相结合
	村级自助式发展型	内生为主	农民集体投入、农民个人投入相结合	基层组织带动、能人领导、主导产业带动

在曲周县土地整治和新农村建设实践中，我们研究总结了蔡上村、白寨村、小弟八村等各具特色新农村建设模式，有较强的典型性和实用性。

1. 县域中心辐射型——蔡上模式

蔡上模式从空间体系功能载体上，是县域中心辐射型，主要依托县域中心——县城的扩散效应，以发展吸引县城游客的主导产业为方向，建设一系列配套基础设施和新农居。从发展机制上看，动力源以外部关联为主，由于紧邻县城，具有城郊农业和乡村生活方式城市社区化的多种特点；从投入来源上看，主要是农民集体-农民私人投入结合的模式，即前期集体投入建设基础设施，后期农民私人出资建设新居，集体再利用腾退的宅基地来发展产业；从主导驱动力看，是基层组织带动与主导产业带动。总体上看，蔡上模式具有“整体推进，一揽子解决”的特点，即新民居建设、产业发展同步推进，持续性好。需要注意的问题主要是如何正确分析县城的需求，引导城郊产业的发展，使之形成良性循环，有利于新农村建设的长期开展。

蔡上村位于邯郸市曲周县东北方，距曲周县政府约 6 km。村庄西临支漳河，村西距定魏线南段改造路段 200 m，村南距老韩临公路 1 700 m，交通发达。2009 年年底，蔡上村总用地面积 202.37 hm^2，全村共 1 441 人，356 户。蔡上村大多数村民经济来源于棉花、小麦、玉米、山药、花生等作物生产；少数村民养殖羊、猪等家畜，规模较小；经农业产业结构调整后，由普通农作物种植转变为经济作物种植，农民收入提升较快，现有蔬菜育苗大棚 8 个。

蔡上村农业生产用地现以棉田为主，生产模式多为一家一户的以家庭为单位的分散生产，生产方式粗放，生产盲目性比较大，缺乏统一的组织和协调。规划后，村庄耕地主要位于支漳河以东地区，以棉花生产为主，出租给专业农业生产承包者进行规模化、集约化经营，增强棉花深加工能力，提高科技含量和附加值，实现更高的土地经济效益；村庄东南部为农业生产发展备用地；另外，进一步调整蔡上村产业布局，适当扩大村庄北部高新育苗大棚面积，在蔡上新社区北侧增加金银花药材种植基地，形成以传统种植业为基础、以科技支撑产业为推动力、以特色精品产业为支撑点的新的产业结构，逐步实现由传统农业向高新农业的转型发展(图 9.8)。

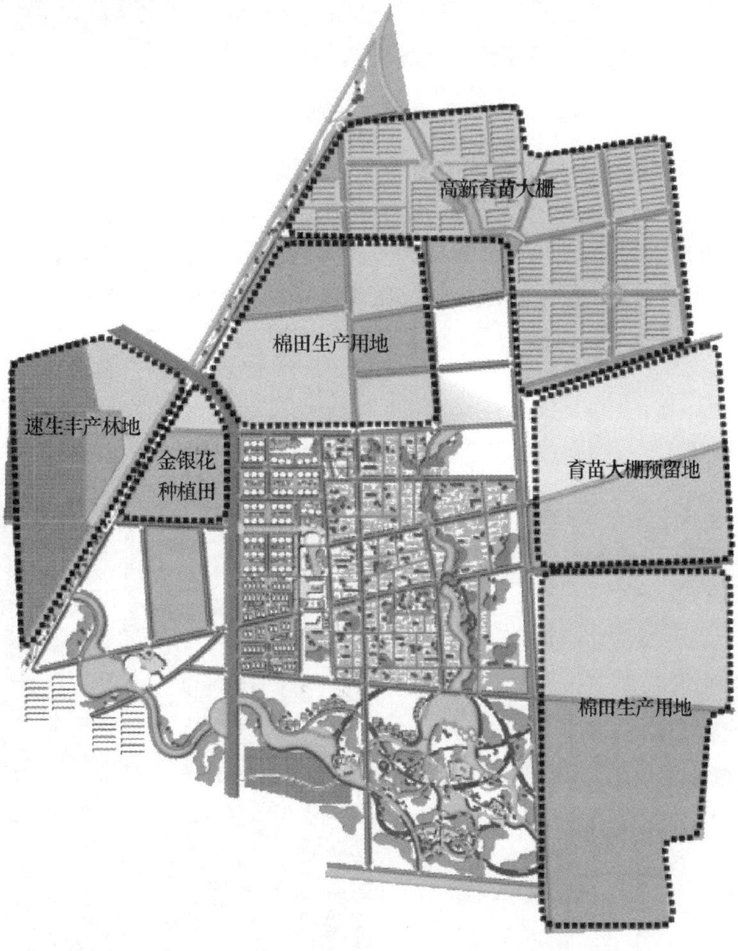

图 9.8 蔡上新农村农用地总体布局

现有林地主要是沿河、沿定魏线两侧布置的防护林地和支漳河以西的速生丰产林地(图 9.9)。在规划中，恢复沿河林地的自然植被，充分发挥其生态作用；沿定魏线两侧布置生态防护林带，减少公路对居住区及农田的影响；保留速生丰产林地，规划合理的道路和基础设施，形成特色林地景观。

图 9.9　速生丰产林地景观

蔡上村现有建设用地位于村庄聚落的中心位置，南北最长处约 631 m；东西最长处约 465 m。规划后，通过对原建设用地进行合理改造，提升其功能性和景观性，并逐步退房还耕，置换出的土地复垦为农业用地，进行农业生产，共节约土地 6.16 hm^2；原建设用地以西、定魏线新修段以东，建设成为蔡上新社区，原村庄村民向新住区逐渐过渡、合并；定魏线新修段西侧区域作为村庄预留建设用地，以备村庄远景发展(图 9.10、图 9.11)。

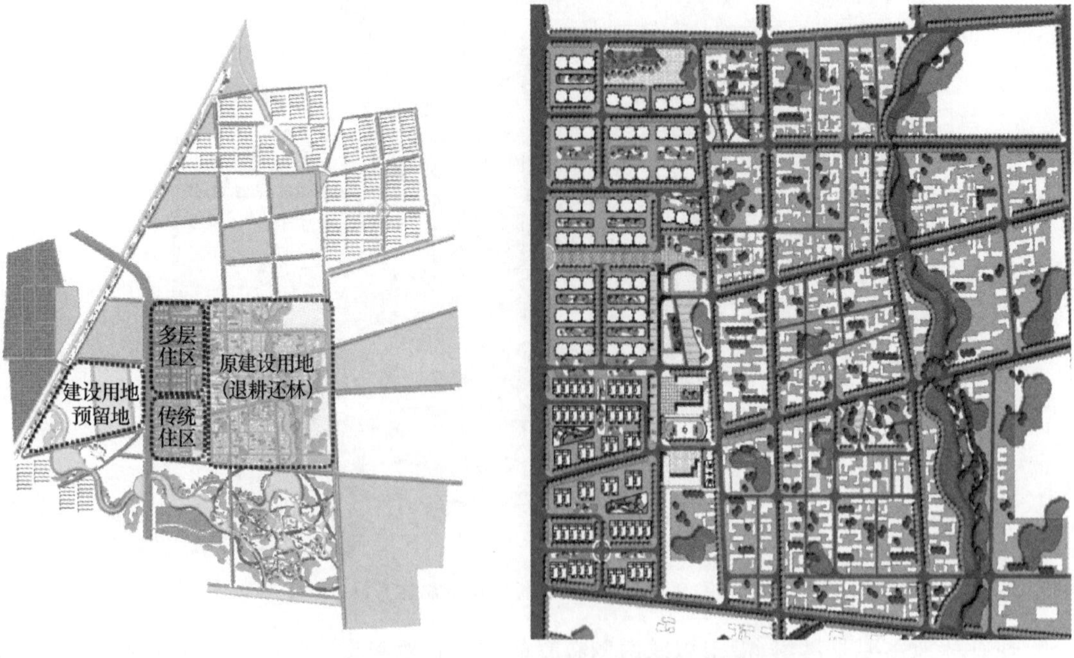

图 9.10　蔡上新农村建设用地总体布局图及平面图

图 9.11　**蔡上新农村规划总体布局**

蔡上村地上、地下水资源丰富，但水质状况不佳。在规划中，利用现有资源和条件，调整水系布局，形成河流—水塘—鱼塘连通的水系。在支漳河两岸适当进行生态景观规划，形成景观廊道；扩建位于村庄北部的水塘，扩建后占地 40 亩，深 8 m，用于发展生态水产养殖(图 9.12)；

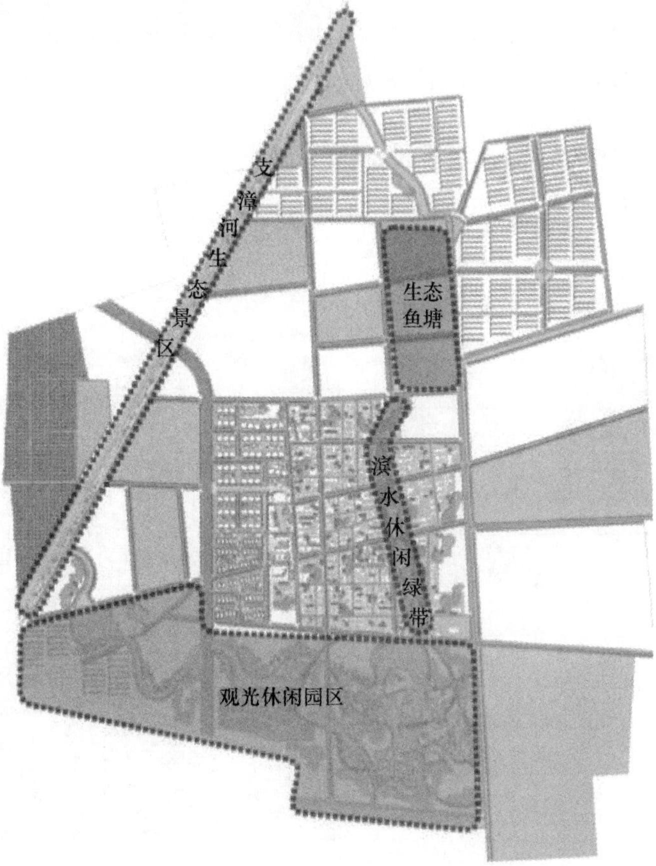

图 9.12　**蔡上新农村其他用地总体布局**

依托贯穿村庄住区的漳河古道，沿岸进行景观改造设计，使之成为穿越整个村庄的绿色飘带；通过引水挖渠，将村庄南部的鱼塘与支漳河贯通，形成蜿蜒曲折的水系，在此基础上进行观光休闲园区建设，发展第三产业，增加就业人口和收入，同时倡导回归田园、休闲养生的优质健康生活方式(图 9.13)。

在村庄改造过程中，注重设计观光休闲区，依托区内开发的多条蜿蜒曲折的水道，营造生态湿地景观，作为蔡上村的“绿肺”，使整个村庄处于蓝天碧草的良好生态环境中。水岸建设小型娱乐设施、休息场所及餐饮场所，形成一个以“观光采摘区”和“农家乐”为主的生态湿地休闲度假区。区内设施多处景观节点，包括农耕文化展览馆、手工体验广场、水鸟放养区、生态环步道、休闲垂钓区、观赏鱼塘、餐饮中心、荷花淀、特色水果采摘区等，结合“采棉节”、“花灯会展”、“采摘节”等节庆活动的设施，形成“夏吃樱桃冬看灯，春赏碧水秋采棉”的地方特色，继承和发扬曲周传统民俗文化、农耕文化和民间艺术文化，打造“凤城之眼”品牌，开拓区域市场，吸引游客前来观光游览，让游客暂时远离城市的喧嚣，尽情体验农家生活的原始、悠闲和安宁(图 9.14)。

图 9.13　鱼塘现状

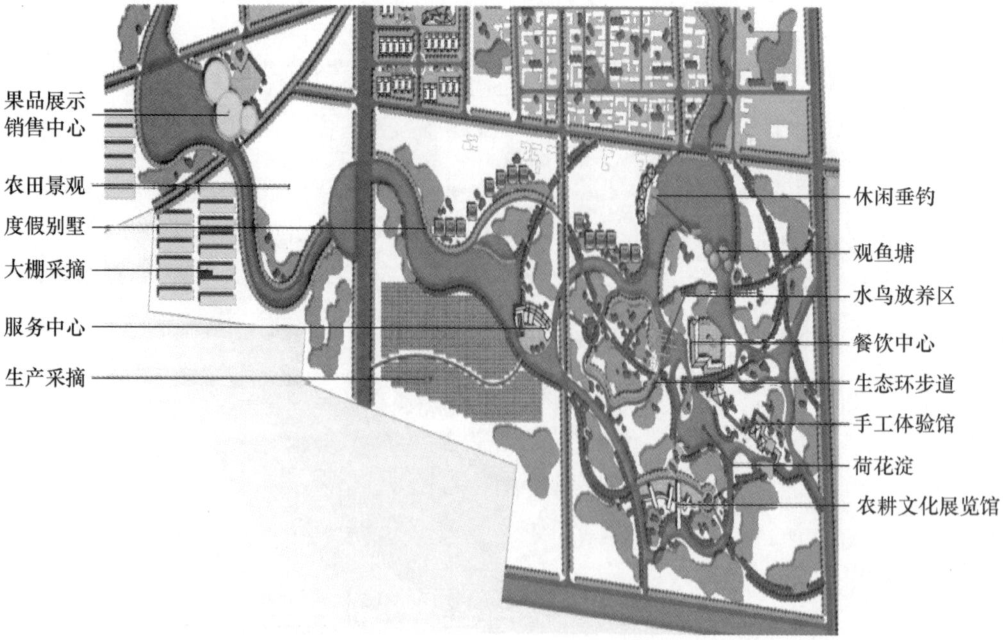

图 9.14　观光休闲区平面图

总之，蔡上村根据自身紧邻县城特点，在发展农业的基础上，设计打造一系列观光休闲的城郊型农业景观和农业产业，走出了一条自己的新农村建设道路。

2. 就地城镇化型——白寨模式

白寨模式从空间体系功能载体上，是就地城镇化型，以产业发展为依托，通过集聚作用，吸收周围村庄，形成较大的集镇。从发展机制上看，动力源主要是外部关联，具有乡村工业化、乡村集镇化和乡村生活方式城市社区化的多种特点；从投入来源上看，主要是企业—农民投入结合的模式，即前期企业投入建设基础设施、新居和产业，后期农民购买新居；从主导驱动力看，主要是村企互动，并具有产业带动的特点。总体上看，白寨模式具有“产业支撑、经济带动、就地城镇化”的特点，新民居建设、产业发展同步推进，通过引入企业，以村企共建形式有效解决资金难题。这种“公司化运作”模式成效显著，持续性好。需要注意的是“双赢”问题，既要正确引导企业，使之一方面在新农村建设过程中获取合理利润，以保持对参与新农村建设的积极性，又不能把新农村建设作为牟利工具，从中获取暴利，从而损害农民利益。

课题组在规划建设中，提出了多村合并，建设万人新村的设想，按照新规划，今后10年内，白寨村将和周边的北油村等13个村合并，形成功能齐全的“万人中心村社区”，人口达1.5万人，配套学校、医院、超市等服务设施。中心村建成后，可节余宅基地2 800多亩(约187 hm^2)，部分用于复垦耕地，部分用于建设开发。在新农村建设过程中，根据“产业支撑、经济带动；规划指导、设施先行；民生为本、文化引领”的基本思路，推行“政府牵头、公司运作、农民参与”的模式，按照“土地节约化、产业园区化、农民工人化”的方式，合理吸收白寨周边村庄，加强基础设施建设，明确产业方向。在筹划及建设白寨村过程中，以公司化为载体，按照“农村城镇化、农业产业化、农民工人化”的思路，依托“三项规划”，开展“三个一”活动，进行村企共建新农村试点，取得了突出的成效。其中，新民居建设项目占地180亩(约12 hm^2)，计划投资6 000万元，工程建设中，按照“燕赵新民居”规划方案统一实施。白寨生态中心村通过企业与农村结成帮扶共建对子，实行“公司化运作”模式建设新农村，以村企共建形式有效解决资金难题(图9.15)。2008年12月，中道公司投资建设白寨村新民居项目。启动区占地204亩(约13.6 hm^2)，资金来源主要是公司自筹、村民认购、银行贷款和政府补助，中道公司先期投资8 000万元启动新民居建设和地下管网及基础设施建设。县财政拿出340万元硬化了三纵三横6条街道，高标准建设了东风渠进村桥。在新民居建设上，该县采用“燕赵新民居”优秀设计方案，按照“统一户型、统一图纸、统一样式”的标准，一期建设700套二层住宅楼房，打造既反映传统风格、又呈现城市功能的新社区(图9.16)。在完善基础设施、提高居住环境的同时，要注重农村文化教育事业的发展，引领物质建设与精神发展齐头并进。为此，中道公司出资为村民精心定制了“三个一文化套餐”。白寨模式探索出与邯郸中道实业有限公司合作，以公司化模式运行，以项目化形式实施的新民居建设模式，有效破解新农村建设的资金难题，创出一条建设新农村的新路子。

在新农村建设过程中，不仅要考虑盖新房让农民住得好，也要考虑发展支撑产业、提供就业，让农民住得起。根据测算，农民集中居住将增加20%～35%的生活成本，同时也减少了“庭院经济”等收入来源。没有产业支撑和农民就业，单纯的“被上楼”，往往导致“上楼致贫”现象。为此，在新农居建设的同时，还规划了新农村产业综合开发项目，主要包括土地整理、农产品加工园、畜牧养殖加工区和新能源开发等项目。中道公司为此成立了新农村建设公司，与中

图 9.15　白寨生态中心村规划图

图 9.16　白寨新农居

国农业大学等科研单位深度合作，计划投资 6.8 亿元，租赁集体和村民土地，建设生态养殖、鸡蛋深加工和蔬菜大棚等现代农业项目，投产后可安排 2 000 多农民就业。目前，一期投资 2.6 亿元、年出栏 20 万头猪的“中法环保生态养猪基地”投入使用，集良种繁育、饲料、屠宰、生态养殖和沼气发电于一体。从法国引进的 778 头 GGP 曾祖代种猪，生产猪仔 2 000 余头，每头母猪年产商品猪 25～30 头，比传统养殖提高 1 倍；采用世界最先进的“养繁科研→良种繁殖→饲料加工→生猪养殖→肉类加工”产业链，“养猪→沼气→无公害产品”环保生态链。项目全部建成后，可为新社区 1 500 户居民家庭提供沼气，安排 900 名农民工就业。此外，公司将与村民签订合同，统一建猪舍、统一提供仔猪、统一提供饲料、统一进行防疫、统一处理猪粪，带领村民靠养猪致富。

白寨生态中心村探索出了一条“公司化运作、企业化经营、一企带一村、联建新农村”的村企共建“白寨模式”。2008 年 7 月，曲周县白寨村被确定为省级农村新民居工程样板村。此外，白寨新农村建设模式还被新华社、新浪网等多家媒体广为宣传。

3. 村级自助式发展型——小弟八模式

小弟八模式与蔡上和白寨模式截然不同，从空间体系功能载体上看，主要是村级自助式发展型，依托村级统一规划，通过村级企业投入基础设施建设，逐步拆除不符合规划的建筑，安排新居建在规划好的地块。从发展机制上看，动力源主要是内生，具有农业产业带动、优势与特色产业带动的特点；从投入来源看，主要是农民集体-农民私人投入结合，即前期集体投入建设基础设施，后期农民私人出资建设新居，集体再利用腾退的宅基地来发展产业；从主导驱动力看，是基层组织带动与主导产业带动。基层组织是新农村建设公共服务的供给主体，因此，在新农村建设过程中，农民参与程度很高。与政府主导推动的“自上而下”模式不同，这种“自下而上”的作用机制，通过基层组织广泛征收吸取村民意见的公众参与，了解村庄存在的问题，寻找农民最急迫解决的问题作为规划目标，把公众参与从推进规划实施的手段变成规划决策依据和决策工具。

小弟八村面积 402.2 亩(约 26.8 hm^2)，现有住户 360 户，约 1 565 名村名，拥有 2 800 亩(约 186 hm^2)耕地。过去村内空闲地高达 114 亩(约 7.6 hm^2)，土地浪费十分严重，“空心村”现象比较突出。宅基混乱、街道狭窄不通是困扰群众生产生活的一大突出问题。村集体聘请了专业技术人员，对村庄现状进行详细的勘察，结合村里的现状，以“节约用地、方便生活、有利生产、美化环境”为原则，框定了村庄的边界，制定了为期 10 年的村庄发展规划，绘制了宅基地现状图，从 1998 年开始，按照“两图一表”的要求，村民们行动起来，栽界桩，定村界，绕村修起了护村路，严禁越路外延扩展，从 2000 年开始，在咨询政策、摸清底数的基础上，支书张敬云组织支部一班人按照“一户一宅、多余收回”的原则，清理多占、闲置宅基地，治理空心村。全村一次性清理宅基 167 片，拆除新、旧房屋 500 多间，新开、拓宽街道 6 条，打通闷头巷 11 条，填平坑塘 3 个，腾出 140 亩(9.3 hm^2)土地，全部植树绿化。动员了规划区外的 11 户村民统一在村内空闲宅基地上建房。严格落实一户一宅的要求，将每户一宅外多占的宅基地和迁出户等的宅基地统一收归村集体管理，用于规划新宅基地或发展村公益事业用地。为了更快地推动治理工作的开展，村党支部书记张敬云带头将自己多占的一处宅基地交回村集体，用于村办公处所的建设。对过去遗留下来的 158 亩(10.5 hm^2)超面积宅基地，县国土资源局认为少数人超出规定面积使用宅基地实际上是挤占了全体村民的耕地面积，但是在收回又不足以安置一户新宅基地的情况下，他们经过广泛征求群众意见，并认真考虑了村民们的承受能力，制定出对超出面积的宅基地实行“宅田挂钩”进行管理的办法。具体就是，对宅基地面积超出部分，按耕地收取一定的土地承包费，并且按照“取之于民、用之于民”的原则，用于村内的公益事业建设。农业税费取消后，则将宅基地面积与其承包地联系起来，对宅基地超占面积从所承包的责任田中扣除，将扣除部分的土地使用权收归村集体经济组织，用于缓解人地矛盾。省、市、县发出创建文明生态村的号召后，以彻底整治空心村为切入点，闯出了一条创建文明生态村的新路子。2004 年，结合空心村治理，在村内空闲宅基地上植树 2 万余株；硬化街道 6 条，共 3 000 m，安装路灯 90 盏；退街还绿，路街两旁新植观赏树 1 000 余株，实现了一街一品、一街一景；鼓励农户兴建新型沼气，推进“一建四改”，大力实施上促高效养殖业、下带绿色种植业的生态家园富民工程，着力打造生态旅游品牌。党的十六届五中全会发出建设社会主义新农村的号召后，投资 15 万元新开街道 1 条，硬化小巷 16 条，投资 30 万元在村主要街道铺设彩砖 2 500 m，修建花池 100 多个，建休闲广场 1 处，规划街心花园 3 个，设立垃圾箱 30 多个；投资 35 万元新建占地 5 亩(3 300 m^2)上下两层办公楼 18 间，配置微机 10 台，图书 5 000 册，群众的生活环境更美了，精神文化生活更充实了。全省新民居建设工作开展以来，通过民主决策，聘请市专家科学规划，高标准启动，2010 年规划建设新民居 130 套，已建成 50 套，争取利用 3 年时间，使全村 300 户群众都住上设施完备、功能多样的新民居。为了进一步落实党的惠农政策，先后投资 20 多万元，建成村级卫生所，配备了各种医疗器械，使群众看病基本不用出村，极大地方便了群众生产生活。投资 30 多万元建成高标准文体活动室、图书室、健身路径，极大地丰富了群众的精神需求；又投资 90 多万元，建成了达标教学楼，并配备了各种教学设施，使下一代有了一个宽松的学习环境(图 9.17)。

根据公民参与阶梯理论(图 9.18)，小弟八村在新农村建设过程中，除了“政府操纵”和“公民自主控制”两种极端情况外，实际上其他“阶梯”基本上都涉及，特别“组织形成”、“合作伙伴关系"和"授予权力"对其成功是很关键的。通过对不同参与主体的利益进行综合、协调和相对的制约,形成多元参与主体的个体利益和新农村建设的整体利益和谐发展的利益共生机制,这样才能够调动起各方面的积极性,保证新农村建设规划的顺利实施。根据基层组织的经验,"自下而上"模式要想取得成功,要素有4条:一是公平,二是依法,三是公开,四是政策的延续性。总体上讲,新农村建设模式中,村级自助式发展型的优势是降低政府监督和实施成本、一定程度上解决了农村公共品供给、农民参与程度提高;缺陷是权属模糊、能人治村有局限性、抵御政府干扰的成本高。

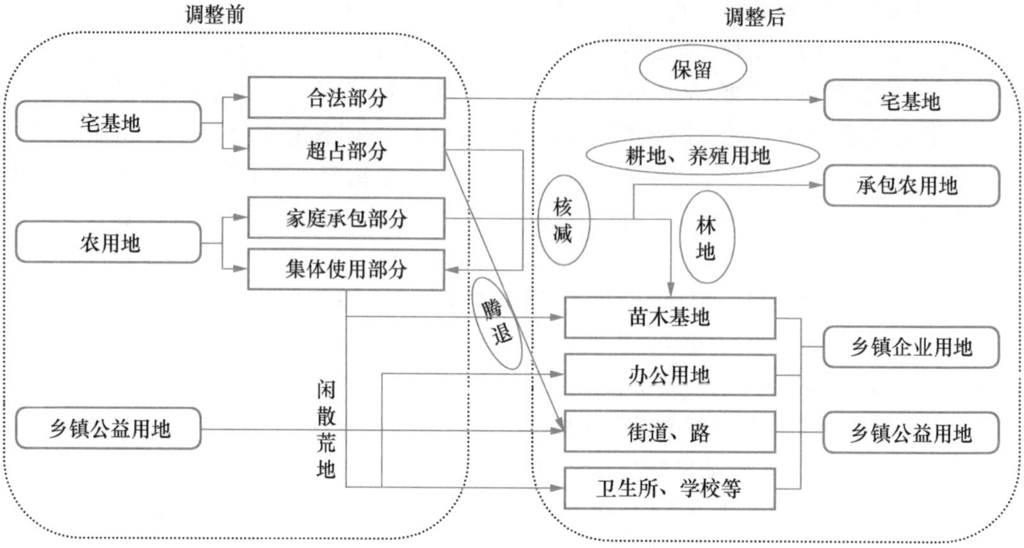

图 9.17　小弟八村土地资源整合示意图

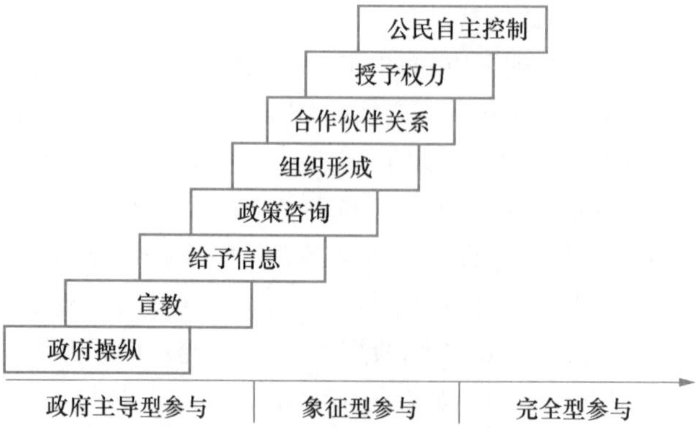

图 9.18　公民参与阶梯

9.4.3.4　破碎化农地整理

由于自然条件或经营体制的原因,曲周县农田普遍存在农地破碎化以及农户经营地块分散的问题,极大地阻碍了农业机械装备的推广应用,农户经营劳动生产率低下。同时,这种土地的破碎和分散在很大程度上影响了农田基础设施的建设与维护,对农田质量的提升也产生不利影响。农田破碎化的整理是农田整治、耕地质量提升的重要途径。我们以西魏村和杏园为试点开展破碎化农田整理，并在曲周全县广泛推广。

1. 农田破碎化概况

西魏村农户拥有的耕地面积范围为3～24.4亩①，农户平均拥有的耕地面积为12.1亩。西魏村拥有0～10亩、10～20亩、20亩以上的耕地农户分别占被调查农户的48.4%、32.3%、19.3%。农户经营地块数量1～15块，农户平均地块为7.3块，拥有1～5块、5～10块、10～15块地的农户分别占被调查总农户的29.0%、58.1%、12.9%。西魏村地块面积分布范围为0.03～10亩，地块平均面积为1.7亩，0～1亩、1～3亩、3～5亩、5亩以上地块分别占总地块数量的38.9%、47.6%、12.2%、1.3%。

杏园村农户拥有的耕地面积3～18.2亩，农户平均拥有的耕地面积为10.3亩。拥有0～10亩、10～20亩、20亩以上的耕地农户分别占被调查农户的44.1%、55.9%、0%。农户经营地块2～11块，农户平均地块为5.8块，拥有1～5块、5～10块、10～15块地的农户分别占被调查总农户的44.1%、52.9%、3.0%。杏园村地块面积分布范围为0.05～6亩，地块平均面积为1.8亩，0～1亩、1～3亩、3～5亩、5亩以上地块分别占总地块数量的39.4%、46.5%、12.6%、1.5%。

两个村畜力已彻底退出耕种，农户已不再饲养牲口畜力。农户认为按照目前的农村机械型号，地块最小面积达到5.5亩的大小，耕地、播种、收获才容易实现机械化。然而，两个村庄地块的平均面积均不到2亩，且3亩以上的地块只占总地块的13.5%～14.1%，地块明显狭小。

2. 农户地块归并意愿

农户调查表明89.2%的农户觉得目前地块零碎，认为零碎的地块阻碍了农业生产的统一耕种与管理，费工费时，愿意进行地块归并。其中69.2%的农户自发进行过地块合并，合并在弟兄与地邻之间进行，平均合并地块数量为3块。未进一步进行地块合并的原因是地块位置与数量不合适。农户合并的目标地块平均为2块地。

调查中发现，在理想条件下农户根据农田质量来选取地块，其选择的平均顺序为：灌溉、交通、肥力、远近。由于农村交通工具实现了机械化，远近在农户的心目中已不是问题。近些年来，由于农田投入的增加，土壤肥力已经不是影响地块好坏的决定性因素，因为肥料投入的增加可以弥补肥力的差距。灌溉条件成为了地块调整的首要制约因素，因为地块距离出水口的远近、机井的耕地负荷都决定着灌溉的方便与否。由于农村拖拉机、三码、联合收割机的普及使用，交通状况直接决定着耕种的机械化难易程度，调查中发现，有些地块由于无路，联合收割机不能进地，小麦都无法种植。

在调查的两个村农户中，有租入、租出土地的状况，比例为32.3%，说明农村中已经存在自发的土地流转。土地流转租期普遍为一年，口头协议，无土地流转中介组织。农户中常年、农闲出外务工的比例高达52.3%。调查中发现农户普遍认为种地不如务工，种地不合算。只要有外出务工机会，这两个村庄劳动力转移必然日趋增多，土地流转也会渐次兴起。

3. 地块归并的路径

地块归并指通过地块交换，实现一个农户对应一个田块，以期扩大单位耕作地块的面积，降低土地破碎化程度，提高劳动生产率。在农村劳动力未大规模向二、三产业转移的情况下，进行地块归并是减轻农地破碎化程度的可行途径。

---

① 1亩=667 m^2。

两个村的破碎化土地整理的做法：

(1)政府组织　在我国的广大农村地区，农地所有权归村集体，承包经营权归村集体内的农户，农地所有权与使用权处于分离状态。农地由一家一户在单独分散耕种，农户之间缺乏自组织能力，缺乏办理公共事务的经济来源。进行地块归并，是一项公共事务，涉及千家万户，涉及农地管理的方方面面，必须依靠基层政府来进行具体组织执行。两个村的党支部、村委会在土地整理中发挥了重要的组织作用。

(2)依托农地整理项目筹措资金　随着我国城镇化、工业化、农业现代化的快速推进，在人多地少这个基本国情的束缚下，土地供求矛盾更加突出，耕地保护与节约、集约用地任务更加艰巨。在这种形势下，我国已将包含农地整理的土地整治上升为国家层面的战略部署。国家通过整治项目为农民土地整治提供资金资助，这为农户的农田整治提供了保障。

(3)全面规划统一整治　对全村土地进行统一规划，已建立高标准基本农田为目标，规划配置农田基础设施。联产承包责任制推行之时，为了土地分配的公平，各地块间存在的基础设施如灌溉、交通、防涝等条件的差异，是造成每个农户有多个地块、农地细碎化的重要原因之一。进行地块合并，必须消除地块之间基础设施的差异，建设基础设施均衡的高标准农田。开展土地平整工程、农田水利工程、田间道路工程，通过农田基础设施建设，实现每个耕作田块直接临渠(输水管道)、临路、临沟，达到每个耕作田块土地平整、水利设施齐全、道路通达。农田质量明显提升。

(4)地块分等定级，等价交换和流转　在一个村集体内，各个地块的土壤肥力、土壤质地、微地形、距离居民点与交通干道远近等方面会有不同程度的差异，土地生产能力不同。为了保证地块交换的公平公正，采取地块等价值互换原则。构建科学实用的田块质量等级的评价方法，整理前后准确评定地块等级，确立不同等级地块的价值关系，实现地块的等价值互换。

参考文献

[1] 国际欧亚科学院中国科学中心，中国市长协会，联合国人居署. 中国城市状况报告 2010—2011[N]. 北京：外文出版社，2010.

[2] 李建强. 发展的实践与隐藏的文本[D]. 兰州：西北师范大学，2010.

[3] 牛灵安，郝晋珉，张宝忠，等. 盐渍化改造区土壤有机质变化与培肥系统研究[J]. 中国农业大学学报，2003，8(增刊)：26-30.

[4] 石全红，王宏，陈阜，等. 中国中低产田时空分布特征及增产潜力分析[J]. 中国农学通报，2010，26(19)：369-373.

[5] 世界环境与发展委员会. 我们共同的未来[R]. 1987.

[6] 王红亚，石元春，于澎涛，等. 河北平原南部曲周地区早、中全新世冲积物的分析及古环境状况的推测[J]. 第四纪研究，2002，22(4)：391-393.

[7] 杨红，陈百明，等. 基于可持续发展的北京市大兴区土地整理潜力评价[J]. 农业工程学报，2006，22(8)：77-82. [8] 中国国务院新闻办公室.《中国 21 世纪人口与发展》白皮书[EB]. http：// www. chinanews. com/2000-12-19/26/62210. html，2000.

后　记

把最后一节写完，终于松了一口气。

放松也就几分钟，心情依旧忐忑。黄淮海平原对国家和人民，对我的先辈导师们，当然也包括自己，都有特殊意义。

20 世纪 70 年代开始的黄淮海平原大会战、中低产田治理、农业综合开发，彻底改变了黄淮海平原的面貌以及在国家的地位；改变了南粮北调的历史，为中国粮食产量上台阶、保障国家粮食安全起到了至关重要的作用。我的导师石元春、辛德惠先生等参与并指导了这场大会战，做出了突出的贡献，获得了农业领域的国家科技进步特等奖（1993 年）。我有幸跟随他们参加了这场史无前例的科学实践，从中学到了科学，也培养了“黄淮海情结”。

第一次到黄淮海平原是 1983 年，石元春先生带着我们师兄弟们到河北省曲周县。当时石元春先生给我们讲授“地貌与第四纪地质”，带领我们从太行山上的河北省武安市一直跑到了大运河边上的山东省临清市，实地考察并讲授了黄淮海平原地学背景、平原形成、水盐运动、盐渍土治理。我们为黄淮海平原的广袤和旱涝盐碱的危害所震撼，同时也激发了对黄淮海平原的科学兴趣。

1988 年开始的农业综合开发中，辛德惠先生带领我们课题组跑遍了河北邯郸地区各县，开展盐碱地中低产田治理开发规划，推广曲周试验区盐渍土综合治理配套技术，让我们更加深刻地了解了黄淮海平原的土壤/土地、农业以及勤劳的人民。辛德惠先生倡导的泛生态学理论和生态工程设计方法，深化了我们对黄淮海平原土地利用的认识。

“八五”之后，我们这一代青年科技工作者，被时代和先辈导师们推上了黄淮海平原科技攻关研究的主持岗位，巨大的压力将我们锤炼成熟起来。在主持“黄淮海平原综合治理与高效持续农业发展”课题期间，我考察了黄淮海平原“5 省 2 市”全貌以及黄淮海平原课题 12 个科技攻关试验区，与来自中国农业大学、中国农业科学院、中国科学院、山东农业科学院、河南农业科学院、江苏农业科学院和安徽农业科学院等单位的几代科技人员建立了深厚的感情，从他们那里学到了更多专业知识和经验，我们完成的课题成果获得了国家科技进步二等奖（2003 年）。对黄淮海平原更加全面和深刻的认识，使自己逐步形成了对黄淮海平原土地综合利用与综合整治的观点。

“十五”以后，黄淮海平原农业科技攻关项目逐渐被其他一些科技项目所替代，但是出于责任和情感的驱使，以曲周为基地的黄淮海平原土地利用的研究我们一刻也没有松懈。在前辈们盐渍土综合治理研究基础上，我们把农业-农村发展置于区域城乡统一大系统中深化研究，探索黄淮海平原区域土地利用系统的发展变化规律以及区域农业现代化、城市化、工业化进程中的土地利用控制和土地整治，豁然感觉到研究领域更加广阔，对黄淮海平原的认识进一步升华——黄淮海平原及其土地利用研究将是永恒的事业。

记得有一次我们问石元春先生，黄淮海平原的科技攻关要搞多久？他回答说："只要中国人还要吃饭，黄淮海平原的研究课题就永远要做下去。"正是这句话引领我30年来坚持在黄淮海平原上做学问，为农民、为国家尽自己的绵薄之力。

关于本书的写作，曾经有一个狂妄的设想，为此列出了一个"鸿篇巨著"的大纲，企图写一部全面反映黄淮海平原的土地利用的"昨天、今天和明天"的书，内容囊括黄淮海平原形成与演变、土地利用起源及其演化、土地利用格局及其驱动力；黄淮海平原土地综合治理与农业开发、土地利用问题和土地利用控制等。当然这个提纲是美好的，也居然得到了国家出版基金的青睐，被列入资助。一旦动手写来才知道自己的浅薄和水平的有限。可事已至此，只能硬着头皮，勉强为之。几经删减，择其简易，尽力反映我有关黄淮海平原土地利用的学习心得和肤浅研究。

本书在形成过程中，得到了很多人的鼓励和帮助。我的研究生导师们引领我走上土地利用以及黄淮海研究之路；曲周试验区科研团队的同事们相互扶持，坚持研究30年；我的研究生们为本书的编写整理资料，处理数据，分析讨论，撰写校对，付出了艰辛汗水。衷心地感谢我的老师、我的同事、我的学生。

在本书的写作过程中，参考了大量学者的著作，这些著作为我提供了更为丰富的信息，在此一并致谢！

感谢国家出版基金的资助，感谢中国农业大学出版社、策划编辑孙勇和其他编辑们。

黄淮海平原土地利用研究是永恒的，我和我们科研团队以及我的学生们将持续研究下去。

作　者

2013年1月

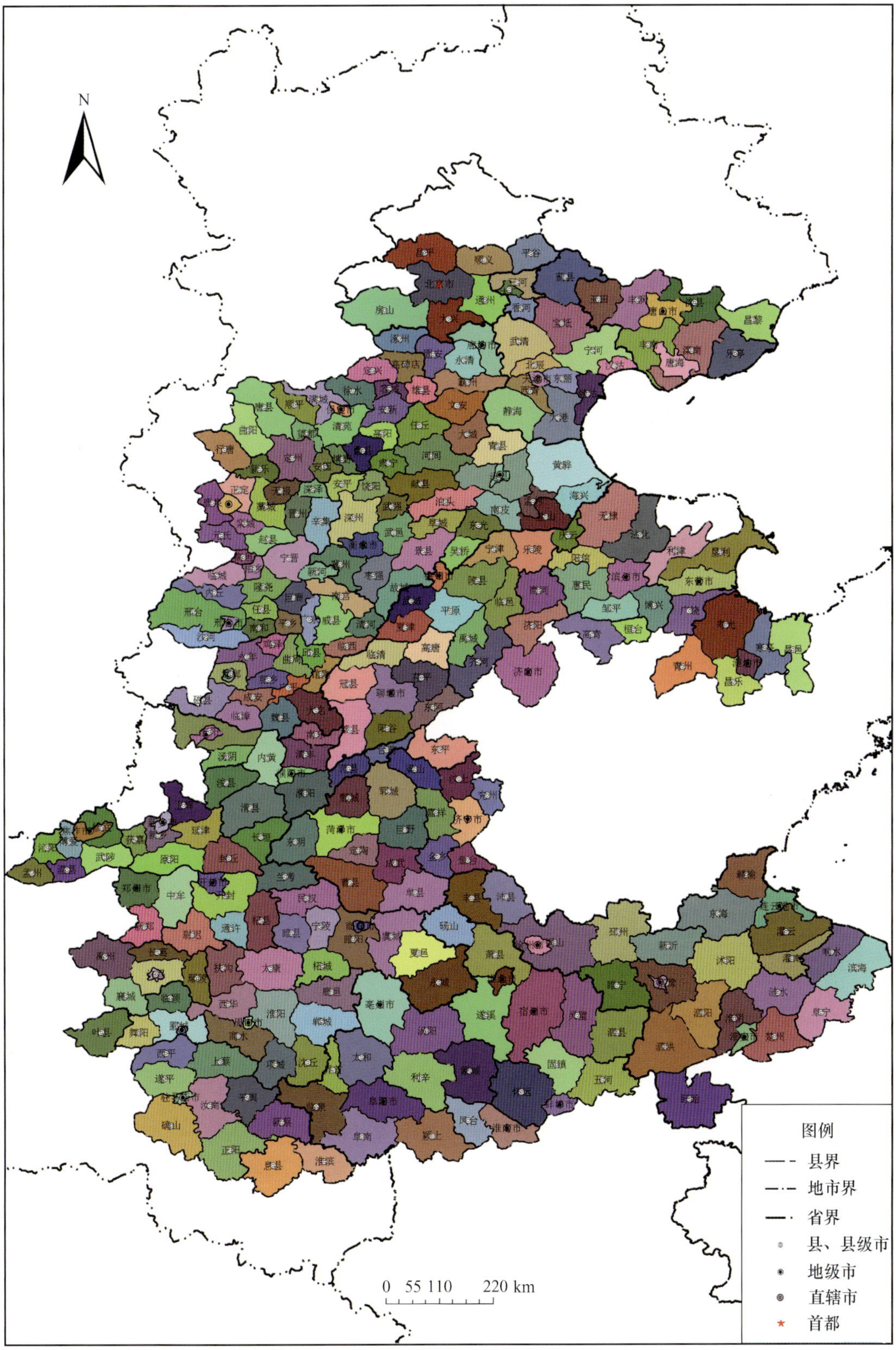

彩图 1(正文图 0.1)　黄淮海平原行政区划

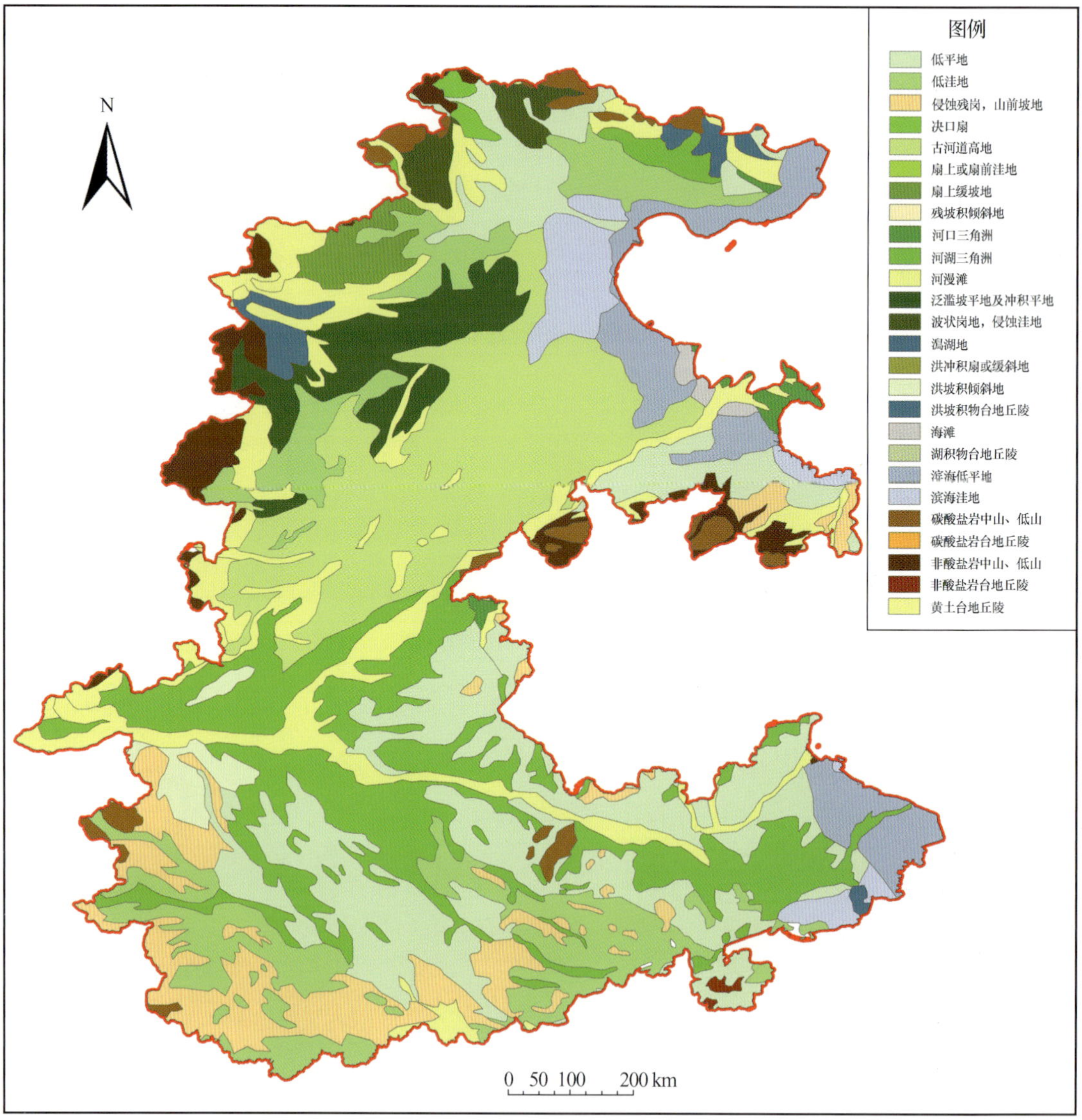

彩图 2(正文图 1.2) 黄淮海平原及周边地貌类型

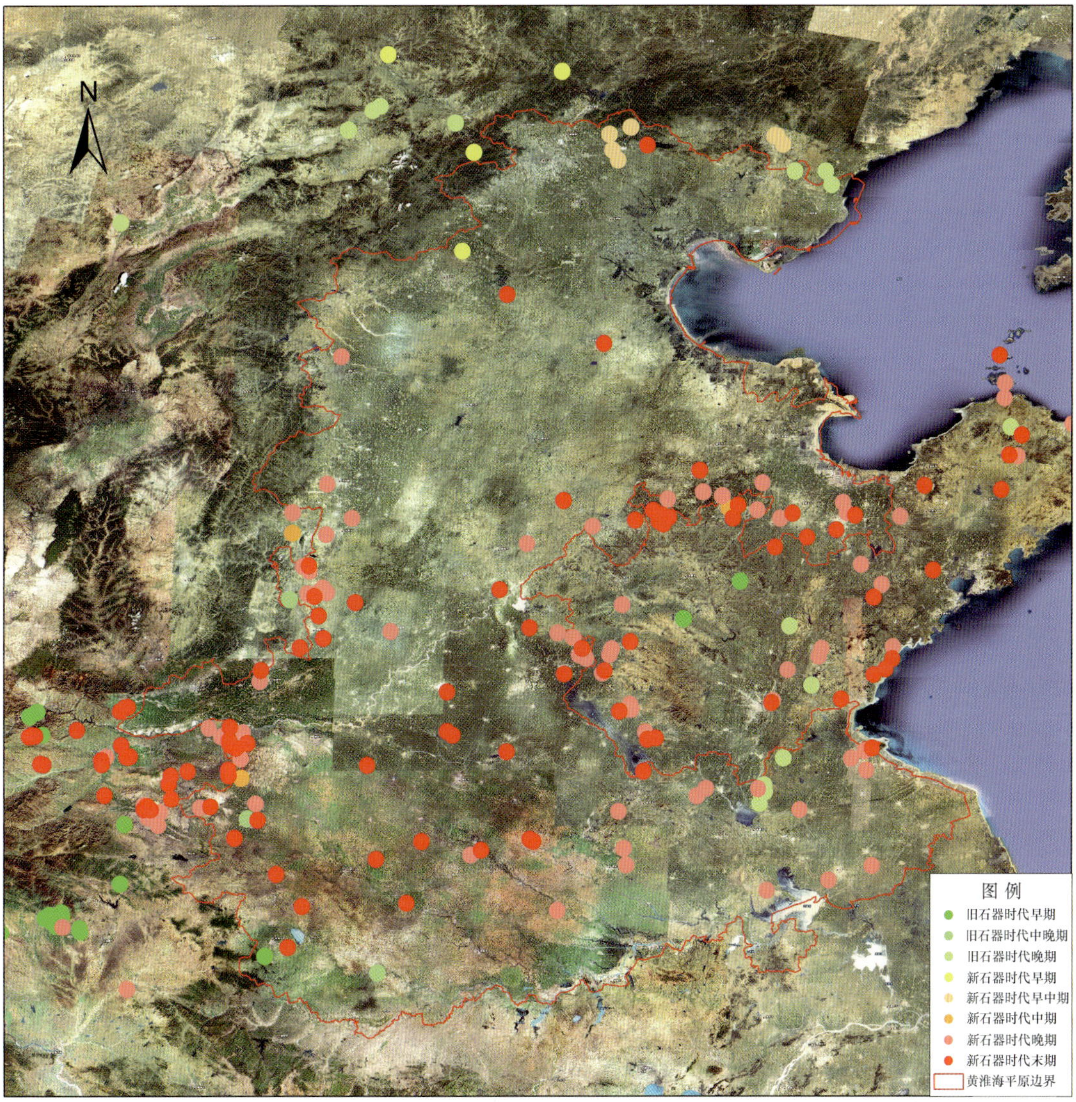

彩图 3(正文图 1.3)　遗址点变迁

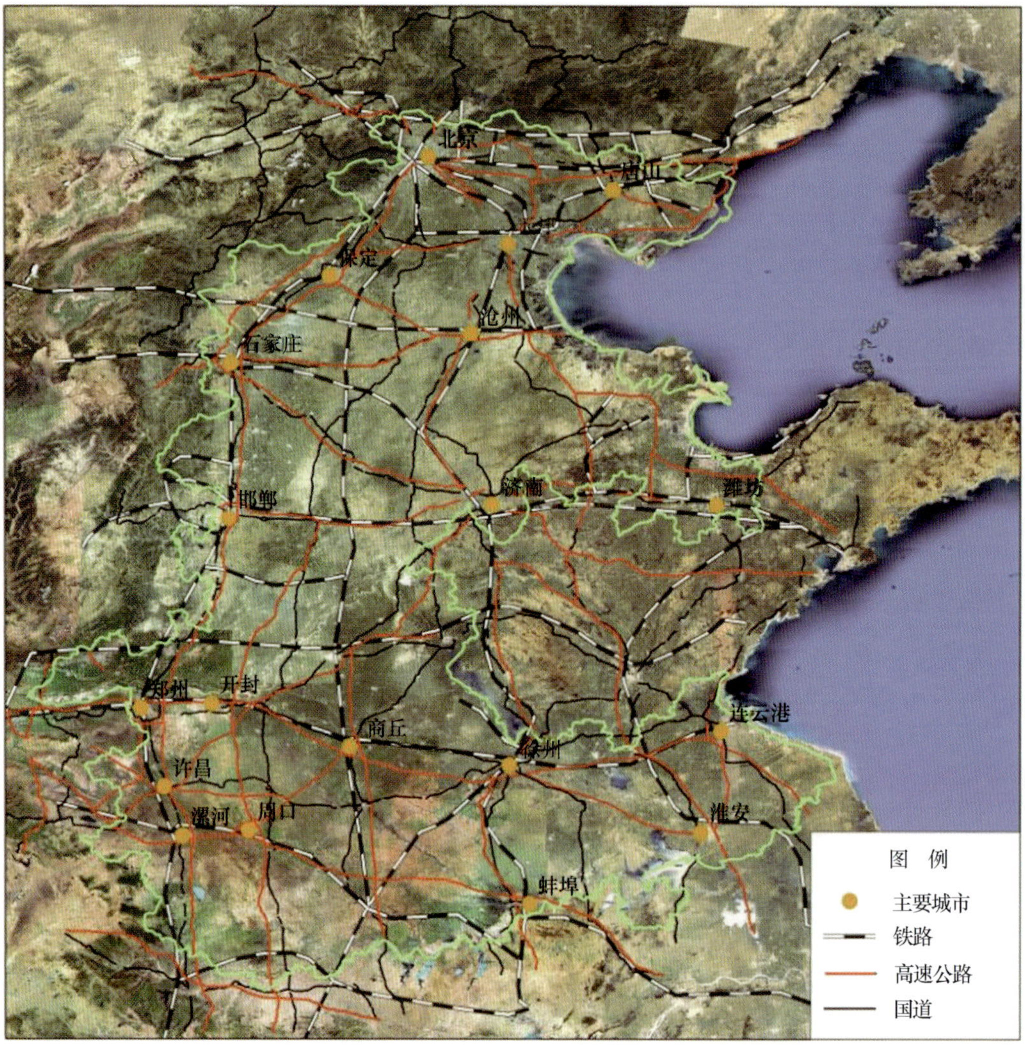

彩图 4(正文图 7.44)　黄淮海地区交通与地貌